Efendi
Beyaz Türklerin Büyük Sırrı

**DOĞAN KİTAPÇILIK TARAFINDAN YAYIMLANAN
SONER YALÇIN KİTAPLARI**

Bay Pipo
The Özal, Bir Davanın Öyküsü
Reis, Gladio'nun Türk Tetikçisi
Teşkilatın İki Silahşoru
Binbaşı Ersever'in İtirafları
Behçet Cantürk'ün Anıları
Efendi-2, Beyaz Müslümanların Büyük Sırrı

**EFENDİ
Beyaz Türklerin Büyük Sırrı**

Yazan: Soner Yalçın
Asistan: Beste Önkol

Yayın hakları: © Doğan Kitapçılık AŞ
1. baskı / nisan 2004
71. baskı / ekim 2006 / ISBN 975-293-203-7
Bu kitabın 71. baskısı 2 000 adet yapılmıştır.

Kapak ve kitap tasarımı: DPN Design
Baskı: Altan Basım Ltd. / Yüzyıl Mahallesi
Matbaacılar Sitesi 222/A 34200 Bağcılar - İSTANBUL

Doğan Kitapçılık AŞ Hürriyet Medya Towers, 34212 Güneşli - İSTANBUL
Tel. (212) 449 60 06 - 677 07 39 Faks (212) 677 07 49
www.dogankitap.com.tr

Efendi

Beyaz Türklerin Büyük Sırrı

Soner Yalçın

kimsem yok, çıkmaz ağlayanım bile
keşke bir ülkem olsaydı, bir annem
olsaydı keşke, desem de nafile

    Sefa Kaplan, *Londra Şiirleri*

annem Cemile Yalçın'ın anısına...

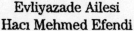
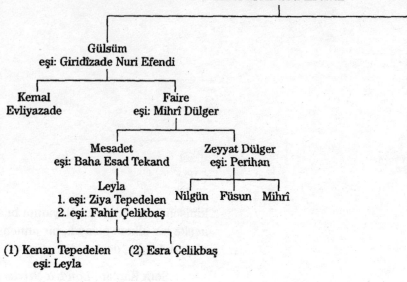
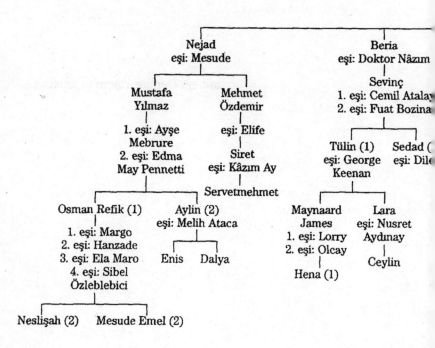

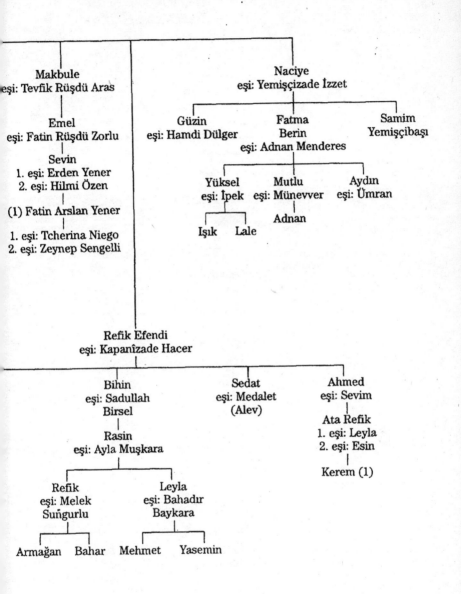

Birinci bölüm

9 haziran 1875, İzmir

İzmir bir prensestir.
Tembelce sallanan
Düşüncelerim için seviyorum,
Fillerin sırtında
Oynayan bu çadırları...

Victor Hugo

İzmir Valisi Ahmed Rasim, Evliyazade Mehmed Efendi'yi, Yenişehirlizade Hacı Ahmed Efendi'nin yerine belediye başkanlığına atadı.

İzmir'in tanınmış tüccarlarından Evliyazade Mehmed Efendi'nin belediye başkanlığına getirilmesinde şaşırtıcı bir yan yoktu.

Ancak, sorun vardı!

Vali, Evliyazade Mehmed Efendi'ye maaşının 2 000 kuruş olacağını söylemişti. Ama bu söz, İzmir Valiliği ile Osmanlı Maliye Nezareti'nin arasını açtı. Osmanlı merkezî yönetimi, belediye başkanının dışarıdan atanıp, bir de ona maaş verilmesine karşıydı.

Vali Ahmed Rasim Paşa, vilayette görevli bir memuru belediye başkanı olarak istihdam etmenin yanlış olduğunu düşünüyor, bu tür memur atamalarının belediyenin işlerini zorlaştıracağına inanıyordu. Bunu deneyimleriyle de görmüştü. Ona göre en iyisi, "erbabı memleketten ve ashabı servetten" bir kişinin bu görevi yapmasıydı. Ancak böyle birinin belediye başkanlığını "sosyal faaliyet" olarak yapması da ihtimal dışıydı. 2 000 kuruşluk maaş teşvik edici olabilirdi.

Sonunda bürokratik yazışmalardan İzmir Valisi Ahmed Rasim Paşa galip çıktı.

İzmir'de hanı, oteli olan ve son yıllarda giderek zenginleşen tüccar Evliyazade Mehmed Efendi, İzmir belediye başkanlığı koltuğuna oturdu.

2 000 kuruşluk maaşın Evliyazade Mehmed Efendi için pek önemi yoktu. Öyle ki, vali, kumandan, belediye başkanı gibi mülkî erkâna kullanması için verilen, iki atlı kupa cinsi binek araba yerine, daha lüks olan kendi özel lando cinsi körüklü arabasını tercih etmesi bunun en tipik göstergesiydi. Zaten alaca-

ğı maaşın büyük bir bölümünü belediye hizmetlerinde kullanacaktı...

Belediye başkanlığı görevine başlayan Evliyazade Mehmed Efendi'nin işi hiç de kolay değildi. Öncelikle sorun, "belediye olgusunun" ne merkezî idare, ne de halk tarafından bilinmemesiydi. Belediye, Osmanlı kentleri için XIX. yüzyılın ikinci yarısında ortaya çıkmış yeni bir kurumdu. Başta İngilizler olmak üzere yabancı ticaret şirketlerinin baskılarıyla kurulmuştu. Bu şirketlerin belediyeden beklediği, ticaret akışını kolaylaştıracak altyapı hizmetlerini yapmasıydı. Örneğin 1867'de İzmir'de belediyenin kurulmasına, limanın büyütülmesi neden olmuştu!

İzmir Belediyesi sekiz yıl önce kurulmuştu ama Başkan Evliyazade Mehmed Efendi'nin henüz işleri organize edecek bürokratik kadrosu yoktu. Belediye olgusunun ortaya çıkmasına neden olarak gösterilen, yol ve kanalizasyon şebekesinin iyileştirilmesi yönünde tek bir gelişme sağlanamamıştı. Üstelik bütçesi son derece yetersizdi. Evliyazade Mehmed Efendi bazı giderleri dostlarından topladığı yardımlardan sağlıyordu.

Kimdi bu yakın dostları?

Yemişçizadeler, Salepçizadeler, Kâtipzadeler, Musulluzadeler, Uşakîzadeler, Kapanîzadeler, Osmanîzadeler, Şerifzadeler, Caferîzadeler, Kilimcizadeler, Tuzcuzadeler, Helvacızadeler, Giridîzadeler vb. gibi zengin Müslüman Türk aileler yaşıyordu İzmir'de.

Fakat.

Bu işte bir karışıklık vardı.

Şöyle ki: Avusturya-Macaristan İmparatorluğu İzmir Başkonsolosu Dr. Karl von Scherzer, nisan 1873 tarihinde Viyana'ya gönderdiği "gizli" mahreçli raporunda, "Türkler, İzmir vilayetinin ticarî yaşamında gözükmemektedirler" diye yazıyordu:

İzmir'in 155 000 nüfusu vardır. Bu sayının 75 000'i Rum, 45 000'i Türk, 15 000'i Yahudi, 10 000'i Katolik, 6 000'i Ermeni ve 4 000'i yabancıdır. Tüm bu adı geçen milletler, dil, din, meslek ve görenek bakımından birbirinden çok farklıdır.

Türkler kendi dillerinden başka dil konuşmamaktadır. Vilayetin ticarî yaşamında gözükmemektedirler. Kırsal kesimde yaşayan Türkler genellikle tarım ve hayvancılıkla uğraşmaktadır. Belli başlı zanaatlar şunlardır: semercilik, kemercilik, kunduracılık, takunyacılık, terzilik, demir ve bakırcılık, sandıkçılık, mermercilik, çulhacılık, sepicilik, boyacılık.

Yahudiler, son zamanlarda İzmir'e yerleşen zengin tüccarlardır ve de İzmirli eğitimsiz ve fanatik Yahudiler tarafından yarı dinsiz olarak görülmektedirler. Genellikle küçük ticaretle ve komisyonculukla uğraşmaktadırlar. Gerçekten dürüst ve gayretkeştirler. Ekmeklerini kazanmak için en ağır ve zor işleri hiç çekinmeden yapmaktadırlar. Frenkler genel olarak vilayette en rahat konuma sahiptirler. Her şeyden önce vergiden muaftırlar. Kendi konsolosluklarında yargılanma ayrıcalıkları vardır. Avrupalı ticaret şirketleriyle bağlantı kurma bakımından yerli birisine göre daha şanslıdırlar. Frenkler genellikle tüccardır ve vilayetin ticaretini ellerinde tutmaktadırlar...

Benzer değerlendirmeleri İzmir'i gezen tüm seyyahlar da yapmıştı.

Peki Evliyazade Mehmed Efendi'nin yardım aldığı bu zengin aileler kimdi? Üstelik bu ailelerde herkes birkaç yabancı dili rahatlıkla konuşabiliyor, yabancı tüccarlarla ortaklık yapıyordu!

Gerek konsolos Dr. Karl von Scherzer'in ve gerekse İzmir'e gelen seyyahların bunu bilmemesi olanaksızdı. O halde, "İzmir'de Türk-Müslüman tüccarların olmadığını" neye dayandırıyorlardı?

Yukarıda sadece küçük bir örneğini verdiğimiz İzmirli bu aileler Türk-Müslüman olarak görülmüyor muydu?

Kimdi bunlar?

Bu kitabın yanıtını aradığı sorulardan biri de budur!

Yanıt, kitabın yazılmasına neden olan Evliyazade ailesinin yaşamında gizlidir; bu nedenle, Evliyazade Mehmed Efendi'yle ilgili bilgileri vermeyi sürdürelim...

Nereden geldiler?

Evliyazade ailesinin İzmir'e nereden ve ne zaman geldikleri konusunda çelişkili bilgiler vardır.

Görüştüğüm Evliyazade ailesinin bazı üyeleri, Konya'dan geldiklerini söylerken, diğer grup Denizli-Buldan'dan göç ettiklerini iddia ediyor.

O. Zeki Avralıoğlu'nun *Buldan ve Yöresinin Tarihçesi* adlı geniş çalışmasında, Evliyazade ailesine ait hiçbir bilgi yok. Avralıoğlu, kitabında onca isme yer veriyor ama bunlar arasında hiç "Evliyazade" adı geçmiyor.

Ancak, gazeteci Orhan Tahsin 1978'de *Yeni Asır* gazetesine hazırladığı "Büyük Menderes ve Küçük Menderesler" adlı yazı dizisinde, 1932-1939 yılları arasında İzmir Belediye başkanlığı, 1942-1943 yılları arasında Ticaret bakanlığı ve 1946-1948 yılları arasında Sağlık bakanlığı yapan, önce CHP sonra DP milletvekili olan Buldanlı Dr. Behçet Uz'un Evliyazade ailesinin akrabası olduğunu yazmaktadır.

Ama akrabalık bağı konusunda açıklayıcı bilgi vermemektedir. Görüldüğü gibi Buldan konusunda karışıklık var.

Söylenenlerin aksine, Konya il tarihinde de Evliyazadelere rastlanmıyor.

"Evliyazade" adı ve namı Osmanlı'da çok kullanılıyor. Maraş'ta, Manisa'da, Diyarbakır'da ve bazı yörelerde birçok aile bu namı kullandılar, kullanıyorlar.

Örneğin, Osmanlı biyografi (teracimi ahval) geleneğinin son temsilcisi Mehmed Süreyya Bey (1845-1909) tarafından hazırlanan, altı ciltlik *Sicilli Osmanî* adlı çalışmada, bazı Evliyazade isimlerine rastlamak mümkün.

Fakat bu ciltlerdeki "Evliyazade"lerin İzmirli Evliyazadelerle akraba olmaları zor ihtimal. Çünkü onlar daha çok devlet bürokrasisinde yer almış iken, İzmirli Evliyazadeler tüccar bir aile.

Uzatmaya gerek yok. İzmirli Evliyazadelerin nereden geldikleri konusunda net bir bilgi bulunmuyor. Ne zaman geldikleri konusunda ise, Evliyazadelerin ortak bir görüşü var: "Beş yüz yıl önce!"

Evliyazadeler, Konya veya Buldan'dan geldiklerini söylüyorlar ama en azından bu göçün beş yüz yıl önce gerçekleşmiş olması zor görünüyor. Çünkü o yıllarda nüfusu sadece 5 000 olan İzmir, bir ticaret şehri de değildi. Yani bırakın şehrin göç almasını, o yıllarda kendi ihtiyacını bile karşılayamaz durumdaydı. Üstelik şehir sürekli olarak Venediklilerin saldırısına uğruyordu.

İzmir'in ticarî merkezi haline gelmesi XVII. yüzyıldan itibaren, yani iki yüz yıl önce başladı. Göçler de o zaman gerçekleşti.

Ama şehir beş yüz yıl önce göç almadı değil! Aldı, ama bunlar sadece, 1492'de İspanya'dan kovulan yahudilerdi!..

Sonuçta, Evliyazadelerin İzmir'e nereden, ne zaman geldikleri konusunda farklı bilgiler vardır. Hata yapmamak için, Evliyazadelerin soyağacının başlangıcını İzmir Belediye Başkanı Evliyazade Mehmed Efendi'den başlatacağım...

Evliyazade Konağı

Evliyazade Mehmed Efendi'yi biraz daha yakından tanımaya başlayabiliriz...

Çoğunlukla İzmirli zengin tüccarların yaşadığı Tilkilik Mahallesi'nde oturuyordu. Tilkilik'in o dönemdeki adı Dönertaş'tı. Dönertaş ise adını, 1814 yılında Osmanzade Seyid İsmail Rahmi Efendi tarafından yaptırılan Dönertaş Sebili'nden almıştı.

Yüz yetmiz beş haneden oluşan Tilkilik'te, çoğunluk Yahudi nüfusundaydı...

Evliyazade Mehmed Efendi'nin, Tilkilik'te büyük bir köşkü, köşkün de iki dönümlük bir bahçesi vardı.[1]

Çatısında büyük kubbesinin olduğu bu köşk, Konak'ta Kemeraltı Caddesi'nin başlangıç bölümündeydi. Özellikle yoksul Müslümanlar, bu köşkü yakından tanırdı; çünkü her ramazan ayında köşkte, otuz gün boyunca iftar yemeği verilirdi. Evliyazade Mehmed Efendi, bu iftarlara yakın dostlarını da çağırırdı. İftarda namaz kıldırmak için imam, müezzin de getirtilirdi. Bazen konağa, mukabele okuması için güzel sesli hafızlar davet edilirdi. Onlara da hayli yüksek miktarda "diş kirası" (bahşiş) verilirdi...

Evliyazade Mehmed Efendi'nin, iftar yemeklerini gösteriş şekline getirmesi, bazı çevrelerin eleştirisini almıyor da değildi!..

Tilkilik'te bir dönemin ünlü isimleri de oturuyordu...

Evliyazade Mehmed Efendi'nin mahalledeki komşularından biri de, İzmir Belediyesi personelinden Hafız Hacı Şakir Efendi'ydi. Gümrük İdaresi'nde başkantarcı olarak görev yapan Hacı Şakir Efendi, bugün Türkiye'nin en büyük aile şirketlerinden Eczacıbaşı Holding'in kurucusu Süleyman Ferid Eczacıbaşı'nın babası, Nejat Eczacıbaşı'nın dedesiydi...

Kitabın sonraki bölümlerinde göreceğiz, Evliyazadeler ile Eczacıbaşıların dostluğu uzun yıllar sürecekti...

O yıllarda babası Mehmed Reşid Bey'in İzmir'de sorgu yargıcı yardımcısı olarak bulunması nedeniyle İsmet İnönü de Tilkilik'te doğdu (24 eylül 1884). Doğduğu "San Sino" Mahallesi'nin adı daha sonra İsmet Paşa olarak değiştirildi.[2]

Evliyazade Mehmed Efendi bir süre sonra Tilkilik'teki konaktan ayrıldı.

Artık devirle birlikte, İzmir'in mahallesi, mimarîsi, insanlarının kıyafeti de değişiyordu.

Şömine ya da fayans sobayla ısınan; abajurla aydınlanan; banyosunda küvet bulunan; salonunda koltuğu, sehpası, yemek ma-

---

1. Bu bahçe Evliyazade ailesi tarafından Şifa Hastanesi'ne satıldı. Günümüzde hastanenin otoparkı olarak kullanılmaktadır.

2. Tilkilik'teki mahalle adlarının çoğu değiştirildi; Haftambaşı, Güzelyalı; Efrati, Güneş; Cavez, Hatuniye; Beni İsrail, İstiklal yapıldı.

sası, büyük aynası ve duvar saati olan; piyano sesinin yükseldiği, sahil kenarındaki balkonlu iki katlı evler modaydı.

Osmanlı Devleti ile Osmanlı halkının yoksullaştığı, İzmirli bazı ailelerin ise giderek zengileştiği bir süreç yaşanıyordu.

Tüm yeni zenginler gibi alafrangalaşan Evliyazade Mehmed Efendi de, eşi Naciye; oğlu Refik; kızları Makbule, Gülsüm ve Naciye; ayrıca çocukların dadılarını, halayıklarını, hizmetçilerini alarak, "Avrupalılaşan" Karşıyaka'nın Yalılar Mahallesi'ne göç etti...[3]

Yeni mahallenin Londra, Paris, Viyana'daki semtlerden hiçbir farkı yoktu. Bakkallarındaki un, şeker, pirinç, tütün, yağ hepsi Avrupa'dan ithal edilmişti. Bakkal raflarında, Hollanda, İsviçre, Fransız peynirleri, süt ürünleri, sebze, balık konserveleri vardı. İtalyan domates konserveleri o günlerde çok revaçtaydı.

İzmir büyüyor, yeni yerleşim yerleri kuruluyordu.

İzmir kabuk değiştiriyordu...

Bornova yakınlarına İngiliz demiryolu şirketinin müdürleri ve İngiliz tüccarları büyük bahçeler içine villalar yapıyor, Fransızlar İzmir tepelerinin arkasında Kemer Deresi vadisi içerisindeki küçük köyü satın alarak Avrupa'daki malikânelerin benzerlerini inşa ediyordu.

İzmir'in yerli tüccarları Karşıyaka, Göztepe ve Güzelyalı'daki dar sahil şeridine yerleşmeye başlamıştı.

Peki ne olmuş, nasıl olmuştu da, Evliyazade Mehmed Efendi gibi bazı yerli tüccarlar hızla zenginleşirken Osmanlı Devleti zorluklarla boğuşuyordu?

Evliyazade Mehmed Efendi'nin zenginleşmesine neden olan gelişmelere bir göz atalım...

Büyük dönemeç

Tarih, 16 ağustos 1838.

Sadrazam Reşid Paşa, samimi dostu İngiliz elçisi Lord Stratford Canning'le Osmanlı-İngiltere ticaret antlaşmasını imzaladı. Antlaşma aynı yıl Avrupa'nın öteki devletleriyle de yapıldı.

Bu antlaşmayla Osmanlı Devleti, dış ticaretteki tekel düzenini, savaş dönemlerinde maliyeye gelir getirmesi için koyduğu ek vergileri ve darlığı çekilen hammaddelerin ihracatına izin vermeyen "devletçi ekonomiyi" rafa kaldırdı.

---

3. Karşıyaka'daki Evliyazadelerin köşkünün yerinde bugün, Çağlayan Apartmanı ve onun hemen arkasında Bihin 1 ve Bihin 2 adlı apartmanlar yükselmektedir.

Gümrük vergilerini İngiltere'yle birlikte saptamayı kabul etti. İlk etapta ihracat-ithalat vergisini yüzde 3'ten yüzde 1'e düşürdü! Antlaşmayla, Osmanlı Devleti ucuz ithal mallar cenneti yapıldı. Üretmediğini tüketen bir toplum haline geldi. İthal rekabetine dayanamayan on binlerce yerli küçük işletme iflas etti. En verimli alanlar yabancı sermayenin eline geçti.

Ve bir yıl sonra, –o hep göklere çıkarılan– Tanzimat Fermanı'yla, Avrupa'nın çıkarı için kurulan bu açık pazar düzeninin gerekli kıldığı idarî, malî vb. reformlar hayata geçirildi. Böylece Avrupa devletlerinin Osmanlı'da yaslanmak istediği Rumlar ve Ermeniler imtiyazlı hale getirildi. Kaybeden iki unsur vardı: Müslümanlar ve Yahudiler!

Tüm bunlara bakıp, diyeceksiniz ki: "Kardeşim koca Osmanlı Devleti böyle bir oyuna nasıl gelir, böyle serbest piyasa olur mu?" Doğru. Ancak gerçeği söylemek gerekirse, bu Osmanlı'nın çok severek-isteyerek yaptığı bir antlaşma değildi. Napolyon'la yaptığı savaş sonucunda Fransa'yı yenen ve 1820'lerde sanayi devrimini tamamlayan İngiltere dünya pazarlarında rakipsiz duruma gelmişti.

Dünyanın en büyük gücü haline gelen İngiltere'den korkan Avrupa ülkeleri korumacı önlemlerle İngiliz mamullerinin kendi pazarlarına girmesini engelliyorlardı. Bu durumda İngiliz ticaret ve sanayi sermayesi Avrupa dışındaki ülkelere yöneldi. 1820'den 1840'a kadar olan dönemde İngiltere, Latin Amerika'dan Çin'e kadar pek çok ülkede mümkünse yerel iktidarlarla anlaşarak, gerektiğinde ise silah gücü kullanmaktan çekinmeyerek pek çok serbest ticaret antlaşması imzaladı. Osmanlı, pazarını ardına kadar İngilizlere açmaya mecbur kalmıştı.

İngiltere, gerek ucuz hammadde kaynaklarına ulaşmak, gerekse ürünlerini Osmanlı'nın her köşesindeki alıcıya ulaştırmak için, işe öncelikle demiryolları ve liman yapımından başladı. Biliyordu ki, altyapısı olmayan Osmanlı'nın, dünya ekonomisine entegrasyonu zordu!

Demiryolları ve limanların arkasından, bankalar, maden işletmeciliği, su, gaz ve elektrik şirketleri vb. geldi.

Bu durumun Osmanlı ekonomisine yansıması uzun sürmedi. 1814 yılında bir İngiliz sterlini 23 Osmanlı kuruşuna eşit değerdeyken, 1839'da bir sterlin 104 kuruş ediyordu!

Osmanlı'nın bütçe açıkları büyümeye başlamıştı.

Bir sonraki adım da ne oldu dersiniz?

Avrupa devletleri, malî sorunlarına çözüm arayan Osmanlı'ya "Hemen dış borçlanmaya gitmelisiniz" diye baskı yapmaya başladı. Bunun bir başka nedeni daha vardı. O yıllarda Avrupa sermayesi yapısal değişiklik içindeydi. Ufak şirketlerin yerini dev tröstler almaktaydı. Malî sermaye büyük bir güç haline gelmişti. Bu dönüşüm Avrupa dışı ülkelere sermaye akımını hızlandırmıştı. Avrupa elindeki bol miktardaki parayı verip, yerine onun iki katını alacağı ülkeler arıyordu.

Ve Osmanlı, Avrupa para piyasalarına tahvil satarak borçlanmaya başladı.

Londra, Paris, Viyana ve Frankfurt borsaları bayram ediyordu. Nasıl etmesin?

Zenginleşmeye başlayan Avrupa orta sınıfı, tasarrufları için kendi ülkelerindeki yüzde 3-4 gibi düşük faiz gelirleri yerine, yüzde 11-20 oranında yüksek faiz gelirleri getiren İstanbul borsasına yöneliyordu.

Alınan borç paralar Dolmabahçe, Çırağan, Beylerbeyi, Yıldız gibi sarayların yapımına, dekoruna; Boğaziçi'ndeki yalılara veya Haliç'te çürümeye terk edilecek donanmaya gidiyordu.

Koskaca Osmanlı maliyesi, kuşkusuz "dört saray yapıldı" diye iflas noktasına gelmedi. Saraylar, yalılar aslında yeni yaşam biçiminin simgeleriydi!

Ekonomideki yapısal dönüşüm kültürel değişime de neden olmuştu. Osmanlı bürokrasisinin günlük yaşamı değişmeye başladı. Avrupalı gibi giyinmek, konuşmak ve yaşamak, yani alafrangalaşmak "moda" oldu; araba (fayton) sevdası başladı. Yeni Osmanlılar, evlerini satıp, gösteriş için araba alıyordu.

Osmanlı bürokrasisi daha fazla tüketebilmek için, daha fazla kirleniyordu; yani rüşvetsiz iş yapılmıyordu.

Bitmedi. 1838 ticaret ve 1839 Tanzimat antlaşmalarına imza koyan Sadrazam Reşid Paşa, yeni tip devlet adamlığının da kapısını açtı. Eskiden nüfuzlu paşaların himayesine girerek koltuk-makam kapılırken, Reşid Paşa yabancı devletlere dayanarak kariyer yapma dönemini başlattı. Sadrazamlar ve paşalar, "İngilizci", "Fransızcı", "Rusçu" gibi isimlerle anılır oldu.

Borsada oynayan aydınlar

1860'lardan itibaren Galata'daki Komisyon Hanı ve Havyar Hanı'nda gayri resmî borsa kuran Baltacı, Zografos, Boğos, Jorj Zarifi gibi bankerler, 19 kasım 1871'de yürürlüğe giren "Dersaadet Tahvilat Borsası Nizamnamesi"yle resmî piyasayı da ele geçirdiler.

Kolay para kazanma hırsına kapılan Midhat Paşa ve Namık Kemal'e kadar bazı aydınlarda da borsada oynadılar ve doğal olarak hep kaybettiler. Osmanlı aydını, spekülasyoncuların, büyük bankaların ve Avrupa devletlerinin elinde şaşkına dönüvermişti...

Bu rüzgârdan en çok etkilenen kentlerin başında İzmir geliyordu. İzmir XIX. yüzyılın ikinci yarısında dünyanın sayılı "serbest bölge limanlarından" biri olma yolunda hızla gelişme gösterdi. Özellikle Amerika'daki iç savaş pamuk ihracatında patlamaya yol açmıştı. Üzüm, incir ve tütün ihracatında büyük artış vardı.

"İhracat patlamasını" rakamlarla örnekleyeyim:

1839'da İzmir limanından 91 gemi 15 000 ton yükle İngiltere'ye giderken; 1845'te gemi sayısı 196'ya, taşıdıkları yük ise 35 000 tona ulaştı.

İzmir'de on yedi ülkenin konsolosluğunun bulunması bile tek başına bu kentin, Osmanlı ticaretindeki önemini göstermeye yeter.

Yabancı ticarethaneler ile bankalar tarafından yönlendirilen ve çoğunluğu yerli olan tüccarlar, gerek Avrupa sanayi mamullerinin kırsal alanlara girişinin kolaylaştırılması, gerekse ihracat mallarının üreticiden alınması için aracılık yapıyorlardı.

Evliyazade Mehmed Efendi işte bu yerli simsarlardan biriydi.

"Sebilürreşat"tı, yani "komprador"!

Evliyazade Mehmed Efendi'nin "iş ortağı" J.J. Frederic Giraud adlı bir Levanten'di!

Koç ailesinin akrabası Giraudlar

Evliyazade Mehmed Efendi'nin "iş ortağı" J.J. Frederic Giraud'nun dedesinin babası Jean Baptiste Giraud, 4 ağustos 1742'de Fransa'da Nice yakınlarındaki Antibes'de doğdu.

İddialara göre, 1780 yılında Fransız İhtilali'nden kaçarak İzmir'e geldi.

XVIII. yüzyılın ikinci yarısından sonra, Fransa'nın içinde bulunduğu ekonomik ve toplumsal koşullar, ülkede büyük malî bunalımların doğmasına neden oldu. Halk yığınları yoksulluk çekerken, başta ticaret burjuvazisi olmak üzere tüccarlara yeni büyük vergiler getirildi.

Giraud, İzmir'e gelip yerleşince hemen şirket kurması onun ne Kilise'yle ne de aristokrat sınıfıyla bir ilgisi olmadığını gösteriyor. Çünkü onlar ticaretle ilgili değillerdi.

Sonuçta, büyük ihtimalle Fransa'nın o dönemdeki iktisadî ve toplumsal yapısındaki kargaşalık yüzünden İzmir'e gelmişti.

"J.B. Giraud and Co." adında bir firma kuran J.B. Giraud, kısa sürede İzmir'in itibarı en yüksek tüccarlarından biri oldu.

Üç çocuğu vardı: Magdaleine Blanche Victorie, Alexandre Jean Baptiste ve Frederic.

Frederic sessiz ve ağırbaşlı biriydi. Fazla kabiliyetli sayılmazdı. İzmir'de büyük bir oteli olan Gion ailesinin kızı Maria'yla evlendi. İki çocukları oldu: Jean Baptiste ve Helene Elisabeth.

Evliyazade Mehmed Efendi'nin "iş ortağı" J.J. Frederic, Jean Baptiste Giraud'un oğluydu. Annesi soylu bir Fransız aileye mensuptu: Kont Jacques Hochepied'nin kızı Anne Marie de Hochepied.

Giraudlarda soylu isim çoktu: İzmir'e ilk gelen büyükbaba Jean Baptiste Giraud'nun eşi Helene Tricon, Venedik Konsolosu Louis Cortazzi'nin kızıydı.

Evliyazade Mehmed Efendi'nin iş ortağı J.J. Frederic'in kuzeni Helene, Rusya Konsolosu Jaba'yla evlenmişti!

J.J. Frederic'in halası Helene Elisabeth de, Kont Jacques Hochepied'nin oğlu Kont Edmond'la evlenmişti.

Mini parantez: Hochepied ailesi daha sonra Hollanda'ya göçüp, Hollanda vatandaşı oldular. Niye Fransa değil de Hollanda vatandaşı olmuşlardı? İzmir'deki "Hollandalılar" ayrı bir kitap konusudur. Örneğin Hollanda'nın İzmir'deki ilk konsolosu Nicolini Orlando, Hollandalı değil, İzmirli Yahudi bir Levanten'di.

Neyse, Giraudların akrabalık ilişkileri bu kitabın konusu değil.

Son bir bilgi ekleyip konuyu kapatalım: Vehbi Koç'un torunu Mustafa Koç, Giraudların kızı Caroline'le evlidir.[4]

Gelelim Evliyazadeler ile Giraudların iş ortaklığına...

Evliyazade Mehmed Efendi, İzmir çevresinden topladığı çekirdeksiz ve razakı üzümleri ve Aydın'daki yerli üreticiden aldığı incirleri Giraudlara satardı. Giraudlar bunları dönemin son sistem makinelerinde elden geçirip, özel kutu ve torbalara koyarak Avrupa ve Amerika'ya ihraç ederlerdi.

Giraud ailesi ayrıca pamuk işiyle de ilgiliydi.

Bunun nedeni akraba oldukları İzmir'in bir diğer Levanten ailesi Whittallerdi...

---

[4]. Mustafa Koç'un annesi Çiğdem Hanım da İzmirli'dir. Çiğdem Hanım, sanayici ve armatör Avni-Suat Meserretçioğlu çiftinin iki kızından biridir. Diğer kızları Güldem Hanım, İpragaz'ın sahibi Yücel Kurttepeli'yle evlidir. Çiğdem Hanım'ın dayısı da ünlü armatör Kemal Sadıkoğlu'dur. Kemal Bey'in kızlarının eşleri hayli ünlü isimlerdir: Varlık Hanım, Alp Yalman'la; Berna Hanım, Feyyaz Tokar'la; Rabia Hanım, Çapamarka'nın sahibi Vecdi Çapa'yla; Esin Hanım ise gazeteci Yılmaz Çetiner'le evlidir. Çiğdem Hanım Rahmi Koç'tan ayrılıp Rahmi Bey'in anne tarafından kuzeni Haldun Simavi'yle evlenmiştir.

Whittall ailesi

Charlton Whittall, Breed and Co. firmasının elemanı olarak İzmir'e, 1809 yılında on sekiz yaşındayken geldi.
100 pound maaşı vardı! Ancak ticarete çok yatkındı.
İki yıl sonra kendi şirketi "C. Whittall and Co."yu kurdu.
Beş yıl sonra, büyükbaba Jean Baptiste Giraud'un kızı Magdaleine Blanche Victorie Giraud'yla evlendi.
Fransız Protestanlar, yerleştikleri Bornova'yı Fransız köyü yapmışlardı.
Fransızca konuşulan Bornova, Whittall ailesi yerleştikten sonra İngiliz semtine dönüştü. Whittalller zamanla Bornova'yı büyütüp genişlettiler.
Özellikle yabancılara gayrimenkul edinme hakkını veren 1856'daki Islahat Fermanı'ndan sonra Whittallier tarafından pek çok ev ve 1857 yılında bir de aile kilisesi yaptırıldı.
Whittall ailesinin Osmanlı ekonomisindeki önemini anlamak için bir örnek yeterli olacaktır: Osmanlı Sultanı Abdülaziz 1863'te İzmir'e geldiğinde Whittalllerin malikânesinde ağırlandı.
Peki İzmir'e ayda 100 pound kazanmak için gelen Charlton Whittall nasıl zengin olmuştu?
Charlton Whittall, 1811'de ilk şirketi "C. Whittall and Co."yu kurup kısa zamanda kendini İzmir piyasasına kabul ettirdi ve 13 şubat 1812'de, İzmir'deki İngiliz tüccarların katılmak için çok uğraş verdikleri, "Levant Co." üyeliğine kabul edildi.
Nedir bu "Levant Co."?
İzmir'deki İngiliz tüccarların kurduğu bir şirketin adıydı "Levant Co.".
Bu anonim şirket kurulmadan önce, İzmir'den İngiltere'ye gidecek tüm malları Venedik gemileri taşıyordu. Ancak, 1793'te Fransa İngiltere'ye savaş açınca Akdeniz'deki korsanlık hareketleri çok artmıştı. Dönemin korsanları Venedik gemilerini arka arkaya batırınca, Venedikli tüccarlar İngiliz mallarını taşımamaya karar verdi. Bunun üzerine İzmir'deki İngiliz tüccarlar "Levant Co." şirketini kurdular. Üye sayısı bir ara sekiz yüzü buldu. Yirmi dört gemiden oluşan bir ticarî filoları vardı. İzmir'in İngiltere konsolosunu onlar atıyor, konsolosun maaşını onlar veriyordu!
Akdeniz'de güvenlik sağlanınca "Levant Co." 1825 yılında feshedildi. Onun yerini İngiliz şirketleri aldı.
Bunların en büyüğü "C. Whittall and Co." şirketiydi!

İzmir'in ticaret yaşamıyla ilgili olarak A. Şehabettin Ege şu bilgileri veriyor:

> İzmir'de zengin ithalat ve ihracat işleri başlıca üç yabancı firmanın elinde toplanmıştı. Kapitülasyonlardan geniş biçimde yararlanan bu firmalardan biri İngiliz Whittall şirketiydi. İkincisi Fransız Giraudlar ve üçüncüsü İtalyan Aliotti'ydi. Ege'nin ana maddeleri olan üzüm, incir, palamut, meyankökü, meyanbalı bu firmaların elinde toplanmıştı. (*Demokrat İzmir* gazetesi, 25 mart 1976)
>
> İzmirli Levantenler arasında İtalya'dan, Fransa'dan, İngiltere'den gelmiş Yahudi Levantenler de vardı. Francolar, Russolar gibi...

Şimdi tüm bu bilgilere son bir ekleme yapalım...
Ne demiştik, Evliyazade Mehmed Efendi, J.J. Frederic Giraud'yla "iş ortaklığı" yapıyordu.
Bilgiyi genişletelim: J. J. Frederic Giraud nerede çalışıyordu? "C. Whittall and Co." şirketinde.
Yani, büyük halasının kocasının şirketinde!
Yani, Evliyazade Mehmed Efendi hem Giraudların hem de Whittalllerin "iş ortağı"ydı!
J.J. Frederic Giraud, "dünürleri" Whittalllerin şirketinde, kuruyemiş ihracatı ve demir ithalatından sorumluydu.
Evliyazade Mehmed Efendi'nin zenginliğinin kaynağı buydu.
Yazdığımız gibi, Evliyazade Mehmed Efendi bir "komprador"du.

Levanten desteği

İzmir Belediye başkanlığına neden Evliyazade Mehmed Efendi atanmıştı?
İzmir Belediyesi de, tıpkı İstanbul Belediyesi gibi yabancı tüccarların istekleri sonucu düzenlenmişti.
Belediyeler "yeni piyasa düzenine" uyum sağlama araçları olarak, zorunluluk sonucu kurulmuştu. Daha doğru bir deyişle: yabancı tüccarların dayatmasıyla...
Evliyazade Mehmed Efendi'nin göreve getirilmesinde başta Giraud-Whittall ailesi olmak üzere yabancı tüccarların katkısının olmaması imkânsızdır.
Ayrıca İzmir'deki konsolosların etkisini de unutmamak gerekir. Tanzimat'ın önemli isimlerinden Sadrazam Ali Paşa, 1850-1884 yılları arasında Osmanlı'nın Londra büyükelçiliğini yapan

Kostaki Musurus Paşa'ya gönderdiği mektupta bakın ne diyor: "Görevini yaparken, konsolosların hoşuna gitmemek bedbahtlığında bulunan bir vali mahvolmuş demektir."

Bu tür olayların Osmanlı tarihinde örnekleri vardı: 1853 yılında Avusturya konsolosu, aralarında geçen bir sürtüşme nedeniyle İzmir Valisi Ali Paşa'yı azlettirmişti.

İzmir'de konsoloslarla kimler yakın ilişki içindeydi? Levanten aileler! Giraud, Whittall gibi Levanten ailelerle dostluk ve iş ortaklığı bulunan Evliyazade Mehmed Efendi belediye başkanı olmasın da kim olsun!..

Avrupa'nın sermaye grupları, Osmanlı topraklarında, komprador tüccardan sonra komprador bürokrasi inşa ediyordu!..

Ancak...

Arkasına aldığı büyük destekle belediye başkanlığına oturan Evliyazade Mehmed Efendi altı ay sonra görevinden ayrıldı!

Neden?

O dönemde İzmir, valilerin sık değiştiği bir kentti. Sadece 1875 yılında üç vali değişmişti: Ahmed Rasim Paşa, Ahmed Esad Paşa ve Mehmed Hurşid Paşa!..

Sadece İzmir'de değil, o dönemde valilerin senesi dolmadan değiştirilmesi Babıâli'de de sıkça görülen bir keyfiyetti. Sık sık atama yapmak başta Saray olmak üzere sadrazamın, nazırların, yüksek memurların hediye, rüşvet alması için fırsattı.

Evliyazade Mehmed Efendi'nin göreve başladığı günlerde, Ahmed Rasim Paşa valilikten alınmış, yerine Mehmed Hurşid Paşa getirilmişti. Yeni Vali Mehmed Hurşid Paşa "olumsuz davranışlarını" gerekçe göstererek Evliyazade Mehmed Efendi'yi 22 ocak 1876 tarihinde görevinden aldı. Yerine İzmir Emtia Gümrüğü Müdürü Salih Efendi'yi atadı.

"Olumsuz davranışlar"ın ne olduğunu bilmiyoruz.

Rüşvet olabilir mi? Adam kayırma? Hırsızlık? İltimas? Vb. vb.

Bilmiyoruz. Ama bu ihtimalleri akıl süzgecinden geçirince, hiçbirinin gerçekçi olmayacağı sonucunu çıkarabiliriz.

Levantenlerle "iş ortaklığı" yapan, kentin zengin tüccarları arasında gösterilen Evliyazade Mehmed Efendi'nin, bu tür kirli işlere girmesi olanaksız gözüküyor. Bir diğer bilgi bu öngörülerimizi doğruluyor. Evliyazade Mehmed Efendi belediye başkanlığı görevinden alınacaktı ancak Vilayet İdare Meclisi üyeliği sürecekti.

Sonuçta "olumsuz davranış"ın ne olduğunu bilmiyoruz.

Görevden alınmasında başka bir neden olmalı, ama ne?..

O günlerde Osmanlı Devleti, tarihinin en önemli iktisadî kararlarından birini hayata geçirdi.

Osmanlı'nın kararı Evliyazadeleri etkiliyor

Rus yanlısı olduğu için "Nedimof" diye anılan Sadrazam Mahmud Nedim Paşa'nın 6 ekim 1875 tarihinde yaptığı bir açıklama Avrupa'yı ayağa kaldırdı. "Tenzili faiz kararı"yla Osmanlı hükûmeti, beş yıl süreyle faiz borçlarının ancak yarısını ödeyeceğini, ödeyemeyeceği faizlere karşılık ise yüzde 5 faizli tahviller vereceğini açıkladı.

Öyle ya, artık bıçak kemiğe dayanmıştı ve Osmanlı Devleti bırakın borçlarını, borçların faizlerini bile ödeyemeyecek haldeydi.

Sadece bir örnek işin vahametini göstermeye yetecektir: 1875 bütçe geliri 25 milyon liraydı, o yıl ödenecek iç ve dış borç taksidi ise 30 milyon lira!..

Borçları ödememe tavrı, Avrupalı tüccarların, "Osmanlı bizi dolandırdı" feryadını basmasına neden oldu.

Feryat işe yaramadı. Osmanlı yüzde 5'lik faizleri de ödeyemedi ve mart 1876'da borç ve faiz ödemelerinin tamamen durdurulduğunu açıkladı. Bu kararla Osmanlı Devleti, ekonomik ve askerî iflastan sonra malî iflasını da dünyaya duyurmuş oldu.

Aslında bu, 1838 Baltalimanı Ticaret Antlaşması'nın, 1839 Tanzimat ve 1856 Islahat fermanlarının iflasıydı...

Peki bu malî iflas ile Evliyazade Mehmed Efendi'nin görevden alınması arasında bir ilişki olabilir mi?

Olabilir!

"Olabilir" diyorum, çünkü Osmanlı'nın borçlarını ödememe kararının yansımaları çok sert oldu...

Malî iflastan iki ay sonra, 2 mayıs 1876'da Bulgarlar, üç ay sonra ise haziran 1876'da Sırplar isyan etti.

İstanbul'da da hareketlilik vardı: 10 mayıs 1876'da medrese öğrencileri hükûmet aleyhine gösteri yaptılar. Veliaht Murad'ın sarrafı Hırıstaki'den aldığı paraları Midhat Paşa vasıtasıyla öğrencilere dağıttırdığı iddiası başkent İstanbul'da kulaktan kulağa fısıldandı.

Bir gün sonra, borçları ödememe kararını açıklayan Rus yanlısı Sadrazam Mahmud Nedim Paşa azledildi.

Ancak "iç isyan" durmadı.

30 mayıs sabahı saat 03.00'te Sultan Abdülaziz'in oturduğu Dolmabahçe Sarayı, Askerî Mektepler Komutanı Süleyman Paşa komutasındaki birlikler ve Harbiye öğrencileri tarafından kuşa-

tıldı. Donanma da Dolmabahçe'yi denizden sardı.

(Ara not: Sultan Abdülaziz'in tahttan indirilmesi, Harbiyelilerin siyasal eylem amacıyla okullarından çıktıkları ilk olaydır. Rejimler, sistemler değişse de, bu topraklarda Harbiyelilerin siyasal talepler içeren çıkışları son olmayacaktı. Gün gelecek, yine mayıs ayında, Evliyazade ailesinin iki damadının idamına giden süreç, Harp Okulu öğrencilerinin bir siyasal gösterisiyle ivme kazanacaktı...)

Sonuçta. Sultan Abdülaziz askerî darbeyle tahttan indirildi.

V. Murad padişah koltuğuna oturdu.

Dört gün sonra...

Devrik sultan Abdülaziz makasla kol damarlarını keserek intihar etti...

Doksan üç gün sonra...

Ata ters binmek, durup dururken kendini havuza atmak gibi garip davranışlar içinde olan V. Murad'ın akıl hastası olduğu artık gizlenemez bir hal alınca tahttan indirildi.

Yerine otuz üç yıl padişahlık koltuğunda oturacak, otuz üç yaşındaki II. Abdülhamid, 31 ağustos 1876'da tahta oturtuldu.

Cinayet romanları seven padişah

II. Abdülhamid öteki Osmanlı sultanlarına pek az benzeyen bir padişahtı. Uzun boylu, uzun burunlu, kambur, kızıl sakallı, içedönük, ancak ilgi çekici bir tipti. Padişah olma ihtimali uzak göründüğü için Abdülhamid'in şehzadelik günleri rahat geçmişti. Saray'da "Azizciler" ve "Muradcılar" arasında çekişme vardı. Abdülaziz, kendisinden sonra koltuğa ağabeyi Veliaht Murad'ın değil, oğlu Yusuf İzzeddin'in oturmasını istiyordu. Bu iktidar çekişmesi Abdülhamid'in yalnızlığına katkıda bulunmuştu; kimse onun bir gün padişah olacağına inanmıyordu.

Ama yine de tüm Şark saraylarını saran, şüpheler, korkular, bilgisizlik[5] ve devamlı ürküntü, onun da ruh sağlığını bozmuştu.

Ve bu vehimler her geçen yıl artarak büyüyecekti...

Şehzadeliği döneminde amcası Sultan Abdülaziz'le birlikte Fransa ve İngiltere'yi gezdi. Bu gezilerde en az ilgi gören hanedan mensubu oldu. Evet, Avrupalılar da bir gün onun tahta oturacağını hesap etmiyordu!

Şehzade Abdülhamid de etmiyordu. Bu nedenle geceleri Tarab-

---

5. II. Abdülhamid, Sultan Abdülaziz'in Paris'te ziyaret ettiği III. Napolyon'u Napolyon Bonapart sanmıştı, Meksika İmparatoru Maximilian'ı ise Brezilya kralı sanıyordu.

ya'daki malikânesinde Belçikalı tuhafiyeci kız Flora Cordier'yle birlikte geçirmekte,[6] gündüzleri de büyük bir şirketin umum müdürü olan İngiliz komşusu Mr. Thomson'la dostluk etmekteydi.

Gençliğinden beri borsa oyunlarına meraklıydı. Rum bankacı Zarifi ve Ermeni borsa simsarı Assani'yle sıkı dosttu. Onların dostluğu sayesinde borsada hayli para kazandı. Yani, II. Abdülhamid sadece sultan ve halife değil, aynı zamanda milyoner bir işadamıydı. Osmanlı'nın en zengin padişahıydı!

Üstelik sade, mazbut ve çalışkandı. Zeki olduğu söylenirdi.

Polisiye ve cinayet romanlarına bayılırdı. Bunları tercüme eden özel memurları vardı. Tercüme işini bir ara ünlü gazeteci yazar Hüseyin Cahid (Yalçın) yapacaktı.

Dostu İngiliz Mr. Thomson aracılığıyla sadece ticareti öğrenmemiş, İngiltere Büyükelçisi Sir Henry Eliot'la ilişki kurup, iktidara gelmek için sefaretin desteğini almayı da bilmişti. Saffet Paşa'nın Kâğıthane'deki çiftliğinde gizlice buluştuğu, Midhat Paşa'yla "saltanat pazarlığına" girişip, "meşrutiyet ilan" edeceği sözüyle tahta oturmuştu.

İngiltere'ye yakın siyaset izleyen Midhat Paşa o dönemin en etkili isimlerinden biriydi.[7] Gerek Sultan Abdülaziz, gerekse Sultan V. Murad'ın koltuğundan olmasında önemli rol oynamıştı.

II. Abdülhamid, Midhat Paşa'nın gücünü biliyordu. Midhat Paşa ise II. Abdülhamid'i kontrol edilecek bir padişah olarak görüyordu.

Sonuçta 23 aralık 1876'da meşrutiyet ilan edildi...

Artık Osmanlı Devleti anayasayla yönetilecekti...

Saray'ın "kontrolü" bir kez daha İngilizlerin eline mi geçmişti?

Görüntü öyleydi ama II. Abdülhamid'in "icraatları" farklı olacaktı...

O yıllarda, Osmanlı toprakları üzerinde iki büyük güç, İngiltere ve Rusya "bilek güreşi" yapıyordu.

1870'te Almanya'ya yenilen Fransa, Osmanlı üzerindeki nüfuzunu hayli kaybetmişti.

Osmanlı-Rus gerginliği Paris Antlaşması'yla aşılmıştı. Fakat Rus-

---

6. Yavuz Sultan Selim'den beri Saray'a Türk kadınları sokulmazdı. Padişah ve şehzadeler, çoğu Slav olmak üzere yabancı kan taşıyan devşirme kadınlardan dünyaya gelmişlerdi. Ancak zamanla bu "ganimet" ve istila yolları kapanınca sarayın kapıları bu sefer de Çerkez ve Gürcü cariyelere açıldı.

7. "Midhat Paşa Rusçuklu Hacı Hafız Mehmed Eşref Efendi'nin oğlu olarak bilinmektedir. On yaşında Kuranı Kerim'i ezberlediği söylenen Midhat Paşa'nın Yahudi bir aileden geldiği iddia edilmektedir. 1889 yılında yayımlanmış olan Edvaro Drumont'un *La France Juwe* adlı kitabının birinci cildinin 113. sayfasında Yahudilikten geldiği ileri sürülmektedir. Bu kitapta Midhat Paşa'nın annesinin Macaristanlı bir hanım olduğu yazılmaktadır." (Hikmet Tanyu, *Tarih Boyunca Yahudiler ve Türkler*, c. I, s. 259)

ya bu durumdan memnun değildi. Çünkü bu antlaşmada var olan Karadeniz'in tarafsızlığı ilkesi Rusya'nın çıkarlarına ters düşüyordu. Ayrıca Balkanlar'da "Müslüman zulmü altında inleyen Ortodoks Hıristiyanlara hürriyet vermek" amacıyla Osmanlı'ya savaş açtı.

Sofya ve Edirne'yi işgal eden Ruslar, on bir ay içinde Ayastefanos'a (Yeşilköy) indiler. İstanbul, fethinden 425 yıl sonra, ilk kez böylesine yakın bir tehditle burun buruna geldi.

Rusya savaşını gerekçe gösteren II. Abdülhamid, 13 aralık 1877'de Sadrazam Midhat Paşa'yı Yıldız Sarayı'na çağırttı ve Meclisi Mebusan'ı süresiz tatil ettiğini bildirdi.

Midhat Paşa'nın sadrazamlığı kırk sekiz gün sürmüştü...

II. Abdülhamid, her fırsatta "babası gibi sevdiğini" söylediği Midhat Paşa'yı İzzeddin adındaki vapura bindirerek İtalya'ya sürgüne gönderdi. Bu arada halkın Midhat Paşa'nın sürgüne gönderilmesini protesto edebileceğini düşünerek vapuru biraz bekletti. Fakat Osmanlı halkından hiçbir tepki gelmedi.

Bu toprakların tarihinde sık görülecek bir toplumsal hareketsizlik, o günlerde de yaşanacak, millet sadrazamının sürgüne gidişini sessizce izleyecekti...

Midhat Paşa'nın sürgüne gitmesinden iki ay sonra II. Abdülhamid, meşrutiyeti kaldırdığını, Meclis'i kapattığını açıkladı. Sonra İngilizlerin desteğini alarak Rusya'yla masaya oturdu.

İngilizlerin desteği yine karşılıksız değildi. İngilizlere, Kıbrıs ve Mısır rüşvet olarak verildi.

II. Abdülhamid sadece İngilizlere toprak vererek kurtulamadı.

Bulgaristan fiilen, Romanya, Sırbistan, Karadağ tam bağımsız oldular. Bosna-Hersek ve Yenipazar sancağı Avusturya işgaline bırakıldı. Diğer yandan Rusya Kars, Ardahan, Batum ve Besarabya'yı; İran Kotur'u; Yunanistan Tesalya'yı; Fransa ise Tunus'u aldı. İngiltere ayrıca, Sudan ve Kuveyt üzerinde fiilî egemenlik kurdu.

Durum, bitmedi...

Siz borcunuzu ödemeyeceğinizi söyleyeceksiniz ve Avrupalı sizi rahat bırakacak, öyle mi?

Bu topraklarda sıkça göreceğimiz bir uygulama hayata geçirildi. "Düveli muazzama", 1878 Berlin Kongresi'nde aldığı kararla Osmanlı maliyesini milletlerarası bir malî komisyonun denetlemesine karar verdi. Bu komisyon, Osmanlı Devleti'nin bütçesini yapacak, harcamalarını denetleyecekti!

Komisyonun adı, Düyunu Umumiye (Genel Borçlar) İdaresi'ydi.

20 aralık 1881'de yürürlüğe konulan bu sistem, dünya tarihinde bir ilki gerçekleştirecekti: yabancılar, alacaklı oldukları ülke-

nin başkentinde bir şirket kurarak, devlet adına bir kısım vergi ve gelirleri tahsil edecekti!

İdaresinde, İngiliz, Fransız, Alman, Avusturya-Macaristan, İtalyan ve Osmanlı alacaklarının temsilcileri bulunan Düyunı Umumiye, Osmanlı'nın sanki ikinci bir maliyesiydi.

Zamanla "birinci maliyesi" de olacaktı! 1911'de Osmanlı maliyesinde 5 472 memur çalışırken, Düyunı Umumiye'de 8 931 memur çalışacaktı!

Başta tütün olmak üzere kaçakçılığı önlemek için silahlı jandarma gücü bile kuracaktı...

Osmanlı, tarihinin en buhranlı dönemine koşar adım gidiyordu...

Avrupa ise patlamaya hazır bir bomba haline geliyordu...

Avrupa'da ortaya çıkan ulusçuluk rüzgârı, özellikle Balkanlar'ı etkiliyordu. Kilise, monarşi ve aristokrasi; liberalizm, demokrasi ve sosyalizmin karşısında hızla geriliyordu.

İnsanlar eşitlik, özgürlük istiyordu.

Avrupa yeniden biçimleniyordu...

Güç dengeleri altüst olmuştu: İngiltere, Fransa, Avusturya-Macaristan ve Rusya karşısına, uluslaşma süreçlerini tamamlamış Almanya ve İtalya çıkmıştı. Amerika Birleşik Devletleri çok uzakta olmasına rağmen, Avrupa'ya doğru yola çıkmıştı.

Hepsi yeni pazarlar, kaynaklar peşindeydi...

"Hacı" Mehmed Efendi

O karışık günlerde Evliyazade Mehmed Efendi İzmirli bazı tüccar arkadaşlarıyla birlikte Mekke'ye gitti, "hacı" oldu.

Giderken limanda nasıl ilahîlerle uğurlandı ise dönüşlerinde de aynı törenle karşılandılar. Her gidenin yaptığı gibi dostlarına dağıtmak üzere, tespih, poşu, akik yüzük, allı pullu minicik torbalarda Kâbe toprağı, Zemzem suyu, hurma ve hasır yelpazeler getirdi.

Artık İzmir'de, "Evliyazade Hacı Mehmed Efendi" olarak anılıyordu.

Ancak burada bir parantez açmak gerekiyor. O yıllarda İzmir valiliğinde bulunan Hacı Naşid Paşa, Hükûmet Konağı'nda ilk büyük baloyu veren vali olarak tarihe geçmiştir. Yani İzmir'de "hacı" olmak balo vermeye engel değildi!

İzmir'de "hacı" olmanın başka anlamları vardı.

İzmir'de bazı aileler için hacca gitmek, İslam'ın şartı değil, kamufle olabilmenin en iyi yöntemiydi!

Hacı olan Evliyazade Mehmed Efendi'nin ne kendisinin ne de ailesinin günlük yaşamı bir değişikliğe uğradı. Evliyazade Hacı Mehmed Efendi'nin yaşamı ve çocuklarının eğitimi bir Batılı gibiydi.

"Batı" yaşam tarzını benimseyen Evliyazade Mehmed Efendi'nin bu nedenle, "balocu" Vali Hacı Naşid Paşa nezdinde itibarı hayli yüksekti.

Ve.

Tarih, 5 nisan 1892.

Evliyazade Mehmed Efendi'nin ikinci kez belediye başkanlığına gelmesi, bu kez atamayla değil seçimle oldu!

Ancak belediye seçimi hayli hareketli geçti.

İzmir'e yine bir eski sadrazam vali olarak atandı.

Abdurrahman Nureddin Paşa, 1891 kasımında İzmir'e vali olarak gelip, Belediye Başkanı Helvacızade Emin Bey'le çatışınca, Belediye Meclisi'nin yeni bir seçimle yenilenmesini istedi.

Dürüstlüğüyle tanınan Vali Abdurrahman Nureddin Paşa, belediyenin eski heyetinden tek bir kişinin yeniden seçilmesini istemediğini belirtmekten geri durmadı.

Seçimin güvenli geçmesi, hile yapılmaması ve en önemlisi eski üyelerin tekrar seçilmemesi için, Vilayet İdare Meclisi üyesi güvendiği iki kişiye seçim kontrol görevi verdi. Bu iki isimden biri, Evliyazade Hacı Mehmed Efendi, diğeri ise Sefer Efendi'ydi!

Nisan ayı başında seçimler bitti. Seçim sonucunda, Uşakîzade Sadık Efendi, Evliyazade Hacı Mehmed Efendi, Yemişçizade Sabri Efendi, Dellalbaşızade Ragıb Efendi, Halimağazade Halid Efendi, Kâğıtçı Şerif Ali Efendi, Balyoszade Matyos Efendi, Kostaki Efendi ve Akkaş Yorgi Efendi belediye heyetini oluşturdu.

Uşakîzade Sadık Efendi ile Balyoszade Matyos Efendi eski meclis üyeleriydi ve Vali Abdurrahman Nureddin Paşa'nın karşı çıkmasına rağmen yeniden seçilmişlerdi. Üstelik Uşakîzade Sadık Efendi en yüksek oyu almıştı.

Abdurrahman Nureddin Paşa'nın belediye başkanlığından aldığı Helvacızade Emin Efendi ile Uşakîzade Sadık Efendi[8] akrabaydı. Aynı ailenin çocuklarıydılar. Helvacızade Hacı Ali Efendi Uşak'tan İzmir'e gelince "Uşakîzade" namını kullanmaya başlamıştı. Hacı Ali Efendi'yi takip ederek İzmir'e gelen ailenin diğer kolu ise "Helvacızade" namını kullanmayı sürdürmüşlerdi.

Uşakîzadeler ile Evliyazadeler birbirlerine çok yakındılar. Öyle ki, İzmir'in bu iki büyük ailesi birkaç yıl önce, yaşamları boyunca unutamadıkları o acılı olay başlarına gelmeseydi dünür bile olacaklardı.

---

8. Uşakîzade Sadık Efendi, Mustafa Kemal'in eşi Latife Hanım'ın dedesidir.

Uşakîzade Hacı Ali Efendi'nin oğlu, Evliyazade Hacı Mehmed Efendi'nin kızı Gülsüm'le evlenecekti.

Hazırlıkları günler öncesinden başlayan düğünü İzmirliler merakla bekliyordu.

Ancak düğüne bir gün kala...

Damat Uşakîzade Yusuf Efendi intihar etti!..

Sadece Uşakîzadeler değil, kentin yakışıklı gençlerinden Yusuf'un bu ani ölümü herkesi sarstı.

Bu olay Uşakîzadeler ile Evliyazadeleri birbirlerine daha da yakınlaştırdı.

Bu nedenle Belediye Meclis üyeleği seçimlerinde birbirlerine destek olmuşlardı.

Evliyazade Hacı Mehmed Efendi, Uşakîzade Sadık Efendi'nin belediye başkanı olmasını çok istiyordu.

Ancak valinin, en çok oyu alan Uşakîzade Sadık Efendi'yi belediye başkanlığına atayıp atamayacağı kentte konuşulup tartışılırken, meydana gelen bir olay, yerlisi ve yabancısıyla tüm İzmir'i şoke etti.

Ve ne yazık ki bu tatsız olay da yine Uşakîzadelerin başına geldi... Uşakîzade Süleyman Tevfik, Paris'te öğrenim görmüştü. İzmir'e dönünce vatan ve hürriyet üstüne yazdığı şiirler yüzünden II. Abdülhamid'in istibdat rejiminin hışmına uğramış, Bağdat'a sürgün edilmişti. Beş yıl süren sürgünün ardından İzmir'e dönmüş ve gönlünü bir genç kıza kaptırmıştı. Ancak genç kız aşkına karşılık vermiyordu.

Ve bir gün, Elhamra Gazinosu'nda sevgilisinin karşısına geçip, tabancayı şakağına dayayarak intihar etti.

İki kardeşin, önce Yusuf, ardından Süleyman Tevfik'in intiharı Uşakîzade ailesinde büyük ruhsal yıkıma yol açtı.[9]

İkinci kardeşininin de şoke ölümüne dayanamayan Uşakîzade Sadık Efendi, Belediye Meclisi üyeliğinden ayrıldı. Acısını unutabilmek için oğlu Muammer'e bıraktığı halı alım satımı ve nakliyecilik işinin başına tekrar döndü.

Latife, Halid Ziya (Uşaklıgil) gibi torunlarıyla teselli buldu.

İkinci kez belediye başkanı

Vali Abdurrahman Paşa, Uşakizade Sadık Efendi'den sonra en çok oyu alan Evliyazade Hacı Mehmed Efendi'yi belediye başkanlığına atadı.

---

9. Uşakîzadeler yıllar sonra aynı acıyla bir kez daha karşılaşacaklardı. İki amcası da intihar eden ünlü yazar Halid Ziya Uşaklıgil'in oğlu Vedat da yaşamına aynı şekilde son verecekti. Bitmedi Uşaklıgil'in torunu Tiraje Kösemihal de (Bihin'in kızı) intihar etmiştir.

Uşakîzade Sadık Efendi'nin istifasından sonra Vali Abdurrahman Paşa'nın tepkisini almamak için Balyoszade Matyos Efendi de istifa etti. Böylece Belediye Meclisi yeni üyelerden oluştu.

Belediyede gerçekleştirilen bu yenilenme sadece başkanlık ve meclis üyeleriyle sınırlı kalmadı. Bir önceki dönemde işe alınan belediye kadrosunun yüzde 70'i tasfiye edildi.

İkinci kez göreve gelen Evliyazade Mehmed Efendi, Vilayet'le tekrar iyi ilişkiler başlattı. İyi ilişkilerden kasıt, Evliyazade Hacı Mehmed Efendi'nin valinin sözünden çıkmamasıydı.

Bu çerçevede Evliyazade Hacı Mehmed Efendi'nin belediye başkanlığı dönemi, belediyenin, tekrar Vilayet'in bir şubesi haline gelme süreci olarak değerlendiriliyordu.

Ancak şanslıydı. Göreve geldiği ilk günlerde, Vilayet binasında "sığıntı" gibi duran belediyeyi, yeni binasına taşıttı.

Yeni belediye binası yeni kadroları da beraberinde getirdi.

Kadrosu içinde, 5 kişiden oluşan Muhasebe Kalemi; 5 kişiden oluşan Tahrirat Kalemi; 7 kişiden oluşan Tanzifat Muhasebe Kalemi; 160 kişiden oluşan Memurini Tanzifiye; 10 kişiden oluşan Ketebe ve Memurini Saire; 8 kişiden oluşan Memurini Tıbbiye ve Fenniye ile 57'si çavuş olmak üzere 74 kişiden oluşan Memurini İcraiye vardı...

Bürokrasinin yükünü azaltmak için, "belediye reisliği muavinliği" kadrosunu ihdas etti.

Asayiş önlemlerini artırdı; hamalların taşıdıkları malları çalmalarını önlemek, serserilerin düzen altına alınmasını sağlamak için, belediye kolluk gücünü kuvvetlendirdi.

Örneğin düğünlerde silah atılmasını yasakladı...

Dünürleri Giridîzadeler[10]

Bu uygulamayı ilk olarak kızı Evliyazade Gülsüm'ün düğününde başlattı. Davetlilerin silah atmasına izin vermedi!

Nişanlısı Yusuf'un intiharıyla bunalıma giren Gülsüm, kısa bir süre sonra Giridîzade Hacı Süleyman Ağa'nın torunu Nuri Efendi'yle evlendirildi.

İsimlerinden de anlaşıldığı gibi Giridîzadeler, Giritli'ydi.

Giridîzade Hacı Süleyman Ağa, tıpkı dünürleri Evliyazadeler gibi İzmir'in zengin komisyoncularından biriydi. Ayrıca "Serbevvabinî dergâhı"nın kurucusuydu. Tuzcuzadelerin kızı Hatice Hanım'la evliydi.

10. Evliyazadelerin soyağacı için "Ek"e bakabilirsiniz.

Tuzcuzadeler, İzmir'de ihraç mallarının depolardan limanlara nakil işlerini yürüten bir aileydi.[11]

Tuzcuzadeler, Helvacızadeler ve Uşakîzadelerle de dünürdü. Bu evlilikle Helvacızadeler, Uşakîzadeler, Tuzcuzadeler, Giridîzadeler ve Evliyazadeler akraba oldular...

Giridîzade Hacı Süleyman Ağa ile Hatice Hanım'ın evliliğinden üç çocuğu vardı: Reşid, Tahir ve Halil.

Bu üç kardeşten Halil Efendi'nin beş çocuğundan en büyüğü Nuri, Gülsüm'le evlendi.[12]

Gülsüm Hanım-Nuri Efendi çiftinin bir yıl sonra Kemal adını verdikleri bir oğulları oldu. Daha sonra bir de kızları doğdu: Faire.

Evliyazade Hacı Mehmed Efendi kızını evlendirdikten sonra tekrar belediye işlerine döndü.

Tıpkı daha önceki belediye başkanlığı döneminde olduğu gibi bazı işleri "sevap" için yaptı; bu nedenle bu giderlerin parasını cebinden ödedi. Örneğin, kendi adına Hisarönü'ndeki camiin şadırvanını yaptırdı.

Evliyazade Hacı Mehmed Efendi, dönemin İngiltere Başkonsolosu Frederic Holmwood C.B. ve Viskonsül E.C. Blech; Fransa Başkonsolosu M. Rougon ve Hollanda Konsolosu Hendrik Spakler'le çok samimiydi.

Vali Abdurrahman Nureddin Paşa, mayıs 1893'te İzmir'den Edirne'ye atandı. Onun yerine, II. Abdülhamid'in Nafıa (1879) ve Adliye (1884) nazırlıklarını yapıp daha sonra kızağa çekilen Hasan Fehmi Paşa getirildi.

Yeni vali ile Evliyazade Hacı Mehmed Efendi arasında hiçbir problem yaşanmadı. Ama acı bir olay Evliyazade Mehmed Efendi'nin belediye başkanlığını bırakmasına neden oldu...

Evliyazade Mustafa'nın ölümü

Belediye Başkanı Evliyazade Mehmed Efendi o yıllarda İzmir'i kasıp kavuran salgın hastalıkları yok etmek için var gücüyle ça-

---

11. Evliyazadelerin dünürleri Tuzcuzadeler, 1950'li yıllarda, yani Evliyazadelerin damadı Başbakan Adnan Menderes döneminde, Türkiye'nin NATO'ya girmesiyle kurulan üsler ve tesislere taşımacılık yaparak "Tuzcuoğlu Taşımacılık Şirketi"ni büyüttüler. Bugün Türkiye'nin en büyük taşımacılık şirketlerinden biri oldular.

12. Evliyazade Gülsüm'ün eşi Giridîzade Nuri Efendi'nin kardeşi Hacı Reşid Efendi'nin torunları Ertuğrul Akça, 1962'de Yeni Türkiye Partisi, 1965 ve 1969 seçimlerinde ise AP'den milletvekili olarak TBMM'ye girdi. Ertuğrul Akça'nın ağabeyi A. Orhan Akça ise 1964-1973 yılları arasında AP senatörlüğü yaptı.

lıştı. Bulaşıcı hastalıkların kentte yarattığı tahribatın önüne geçmek için, sağlık komisyonu kurdurdu.

Şehir temizliğinin sürekli denetim altına alınması için, jandarma kumandanı, sıhhiye müfettişi ve belediye zabıtalarının müşterek çalışmasını sağladı. Bütçesinin yetersiz olmasına rağmen belediye doktorlarının sayısını artırdı.

Ama ne yaptıysa İzmir'in o yıllarda en büyük sorunu olan tifonun önüne geçemedi. 1831'den beri İskenderiye, İstanbul gibi limanlardan, hatta Fransa'dan gelen tifo salgını her geçen gün artarak sürüyor, şehirde neredeyse her evden bir cenaze çıkıyordu.

Tifo hastalığı nedeniyle ölen İzmirlilerin içinde biri vardı ki, Evliyazade Mehmed Efendi'nin belediye başkanlığından ayrılmasına neden oldu. Henüz buluğ çağına yeni giren Evliyazade Mustafa yakalandığı amansız hastalıktan kurtulamayarak vefat etti.

Genç Mustafa, Evliyazade Hacı Mehmed Efendi'nin kardeşi Evliyazade Ahmed Efendi'nin oğluydu.

Demirhan'da tüccarlık yapan Evliyazade Ahmed Efendi'nin eşi Zehra'dan bir de Yümmiye adlı kızı vardı.

Mustafa'nın ölümü, Evliyazade Mehmed Efendi'yi derinden sarstı. Üstelik hem yaşlı hem de hastaydı.

Vali değişikliğinden yararlanarak istifasını verdi. Yeni vali, İngilizci olarak bilinen Kıbrıslı Kâmil Paşa'nın kalması için yaptığı ısrarlara rağmen Evliyazade Hacı Mehmed Efendi belediye başkanlığını bıraktı.

Çakırcalı'yı Levantenler koruyor!

1895 yılının kasım ayında İzmir valiliğine bir kez daha eski bir sadrazam atandı: Kıbrıslı Kâmil Paşa!

İngiliz çevrelerine yakınlığıyla tanınan Kıbrıslı Kâmil Paşa İzmir'e gelir gelmez başta Whittalller ve Forbesler olmak üzere İngiliz Levanten aileleriyle çok yakın ilişki içine girdi. Bu yakın münasebetler o kadar arttı ki, kentte, "Şehre korku salan Çakırcalı Mehmed Efe'nin eylemlerine bilerek göz yumuyor. Amacı asayişi sabote edip, İngiltere'nin bölgeye müdahalesini temin etmek. Müdahale arkasından ise İzmir'in muhtariyet kazanmasıyla birlikte kendisi de bağımsız vali olacak" dedikoduları yayılmaya başladı.

Kâmil Paşa'nın İngilizlerle yakın ilişkisi İzmir'de başını belaya soktu. Gerek bu ilişkisi gerekse Çakırcalı Mehmed Efe'yi koruduğu şeklindeki jurnaller Yıldız Sarayı'na ulaşınca, II. Abdülhamid Kâmil Paşa'dan kurtulmaya karar verdi. Saray'daki dostları saye-

sinde, azledileceğini öğrenen Kıbrıslı Kâmil Paşa soluğu İzmir İngiltere Konsolosluğu'nda aldı.
Korktuğu, Midhat Paşa'nın başına gelenlerin benzerini yaşayacak olmasıydı. Beklediği son gerçekleşmedi. İngiliz hükûmetinin girişimleriyle sürgün yerine, doğum yeri Kıbrıs'ta mecburî ikamet etmesine izin verildi.[13]

O dönemde İzmir'in başında sadece tifo gibi salgın hastalıklar belası yoktu. Şehrin etrafını sarmış çeteler de İzmir halkını canından bezdirmişti.

Bugün olduğu gibi dün de çeteler sırtını belli güçlere dayamışlardı. Örneğin İzmirli Whittall ailesi Çakırcalı Mehmed Efe'nin en büyük destekçisiydi!

Whittaller Çakırcalı'ya silah ve cephane yardımında bulunuyordu. Bu kuşkusuz karşılıklı bir çıkar ilişkisiydi.

Lojistik desteğin karşılığında Çakırcalı Mehmed Efe, Levantenleri Rum çetelerinden koruyordu!

1887'de Rum Kaptan Foti Çetesi, Bornova'da Whittaller ile Wilkinsonların dört çocuğunu dağa kaldırmış; 800 lira fidye istemiş; Whittaller zaptiyelerden habersiz parayı götürüp çocukları sağ salim teslim almışlardı. Bu olaydan sonra Levantenler güvenlik önlemlerini kendileri almay ı başlamışlardı.

Gün gelecek namı büyük Çakırcalı Mehmed Efe, Osmanlı Devleti tarafından bağışlanması için, Whittall ailesini aracı sokacak ve affedilip "düze inmesini" sağlayacaktı.

İzmir'deki bu "derin ilişkileri" bilmeden valilik, belediye başkanlığı görevini yürütmek zordu. Kıbrıslı Kâmil Paşa, Levantenlerle, yabancı tüccarlarla ve dipolomatlarla hayli sıcak ilişkisi olan Evliyazade Hacı Mehmed Efendi'nin görevi bırakmasını bu nedenle hiç istememişti. Ancak Evliyazade Hacı Mehmed Efendi kararlıydı.[14]

---

13. Gerçek midir bilinmez, Kıbrıslı Kâmil Paşa İzmir valiliği sırasında sık sık memleketi Kıbrıs'a gidiyordu. İzmir'de o tarihlerde yaptığı nüktelerle İzmir'in gönlünde taht kuran Şair Eşref'in hayranları arasında Vali Kâmil Paşa da vardı. İzmir Valisi Kâmil Paşa, Eşref'i seviyor ve koruyordu.
Bir gün, Kâmil Paşa, Kıbrıs'a giderken, Eşref'ten ne hediye istediğini soruyor. Eşref, "Kıbrıs'ın eşekleri meşhurdur, bir eşek getirirseniz makbule geçer paşam" diyor.
Bir ay sonra Kâmil Paşa, Kıbrıs'tan dönüyor. Valiyi rıhtımda karşılayanlar arasında Eşref de vardır. Kâmil Paşa vapurdan iner ve karşısında Eşref'i görünce, elini dizine vurarak "Tüh! Sen benden eşek istemiştin. Unuttum. Şimdi, seni görünce aklıma geldi" deyince Eşref altta kalacak değil ya, hemen cevabını verir: "Ziyanı yok paşam! Siz geldiniz ya!"

14. Evliyazade Hacı Mehmed Efendi'nin torununun oğlu Aydın Menderes, Kıbrıslı Kâmil Paşa ile Evliyazade Hacı Mehmed Efendi'nin çok yakın arkadaş ve dost olduklarını söylüyor. Bu iki devlet adamının dostluğunu, Evliyazadelerin yaşayan kuşağının neredeyse tamamı teyit ediyor. Ailelerine ait bu anıyı hepsinin bilmesi, yıllar boyunca bu ilişkinin hep konuşulduğu anlamına geliyor.

Evliyazade Hacı Mehmed Efendi'den boşalan İzmir Belediye başkanlığına Hacı Mehmed Eşref Paşa getirildi.

Evliyazade Hacı Mehmed Efendi, yeğeni Mustafa'nın genç yaşında vefatı, yaşlanması ve son aylarda bir türlü kurtulamadığı hastalığı nedeniyle ölüm korkusuna kapılmıştı. Evden çıkmıyordu. İşlerini oğlu Refik'e devretmişti...

Evliyazade Refik Efendi

Evin tek erkek çocuğu Refik, dadılarla, halayıklarla, hizmetçilerle büyüdüğü için hayli şımarıktı.

Refik, babası gibi ticaretle uğraşmayı hiç sevmiyordu. Ancak işsiz görünmek istemediği için, İzmir Valiliği'nin karşısında bulunan, babasına ait, "20 odası, 41 karyolası" olan Evliyazade Oteli'ni yönetiyordu.

Özellikle yabancı konukların kaldığı otelin oda fiyatları döneme göre hayli yüksekti: 50,75 ve 100 kuruş!

Bir diğer geliri de Evliyazade Hanı'ndaki dükkânların kiralarıydı.

Evliyazade Refik, işyerlerine pek uğramıyordu.

O yılların moda aksesuarı olan ve bu nedenle elinden hiç bırakmadığı gümüş saplı bastonuyla arabasına binip İzmirlilerin "Marina" dedikleri limana giderdi hemen her gün...

Marina ve çevresinde Avrupa standartlarında kafe ve restoranlar vardı. En çok tercih edilen yer "Viyanalı Bay Kraemer'in Restaurantı" ve "Cafe Loukas"tı.

Kordon'da bulunan "Sporting Club" kentin en ünlü kulübüydü. Zevkle döşenmiş tertemiz salonu, bin bir çiçekle süslü bahçesi ve terası hemen her gün dolardı. Kulübün ön tarafında rıhtım kenarında küçük şirin bir orkestra müzik yapardı.

Ayrıca çeşitli temsillerin yapıldığı küçük tiyatro salonu vardı.

Kulübe kadınlar da gelebiliyordu.

Rumlar, Türklerin kulübe üye olmaması için ellerinden geleni yapıyordu.

Buna rağmen, Osmanîzade Ziya, Uşakîzade Muammer, Sükkerîzade Tevfik gibi Evliyazade Refik de kulübün ender Türk üyelerindendi.

Evliyazade Refik çapkındı.

Levanten kızlarla arkadaşlık etmekten hoşlanıyordu.

Zaman değişiyordu.

Müslüman kızlarının Marina'da gezinmeleri ve alışverişe gitmeleri İzmir'de hiç yadırganmıyordu. Kızlar genellikle sokağa çarşafsız çıkıyorlardı. Dar olmayan elbise giyip üzerlerine bele kadar inen bir örtü atıyor, yüzlerini ince ama koyu bir başka örtüyle kapatıyorlardı.

Evliyazadelerin kızları, kadınları modayı yakından takip ediyordu. Zaten kara çarşafa hiç girmemişlerdi!

Kentte piyano merakı çok yaygındı. Evliyazade Refik Efendi piyano dinlemeyi çok seviyordu; müziğe tutku derecesinde bağlıydı.

Özellikle İzmir'e gelen İtalyan Opera Kumpanyası'nı ve Fransız Operet Topluluğu'nu kaçırmamaya gayret ederdi. Bohemya Kadın Kumpanyası gibi düşük nitelikli eğlencelere dönüp bakmazdı bile...

Evliyazade Refik Efendi alaturka müzikten de hoşlanırdı. Ancak sadece arkadaşlarıyla yaptığı pikniklerde dinlemek şartıyla.

Özellikle yaz akşamları körfezde yaptıkları kayık gezintilerinden çok keyif alırdı. On-on beş arkadaş bir olur, içlerinde saz çalanlarla, güzel seslilerle, ya yiyecek içecek doldurdukları kayıklarla denizde ya da bir bahçede sabaha kadar yerler içerler, çalar söylerlerdi.

Raşid'in yüksek perdeden sesi, Aziz'in davudî kalın dolgun sesi, Halid Eyüb'ün gazelleri sabaha kadar susmazdı.

Arap Abdi ve Şahbaz Ali'nin esprileri ortalığı kırıp geçirirdi.

Uşakîzade Halid Ziya (Uşaklıgil), Abdülhak Hamid (Tarhan), Muallim Naci ve Recaizade Mahmud Ekrem vb. şairlerden şiirler okurdu.

İzmir'in tanınmış ailelerinin çocukları bazı geceler İngiliz İskelesi'nin az ilerisindeki Madam Julia'nın lüks genelevine konuk olurlardı. Adı genelevdi ama ev herkese açık olmazdı; burada sadece kentin paralı zenginlerine hizmet verilirdi. Bu evde yer bulamayanlar, İkinci Kordon'da postane karşısındaki Cafe Costi'ye çıkan sokak başında bulunan Maison Doree ya da Madam Eme'yi ziyaret ederlerdi. Rumların işlettiği üçüncü sınıf genelevlere pek uğramazlardı.

Smyrna Races Club

Refik'in, babası Evliyazade Hacı Mehmed Efendi'yle ortak yönleri hemen hemen hiç yoktu.

Örneğin, Evliyazade Refik'in başlıca tutkusu atlardı.

Bu onun neredeyse tek "işiydi".
Ata çok iyi binerdi. Bu konuda iddiaya girmekten çekinmezdi. Bir gün yine bir arkadaşıyla iddiaya girdi. Çizmeleri ile eyerinin arasına beş altın koyulacaktı. Bu altınları düşürmeden, bir volta tırıs, iki volta da galop yaparsa altınları alacaktı.
Sonuçta iddiayı kazandı ve altınları aldı.
At yarışları İzmir sosyetesinin yan yana geldiği bir eğlenceydi. İzmir'in en önemli koşusu Sultan Koşusu'ydu.
Padişahlar adına at yarışması yapılmasını yıllar önce Sultan Abdülaziz istemişti.
Sultan Abdülaziz İzmir'e geldiğinde zengin ve meşhur bir Levanten aile olan Vitollerin Bornova'daki evinde misafir kaldığı bir gece at yarışlarından bahis açıldı. Spora ve özellikle güreşe düşkünlüğüyle bilinen Sultan Abdülaziz kendisi için bir koşu düzenlenmesini istemişti. Bunun için Hazinei Hassa'dan 300 altın tahsisat ayrılmasını emretmişti.
Evliyazade Refik, İngiltere Başkonsolosu Mr. Patterson, İngiliz tüccar Forbes ile Yahudi Levantenler Alyoti ve Rees gibi at severlerle "Smyrna Races Club" adında bir yarış kulübü kurdu.
Kurucular arasında eşinin akrabası Kapanîzade Reşad Efendi de vardı.
Evliyazade Refik, İzmir'in ünlü ailelerinden Kapanîzadelerin kızı Hacer'le evliydi.
İzmir'in en tanınmış ailelerinden Kapanîzadeler kimdi? Bu sorunun yanıtı, Evliyazadeler hakkında da bilgi sahibi olmamıza yarayabilir.
Ancak bu sorunun yanıtını öğrenmek için XVII. yüzyıla kadar uzanmamız gerekiyor...

Sabetay Sevi

İzmirlilerin "Kara Menteş" dedikleri Haham Mordahay Sevi'nin ailesi, kentteki Yahudilerin büyük çoğunluğu gibi, 1492 tarihinde İspanya'dan kovulmuştu.

XV. yüzyılın son yılları ve XVI. yüzyılın ilk yıllarından itibaren İspanya (1492), Sicilya ile Güney İtalya (1493), Portekiz (1497) ve diğer Avrupa ülkelerinden kovulmuş çok sayıda Yahudi Osmanlı Devleti'ne sığındı.

Sevi ailesi önce Mora'ya sonra İzmir'e yerleşti.

"Kara Menteş"in oğlu, Sabetay Sevi, 7 temmuz 1626 tarihinde İzmir'in Agora semtinde doğdu.

Her Yahudi çocuk gibi o da eğitimine önce kutsal kitap Tevrat'ı öğrenerek başladı. Tevrat'ın özel yorumu sonucu ortaya çıkan gizemli "kabala" öğretisine merak sardı.

Haham olarak yetiştirilen Sabetay Sevi, otuz dokuzuncu yaşının eşiğinde yoğun bir mistisizme saplandı. Yahudi toplumunu kurtaracak tanrısal ilahî güce sahip Mesih (kurtarıcı) olduğunu söylemeye başladı.

Agora'daki Portugal ve Galante sinagoglarında ilk vaazlarına başladı.[15]

Ve 31 mayıs 1665 tarihinde "Mesih" olduğunu ilan etti. Yahudi inancına göre Mesih, kendilerine, bugünkü İsrail topraklarında bağımsız bir devlet kuracak ve dünyanın dört bir yanına dağılmış olan Yahudileri bir araya toplayacaktı.

Mesih olduğunu iddia eden Sabetay Sevi, sinagoglarda ateşli konuşmalar yapmaya başladı. Taraftarlarının sayısı her gün arttı. Bu heyecanlı konuşmalar, Avrupa'dan Yemen'e, Kuzey Afrika'dan Anadolu'ya kadar geniş bir coğrafyada yaşayan insanlar arasında dalgalanmalar yarattı. Bu akım, Hıristiyanları da, Müslümanları da etkiledi.

Avrupa'daki Milleneryan Hıristiyanları da 1666 yılında İsa Mesih'in ikinci kez dünyaya gelişini bekliyorlardı. Bu kehanete göre İsa'dan önce Yahudilik içinden bir Mesih çıkması, bu Mesih'in bütün Yahudileri Hıristiyanlığa döndürmesi ve "Kutsal Topraklar"ı işgal eden "Türk" imparatorunun sonunun gelmesi gerekiyordu. Sabetay Sevi'nin ortaya çıkışı bazı Hıristiyanlara göre bu kehanetin habercisiydi!

Gelişmelerden rahatsız olan Osmanlı yönetimi Sabetay Sevi'yi tutukladı ve yargıladı. Sultan IV. Mehmed, çok uzun süren yargılamayı perde arkasından takip etti. Yargılama sonunda Sabetay Sevi'nin önüne iki seçenek kondu: iddialarından vazgeçmezse öldürülecek ya da Müslümanlığı kabul ederse hayatı bağışlanacaktı.

Yahudi dönmesi bir şeyhülislam!

Burada bir parantez açmak gerekiyor: Sabetay Sevi'nin sarayda sorgulanışı sırasında orada bulunanlardan biri de sultanın doktorlarından Hayatîzade Mustafa Fevzi Efendi'ydi.

---

15. Sinagoglar da dahil olmak üzere tarihî eserlere yeniden hayat vermek için TÜSİAD Başkanı Tuncay Özilhan ile İzmir Büyükşehir Belediye Başkanı Ahmet Priştina Agora'da büyük bir restorasyon çalışması sürdürmektedirler.

Hayatîzade aslında, gerçek adı Moses ben Raffael Abrabanel olan, Yahudilikten Müslümanlığa dönmüş biriydi. Gershom Scholem Hayatîzade için *Sabetay Sevi* adlı kitabında,

> Sultan'ın kız kardeşiyle evliydi ve 1670'te Erzurum valisiydi. 1665'e kadar Temeşvar (Macaristan) valiliği yapmıştı. (2001, s. 338)

diye yazıyor.

Hayatîzade Mustafa Fevzi Efendi'nin torunu Mehmed Emin Efendi, Osmanlı'da şeyhülislamlık yapan, –bilinen– ilk Yahudi dönmesidir! Oğullarından biri müderris olmuş, torunu Hayatîzade Mehmed Emin de dedesinin izinden gitmiş, hekimbaşı, kazasker, kadı ve müderris olduktan sonra şeyhülislamlığa kadar yükselmiştir. Yani bir Yahudi dönmesi Osmanlı'nın şeyhülislamlığını yapmıştı.

Dönelim tekrar Edirne Sarayı'ndaki sorgulamaya...
Hayatîzade Mustafa Fevzi Efendi, Edirne Sarayı'ndaki sorguda Sabetay Sevi'nin tercümanlığını yaptı.
Sonuçta Sabetay Sevi kendisine önerilen iki seçenekten birini kabul etti.
"Bu can bu bedende olduğu sürece Müslüman'ım" dedi ve "Mehmed Aziz Efendi" adını aldı.
Karısı Sara ise "Fatma Hanım" adını seçti!
Taraftarlarının bazıları bu hareketi ihanet olarak görüp, Sabetayist olmaktan vazgeçti. Hatta kimileri, "yeni durum"a karşı çıkıp intihar etti. Çoğunluk ise Müslümanlığı kabul etti. Kabul edenler kendilerine "maaminler" (inananlar) diyorlardı.
Sabetay Sevi ve yandaşlarına, dinlerinden döndükleri için, "avdetî" (dönme) denilmeye başlandı.

Sabetayistler, İslamiyet'i kabul ettiklerini söylemelerine, görünüşte Müslüman gibi hareket etmelerine rağmen, gerçekte Musevîliğe inanmaktaydılar.

> En belirgin özellikleri güçlü saklanma yeteneği olup, (...) gerçek Müslümanlara karşı kendilerini iyi korumasını bilirler. Gerçek Müslümanların hayatını yaşamak, özel yaşamlarında onlarla beraber olmak, onların doğru ve hatalı taraflarını iyi taklit etmek, görünüşte Müslümanlığın amaçlarına iyi hizmet etmek, ancak buna karşılık ken-

di iç dünyalarında Müslüman vatandaşlardan binlerce fersah ötede olmak. Ne vicdan esnekliği! Ne irade gücü!" (M. Danon, *Tarih ve Toplum*, aralık 1997)

Her birinin, hem Türkçe hem de İbranîce adı vardı. Türkçe adlar toplumsal yaşamda, İbranîce adlar ise aile ve "cemaat içinde" kullanılıyordu.[16]
Sabetayistlerin büyük çoğunluğu İspanyol göçmeni, yani "Sefarad"dı. Bu nedenle anadilleri İbranîce-İspanyolca karışımı Ladino'ydu. Çoğu Türkçe'yi ve Rumca'yı da iyi derecede konuşuyordu. Sabetaycılık sadece İzmir, Selanik gibi Osmanlı kentlerinde değil, Orta ve Kuzey Avrupa kentlerinde de yayılmıştı.
Sabetay Sevi 1675 tarihinde öldü.
Ve gerçek gizem bundan sonra kök saldı. Çünkü Mesih'e inanan büyük bir kesim Sabetay Sevi'nin gövdesel olarak Müslümanlığa döndüğünü, ancak ruhsal olarak göğe uçarak yeniden dünyaya döneceğine inandılar.

Sabetay'ın 1666'da din değiştirmesini izleyen on yıl boyunca yaklaşık 200 aile de Mesihlerinin izinden giderek Müslüman olmuştu, bu ailelerinin çoğu Edirne, Selanik, İstanbul, İzmir ve Bursa'daydı. Anadolu'da ve Balkanlar'da da din değiştiren bazı aileler vardı.
1683 yılında Selanik'teki Yahudiler arasında kitlesel din değiştirmeler görüldü ve kısa sürede yaklaşık 300 aile Müslüman oldu.
Bilinen en eski kaynak olan Danimarkalı gezgin Karsten Nibeuhr'un 1784 tarihli eserinde, burada (Selanik'te) 600 dönme aile bulunduğu belirtiliyor. (John Freely, *Kayıp Mesih*, s. 254-255 ve 258)

Gershom Scholem, *Sabetay Sevi* adlı çalışmasında nüfusun 60 000 olduğunu yazar. (s. 326)

16. www.geocities.com'da Sabetayist isimlerin kökenine ilişkin yapılan araştırmada bu kitapta karşımıza çıkacak bazı isimlere rastlamak mümkün: Beria, Berrin, Güzin, Nejat, Kemal, Ethem, İbrahim Ethem, Baha, Fatin, Sevin, Siret, Yasemin, Leyla, Nâzım, Kerem, Vedia, Yahya, Mehmet, Mehmet Ali, Sibel, Bahar, Feriha, Suzan, Melike, Esra, İpek, Niyazi, Talat, Tahir, Ata, Alp, Ender, Can, Kenan, Nuri, Cavit, İzzet vb. Türkiye'de özeladbilim (onomastik) konusunda yapılan çalışmalar genellikle küçümsenerek izlenir. Oysa Yahudi kültüründe isimlerin önemi büyüktür. Kabalaya göre her harfin bir sıra numarası, temsil ettiği bir gücü bulunmaktadır. Yani, harflerin kendi aralarında gizemli bir ilişkisi ve bunun mistik bir açıklaması vardır. Bu nedenle gerek Yahudiler ve gerekse Sabetayistler sanılanın aksine isim koyma konusunda son derece özenlidirler. Bir noktanın daha altını çizmek isterim: arama sitesi www.google.com'a "Sabetayist- Evliyazade" diye yazıp, arama yaparsanız, karşınıza, Evliyazade isminini Sabetayist ailelerin kullandığı bilgisi çıkar! Ama Türkiye'de Evliyazade soyadını kullanan her aileyi Sabetayist sanmak yanıltıcı olur.

İnananlar Sabetay Sevi'nin ölümüne inanmamışlardı; o (Maşiah) ölmemişti, sadece beden değiştirmişti ve yeniden dünyaya gelecekti.

Sabetay Sevi öldükten sonra Sabetaycılığın merkezi durumuna gelen kent Selanik'ti.

Sabetay Sevi'nin son eşi Ayşe, Selanikli'ydi.

Ayşe kardeşi Yakov Kerido'nun (Abdullah Yakub) ölen eşinin ruhunu taşıdığını öne sürdü. Sabetay Sevi (Maşiah) ile cemaat arasındaki bağlantıyı ancak Yakov Kerido'nun sürdüreceğini söyledi. Böylece Kerido'ya inanan taraftarlar oluşmaya başladı.

Yakov Kerido, yani Müslüman adıyla Abdullah Yakub, İslam'ın emirlerini eksiksiz yerine getirmeye dayalı bir esas kurdu. Kendilerini "mümin" olarak gören bu grup üyeleri namazını, orucunu, zekâtını ihmal etmiyordu.

Çokeşlilik ve boşanma konusunda Müslümanlardan farklıydılar. Sabetayistler birden fazla eşe karşıydılar.

Evlilik, sünnet, seyahat, işe başlama, hatta ameliyat konusunda bile liderlerine danışıyorlardı. Din, giysiler, örf ve âdetler hususunda mevcut olan düzene ayak uydurmakta hiç güçlük çekmiyorlardı.

Hatta, Abdullah Yakub cemaat mensuplarına örnek olmak için, yanına "müritlerinden" Mustafa Efendi'yi alarak Kâbe'ye hacı olmaya gitti. Ancak Mekke'ye giderken deve üzerinden düşerek öldü. "Hacı" olup dönen Mustafa Efendi "tarikatın" başına geçti.

Hacı Mustafa Efendi kendisine iki halef seçti: Mehmed Ağa ve İzak Ağa. Bunların unvanları "Zişan"dı!

Yakov Kerido'nun sağlığında başlayan grup içindeki tartışmalar bitmedi, daha da alevlendi. Muhalif grubun başını Mustafa Çelebi çekiyordu. Mustafa Çelebi, sadık adamlarından Abdurrahman Efendi'nin Sabetay Sevi'nin ölümünden dokuz ay sonra doğan oğlu Baruchiah Russo Maşiah'ın ruhunu taşıdığını ileri sürdü.

Yani Sabetay Sevi'nin ruhunu Yakov Kerido değil, Baruchiah Russo taşıyordu.

Sabetayistler ikiye bölündü. Baruchiah Russo, yani Müslüman adıyla Osman Baba'ya inananlar gruptan ayrıldı ve bunlara Karakaş (Karakaşîler) dendi.

Kalanlara, Yakov Kerido'nun Müslüman adı Abdullah Yakub'dan dolayı "Yakubîler" denildi.

Zamanla Karakaş grubu da parçalandı.

Karakaşların bir süre sonra, kırk yaşına gelen Osman Baba'yı

Mesih ilan etmesi grup içinde tartışmalara yol açtı. İbrahim Ağa, Osman Baba'nın Mesih değil Mesih temsilcisi olabileceğini söyledi.

Tartışmalar sürerken, Osman Baba'nın ölümü grupta ayrılığı kesinleştirdi. Çünkü İbrahim Ağa, "Mesih ölmez, bedeni çürümez" görüşünü ileri sürerek, mezarın açılmasını istedi. Mezar açılmadı ve İbrahim Ağa başkanlığındaki grup Karakaşlardan koptu.

Çoğunluğu İzmirli olan ve başını İbrahim Ağa'nın çektiği gruba "Kapancı" (Kapanîler)[17] denildi.

"Yakubîler", "Karakaş" ve "Kapancı" adlı bu üç Sabetayist grubun toplumsal ve ekonomik konumları birbirlerinden farklıydı.

Yakubîleri, Selanik'teki üst sınıf Osmanlı memurları oluşturuyordu.

En kalabalık grup olan Kapancılar, çoğunlukla İzmir'de oturuyorlardı; üst ve orta sınıfı oluşturan tüccarlardı.

Muhafazakâr olmalarıyla bilinen Karakaşlar ise, zanaatkâr, esnaf ve işçilerden oluşuyordu. Örneğin berberler, kasaplar, kunduracılar ve hamallar bu gruba dahildi. Öyle ki, ilk dönemlerde Selanik'teki berberlerin tamamı Karakaş'tı.

Bu üç ayrı grup, ayrı yerlerde ibadet ediyorlar, ayrı mezarlıklarda toprağa veriliyorlardı. Birbirlerinden kız alıp vermiyorlardı.

Osmanlı döneminde böyleydi, peki örneğin yarım yüzyıl önce nasıldı?

Bu nedenle araya girip bir not yazacağım:

Türkiye'nin en ünlü Sabetayist ailesi İpekçiler, Karakaş'tı. Bu grubun tutuculuğuna bir örnek vermek istiyorum. Gazeteci Abdi İpekçi Büyükada'da tanıştığı Esin Dölen adlı genç kızla nişanlandı. Ancak bu birlikteliği Abdi İpekçi'nin babası ve ağabeyi hiç tasvip etmedi. Sonunda nişan bozuldu. Yazılanlara bakılırsa İpekçiler, Dölen ailesinin yaşam tarzlarını çok farklı buldukları için nişanı bozmuşlardı.

Ben size gerçeği yazayım: Esin Dölen, ünlü tütün tüccarı Kâtipzade Mehmet Dölen'in kızıydı.

Kâtipzadeler, Kapancı grubuna dahildi.

Esin Dölen'in annesi Nermin Hanım, İzmir Belediyesi eski başkanlarından Osman Kibar'ın amcaoğlu Sarım Kibar'ın kızıydı. Kibar ailesi Karakaş'tı...

Kapancı Mehmed Efendi ile Karakaş Nermin Hanım'ın evlenmesi, o yıllarda bu iki grup arasında hayli fırtınalar yarattı. Karakaşîler, Yakubîlere değil ama ayrıldıkları Kapanîlere aradan yıllar

---

17. "Kapanî" İbranîce'de "İzmirim" demektir. (Yalçın Küçük, *Tekeliyet*, 2003, s. 243)

geçmesine rağmen hâlâ hınç doluydular.

Baskılar olsa da, Nermin Hanım'ın güçlü kişiliği bu evlilik önündeki tüm engelleri kaldırdı. Ama Karakaşlar bu evliliği hiç onaylamadı.

Başta baba Süleyman Cevdet İpekçi ve büyük ağabey Mehmet İpekçi, bu evliliğine karşı çıktılar. Abdi İpekçi'nin, annesi Karakaşî bile olsa, Kapanî bir adamın kızıyla evlenmesine razı olmamışlardı.

Hayat tarzlarının farklı olduğunun söylenmesi sadece bir kılıftı. Çünkü Abdi İpekçi, Esin Dölen'den sonra kimle evlendi dersiniz; Nermin Hanım'ın kardeşi Ali Kibar'ın damadı Emir Dilber'in kız kardeşi Sibel Dilber'le... Dilberler Karakaşîler arasında en muhafazakâr aileydi.

Abdi İpekçi'yle nişanı bozan Esin Hanım da "Altınyıldız" markasını Türkiye'ye kazandıran Kerim Kerimol'la evlendi.[18]

İpekçi, Dilber, Kibar, Şamlı, Aker, Cezzar, Başkurt, Gencer, Atam, Ülger, Biren, Ogan, Atatür, Gerçel, Mısırlı gibi Karakaşî aileler cenazelerini genellikle, Sabetayistlerin mezarlığı olarak bilinen Üsküdar'daki Bülbülderesi Mezarlığı'na defnediyorlar. Bülbülderesi Mezarlığı'ndaki mezarların hemen tamamı Karakaşî'dir! Örneğin yukarıda adları geçen Ayla (Kibar)-Emir Dilber çifti bu mezarlığa defnedilmiştir.

Bülbülderesi Mezarlığı'nın girişindeki caminin adı Feyziyehatun Camii'dir.

Bugüne kadar yazılan kitap ve makalelerde, Feyziye Mektepleri için "Sabetayistlerin okulu" diye yazılmaktadır. Bu okulu 1873'te Selanik'te kuran Şemsi Efendi (ki mezarı Bülbülderesi Mezarlığı'ndadır), okulun ilk müdürü Cavid Bey, 1900 yılında tüm mallarını okula bağışlayan Mısırlı ailesi ve okulun Türkiye'deki on kişilik kurucu listesinin tümü Karakaşî'dir.

Ölülerini hâlâ Bülbülderesi Mezarlığı'na defnetmelerinin ve Feyziye Mektepleri'nin yüz otuz yıldır dimdik ayakta durmasının bir tek sebebi vardır: Karakaşîler, Yakubîler ve Kapanîler gibi asimile olmamıştır!

Ama şunun altını da çizmek zorundayım: Feyziye Mektepleri'nin Karakaşîlerin olması, okulda Türk, İngiliz, Fransız, Müslüman, Yahudi, Hıristiyan, Sabetayist (Kapanî, Yakubî) yani hemen

---

18. Nermin Kibar-Kâtipzade Mehmet Dölen evliliği bu iki grup arasındaki ilk evlilik değildi. Keza Karakaşî Şamlı ailesinin kızı Ayşe Şamlı'nın (ünlü tiyatrocu Engin Cezzar'ın teyzesi), Kapancı grubundan Ahmet Kapancı'yla evlenmesi de iki grup arasında gerginliğe yol açmıştı. Ama buna benzer "gerici tepkilere" rağmen, günümüzde bu tür evliliklere sık sık rastlanmaktadır.

her ırk, din ve dilden, her gruptan öğrencinin ders görmesine engel değildir.

Biz yine Evliyazadelerin hikâyesine dönelim...
Evliyazadelerin dünürü Kapanîzadeler, bu üç Sabetayist gruptan Kapanîlere mensuptu!
Sabetay Sevi, Musa Peygamber'in "On Emir"inden ilham alarak on sekiz emir yayınladı. Bunlardan on yedinci emir "müritlerinin" Müslüman biriyle evlenmelerine getirilen kesin yasaktı: "On yedinci budur ki, onlarla (Müslümanlarla) nikâh akdedilmemesi lazımdır."
Toplumsal yaşamda İslam dininin gereklerini yerine getirecekler, ancak kesinlikle gerçek Müslümanlarla evlenmeyeceklerdi! Aksi takdirde cehennemlik olacakları uyarısı vardı.
Kızları Hatice'yi, Evliyazade Refik'le evlendiren İzmirli Kapanîzadeler "asimile" olup, Sabetay Sevi'nin emrini dinlememiş olabilirler mi?
Ya da...
Evliyazadeler Sabetayist miydi?
İki ailenin birbirinden kız alıp vermesi ve "özeladbilim" (onomastik) güçlü bir olgu! Ama bunlar yeterli midir?
Çünkü zamanla Sabetayistler arasında Osmanlı-Türk toplumu içinde asimile olup Mesih inancından kopan aileler vardı.
Sabetay Sevi konusunda Türkiye'de ilk araştırmayı yapan isimlerden İbrahim Alaettin Gövsa, *Sabetay Sevi* adlı kitabında bir noktaya dikkat çekiyor:

> 1884 senesine doğru *Goncai Edep* isimli bir mecmua çıkaran genç Sabetayistler, güya Sabetay ananesinin artık unutulması lazım geldiği ve izdivaç yoluyla Türk camiasına karışmamanın pek gülünç olduğu şeklinde propagandalar yapmaya başlamışlardır. (2000, s. 81)[19]

İbrahim Alaettin Gövsa'nın verdiği bilgi eksikti. *Sabetay Sevi ve Sabetaycıların Gelenekleri* adlı kitabın yazarı Prof. Abraham Galante "eksik bilgiyi" tamamlıyor:

> Sabetay Sevi, gençler tarafından yayımlanan *Goncai Edep* adlı dergide, "XVII. yüzyılın şarlatanı" olarak tanımlandı. Bu durum karşı-

---

[19] *Goncai Edep* dergisini çıkaran isimlerden Fazlı Necib Sabetayist bir ailenin oğluydu. *Asır* ve *Yeni Asır* gazetelerinin kurucusu ve başyazarı Fazlı Necib, *Sabah* gazetesinin sahibi Dinç Bilgin'in babası Şevket Bilgin'in öz amcasıdır. Bilgin ailesi Yakubî Sabetayist'ti.

sında, grubun başkanı gençlere ait olan bazı hakları sınırlamak zorunda kaldı. Yabancı bir dilin eğitimi, İstanbul yüksekokullarına gitme, tıp eğitimi, hukuk ve eczacılık gibi eğitim faaliyetleri onlara yasaklandı. Daha sonra bu yasak kalktı ama bu gençlerin Avrupa'da eğitim görmeleri yasaklandı. (2000, s. 87)

Görünen o ki, XIX. yüzyılın sonlarına doğru Sabetayistler arasında Mesih konusunda farklı düşünceler ortaya çıkmıştı.

Bazı Sabetayist gençler Sabetay Sevi'nin "şarlatan" olduğunu düşünüyordu. Ama aile büyükleri tarafından da hemen cezalandırılıyordu. Bunlar ne zaman oluyordu; Evliyazade Refik ile Kapanîzade Hacer'in evlendiği dönemde! Yani henüz aile büyüklerinin, "Sabetayist-Müslüman" evliliğine pek sıcak bakmayacağı bir dönemde!..

Ayrıca Evliyazadeler ile Kapanîzadeler arasında bu ilk evlilik olmayacaktı...

Birkaç yıl ileriye gidelim...

Bir cenaze, bir düğün

O gün, Karşıyaka'daki evde konuklar vardı. Uşakîzade Muammer Bey'in eşi Adviye kucağındaki bebeği Latife'yle, akrabaları Evliyazadelere misafirliğe gelmişti.

(Ara not: o gün o evde bulunan, Evliyazadelerin küçük kızı Beria ve Uşakîzadelerin minik bebekleri Latife, gün gelecek, iki Selanikli'yle evleneceklerdi. Ve gün gelecek, Selanikli damatlardan biri, diğer Selanikli damadın idam fermanını imzalayacaktı...)

Bu trajik olayı kitabın ileri bölümlerine bırakıp o gün Karşıyaka'daki konakta yaşanan bir başka acı olaya dönelim...

Evliyazade Hacı Mehmed Efendi, misafirliğin gerçekleştiği o gün, sürekli oturduğu koltuğundan kalkamadı.

Ölmüştü.

Geleneklerine göre cenazesi hemen o gün kaldırıldı.

Cenazesi bir devlet törenini andırıyordu; Vali Kıbrıslı Kâmil Paşa'dan Belediye Başkanı Eşref Paşa'ya kadar şehrin tüm bürokrat kadrosu, Rum, Ermeni ve Levanten işadamları, kentin tanınmış simaları ve İzmir Belediyesi çalışanları cenazedeydi.

Hacı olduğu için, tabutun üst ön ucunda, ipekten sarımtırak dallı nakışlarla işlenmiş bir abani vardı...

Evliyazade Konağı, en büyük direğini kaybetmişti. Bu büyük

temel taşı çökünce bütün yapı kısa zaman büyük bir sarsıntı geçirecekti...

Yıl 1897.
Babasının ölümünün ardından, önce Naciye evlenerek konaktan ayrıldı.
Naciye evlendiğinde on dört yaşındaydı. Kocası uzaktan akrabaları Yemişçizadelerin oğlu İzzet'ti.
Naciye kocasının evine giderken yanında ablası Makbule'yi de götürdü.
Yemişçizade İzzet Efendi'nin yaşı Naciye'ye göre epey büyüktü. O halde neden on dört yaşındaki Naciye yerine, yirmi bir yaşındaki Makbule'yle evlenmemişti? Bilinmiyor!
Yemişçizadeler, Evliyazade Mehmed Efendi gibi simsarlık yapıyordu. Kilizman'da (Güzelbahçe) geniş arazileri vardı. Kuru üzüm ticaretiyle meşguldüler.
Ali Paşa Caddesi üzerindeki "Yemişçizade Hanı" onlarındı.
İzzet Efendi ticaretle ilgilenmeyi sevmiyordu. O işi yeğenlerine bırakmıştı.
Üç Yemişçizade yeğenden, Sabri ve İsmail Hakkı hiç evlenmediler. Mehmed Nuri, Kapanîzade Tahir Bey'in kızıyla evlendi.
Yemişçizadeler de, Kapanî Sabetayistlerden kız almışlardı. Yemişçizadeler Sabetayist miydi?
Yanıtı daha zor bir soru:
Yemişçizadelerin dünürü Kapanîzade Tahir Bey'in bir diğer kızı, Uşakîzade Muammer Bey'in oğlu (Mustafa Kemal'in eşi Latife'nin ağabeyi) Ömer'le evlenecekti. Uşakîzadeler Sabetayist miydi?
Bu bir sır!
Ama şunu biliyoruz ki, İzmir'in köklü aileleri Yemişçizadeler, Kapanîzadeler, Uşakîzadeler, Giridîzadeler, Tuzcuzadeler, Helvacızadeler ve Evliyazadeler akrabaydı. Birbirlerine kız alıp vermişlerdi!
Geçelim...

Yemişçizadelerin arazilerinin bulunduğu Kilizman'a o yıllarda çoğunlukla Rum nüfus yerleşikti. Bu nedenle Yemişçizade İzzet Efendi Rumca'yı anadili gibi konuşuyordu.
"Mektebi kaleni birinci mümeyyizi"ydi. Ayrıca rüştiyeye de gönüllü olarak Arapça ve Farsça dersler veriyordu.
Fransızca da bilirdi. Eşi Naciye ve baldızı Makbule'ye Fransızca öğretti.
Evliyazade Konağı'ndan küçük yaşta evlenerek ayrılan Naciye

ve ablası Makbule'nin öğretmeni hep Yemişçizade İzzet Efendi oldu. İzzet Efendi, Naciye'nin sadece eşi değil, babası, ağabeyi kardeşi, her şeyi olmuştu.

Ne yazık ki bu mutlu evlilik, zaman gelecek, Manisa Emrazı Akliye ve Asabiye Hastanesi'nde (Akıl Hastanesi) son bulacaktı... Henüz trajik sonuç uzaktaydı. Yemişçizade İzzet Efendi Avrupalı bir görünüme sahipti. Eşi ve baldızının da öyle olmasını istiyordu. İki kız kardeş, Naciye ve Makbule, İzzet Efendi'nin teşvikiyle dans öğretmeni Yahudi Cezane Efendi'den ders aldılar. Cezane Efendi elinde kemanı bir yandan çalar, bir yandan dans ederdi. O zamanlar kare danslar denilen, kadril ve lansiye ile dönen danslar dedikleri polka, mazurka stokiş, vals modaydı.

Cezane Efendi'nin İzmir'in Yahudi çevresinde hayli öğrencisi vardı. Bu gençlerin katıldığı özel dans geceleri tertip ederdi.

Bu gecelere başlarındaki fesi çıkarıp, frak giyen Müslümanlar da katılırdı. Yemişçizade İzzet, Evliyazade Refik, Uşakîzade Halid Ziya (Uşaklıgil) bu isimlerden bazılarıydı.

Bir diğer Yahudi öğretmen Alman Widelmann'dı.

Ama o dans-müzik hocası değildi. Zengin Müslüman ailelerinin çocuklarına evde matematik, kimya öğretirdi.

Naciye Hanım, İzzet Efendi'den bir hayli etkilendi. Fransızca'yı öğrenerek kendini geliştirdi.

Bir süre sonra Naciye, alafrangalaşan İzmirli Osmanlı kadını profiline de pek benzememeye başlamıştı.

Ünlü edebiyatçılarla mektuplaşmaktaydı. Dönemin edebiyatçılarıyla oturup sohbetten zevk alıyordu.

Ailece İzmir'deki edebiyat dünyasına yakındılar. Öyle ki o yıllarda şiir yazmak için çaba sarf eden Uşakîzade Halid Ziya'yı, düzyazı yazmaya teşvik eden kişi İzzet Efendi olmuştu.

Naciye Hanım'ın kalemi güçlüydü. Tevfik Fikret, Hüseyin Cahid (Yalçın), Selanikli Cavid, Namık Kemal'in oğlu Ali Ekrem (Bolayır), Muallim Naci, adını Midhat Paşa'nın verdiği Ahmed Midhat Efendi, Recaizade Mahmud Ekrem, Celal Sahir (Erozan), Faik Ali (Ozansoy) gibi yazar ve şairlerin bulunduğu *Serveti Fünun*'a makaleler yazmaya başladı.[20]

II. Abdülhamid'in istibdat günlerinde, rejim için bu kadar tehlikeli isimlerin bir yayın organında buluşması ve buna izin verilmesi şaşırtıcı gelebilir. Ancak mevcut isimler *Serveti Fünun*'da

---

20. Serveti Fünun, yani adı "bilimlerin zenginliği" anlamındaki dergi 1891 yılında Ahmed İhsan (Tokgöz) yönetiminde kuruldu. Aynı zamanda bira fabrikası sahibi de olan Ahmed İhsan, gazeteci Hakkı Devrim'in eşi olan çevirmen Gülseren Devrim'in dedesidir.

yazarken "tehlikeli" değillerdi. Öyle ki, en muhalif isim Tevfik Fikret, II. Abdülhamid'in tahta çıkışının yıldönümü nedeniyle *Mirsad* dergisinin açtığı yarışmada, "Sitayişi Hazreti Padişahî" şiiriyle birinci olmuştu. Keza, yine II. Abdülhamid'in doğum günü nedeniyle, "Tebriki Veladetihi ve Arzı Şükran" adlı şiiriyle padişaha şükranlarını sunan, geleneğin etkisi altında bir şairdi.

Henüz Hüseyin Cahid (Yalçın), ölene kadar çalışma odalarını süsleyecek, Fransa'da İmparator Napolyon'un saltanatının yıkılıp, Üçüncü Cumhuriyet'in kuruluşunu tasvir eden Gambetta'nın resmini asmamıştı...

Evliyazade Naciye Hanım'ın yazıları bu nedenle "tehlike arz etmiyordu"! Edebiyatı çok seviyordu. Gül Sokağı'ndaki Alliance Française, Librairie Française et Anglaise ile Frenk Caddesi'ndeki Alfred Abajoli adlı kitabevlerinden kitap, gazete ve dergi almak, bunları okumak en büyük zevkiydi.

Naciye Hanım, gün gelecek bu kültürel birikimini, torunu Yüksel Menderes'in edebiyat derslerine yardımcı olabilmek için de kullanacaktı!..

Yardımseverdi. O yıllarda verem İzmir'de yaygındı. Naciye Hanım veremle mücadele veren örgütlerde görev yaptı.

Batı'ya en açık İzmir bile sağlıktan eğitime kadar yığınla sorunla baş edemezken, Osmanlı Devleti "kurtlar sofrası"ndaydı.

Mehmed Akif'ten Almanlara övgü

Osmanlı'nın "milleti sadıka" dediği Ermeniler, Rusya'nın meydanlarında düzenlenen ve perde arkasında 1887'de kurulan Hınçak ve 1890'da kurulan Taşnaksutyun adlı Ermeni ihtilal örgütlerinin bulunduğu ayaklanmalara katılıyordu.

Osmanlı'nın doğu toprakları neredeyse hemen her gün bir ayaklanmaya sahne oluyordu artık. Sadece bir yıl içinde, 1895 yılında Ermeniler, Sivas, Trabzon, Kayseri, Erzincan, Bitlis, Bayburt, Urfa, Diyarbakır, Maraş, Malatya, Yozgat, Halep gibi yerlerde toplam yirmi altı isyan çıkardılar.

Ayaklanan Ermenilerin amacı belliydi: kanlı bir isyan... Osmanlı Devleti'nin müdahalesi... "Katliam var" diye Avrupa kamuoyunun ayağa kaldırılması... Önce Avrupalı büyük devletlerin müdahalesiyle özerklik... Ardından bağımsızlık...

Ermeni isyanları İzmir'e uzaktı. Zaten İzmir'deki Ermeniler de ikiye bölünmüştü. Genellikle Ortodoks Hıristiyanlara (Ruslara ve Yunanlılara) kendilerini yakın hisseden Gregoryen Ermeniler,

Roma-Katolik Kilisesi'ne bağlı Ermenilerden nefret ediyorlardı.

Gregoryen Ermeniler İzmir'de sayıca azdılar, bu nedenle seslerini fazla çıkarmıyorlardı; ama içten içe kentin hemen burnunun ucundaki bir provokasyonu gönülden destekliyorlardı.

Osmanlı "milliyetçilik rüzgârıyla" baş edemiyordu. Girit'teki Rumlar da başkaldırmış, Yunanistan'la birleşmek istiyorlardı.

Osmanlı ayaklanmayı bastırmak için uğraşırken, Yunanistan, ada Rumlarının istekleri yerine getirilmediği takdirde Girit'e müdahale edeceğini açıkladı.

Gerginlik sonuçta Türk-Yunan Savaşı'nın başlamasına neden oldu. Bu arada başta Rumlar olmak üzere İzmir de yanı başındaki savaştan etkilendi.

Osmanlı yönetimi, İzmir'de Yunanistan pasaportu taşıyan Rumların yirmi gün içinde ülkeyi terk etmelerini istedi. Rumların İzmir'den çıkarılmaları İngiliz tüccarların, simsarlarını kaybetmeleri demekti. En iyi çare şehirdeki Yunan pasaportu taşıyan Rumların İngiliz vatandaşlığına alınmasıydı. Kısacık bir sürede, İngiliz Konsolosluğu 2 626 İzmirli Rum'a İngiliz pasaportu verdi.

İzmir'deki Rum tüccarların imdadına İngilizler yetişmişti.

Osmanlı Ordusu Yunanlara karşı Girit'te zafer kazanacaktı ki, bu kez Yunanlıların yardımına sadece İngiltere değil, Fransa ve Rusya da yetişti. Batılı devletler, Girit'e tam bir özerklik verilmesi için II. Abdülhamid'e baskı yaptılar. Buna karşılık adanın hiçbir zaman Yunanistan'a bağlanmayacağına dair güvence verdiler. İngiltere, Fransa ve Rusya, verdikleri güvenceyi hayata geçirmek için, askerlerini Girit'e gönderdiler.

İngiltere, Fransa ve Rusya'nın Girit'teki tavrı şaşırtıcı değildi.

Bu üç büyük devlet, 1878'deki Berlin Antlaşması'nın ardından "hasta adam" Osmanlı'nın toprak bütünlüğünü garanti etme politikasından vazgeçerek, bu ülkeyi bir an önce parçalama sürecini başlatmışlardı.

Bu politikanın farkına varan II. Abdülhamid, XIX. yüzyılın son çeyreğinde dünya siyasetine ağırlığını koymaya başlayan Almanlara yaklaştı.

Staretejisi belliydi: büyük devletler arasındaki rekabetten yararlanarak Osmanlı'nın toprak bütünlüğünü korumak!

Osmanlı Almanya'nın siyasal, ekonomik ve askerî gücüne; yeni sömürgelere aç Almanya ise başta petrol olmak üzere Osmanlı'nın doğal kaynaklarına ve büyük pazarına muhtaçtı.

1870'lerde bölgede rakipsiz bir güç olan İngiltere'nin ekonomik krize girmesi Almanların işini kolaylaştırmıştı.

Almanların "Drang Nach Osten (Doğu'ya Doğru Genişleme)" politikası adını verdikleri yayılmacı siyasetlerinin İngilizlerden farkı vardı: Almanlar bu planlarını Müslüman kimliğiyle, "İslam dostluğu" ve "İslamiyet'i kurtarma" adına yapıyordu!..

Ne tuhaf değil mi, II. Abdülhamid'in Panislamizm politikası aslında, Osmanlı'yı sömürgeleştirmek isteyen Almanya'nın Doğu staretejisine ne kadar benziyordu!

Eh, Almanlar bu politikayla sadece II. Abdülhamid'i "kandırmamışlardı".

Şair Mehmed Akif dahil, bazı Osmanlı münevverleri Almanya'yı Doğu halklarının kurtarıcısı olarak görüyordu:

Değil mi bir anasın sen, değil mi Alman'sın
O halde fikr ile vicdana sahip insansın;
Bilir misin ki senin Şark'a meyleden nazarın
Birinci defa doğan fecridir zavallıların.[21]

Almanların Doğu'ya doğru genişlemesine İngiltere'nin bütün gücüyle karşı çıkacağı açıktı. İngilizler başta petrol olmak üzere yeraltı zenginliklerinin, hele hele Mısır'ın ve Hindistan'ın avucunun içinden çıkmasını hiç istemiyordu.

Ancak "atı alan Üsküdar'ı geçmişti". Bağdat demiryolu ve ardından Hicaz demiryolu ihalesini Almanlar aldı. Bunlar Almanya-Osmanlı ittifakını perçinledi. Bunu diğerleri izledi. Projeleri uzun uzun yazmaya gerek yok. Sadece bir örnek vermek, son dönemdeki Alman yatırımlarının büyüklüğünü göstermek açısından yeterli olacaktır:

1880 yılında Almanların Osmanlı'daki yatırımları 40 milyon marktı. Bu miktar 1913 yılında 600 milyon marka yükselecekti.

Osmanlı ordusunu da artık Alman subaylar eğitmeye başlamıştı.

Gündelik hayatta da "Alman rüzgârı" esiyordu...

İzmir'de o günlerde herkes, Alman İmparatoru II. Wilhelm gibi bıyıklarının uçlarını yukarı buran Kantarağasızade Ömer Salaheddin Bey'in bu yeni tipini konuşuyordu. Hem elmas yüzük takıp, hem de yüzüklü parmağından eldivenine delik açtırdığı için kentin, "görgüsüz" diye gizli gizli alay ettiği, Kapanîzadelerin damadı Osmanzade Rüşdü Bey'in dedikodusunu bile geride bırakmıştı, bu Alman bıyığı modası.

Zamanla bu Alman bıyığı, başta subaylar olmak üzere Osman-

---

21. "Emperyalizm Karşısında Mehmet Akif", Cevdet Kudret, Yön, sayı 196.

lı erkeklerinin çoğunu etkileyecekti. Bu modanın Evliyazade Refik'i de etkilememesi olanaksızdı.
Ama o günlerde Evliyazade Refik'i sevince boğan gelişme bambaşkaydı...

II. Abdülhamid'den Evliyazadelere ödül

1869 İzmir doğumlu Charlton James Giraud.
1872 İzmir doğumlu Harold Frederic Giraud.
1880 İzmir doğumlu Edmond Haydn Giraud.
Giraud ailesinin bu üç ferdi de Evliyazade Refik'in yakın dostuydu.
Evliyazade ailesi ile Giraud ailesinin ticarî ilişkileri, Evliyazade Hacı Mehmed Efendi vefat ettikten sonra da devam etti. Ama Evliyazade Refik'in Giraud ailesiyle ilişkisi salt ticarî değildi.
Ortak tutkuları at sporu ve at yarışlarıydı!
At sporu o yıllar için aristokratların sporuydu.
Yaz aylarının sıcağından etkilenilmemesi için yarışlar ilkbahar döneminde düzenlenirdi. İzmir'in tanınmış simaları festival havasında geçen yarışlara büyük önem verirlerdi.
Yarış günü konuklar sabahın erken saatlerinde, en şık kıyafetleriyle yarış alanına gelirlerdi. Özellikle Levanten kadınların şık şapkaları günlerce konuşulurdu.
Evliyazade Refik'in iki başarısı İzmirlilere, Levanten kadınların şıklığını unutturdu.
Birinci başarı:
Giraud ailesinin üç ferdiyle birlikte Torbalı'nın Tepeköy mevkiinde bir yarış sahası kurduğu için, II. Abdülhamid tarafından bir nişanla ödüllendirildi.
İzmirliler nişanı kendileri almış gibi sevindiler.
İkinci başarı:
İzmir'deki at yarışlarına katılanlar hep yabancılardı. Özellikle de İngilizler. Üstelik sadece at sahipleri değil seyis, antrenör, jokeyler de İngiliz ve Rum'du. Türkler ise yalnızca seyirciydi. Yarışlar Paskalya Bayramı'na denk getirilirdi. Yedi koşu üzerinden yapılan yarışta hangi millete mensup at sahibinin atı kazanırsa, ülkesinin bayrağı şeref direğine çekilir, bando o ülkenin marşını çalardı.
İzmirli Türklerin hiçbir başarısı yoktu. Ne yarış kazanmış at sahibi ne de jokey vardı.
Evliyazade Refik Efendi, İzmir Kızılçullu'daki yarışları her zaman İngilizlerin, Yunanlıların ve Mısırlıların kazanmalarına üzü-

lüyordu. Levantenlerin alaycı şakalarına canı sıkılıyordu.
Ve bir gün bu talihi tersine çevirdi.
Kendi bindiği "Yerli" adlı Arap atıyla yarışa girdi. İngiliz, Fransız, Yunan, Alman ve Mısırlı jokeyleri geçerek üst üste üç yarış kazandı. Evliyazade Refik'in bu başarısı sadece İzmir'i değil çevre şehirleri de sevince boğdu.
Sadece at yarışlarında değil, Evliyazade Refik Efendi'nin İzmir sosyal hayatında da çok ağırlıklı bir yeri vardı.
İzmir'in simgesi haline gelmiş Konak Meydanı'ndaki saat kulesini, bu kente gitmiş hemen herkes görmüştür.
İşte bu saatin yapımında Evliyazade Refik'in katkısı vardı.
1900 yılı, aynı zamanda, Sultan II. Abdülhamid'in tahta çıkışının yirmi beşinci yılıydı...
Bu nedenle o yıl "millî bayram" ilan edildi.
Tüm imparatorlukta, en ücra köşelere varıncaya kadar büyük kutlamalar organize edilmekte ve günün anısına kalıcı eserler vücuda getirebilmek için herkes çaba sarf ediyordu. Her kent, her kasaba, her köy, II. Abdülhamid'in gözüne girmek için zorlu bir yarışa başlamıştı.
İzmir'in ileri gelenleri, bu yarışı birincilikle bitirmek istiyorlardı.
Konak Meydanı'na bir saat kulesi inşa etme kararı aldılar.
Saat kulesinin yapımı için hazırlıklara girişildi. İlk iş olarak, bir yardım kampanyası düzenlendi.
Tüccarlardan en çok para yardımını üç isim yaptı: Evliyazade Refik Efendi, Yemişçizade Tahir Efendi, Caferîzade Şamlı Said Efendi. Üçü de 20'şer Osmanlı lirası bağışlamıştı.
En büyük bağışı, tekrar II. Abdülhamid'in "gözüne girmek" için, Vali Kıbrıslı Kâmil Paşa yaptı: 50 Osmanlı lirası.
Matyos Efendi, İstefan Efendi, Arabyan Karabet Efendi, Sarrafim Efendi, Simon Simonaki Efendi gibi İzmir'in tanınmış tüccarları da parasal yardımı esirgemediler.
Yardımların büyüklüğünü anlatabilmek için size bir örnek vereyim: o dönemde bir mağazada çalışan başkâtibin aylık ücreti 250-300 kuruştu.
Saat kulesi 1 eylül 1901 günü törenle açıldı.
Saat kulesinin anlamı büyüktü. Saat kulesi modernleşmenin göstergesiydi. Ezanî zaman ölçümünü kullanan Müslüman halk, artık bilimsel zaman ölçümüne yöneliyordu.
Saat kulesinin kendisi için anlamı büyük olan bir kişi daha vardı: Evliyazade Refik.
Çocukluğundan beri saat koleksiyonu yapıyordu. Refik'in bu ho-

bisini bilen arkadaş çevresi ona hediye olarak hep saat getirirdi. Onlarca saati vardı ve hemen her gün farklı bir cep saatini, yelek iliğine veya bir cepten diğerine altın ya da gümüş kordonla takardı.

Modernliğin sembolü olan saat kuleleri kısa zamanda birçok Anadolu kentinin de sembolü haline gelecekti.

Ancak zaman Osmanlı Devleti aleyhine çalışıyordu...

Yüz yıl boyunca Osmanlı'nın "Batılı" olma uğraşısı, "Batı'nın uydusu" olmaya dönüşüvermişti.

Osmanlı'nın pazarı, piyasası, borsası, devletinin kasası, ordusu, kısaca ekonomik, siyasal ve kültürel hayatı yabancıların hegemonyasına geçivermişti.

Koskoca imparatorluk artık "hasta adam"dı!

Ve Osmanlı "en uzun yüzyıl"ına yorgun giriyordu...

Evliyazade Refik Efendi, XX. yüzyıla beş çocuk babası olarak girdi.

Nejad ve Beria'ya kardeş olarak, arka arkaya Bihin, Ahmed ve Sedad gelmişti... Ablası Gülsüm'ün Kemal ve Faire; kız kardeşi Naciye'nin Güzin, Samim ve Fatma Berin adında çocukları vardı. Evliyazadeler büyüyordu...

Kim bu Yakub Ağa?

Evliyazade Refik Efendi, İzmir'in münevverleriyle sohbet etmeyi çok severdi. Eniştesi Yemişçizade İzzet Efendi'yle birlikte bazı günler, İzmir'de ilk Türk günlük gazete *Hizmet*'i çıkaran Tevfik Nevzad'a ziyarete giderlerdi.

Aynı zamanda avukatlık da yapan Tevfik Nevzad'ı II. Abdülhamid'in o istibdat günlerinde ziyaret etmek cesaret isterdi.

Tevfik Nevzad İzmir'in "hürriyet" sembolüydü.

İzmir Maarif Müdürü Emrullah Efendi'yle Paris'e kaçmış; II. Abdülhamid'in affıyla tekrar İzmir'e dönmüş, ancak II. Abdülhamid'in hafiyelerinden yakasını kurtaramayıp Tokadîzade Şekib, Mevlevî şeyhi Nuri, Doktor Edhem ve Abdülhalim Memduh'la Bitlis'e sürgüne gönderilmiş, Fransa hükûmetinin "Le Palm d'Académique" nişanını vermesi üzerine yine affedilmiş, İzmir'de bu kez *Ahenk* gazetesini çıkarmış; Şair Eşref, Hafız İsmail'le birlikte yine sürgüne gönderilmiş; üç yıl kaldığı Adana hapishanesinde serbest kalmasına üç ay kala Vali Bahrî Paşa'nın Yıldız Sarayı'ndan aldığı emirle hapishane bekçileri tarafından oda kapısına asılarak öldürülmüştü!..

Ve II. Abdülhamid döneminde bazı aydınların başına gelen Tevfik Nevzad'ın da başına gelmişti: intihar ettiği açıklaması yapılacaktı![22]

Evliyazade Refik Efendi, arkadaşı Nevzad Tevfik'in intihar ettiğine hiçbir gün inanmadı.

O yıllarda gazetecilik yapmak cesaret istiyordu. Hükümdar, isyan, yıldız, hürriyet, sosyalizm, anarşi, hukuk, din, kadın, harem, cami, kilise, sinagog, cennet, cehennem, hilal, ıslahat, vatan, millet, dinamit, meşrutiyet, cumhuriyet, Midhat Paşa, Namık Kemal, Makedonya vb'den bahsetmek yasaktı.

Yağmurdan, güzel havalardan, sokak köpeklerinden, tayinlerden, yabancı devletlerin birbiriyle münasebetlerinden behsetmek serbestti. Gazetelerin baş sayfalarında hep tayin haberleri olurdu. Sonraki sayfalarda Amerika-Japonya ilişkileri, İtalya hükûmetinin Viyana'da sefarethane yapmak için bina alması, iki başlı bir köpeğin doğuşu gibi haberler yer alırdı.

Yine de her nüsha basılmadan önce sansür kurulundan geçerdi. Onay alınmadan gazete basılması yasaktı.

Eğer gazetede yasak unsur taşıyan bir konu varsa, gazete sansür kurulundan yayımlanması için onay almış olsa da bu sizin ceza almanıza engel değildi!

Örneğin, Alman bıyıklarıyla meşhur Kantarağasızade Ömer Salaheddin'in "Feminizm" adlı yazısı *Ahenk* gazetesinin birkaç gün kapatılmasına neden olmuştu...

Evet, Avrupa'dan esmeye başlayan rüzgâr kısa zamanda Balkanlar'ı sarsmıştı. Hürriyet, özgürlük, kardeşlik ve eşitlik isteklerinin Osmanlı aydınını etkilememesi söz konusu olamazdı.

Önce Askerî Tıbbiye'de başlayan örgütlenmeler giderek Osmanlı'nın her yanına sıçrayacaktı.

Ve bir gün Evliyazade Refik Efendi'nin kapısı çalındı.

Gelen, *Hizmet* gazetesinin yazıişleri müdürü, yüzbaşı rütbesindeyken ordudan emekli olmuş Hüseyin Lütfi'ydi.

Bir ricası vardı. "Yakub Ağa" adlı Selanikli bir tanıdığı, İzmir'de tütüncü dükkânı açmak için, İkiçeşmelik'teki Evliyazadelerin bir dükkânını kiralamak istiyordu.

Aynı zamanda "Hadikai Maarif" okulunun yöneticisi de olan Hüseyin Lütfi'nin bu küçük rica için konağa kadar gelmesi Evliyazade Refik Efendi'yi şaşırtmıştı.

---

22. Tevfik Nevzad'ın kardeşi Dr. Refik Nevzad Osmanlı'nın ilk sosyalistlerindendir. Osmanlı Sosyalist Fırkası'nın Paris şubesini kurmuştur.

Ancak bu minik ricayı hemen yerine getirdi.
Aradan birkaç ay geçti...
Evliyazade Refik Efendi, yolunun üzerinde olduğu için "Tütüncü Yakub Ağa"yı ziyaret etmek istedi.
Dükkâna baktı, kimse yoktu. Ama kapısı açıktı. İçeri girdi. Raflarda ve çuvallardaki tütünler rasgele yerleştirilmişti. Seslendi, yanıt veren olmadı.
Üst kata çıktı. Şoke oldu. Odada bir yatak, bir masa ve bir sandalye vardı. Şaşırtıcı olan bunlar değildi; masanın üzerindeki Fransızca kitaplardı asıl şaşırtıcı olan... Üstelik bunlar siyasî içerikteydi. Bir de sadece doktorların anlayabileceği tıp kitapları vardı.
Peki ya masanın üzerindeki çatal bıçak takımının anlamı neydi; "Tütüncü Yakub Ağa" yemeklerini Avrupalılar gibi çatal bıçak kullanarak mı yiyordu?
Evliyazade Refik Efendi korktu. Kimdi bu "Tütüncü Yakub Ağa"?
Gün gelecek "Tütüncü Yakub Ağa" Osmanlı İmparatorluğu'nun kaderine hükmeden beş isimden biri olacaktı...
Ve gün gelecek "Tütüncü Yakub Ağa" Evliyazade Refik Efendi'nin damadı olacaktı...

İkinci bölüm

1872, Selanik

Adı Nâzım'dı...
Nâzım, Hacı Abdullah Efendi ile Ayşe Hanım'ın oğlu olarak 1872 yılında Selanik'te doğdu.
Nafia, Rasiha, Şevkiye ve Fazıl Mehmed adında dört kardeşi vardı.
Babası tüccardı. Selanik'in merkez çarşısındaki birçok dükkânın da sahibiydi. Asık suratlı, sert bir babaydı.
Selanik'e nereden ve ne zaman geldikleri konusunda hiçbir bilgi yoktu. Beş yüz yıl önce geldiklerini tahmin etmek yanıltıcı olmaz. Abdullah Efendi'nin nasıl zenginleştiği de bilinmiyordu.
Bilinen Sabetayist olduğuydu![1]
Osmanlı toplumu üzerine yaptığı çalışmalarla tanınan yazar Meropi Anastassiadou, *Selanik* adlı kitabında, Abdullah Efendi'yi yakından tanımamıza yarayacak bir ayrıntı veriyor:

> Abdullah oğullarının çoğunun "efendi" sıfatını taşıma hakkının olması da ilginçtir. Bunun anlamı azat edilenlerin ve din değiştirenlerin bundan böyle az çok itibarlı meslekler edinme imkânı bulmasıdır. XIX. yüzyıl sonu Selanik'inde "efendilerin" Tanzimat döneminden daha çok olduğunu belirtmeliyiz. (1998, s. 228-229)

Selanik ve İzmir'de "efendi" sıfatını kullananların büyük ço-

---

[1]. Yalçın Küçük (*Tekelistan*, 2002, s. 444), Ilgaz Zorlu (*Selanikliler ve Şişli Terakki Yolsuzluğu*, 2000, s. 7), N. Rıfat Bali (*Musa'nın Evlatları*, *Cumhuriyet'in Yurttaşları*, 2001, s. 445), Gani Gönüllü (www.geocities.com) ve www.angelfire.com, Hrant Dink (20 ekim 2000, *Agos*), Mehmet Şevket Eygi (25 şubat 2003, *Millî Gazete*) vb. makale, kitap ve sitelerde Doktor Nâzım'ın Sabetayist olduğu yazılmaktadır. Ancak Yahya Kemal Beyatlı (*Siyasî ve Edebî Portreler*, 1986, s. 113) Doktor Nâzım'ın babasının Selanik Türklerinden olduğunu belirtmektedir.

ğunluğunun Sabetayist olduğunu Selanik doğumlu yazar Münevver Ayaşlı da *Dersaadet* adlı kitabında şöyle belirtiyor:

Annem ve teyzem Selanik'i çok iyi bildikleri gibi, dönmeleri ve dönme âdetlerini de pek iyi bilirlerdi. Selanik'te hiçbir dönmeye "bey" denmez, "efendi" denirmiş. İstanbul'a gelince haliyle bu âdet ve anane tarihe karışıyor, hepsi "bey" ve "hanımefendi" demeye ve Türklerle evlenmeye başlıyorlar ki, Selanik'te iken bu kabil değil, imkânsız. Türkler ne dönme kız alırlar ne de kızlarını dönmeye verirlermiş. Valide merhume, "Allah aşkına şu İstanbullulara bak, bizim 'efendi' dediğimiz bütün dönmeleri İstanbullular 'bey,' 'beyefendi' yaptılar" derdi. (2002, s. 178-179)

Yazar Ayaşlı'nın yazdıklarını bir örnekle güçlendirelim: Selanik'in Yakubî Sabetayist belediye başkanı Hamdi Efendi, Sultan II. Abdülhamid'in izniyle "bey" unvanına yükseltildi.

"Efendi" konusuna yeteri kadar değineceğiz, şimdi Nâzım'ın doğduğu ve "efendiler"in çok olduğu o yıllardaki Selanik'e kısaca bir göz atalım...

Selanik: bir Yahudi kenti

Kimi yazarlara göre Selanik, bir Yahudi ve Sabetayist kentiydi. Balkanlar'ın Kudüs'ü olarak biliniyordu.

Nüfusun çoğunluğu dört yüzyıldan beri İspanyolca-İbranîce karışımı Ladino dilini konuşan Yahudilerdi. Ama nüfus tamamıyla Yahudilerden oluşmuyordu.

1870'te Selanik'in nüfusu 90 000'di. Bunların 50 000'i Yahudi, 22 000'i Müslüman ve Sabetayist, 18 000'i Rum'du.

Selanik aynı zamanda Sabetayistlerin en kalabalık olduğu şehirdi. Sayıları hiç de küçümsenecek bir nüfus değildi.

Daha önce de yazdığım gibi Sabetayistler üç kola ayrılmışlardı.

Kapanîler tıpkı İzmir'de olduğu gibi Selanik'te de, tuhafiyeci, çerçi, hırdavatçı ve tıpkı İzmir'de olduğu gibi kompradordu. Fakat aralarında öğretmen, doktor, mühendis ve veterinerler de vardı.

En yoksul ve eğitimsiz kesimi Selanik'te de Karakaşîler oluşturuyordu. Ayakkabıcı, berber, tellal, kasap vb. meslekleri yapıyorlardı.

Osmanlıca'yı iyi bilmeleriyle ün yapmış Yakubîler ise, çoğunlukla bürokrasi içinde yer alıyorlardı.

Kapanîler ve Karakaşîler, kentin kuzeydoğusunda yer alan, Kale, Divan, Ortamescit, Eski Cami, İkişerefeli, Mesud Hasan, Hamidiye[2] gibi mahallelerinde; Yakubîler ise Türklerin yakınında kentin kuzeybatısındaki Astarcı ve Yakub Paşa mahallelerinde yaşıyordu.

Selanik Osmanlı'nın Batı'ya açık kapısıydı.

Akdeniz'in önemli liman kentlerinden Selanik, özellikle rıhtımı sayesinde 1870'lerden sonra değişmeye başladı.

Önce yabancı tüccarlar (Levantenler) geldi. Arkasından yerli kompradorlar türedi. Ve sonuçta Selanik'te bir ticaret burjuvazisi doğdu.

Yani, İzmir'de ne olduysa Selanik'te de o oldu.

Hızla gelişen ticaret, kentin kültürel hayatını da etkiledi.

Sokaklar artık geniş ve düzdü; ayrıca çoğu taş döşeliydi. Birçok çıkmaz sokak kalktı, yerine anayollar açıldı. Artık, şehrin limanı ve buharlı gemilerin yanaşabileceği iskeleleri vardı.

Banka, hastane, okul, büro olarak kullanılan bina, fabrika sayısı giderek arttı.

Oteller, restoranlar, tiyatrolar, birahaneler, kafeler, yani modernliğin sembolleri kentte varlığını göstermeye başlamıştı: Alhambra, Olimpos, Cristal, Colombo, Royal...

Paris modasını takip eden lüks ithal mallarla dolu mağazalar vardı: Orosdi-Back, Tiring ve Stein en tanınmışlarıydı.

Başta Levantenler olmak üzere Selanik yüksek sosyetesinin gittiği spor kulüpleri vardı: Sporting Club, Salonica Lawn Tennis and Croquet Club, Union Sportive bunların en ünlüsüydü. Frenk mahallesinin tam ortasında bulunan bir kafe fiyaka yapmak isteyenlerin en gözde mekânıydı: Colombo.

Patronu İtalyan'dı: Angiolino Colombo.[3]

Evet, İzmir'de ne varsa Selanik'te de o vardı...

Abdullah Efendi öldürüldü

Nâzım daha minik bir bebekken babasını kaybetti.

Tüccar Hacı Abdullah Efendi kimliği bilinmeyen kişi ya da ki-

---

2. Hamidiye'de Sabetayistlerin yaptırdığı Yeni Cami bugün Selanik'te hâlâ ayaktadır ve Arkeoloji Müzesi olarak kullanılmaktadır. Arkeoloji Müzesi Sokağı 30 numarada bulunan Yeni Cami'nin ikinci katında kadınlara ayrılmış küçük bölümde renkli vitraylardan yapılmış "altı köşeli yıldız" vardır. Ayrıca mermer tırabzanlar da "altı köşeli yıldızlarla" süslenmiştir. Cami bugün minaresi yıkılmış, içindeki halıları ve minberi kaldırılmış haliyle rahatlıkla camiden çok bir İtalyan sinagogu zannedilebilir. (*Tarih ve Toplum* dergisi, aralık 1997, "Selanik Dönmelerinin Camisi", yazan Marc David Baer)

3. Münevver Ayaşlı *Rumeli ve Muhteşem İstanbul* adlı kitabında, birahanelerde dans eden Viyanalı ve Macar kızların, geldikleri Selanik'te iyi evlilikler yaptığından bahsedip bu kişilerden birinin de tiyatro sanatçısı Cüneyt Gökçer'in annesi olduğunu belirtmektedir.

şilerce öldürüldü. Çevresiyle iyi geçinemeyen, çok haşin, sert kişilikli, sinirli ve kaba bir insan olan Hacı Abdullah Efendi'nin neden öldürüldüğü hiçbir zaman anlaşılamadı.

Abdullah Efendi iyi mal mülk bıraktığı için Nâzım'ın ailesi yoksulluk çekmedi.

Yaklaşık yüz yıl sonra Abdullah Efendi'nin torunu Sevinç Hanım, Selanik'in merkez çarşısındaki birçok dükkânı çok iyi fiyatlara satacak, Yunan hükûmeti o kadar paranın yurtdışına çıkarılmasını istemediği için, paralarını parça parça, yıllara bölerek çıkaracaktı...

Neyse, onlara geleceğiz, biz Sevinç Hanım'ın babası Nâzım'ın hikâyesine dönelim...

Nâzım önce mahalle mektebine gitti.

Ardından rüştiyeye...

Şanslıydı. Okula gittiği dönemde artık Selanik'te cemaatlerin finanse ettiği modern eğitim veren okullar faaliyetteydi.

Bunların en ünlüsü, 1873'te Vali Midhat Paşa zamanında, Şemsi Efendi (Şimon Zvi) tarafından açılan Fevziye Mektebi'ydi. Yoksul bir ailenin çocuğu olan rüştiye mezunu Şemsi Efendi öğretmen olmak ve mahalle mektebinde uygulanan ezbercilik sisteminden koparak yeni öğretim yöntemleri uygulamak amacıyla bu okulu açmıştı.

Şemsi Efendi Sabetayist'ti.

Buradan hareketle, Fevziye Mektebi'nde salt Sabetayist ya da Yahudi çocuklarının öğrenim gördüğünü söylemek hata olur. Modernleşme taraftarı bazı Müslüman aileler de çocuklarını Fevziye Mektebi'ne gönderdiler.

Selanik'te Sabetayistler gibi, Yahudilerin eğitim ağı da oldukça genişti. Yaklaşık on beş okulları ve kırka yakın özel kurumları vardı. Eğitime önem vermelerinin kuşkusuz bir nedeni bulunuyordu: Osmanlı Yahudileri son iki yüzyıldır Rum ve Ermeniler karşısında ticaret ve siyaset alanında gerilemişlerdi. Bunun hem dinsel ve içekapanıklık gibi toplumsal, hem de –başta İngilizler olmak üzere yabancı sermayenin "dindaşları"yla işbirliği yapması gibi– ticarî nedenleri vardı.

Osmanlı Yahudileri, Avrupalı dindaşlarının çabalarıyla "kabuklarını" kırmak istiyorlardı. Eğitim bunun ilk koşuluydu.

1860'ta Yahudi avukat Adolphe Cremieux tarafından Fransa merkezli kurulan Alliance İsraelite Universelle'in (Evrensel Musevî Birliği) Osmanlı topraklarında hızla yayılması tesadüf değildi...

Ne muhasebecilik, ne öğretmenlik ne de başka bir meslek; Nâzım'ın tek hayali vardı: doktor olmak istiyordu!

XIX. yüzyılın son çeyreğinde Selanik'te yetmişe yakın doktor ve elli kadar eczacı vardı. Doktorlar ve eczacılar büyük ölçüde Rum'du. Toplam yetmiş dört doktor arasında altı Sabetayist bulunuyordu.

O zaman doktorluk, cerrahlık ecnebilere ve Hıristiyanlara münhasır bir meslekti. Kimse Türk ve Müslüman doktorlara, cerrahlara rağbet göstermezdi; hele mektepteki hocalarımızın yüzde doksanı ya ecnebi yahut Rum, Ermeni ve Yahudilerden mürekkepti. Velhasıl doktor denilince daima akla uzun silindir şapka taşıyan ve çatal sakal salıvermiş (Yahudi) kimseler gelirdi. (Cemil Topuzlu, *İstibdat-Meşrutiyet-Cumhuriyet Devirlerinde 80 Yıllık Hatıralarım*, 1982, s. 17)

Nâzım, şehir merkezine indiklerinde, Vardar Caddesi'nin iki tarafına yerleşmiş doktor muayenehanelerine imrenerek bakardı. Şehir belleğinde iz bırakan Dr. Moiz Mizrahi, Dr. Marinos Kutuvalis, Dr. Jean Prassacachi'ye hayrandı.

Jak Paşa, İskender Paşa ve Doktor Rıfat Efendi, Selanik'in meşhur ve çok iyi doktorları idiler. Jak ve İskender paşalar Yahudi, Doktor Rıfat Selanik dönmesiydi. Bunun için kendisine "bey" denmez "efendi" denirdi. (Münevver Ayaşlı, *Rumeli ve Muhteşem İstanbul*, 2003, s. 57)

Askerî Tıbbiye

Yıl 1887.
On beş yaşındaki Nâzım, doktor olmak için ilk adımı attı. Mektebi Tıbbiyei Şahane'ye öğrenci hazırlayan İstanbul Askerî Tıbbiye İdadîsi'nin zorlu sınavını kazanarak okula kaydını yaptırdı. Artık üniformalı, yatılı bir öğrenciydi.

İstanbul Kuleli Kışlası'ndaki okulda, ülkenin her yanından sınavı kazanarak gelmiş farklı dil ve dinden öğrenciler vardı.

Arkadaşları arasındaki adı "Selanikli Nâzım"dı.

Okulda yaşam koşulları çok kötüydü. Yemekleri yemekte hayli zorlandı. Olumsuz koşullar öğrenciler arasında veremin sıklıkla yaşanmasına neden oluyordu. Isınma sobalarla, aydınlatma asma lambalarla sağlanıyordu.

Koğuşlar altmış yetmiş kişilikti. Ve her yağmur yağdığında çatıdan akan su, doğrudan onun yatağına geliyordu.

Sınıflarda iki yüzden fazla öğrenci vardı. Önceden Fransızca yapılan dersler artık Osmanlıca'ydı. Ayrıca Almanca ve Fransızca dersleri vardı.

Burada öğrendiği Fransızca ve Almanca Nâzım'ın yaşamının ilerisinde çok işine yaracaktı...

Nâzım, üç yıl süren öğrenim döneminde askerlik ve tıbba yönelik eğitim aldı.

Bitirme sınavından sonra altı yıllık Mektebi Tıbbiyei Şahane'ye girdi...

Mektebi Tıbbiyei Şahane, İstanbul Sarayburnu'ndaki Demirkapı'daydı. Topkapı Sarayı'nın içinde yer alan ve Demirkapı'dan girildikten sonra uzunca bir yürüyüşten sonra ulaşılan kışlada öğrenim görecekti.

Okulda, Şakir Paşa, Mazhar Paşa, Zoiros Paşa, Civan Ananyan, Hayreddin Paşa ve Marko Paşa gibi ünlü hocalar vardı.

Hocalar ünlüydü; şartlar ise çok kötüydü; okul havasız, bakımsız, pislik içindeydi.

Eğitim araçları eski, yetersizdi. Hastalara okul içindeki büyük hamamın göbektaşında ameliyat yapılıyordu. Kullanılan cerrahlık aletleri yıkanmıyor, sadece bezle silinip tekrar kullanılıyordu! Pasteur'ün Paris'te mikrobu keşfettiği bilgisi henüz İstanbul'a ulaşmamıştı!..

Nâzım bu okulun ilk üç yılında sıradan bir öğrenciydi. Hiçbir gün okuldan kaçmamış, Sirkece'deki kıraathanelerde zaman öldürmemişti.

Ancak 1893'te hayatı değişti...

O da bazı arkadaşları gibi gizli gizli Şinasi, Ziya Paşa ve Namık Kemal'in eserlerini okumaya başladı. Vatan, hürriyet kavramlarıyla tanışıp, heyecanlandı.

Okumakla başlayan süreç, mutfak, hamam ve odun yığınlarının bulunduğu kuytu köşelerdeki sohbetler, tıp öğrencisi Nâzım'ı illegal bir örgüte kadar götürdü.

İttihadı Osmanî

Mektebi Tıbbiyei Şahane öğrencisi, Ohrili İbrahim Temo (İbrahim Murad Efendi), Arapkirli Abdullah Cevdet, Diyarbakırlı İshak Sükûtî, Kafkas göçmeni Mehmed Reşid, Bakülü Hüseyinzade Ali adlı tıp öğrencileri, 21 mayıs 1889'da "İttihadı Osmanî" adını verdikleri gizli bir cemiyet kurmuşlardı.

Örgüt, İtalyan genç ihtilalcilerinin "Carbonari" (Kömürcüler) adlı gizli teşkilatından etkilenerek kurulmuştu: bir yaz ailesinin yanma Romanya Ohri'ye giderken İtalya'ya uğrayan İbrahim Temo, bir arkadaşı aracılığıyla Napoli'deki bir mason locasını ziyaret ettiği sırada Carbonari hakkında bilgi almıştı. Ohrili İbrahim Temo'nun, İtalya'da mason locasında gördükleri, bir dönem Osmanlı'nın kaderine hükmedecek bir gizli teşkilatın da yöntemi olacaktı...

Örgütün merkezi bir başkan ve dört üyeden oluşuyordu.

Hücre örgütlenmesi esas alınmıştı. Her üye yalnızca üç kişiyi tanıyacaktı.

Her üyenin hem hücre, hem de hücreyi oluşturan numarası vardı. Mesela Ohrili İbrahim Temo'nun numarası "1/1"di. Paydaki numara hücreyi, paydadaki ise üye numarasını gösteriyordu. Yani Temo, 1 numaralı hücrenin 1 numaralı üyesiydi.

Tıp öğrencisi Nâzım'ın, okuldaki ağabeylerinin kurduğu "İttihadı Osmanî"nin varlığını öğrenmesiyle bu cemiyete üye olması bir oldu. Cemiyetin neredeyse tüm gizli çalışmalarına katıldı; ağzı laf yapıyordu, bu nedenle propagandaları öğrenciler üzerinde etkili oluyordu. Cemiyetin en faal üyesiydi.

Buluğ çağını sessiz yaşayan Nâzım, gençliğine adım attığı o günlerde "ateşten bir fişek olmuştu" sanki...

Dönem, II. Abdülhamid'in istibdat dönemiydi. Başta Nâzım olmak üzere askerî öğrenciler, yakalandıkları an, işkencelere maruz kalıp, sürgüne gönderileceklerini biliyorlardı.

Kuşkusuz korkuyorlardı. Ama hangi toprak parçasının kaybedileceğini ümitsizlik içinde beklemek istemiyorlardı. Osmanlı'nın makûs talihini değiştireceklerine inanıyorlardı.

Kurtuluş reçeteleri hazırdı: II. Abdülhamid'e zorla, Kanuni Esasî'yi (Anayasa'yı) ilan ettirecekler ve böylece tüm sorunları bitireceklerdi...

Bu toprağın aydınının yanılgısıydı bu; güzel günlere geçileceğini hep Anayasa'dan ve Anayasa değişikliklerinden beklemek!..

İdealist öğrencilerin romantik düşünceleriyle başlayan örgütlenme süreci giderek büyüdü, okul dışına taştı.

Adliye memuru Ali Rüşdi, *Saadet* gazetesi başmuharriri İzmirli Ali Şefik, şair İsmail Safa, Veteriner Mektebi öğrencisi Ziya (Gökalp) gibi isimler örgüte üye olmaya başladılar.

Yıldız Sarayı da baskıyı artırmıştı. Bazı öğrenciler bildiri dağıtırken yakalanıp hapse düşmüş, sürgünle tanışmışlardı.

"İttihadı Osmanî" Avrupa'da daha rahat çalışma olanağı bulmak, gazete kitap broşür çıkarmak için, yetenekli üyelerini yurtdışına göndermeye başladı.

Avrupa'ya giden ya da kaçan öğrencilerden biri de Selanikli Nâzım'dı...

Nâzım Paris'e kaçma niyetini ilk, Selanik'ten çocukluk arkadaşı Midhat Şükrü'ye (Bleda) açtı.

Midhat Şükrü de Avrupa'ya gitmek istediğini, ama ailesini ikna etmekte zorlanacağını söyledi. Babası Selanik'in tanınmış tüccarlarından Şükrü Efendi'ydi.

Nâzım arkadaşına yolu da gösterdi: "Tahsil meselesini bahane et." Çünkü Nâzım öyle yapmıştı.

İki arkadaş Avrupa'da buluşmak üzere, kucaklaşıp ayrıldılar.

Nâzım, Paris'e yalnız gitmedi. Genç yaşında Cenevre'de vefat edecek olan okul arkadaşı Arap Ahmed de (Ahmed Verdanî) ona eşlik etti.

Yirmi bir yaşındaki Nâzım'ın on bir yıl sürecek Paris hayatı başladı...

Paris günleri

Nâzım'ın Paris'e gönderilme nedenlerinden biri de, entelektüel birikimi olan otuz altı yaşındaki Ahmed Rıza'yı örgüte kazanmaktı.

Ahmed Rıza, Paris'te Auguste Comte'un kurduğu "Pozitivizm (metafiziği reddeden, akılcılığı ve bilimin üstünlüğünü kabul eden anlayış) Cemiyeti"ne üyeydi. Fransız pozitivistlerin başı olan Pierre Laffitte'in Paris'teki derslerine devam ediyordu. Bu sayede tanınmış bilim adamları ve politikacılarla iyi ilişkiler içindeydi.

Osmanlı Devleti'nin kaderine hükmedecek sayılı isimlerinden biri olacak Ahmed Rıza kimdi?

1857'de İstanbul Vaniköy'de doğdu. Babası, Kırım Savaşı'nda İngiliz askerlerle, İngilizce konuştuğu için, "İngiliz Ali" olarak bilinen, Ziraat ve Darphane Nazırı Ali Rıza Bey'di. Aynı zamanda Birinci Meşrutiyet'te Âyan Meclisi (Senato) üyeliği yaptı. Ancak Osmanlı aydınlarının yazgısını o da paylaştı; sürgün gittiği Konya Ilgın'da vefat etti.

Ahmed Rıza, Avusturyalı annesi sayesinde genç yaşta Batı kültürüyle ilgilenmeye başladı.

Galatasaray Lisesi'ni bitirdi.

Hariciye Nezareti Tercüme Odası'nda kâtiplik yaptı. Tarım öğrenimi için Paris Grignon Tarım Okulu'na gönderildi.

Babasının ölümü üzerine yurda döndü. İş aramaya başladı.

2 400 kuruş maaşla Bursa Mülkî İdadîsi'nde kimya öğretmeni olarak iş buldu. Sonra Bursa İl Maarif müdürü oldu.

Ancak II. Abdülhamid'in sıkı rejiminden bunalmıştı.
1889 yılında Fransız İhtilali'nin 100. kuruluş yıldönümünde açılacak olan Eiffel Kulesi'ni görme bahanesiyle, Maarif Nazırı Münif Paşa'dan izin alıp Paris'e gitti.

Ahmed Rıza'nın Paris'te muhalif bir hareket örgütleyeceğini düşünen II. Abdülhamid onu geri döndürebilmek için çok çaba harcadı. Ama Ahmed Rıza dönmedi.

Ahmed Rıza, kendine has özellikleri olan, kişilikli biriydi... İçedönüktü, çok konuşmaktan, tartışmaktan çekinirdi.

Ahmed Rıza Paris'ten, İstanbul'daki kız kardeşi Selma'ya (Osmanlı'nın ilk kadın gazetecisi) sürekli mektup gönderiyordu. Bu mektuplar Ahmed Rıza'nın ve Paris'teki Jön Türklerin o günlerdeki siyasal düşüncelerini yansıtması bakımından ilginçtir:

> ... O çocukluklardan vazgeç, namaz kılacağım diye ayaklarını üşütme, namazına, orucuna itirazen ara sıra yazdığım şeyler biliyorum ki gücüne gidiyor, seni hiddetlendiriyor. (...) Ah Fahriyeciğim seni, anlamayarak okuduğun Kuran'dan, dünyadan ve ne olduğunu bilmeyerek inandığın cennetten, hâsılı itikadında ne kadar mukaddes şey varsa hepsinden ziyade severim...

Yine kız kardeşi Selma'ya Paris'ten gönderdiği 27 aralık 1885 tarihli mektubunda şunları yazmıştı:

> ... Ben kadın olsaydım dinsizliği ihtiyar eder ve İslam olmasını istemezdim. Üzerime üç karı ve istediği kadar odalıklar almasına cevaz veren, kocama cennette huriler hazırlayan, başımı yüzümü dolap beygiri gibi örttürdükten maada beni her eğlenceden men eden kocamı boşamamak, döver ise sesimi çıkarmamak gibi daima erkeklere hayırlı, kadınlara muzır kanunlar vazeden bir din benden uzak olsun derim. Tuhaf! Bu da bir nevi sinir hastalığı olmalı, dine dair bahis açıldı mı kendimi zapta muktedir olamıyorum. (M. Şükrü Hanioğlu, *Osmanlı İttihat ve Terakki Cemiyeti Jön Türkler [1889-1902]*, 1986, s. 48)

Nâzım Sorbonne öğrencisi

Selanikli Nâzım, Ahmed Rıza'yla tanışmadan önce Sorbonne Üniversitesi Tıp Fakültesi'ne kaydoldu. Paris'in Panthéon semtinde, Ortolan adındaki kasvetli sokakta bir küçük lojmanda oda tuttu.

Panthéon, Paris'te ünlü bir semtti; ünü bir mezarlıktan kaynaklanıyordu. XV. Louis tarafından yapılan mezarlıkta, Voltaire ve

Rousseau'nun anıtları vardı.

Fakat Nâzım, ne bu mezarlığı ne de Louvre Müzesi, Eiffel Kulesi, Notre Dame Kilisesi gibi tarihî yerleri gezdi.

Nâzım'ın sanata, tarihe, okumaya ilgisi yoktu.

Teorik dünyası sığdı. Balzac, Flaubert, Hugo, Zola hayranı romantik bir isyankâr olduğu da söylenemezdi.

O, Fransız İhtilali'nin efsanevî isimleri Danton, Robespierre, Marat, Saint-Just gibi, idealleri uğruna gözünü budaktan sakınmayan, özgürlük ve eşitlik için canlarını bile vermekten çekinmeyen Jacobinlere özeniyordu. Entelektüel birikimi olduğu söylenemezdi.

Paris'te yirmi yıl önce hayata geçirilen, yeni bir devlet biçimi olan komünü bile incelememişti. 1871 Paris Komünü'nün sosyoekonomik nedenleri konusunda arkadaşlarıyla tartışmamışlardı bile!

Yetmiş üç gün sürmesine rağmen, dünyayı etkileyen Paris Komünü, Selanikli Nâzım ve arkadaşlarının hiç ilgisini çekmemişti!

Birçok arkadaşı gibi onun da tek bir "siyasal görüşü" vardı: batmakta olan Osmanlı Devleti'ni kurtarmanın tek yolu Kanuni Esasî'yi ilan etmek!

II. Abdülhamid tarafından rafa kaldırılan Kanuni Esasî'den mucizeler bekliyorlardı! Üstelik çoğu arkadaşı gibi kendisi de bir kez bile Kanuni Esasî'yi okumadığı halde!

Tek isteği, II. Abdülhamid'i buna mecbur etmekti.

Bunun yolunun Avrupa'dan geçtiğine inanıyordu.

İttihat ve Terakki Cemiyeti

Nâzım'ın sert bir karakteri vardı. Tıpkı babası Abdullah Efendi gibi, tartışmalarda hemen sesini yükseltmesiyle ünlüydü. Ahmed Rıza'ya yazdığı tanışma mektubunda da bu karakterinin izi vardı: "Bir cemiyet teşkil ettik, siz de isterseniz geliniz, birlikte çalışırız."

Bu "kendini beğenmiş teklife" Ahmed Rıza'nın yanıtı sert oldu. Nâzım hatasını anladı, ancak zamanla Ahmed Rıza'nın kalbini kazanmasını bildi.

Selanikli Nâzım ile Ahmed Rıza dost oldular. Ahmed Rıza ona hep "Nâzım Efendi" diye hitap ediyordu. Nâzım'a yaşamı boyunca bir tek Ahmed Rıza "efendi" sıfatıyla hitap edecekti...[4]

---

4. Celal Bayar *Ben de Yazdım* adlı kitabının birinci cildinde "Ahmed Rıza Bey, Dr. Nâzım Bey'e her nedense daima 'Nâzım Efendi' demektedir" diye yazmaktadır (1967, s. 170). Ahmed Rıza'nın, Nâzım'a "efendi" diye hitap etmesinden çok, Celal Bayar'ın bu ayrıntıyı yazması daha ilginç değil mi? Ahmed Rıza "anıları"nı yazdığı kitabında da, Nâzım'dan "Nâzım Efendi" diye bahsetmektedir. Ahmed Rıza, Dr. Bahaeddin Şakir gibi birçok isme "bey" diye hitap ederken, Nâzım'a neden "efendi" demekteydi?

Tıp öğrencisi Nâzım ile Ahmed Rıza kısa zamanda anlaştılar. Daha doğrusu "Nâzım Efendi" Ahmed Rıza'nın etkisi altına girdi.

Önce Paris'te örgüt kurdular: Osmanlı Terakki ve İttihat Cemiyeti.[5]

Cemiyetin isim babası Ahmed Rıza'ydı.

Auguste Comte pozitivizminin ana ilkesi, "intizam" (düzen) ve "terakki"ydi (ilerleme). Ahmed Rıza, Auguste Comte pozitivizmi ile Namık Kemal'in ütopik "Osmanlı milliyetçiliğini" birleştirmişti.

Fransız İhtilali'nin ünlü sloganı "liberté, égalité, fraternité", yani "hürriyet, müsavat (eşitlik), uhuvvet (kardeşlik)" diye çevrilerek, cemiyetin sloganı olarak kullanılmaya başlandı...

Cemiyetin başkanı Ahmed Rıza'ydı.

Tüccar bir babanın oğlu olan Nâzım'a, cemiyetin hesap işleri sorumluluğu düşmüştü.

İdare heyetinde o yıllarda yazdığı *Sergüzeşt* ve *Küçük Şeyler* adlı eserleriyle Osmanlı topraklarında hayli ün kazanmış yazar Samipaşazade Sezai de vardı.

Sıra cemiyetin yayın organını çıkarmaya gelmişti.

İstanbul'daki merkezî örgüt gazetenin adının *İttihadı İslam* olmasını istiyordu. Ahmed Rıza ise gazetenin sadece Müslümanların değil, Yahudi, Rum, Ermeni yani tüm Osmanlı'nın çıkarlarını gözeteceğinden, adının *İttihat ve Terakki* olmasında ısrar ediyordu.

Nâzım orta yol buldu; gazetenin adı *Meşveret (Mechveret)* oldu.

Artık örgüt yayın organına da kavuşmuştu.

Ahmed Rıza'nın yazarlardan da bir isteği vardı. Makalelerde kimse II. Abdülhamid'e kötü söz sarf etmeyecekti!

Ahmed Rıza'nın bu yaklaşımı bile hareketin, Fransız İhtilali'nin etkisinde olduğunun tipik bir göstergesiydi. 1789 ihtilalinde, Fransız devrimcilerin de hedefi, Kral XVI. Louis'den çok, hırsız, beceriksiz devlet adamlarıydı!

Hürriyet için Avrupa'ya ilk çıkan Jön Türklerin durumu da farklı değildi. Ziya Paşa, İngiltere'de kaleme aldığı "Rüya" adlı makalesinde, Genç Osmanlılar hareketinin haleti ruhiyesini gözler önüne seriyordu. Ziya Paşa'ya göre en iyi yöntem, Sultan Abdülaziz'i sarayın bir köşesinde, tek başına yakalayabilmekti. Bu şansa bir kez ulaşabilse, ona, o zamana kadar etrafındaki hiç kimsenin dile getirmediği ya da özellikle telaffuz etmediği tüm gerçekleri anlatacaktı! Ve Sultan Abdülaziz de böylece gerçekleri öğrenmiş olacaktı!..

---

5. Osmanlı Terakki ve İttihat Cemiyeti daha sonra adını İttihat ve Terakki Cemiyeti olarak değiştirecektir. Karışıklık olmaması için ben bundan sonra hep İttihat ve Terakki Cemiyeti adını kullanacağım.

Romantik Jön Türklere göre, kötü günlerin yaşanmasında, ne Saray'ın ne de padişahların bir kabahati vardı. Kabahat padişahın çevresindeki çıkarcılardaydı!

O artık Doktor Nâzım

Meşveret, 1 aralık 1895'te yayın hayatına başladı. Ayda iki defa, dört sayfa Türkçe, iki sayfa Fransızca olmak üzere toplam altı sayfa çıkıyordu.

Gazete kadrosu içinde Albert Fua gibi Selanikli Yahudi, Aristidi Paşa gibi Rum, Halil Ganem gibi Lübnanlı Marunî'nin (sonra Fransız vatandaşı olmuştur) bulunması gazetenin "İslamist" değil "Osmanist" bir yayın politikası takip edeceğinin göstergesiydi.

Meşveret, İstanbul, İzmir ve Selanik gibi şehirlere gizlice sokulmaya başlandı.

Auguste Comte'un "Ordre et progrès" (Düzen ve ilerleme) ifadesi gazetenin birinci sayfasını süslüyordu. Ancak bu sloganın İstanbul'da muhalifler tarafından "tanrıtanımazlık" (ateizm) taraftarlarınca kullandığını yaymaları üzerine, gazete bu sloganı bir süreliğine kaldırmak zorunda kaldı.

Nâzım'ın o günlerde tek sorunu paraydı. *Meşveret*'in sürekli çıkabilmesi için sermaye gerekiyordu, ama cemiyetin bunu sağlayacak olanağı yoktu. Gazetenin sermayesi abonelerin ara sıra gönderdiği 5 ile 30 frank arası yardımdı. Oysa masraflar ayda 300-350 frangı buluyordu.

Gazetenin ayakları üzerinde durmasının tek nedeni özel destekçileriydi. Stockholm elçisi Şerif Paşa (ayda 100 frank), Mısırlı İzzet Paşa (Paris'e geldikçe 1 000-1 500 frank), Mısırlı Prenses Nazlı Hanım (yalnızca bir yıl 500 frank), Mısırlı Mehmed Ali Paşa'nın eşi Prenses Enise Hanım (2 000 frank) ve Prenses Emine Hanım (bir defaya mahsus 200 frank).

Gazete çıkarmayı başaran Nâzım, aynı yıl Sorbonne Tıp Fakültesi'nden jinekolog doktor olarak mezun oldu.

O artık "Selanikli Nâzım" olarak değil, "Doktor Nâzım" bilinecek, tanınacaktı!..

Doktor Nâzım, bir yanda Paris Hastanesi'nde doktorluk yapıyor, diğer yanda *Meşveret* gazetesini hem çıkarıyor, hem de gazeteye makaleler yazıyordu. Yazılarında, "Paris Sandukkârı Nâzım" imzasını kullanıyordu.

1896 yılı, cemiyet ile Yıldız Sarayı'nın kanlı bıçaklı olacakları bir dönemin başlangıcıydı. II. Abdülhamid o tarihe kadar, örgüt çalışmalarına katılanlara "yaramaz çocuk" muamelesi yapıyor, hafif cezalar veriyordu.

Ancak, 1896 yılının ağustos ayında bu görüşünü değiştirecek bir istihbarat aldı. Merkezi Paris'te bulunan örgüt, Merkez Komutanı Kâzım Paşa komutasında Babıâli'yi basıp, kendini tahttan indirmek için faaliyete geçmişti.

II. Abdülhamid, darbe teşebbüsünde bulunan yetmiş sekiz kişiyi sürgüne gönderdi; arkasından hareketin Avrupa'daki merkezini Paris Sefareti aracılığıyla susturmaya çalıştı. Fransız hükûmeti İstanbul'un baskılarına dayanamadı.

Clemenceau, Rochefort, Delbos gibi Fransız aydınların karşı çıkmalarına rağmen, Fransız hükûmeti, cemiyeti ve *Meşveret*'i kapattı. Ama gazetenin Fransızca olan iki sayfası yayımlanabilecekti.

Doktor Nâzım ve arkadaşları cemiyeti ve gazeteyi Belçika'ya taşıdılar.

II. Abdülhamid Belçika hükûmetine baskı yaparak İttihatçıları oradan da attırdı.

İki taraf da yılmıyordu.

Cemiyet, merkezini 1897'de İsviçre'nin Cenevre şehrine taşıdı.

Doktor Nâzım burada kendisinden hemen sonra yurtdışına kaçan Selanikli arkadaşı Midhat Şükrü'yle (Bleda) buluştu. Hemen kolları sıvadılar.

II. Abdülhamid'in istibdat yönetiminden kaçan insanların en kalabalık olduğu yerlerden biri de Cenevre'ydi.

Burada Dr. Abdullah Cevdet, Edhem Ruhi (Balkan), Tıbbiyeli Mustafa Ragıb, Esad, Nuri Ahmed, Tunalı Hilmi, Seraceddin, Dr. Hasan Arif, Lütfi, Dr. Âkil Muhtar (Özden), Reşid Bey ve çıkardığı gazetenin adıyla tanınan, yurtdışına kaçması olay yaratan Mizancı Murad'ı bir araya getirip, cemiyetin Cenevre şubesini kurdular. Kısa sürede *Osmanlı* adlı gazeteyi çıkarmayı başardılar.

Doktor Nâzım'ın bu örgütçü kişiliği, hareket içinde kısa zamanda adının ünlenmesine neden olacaktı.

Aynı yıl Dr. İshak Sükûtî, Tunalı Hilmi Kahire'ye gidip orada bir şube açtılar. Onlar da *Şûrayı Ümmet* adlı dergiyi çıkardılar.

Bu yayınları gizlice yurda sokanlar arasında, annesi Mısırlı olduğu için Kahire'ye sık sık gidip gelen on altı yaşındaki Yakub Kadri de (Karaosmanoğlu) vardı.

Cemiyetin Londra ve Napoli'de de şubeleri bulunuyordu.

Doktor Nâzım, tekrar Paris'e döndü, Ahmed Rıza'yla birlikte Fransızca *Meşveret*'i çıkarmayı ve çalışmalarını illegal sürdürmeye devam ettiler.

Elveda başkaldırı

II. Abdülhamid zor kullanarak hareketi durduramayacağını anlayınca, bir başka çareye başvurdu. Birlikte büyüdüğü "sütkardeşi" Serhafiye Ahmed Celaleddin Paşa'yı, 10 temmuz 1897 tarihinde Paris'e gönderdi.

Bu arada İstanbul'da, İttihatçıların yurda dönmeleri halinde affedileceğine dair genelge çıkarıldı. Genelgede cazip teklifler vardı: ücretsiz pasaport sağlanacak, isteyenler öğrenimlerine devam edebilecek, Avrupa'da okuyan öğrencilere 150 frank maaş verilecek, Osmanlı topraklarında istedikleri yerde oturabileceklerdi.

Osmanlı Sarayı, İttihatçıları "satın almak" istiyordu.

Serhafiye Ahmed Celaleddin Paşa, Paris'te on üç gün kaldı. Doktor Nâzım ve arkadaşlarını iknaya çalıştı.

Ahmed Rıza ve Doktor Nâzım İstanbul'a dönmediler.

Ama serhafiye, Mizancı Murad'ı ikna etmeyi başardı.

Osmanlı'nın o dönemdeki en ünlü aydını Mizancı Murad'ın jurnalcileri atlatıp Avrupa'ya kaçması başta Yıldız Sarayı olmak üzere toplumun her kesimini nasıl şoke ettiyse, İstanbul'a dönüşü de aynı etkide oldu.

Haberi öğrenen İttihatçılar inanamadılar.

Bazı İttihatçılar memur olmayı, muhalefet yapmaya tercih etmişlerdi. Ne zindanlar ne Afrika'nın Fizan çöllerindeki sürgünlük hayatı genç idealistleri bu döneklik kadar yaralamadı.

Çoğu bu harekete Fransız İhtilali'nden etkilenip katılmıştı; Fransız İhtilali'ni Mizancı Murad Bey'in *Tarihi Umumî* adlı kitabında okumuşlardı.

Özellikle Mektebi Mülkiye'den öğrencileri bu dönüş kararına inanamadılar. "İhtilal"e o inandırmıştı onları...

Ama o inandıkları aydın-öğretmen bugün farklı konuşuyordu:

> Celaleddin Paşa'yla yaptığımız temaslar bana şu kanaati verdi ki, aleyhinde neşriyat yapmakla padişahı Kanuni Esasî'yi ilana zorlamak imkânsızdır. Biz Saray'a karşı mülayim bir tavır takınıp İstanbul'a dönmeye razı olursak Abdülhamid kendiliğinden milletin arzusuna uyacaktır. Bu konuda kesin teminat aldım.

Dönüş sebebini açıklarken, İttihatçı –gelecekte Türk tıp dünyasının ünlü isimlerinden olacak, adı caddelere verilecek– Dr. Âkil Muhtar (Özden), Mizancı Murad'ı boğma teşebbüsünde bulundu.

Bu topraklarda yaşanan aydın umutsuzluğunun, karamsarlığının ne ilk, ne de son örneğiydi, Mizancı Murad'ın dönme kararı...[6]

Mizancı Murad'ın "davayı" bırakma kararının altında salt yukarıda anlattığı neden yoktu. Kanuni Esasî ilan edildikten sonra kurulacak "yeni düzen" konusunda, Mizancı Murad ile Ahmed Rıza arasında, hem liderin kim olacağının yarattığı kişisel soğukluk (Ahmed Rıza, Mizancı Murad'ın kendisine "oğlum" diye hitap etmesine çok kızıyordu) hem de ideolojik farklılık vardı...

Mizancı Murad, İslamiyet'i toplumsal bir bağ olarak yararlı görüyordu. Osmanlı için İslam bir nevi birleştirici bir "çimento" işlevi yapabilirdi.

Ahmed Rıza ise pozitivizm konusunda taviz vermez, çok kararlı, çetin bir kişilikti. *Meşveret*'te pozitivist esintili makaleler yayımlanması, dinî ve örfî değerlerin sorgulanması, başta Mizancı Murad olmak üzere bazı "İslamist" aydınları rahatsız ediyordu.

Cemiyet aslında bir "cephe örgütü" hüviyetindeydi. Her fikirden insan vardı. Yayın organlarında farklı içerikte makaleler yayımlanıyordu. Hem Batıcı ve Batı düşmanı, hem Osmanlıcı hem Türkçü, hem İslamcı hem pozitivist, hem millî hem kozmopolit bir çizgiyi savunabiliyorlardı.

Amaca ulaşmak için her ideoloji her fikir mubahtı, savunulabilirdi!

II. Abdülhamid'in bazı ıslahatlar yapacağını, af çıkaracağını beyan etmesi Avrupa'daki örgütü çözülme sürecine soktu.

Sadece Mizancı Murad dönmedi; Süleyman Nazif, Selanikli Rahmi, Binbaşı Ahmed, Dr. Hasan, Haşim dönenler arasındaydı.

Bir de dönmeyip Osmanlı'nın yurtdışı elçiliklerinde görev alanlar vardı: İshak Sükûtî (Roma Sefareti'nde kâtip), Dr. Abdullah Cevdet (Viyana Sefareti doktoru), Tunalı Hilmi (Madrid Sefareti'nde kâtip), Çürüksulu Ahmed (Belgrad ataşemiliteri), Ali Kemal (Brüksel Sefareti'nde kâtip), Rauf Ahmed Bey (Atina Sefareti'nde kâtip) vb.

Sonuçta Osmanlı'da ne ıslahatlar yapıldı, ne de doğru dürüst af çıktı. II. Abdülhamid Osmanlı aydınının büyük bir bölümünü kandırmıştı. Üstelik kısa bir süre sonra Fizan, Rodos ve Bağdat'a tekrar sürgün kafileleri yola çıkacaktı.

Mücadelede inat eden Ahmed Rıza ile Doktor Nâzım bu tutumlarıyla büyük saygınlık kazandılar.

Doktor Nâzım o günlerde Paris'e yeni gelmiş bir meslektaşıyla dost oldu: Dr. Bahaeddin Şakir.

---

6. Mizancı Murad'ın babası hayli ünlü biriydi: "Rus Çarlığı'na karşı açtığı gerilla savaşıyla ün yapan ve Ruslar tarafından öldürülen, büyük Rus yazarı Tolstoy'un ünlü *Hacı Murad* adlı eserinin kahramanı olan Kafkasyalı Hacı Murad'ın oğludur." (Ali Çankaya Mücellidoğlu, *Yeni Mülkiye Tarihi ve Mülkiyeliler*, 1968, s. 1047)

Dr. Bahaeddin Şakir-Yahya Kemal

1877 doğumlu Dr. Bahaeddin Şakir, sarışın, mavi gözlü, orta boylu, gürbüz, iyi giyinen, iyi yemeğe, iyi eğlenceye, kumar oynamaya, çapkınlık yapmaya ilgi duyan bir kişiydi.

Ne geldiyse başına çapkınlık yüzünden gelmişti...

İstanbul'da Tüfekçibaşı Tahir Bey'in zevcesine âşık olur. Aşkı karşılıksız değildir. Bunu duyan tüfekçi Arnavutlar, Bahaeddin Şakir'i Çamlıca'da yakalayıp sopalarla döverler, yetmezmiş gibi Yıldız Sarayı'na da jurnal ederler.

Erzincan'a sürülür, oradan kendi olanaklarıyla Mısır'a gider, oradan da Paris'e kaçar.

Doktor Nâzım, Bahaeddin Şakir'e Paris'e ilk geldiğinde Serhafiye Ahmed Celaleddin Paşa'nın "casusu" gözüyle bakmış, hatta Bahaeddin Şakir'le görüşenlere çok kızmıştı.

Bahaeddin Şakir Askerî Tıbbiye'de öğrenciyken Ahmed Celaleddin Paşa'nın takdirini kazanmış ve onun çevresine girme olanağı bulmuştu.

Ancak, Avrupa'ya gidip İttihatçıları iknaya çalışan "sütkardeş" Ahmed Celaleddin Paşa, İstanbul'a döndükten bir süre sonra II. Abdülhamid'in kuşkuculuğundan sıkılıp, Mısır'a kaçtı ve orada İttihatçılara katıldı!

Bu kaçış Bahaeddin Şakir üzerindeki, "II. Abdülhamid'in casusu olabileceği" kuşkularını gidermiş oldu.

Ve bu olaydan sonra Doktor Nâzım, Bahaeddin Şakir'le dost oldu.

Bu dostluk Bahaeddin Şakir'i çok değiştirecek, sıkı bir komitacı olmasına yol açacaktı.

Osmanlı'nın "Özel Harp Dairesi" Teşkilatı Mahsusa'nın beş kişilik merkez komitesine kadar Doktor Nâzım'la birlikte yükselecek olan Bahaeddin Şakir, Berlin'de bir Ermeni militanın kurşunuyla can verene kadar komitacılığını sürdürecekti...

Doktor Nâzım'ın Paris'te dost olduğu isimlerden biri de şair Yahya Kemal'di (Beyatlı). Hemşeri sayılırlardı. Yahya Kemal'in dedesi Yunus Efendi, Bursa, İstanbul'dan sonra Selanik'e yerleşmişti. Yahya Kemal'in babası adliye icra memuru İbrahim Naci Bey, Selanik'te doğmuştu. Vranyalı eşi Nakiye Hanım ölünce Selanikli Mihrimah Hanım'la evlenmişti. Aile bir ara Üsküp'e gitmiş, sonra tekrar Selanik'e dönmüştü. Zaten Yahya Kemal'in ilköğrenim hayatı Üsküp ile Selanik arasında geçmişti.

Uzatmayayım, Doktor Nâzım ile Yahya Kemal hemşeri sayılırdı. Dünya görüşleri pek uyuşmasa da birbirleriyle sohbetten keyif alıyorlardı.

Yahya Kemal, *Siyasî ve Edebî Portreler* adlı kitabında Doktor Nâzım'la ilgili olarak ilginç bir detay veriyor:

> Ben Sciences Politiques Mektebi'nde okuyordum. Türkçülüğü his ve kabul etmiştim. Fikrimi Nâzım'a açmıştım. Bu yeni fikir karşısında Nâzım birdenbire ayaklandı. Osmanlılıktan ayrılmanın, koca ülkeleri bırakarak, Türk bir devlet olmanın sarahatle ihanet olacağını bağıra bağıra söyledi. "Türk" kelimesini o zaman hiç sevmiyordu. İkimiz de Rumelili olduğumuz için bilhassa Rumeli'ye göre Türkçülüğü müthiş muzır görüyordu. (1986, s.116)

Diğer Osmanlı tebaasına bakışı farklı mıydı? Cemiyeti, Mısır'da kurmak için izin almaya gelen Mehmed Ali Halim Paşa'nın görüşme teklifini reddetmesi için Ahmed Rıza'ya şöyle diyordu:

> Bizim fırka için yapılacak kongreye iştirak edecek kaç kişi bulunabilir? Hüsniniyetle davete icabet edecek üç beş kişi ile külah kapmak bahanesiyle toplanılacak dört buçuk Arap, Ermeni, Rum, Arnavutlardan memleketimize ne faide beklemeliyiz. (M. Şükrü Hanioğlu, *Osmanlı İttihat ve Terakki Cemiyeti Jön Türkler [1889-1902]*, 1986, s. 329)

Doktor Nâzım zamanla "Türkçülük"le ilgili görüşünü değiştirecekti.

Bugün İstanbul Belediye Kütüphesi'nde İttihat ve Terakki Cemiyeti'nin 1906 ve 1907 yıllarına ait "Muhaberatın Kopya Defteri"nde, Doktor Nâzım'ın şu yazısı onun ne kadar değiştiğini göstermektedir:

> Dünyanın en zeki ve en mesut milleti Türklerdir. Geçmiş hatırlandığı zaman bunu görmek mümkündür. Fakat idarecilerin beceriksizliği yüzünden millet zulüm ve fakirlik içinde bırakılmıştır. Türk milleti diğer milletlerden hür ve mesut yaşamaya daha çok layıktır. (9 ağustos 1906)

O tarihlerde herkesin kafası karışıktı...

XX. yüzyıl başında Paris'te İttihatçılar arasında yapılan ideolojik tartışmalar, yüz yıl içinde bu topraklarda kurulan tüm siyasal hareketleri etkileyecekti...

Bu tarih aynı zamanda, Fransa, İngiltere ve Almanya olmak üzere, Batılı devletlerin İttihatçıları kullanmaya dönük eğilimleri ile İttihatçıların stratejik ve taktik himaye arayışının örtüşmesinden doğan, karmaşık ilişkilerin hız kazandığı bir tarihti.

Bu "karmaşık ilişkiler ağını" yazmadan önce, İttihatçı hareketin 1902'de neden ve nasıl bir bölünme yaşadığını anlamamız gerekmektedir. Bunun için, çok değil birkaç yıl geriye gitmek gerekiyor.

Damat Mahmud Paşa

Mahmud Celaleddin Paşa, Sultan Abdülmecid'in kızı, II. Abdülhamid'in kız kardeşi Seniha Sultan'la evlenince "damadı şehriyarî" unvanını aldı. Yirmi dört yaşında hem vezir hem de Adliye nazırı oldu.

Fakat gün geldi "enişte" padişah ile "damat" nazır arasına bir ihale meselesi girdi. Damat Mahmud Celaleddin Paşa, Bağdat demiryolu ihalesinin İngilizlere verilmesi için kulis yapıp, İngilizlere "ihale kesinlikle sizindir" diye söz vermişti. Ama "eniştesinin" stratejisinden haberi yoktu. II. Abdülhamid ihaleyi Almanlara verdi.

Bu duruma çok bozulan damat, iki oğlu Sabaheddin ve Lütfullah'ı yanına alarak Saray'ı terk etti. Gidip, Paris'teki İttihatçılara katıldı.

İhalenin İngilizlere verilmesini sağlayamayan Damat Mahmud Paşa'ya kaçışında en büyük yardımı İngilizler yaptı. İngiliz şirketi Maymon sahte pasaportları sağladı. Bu pasaportlara imzayı ise istihbaratçı kimliğiyle bilinen İngiliz diplomat Lord Salisbury attı!

II. Abdülhamid, eniştesi Mahmud Paşa'yı yurda döndürebilmek için araya birçok aracı koydu. Damat "Nuh" diyor "peygamber" demiyordu. Bir ara, Damat Mahmud Paşa tam İstanbul'a dönme kararı vermişti ama, gerek İngilizler gerekse oğulları Damat Mahmud Paşa'ya tepki gösterip bu kararından vazgeçirdiler.

Biliyorlardı ki, Mahmud Paşa'nın İstanbul'dan çok Paris'te bulunması daha önemliydi. Avrupa devletleri Paris'teki muhalefetin kendi kontrollerinde olması için güç mücadelesine girmişlerdi.

Bu dönüş konusunun mesele yapıldığı o günlerde, Avrupa'ya çıktıklarında kendilerine "prens" unvanı veren (aslında "sultanzade" olması gerekir) Damat Mahmud Paşa'nın oğulları Sabaheddin ve Lütfullah, İttihat ve Terakki Cemiyeti üyelerine kongre çağrısı yaptılar.

"Osmanlı muhalefetinin ilk kongresi" olarak bilinen toplantı 4-9 şubat 1902 tarihleri arasında Paris'te yapıldı.

İçlerinde Doktor Nâzım'ın da bulunduğu, gerek yurtiçinden gerekse yurtdışından elliye yakın delege, Fransız milletvekili M. Lefevre Pountalis'in evinde toplandı.[7]

Beş gün boyunca kongre, hayli hararetli tartışmalara tanıklık etti. Özellikle Prens Sabaheddin'in genel kurul divan başkanlığına verdiği önergeler delegeleri birbirine düşürdü.

Prens Sabaheddin'in karşısında Ahmed Rıza ve Doktor Nâzım'ın başını çektiği grup vardı. Hangi konuda anlaşamıyorlardı?

Bu soruya yanıt vermek için, Damat Mahmud Paşa'nın sosyolojiye ve politikaya meraklı oğlu Prens Sabaheddin'in idelojik yönünü birkaç cümleyle anlatmamız gerekiyor:

Prens Sabaheddin Avrupa'da Le Play okuluna gitti[8] ve okulda Edmond Demolins'den çok etkilendi.

Demolins'e göre iki tip toplum vardı:

Communautaire (kamucu) toplumlarda kişiler hür teşebbüsten yoksundurlar, her şeyi toplumdan, devletten beklerler.

Particulariste (bireyci) toplumlarda ise kişiler, kendilerine güvenirler, aileden, toplumdan ve devletten beklentileri yoktur. Bu kişilerden oluşan toplumlar yaşam kavgasında çok başarılıdır. İngiltere gibi Anglosaksonlar bunun tipik örneğidir.

Demolins'e göre, Anglosaksonlar kamu yönetiminde ademimerkeziyetçi, kişisel düzeyde ise şahsî teşübbüscüdür.

Anglosakson toplumlarını yüceleştiren Prens Sabaheddin, üstadı Edmond Demolins'in söylediklerini ve yazdıklarını Osmanlı'ya uygulamak istemekteydi. Yani ona göre, II. Abdülhamid'i yıkmak, meşrutiyeti ilan etmek sorunları çözmeyecekti. Sistemi değiştirmek gerekmekteydi, öncelikle ademimerkeziyete geçilmeli, ayrıca şahsî teşebbüsün önü açılmalıydı.

Gelelim tartışmalara:

Ahmed Rıza-Doktor Nâzım ekibi "federatif" sistemin Osmanlı'nın bölünme sürecini hızlandıracağını düşünüyordu.

Bir diğer tartışma noktası "şahsî teşebbüsçülük"tü. Ahmed Rıza, o yıllarda İtalya, Almanya gibi ülkelerde hayli revaçta olan "devletçi" (ulusalcı) ekonomiden yanaydı.

Sonuçta 1902 kongresinde iki görüş uzlaşamadı ve "İttihatçılar" bölündü.

Bu arada bazı araştırmacılar, Prens Sabaheddin'in, meşrutiyetin kurulması için yabancı devletlerin veya bir yabancı devletin (ki bu İngiltere'ydi) müdahalesinin şart olduğunu ileri sürmesi-

---

7. Bu delegelerden biri de Türkiye sosyalist hareketinin öncülerinden Selanikli doktor Şefik Hüsnü'ydü (Deymer).

8. Prens Sabaheddin göremeyecekti ama, aydınlanma karşıtı, geleneksel toplumu, modernliğin etkilerine karşı korumak için çözümler üreten Frédéric Le Play, XX. yüzyılda faşist ideolojilerin hazırlayıcılarından biri olacaktı.

nin, ayrılık kararında etkin olduğunu ileri sürüyorlar.

Bazı araştırmacılar ise, yabancı devletlerden yardım isteme ve onun müdahalesini talep etme konusunda iki grup arasında fark olmayacağını söylüyor.

İkinci görüş daha sağlıklı gözüküyor. Çünkü Ahmed Rıza-Doktor Nâzım grubunun yabancı devlet müdahalesini reddetme gibi bir tavır içinde olmadıkları apaçık ortada değil midir? Gerek örgütlenme, gerekse gazete çıkarma gibi konularda hep yabancı devlet yardımı alan bu grubun, yabancı devletlerin Kanuni Esasî'nin ilanı için yapacakları yardıma "hayır" demeleri akılcı görünmüyor!

Ama... Yardım istenen yabancı devlet konusunda farklılıklar olabilir; İngiltere mi, Fransa mı, yoksa Almanya mı?..

Kongredeki bir başka ayrışma nedeni de, kongrenin yapılması için Prens Sabaheddin'in İngiltere'nin "örtülü ödeneğinden" para almasıydı. Ahmed Rıza, Doktor Nâzım, Yusuf Akçura,[9] Ferid (Tek) Bey gibi üyeler, Prens Sabaheddin-İngiltere ilişkisinin bu derece yakın olmasından rahatsız olmuşlardı.

Sonunda İttihatçılar parçalandı.

Federatif Osmanlı'yı amaçlayan Prens Sabaheddin'in başını çektiği grup, "Teşebbüsi Şahsî ve Ademimerkeziyet Cemiyeti" diye bilinen örgütü kurdu. Genel başkan Prens Sabaheddin, kurucu ve üyeler ise, Ahmed Fazlı (genel sekreter), İsmail Kemal, Dr. Nihad Reşad (Belger), Dr. Rifat, Miralay Zeki, Dr. Sabri, Hüseyin (Tosun), Milaslı asker Murad, şair Hüseyin (Siret) beylerdi.[10]

Ahmed Rıza ile Doktor Nâzım önderliğindeki grup ise, "Osmanlı Terakki ve İttihat Cemiyeti"ni devam ettirdiler.

1902 yılında Paris'te bir evde yapılan tartışmalar, uzun yıllar Türkiye siyasetine damgasını vuracaktı.

Bu kongre aynı zamanda kişisel ilişkilerin bir siyasal hareketi nasıl kopma noktasına getirdiğinin en güzel örneğidir. Ahmed Rıza ile Prens Sabaheddin arasındaki farklılık salt ideolojik değildi. Ahmed Rıza ve Prens Sabaheddin arasında liderlik kavgası vardı.

Zaten bu kongre, Ahmed Rıza ile Prens Sabaheddin'in yan yana geldiği ilk ve son kongre oldu.

9. Yusuf Akçura bir süre sonra, İttihat ve Terakki Cemiyeti'ne üye yazılmaya gittiğinde Osmanlılığa ve Kuran'a inanmadığını söyleyip, yemin etmeyi reddederek örgütle yollarını ayırdı.
Diğer bir not: Kafkasya ve Türkiye'de ün kazanan "Türkçü" Gaspıralı (Gasprinskiy) İsmail Bey, Yusuf Akçura'nın eniştesidir!

10. Prens Sabaheddin hareketine daha sonra katılan isimlerden biri de Rahşan Ecevit'in babası Namık Zeki Aral'dır.

Hakkında idam kararı veriliyor

O tarihlerde Yıldız Sarayı'nın yayınladığı bir tebliğ, Paris'e "bomba gibi" düştü!

İstanbul'daki arkadaşları tebliği mektupla Doktor Nâzım'a bildirdiler.

Doktor Nâzım mektubu açıp okudu, gülümsedi; cebine koyup Ahmed Rıza'nın evinin yolunu tuttu. Ahmed Rıza mektubu okuyunca sinirlendi, "Kafasız Saray, iki baş almakla bu işi halledeceğini sanıyor, bunlar bu kafayla yıkılmayı çoktan hak ediyor" dedi.

Yıldız Sarayı, Ahmed Rıza ve Doktor Nâzım'ı gıyaplarında yargılayıp, idama mahkûm etmişti.

Bu karar Doktor Nâzım hakkında verilen ilk idam kararıydı.

Ancak son olmayacaktı...

II. Abdülhamid bu idam kararlarıyla İttihatçıları yıldırmayı planlıyordu.

Ancak karar ters etki yaptı.

İttihatçılar gazete çıkarıp, bunları gizlice yurda sokup propaganda yapmakla meşrutiyeti tekrar ilan ettiremeyeceklerini anlamışlardı. Askerî kuvvetlerin de harekete katılması gerekiyordu.

Bunun için en stratejik yer Selanik'ti.

İmparatorluğun önemli askerî gücü 3. Ordu'nun merkezi Selanik'teydi.

Üstelik II. Abdülhamid İstanbul'daki 1. Ordu'ya kendisine daha sadık, kapıkulu zihniyetindeki "alaylı" subayları, Selanik'e ise Harp Okulu çıkışlı "mektepli" subayları gönderiyordu. Bu nedenle Selanik'teki subayların hemen hepsi Harbiye çıkışlıydı ve mevcut düzenden hoşnut değillerdi.

Paris'teki İttihatçıların Selanik'e gitme isteklerinin altında bir başka neden daha vardı: II. Abdülhamid istibdadını yıkmak için Osmanlı kentlerinde farklı isimlerle cemiyetler kurulmaya başlanmıştı. Cemiyetlerin amaçları aynıydı, ancak örgütlerin birbirleriyle ilişkisi yok denecek kadar azdı. Artık hem iç, hem de dış faaliyetleri düzenleyerek merkezî bir sisteme bağlamak gerekiyordu.

Bu cemiyetlerin en güçlüsü ve en stratejik öneme haiz yeri Selanik'ti.

Paris, Selanik'le ilişki kurmak için bir İttihatçı'yı bu kente göndermeye karar verdi. Ama sorun vardı; bu tehlikeli görevi kim üstlenecekti?

Doktor Nâzım gönüllü oldu.

İttihatçılar Doktor Nâzım'ın Selanik'e gitmesine karşı çıktılar. Çünkü gıyabında idam kararı vardı; yakalandığı an asılacaktı. Üstelik Doktor Nâzım Selanikli'ydi ve çok rahat tanınabilirdi.

Doktor Nâzım gitmekte ısrar etti.

Arkadaşı Midhat Şükrü'ye (Bleda) mektup yazdı.

Mektubu yazarken biraz tereddütlüydü, çünkü Midhat Şükrü, Paris sefiri Münir Paşa'dan affını isteyip, yurda geri dönenler arasındaydı.

Şimdi Selanik'te yeni kurdukları "Osmanlı Hürriyet Cemiyeti" üyesiydi ama yine de temkinli davranıp davranmamak konusunda ikilemde kaldı. Sonunda çocukluk arkadaşının kendini ele veremeyeceğini düşünüp mektubu yazdı.

Yanıt beklediği gibi oldu. Arkadaşı kendini şaşırtmamıştı.

Paris'teki İttihatçılar gibi Selanik teşkilatı da Doktor Nâzım konusunda ihtiyatlıydı. Tanınabilir ve cemiyetin yok olmasına neden olabilirdi.

Tartışmalar sonunda karar yine de olumlu çıktı.

Tek sorun kalmıştı. Hakkında idam kararı bulunan Doktor Nâzım hangi gizli yollarla Selanik'e getirilecekti?

Plan yapıldı.

Selanik o dönemde Bulgar, Sırp ve Rum komitacılarının bulunduğu bir merkezdi.

İttihatçılar ile bazı Rum komitacıların ilişkisi iyiydi. Bazı komitacılar da Kanuni Esasî yürürlüğe girdiği takdirde hürriyetlerine kavuşacaklarını düşünüyorlardı. Yani bu konuda İttihatçılar ile bazı komitacılar arasında ittifak vardı.

Doktor Nâzım'ın yakalanmadan gelmesi için bazı Rum komitacılarla bir araya gelindi, ortak planlar yapıldı.

Doktor Nâzım, Yunanistan yolu ve Rum komitacıların yardımıyla Selanik sınırına kadar getirilecekti.

Doktor Nâzım'a şifreli bir mektup yazıldı ve plan ayrıntılarıyla anlatıldı. Mektup eline geçer geçmez Doktor Nâzım yola çıktı. Marsilya'dan gemiye binip Yunanistan'ın Pire limanında indi. Onu Rum komitacılar karşıladı. Ancak aksilikler yüzünden iki ay Atina'da kaldı. Hatta doktor olduğu ortaya çıkınca, Osmanlı zabitleriyle çıkan çatışmalarda yaralanan bazı Rum komitacıları tedavi etti. Doktor Nâzım Atina'da çok sıkılmaya başlamıştı ki, imdadına okul arkadaşı Serezli Dr. Marko Teodoridis yetişti...

Doktor Nâzım gencecik bir öğrenciyken çıktığı Selanik'e sahte bir kimlikle geri döndü. Tipini de değiştirmişti. Yüz hatlarını örten takma sakalı, sarı saçlarını görünmez kılan sarığı, sırtındaki işliği ve cüppesi, ayağındaki çarığı, elindeki tespihiyle Parisli Doktor Nâzım, bir Türk köylüsüne dönüşüvermişti.

Adı da değişmişti: "Hoca Mehmed Efendi!"

Doktor Nâzım'ı yeni haliyle yakın arkadaşı Midhat Şükrü bile tanıyamadı.

Doktor Nâzım kendini tanıtınca şaşkınlığını gizleyemedi.

Midhat Şükrü, arkadaşını Frenk Mahallesi'nde bir İtalyan'dan kiraladığı pansiyona götürdü. Bu "hücre evinde" Selanik'teki örgüt arkadaşlarıyla ilgili ilk bilgileri verdi...

Talat Efendi

Hareketin başında posta memuru Mehmed Talat Efendi vardı.

Edirne Postanesi'nde çalışırken, yakın dostu İsmail Efendi'nin çıkardığı *Şûrayı Ümmet* gazetesini okuyarak harekete katılmıştı.

1896 yılında Edirne'de, ihtilalci bir hareket kurma hazırlığı içinde olduğu jurnaliyle tutuklanmış, iki yıl Edirne hapishanesinde yatmıştı. Cezası ardından Selanik'e sürgün edilmişti.

Selanik'te annesi Hürmüz Hanım ve kız kardeşiyle birlikte yaşıyordu.

Babası o dokuz yaşındayken ölmüştü.

Babası Ahmed Vâsıf Efendi kadılık, müstantiklik (sorgu yargıçlığı) yapmıştı.

Bekârdı. Kendisine Fransızca öğreten Edirne'deki Yahudi kızı unutamamıştı. Mehmed Talat bu kızla Edirne'deki Alliance İsraelite Universelle (Evrensel Musevî Birliği) okulunda tanışmıştı. Mehmed Talat bu okulda Türkçe öğretmenliği yapıyordu ve sevgilisi okul müdürü Mösye Lupa'nın kızıydı.

Talat, aynı zamanda daha önce iki yıl bu okulda yani Alliance İsraelite Universelle'de öğrenim görmüştü. (Kâzım Karabekir, *İttihat ve Terakki Cemiyeti [1896-1909]*, 1993, s. 166)

Yahudi çocuklarına "Türkçe" öğretmenliği yapan Talat kuşkusuz, Ladino'yu (Yahudi İspanyolcası) biliyordu. Zaten bildiğini de en yakın arkadaşı Midhat Şükrü anılarında teyit ediyor.

Cemal Kutay, *Talat Paşa'nın Gurbet Hatıraları* adlı üç ciltlik eserinde ilginç bir noktaya temas ediyor: Talat Paşa anlatıyor:

> Alliance İsraelite'de her ay İstanbul'dan gelen ve daha sonra ilim şöhreti dünyaya yayılan Avram Galante isimli Musevî profesör mektebin muallimlerini toplar, konferanslar verirdi. Mevzular, kendi ırklarının temel meseleleriydi. Ben, hem ilk sınıflara Türkçe dersi oku-

tur, hem yüksek sınıfların Fransızca derslerine talebe olarak devam ederdim. Arkası arkasına mevzuu, bizim Kudüs mutasarrıflığımız hudutları içinde kalmış, üç bin senelik Yahudi devleti üzerineydi. (1983, c. 1, s. 138)

Osmanlı ve Türkiye Yahudileri hakkında yaptığı değerli çalışmalarıyla tanıdığımız araştırmacı yazar N. Rıfat Bali, *Musa'nın Evlatları, Cumhuriyet'in Yurttaşları* adlı kitabında, Talat Paşa hakkında, bugüne kadar duymadığım, okumadığım bir bilgi veriyor:

> Bu cemiyetin (ITC) önde gelen idarecileri ve kurucuları arasında Yahudiler ile Cavid Bey, Talat Bey gibi dönmeler de yer alıyordu. (2001, s. 54)

Selanikli Cavid biliniyordu ama Talat Paşa'nın "Sabetayist" olduğu ilk kez bu kadar açık yazılıyordu.
Mehmed Talat aynı zamanda Bektaşî'ydi...
Ve masondu...
O dönemde Selanik'te biri İtalyan Büyük Locası'na bağlı "Macedonia Risorta" (Dirilen Makedonya), diğeri Fransız Büyük Locası'na bağlı "L'Avenir de l'Orient" adlı iki loca vardı.
Talat, "Macedonia Risorta" Locası'nda "uyanmıştı". Daha sonra Selanik'te Fransız büyük maşrığına bağlı "Veritas Locası" kurulacak, orada da yer alacaktı.
Mehmed Talat, sürgüne geldiği Selanik'te hiçbir iş yapmıyordu; tek yaptığı her sabah karakola gidip "ispatı vücut" için imza atmaktı. Sonra posta idaresinde çalışmaya başladı.

> O esnada posta idaresi başkâtibi Rifat Bey vefat etti. "Talat Efendi" başkâtipliğe tayin edildi, "Talat Bey" oldu. (Mustafa Turan, *Bir Generalin 31 Mart Anıları*, 2003, s. 46)

Bu arada ihtilalci bir örgüt olan "Osmanlı Hürriyet Cemiyeti"ni kurmaktan da geri durmadı.

Gizli ihtilal örgütünün ilk isimleri

Edirneli Mehmed Talat ve Selanikli Midhat Şükrü'den başka bu gizli ihtilalci örgütte kimler vardı...
Yüzbaşı İsmail Canbulad, Yüzbaşı Ömer Naci, askerî rüştiye

müdürü ve Melamî tarikatının önde gelen isimlerinden Bursalı Mehmed Tahir Efendi,[11] askerî rüştiyede Fransızca öğretmeni Yüzbaşı Naki (Yücekök) Bey,[12] Yüzbaşı Edib Servet (Tör),[13] Hakkı Baha Bey, Yüzbaşı Kâzım Namî (Duru)[14] Feyziye Mektepleri Müdürü Selanikli Cavid,[15] Selanik'in tüccarlıklarıyla ünlü İsfendiyar ailesinden Rahmi harekete katılan ilk isimlerdendi.

Selanikli Rahmi, cemiyetin programını da ilk kaleme alan kişiydi. "Döner" başkanlık sistemi onun önerisiydi. Bu programda cemiyetin ilk adı "Hilal"di.

Doktor Nâzım, hemşerisi Rahmi'nin adını duyunca belli etmedi ama çok bozuldu.

Selanikli Rahmi, Yunan Savaşı (1897) sırasında II. Abdülhamid'e suikast düzenleme iddiasıyla yakalanıp İstanbul'da Divanı Harp'te yargılanmış, serbet bırakılınca yurtdışına kaçmıştı.

Paris'te üç yıl kalan Selanikli Rahmi, II. Abdülhamid'in affına sığınıp yurda dönenler arasındaydı.

Doktor Nâzım dönenler arasında en çok Mizancı Murad ve hemşehrisi Rahmi'ye ağız dolusu küfretmişti.

Onlara hep "satılmışlar" gözüyle bakıyordu.

Ve şimdi Selanik'te Rahmi'yle birlikte çalışacaktı.

Gerçi Rahmi'nin, kendisinin Selanik'e gelmesi için elinden geleni yaptığını öğrenince kızgınlığı yatışmıştı ama, yine de kendini ona yakın hissetmiyordu.

İşin bir ilginç yanı da, Selanikli Rahmi'nin Yıldız Sarayı'nın güvenini kazanmış olmasıydı. Yıldız Sarayı'na Rumlar aleyhinde sürekli jurnal yazıyordu! Zamanla cemiyet, bu jurnalleri kendi çıkarı için kullanıp, II. Abdülhamid'i aldatmak yoluna gidecekti...

---

11. Bursalı Mehmed Tahir Efendi'nin torunu Ahmet Haluk Şaman 1950-1960 yılları arasında DP milletvekilliği, Devlet bakanlığı, Çalışma bakanlığı, Turizm ve Tanıtma bakanlığı yaptı. 27 Mayıs 1960 askerî müdahalesinden sonra tutuklanıp Yassıada'da yargılandı. On yıl hapis cezası aldı. Yapı Kredi Bankası genel müdürüyken milletvekili olan Haluk Şaman, Celal Bayar'a yakınlığıyla tanınıyordu.

12. Naki Yücekök üçüncü-beşinci dönemler arasında CHP milletvekilliği yaptı.

13. İkinci-sekizinci dönemler arasında CHP milletvekilliği yaptı. Kardeşi, yazar Ahmed Nedim Servet Tör'ün oğlu Vedat Nedim Tör Türkiye Komünist Partisi Merkez Komitesi üyesiydi. Bursalı Tahir Efendi'nin torunu Haluk Şaman'ın Yapı Kredi Bankası genel müdürlüğü yaptığı dönemde Vedat Nedim Tör de aynı bankanın Kültür ve Sanat müşaviriydi. İstanbul Galatasaray'daki Yapı Kredi Bankası binasının içinde Vedat Nedim Tör'ün adını taşıyan bir sergi salonu vardır.

14. Beşinci ve altıncı dönem CHP miletvekilliği yaptı. Hatıralarını üç ayrı kitapta toplayan Kâzım Namî Duru, Ziya Gökalp'in biyografisini de kaleme almıştır.

15. Cavid Bey'in oğlu Türkçe üzerine yazdığı kitaplarla tanınan Osman Şiar Yalçın'dır. 12 Mart 1971'de sosyalist olduğu gerekçesiyle cezaevine kondu.

Midhat Şükrü, "hücre evinde" Doktor Nâzım'a bilgi vermeyi sürdürdü:

Selanik'teki ihtilalciler, dikkat çekmemek için Beşçınar Kahvehanesi'nin bahçesinde, Yonyo'nun birahanesinde ya da mason localarında buluşuyorlardı. Örgüt yapısını ve yaygınlaşma stratejilerini hep bu mekânlarda konuşmuşlardı.

Ve günü gelince Midhat Şükrü'nün evinde Osmanlı Hürriyet Cemiyeti'ni kurmuşlardı.

1 numaralı üye Tahir, 2 numaralı Naki, 3 numaralı Talat, 4 numaralı kendisiydi.

Heyeti âliyeye İsmail Canbulad, Selanikli Rahmi ve Edirneli Talat seçilmişti.

Örgütün hesap işleriyle kendisi ilgileniyordu.

Cemiyet tıpkı İttihadı Osmanî gibi hücrelerden oluşuyordu. Hücreye dahil kişilerin dışında hiç kimse birbirini tanımıyordu.

Üye kaydı farklıydı. Kuruculardan biri, üye yapmak istediği kişi hakkındaki bilgileri merkeze verip kararı bekliyordu. Merkez bilgileri inceliyor ve olumlu karar alırsa yemin töreninin yeri ve saatini belirliyordu. Yemin töreninde adaya bir kişi kılavuzluk ediyor, tespit edilen yere yaklaşılınca adayın gözlerini bezle kapatıyor, gideceği yeri bilmemesi için adayı biraz dolaştırıyordu. Eve gelindiğinde, kapıya iki kez vuruluyor, "Hilal" parolasını duyan görevli kapıyı açıyordu.

Adayın gözü hâlâ kapalı durumdayken, cemiyete girmekte kararlı olup olmadığı soruluyordu. "Evet" cevabının ardından tören başlıyordu.

Aday masanın karşısında bulunan iskemleye oturtuluyordu. Sağ elini Kuranı Kerim'in üzerine, sol elini de tabancanın üzerine koyup yemin ettiriliyordu.

Yemin töreninin adından adayın gözü açılıyordu. Ama yine de karşısındakini görmesi zordu. Çünkü masanın diğer tarafında, kırmızı pelerinli, yalnızca gözleri görünen siyah maskeli üç adamı görüyordu.

Yemin töreninden ve gözleri açıldıktan sonra aday cemiyete üye kabul edilmiş oluyordu. Cemiyete girmek zahmetli, çıkmak ise zordu. Çıkmak isteyenler ve kurallara uymayanların sonu ölümdü...

Örgüt üyeleri birbirlerine "kardeş" diye hitap ediyorlardı!..

Midhat Şükrü, Selanik'in merkez olduğunu, Yüzbaşı Enver, Yüzbaşı Resneli Niyazi, Yüzbaşı Kâzım (Karabekir), Binbaşı Süleyman Askerî, Binbaşı Sadık ve Binbaşı Hüseyin tarafından Manastır'da şubeleri olduğunu açıkladı.

Arap çöllerinde, Makedonya dağlarında aç susuz isyan bastıran; aylarca maaş alamayan; Saray'da kulluk edenlerin çocukları padişah tarafından bir günde binbaşı, yarbay hatta paşa yapılırken, terfileri yıllar alan; öğrenimleri boyunca II. Abdülhamid'in vesveseleri yüzünden silahlı eğitim yapamadıkları için, tayin oldukları bölgelerdeki isyanları bastırırken oluk oluk kan kaybeden Harbiyeli idealist genç subaylar, vatanı kurtarmak için akın akın İttihatçılara katılıyorlardı.

Keza bölgede esen "milliyetçilik rüzgârının" bu subayları etkilememesi imkânsızdı.

Selanik'teki örgütün askerî gücünün olması Doktor Nâzım'ı çok sevindirdi.

Ama öğrendiği bir bilgi onu şaşırttı.

Cemiyetin ayrıca bir de, "kutsal amaç uğruna" hayatlarını feda etmeye hazır gönüllülerden oluşan "Fedailer Grubu" vardı.

Doktor Nâzım arkadaşı Midhat Şükrü'yü dinledikçe anladı ki, Selanik ile Paris'in amaçları aynıydı, ama bu amaca ulaşmak için gittikleri yol farklıydı.

Doktor Nâzım, "pozitivist" Ahmed Rıza'nın etkisiyle ihtilalciliği reddediyor, ilerlemenin ancak düzen içinde gerçekleşebileceğine inanıyordu. Yani ihtilalci fikirlere hep mesafeliydi. Ama Selanik'tekiler başta Talat olmak üzere silahlıydı. Örgüte askerî kavramlar hâkimdi.

Selanik, Makedonya'daki Yunan, Bulgar, Sırp komitacılardan etkilenmişti; ihtilal hazırlığı içindeydi.

Doktor Nâzım Selanik'teki örgüt hakkında brifing aldıktan sonra "ihtilal merkezinin" kadrolarıyla tanıştı.

Özellikle Talat'a özel bir yakınlık duydu.

Selanikli Rahmi'nin yüzünde dönüşün pişmanlığını gördüğü için konuyu hiç açmadı. Elini uzatıp tokalaştı.

Yahudiler, Sabetayistler ve masonlar

Selanik'teki örgütün temelini Sabetayistler ve Yahudiler oluşturuyordu. Özellikle Balkanlar'da yayılan milliyetçi hava karşısında Osmanlı Devleti'ni bir güvence olarak gören Selanik Yahudileri ve Sabetayistler harekete hem fikri hem de maddî destek veriyorlardı...

Bir de masonlar vardı.

İttihatçı kadrolar mı masondu, yoksa masonlar mı İttihatçı'ydı hâlâ tartışılan bir konudur!

Masonluk, Osmanlı'ya İngiltere'den gelmişti.

İngiltere Büyük Locası'nın ilk üstadı âzamlarından Lord Montagu (1690-1749) İngiliz masonluğunun kuruluşunda büyük rol oynamıştı. Lord Montagu, 1716-1718 yılları arasında İngiltere'nin İstanbul büyükelçisiydi.

Eh, gelmişken İstanbul münevverlerini de masonlukla tanıştırıverdi!..

Osmanlı'daki ilk localarda yabancılar ağırlıktaydı.

İlk bilenen mason, Tophane nazırlığı, Paris büyükelçiliği görevlerinde bulunan Sadrazam Yirmisekiz Çelebizade Mehmed Said Paşa'ydı.

Türkiye'de masonlar konusunda en iyi araştırmalardan birini gazeteci-yazar İlhami Soysal yapmıştır. *Dünyada ve Türkiye'de Masonlar ve Masonluk* adlı çalışmasında, Yirmisekiz Çelebizade Mehmed Said Paşa'nın babasının devşirme olduğunu yazıyor. (1978, s. 169)

Osmanlı'ya ilk matbaayı getiren (1727) "Macar dönmesi" İbrahim Müteferrika ve Osmanlı'da ilk Mühendishanei Berrîi Hümayun'u kuran "Fransız dönmesi" Humbaracı Ahmed Paşa da (Kont Bonneval) ilk masonlardandı.

Soru: iki "dönme" İbrahim Müteferrika ile Humbaracı Ahmed Paşa'nın mezarlarının Galata Mevlevîhanesi'nde olması ile ilk kurulan locanın Galata'da olması arasında bir ilişki var mıdır? Çekinmeden soralım: yani Mevlevîler ile masonlar (veya "dönmeler") nasıl bir ilişki içindeydi? Bu kitapta bu soruyla sık sık karşılaşacağız...

Fazla ayrıntıya girmeden bir ilişkiyi daha yazıp "ilk masonlar" bölümünü kapatayım: Osmanlı'ya ilk matbaayı kimin getirdiğini biliyoruz: mason İbrahim Müteferrika. Peki hangi sadrazam döneminde getirildiğini biliyor musunuz: ilk mason Yirmisekiz Çelebizade Mehmed Said Paşa'nın sadrazamlığında!

"Aristoteles mantığı": o halde ilk matbaayı Osmanlı'ya getirenler bu işi Galata'daki mason locasında görüşüp karara bağlamışlardı!

Din düşmanlığı yaptığı, devlet içinde devlet kurmaya çalıştığı iddialarıyla, başta Papa XII. Clemens olmak üzere, Fransa hükûmeti ve Hollanda hükûmeti masonlara savaş açıp, locaları kapatınca; 1748'de Osmanlı da daha "emekleme dönemindeki" masonluğu yasakladı.

Ancak masonluk, III. Selim (1789-1807) döneminde yeniden ortaya çıktı; 1839'dan sonra ise yaygınlaştı. Çoğu yazar bu büyümenin nedenini Kırım Savaşı'na bağlasa da, bizce asıl neden 1838 Ticaret

Antlaşması'ndan sonra hızla Osmanlı'ya gelen yabancı tüccarlardır!

Her ne kadar mason localarında, din, dil, ırk ayrımı yapılmadığı ve masonların idealist olduğu söylense de, İngiltere ile Fransa arasındaki rekabet mason localarını etkiledi. İngilizler ve Fransızlar dünya üzerinde ayrı ayrı localar örgütlediler. Bunlara zamanla İtalyan, Alman, Yunan, Ermeni ve son olarak Müslüman-Türk locası eklenecekti...

Gerek Sabetayistler, gerekse Yeniçeri Ocağı'nın kaldırılmasından (1826) sonra sürekli horlanan, etkinliklerini gizli olarak sürdüren Bektaşîler, masonluğa sıcak baktılar. İdeolojik yakınlık buldular: masonların liberal, irtica karşıtı ve antikonformist (var olan düzene karşıt) olmaları onları localara çekti.

Üstelik mason törenleriyle bu iki grubun dinsel ritüelleri arasında fazlaca benzerlikler vardı.

Ama en çekici yanı gizliliğin esas olmasıydı.

Bu bilgiler ışığında dönelim Selanik'e...

Sabetayistlerin nüfus olarak en yoğun bulunduğu Selanik'te masonluğun hızla gelişmesi kaçınılmazdı.

> Masonluğun seküler (laik) karakteri, "din, mezhep, ırk, dil farkı gözetmeksizin insanların kardeşliği için çalışmak" şeklinde gösterilen amaçları, Osmanlı toplumunda "farklı yapı"ya sahip dönmeler için de, "yeni kimlik" düzeninde "kabul ve itibar bulmaları" için sarılacak bir dal olmuş, bu sebepten dönmeler mason localarında toplanmıştır. (Süleyman Kocabaş, *Jön Türkler Nerede Yanıldı*, 2003, s. 37)

Sabetayistlerin mason localarına girmelerinde hiç de şaşılacak bir durum yoktu. Aslına baktığınızda, masonluk giderek etkisini yitiren dinsel kurumların "alternatifi" olarak doğmamış mıydı?

Bu "yeni din", artık "laik okullarda" yetişen ve Mesih inancını reddeden yeni kuşak Sabetayistlerin manevî boşluğunun giderilmesine yardımcı olmaktaydı.

Selanik'teki İttihatçıları masonlarla tanıştıran kişi, İtalyan himayesi altındaki "Macedonia Risorta" Locası'nın üstadı âzamı, Yahudi avukat Emmanuel Karasu'ydu.[16]

Emmanuel Karasu zaten İtalyan vatandaşıydı! Selanik'teki İttihatçılara, mason locasında toplanma önerisini getiren isim de oydu.

Talat, Midhat Şükrü, Rahmi, İsmail Canbulad ve Cemal (Paşa) bu locaya bağlıydı.

---

16. Emmanuel Karasu, Şişli Terakki Lisesi ve İ.Ü. Edebiyat Fakültesi mezunu, 1962-1963'te Rockefeller Vakfı bursuyla Avrupa ülkelerinde araştırmalar yapan, Hacettepe Üniversitesi öğretim üyesi ve Türk edebiyatının ünlü ismi Bilge Karasu'nun babasıdır.

Bir diğer İtalyan "Labor et Lux" (Emel ve Işık) Locası'nın da İttihatçılara büyük yardımları olmuştu.
Ama İtalyan mason localarına kayıtlı olmayan İttihatçılar da vardı. Feyziye Mektepleri Müdürü Cavid, İspanya maşrığına bağlı "Constitution" Locası'nın üstadıydı.
Soru: üç gruba ayrılan Sabetayistlerin her biri bir başka locaya mı bağlıydı?
Diğerleri konusunda spekülasyon vardır, ama Selanikli Cavid'in Karakaşî olduğu bilinen gerçektir. Bir olgunun daha altını çizmek istiyorum: Selanik'teki ilk örgütlenme çalışmalarında Cavid yoktur. Çok sonraları katılmıştır. Buradan şu sonucu çıkarabilir miyiz: Karakaşîler, Yakubî ve çok fazla sayıda Kapanî'nin içinde bulunduğu İttihatçılara katılıp katılmama konusunda zorlanmışlardır!
Talat 3, Midhat Şükrü 4 numaralı üye iken, Selanikli Karakaşîlerin önderlerinden Cavid 154'üncü üyedir!
Yakubîler, Kapanîler ve Karakaşîler; üç gruba ayrılmış Sabetayistler, tarihlerinde ilk kez bir "çatı altında", İttihat ve Terakki Cemiyeti'nde bir araya geldiler!
Peki Doktor Nâzım mason muydu?
Dr. Rıza Tevfik, *Jön Türkler ve 1908 İhtilali* kitabının yazarı E. Edmondson Ramsaur'a gönderdiği 16 mayıs 1941 tarihli mektubunda, "Ahmed Rıza ve Doktor Selanikli Nâzım'ın hiçbir zaman mason olmadıklarını kesin olarak söyleyebiliriz" diye yazmaktadır. (1972, s. 127)
Gazeteci İlhami Soysal geniş kapsamlı kitabında, Doktor Nâzım'ın adını İttihatçı masonlar listesinde göstermektedir. (*Dünyada ve Türkiye'de Masonlar ve Masonluk*, 1978, s. 380)
Celal Bayar ise *Ben de Yazdım* adlı kitabında tanık olduğu bir olayı aktarıyor:

> Bir gün Doktor Nâzım Bey'le bu konuda konuşurken kendisine benim, mason olmaklığım için karşılaştığım ısrarlı teklifleri kabul etmediğimi anlattım. "Sen ne dersin?" manasında yüzüne baktım. Cevap verdi: "Parti içinde memlekete hizmet etmek, sizi tatmin etmiyor mu? Ben görüyorum ki ediyor. O halde mason olmaya ne lüzum vardır" dedi. (1966, s. 429)[17]

---

17. Celal Bayar yazmıyor ama kendisine kimin masonluk teklif ettiğini Necip Fazıl Kısakürek'e anlatıyor: "Gençliğimde ve İttihat ve Terakki'ye intisabım sıralarında Halide Edib Hanım'ın babası Edib Bey (meşhur dönmelerden [N.F.K.]) bana mason olmayı teklif etti. Kendisine 'Düşüneyim ve tetkik edeyim' cevabını verdim." (N. F. Kısakürek, *Benim Gözümde Menderes*, 1970, s. 251-252) "İşte Celal Bayar, bundan sonra gidip Doktor Nâzım'a soruyor ve mason olmuyor!"

Doktor Nâzım masondu veya değildi ama İttihatçıların gizli toplantıları için mason localarına gitmekteydi. Ama bir gün locada değil ama locaya giderken yolda hiç beklemediği bir olay geldi başına...

Dr. Toledo Efendi

Selanik'te "Hoca Mehmed Efendi" adıyla dolaşan Doktor Nâzım bir gün yolda çocukluk arkadaşı Yahudi doktor Toledo'yla karşılaştı.[18]

Dr. Toledo Efendi çok iyi bildiği bu yüzü tüm değişikliklere rağmen tanıdı. Kıyafetlerinin değişikliğinin nedenini anlamadan ve onu ne denli zor durumda bırakacağını düşünmeden kollarını açarak, "Nâzım" diye seslendi.

Doktor Nâzım soğukkanlılığını korudu, hiçbir şey olmamış, kendisine seslenilmemiş gibi köşeden döndü ve gözden kayboldu.

Olanlara hiçbir anlam veremeyen Dr. Toledo, Doktor Nâzım'ı gördüğünden emindi.

Gittiği Refik Hıfzı Efendi'nin evinde, ona Nâzım'ı gördüğünü söyledi ve tuhaf kıyafetini anlattı.

Refik Hıfzı Efendi çok şaşırdı. Doktor Nâzım hakkında idam kararı verildiğini biliyordu ama kente gelişinden habersizdi. Hemen yeğeni Rahmi'nin yanına gitti. Rahmi ise sakin bir tavırla, dayısına, Doktor Nâzım'ın Paris'te olduğunu söyledi.

Dayısı ikna olmuştu ama Rahmi hemen soluk soluğa, Midhat Şükrü ve Talat'ın yanına gitti. Olayı anlattı. Talat çok sinirlendi. Hemen Dr. Toledo'nun evine gitti. Doktor Nâzım'ı görüp görmediğini sordu. Dr. Toledo, Doktor Nâzım'ı Beyaz Kule civarında gördüğünü, hoca kıyafeti giymiş olduğunu, şemsiye yardımıyla da yüzünü kapattığını ayrıntılarıyla anlattı.

Talat bu sözler üzerine belindeki tabancasını çıkararak Doktor Toledo'ya çevirdi. Öfkeli bir ses tonuyla, Doktor Nâzım'ı gördüğünü unutmasının kendi sağlığı açısından iyi olacağını söyledi.

Dr. Toledo mesajı almıştı...

Doktor Nâzım'dan şüphelenen sadece Dr. Toledo değildi.

Midhat Şükrü, Doktor Nâzım'ın çamaşırlarını yıkaması için evine getiriyordu.

---

18. Toledo, 1492'den önce Yahudilerin yoğun olarak bulunduğu İspanya'daki yerleşim yerlerinden biriydi. Toledo'dan göç eden Yahudiler yıllar geçse de "Toledo"yu unutmadılar. Kimi soyadı olarak seçti. Türkiye'de on yıl boyunca İsrail'in kültür ataşeliğini yapan Zali De Toledo, muhtemelen Dr. Toledo'nun akrabalarındandı.

Eşi Hatice (Bleda) kenarlarına harf işlenmiş pahalı mendillerden şüphelendi. Kıyafeti tam bir köylü olan "Hoca Mehmed Efendi" nasıl oluyor da böyle mendiller kullanıyordu?

Eşi Hatice'yi ikna etmek Midhat Şükrü'ye düştü. Uydurduğu küçük bir hikâyeyle, "Hoca Mehmed Efendi"ye mendilleri zengin eş dostunun hediye ettiğini söyledi. Hatice Hanımefendi, inandı mı bilinmez, ama Doktor Nâzım Paris'ten aldığı o mendilleri bir daha hiç kullanmadı.

Birleşme: 27 eylül 1907

O günlerde asıl sorun parçalı bir görünüm arz eden İttihatçıları bir ad altında birleştirmekti.

Selanik'tekiler kurdukları "Osmanlı Hürriyet Cemiyeti" adını değiştirmeye pek taraftar değillerdi. Aslında bu birleşmeye Paris'teki Ahmed Rıza da razı değildi. Yazdığımız gibi bunun nedeni, Selanik örgütünün ihtilalci olmasıydı; kendisi silahlı mücadeleye soğuk bakıyordu. Ama birleşmeye boyun eğmek zorunda kaldı.

Selanik'te bir hafta süren tartışmalar yaşandı; Doktor Nâzım karışıklığı önlemek için yurtiçindeki ve yurtdışındaki örgütlerin aynı isimle, aynı çatı altında olması gerektiğine Selanik'teki kadroları ikna etti.

27 eylül 1907 günü Paris ile Selanik örgütleri birleşti.

Paris'te haricî, Selanik'te dahilî olmak üzere cemiyetin iki merkezi olacaktı. Amaçları, ırk, din, dil, cins ayrımı yapmadan milleti, içinde bulunduğu zulüm ve esaretten kurtarmaktı.

Paris ve Selanik örgütlerine Osmanlı'nın diğer hürriyetçi kadroları da katıldı. Bunlardan biri de Yüzbaşı Mustafa Kemal'in kurduğu "Vatan ve Hürriyet Cemiyeti"ydi.

Mustafa Kemal

11 ocak 1905 tarihinde Harp Akademisi'ni kurmay yüzbaşı olarak bitiren Mustafa Kemal,[19] ihtilalci düşüncelerini korkusuzca

---

19. Mustafa Kemal'in özgürlükçü düşünceyle tanışmasında Namık Kemal'in apayrı bir yeri vardı. Manastır Askerî İdadîsi'ndeki matematik öğretmeni Yüzbaşı Mustafa Efendi'nin, "Oğlum senin adın Mustafa. Benim de öyle. Bu böyle olmayacak, arada bir fark bulunmalı. Bundan sonra senin adın 'Mustafa Kemal' olsun" dediğini hepimiz biliriz. Ancak benim ayrıldığım nokta, Yüzbaşı Mustafa, öğrenci Mustafa'ya "Kemal" adını, öğrencisinin yaşından olgun göstermesi nedeniyle verdiği iddialarıdır. O dönemde tüm Osmanlı aydınlarını etkileyen Namık Kemal'den dolayı bu adın verilmesi akla daha yakındır. Başta Selanik ve Manastır olmak üzere Makedonya hürriyet fikirlerinin o yıllarda doğduğu yerlerdi. Peki öğretmeni Mustafa Kemal'e neden "Namık" adını değil de "Kemal" adını vermişti? Namık Kemal'in gerçek adı "Mehmed Kemal"di! Ona "Namık Kemal" adını veren Şair Eşref'ti!

sağda solda söyleyince soluğu İstanbul'un ünlü gözaltı yeri Bekirağa Bölüğü'nde almıştı.

Günlerce süren sorgulamasının ardından şansı yardım etmiş, sadece sürgün cezasına çarptırılmıştı. Sürgün yeri Şam'dı.

Ama sürgün onu yıldırmadı; gittiği Şam'da 5. Ordu'ya bağlı Süvari Alayı'nda, başta tıbbiyeli Mustafa (Cantekin) olmak üzere diğer sürgünlerle birlikte, "Vatan ve Hürriyet Cemiyeti"ni kurdu.

Cemiyetin lideri kendisiydi.

İhtilalin merkezinin Selanik olduğunu öğrenen Mustafa Kemal gizli yollardan doğduğu şehre gitmeye karar verdi. Zaten okul arkadaşı Ali Fethi de (Okyar) Selanik'e gelmesini isteyen mektuplar yazıyordu.

Kaçak gittiği Selanik'te, Ömer Naci, Mustafa Necib, Hüsrev Sami (Gerede), Salih (Bozok), Nuri (Conker), Ali Fethi (Okyar) ve *Rumeli* gazetesinin başyazarı Yunus Nadi (Abalıoğlu) beyler gibi arkadaşlarıyla buluştu.

Mustafa Kemal bu arkadaşlarıyla yaptığı gizli toplantılarda kendi örgütü "Vatan ve Hürriyet Cemiyeti"nden bahsetti.[20]

Yıldız Sarayı'nın mimlediği Yüzbaşı Mustafa Kemal'in gizli yollardan Selanik'e gelmesinden bazı arkadaşları rahatsız oldu. Biliyorlardı ki, öğrenildiği an arkadaşlarının durumu hiç de iç açıcı olmayacaktı.

Mustafa Kemal geldiği yollardan Şam'a döndü.

Ama aklı ihtilal ateşinin yandığı Selanik'teydi.

Çok geçmedi. Arkadaşları sayesinde 13 ekim 1907'de tayinini doğduğu bu kente çıkarttı; 3. Ordu'ya atandı.

Tayini çıkaranların bir düşüncesi daha vardı:

İttihatçılar, Mustafa Kemal'in "Vatan ve Hürriyet Cemiyeti"nden haberdardılar. Çok başlılığa son vermek amacıyla, Mustafa Kemal'in kafasına ihtilal düşüncesini daha Harbiye'deyken sokan okul arkadaşı Ömer Naci'yi, Mustafa Kemal'le görüşmesi için görevlendirdiler.

Mustafa Kemal çekincelerine rağmen ihtilal örgütünün bir çatı altında olmasını kabul edip, İttihatçılara katıldı.

---

20. Göbek adının "Osman" olduğunu söyleyen gazeteci Cengiz Çandar anlatıyor: "Dedem, yedi kuşak Selanikli olan Hakkı Sayar —evdeki adı Mehmed'dir— İttihat ve Terakki kursuyla Budapeşte'de şimendifer mühendisliği okur. Mehmed Hakkı, Mustafa Kemal'i Selanik'ten tanımaktadır. Selanik'te tekkede toplanırlar, dedem de onlara çay-kahve servisi yapardı." (A. Cemal Kalyoncu, *Derin Gazeteciler*, 2002, s.17)
İttihatçıların gizli toplantılarına Osmanlı kimliğine haiz her dil, din ve milletten Selanikli'nin katıldığını yine Cengiz Çandar'ın sözlerinden anlayabiliriz: "Ben kendimi esasen Rumelili sayarım. Anne tarafım Selanikli, muhtemelen dönme. (...) Dedem bana Sabetay Sevi'den bahsederdi." (Liz Behmoaras, *Türkiye'de Aydınların Gözüyle Yahudiler*, 1993, s. 225)

Tıpkı Paris'teki kadrolarda olduğu gibi Selanik'teki İttihatçıların da belirli bir dünya görüşü yoktu. Hareketin tek isteği monarşi rejimini yıkıp meşrutiyeti ilan etmekti.

İttihatçıların ideolojik yönünü göstermesi açısından önemlidir: O tarihte İttihatçılara katılan bir isim daha vardı: Türkiye'nin ileri yıllarda "Saidi Nursî" olarak tanıyacağı Saidi Kürdî!

Manyasîzade Refik Efendi aracılığıyla İttihatçılarla tanışmıştı.

Kıyafeti hayli ilginçti ve herkesin dikkatini çekiyordu; kaplan postuna benzeyen bir kürkü, başında Buhara kalpağı, göğsünden beline doğru inen gümüş savatlı kemerde süslü bir Diyarbakır kaması vardı.

Görüşlerinden önce kıyafetiyle Selanik'te kısa zamanda tanındı. Sıkı İttihatçı olan Saidi Nursî, o büyük gün geldiğinde, yani hürriyetin ilanında Selanik'in "Hürriyet Meydanı"nda din adamı olarak ilk konuşmayı yapan kişi olacaktı.

İttihatçı kadrolara baktığımızda, hareketin fikir ve ideoloji mücadelesi yapmadığını görmekteyiz.

Dünyada neler oluyor

Osmanlı aydını düşünsel kısırlık içinde yaşarken, hemen yanı başındaki Rusya'da, çarlığa karşı mücadele veren aydınlar, cumhuriyet, demokrasi, sosyalizm gibi kavramları tartışıp, bunları hayata geçirme mücadelesi veriyorlardı.

1905 İhtilali kanlı bastırılmıştı, ama Rusya'da yeni bir siyasal sistemin doğuşunun habercisiydi bu hareket...

Ancak İttihatçılar dünya dengelerini değiştirecek bu olaya da kayıtsızdı.

Onlar bir emirle, Kanuni Esasî ilan edildiği an Osmanlı'nın özgürleşeceğine, toprak kaybetmeyeceğine ve zenginleşeceğine inanıyorlardı...

Hemen yanı başındaki İran kendi "Kanuni Esasî"sini ilan edip meşrutiyeti hayata geçirmişti. Ama sorunları bitmemiş, artmıştı. İran'da iç savaş sürüyordu.

İttihatçılar, ne Rusya ne de İran örneğini analiz edecek birikime sahip değillerdi. Gözlerini kulaklarını dünyaya kapatmışlardı sanki...

Ne yazık ki Osmanlı yönetimi de, sorunlarını çözecek birikime sahip değildi. Dönemin padişahı II. Abdülhamid zorba bir rejimle, düveli muazzama arasındaki rekabetten yararlanıp Osmanlı'yı ayakta tutmaya çalışıyordu.

Soruna ilişkin çözüm yollarını tıkamıştı.

Makedonya'da, Bulgar, Sırp, Yunan, Arnavut, Ulah isyanları durmuyor, çatışmaların ardı arkası kesilmiyordu. Yıldız Sarayı'nın soruna tek çözümü, ayaklanan dinsel, milliyetçi, sosyalist hareketlerin birbirine karşı düşmanlıklarını artırmaktan ibaretti.

Batı'nın hesabı ise başkaydı: Paris ve Berlin antlaşmalarıyla Osmanlı'nın içişlerine karışma yetkisi alan "düveli muazzama"nın jandarmaları, güvenliği sağlamak şöyle dursun, olayları sadece seyrediyorlardı.

Sokakta, dağda çatışmaları izleyen, şehir merkezlerinde patlayan bombaları seyreden Avrupa ülkelerinin, Makedonya'ya "müdahalesi" an meselesiydi.

Oynanan oyun hep aynıydı; önce isyan, ardından "insan hakları ihlallerine" dayanarak içişlerine müdahale, sonra asker gönderme, arkasından idarî yapıda değişiklik ("bir Müslüman bir Hıristiyan vali" gibi) ve en sonunda da özerklik ve nihayetinde de bağımsızlık...

"Düveli muazzama" stratejisini Makedonya'da hayata geçiriyordu. II. Abdülhamid için zor günler yaklaşmaktaydı.

"Hoca Mehmed Efendi" müstear adlı Doktor Nâzım da zor anlar yaşamıyor değildi...

Bir gün hastalandı. Kendine enjeksiyon yaparken iğne vücudunda kırıldı. Bir doktor çağırdılar. Gelen doktor tüm uğraşlarına rağmen iğnenin ucunu bir türlü bulamadı. Doktor Nâzım'ın canı yanıyordu. "Bir de doktor olacak" diye içinden söylenmeye başladı. Gittikçe sinirleniyordu ve daha fazla dayanamadı; doktora iğnenin ucunu, neşteri önce paralel sonra dik bir şekilde tarayarak bulabileceğini söyledi. Bu sözler doktora çok makul geldi. Söyleneni harfiyen yaptı ve iğne çıktı. Doktor şaşkındı. Doktor Nâzım'a, yani Hoca Mehmed Efendi'ye bunu nereden öğrendiğini sordu.

Doktor Nâzım, hemen sesini değiştirdi; boğuk ve kekeme konuşarak buna benzer bir olayı İstanbul'da gördüğünü ve orada öğrendiğini anlattı.

"Hoca Mehmed Efendi" Selanik'te giderek ilgi çekmeye başlamıştı. Doktor Nâzım'ın gerçek kimliğinin ortaya çıkacağı endişesi, cemiyeti huzursuz etti.

Bu arada ihtilal stratejileri yapılıyordu.

II. Abdülhamid'i Kanuni Esasî'ye mecbur etmenin yolu dağa çıkmaktan geçiyordu. Rumeli'de hürriyet isyanı çıkınca, Yıldız Sarayı'nın bölgeye göndereceği en yakın askerî gücün İzmir kolordusu olacağı biliniyordu. O halde İzmir'deki askerleri ihtilale katmanın bir yolu bulunmalıydı!

Selanikli Rahmi bir fikir ortaya attı. İçlerinden uygun biri İzmir'e gidip propaganda yaparak askerleri cemiyete kazandırabilirdi. Ama Rahmi'nin ekleyeceği başka bir sözü yoktu; yani gidecek İttihatçı, askerlerin içine nasıl sızacaktı ve yakalanmadan nasıl propaganda yapacaktı?

Bu belirsizliğin arasında Midhat Şükrü söz aldı. İzmir'e giden, bir tütüncü dükkânı açıp etrafı kontrol edebilirdi. Bu arada tütün almak için dükkâna gelen askerlerle tek tek görüşerek onları etkileyebilirdi.

Peki, gizlice İzmir'e gidip yaşamını tütüncü olarak sürdürecek, iyi propaganda yapacak İttihatçı kim olabilirdi?

Aslında kimin gideceği belliydi; en iyi kıyafet değişimini yapan, çevreye uyum sağlayan ve yıllarca propaganda çalışmalarında başarılı olan, aralarında tek kişi vardı: Doktor Nâzım!..

Selanik'ten Pake Kumpanyası'nın gemisine binen yolcular arasında, elinde heybesi ve Türk köylüsü kıyafetiyle Doktor Nâzım da vardı.

Yeni adı, "Tütüncü Yakub Ağa!"ydı.

Tütüncü Yakub Ağa

Doktor Nâzım bir kez daha yeni bir kimliğe bürünmüştü...

Cemiyetin en önemli komitacısı Doktor Nâzım İzmir'e hiçbir engelle karşılaşmadan ulaştı. Ama İzmir'de daha ilk gün bir aksilikle karşılaştı.

İzmir'e gelir gelmez ilk işi, cemiyet üyelerinden Tahir Efendi'yi aramak oldu. Bunun için önce onun evine gitti. Kapıyı açan Tahir Efendi'ye, Osmanlı Terakki ve İttihat Cemiyeti mensubu olduğunu söyleyip, Paris'ten Selanik'e geçtiğini, orada kaldıktan sonra bu defa da İzmir'e geldiğini söyledi. Tahir Efendi şaşırdı. Herkesin kimliğini kolayca açıklayamadığı bu günlerde nasıl olur da, İttihatçı biri kendini bu kadar rahat bir şekilde tanıtırdı. Bu işte bir karışıklık olabileceğini düşündü ve tedirgin oldu. Uygun bir dille "hiçbir cemiyete üye olmadığını, kendisini tanımadığı gibi daha önce de hiç görmediğini" söyledi. Yaşlılığı nedeniyle bir yanlış anlama olduğunu ifade etti ve ona Jandarma Zabiti Eşref Bey'e gitmesi tavsiyesinde bulundu. Gerçekten de Eşref Bey İzmir'i çok iyi biliyordu ve ona yardımcı olabilecek kişilerin başında geliyordu.

Doktor Nâzım Eşref'i Paris'ten tanıyordu. Tahir Efendi'ye tavsiyesi için teşekkür edip hemen Eşref'in yanına gitti. Sonrası kolay oldu.

Önce İkiçeşmelik'te teşkilatçı arkadaşları aracılığıyla bir dükkân kiraladı. Bu tütüncü dükkânıydı ama ön camın vitrinine fes kalıpları koydu. İsteyene fes de yapabilecekti.

Ardından örgüt çalışmalar için kolları sıvadı. Öncelikle askerlerle temas kurmasını sağlayacak birkaç isim bulmalıydı.

Bunlardan birini tesadüf eseri buldu...

Milaslı Halil (Menteşe)[21] üyesi olduğu Sporting Kulüp'e doğru giderken, arkasından seslenildiğini duydu. Döndü ve gördüğüne inanamadı.

Karşısında, saçı başı birbirine karışmış, köylü kıyafeti içinde Paris'ten tanıdığı yakın arkadaşı Doktor Nâzım duruyordu!

Kıyafetine bir anlam veremedi, ama yine de sarılmak için hamle yapmıştı ki, Doktor Nâzım, kucaklaşmaya izin vermedi; kulağına sessizce, "Tebdili kıyafet içindeyim, bana gizlice buluşacağımız bir adres ver" dedi.

Halil şaşkınlığını üzerinden atamamıştı, başıyla Sporting Kulüp'ü gösterdi; fısıltıyla, "Arka tarafında ufak bir kapı var" dedi. Ertesi gün saat üçte buluşabileceklerini, geldiğinde, kapıcıya adını vermesinin kâfi olacağını söyledi.

Ayrılırken Doktor Nâzım, bazı talimatlar vermeyi ihmal etmedi:

Bir: yolda bana selam verme.

İki: üzerinde bana ait evrak bulundurma.

Ertesi gün bir araya geldiler.

Sporting Kulüp'ün özel odalarının birinde konuşmaya başladılar.

Doktor Nâzım dava arkadaşına İzmir'e geliş nedenini anlattı.

Halil durumu anlamıştı.

Sohbet sırasında İzmir'de İttihatçılardan önce ademimerkeziyetçilerin örgütlendiğini öğrenmek Doktor Nâzım'ı çok şaşırttı. Ticaret kenti İzmir "ferdiyetçiliği" benimsemişti.

Görüşmenin sonunda Doktor Nâzım, Halil'den bir ricada bulundu. Kendisine yardımcı olması için hürriyetperver bekâr iki genç bulmasını istedi.

İki genç bulundu: erkânıharpten Salaheddin ile Bursalı Kaymakam Tahir!

Selanik'teki İttihatçılar Doktor Nâzım'dan sonra Yüzbaşı İsmail Canbulad'ı da İzmir'e göndermişlerdi. İkili bazen bir araya gelip durum değerlendirmesi yapıyorlardı.

---

21. Bazı kitap ve makalelerde yazıldığı gibi, AP ve DYP milletvekili, çeşitli bakanlık görevlerinde bulunmuş Nahit Menteşe, Milaslı Halil Menteşe'nin oğlu değil, sadece akrabasıdır.

Doktor Nâzım'ın İzmir günleri oldukça yoğun geçiyordu.

"Tütüncü Yakub Ağa" olarak tanınmanın avantajlarını sonuna kadar kullandı. Elinde bir o yana bir bu yana salladığı tespihiyle askerlerin arasına rahatça giriyordu. Mutlaka her akşam yanına bir zabit alıyor, onlarla saatlerce uzun uzun konuşuyordu.

Doktor Nâzım iyi bir propagandistti. Konuşması sıcak, samimiydi. Tek kusuru peltekti, ama o da konuşmalarına ayrı bir hava katıyordu.

Çeşitli köylü kıyafetlerine de bürünerek gittiği askerî kıraathanelerde yakaladığı fırsatları hiç kaçırmazdı. Zamanı iyi kollar ve cemiyete gireceğine inandığı zabitlere, "Salı günü ben tekkedeyim seni de beklerim" derdi.

İttihatçıların mason localarından sonra kullandıkları mekânlardan biri de Bektaşî tekkeleri ve mevlevîhanelerdi!

Cemiyete giriş yeminleri Aksaraylı Ziya Efendi'nin evinde oluyordu. Yemin törenlerinde sadece erkekler yer almıyordu. Kadınları da bu törenlerde görmek mümkündü. Doktor Nâzım, o dönemin şartlarına göre gayet zor olmasına karşın, kadınların yer aldığı toplantılarda konuşmalar yapıyordu.

Doktor Nâzım İzmir'de ummadığı kadar ilgi görmüştü. İnsanlar cemiyete katılmaya neredeyse koşarak geliyordu. Selanik, Doktor Nâzım'ın gönderdiği raporları keyifle okuyordu.

Hadikai Maarif Hususî Ticaret Okulu toplantıların yapıldığı yerlerden biriydi. Doktor Nâzım İzmir'e ilk geldiği günlerde cemiyete üye yaptığı Hüseyin Lütfi bu okulun müdürüydü. Tütüncü dükkânını da ona kendisi bulmuştu.

Ve bir sabah...

Doktor Nâzım, kahvaltı yapmak için Asmalımescit Caddesi'nin başındaki fırından boyoz almaya gitmişti. Tütüncü dükkânına dönerken, içeriden dükkân sahibi Evliyazade Refik Efendi'nin çıktığını gördü.

Şaşırdı, İzmir'in en tanınmış zenginlerinden birinin bu köhne tütüncü dükkânında ne işi olabilirdi. Kira almaya gelecek kadar kendini küçük düşürmezdi herhalde. Zaten kira ödeme zamanı da değildi.

O halde...

Doktor Nâzım, tedirgin oldu: "Sakın gerçek kimliğini öğrenip, ihbar edecek olmasın?"

Telaşlandı...

Üçüncü bölüm

1908, İzmir

Evliyazade Refik Efendi, dörtnala giden iki yağız atın çektiği kupasının içinde tedirgin oturuyordu.

İzmir'in köhne sayılabilecek bir yerinde tütüncülük yapan bir adamın Fransızca gazete, kitap okumasına, masasının üzerinde çatal bıçak takımı bulundurmasına anlam veremiyordu.

Yüzünü bile görmediği bu kiracısı kimdi?

Bu durumu kimseye de anlatamazdı. İşin içinde rezil olmak da vardı; Yıldız Sarayı'nın şimşeklerini üzerine çekmek de!

Aklına kardeşi Naciye'nin kocası, eniştesi Yemişçizade İzzet Efendi geldi.

Yemişçizade İzzet Efendi'nin o günlerde ruhsal problemleri vardı. Gerçek dünyadan koptuğu anlar oluyordu.

Refik Efendi yine de en çok ona güveniyordu. Çünkü atacağı yanlış bir adımla soluğu sürgün yeri Fizan'da alabilirdi.

Arabacısı Salih Ağa'ya, "Tez vakit Sporting Kulüp'e gidelim" dedi.

Yemişçizade İzzet Efendi'yi, dünürleri Kapanîzade Tahir Efendi ve sarraf Abraham Artidi'yle kahve içerken buldu. Selam verdi, ama oturmayacağını, eniştesiyle özel bir konu hakkında görüşeceğini söyledi.

İzzet Efendi, kayınçosunun telaşına şaşırıp, kahvesini bitirmeden kalktı. "Ben de yeni elbise için terzi Finale Kardeşlere (Jean ve Paul) sipariş verecektim" deyip kalktı.

Kulüpte diğer masalarda oturanları başlarıyla selamlayıp alelacele çıktılar.

Evliyazade Refik, eniştesiyle birlikte arabaya biner binmez, bir çırpıda tütüncü dükkânında gördüklerini anlattı.

Yemişçizade İzzet, cemiyet üyesi değildi. Ama monarşi düşmanıydı, bir an önce Kanuni Esasî'nin yeniden ilan edilmesini istiyordu. Ruh sağlığının bozulmasında istibdat yönetiminin de etkisi olduğu söyleniyordu.

Doktor Nâzım'la tanışmamıştı, ama olan bitenden haberi vardı.

Selanik gibi İzmir de, II. Abdülhamid'in o sıkı rejiminden fazla etkilenmemişti. Yıldız Sarayı bu iki şehri İstanbul kadar bunaltmıyordu. Bu nedenle siyaset İzmir'de daha özgür konuşulabiliyordu. Hele hele Sporting Kulüp üyeleri neredeyse hiç sakınmaksızın II. Abdülhamid aleyhine konuşmaktan geri durmazlardı.

Evliyazade Refik'in siyasetle pek ilgisi yoktu. Bu nedenle gelişmelerden habersizdi.

Enişte İzzet, Tütüncü Yakub Ağa'nın gerçek kimliğini ve neler yaptığını bir çırpıda kayınçosu Evliyazade Refik'e anlattı.

Refik, dinledikçe daha da tedirgin oldu. Hakkında idam kararı verilmiş, cemiyetin en tehlikeli adamı, sahte bir kimlikle dükkânında kiracı olarak oturuyordu.

Eniştesi, Refik'i rahatlattı. Süleyman Ferid (Eczacıbaşı) Efendi'den Uşakîzade Muammer'e kadar herkes İttihatçılara maddî ve manevî destek veriyordu.

Eşkıyayla baş edemediği iddiasıyla görevinden azledilen Kıbrıslı Kâmil Paşa'nın yerine gelen Vali İbrahim Faik (İris) Paşa bile cemiyete ılımlı bakıyordu. Bu nedenle İzmir'deki cemiyet üyeleri jurnallerden yakasını kurtarabiliyordu.

Yemişçizade İzzet Efendi, "Yine de en iyisi birkaç gün sonra Doktor Nâzım'ı birlikte ziyaret edelim, ondan sonra kararınızı verirsiniz" dedi.

Evliyazade Refik, aslında dükkânın hemen boşaltılmasını isteyecekti ama eniştesinin telaşsız ve sakin konuşması tedirginliğini biraz olsun gidermişti. Teklifi kabul etti. Öyle ya, gizlice İzmir'e girerek koskoca Osmanlı Devleti'ni kandırmış birinin kendisini de aldatmış olmasından doğal ne olabilirdi!..

Eniştesi İzzet'i terzi Finale Kardeşlerin dükkânının bulunduğu Frenk Caddesi'ne bıraktı.

Arabacı Salih Ağa'ya kendisini Evliyazade Oteli'ne götürmesini söyledi...

Çakırcalı Mehmed Efe

Diğer yanda Doktor Nâzım, "ne olur ne olmaz" diye düşünüp, dükkânı kapatarak Aydın'a gitmeye karar verdi. Evliyazade Refik cemiyete üye değildi, daha tanışmamışlardı bile. Bir süre ortalıkta gözükmemenin iyi olacağını düşündü.

Gidişi merak uyandırmasın diye sağa sola haber bıraktı. Dükkân için mal alacak, civar köylerde tanıdıklarını görüp hasret giderecekti. Dönüşü uzun sürebilirdi.

Dükkânı kilitledi, esnaf komşularına veda edip yola çıktı.

Doktor Nâzım tütüncülük, fesçilik, yeri gelince hocalık ve de falcılık yapıyordu. İlişki kurmak, halkın ilgisini çekmek için her yolu deniyordu.

Aydın ve yöresinde kıyafetini değil ama adını değiştirdi: "Tütüncü Yakub Ağa" , "Hoca Yakub Efendi" oldu!

Aydın'da ilk uğrak yeri Hacıilyas köyüydü.

Arkasından Kaya köyüne geçti.

Doktor Nâzım'ın bu köyleri seçmesinin bir nedeni vardı. Adı daha yaşarken bir efsane haline gelmiş Çakırcalı Mehmed Efe'yle görüşmek istiyordu. Amacı Rumeli'de isyan patladığında, Ege dağlarından isyana destek sağlamaktı.

Çakırcalı Mehmed Efe, İngiliz Whittall ailesi sayesinde, dağdan düze inmiş ve Kaya köyüne yerleşmişti.

Osmanlı Devleti'nin hukukundan umudunu kesenler, eşkıyalara haraç vermekten bıkanlar, komşularıyla sorunlarını çözemeyenler soluğu Çakırcalı Mehmed Efe'nin yanında alıyordu.

Bu nedenle Kaya köyündeki evi hiç boş kalmıyordu.

O gün gelen misafirler arasında Hoca Yakub Efendi de vardı. Ne adını ne de kendini o çevrede görmemiş efenin kızanları, adının "Hoca Yakub Efendi" olduğunu söyleyen kişiden şüphelenmişler, ama Tanrı misafiri olduğu için seslerini çıkarmamışlardı; ancak tetikteydiler...

Çakırcalı Mehmed Efe, Doktor Nâzım'ı da diğer konuklarıyla birlikte kabul etti.

Önce büyük bir yer sofrasında yemek yendi.

Doktor Nâzım herkes gibi yemeğini yedi, sohbetlere katıldı, hiç yabancılık çekmedi.

Çakırcalı misafirleriyle tek tek konuştu. Sıra Doktor Nâzım'a gelmişti. Kim olduğunu, nereden geldiğini ve ne istediğini sordu.

Doktor Nâzım özel olarak görüşmek istediğini söyledi.

Efeler daha da tedirgin oldular. Çakırcalı da şaşırdı ama belli etmedi. Zaten diğer misafirleriyle sohbetini bitirmişti, herkesin odayı boşaltmasını istedi.

Odada baş başa kalınca Doktor Nâzım söze kendini tanıtarak başladı. Tabiî gerçek adını vermedi. Cemiyetten söz etti. Kanuni

Esasî ilan edilmeden Osmanlı coğrafyasında ne isyanların biteceğini ne de yoksulluğun sona ereceğini uzun uzun örnekler vererek anlattı. Sözün sonunda kendisini cemiyete üye yapmak istediklerini söyledi.

Çakırcalı Mehmed Efe, İttihatçıların adını duymuştu, ama kendini affeden, düze inmesini sağlayan II. Abdülhamid'e karşı bir hareket içine girmesinin imkânsız olduğunu söyledi. Ona göre, II. Abdülhamid milletin aleyhine bir hareket içinde olamazdı.

Doktor Nâzım sert kayaya çarpmıştı. Çakırcalı'yı kendi saflarına çekemeyeceğini anlayınca, ondan bir söz istedi: birbirlerini hiç görmediklerini, tanışıp konuşmadıklarını, yani sohbetlerinin bir sır olarak kalmasını rica etti. Bu durum Çakırcalı Mehmed Efe'nin de işine gelirdi; aksi halde bir İttihatçı'yla görüşme yapmasının duyulması tekrar dağa çıkmasına neden olabilirdi. Zaten "koruyucu meleği" Kıbrıslı Kâmil Paşa İzmir valiliğinden azledilmişti. Her an bir saldırıyla karşılaşmayı bekliyordu.

Doktor Nâzım, Çakırcalı'yla görüşmesinin ardından Ödemiş gibi yerlerde İttihatçılarla toplantılar yaptıktan sonra İzmir'e döndü.

Ayağını dükkândan içeri atmasıyla birlikte iki subayla karşılaştı...

Korktuğu başına gelmedi, subaylardan birini Selanik'teki cemiyetten tanıyordu: Prizrenli Yüzbaşı Süleyman Askerî!

Kucaklaştılar. Süleyman Askerî Bey, yanındaki subay arkadaşını tanıştırdı:

Yüzbaşı Mustafa İsmet (İnönü)!

İsmet (İnönü) Bey

Kurmay Yüzbaşı Mustafa İsmet yirmi üç yaşındaydı. Edirne'deki orduda görevliydi.

Bir gün İstanbul Pangaltı'daki Erkânıharp Mektebi'nde okurken konuşmalarından çok etkilendiği bir üst sınıf öğrencisi Yüzbaşı Fethi'den (Okyar) bir mektup aldı.

Mektup Selanik'ten geliyordu. Getiren kişi ise Yüzbaşı Refet'ti (Bele). Mektupta, "Bu mektubu getirene bana inandığın kadar inan, onun tertipleyeceği bir şekilde gizli cemiyetime dahil olmanı istiyorum" deniyordu.

İsmet çok düşünüp geç karar veren bir kişilikti. Ama bu kez hiç tereddüt etmedi, İttihatçılara katıldı.

Erkânıharp Mektebi'ni birincilikle bitirdiği için II. Abdülhamid tarafından "maarif" madalyasıyla şereflendirilen Yüzbaşı İsmet, monarşi iktidarını yıkmak için gizli bir örgüte girmişti.

Yüzbaşı İsmet, Edirne'deki ordudan terhis edilen asker kafilesinin İzmir'e sevkiyle görevlendirilmişti. İzmir'e geldiğinde kendisini Süleyman Askerî karşıladı.

İki okul arkadaşı önce anılardan bahsedip sonra sohbeti ihtilal hazırlıklarına getirdiler. Süleyman Askerî, arkadaşını İzmir'de sahte bir kimlikle bulunan ihtilalin en önemli isimlerinden biriyle tanıştıracağını söylediğinde, Mustafa İsmet heyecanlandı.

Doktor Nâzım karşısındaki kısa boylu, zayıf, narin görünümlü genç zabite yakınlık gösterdi. Fransızca öğrenmeye çalıştığını öğrenince, ona birkaç cümle Fransızca söz sarf etti. Aldığı yanıt üzerine, "Bu işi bitirmişsiniz siz" dedi.

Sonra Edirne ve Selanik'teki çalışmalar hakkında bilgi aldı, kendisi de İzmir'deki faaliyetlerini anlattı.

Biri doktor, ikisi subay üç kişi İzmir'de bir tütüncü dükkânının ikinci katında ihtilal hazırlıklarını gözden geçirirken, Evliyazade Refik Efendi, Karşıyaka'daki konağında eniştesi Yemişçizade İzzet'i ziyaret ediyordu. Konu döndü dolaştı, Doktor Nâzım'a geldi.

Evliyazade Refik, "Şu bizim meşhur tütüncüyü yarın bir ziyaret edelim mi?" diye sordu. Eniştesi, "İyi olur, tanışmanda fayda var" dedi.

Evliyazade Refik İttihatçı oluyor

Doktor Nâzım sabah sabah İzmir'in tanınmış iki şahsiyetini dükkânında görünce tedirgin oldu. Kısa bir sohbetin ardından tüm endişesi ortadan kalktı.

Evliyazade Refik, birkaç kez daha ziyarete gitti. Doktor Nâzım'dan etkilenmişti. Bırakın tütüncü dükkânından kira almayı, artık İttihatçılara maddî yardımda bulunmaya başladı.

O günlerde Doktor Nâzım'ın İzmir'deki faaliyetlerinde en büyük yardımcısı Kuşçubaşı Eşref'ti (Sencer).

Babası Hacı Mustafa Bey, II. Abdülhamid'in kuşçubaşısı olduğu için bu adla tanınıyordu. Kuleli Askerî Okulu'nda ihtilalci örgüte katıldığı gerekçesiyle Edirne'ye sürülmüş, babası sayesinde affedilmişti. Ancak faaliyetlerine devam edince yine yakalanmış ve bu kez Hicaz'a sürülmüştü. Burada kardeşi Kuşçubaşı Sami'yle birlikte Arap İhtilalci Cemiyeti'ni kurunca, tutuklanıp, en zorlu sürgün yeri Taif'e sürülmüştü. Yolda prangalarından kurtularak kaçmış ve sahte isim ve kıyafetle İzmir'e gelmişti...

Doktor Nâzım ile Kuşçubaşı Eşref'in kaderleri birbirine benziyordu... O günlerde takma isimle ihtilalci hareketi örgütleyen bu iki isim, gün gelecek Osmanlı Devleti'nin ilk istihbarat örgütünü de birlikte kuracaklardı...

Kuşçubaşı Eşref, 1957 yılında kaleme alıp akrabası Cemal Kutay'a yolladığı otuz sayfalık "Doktor Nâzım ve hizmetleri, karakteri hakkındaki görüşüm" adlı notta Evliyazadeler ile Doktor Nâzım arasındaki ilişki hakkında ilginç bir bilgi aktarıyor.

Kuşçubaşı Eşref'e göre, kirasını düzenli ödeyip, ailede takdir toplayan (!) Doktor Nâzım, Refik Efendi'nin evinde iyi yetişmiş Didar ismindeki kalfa kadınla evlendirilmek isteniyordu. Kalfa kadınla evlenince, Karşıyaka'nın dış mahallelerinden biri olan Soğukkuyu isimli yerde birkaç odası bulunan evi de vereceklerdi.

Kuşçubaşı'na bakılırsa, hatta bu konuda Doktor Nâzım kendisine akıl danışmıştı: "Şimdiye kadar 'Yakub Ağa' adıyla geçindik, şimdiden sonra da 'Evliyazade' adı arkasına gitmiş olacağız."

Kuşçubaşı ise yapısı gereği ailevî ve maddî işlere karışmaktan hoşlanmadığını ve Doktor Nâzım'a, "Ailevî işlerden ve ahiret kesesindeki para işlerinden çekinirim" dediğini yazıyor.

Cemal Kutay'a gönderilen notlara bakılırsa, sonraki günlerde, Didar Kalfa, Doktor Nâzım'a taşındı!

Yorum: bu bilginin doğruluğu tartışılır. Evliyazade ailesinin Doktor Nâzım'ın gerçek kimliğini bilmeden, Evliyazade Mehmed Efendi'nin küçük yaşta kimsesiz kaldığı için yanına aldığı Didar Kalfayı Doktor Nâzım'a vermesi pek gerçekçi görünmüyor.

İzmir ticaret burjvazisinin büyük bir bölümü İttihatçılara yardım için, Doktor Nâzım'a her ay düzenli olarak iki altın bağış yapıyor, ama Evliyazadeler kiracılarının gerçek kimliğini bilmeden evlerinin en güvenilir çalışanı Didar Kalfa'yı veriyorlar! Gerçekçi değil. Ama bu olsa olsa, Doktor Nâzım'ı, yani "Tütüncü Yakub Ağa'yı" daha da kamufle etmek için yapılmış bir kılıftı.

Bu iddiayı güçlendiren olguları yine Kuşçubaşı Eşref'in notlarında bulmak mümkün:

Doktor Nâzım örgüte kadınları da üye yapıyordu. Kadınlar da Kuranı Kerim ve silah üzerine yemin ederek İttihatçılara katılıyordu.

Doktor Nâzım bu toplantılara kadınların katılmasını özellikle istiyordu. Amacı, polislerin basması halinde, toplantının siyasî olmayıp zamparalık yapıldığı havasını vermekti! Gerçekten de, Karşıyaka'da yaptıkları bir toplantıyı polisin basmasını bu "zamparalık perdesi"yle önlemişlerdi.

Doktor Nâzım her toplantıya en az iki kadının katılmasını şart koşmuştu. Ancak, bu görüşünü ahlaksız bulan Kuşçubaşı Eşref'le tartışmaları bitmek bilmiyordu.

Aslında "Didar Kalfa olayı"nın üzerinde bu kadar durmamızın nedeni, Evliyazade Refik'in İttihatçılarla olan ilişkisinin boyutunu göstermektir.

Evliyazade Refik, artık İttihatçı olmuştu. Hem de hareketin İzmir'deki en önemli önderi Doktor Nâzım'a gerekli her türlü lojistik desteği verecek kadar.

Evet, Didar Kalfa Doktor Nâzım'a kamuflaj amacıyla gönderilmişti.

Didar Kalfa ileri yıllarda, Evliyazade Refik tarafından bu kez en sevdiği yeğeni Fatma Berin evlendiğinde ona "düğün hediyesi" olarak verilecekti. Kalbi vücudunun sağ yanında olan ve yaşamı boyunca hiç evlenmeyen Didar Kalfa, Berin Menderes'in iki oğlu, Yüksel ve Mutlu Menderes'i büyütecek kadar uzun yaşayacaktı...

Akıl hastanesinde biten bir yaşam

Doktor Nâzım'ın ev toplantılarına Evliyazadelerin kadınları katılıyor muydu?

İzmir'in münevverlerinden olan Yemişçizade İzzet Efendi'nin eşi Evliyazade Naciye Hanım ile ablası Makbule'nin gazete ve dergilere makaleler yazdığını biliyoruz. Dönemin aydın kadınlarından Naciye ve Makbule'nin ilerici bir hareket içine girmemeleri imkânsız görünüyor.

Evliyazade Refik'in kız kardeşi Naciye Hanım bir yandan makaleler yazıyor, diğer yandan üç çocuğunu büyütüyordu.

Gün gelecek Başbakan Adnan Menderes'in eşi olacak Fatma Berin, Evliyazade Naciye-Yemişçizade İzzet çiftinin en küçük çocuğuydu.

Ablası Güzin 1899'da, ağabeyi Samim ise 1902'de doğmuştu.

O günlerde iki buçuk yaşında olan Fatma Berin'in yemeklerle arası iyi değildi. Çelimsizdi. Zorlukla yemek yiyordu. En fazla yemeği dayısı Evliyazade Refik'in kucağına oturduğunda yiyordu. Dayısıyla dostluğu hiç bozulmadan 1951 yılına kadar sürecekti...

Evliyazadelerin çektiği güçlük kuşkusuz Fatma Berin'e yemek yedirmek değildi. Berin'in babası İzzet Efendi'nin bir süredir bozuk olan ruh sağlığı daha da kötüye gitmekteydi.

Aile önce "geçici sıkıntılardır" deyip üzerinde durmamıştı. Dünya liderlerine tuhaf mektuplar yazmakla başlayan hastalık gün geçtikçe artmıştı. Ama son günlerde krizleri sıklaşmıştı.

Evliyazadeler şaşkındı.
O dönemde, Manisa Emrazı Akliye ve Asabiye Hastanesi'nin Hacı Hasan adında bir başgardiyanı vardı. İzmir'de münasebetsizlik, aşırılık yapanlara, "Seni Hacı Hasan'a gönderirim" ya da "Bu tam Hacı Hasanlık" denirdi.

İzmir'in tanınmış ailelerinden birinin akıl hastanesine yatacak olması o günlerde ayıp karşılanırdı.

Evliyazadeler bu nedenle İzzet Efendi'yi akıl hastanesine yatırmak istemiyorlardı.

Ama yapacak bir şey olmadığına kanaat getiren Evliyazadeler İzzet Efendi'yi, Manisa Emrazı Akliye ve Asabiye Hastanesi'ne yatırmaya mecbur kaldılar.

Güzin, Samim ve Berin babalarının başına ne geldiğinin farkına bile varamamışlardı.

Çok geçmedi, İzzet Efendi yaşamını yitirdi.

Naciye Hanım çocuklarını ve kız kardeşi Makbule'yi yanına alıp ağabeyi Refik'in Karşıyaka'daki konağına taşındı.

Konağın nüfusu artmıştı.

Evde bakıcılar, hizmetçiler, seyisler dışında Refik-Hacer çiftinin çocukları Nejad, Beria, Bihin, Ahmed ve Sedad; Naciye'nin çocukları Güzin, Samim ve Berin; ayrıca Refik ile Naciye'nin kız kardeşi Makbule vardı!

Refik Efendi, ilk iş olarak okul yaşına gelen Güzin'i, kızı Beria'nın gittiği okula yazdırdı.

Notre-Dame de Sion

Evliyazadeler için bir okulun, hayatlarında çok önemli bir yeri vardı: Notre-Dame de Sion Mektebi!

Evliyazade ailesinin kızları sırasıyla, Beria, Bihin, Güzin, Fatma Berin, Mesadet, Sevinç, Sevin Karşıyaka'daki bu rahibe okuluna gitti. Evliyazadelerin üçüncü kuşağı Güzin Hanım'ın torunu Mesadet, Doktor Nâzım'ın kızı Sevinç (Amerikan Koleji'nden sonra) ve Makbule Evliyazade'nin torunu Sevin, Notre-Dame de Sion'da okuyacaklardı.

Bir dönemin "düşünce yapısını" etkileyen, "başka bir yaşam tarzını" öğreten bu rahibe okulunun kuruluş hikâyesi hayli ilginçti.

Okul 1842 yılında Fransa'da Thedore Ratisbonne adında bir papaz tarafından kurulmuştu. Adı "Meryem Ana'nın topluluğu" anlamına geliyordu.

Ama...

Thedore Ratisbonne Strasbourglu bir Yahudi ailesinin oğluydu! Genç yaşında Hıristiyan olmuş, tarikatlara girmiş, Strasbourg Katedrali'ne piskopos muavini tayin edilmişti. Kardeşinin de Hıristiyan olması üzerine, Congregation des Soeurs de Notre-Dame de Sion cemiyetini kurmuştu. Cemiyetin amacı Yahudiler arasında Hıristiyanlığı yaymak ve Hıristiyanlığı kabul edenlere ilk Hıristiyan terbiyesini vermekti!

Osmanlı tarihine geliş yılı 1856'ydı.

Osmanlı ülkesine salt Yahudileri, Sabetayistleri ve Müslümanları Hıristiyan yapmak amacıyla geldiğini söylemek hatalı olur.

Avrupa'nın kendi hayat tarzını Osmanlı kültürel yaşamına "entegre etmekle" birlikte, Avrupa'nın toplumsal kurumlarını Osmanlı kentlerinde oluşturmak için, buralarda ihtiyaç duyulacak "kalifiye eleman" ihtiyacını gidermek amacı da gütmekteydi.

Notre-Dame de Sion Mektebi, ilk olarak İstanbul Pangaltı'da eğitime başladı. Kısa sürede başta İzmir olmak üzere, Selanik, Trabzon gibi liman kentlerine ve hatta Suriye'ye kadar yayıldı.

İzmir'de hemen hepsi XIX. yüzyılda açılan on bir Katolik okulu vardı.

Bunlardan biri olan Notre-Dame de Sion'un yeri, Alsancak'taki Fransız Hastanesi'nin yakınlarında, St. Jean Kilisesi yakınında denize paralel olan Trassa Sokağı'ndaydı. Okula sadece kız öğrenciler kabul ediliyordu ve bu öğrencileri, "Soeur" diye hitap edilen, geleneksel siyah-beyaz kıyafetleri içindeki otuz rahibe eğitiyordu. Bu kızlar varlıklı ailelerin çocuklarından oluşuyordu.

Okulun İzmir'deki ikinci şubesi 1894'te "Kordelyo"da, yani Karşıyaka'da açıldı.

Bu iki okul arasında farklılıklar vardı. Örneğin, İzmir'deki okul paralıyken Karşıyaka'daki parasızdı. Öğrenci sayılarının dışında öğrencilerin milletlerine ilişkin belirgin farklar göze çarpmaktaydı.

İzmir merkezde otuz altı Fransız öğrenci bulunurken Karşıyaka'da iki Fransız öğrenci vardı. Tersi durum Osmanlı tebaası için geçerliydi: İzmir merkezde yedi öğrenci öğrenim görürken Karşıyaka'da bu rakam on beşe çıkmaktaydı. Rumlar Osmanlı tebaası içinde gösterilmemişti. İtalyan, Rus, İspanyol, Alman, Portekiz, Hollandalı, Avusturyalı vb olmak üzere okulun, İzmir'de doksan altı, Karşıyaka'da elli öğrencisi vardı.

Karşıyaka'daki "Müslüman tüccarların" çoğu, çocuklarını bu okula gönderiyordu.

O dönemde, okul binalarında haçlar gibi dinî sembol ve işaretlerle, renkli melek ve Meryem Ana resimlerinin olduğu küçük bir "şapel" bulunan Notre-Dame de Sion'a kız çocuklarını göndermek cesaret isterdi!

Ayrıca...

Hangi dinsel inançtan olursa olsun, kız öğrenciler okula, başı açık, siyah önlük, beyaz yaka, siyah çorap, siyah ayakkabı ve kısa kesilmiş saçla gelmek zorundaydılar.

Okulun bir diğer özelliği disipliniydi.

Öğrenciler mezuniyet diplomalarını Fransız Konsolosluğu'ndan alırlardı.

Bu da başka "Sion"!

O yıllarda, yani XIX. yüzyılın ikinci yarısında Avrupa'dan sadece Notre-Dame de Sion Mektebi gelmedi...

O yıllarda Osmanlı yeni bir siyasal kavramla tanıştı: Siyonizm!

Siyon kelimesinin kökeni Zion'dur (Sion).

Sion, Kudüs'te bir tepelik bölgenin adıydı ve zaman içinde Kudüs'le eşanlamlılık kazanmıştı. Aynı zamanda "Siyon", yurtlarından kovulmuş Yahudi halkının Filistin'e dönme arzu ve özlemini benliğinde toplayan bir "siyasal inancın" adıydı!

Yahudiler sürgünlerle dünyaya yayılmaya başlayınca Filistin'i hiçbir zaman unutmamışlardı. Buraya geri dönüp "Davud'un krallığını yeniden kurmak" hayaliyle yaşadılar. Bu dönüş ancak Mesih'in gelişiyle olacaktı. Bu inanç hahamlar tarafından sinagoglarda devamlı işlenmiş, "Mesih'le kurtuluş ümidi ateşi" cemaat dualarından hiçbir zaman eksik olmamıştı.

Hiçbir Musevî vaizin hutbesini, "Kurtarıcı bir gün Siyon'a gelecek!" demeden ve cevap olarak cemaatin "amin"i olmaksızın tamamlamaması düşünülemezdi.

Siyon'a dönebilmek için ilkin dünyanın çeşitli yerlerinde Mesihler ortaya çıktı. Örneğin, Bağdat'ta İbni Dugi (1120), Güney Kürdistan'da David Alroy (1150), İspanya'da Abraham Abulafia (1240-1291), Venedik'te Asher Lemmlin (1502), İzmir'de Sabetay Sevi (1626-1675), Polonya'da Jakob Frank (1726-1791), XVIII. yüzyılda Rusya'da İsrael Eliezer Mesihlik iddiasıyla Yahudilerin karşısına çıktı. Ne var ki Mesihlerin varlığı Kudüs'e dönüş isteğini karşılayamıyordu.

Mesihler Fransız İhtilali sonrası milliyetçilik akımlarının da güçlenmesiyle yerlerini siyasal Siyonizm savunucularına terk etti.

Siyonizm'i milliyetçi ve siyasal bir ideoloji haline getiren kişi Theodor Herzl'di.

1860 yılında Budapeşte'de orta halli konfeksiyoncu Yahudi bir ailenin oğlu olarak dünyaya gelen Theodor Herzl, Viyana Üniversitesi'nde hukuk doktorası yapmıştı.

1891-1895 yılları arasında Viyana'da yayımlanan *Neue Freie Presse*'in Paris muhabiriydi. Gazetecilik yaparken izlediği bir haber yaşamını değiştirecekti: Yüzbaşı Alfred Dreyfus Davası![1]

Dreyfus'un yargılandığı günler, başta Doğu Avrupa olmak üzere birçok ülkede Yahudilerin aşağılanmasına, zorunlu göçler yapmasına neden olan olayların yaşandığı bir dönemdi. Yıllar geçse de Yahudilerin göçleri, sürgünleri bitmiyordu. Hep aynı olay tekrarlanıyordu. Zorunlu göçler; göçmen Yahudilere, zengin Yahudilerin ekonomik yardımları ve yeni yerleşim yerlerinin aranması vb.

Yahudi hep zorunlu göçmendi...

Theodor Herzl bu soruna bir çare arıyordu. Zorunlu göç meselesi yardımlarla halledilecek gibi değildi, köklü bir çözüm gerekiyordu. Herzl'e göre, Yahudilerin birlikte yaşadığı bütün milletler ya gizliden gizliye ya da açıktan açığa antisemitikti, yani Yahudi karşıtıydı.

Sonunda kendince çözüm buldu: bir Yahudi devleti kurulmadan bu sorun ortadan kalkmayacaktı!

İlk adımı attı...

29 ağustos 1897 tarihinde İsviçre'nin Basel kentinde ilk Siyonist kongre toplandı. Üç gün süren kongrenin yapılacağı binanın girişine altı köşeli yıldızlı Siyonist bayrağı çekildi. Delegeler Theodor Herzl'in isteğine uygun biçimde, kongreye frak giyerek geldiler. Farklı sosyal tabakalardan ve düşünce yapılarından gelen ikiyüzün üstünde delege dünya Yahudilerinin temsilcileri olarak Basel'de toplandı. Batı'nın "Aşkenazi"sinden Doğu'nun "Sefarad"ına, tutucu hahamlardan reform yanlılarına, sosyalist devrimcilerden burjuva bankerlerine, esnaftan öğrenciye her katmandan Yahudi ortak bir amaç için bir araya gelmişti: bir Yahudi millî yurdu kurmak!

Bunun yolu Osmanlı Devleti'nden geçiyordu.

Osmanlı Devleti "hasta adam"dı ve bu devletten parayla toprak

---

1. Alfred Dreyfus Yahudi'ydi ve Fransız ordusunda yüzbaşıydı. 15 ekim 1894 tarihinde, Almanya lehine casusluk yaptığı iddiasıyla "vatana ihanet" suçundan tutuklandı. Rütbesi sökülerek sürgüne gönderildi. Ne var ki daha sonra gerçek suçlunun bir başka subay olduğu ortaya çıktı. Dreyfus'un yeniden yargı karşısına çıkarılması için, Émile Zola cumhurbaşkanına hitaben *l'Aurore* gazetesinde bir açık mektup yayımladı. Sonunda Dreyfus yeniden yargılandı. 12 temmuz 1906'da rütbesi iade edilerek orduya geri döndü.

satın alınabilirdi. Hedef Filistin topraklarıydı.[2]

Theodor Herzl, ikisi II. Abdülhamid'le olmak üzere defalarca Osmanlı yöneticileriyle yan yana geldi. Osmanlı'nın borçlarını ödemek koşuluyla Filistin'den toprak istedi. Örneğin o günler için hayli büyük bir para olan 20 milyon sterlin önerdi.

Ayrıca borçlar için de 1,5 milyon sterlin öneriyordu.

Pazarlıklar İkinci Siyonist Kongresi'ne de taşındı.

1903 yılında sermayesi 100 000 sterlin olan İngiliz-Filistin Şirketi kuruldu. Bu şirket Hayfa, Yafa, Kudüs, Hebron, Beyrut, Safed, Taberiye ve Gazze'de şubeler açtı ve her türlü toprak alım satımıyla ilgilenmeye başladı.

Yahudiler, topla tüfekle değil, parayla ülke kurmaya hazırlanıyorlardı.

Osmanlı Devleti ne yoğun Yahudi göçmen akınlarını, ne Siyonistlerin Filistin'de toprak almasını ve ne de Yahudilerin Filistin'de yeni yerleşim yerleri kurmasını önleyebildi.

Siyonistler sadece merkezî idareyi değil Filistin'deki yerel yönetimi de etkiliyordu. 1904-1905 yılları arasında mutasarrıf Ahmed Reşid Bey Siyonistlerin şirketinden vilayetin vergi açığını kapatabilmek için borç para aldı. Ancak borç olayının Babıâli tarafından duyulması üzerine görevinden alındı.[3]

"Hasta adam" Osmanlı, Siyonistlere neden direniyordu?

Parayı alıp, dış borçları ödeyip, ülkeyi rahatlatabilirdi!

Ancak. Sorun Filistin'in stratejik önemindeydi.

Filistin, Makedonya gibi Osmanlı Devleti'nin hassas yerleşim yerlerinden biriydi. Batı'nın, Hindistan ve Uzakdoğu'yla olan ticaretinde önemli bir kapısıydı. Bu nedenle Filistin, Osmanlı için vazgeçilmez öneme haizdi.

Bu arada II. Abdülhamid ile Theodor Herzl'in görüşmeleri sürerken, 1904'te Herzl öldü ve temaslarıyla birlikte tüm çabalar yarım kaldı.[4]

---

2. Siyonistlerin Filistin'de Yahudi devleti kurma isteklerine, başta Moiz Kohen, yani namı diğer Munis Tekinalp gibi Osmanlı Yahudileri karşı çıktılar; onlara göre Yahudi göçmenler Osmanlı topraklarına gelmeli ve özgürce yaşamalıydılar. Osmanlı'yı, daha sonra da Türkiye'yi Kenan ülkesi, İsrailoğullarının kutsal toprakları olarak değerlendiriyorlardı. Moiz Kohen'in Siyonist kongrelerinde yaptığı konuşmalar için, M. Jacob Landau'nun İletişim Yayınları'ndan çıkan *Tekinalp* (1996) adlı kitabına bakılabilir.

3. Ahmed Reşid Bey, klasik müziğin önde gelen bestecilerinden Cemal Reşid Rey ile Ekrem Reşid Rey'in babasıdır. Rey, İspanyolca "kral" demektir; sizce Rey ailesi neden İspanyolca bir soyadı tercih etmişti? Geçelim!

4. Herzl'in naaşı yıllar sonra, 16 ağustos 1949'da Viyana'dan İsrail'e götürüldü. 18 ağustosta kendisine, kurucusu olduğu devletin minnet borcu olarak ulusal cenaze töreni yapıldı.

Theodor Herzl öldükten sonra siyonistler fikir ayrılıklarına düştü. Ama Siyonizm'den vazgeçmediler. II. Abdülhamid nezdinde girişimlerini sürdürürken, Emmanuel Karasu, Nesim Russo ve Nesim Mazliyah gibi İttihatçılarla da dirsek teması içindeydiler! Siyonistler İttihatçılardan umutluydu...

Siyonizm'e sadece Osmanlı Yahudileri karşı değildi. Benzer tepki Fransa gibi Avrupa ülkelerinde yaşayan Yahudilerden de geldi.

Siyonizm'e karşı çıkışın en önemli göstergesi de Alliance İsraelite Universelle'in (Evrensel Musevî Birliği) 1860 yılındaki bildirisiydi. Bu bildiriye göre, Avrupa uygarlığından uzak kalmış Yahudi cemaati, ancak ve ancak eğitimle kalkınabilirdi. Yani Yahudilerin sorunu "anavatanlarının" olmaması değil, geleneksel dinin altında ezilmesi ve "kabuklarını yırtıp" toplumsal reformları yapıp, modernize olamamasıydı. Yahudi, Batı'nın değer sistemini kabul ettiği an kurtuluşunu da bulacak, özgürleşecekti.

Alliance, Yahudilerin içinde yaşadıkları toplumlarla bütünleşmelerini savunuyordu. Alliance'a göre Siyonizm "sahte mesihçilikten" başka bir şey değildi. Rasyonalizme ve özgürlükçülüğe aykırıydı. Her fırsatta antisemitizmi eleştiren Siyonistler aslında antisemitiktiler!

Özetlersek, Alliance teşkilatı felsefesi itibariyle Yahudilerin "Musa dininden" birer Fransız, İngiliz, Osmanlı vb. vatandaşlara dönüşmelerini amaçlıyordu. Siyonist ülkü ise, bunun tam tersine, Yahudi benliğinin asimilasyon erozyonuna uğramamasını amaçlıyordu.

> İzmir Alliance Okulu müdürü şöyle yazar: "Türkiye dindaşlarımız (Yahudiler) için vaat edilmiş bir toprak olabilir." Yahudi cemaati yöneticileri Yahudilerin Osmanlı Devleti'nin yönetiminde önemli bir yer edinebileceği fikrini geliştirir. "Rumlar" derler, birçok asır boyunca önemli bir rol oynamışlardır; Yunan Krallığı'nın bağımsızlığından beri bu etki çok azalmıştır. Ermeniler bugün Osmanlı idaresinde birçok görev üstlenmektedir: taşra valisi, posta müdürü, elçilik kâtibidirler. Ne var ki Ermeni cemaati Abdülhamid hükûmeti gözünde şüpheli durumuna geldi. Neden Yahudiler evvelden imparatorlukta sahip oldukları yeri yeniden kazanmasınlar. (Henri Nahum, *İzmir Yahudileri*, 2000, s. 74)

Osmanlı tebaası Yahudi aydınlar, Alliance İsraelite Universelle'le paralel düşüncedeydiler.[5]

---

5. Alliance İsraelite Universelle hakkında ayrıntılı bilgiler için, *Türkiye Yahudilerinin Batılılaşma Serüveni* (Aron Rodrigue, Ayraç Yayınevi, 1997) adlı kitaba bakılabilir.

Bu nedenle Fransa'dan kurulduktan kısa bir süre sonra Osmanlı'ya gelen Alliance İsraelite Universelle okulları çok rağbet gördü. Osmanlı Yahudi tebaası gibi, Sabetayistler de bu okulu tercih etmeye başladılar.

Gelecekte Evliyazade ailesinin yakın dostları arasına girecek, Türkiye Cumhuriyeti'nin cumhurbaşkanı olacak, o dönemin önde gelen İttihatçılarından Mahmud Celal (Bayar), 1886 yılında kurulan Bursa Alliance İsraelite Okulu'nda öğrenim görmüştü! (Abraham Galante, *Türkler ve Yahudiler*, 1995, s. 219)

XX. yüzyılın başında Rum, Bulgar, Sırp, Ermeni'den sonra Siyonistler de "ulus" arayışına girmişti. Ama şimdilik diğer tebaa kadar Osmanlı topraklarında taraftar bulamamışlardı. Osmanlı Yahudilerinin büyük çoğunluğu yaşadıkları toprakları yurt biliyorlardı. Ancak Siyonistlerin pes etmeye niyetleri yoktu...

Başbakanın makamındaki resim

Eşini trajik bir ölümle kaybeden Evliyazade Naciye Hanım yılgınlığa, umutsuzluğa kapılacak bir kişilik değildi.

Başta *Serveti Fünun* olmak üzere dönemin gazete ve dergilerine makaleler göndermeyi sürdürdü.

Yazı kaleme almanın güç olduğu o dönemde, yazarların kimlikleri ve imzaları sahte, yüzleri maskeliydi. Örneğin Namık Kemal'in oğlu Ali Ekrem "A. Nadir", Süleyman Nazif büyükbabasının adı olan "İbrahim Cendî" mahlasıyla yazıyordu. Bu isimler dışında bir grup daha vardı ki onlar daha genç, daha korkusuzdu. Hüseyin Cahid (Yalçın), Faik Ali (Ozansoy), Mehmed Rauf mahlas kullanmazlardı. Evliyazade Naciye de bu gruba dahildi.

Yazılarının altına açık yüreklilikle imzasını atıyordu. Kendisine yapılan uyarıları da dinlemiyordu.

Evliyazade Refik, kız kardeşi Naciye Hanım rahat bir ortamda çalışabilsin diye zamam zaman yeğenlerini ve oğullarını alır, onları ya Kordon Boyu'nda dolaştırır ya da at haralarında gezdirirdi. Oğullarının tıpkı kendisi gibi atlara olan merakları o zamanlarda başlamıştı.

Evliyazadelerin atçılık dışında bir diğer merakları da piyano çalmaktı. Kadınların hemen hemen tümü piyano çalmayı biliyordu.

Ama içlerinde resme çok meraklı olanlar da vardı. En iyi resmi tartışmasız Naciye Hanım'ın büyük kızı Güzin yapıyordu.

Güzin'in yaptığı tablolardan biri zamanla eniştesi Başbakan Adnan Menderes'in makam odasına da asılacaktı...

Yüzyılın başında ise Binbaşı Enver, eniştesini vurmaya hazırlanıyordu...

Enişteye sıkılan kurşun

Selanik Merkez Komutanı Albay Nâzım Bey korkunç bir hafiyeydi. Yıldız Sarayı'na bildirmek üzere 397 kişilik tevkif listesi hazırladığı bilgisi İttihatçıları telaşlandırdı. Albay Nâzım'ı ortadan kaldırmaya karar verdiler. Üstelik bu suikastı Nâzım'ın kayınçosu Binbaşı Enver sayesinde yapacaklardı. Binbaşı Enver, ablası Hasene'nin eşi Nâzım'ın ortadan kaldırılmasındaki görevi seve seve yerine getirecekti. Çünkü biliyordu ki, eniştesi ablasına hep kötü davranıyordu.

29 mayıs 1908 akşamı Yüzbaşı İsmail Canbulad ve Binbaşı Enver'in yardımıyla Selanik Yalılar Akaretler'deki eve giren Fedailer Grubu'ndan Teğmen Mustafa Necib, Albay Nâzım'a iki el kurşun sıkmış ama öldürememişti.

Binbaşı Enver, eniştesine yapılan suikastta parmağı olduğu ortaya çıkınca apoletlerini sökerek dağa çıktı.

Yalnız değildi. Eyüb Sabri gibi bazı İttihatçı subaylar da apoletlerini sökerek dağa çıkmaya başlamışlardı.

Bu eylemi ilk başlatan isim ise Kolağası Resneli Niyazi'ydi.

Resneli Niyazi'nin komutanlığını yaptığı "Resne Millî Taburu"nda kimler yoktu ki: Sırp komitacı Circis, Arnavut beyi İsa Bolatin, Yunanlı kaptan Kleftus Kontaris, Bulgar komitacı Sandanski...

Hepsi Kanuni Esasî'nin getireceği özgürlük ortamında, eşitlik içinde kardeşçe sonsuza kadar yaşayacaklarına inanıyorlardı.

İttihatçı subayların arka arkaya dağa çıkmaları tesadüf değildi:

8 haziran 1908'de Estonya'nın Reval kentinde, İngiltere Kralı VII. Edward ve Rus Çarı II. Nikolay "hasta adam" Osmanlı'nın mirasını paylaşmışlardı. Birkaç yıl öncesine kadar Osmanlı Devleti'nin toprak bütünlüğünü savunan İngiltere artık Rusya'yla işbirliği yapıp imparatorluğu parçalama siyasetine soyunmuştu. Buna göre, Makedonya parçalanacak, Irak İngilizlere, Boğazlar Ruslara bırakılacaktı! Biliniyordu ki Fransa ve İtalya bu buluşmanın öteki müttefikleriydi.

Artık toprak kaybetmeye tahammülü olmayan İttihatçılar "Ya vatan ya ölüm" parolasıyla tüm Makedonya'yı (Selanik, Kosova,

Manastır) harekete geçirmeye karar verdiler.

Düveli muazzamanın Makedonya haritasını masaya yatırarak nasıl parçalayacağını konuşmaya başlaması İttihatçıların "düşman cephesi"ni genişletmesine neden oldu.

Artık başkaldırı sadece Yıldız Sarayı'na karşı yapılmayacaktı. İttihat ve Terakki Cemiyeti Manastır Şubesi yayınladığı bir bildiriyle Avrupa devletlerine ültimaton verdi:

> Avrupa'nın uydurma Makedonya teşkili kabul edilmeyecektir. (...) Avrupa bizim menfaatimize karşı olan yolda yürümeye devam ederse o takdirde artık sabrımız tükenmiş demektir. Şerefli bir ölümü sefilane bir hayata tercih ederiz.

İttihatçılar iki cephede de savaşa hazırlanıyorlardı.

Bu ültimaton İttihatçıları Almanlara yaklaştıracaktı. Prusya eğitiminden geçip, Alman kolektivist fikirlerin etkisi altında kalan genç "pozitivist" subaylar örgüt içinde güçlendikçe, "Alman yanlısı fikirler" de giderek ağırlık kazanacaktı!..

İttihatçıların ayaklanma girişimlerinden Yıldız Sarayı'nın haberi oldu.

Makedonya Genel Müfettişi Hüseyin Hilmi Paşa, Yıldız Sarayı'na bir telgraf çekti. Telgrafta, Ermeni ve Makedonya komitelerinin İttihatçılarla birlikte, Selanik ya da Manastır içinde, "Merkez İcra Komitesi" adıyla ihtilal planlayıp kısa sürede ayaklanacaklarını yazıyordu.

Bu gelen telgrafın bir benzerini de Atina'daki Osmanlı Büyükelçisi Rifat Bey göndermişti. Yıldız Sarayı "yaramaz çocuklara" artık hakettikleri cezayı verme kararını aldı...

II. Abdülhamid subay isyanlarını bastırmak, dağdakileri indirmek için en güvendiği komutanı Müşir (Mareşal) Şemsi Paşa'yı 80 taburla Makedonya'ya göndermeye karar verdi.

Okuması yazması olmayan, sertliği ve okullu subaylardan nefret etmesiyle tanınan Şemsi Paşa'nın Makedonya'da oluk gibi kan akıtacağını tahmin etmek zor değildi...

Şemsi Paşa'ya yardımcı olmak için İzmir'deki Redif Fırkaları ile Karaman Taburları da Selanik'teki 3. Ordu'ya katılmak için yola çıktı.

İzmir limanından hareket eden geminin içinde Doktor Nâzım da vardı. Bu kez asker kılığına girmişti...

Doktor Nâzım gemide yalnız değildi. Yanına güvendiği bazı İttihatçı arkadaşlarını da almıştı. Onlar da nefer kılığına girmişlerdi.

Doktor Nâzım ve arkadaşları askerlere propaganda yapmaya başlamışlardı ki, geminin İzmir'e geri dönme kararı verdiğini öğrendiler. Telaşlandılar. Ne oluyordu? Gemiye bindikleri haber mi alınmıştı? Kaçmaya karar verdiler. Ama denizin ortasında böyle bir girişim imkânsızdı. Geminin kıyıya yanaşmasını beklediler. Bu arada geminin dönüş nedenini öğrendiler, yelkenlerinden biri kırılmıştı. Rahatladılar.

Fakat bu kısa süren bir rahatlamaydı; çünkü İzmir- Selanik arasında asker taşıyan gemiler gidip geliyordu.

Doktor Nâzım ve arkadaşları gelişmeleri "elleri kolları bağlı" bir şekilde sessizce İzmir'den izlemekle yetiniyorlardı. Makedonya'dan haber alamıyorlardı.

Selanik'te de heyecanlı saatler yaşanıyordu.

İttihatçılar Müşir Şemsi Paşa'ya suikast düzenleme kararı aldı. Dört fedai gönüllü oldu. Sonunda suikastı Teğmen Atıf'ın (Kamçıl) yapmasına karar verildi.

Karar açıklandığında Teğmen Atıf, arkadaşı, Albay Nâzım Bey'i vuran Teğmen Mustafa Necib'i dışarı çağırdı. Osmanlı-Yunan Savaşı'nda şehit düşen babasının saatini, eğer başına bir şey gelirse annesine ulaştırmasını istedi.

Kucaklaştılar.

Tanyeri ağarıyordu...

Tarih 7 temmuz 1908.

Müşir Şemsi Paşa sabah erken saatte Manastır Postanesi'ne gitti. Yıldız Sarayı'na telgraf çekti, artık operasyona hazırdı!

Dışarı çıktı.

Teğmen Atıf yanına yaklaşıp selamı çaktı, "Komutanım acil mektup var" deyip bir zarf uzattı.

Paşa zarfı açarken, madalyalarla dolu göğsüne iki kurşun yedi.

Kendine güvendiği için yanında fazla koruma bulundurmayan Müşir Şemsi Paşa merdivenlere yığıldı.

Korumalar Teğmen Atıf'a da kurşun yağdırdılar. Ama bunlardan sadece biri, o da bacağına isabet etti. Teğmen Atıf kaçmayı başardı.[6]

Müşir Şemsi Paşa'nın yaverleri başta Kavaklı Mustafa Fevzi (Çakmak) olmak üzere, Şemsi Paşa'yı hastaneye yetiştirmeye çabaladılar ama uğraşları yeterli olmadı. İttihatçılar Yıldız Sarayı'nın en kuvvetli komutanını öldürmüşlerdi.

---

6. Atıf Kamçıl, TBMM'nin altıncı ve yedinci dönemlerinde Çanakkale milletvekilliği yaptı. Mezarı İstanbul Şişli'de Abidei Hürriyet'teki şehitliktedir.

Korumalardan biri Müşir Şemsi Paşa'nın elindeki haber pusulasını alıp okudu.
Pusulada, "Ya vatan ya ölüm" yazıyordu!
Yıldız Sarayı ile İttihatçılar arasında "savaş" başlamıştı.
II. Abdülhamid, Müşir Şemsi Paşa'nın yerine bu kez Müşir Osman Fevzi Paşa'yı Makedonya'ya gönderdi. Osman Paşa Manastır'a ulaşamadan, Eyüb Sabri ve Resneli Niyazi kuvvetlerince dağa kaldırılıp esir alındı.
Yıldız Sarayı şaşkındı. İttihatçılar arka arkaya suikastlara başladılar: Manastır Mıntıka Komutanı Osman Hidayet Paşa, Debre Mutasarrıfı Hüsnü Bey, Polis Müfettişi Sami, Avukat Sabir Efendi, Yüzbaşı İbrahim, Süvari Yüzbaşısı Ali...

21 temmuz gecesi İttihat ve Terakki Cemiyeti'nin Selanik merkezi toplandı. Karar aldılar: Saray'a tüm Osmanlı tebaası adına meşrutiyetin ilanı ve Anayasa'nın yürürlüğü konması için telgraf çekilecekti. Aksi takdirde 24 temmuzda ayaklanma başlayacaktı.

Tarih 22 temmuz 1908.
İttihatçılar da dahil olmak üzere herkesi şaşırtan bir olay meydana geldi.
İzmir kolordusunun ilk taburları Selanik rıhtımına çıktılar.
Ve çıkar çıkmaz, 18 000 asker tüfeklerini bırakarak, kardeş kanı dökmeyeceklerini söylediler.
Doktor Nâzım aylardır İzmir'de harcadığı çabanın karşılığını almıştı.
Sonuçta beklenen gün geldi. II. Abdülhamid meşrutiyeti ilan etti.[7]
Manastır ve Selanik, hürriyet ilanını 101 pare top atışıyla kutladı.
İstanbul ise şaşkındı.[8]
Çünkü Rumeli'deki isyanları, suikastları, tüm olan biteni sansür nedeniyle öğrenemedikleri için, II. Abdülhamid'in meşrutiyeti birdenbire ilan ettiğini düşünüyorlardı.
Meşrutiyeti padişahın lütfu olarak gören *İkdam* gibi gazeteler, "Padişahım çok yaşa" diye manşet atmışlardı!
Meşrutiyet ilan edildiğinde Doktor Nâzım Milas'ta Halil (Men-

---

7. Amerikalıların 4 Temmuz'u, Fransızların 14 Temmuz'u olduğu gibi bizim de 23 Temmuz'umuz vardı. 8 temmuz 1909'ta kabul edilen yasayla, 23 Temmuz "Hürriyet Bayramı" olarak kutlanmaya başlandı. Ancak bu bayram 13 mayıs 1935'te kaldırıldı.

8. Selanik'te meşrutiyetin ilan edildiği güne kadar cemiyete üye olanlar, 319'u subay, 186'sı sivil, toplam 505 kişiydi. İstanbul'daki üye sayısı ise sadece 11'di. (Kudret Emiroğlu, *Anadolu'da Devrim Günleri*, 1999, s. 50)

teşe) Bey'in evinde saklanıyordu. Duyar duymaz hemen İzmir'e hareket etti...

İzmir ayaktaydı.

Kordon Boyu'nda insan seli akıyordu: Evliyazadeler Refik Efendi, Naciye Hanım, Makbule ve çocuklar ellerinde Türk bayraklarıyla Kordon'a gelmişlerdi.

Herkesin elinde kendi milletinin bayrağı vardı:

Türk, Yunan, Bulgar, Sırp, Arnavut, Çerkez, Musevî, Ermeni, Rum, Kürt, Arap sokakta zaferi kutluyordu...

Yabancı tüccarlar, Levantenler de Kordon'daki kutlamalara katıldılar.

Kadifekale'den top atışı yapılıyordu.

Herkes karanlık günlerin geride kaldığına inanıyordu.

Bitecekti artık toprak kayıpları, yoksulluklar, hastalıklar, ölümler...

İzmir'e gelen Doktor Nâzım o karmaşada Kuşçubaşı Eşref'i buldu.

Boynuna sarılarak hıçkıra hıçkıra ağladı.

İstibdat iktidarını yıkmak için on beş yıl mücadele vermişti.

İstanbul, Paris, Selanik ve İzmir'de geçen on beş yıl...

Sonra kendini toparladı.

İttihatçı arkadaşlarına Selanik'e gideceğini söyleyerek, öncelikle güvenlik işleriyle meşgul olmalarını tavsiye etti.

Haklıydı...

Meşrutiyet'in ilk günlerinde İzmir'in yönetiminde boşluklar oldu. Esnaflardan seyyar satıcılara kadar herkes, hürriyetin "kanun ve kural tanımazlık" olduğunu düşünüyordu. Örneğin sanıyorlardı ki vergiler vb. yaptırımlar kalkmıştı!..

Aslında Osmanlı tebaasının büyük bir bölümü ne olup bittiğinin farkında değildi. Bazıları Makedonya'dan gelecek "hürriyet"in kadın mı erkek mi olduğunu tartışmaya başlamıştı!..

Lokantalar bedava yemek dağıtıyordu...

Doktor Nâzım Selanik'e gitti. Giyecek başka elbisesi olmadığı için, "Tütüncü Yakub Ağa" kıyafetiyle gitmişti.

"Hürriyetin kâbesi" adı verilen Selanik, İzmir ve İstanbul'dan daha coşkuluydu.

Dağa çıkan Binbaşı Enver "hürriyet kahramanı" olmuştu. Herkes Binbaşı Enver'i görmek için birbirini eziyordu.

İttihatçıların Selanik'teki lideri Talat, istasyonda karşıladığı Binbaşı Enver'e, kırmızı ciltli bir "Kanuni Esasî" hediye etti.

Dağa çıktığında her türlü lojistik desteği veren önde gelen İttihatçı subaylardan Binbaşı Cemal,[9] istasyonda Enver'i öperken kulağına, "Sen artık Napolyon oldun" diyordu...

Hıristiyan Gagavuz bir Türk!

Yirmi yedi yaşında bir bayrak, bir efsane kahramanı olan Binbaşı Enver kimdi?
Asıl adı İsmail Enver'di.
12 kasım 1881 İstanbul doğumluydu.
Hacı Ahmed-Ayşe çiftinin altı çocukları var: Enver, Nuri, Kâmil, Ertuğrul, Hasene ve Mediha.
Enver, baba tarafından Gagavuz Türklerindendi!

Hülasa Enver Paşa'nın yedinci atası, Hıristiyan Gagavuzlardandı. Şecere tablosunda, en başta görülen Abdullah Killi, bu soydan Müslümanlığa dönen ilk soy büyüğü olarak bilinir. (Şevket Süreyya Aydemir, *Enver Paşa*, 1993, c. 1, s. 183)

Enver'in kendisinden yaşça küçük amcası Halil Paşa, *Akşam* gazetesinde 1967 yılının ekim-kasım ayları arasında yayımlanan anılarında ailesine ilişkin şu bilgiyi vermektedir:

Ceddimiz Kırım'dan gelmiştir. Kırım hanlarının sarayına öteberi ve bilhassa kadın eşyası satan bir yemeniciymiş. Bu yakışıklı delikanlı Hıristiyan olduğu için, harem dairesinde kimse ondan kaçmazmış. Bu sırada Kırım hanının yakınlarından bir kız, ona gönül vermiş. Nihayet evlenmelerine karar verilmiş. Yemenici delikanlı Müslümanlığı kabul etmiş. Evlenmişler. Bu yemenici Rum değil, Rumen değilmiş. Şu halde Rum veya Ulah olmayan, Türkçe konuşan bu Hıristiyan, Romanya'da yaşayan ve dini Hıristiyan olan Gagavuzlardandı.

Bu evlenmeden sonra Ruslar, Kırım'ı istila etmişler. İşgal üzerine, ceddimiz karısıyla beraber, Tuna ağzında Kilya şehrine göçmüşler. Rusların Romanya'yı işgalinden sonra da dedelerimizden Kahraman Ağa, Karadeniz'in Türkiye kıyılarındaki Abana'ya hicret etmişler.

Müslümanlığı seçen yemenici, "Abdullah Killi" adını almıştı. Onu sırasıyla, Kocaağa Killi, Kahraman Ağa, Killioğlu Hüseyin Ağa, Hacı Mustafa Kaplan ve nihayet Hafız Kâmil Efendi takip etmişti.
Enver'in babası Hacı Ahmed, Hafız Kâmil Efendi'nin oğluydu.

---

9. Cemal Paşa, askerî eczacı Mehmed Nasib Efendi'nin oğluydu. 6 mayıs 1872 Midilli doğumluydu. 1899'da Selanik'te Seniha Hanım'la evlendi. Ahmed, Mehmed, Kâmuran, Nejdet ve Behçet isimli beş çocukları oldu. Ahmed Cemal'in oğlu gazeteci-yazar Hasan Cemal'dir.

Enver ilköğrenimine İstanbul'da başladı. Sonra askerî rüştiye ve idadîye Manastır'da devam etti. 1899'da Harbiye'den, 1902'de de kurmay subay olarak Erkânıharbiye'den mezun oldu. 3. Ordu'ya atandı.

Sonrası malum...

Hürriyet kahramanı Binbaşı Enver için, Selanikli şair Ahmed Efendi, istasyonda yeni şiirini okuyordu:

Âlemde emsali adîm
Yaptık bugün bir inkılap
Hainleri, alçakları
Zalimleri ettik harap

Biz yek vücudı ittifak
Bir kale teşkil eyledik
Hürriyeti, milliyeti
Hakkıyla temsil eyledik.

Millî marş olmadığı için subaylar mızıka takımlarına Fransız İhtilali'nin marşı "Marseillaise"i çaldırıyorlardı. Bugünü izleyen günlerde Paris'teki İttihatçılar Republique Meydanı'ndaki ünlü Marianne Anıtı'na çelenk koydular.

Her köşede herkes kendi dilinde nutuk atıyordu.

Selanik özgürlüğü soluyordu.

Doktor Nâzım Selanik'te İttihatçı arkadaşlarıyla buluştu.

Hepsi heyecandan titriyordu.

Selanik İttihat ve Terakki Cemiyeti merkezi umumîsi toplandı.

Ne yapılacağı konusuna her kafadan bir ses çıkıyordu.

İşin gerçeği şuydu: istedikleri siyasal düzene kavuşmuşlardı. Ama üyeleri hep küçük rütbeli subaylar ve kıdemsiz memurlardan oluşuyordu. İktidarı devralacak kadroları yoktu.

Yine de meydanı boş bırakmak istemiyorlardı. Hangi isimlerin nazır olarak hükûmette görev alacağını kararlaştırmayı ve arka planda durup, bunların ne yapıp neyi yapmayacakları konusunda talimat vermeyi planlıyorlardı.

Bu nedenle ilk iş olarak, hükûmetle temasları yürütmek üzere İstanbul'a bir heyet gönderilmesine karar verildi. Heyette, Talat Bey, Cavid Bey, Midhat Şükrü, Rahmi Bey, Binbaşı Cemal gibi isimler vardı.

İttihatçı kadrolar artık "bey" olmuşlardı!

Heyete, Enver'in amcası Yüzbaşı Halil, Yakub Cemil, Mustafa Necib, Mülazım Hilmi gibi fedailer koruma görevi yapacaklardı.

İttihatçılar silahlarını kuşanıp Osmanlı Devleti'nin başkentine doğru yola çıkarken, Doktor Nâzım "Anadolu umumî müfettişi" olmuştu, bu nedenle İzmir'e dönecekti. Nazırlık istememişti.

Selanik merkezi umumîsi İzmir'e çektiği telgrafta, Doktor Nâzım ve arkadaşlarının onlara layık olabilecek bir törenle karşılanmalarını istedi...

Doktor Nâzım ilk kez kendi kimliğiyle İzmir'de

Tarih, 7 ağustos 1908.
İzmir limanı tıklım tıklımdı.
Kalabalığın önünde hükûmet temsilcileri ve belediye görevlileri vardı.
Evliyazade Refik Efendi'nin içinde bulunduğu tüccarlar limanın sağ, papazlar, hahamlar ve imamlar sol tarafındaydı.
Yaptıkları bire bin katılarak anlatıldığı için adı efsaneleşen Doktor Nâzım'ı görmek için binlerce insan limana akın etmişti.
Körfez sandallarla doluydu.
Nihayet Doktor Nâzım'ı taşıyan gemi ufukta gözüktü.
Herkes mendillerini sallıyordu.
Bando çalmaya başladı.
Doktor Nâzım mahşerî kalabalığı görünce şaşırdı.
Heyecanlıydı.
Kıyafeti değişmişti; artık o Paris Sorbonne mezunu Selanikli Doktor Nâzım'dı.

Tükürük cezası

Hazırlanan kürsüye çıkıp konuşmaya başladı.
Nutuk çok kimseye oldukça sert geldi.
Aslında konuşması yakın bir gelecekte İzmir'de yapacaklarının göstergesiydi.
Karşılama töreninin ardından Doktor Nâzım, Yüzbaşı Ruşenî'yle birlikte önce belediyeyi, sonra vatandaşların ısrarıyla Rum Metropolithanesi'ni, Ermeni Murahhasa Dairesi'ni ve Musevî havrasını ziyaret etti.
Bu gezi sırasında Müftülük unutulmuştu!
Belki de "birlik ve beraberlik" mesajlarının verildiği bu küçük ziyaretlere "gölge düşmesi" istenmemişti. Çünkü muhalifleri İtti-

hatçıların "Panislamik" olduğu propagandasını yapıyorlardı.

Karşılama törenini hazırlayanlar bir yeri ziyaret etmeyi unutmamışlardı.

Burası Asmalımescit'teki "Tütüncü Yakub Ağa"nın dükkânıydı!

İttihatçı Yüzbaşı Ruşenî burada, Doktor Nâzım'ın o zor günlerini ve mücadelesini anlatırken, Doktor Nâzım ağlamamak için dudaklarını ısırıyordu.

Askerî kışla da ziyaret ettikleri yerlerdendi.

İttihatçı düşmanlarının cezalandırılmasına da orada başlandı.

İzmir kolordusu komutanı Ferid Tevfik halka zulüm yaptığı ve askerlik mesleğine zarar verdiği gerekçesiyle, hemen o gün, orada askerlikten uzaklaştırılarak rütbesi alındı. Yaşının ileri olması sebebiyle halk önünde teşhir cezası uygulanmadı.

Aydın şehri başkomiseri Mehmed, hafiye olarak bilinen ve bu sayede paşa olan Hacı Hasan Paşa, İzmir'de fırka komutanı olan Tevfik, polis komiseri Mehmed Refik gibi kişiler üniformaları, rütbeleri, nişanları çıkarılarak halkın önüne çıkarılıp teşhir edildi.

Doktor Nâzım hepsini tükürükle cezalandırdı. Ama bazen istenmeyen olaylar da olmuyor değildi. Halk özellikle kendilerine kötü davranmış idarecilere linç girişiminde bulundu.

Cezalandırma yöntemi İttihatçıları ikiye böldü.

Örneğin, Polis Müdürü Mazhar'ın makamının basılıp teşhir edilmesine, Kuşçubaşı kardeşler Eşref ve Sami karşı çıktılar.

Doktor Nâzım'a yaptığının yanlışlığından bahsettiler. Ne var ki Doktor Nâzım kendini haklı buluyordu. Ona göre bu tip istibdatçılar halkın nazarında layık oldukları gibi cezalandırılmalıydılar.

İki farklı görüş İttihatçıları, o günlerin sıcak ortamında çatışma noktasına getirdi.

Sonra her iki tarafta sakinleşti. Polis Müdürü Mazhar sorgulandı. Doktor Nâzım yumuşadı. İşin garip yanı o gün linç edilmek istenen polis müdürü Mazhar önce İstanbul polis müdürü, sonra da Bitlis valisi olacaktı.

İzmir geneli İttihatçılara sıcak bakıyordu.

İkinci Meşrutiyet'in hemen arkasından askerlerin kışlık giyecek gereksinimini karşılamak için bağış toplanacak bir "yardım komisyonu" oluşturuldu. Ardından İstanbul, Selanik gibi kentlerde olduğu gibi İzmir'de de "asker kulubü" açabilmek için bağış toplanmaya başlandı.

On iki Türk, bir Ermeni, bir Rum ve iki Yahudi olmak üzere on altı kişiden oluşan bu komitede Evliyazade Refik Efendi de vardı.

İzmir "yeni döneme" uyum sağlamakta zorlanmamıştı!..

Prens Sabaheddin kavgası

İzmir yine de bir türlü gerilimden kurtulamıyordu. Selanik'ten Doktor Nâzım'a gelen bir telgraf şehrin gerginliğini daha artırdı. Cemiyetin Selanik merkezinden gelen telgraf, Prens Sabaheddin adına Anadolu'da teşkilat kurmak isteyen süvari subayı (ve Milaslı Halil'in [Menteşe'nin] kardeşi) Murad, Binbaşı Broşür Tevfik ve Demirci Avnî'nin hemen gözaltına alınmasını emrediyordu.

Kuşçubaşı Eşref, adı geçenleri gözaltına almak için Mülazım Tevfik'i görevlendirdi. Afyon'a giden Tevfik, görevini tamamlayarak döndü. Üç "Prens Sabaheddinci" İzmir kışlasına getirildi. Kuşçubaşı Eşref haber ulaştığında saat 23.00'ı gösteriyordu. Eşref durumu önce Kemer'deki Doktor Nâzım'a iletti. O da haberi alır almaz kışlaya geldi. Yakalanan isimlerin sorgusunu Doktor Nâzım yaptı.

Bu sorgu aslında İttihatçıların siyasal tavırlarını göstermesi açısında ilginçti:

Doktor Nâzım kışlaya geldiğinde Milaslı Murad ve Demirci Avnî ayağa kalkarak ona karşı saygılı davrandılar. Doktor Nâzım ne ağabeyini yakından tanıdığı Milaslı Murad'a, ne de kendisine saygıda kusur etmeyen Avnî'ye sıcak davrandı. Hemen sorguya başladı.

Neden ve ne amaçla yeni bir teşkilatlanmaya girdiklerini sordu. Yanıtı beklemeden, sözlerini İttihatçılar aleyhine bir çalışma içinde olmalarının çok ağır cezalara neden olacağını bilip bilmedikleri sorusuyla sürdürdü.

Milaslı Murad teşkilatlanmayı meşrutiyetin kendilerine sağladığı haklar doğrultusunda yaptıklarını ve bu nedenle ceza alabilecek bir davranış içinde olmadıklarını söyledi.

Doktor Nâzım çok sinirlendi. Kendini kontrol altına alamayacak hale geldi. Her ikisini de kışlanın orta yerinde kurşuna dizdirebileceğini söyledi.

Aslında meşrutiyetin ilk günlerinde İttihatçılar ile Prens Sabaheddin grubu arasında sıcak ilişkiler yaşanmıştı. Başta Paris'ten yeni dönen Dr. Bahaeddin Şakir olmak üzere, İttihatçılar, Prens Sabaheddin grubuyla İstanbul'da bir araya gelerek, ileride programlarını birleştirebilecekleri umuduyla ittifak kurmuşlar ama bunu hayata geçirememişlerdi. "Pamuk ipliğine" bağlı bu ittifak kısa zamanda sona erecekti...

Aslında tüm olup bitenler garipti.

İngilizci Prens Sabaheddin'e karşı olan İttihatçılar, II. Abdülhamid'e baskı yaparak İngilizciliğiyle tanınan Kıbrıslı Kâmil Paşa'nın sadrazamlığa getirilmesini sağladılar! Harbiye nazırlığına Prens Sabaheddin'e yakınlığıyla bilinen Receb Paşa geldi!

7 ağustos 1908 günü yeni kabine yemin ederek göreve başladı. Kuruluşundan on gün sonra hükûmetin programı gazetelere yansıdı.

Hükûmet programında, milletvekillerinin yasa teklif etme, seçme seçilme hakkının belirli bir servete bağlı olmaksızın herkese tanınması, gayrimüslimlerin de askere alınması önde gelen konulardı.

Maliye, bakanlıklar, ordu ve donanma yeniden düzenlenecekti. Dış ülkelerle yapılan ticaret sözleşmeleri gözden geçirilecekti. Bu ülkelerin onaylaması halinde kapitülasyon ayrıcalıklarının kaldırılması öngörülüyordu.

Vergi sistemi gözden geçirilecek, ticaret, sanayi, bayındırlık, tarım, bilim ve eğitimde gelişme sağlayabilmek için yatırımlar yapılacaktı. Gereksiz memurlar ve alaylı eğitimsiz subaylar emekliye sevk edilecekti.

Yeni hükûmetin Osmanlı Devleti'ni çağdaş merkezî bir devlete dönüştürme iddiası vardı.

Benzer iddialı programlar çeşitli dönemlerde ortaya atılmış ama hiçbiri başarılamamıştı. Bakalım İttihatçılar yaptıkları "Temmuz Devrimi"yle bunları hayata geçirebilecek miydi?

İlk aylarda herkeste bir iyimserlik havası vardı. Öyle ki, Makedonya'da çetecilik sona ermişti. Reval Buluşması'nda Rusya ve İngiltere aldıkları kararı geri çekmek üzereydiler. Kapitülasyonların kaldırılması değil ama daraltılması tartışılmaya başlanmıştı.

Ama bu umut dolu gelişmeleri kökünden sarsacak üç acı olay gerçekleşti o günlerde:

– 5 ekimde Bulgaristan bağımsızlığını ilan etti.

– 6 ekimde Yunanistan Girit'i topraklarına kattı.

– Ve aynı gün, yani 6 ekimde Avusturya-Macaristan İmparatorluğu Bosna-Hersek'i ilhak etti.

"Hasta adam" Osmanlı Devleti'nin toparlanmaya başlamasından korkanlar "ellerini çabuk tutmuşlardı"!

İçerideki "uzantıları" da boş durmayacaktı...

Ve gün gelecek Evliyazadelerin damadı olacak Fatin Rüşdü (Zorlu), daha kırk günlük bir bebekken sürgünle tanışacaktı...

Dördüncü bölüm

26 nisan 1909, İstanbul

Doğduğu, gözünü açtığı şehir iki haftadır ayaktaydı. İstanbul'da silah ve top sesinden başka ses yoktu. İstanbul karanlığa bürünmüştü.

Her gece dört beş bin fanus ve elektrik lambalarıyla aydınlatılan Yıldız Sarayı, o gece sadece beş on havagazı feneriyle aydınlatılıyordu.

Tarihe "31 Mart Ayaklanması"[1] olarak geçen olayların başlandığı o günlerde Fatin Rüşdü (Zorlu) daha kırk günlük bebek bile değildi.[2]

Babası Müşir İbrahim Rüşdü Paşa, II. Abdülhamid'in seryaveriydi.

Yıldız Sarayı'nın tüm görevlileri gibi o da, korku ve dehşetle sonunun ne olacağını bekliyordu. Herkes yorgundu. Aralarında titreyenler vardı. Haremdeki ağlayan kadınların feryatları, ölüm sessizliğine bürünmüş Yıldız Sarayı'ndan duyulan tek sesti. Lakin kısa süre onlar da aldıkları uyarılar üzerine sustular.

Fatin Rüşdü'nün babası İbrahim Rüşdü Paşa en çok II. Abdülhamid'e şaşırıyordu. Her an öldürüleceği, her an tahttan indirileceği korkusuyla yaşayan padişah, o gece ne kadar sakin ve metanetliydi.

31 Mart Ayaklanması'nı bastırmak için Selanik'ten gelen Hareket Ordusu subay ve erleri Yıldız Sarayı'nı kuşatmışlardı. Bahçe ve dairelerin hemen hepsi askerlerce doldurulmuştu. Su-

---

1. Miladî 13 nisan 1909.
2. Fatin Rüşdü Zorlu'nun nüfus kâğıdındaki resmî doğum tarihi 1910'dur. Ancak kızı Sevin Zorlu, babaannesi Güzide Zorlu'nun "Fatin'i 31 Mart Ayaklanması'ndan hemen önce doğurduğunu ve sürgüne giderken kucağında götürdüğünü" söylediğini aktardı. Fatin Rüşdü Zorlu'nun nüfustaki adı da "Ahmed Fatin Zorlu", yani resmî belgede "Rüşdü" adı yok. Kafa karışıklığı olmaması için bilinen adını, "Fatin Rüşdü Zorlu"yu kullanacağım.

bayların hemen hepsi Harbiyeli'ydi; yani mektepli! Başlarında Hürriyet Kahramanı Binbaşı Enver vardı...

O günlerde kırk günlük bir bebek olan Fatin Rüşdü'nün yaşamında Harbiyelilerin yeri hep ayrı olacaktı!

Babası İbrahim Rüşdü Paşa, II. Abdülhamid'in yakın çevresindeki ender "mektepli" subaylardandı.

İbrahim Rüşdü Paşa'nın babası, yani Fatin Rüşdü'nün dedesi de "mektepli" bir subaydı. Yalnız, dedenin "mektebi" Osmanlı topraklarında değil, Rusya'daydı. Çünkü o bir Rus'tu; Osmanlı'ya iltica edip "Rus İbrahim Paşa" adını almıştı.

Puşkin'in arkadaşı

Rus İbrahim Paşa, XIX. yüzyılın başında Petersburg limanından ayrıldığı kruvazörüyle Artvin'e sığınmıştı.

İbrahim Paşa'nın neden Rusya'dan kaçıp Osmanlı'ya sığındığı konusunda ailenin hiçbir bilgisi yok. Paşa'nın Rus adını bile bilmiyorlar.

Kimdi bu Rus İbrahim Paşa?

Sanırım Rusya tarihine bakarak bu sorunun yanıtını bulabiliriz.

Rus İbrahim Paşa ne zaman Osmanlı'ya sığınmıştı: XIX. yüzyılın başında. Peki, o tarihlerde bahriyeli bir Rus subayın, Osmanlı'ya sığınmasına yol açacak olay ne olabilirdi?

1789 Fransız İhtilali dünyayı sarsmıştı. "Hürriyet", "adalet", "eşitlik" gibi kavramlar Rusya'da da etkisini gösterdi. Dekabristler (Aralıkçılar) adıyla anılan Rus devrimciler, Batı'dan gelen bu düşünceleri hemen benimsediler. "Köleler nasıl özgürlüğüne kavuşturulmalı; liberal bir devlet nasıl kurulmalı; federatif sistem mi, bağımsız yönetimler mi; cumhuriyet mi, yoksa anayasal monarşi mi?" gibi soruları tartışmaya açtılar. Çar I. Aleksandr tıpkı II. Abdülhamid gibi, iktidara gelmeden önce verdiği özgürlükçü sözlerin hepsini unutmuş, hafiyeleri aracılığıyla acımasız bir iktidar kurmuştu.

Dekabristler, ne soylu sınıfın ne de tüccarların Rusya'yı değiştireceğine inanıyorlardı. Rusya'daki değişikliği ve ilerlemeyi sadece kendilerinin yapacağı düşüncesindeydiler.

Petersburg'da Muhafız Alayı Komutanı Muravyev ve yardımcısı Turgenyev "Kuzey Birliği" adlı bir örgüt kurdular (1821). Örgüt genç subayların katılımıyla çok büyüdü.

1 aralık 1825'te I. Aleksandr esrarlı bir şekilde öldü. Ani ölüm çarlığı karıştırdı. Tahta kimin geçeceği konusunda fikir ayrılıkları çıktı. Karışıklıktan yararlanmak isteyen Dekabristler, Çar I. Niko-

lay'ın tahta çıkacağı gün ayaklanma başlatmaya karar verdiler.
14 aralık günü Petersburg'daki Senato'nun bulunduğu Birinci Petro Meydanı'nda ayaklanmaya başladılar. Ancak umdukları desteği bulamadılar. Devrim eylemine yalnızca üç piyade birliği ve bahriyeliler katılmıştı.
İsyancılar arasında şair ve yazar Puşkin de vardı...
Çar I. Nikolay darbeci olarak gördüğü subaylara hiç acımayacaktı.
O gün, 14 aralık günü Petersburg'da oluk oluk kan aktı.
Dekarbistler yenildi...
Beş general asıldı. Beş yüz subay gözaltına alınıp sorgulandı. Yüzlercesi Sibirya ve Kafkasya'ya sürüldü. Kimi de kaçtı...
Bu kaçan devrimci subaylardan biri de, Osmanlı'ya sığınıp Müslüman olan Rus İbrahim Paşa'ydı![3]
Ne garip rastlantı...
Rus İbrahim Paşa, Rusya'yı "özgürleştirmek" amacıyla askerî bir ayaklanmaya katıldı ve yenildi...
Oğlu Müşir İbrahim Rüşdü Paşa ise, Osmanlı'yı "özgürleştirmek" isteyen subaylar tarafından Yıldız Sarayı'nda göz hapsine alınmış, Midilli'ye sürgüne gönderilmeyi bekliyordu...
Ve torun Fatin Rüşdü ise yarım asır sonra Türkiye'yi "özgürleştirmek" isteyen subaylar tarafından, yine bir adaya, bu kez Midilli'ye değil, Yassıada'ya hapsedilecek ve ardından İmralı Adası'nda idam edilecekti...
Geçelim...
Biz yine Yıldız Sarayı'na dönelim...
27 nisan sabahı..
Askerler Yıldız Sarayı'nı boşaltmıştı. Yalnız kapı önüne iki nöbetçi asker koymuşlardı. Mabeyin Başkâtibi Ali Cevad[4] koşarak padişahın dairesine gitti. Askerlerin sarayı boşalttığını söyledi.
II. Abdülhamid, "Merhum amcam (Abdülaziz) hakkında da aynen böyle yapmışlardı" dedi.
II. Abdülhamid yanılmamıştı.
Meclisi Mebusan'dan gelen dört kişilik heyet II. Abdülhamid'e

3. O tarihlerde Macar, Rus, Polonya ihtilallerine katılmış ve Osmanlı'ya sığınmak zorunda kalmış çok sayıda yüksek rütbeli subay vardı: Murad Paşa (Jozef Bem), İskender Paşa (Kont İlinski), Muzaffer Paşa (Wladyslaw), Şahin Paşa (Felis Breanski), Mehmed Sadık Paşa (Michal Czajkowski), Mahmud Hamdi Paşa (Fischel Freund), Nihad Paşa (Seweryn Bielinksi), Arslan Paşa (Lutrik Bystzowski), Sefer Paşa (Wladyslaw Koscielski), Mehmed Ali Paşa (Karl Detrois), Ömer Paşa (Michael Latos), Mustafa Celaleddin Paşa (Konstanty Borzecki) gibi...

4. Oğlu eski büyükelçilerden Mehmet Cevat Açıkalın'dır. Mehmet Cevat Açıkalın, Uşakîzade Muammer'in kızı Rukiye'yle evlendi.

Meclis'in kararını açıkladı: "Biz Meclisi Mebusan tarafından gönderildik. Fetva var. Millet sizi hal'etti. Ama korkmayınız, hayatınız emindedir!"

II. Abdülhamid'in otuz üç yıldır süren kâbusu gerçeğe dönüşüvermişti!

Sonu amcası Sultan Abdülaziz'e mi benzeyecekti? Hep amcasının öldürüldüğünü düşünüyordu.

Tedirgindi.

Öğleden sonra saat 15.00.

Padişahın yine konukları vardı. Hareket Ordusu komutanlarından Müşir Hüseyin Hüsnü Paşa başkanlığındaki subaylar II. Abdülhamid'e, Osmanlı tarihinde o güne kadar görülmemiş kararı açıkladılar: padişah sürgüne gönderilecekti.

II. Abdülhamid Çırağan Sarayı'nda kalmak istediğini söyledi. Hüseyin Hüsnü Paşa, padişaha kararlı olduklarını saygılı bir dille yineledi. Sonra herkesin şaşkın bakışları arasında, belindeki revolverini çıkararak, "Can güvenliğiniz için tereddüt içindeyseniz, buyrun bunu alın, beraber arabaya binelim. Bir taarruz olursa önce çekip beni vurursunuz" dedi.

II. Abdülhamid subayların kararlılığı karşısında bir hareket olanağı kalmadığını anlamıştı.

II. Abdülhamid ve onun gelmesini istediği bir avuç yakını Binbaşı Ali Fethi (Okyar) Bey'in muhafazası altında gece geç bir saatte üç arabaya bindirilerek Yıldız Sarayı'ndan çıkarıldı. Götürüldükleri istasyondan özel bir trenle Selanik'e hareket ettiler.

II. Abdülhamid yeni ikametgâhı Selanik Yalılar Mahallesi'ndeki Alatini Köşkü'ydü. Bu köşkü mimar Vitalino Poselli, Yahudi banker ve sanayici Moise Alatini için yapmıştı. Evi daha sonra Evliyazade Refik Efendi'nin eşi Hacer'in akrabalarından Kapanîzade Ahmed aldı.

Sürgünde bir bebek

Benzer sürgün kaderini, II. Abdülhamid'in "kadrosu" da paylaştı. Müşir İbrahim Rüşdü Paşa Midilli sürgününe yalnız gitmek istedi. Ama eşi Güzide Hanım ısrar etti. Birlikte gideceklerdi. Bir de yanlarına daha anne sütü emen Fatin Rüşdü'yü alacaklardı.

Güzide Hanım bir önceki görev yeri Akabe'de, dizanteri olan eşini çöllerde de yalnız bırakmamıştı. II. Abdülhamid, Hicaz demiryolunu yaptırırken, emniyeti bakımından yolun denizle temas eden noktasını kontrol altında tutmak için Akabe Kalesi'ne 15 şubat 1906'da Rüşdü Paşa komutasında iki tabur asker göndermişti. Eşinin hastalandığını öğrenen Güzide Hanım günler süren yolculuk sonucu Akabe Kalesi'ne eşinin yanına gitmişti...

Bugün Midilli Adası'na sürgün gidenler sadece, II. Abdülhamid'in o günlerde yanında bulundurduğu "güvenilir adamları" değildi. İttihatçılar, "Temmuz Devrimi"nin ardından, önce tevkif edilip sonra da aileleriyle birlikte Büyükada'da ikamete mecbur edilen eski serasker Rıza Paşa, eski Tophane müşiri Zeki Paşa, eski dahiliye nazırı Memduh Paşa, eski Bahriye nazırı Hasan Rami Paşa, eski başkâtip Tahsin Paşa, eski başmabeyinci Ragıb Paşa, eski şehremini Reşid Paşa gibi isimleri de Midilli Adası'na sürgüne gönderdi.

II. Abdülhamid'in iki devir kadrosu birleştirilip birlikte Midilli'ye sürülmüştü.

Eşi Rüşdü Paşa'nın yanında Midilli'ye sürgüne giden Güzide (Zorlu) Hanım kimdi?

Fatin Rüşdü'nün annesi Güzide Hanım, zengin bir ailenin kızıydı. Dedesi Rıfkı Efendi, aslen Yozgatlı'ydı. İpek Yolu'nda şal ticareti yapıyordu.

Babası Hüseyin Rıfkı Paşa, II. Mahmud döneminde 1827'de, eğitim amacıyla Fransa'ya gönderilen ilk dört öğrenciden biriydi.

Soru: şal tüccarı Rıfkı Efendi oğlunun neden kendisi gibi tüccar olmasını istememiş de onu asker ocağına göndermişti?

Bu sorunun yanıtı dönemin siyasal-ekonomik yapısında saklı.

XIX. yüzyılın başı... Padişah II. Mahmud, Yeniçeri Ocağı'nı kaldırıp yerine profesyonel, iyi eğitilmiş, ticarî işlerden uzak, yaşamını kışlada sürdürecek disiplinli askerler ve ordu istiyordu.

Ama dört yüz altmış yıllık Yeniçeri Ocağı'nı kaldırmak o kadar kolay değildi.

Yeniçeri Ocağı zamanla salt askerî bir güç olmaktan çıkmıştı. Yeniçeriler özellikle son yüzyılda bir ekonomik gücün kontrolü altına girmişti: Yahudi sermayesiyle ticarî ilişkileri vardı. Dönemin önde gelen Yahudi sarrafları Yeşeya Aciman, Çelebi Behor Karmona, Yeheskel Gabay, Yeniçeri Ocağı sarrafıydı ve yeniçeri ağalarıyla kurdukları ortaklık sonucu Saray üzerinde büyük etkiye sahiptiler.

Özetle, Yahudi sermayesi Yeniçeri Ocağı'nın lağv edilmesini istemiyordu.

Bununla birlikte Yahudi tüccarları karşısında Osmanlı piyasasında giderek güç kazanan Ermeni sermayesi ise Yeniçeri Ocağı'nın kaldırılıp Nizamı Cedit ordusunun kurulmasını destekliyordu. Yani piyasadaki Yahudi gücünü kırarak Saray nezdinde güçlü olmak istiyordu.

Ermenilerin Yeniçeri Ocağı karşısındaki tavrı Saray tarafından da korunmalarına neden oluyordu.

Uzatmayalım... 1826'da Yeniçeri Ocağı kaldırılırken Yeşeya Aciman ve Çelebi Behor Karmona gibi büyük Yahudi tüccarlar öldürüldü. Yeheskel Gabay Antalya'ya sürüldü. Yahudi cemaati ne yapacağını bilemiyordu, çünkü asırlardır ilk kez bir Yahudi cemaat lideri öldürülüyor, önde gelen Yahudi tüccarlar ya sürülüyor ya da yok ediliyordu.

Sonuçta Yeniçeri Ocağı'nın kaldırılmasıyla Yahudi sermayesinin siyasal ve ekonomik ağırlığı büyük darbe yedi. Buna karşılık Ermeni lobisi siyasal ve ekonomik gücünün doruğuna çıkacak bir sürece girdi...

Güzide Hanım'ın şal tüccarı dedesi Rıfkı Efendi, Türk müydü, Ermeni miydi, Yahudi miydi?

Bilmiyoruz... Ama görünen o ki, tüccar Rıfkı Efendi oğlunu Nizamı Cedit ordusuna yazdırmakta çok gönüllü gözüküyor...

Hüseyin Rıfkı, Paris'te iki yıl Saray'da da kaldı. Dönüşünde "topçuluk" üzerine kitap yazdı. Padişah tarafından verilen altın madalyası vardı. Ordu komutanlığı da yaptı. Hatta ailenin söylediğine bakılırsa, sadrazamlık teklifi bile almış, ancak, "Ben siyasetten anlamam" diyerek reddetmişti.

Hüseyin Rıfkı Paşa'nın ilk eşinden Hilmi ve Hamdi adlarında iki çocuğu vardı. İkisi de askerliği seçmiş ve paşalık rütbesine kadar ulaşmışlardı. Hüseyin Rıfkı Paşa'nın ikinci eşi, esir pazarından aldığı Melek Hanım'dan ise Güzide ve Vefik doğdu.

Paşa, Güzide doğduğunda altmış beş, Vefik doğduğunda yetmiş iki yaşındaydı!

(Ara not: Güzide Hanım'ın kardeşi Vefik Bey'in kızı Mualla [Eriş] ilk evliliğini 1943 yılında film yönetmeni Faruk Kenç'le yaptı. Faruk Kenç, Atatürk'ün cenaze törenini filme çeken ve Türkiye'de, filmlerin sessiz çekilerek daha sonra seslendirme yapılması yöntemini ilk kez uygulayan filmciydi. İstanbul Film Şirketi'ni kuran Faruk Kenç, *Çakırcalı Mehmed Efe*, *Kıvırcık Paşa*, *Günahsızlar*, *Çölde Bir İstanbul Kızı* gibi çok sayıda filme imza attı.

Mualla ve Faruk çiftinin Vefik ve Gül adında iki çocuğu oldu.

Mualla Hanım ikinci evliliğini Amerikan tütün şirketinde çalışan Richard Broking'le yaptı bu evlilikten de Can adlı bir oğlu oldu.

Faruk Kenç ise, ikinci evliliğini 1954 yılında Türk sinemasının "Küçük Hanımefendi"si Belgin Doruk'la yaptı.)

Tanıma amaçlı soru: "Kenç" ne demektir?
Türk Dil Kurumu'nun sözlüğünde bu kelime yok. Bir yer ya da bölge ismi olabilir mi? Türk Tarih Kurumu yayınlarından *Kırım ve Kafkas Göçleri* adlı kitapta "Kerç" adlı bir yer ismi geçiyor:

> Nitekim daha önce Kırım Kerç'te oturmakta olan bir grup Yahudi başlarında hahamları olduğu halde 1865'te İstanbul'a gelmişler ve gerekli yardımı görmüşlerdi. Hatta bunlar Osmanlı Devleti'ndeki diğer Yahudilerden mezhepçe farklı olduklarını beyan ederek, kendilerinin bir "cemaati mahsusa teşkil ederek İspanyalı Yahudilerle hiçbir münasebetleri olmadığından ayrı hahambaşı kavaninine tâbi olmayı" istemekteydiler. (Abdullah Saydam, 1997; s. 92)

Rus İbrahim Paşa'nın oğlu Rüşdü Paşa'yla evlendirilen Güzide Hanım'ın ailesinin kökeni neydi?

Güzide Hanım'ın babası Hüseyin Rıfkı Paşa yüz beş yıl yaşadı. Ailece Saray'a yakındılar. Güzide'nin en yakın arkadaşı II. Abdülhamid'in kızı Naime Sultan'dı. Hatta evlenirken, "Gelinliğimiz benzer olsun" diyerek aynı gelinliği diktirmişler, ancak Hüseyin Rıfkı Paşa, "Sen nasıl padişahın kızıyla kendini bir tutarsın?.." diyerek gelinliğindeki pırlantaları söktürmüştü.

II. Abdülhamid iki kızını, Naime Sultan ile Zekiye Sultan'ı Gazi Osman Paşa'nın iki oğluyla, Nureddin Paşa ve Kemaleddin Paşa'yla evlendirdi.[5]

Gazi Osman Paşa'nın akrabası

Zorlu ailesinin anlatımına göre, Güzide'nin babası Hüseyin Rıfkı Paşa ile Gazi Osman Paşa akrabaydı!

Biyografilere bakıldığı zaman bu akrabalığa ait somut bir olguya rastlanmıyor. Gazi Osman Paşa'nın biyografisi bilinmezlik üzerine kurulu. Nerede doğduğu konusunda çelişkili bilgiler mevcut. Örneğin doğum yeri konusunda, bazı tarihçiler "Amasya" derken, bazıları "Tokat" demektedir.

Babasının kimliği konusunda da benzer karışıklık vardır: kimisi Çubuklu Şerif Ağa'nın, kimisi Binbaşı Mehmed Bey'in, kimisi de

---

5. Naime Sultan ile Kemaleddin Paşa 1898 yılında evlendiler. Evliliklerinin altıncı yılında Yıldız Sarayı bir dedikoduyla çalkalandı. V. Murad'ın kızı Hatice Sultan, Kemaleddin Paşa'yla aşk yaşamaya başlamıştı. Üstelik Kemaleddin Paşa, Hatice Sultan'a delicesine âşıktı. Bunu haber alan II. Abdülhamid, kızı Naime Sultan'ı Kemaleddin Paşa'dan boşattı ve paşayı Bursa'ya sürdü. Naime Sultan ikinci evliliğini Saray vezirlerinden İşkodralı Celaleddin Paşa'yla yaptı. Hatice Sultan da Hariciye kâtiplerinden Rauf Bey'le evlendirildi. Hatice Sultan'ın torunu ünlü gazeteci-yazar Kenize Murad'dır.

kereste gümrüğünde kâtip Mehmed Efendi'nin oğludur diye yazmaktadır.

İlginçtir, Gazi Osman Paşa da, kaleme aldığı otobiyografisinde ailesi hakkında bilgi vermemiştir.

Bilinen, İstanbul Sıbyan Mektebi, Beşiktaş Askerî Rüştiyesi, askerî idadî, Harbiye sonrasında askerliğe adım atmasıdır. 1877-1878 Rus Harbi sırasında Plevne'deki savunmasıyla ün kazanmıştır.

Çok ünlenince II. Abdülhamid kendini devireceğinden korkup Gazi Osman Paşa'yı Yıldız Sarayı'nda yaveri ekrem (başyaver) yaptı. Selamlıklara çıkarken arabasında karşısına hep Gazi Osman Paşa'yı oturturdu. Paşanın itibar ve şöhreti sayesinde kimsenin arabaya bir suikast teşebbüsünde bulunmayacağını hesap ediyordu!

Güzide'nin Saray'daki sultanlarla arkadaşlık yapması, kocası Rüşdü Paşa'nın Saray yaverleri arasına katılması bu akrabalık ilişkisini kuvvetlendiriyor.

Keza Hüseyin Rıfkı Paşa ile Güzide Zorlu'nun mezarlarının Gazi Osman Paşa'nın türbesinin bulunduğu Fatih Camii'nin bahçesinde olması, Zorlu ailesinin söylediklerini teyit ediyor.

Güzide Hanım'ın ailesi çok zengindi.

Bu nedenle Rus İbrahim Paşa'nın oğlu Rüşdü Paşa, Beyazıt'taki konağa "içgüveysi" oldu! Konağa adım atar atmaz ilk olarak, horozlarına büyük bir kümes yaptırdı. Rüşdü Paşa horoz dövüşüne meraklıydı!

Rüşdü Paşa ve Güzide Hanım çiftinin beş erkek çocuğu oldu: Ender, İsmail Nejad, Rıfkı, Efdal ve Fatin...

En küçükleri Fatin'di. Bu nedenle Fatin'i yanlarına alıp Midilli'nin yolunu tuttular. Diğer çocukları halaları Melek ve Servet'in yanına bıraktılar.[6]

Midilli'ye sürgün kararı, Güzide Hanım'ın yaşamında ne ilk ne de son acı olacaktı.

Peki, Güzide Hanım'ın valizlerini toplayıp Midilli'ye gitmesine neden olan 31 Mart Ayaklanması nasıl çıkmıştı?..

"Sinemaya gideceğiz"

İkinci Meşrutiyet sonrası özgürlük dalgasının halkasına kadınlar da katıldı.

Artık daha çok kadın gazetelere ve dergilere makaleler yazı-

---

[6]. Melek Hanım ünlü doktor Ragıb (Sarıca) Paşa'yla evliydi. Kızı Nadide'nin ikinci eşi seks filmlerinin ünlü prodüktörü Arif Hanoğlu'ydu. Güzide Zorlu bu evliliğe karşı çıktığı için Nadide Hanım'la ölene kadar konuşmadı.

yor, dernekler kuruyor, gösterilere bile katılıyordu.

Bu arada...

"Temmuz Devrimi"yle gelen özgürlük, söylentileri de beraberinde getirdi. Bunlardan biri de İttihat ve Terakki Cemiyeti'nin kadın tesettürüne son vereceği dedikodusuydu. Günün koşulları değişse de, dinsel bir simge olan tesettürün, bırakın kaldırılması, söylentisi bile huzursuzluklara neden oldu. İttihatçılar bu asılsız iddiayı yalanlasa da muhalif gazeteler söylentinin gerçekleşeceğini yaydılar.

Bunların en sivri dillisi Derviş Vahdetî'ydi.

Derviş Vahdetî, *Volkan* adındaki gazetesinde hemen her gün, Paris'ten yeni dönen Ahmed Rıza ile kız kardeşi Selma Hanım'a saldırmaktaydı. Gazeteye göre, iki kardeş dinsizdi, fesi ve peçeyi kaldırmak istiyorlardı. Hatta Selma Hanım kadınlara dağıtmak üzere Paris'e bin şapkalık sipariş vermişti.

Sonunda bu yayınlar üzerine bir grup gerici Selma Hanım'ın kurduğu kadınlar derneğini basıp, başta "gâvur icadı" piyano olmak üzere binadaki tüm eşyaları kırıp döktüler.

İzmir'de de benzer olaylar yaşanıyordu..

Evliyazade Refik Efendi, o günlerde Karşıyaka'daki konakta kız kardeşleri Naciye ve Makbule'yle bir tartışmaya girdi. Kız kardeşlerinin kararına karışmamakla birlikte, onları uyarmayı da ihmal etmedi: başınıza bir bela gelir!

Evliyazadelerdeki o günkü tartışmanın nedeni, Naciye ve Makbule'nin sinemaya gitmek istemeleriydi.

Evliyazade Naciye ve Makbule'nin sinemaya gitmek istemelerinin nedeni ise, Doktor Nâzım'ın, devrimin o ilk günlerinde İzmir'de yaptığı bir konuşmada, kadınların da artık sinemaya, tiyatroya gidebileceklerini açıklamasıydı.

Evliyazade Naciye, Doktor Nâzım'la aynı görüşü paylaşıyordu. Selanik'te yayımlanan ve "Aka Gündüz" takma adını kullanan Enis Avnî'nin genel yayın yönetmenliğini yaptığı *Kadın* dergisine, cinsiyet ayrımı yapılmadan herkesin özgürlükten yararlanmaya hakkı olduğuna dair makaleler yazıyordu.

Yalnız değildi... Ahmed Cevdet Paşa'nın kızları Fatma Âliye ve Emine Seniye, sonradan Müslüman olan Macar Osman Paşa'nın kızı Nigâr binti Osman, sonradan Feyziye Mektepleri müdürü olacak Nakiye (Elgün), Halide Edib gibi kadınlar da benzer makaleleri kaleme alıyorlardı...

Sonuçta başta Evliyazadelerin kadınları olmak üzere İzmir'de kadınlar tiyatroya ve sinemaya gitmeye başladılar.

Tiyatrolar artık kapılarına "Hanımlar da girebilir" levhaları asmaya başlamıştı.

İstanbul'da fırtına kopmasına neden olacak gelişmelerin habercisi İzmir'deki bir olay oldu...

Kömürcü Ahmed Ağa'nın, "Karılarımız erkeklerle nasıl diz dize oturup sinema-tiyatro izler, bu gayri meşru duruma kim izin veriyor?.." şeklindeki propagandasıyla hayli etkili oldu. Yoksul Müslümanlar toplanarak Hükûmet Konağı'na doğru yürüyüşe geçtiler. Kışladaki bazı askerler de "Şeriat isteriz" diye bağıran göstericilere katıldı.

Gericiler her geçen saat tehlikeli olmaya başlamışlardı.

Kuşçubaşı Eşref yanındaki on jandarma askeriyle gösteriyi önleyemiyordu. Kışladaki askerler şeriat isteyenlere silah çekemeyeceklerini söyleyip, sadece olayları seyrediyorlardı.

17 ağustos 1908 günü İzmir'de meydana gelen bu olaylar zor da olsa bastırıldı. Benzer ufak çaplı gösteriler İstanbul'da da tekrarlanınca İttihat ve Terakki Cemiyeti, 19 ağustos 1908'de Beyazıt Camii'nde toplanan ulemaya, Kanuni Esasî'nin şeriata uygun olduğunu onaylattılar.

Ama gericiler eylemlerine son vermiyordu...

11 ekim 1908 tarihli *İkdam* gazetesi, birkaç zorba tarafından bir subay ve ailesinin bindiği aracın durdurulup subayın tartaklandığını, kadınların yüzlerinin ve giysilerinin yırtıldığını yazdı. İddialara göre olay bir karakolun önünde olmuş ve polis olaya müdahale etmemişti. Sindirme çabalarına rağmen kadınlar daha özgür bir yaşamın şartlarını zorlamayı sürdürüyorlardı.

Ve İstanbul her geçen gün geriliyordu.

Gericiler "Temmuz Devrimi"ni yıkmak için her yola başvuruyorlardı.

İki bin evin yandığı 23 ağustos 1908'de meydana gelen büyük İstanbul yangınını, "Allah'ın meşrutiyet üzerine Osmanlı'yı cezalandırmak için çıkardığı" söylentilerini yaymaya başladılar.

Kasım 1908 genel seçimlerini ekseriyetle İttihatçılar kazanınca, gerici muhalifler, mevcut yönetimi yıkıp, statükoyu devam ettirmek için başka yöntemler aramaya başladılar.

Peki "Temmuz Devrimi"ne neden karşıydılar?

İki "meşrutiyet" arasındaki fark

Gerici monarşistler sanıyordu ki, 1908 Meşrutiyeti de, tıpkı 1876 yılında ilan edilen Birinci Meşrutiyet'e benzeyecek.

Oysa, iki "meşrutiyet" arasında farklar vardı...
1876 Meşrutiyeti'nin amacı mutlakıyetçi monarşiyi düzenlemekti. Amacına ulaştı. Padişah tarafından kabul edilen Kanuni Esasî Avrupa'nın en tutucu anayasaları göz önüne alınarak hazırlandı.
Onu hazırlayan kurumların görüşleri ışığında siyasal gücü, monarşi ile bürokrasi arasında paylaştırıyordu. Meclisi Mebusan'ın rolü çok kısıtlıydı. Halkın istekleri küçük bir oranda temsil şansı bulsa da, anayasal düzen içindeki yerine bakıldığında monarşi ve bürokrasiden sonra geliyordu. Meclis'in feshi padişaha tanınmış haklardan biriydi. Bu nedenle Meclis, çalışmalarında tam anlamıyla özgür olamıyordu. Ayrıca Bakanlar Kurulu da Meclisi Mebusan'a değil padişaha karşı sorumluydu. İki meclisli anayasal düzende, tüm üyeleri padişah tarafından atanan Meclisi Âyan, yani Senato vardı. Üstelik bunun yetkileri Meclisi Mebusan'dan daha fazlaydı.
1908 "Temmuz Devrimi"nde ise temel amaç, kökten değişikliği gerçekleştirmekti; yoksa mevcut düzende değişiklikler ya da düzenlemeler yapmak değil. Kanuni Esasî'yi "kitabî olmaktan" çıkarmak istiyor, hayata geçirmek istiyordu.
Bunun en somut göstergesi kadın haklarıydı. Özellikle –seçkin aileler dışında– toplum içinde yüzyıllar boyunca peçe ardına gizlenmiş, sosyal yaşamda etkisi olmayan, tepki gösteremeyen ya da göstermeyen kadınlar "devrimin" kendilerine verdikleri hakları kullanmaya başladı. Miting meydanlarında onlar da vardı, gazete sayfalarında da. Yeni okulların açılması, kızların okutulması, kadınların rahatça kendilerini ifade imkânı bulmaları, Osmanlı'nın değişme sürecine girdiğinin göstergesiydi.
Ayrıca "devrimci" kadrolar, aşiret düzenini yıkmaktan, yoksul köylüye toprak dağıtmaktan bahsediyordu. "Utangaç bir laikliği" savunuyordu. Latin harflerine geçmenin zeminini yokluyordu.
Eski siyasal ve toplumsal kurumlar ile kuralları yıkmaya çabalayan Osmanlı'nın bu "burjuva devrimi" gerici monarşistleri korkutuyordu. "Devrimi" yıkmak, halkı kendi yanlarına çekmek için her daim yaptıkları propaganda yöntemine başvurdular. Halkın dinsel duygularını sömürmeyi sürdürdüler.
Örneğin: 1876 Anayasası'nın 35. maddesi Meclis'i feshetme yetkisini padişaha tanımıştı. İttihat ve Terakki Cemiyeti[7] 35. maddeyi kaldırmak istiyordu. Monarşist gericiler bu anayasa değişikliğini milletin dinî duygularını suiistimal ederek şöyle yorumladı-

---

7. Kafa karışıklığı yaratmamak için, İttihatçıların Meclis'teki kolu "İttihat ve Terakki Fırkası"nı da, "İttihat ve Terakki Cemiyeti" olarak yazmayı tercih ettim.

lar: "30 'ramazan', 5 ise 'namaz' demek, yani İttihatçı dinsizler aslında ramazanı ve namazı kaldırmak istiyorlar!"

İttihatçıların rakipleri salt gericiler değildi. Prens Sabaheddin kadrosu da sahip oldukları gazeteler aracılığıyla iktidarı topa tutuyordu.

Ne yazık ki, İzmir'de Doktor Nâzım'ın sorgusunda görüldüğü gibi, İttihatçılar bu eleştirilerin üzerine sert yöntemlerle gidiyorlardı...

İttihat ve Terakki fedailerinin muhalifleri silah zoruyla susturmak istemesi olayları büsbütün çığırından çıkardı.

Önce "söylentisi", sonra *Mizan* gazetesinde haberi çıktı:

İkdam gazetesinin başyazarı Ali Kemal'in öldürülmesi için Doktor Nâzım ve Rahmi Bey İttihat ve Terakki Cemiyeti'ne teklifte bulunmuşlardı. Doktor Nâzım ve artık Selanik mebusu olan Rahmi Bey de 27 mart 1909 tarihli *Mizan* gazetesinde bu haberi tekzip ettiler.[8]

On gün sonra...

6 nisan 1909'da, *Serbestî* gazetesi yazarı Hasan Fehmi, Galata Köprüsü üzerinde vuruldu. Köprünün her iki yakasında da polis kulübesi vardı, ama saldırgan kaçmayı başarmıştı!

Gazeteci Hasan Fehmi binlerce kişinin katıldığı cenaze töreniyle toprağa verildi.

İstanbul patlamaya hazır bomba haline gelmişti.

Ve bir kıvılcım hiç beklenmedik bir yerde beş gün sonra ateşe dönüştü.

31 Mart Ayaklanması

30 martı 31 marta bağlayan gece İstanbul Taşkışla'da hareketli saatler yaşanıyordu. İlk ayaklanan, Hamdi Çavuş komutasındaki 4. Avcı Taburu oldu. Hemen ardından diğerleri de onları takip etti.

İsyancılar Ayasofya'ya doğru harekete geçtiler. Yürürlerken kendilerine sarıklı mollalar da katılıyordu; yol boyu slogan atıyorlardı: "Gâvurluk istemeyiz, şeriat isteriz... Padişahım çok yaşa..."

İsyanın bayrağı yeşildi...

İşin garip yanı, şeriat kıstaslarıyla yönetilen bir idarî yapıda, şeriat istemekti! Amaç halkın dinî duygularını sömürmekti. Hedefte ise İttihatçıların getirmek istediği moderniteyi önlemek vardı.

---

8. Dr. Ali Osman Onbulak'ın oğlu Dr. Nejat Onbulak babasından aktararak yazdığı ve aile içi bir kitap niteliğindeki çalışmasında, Doktor Nâzım'ın, babasının da aralarında bulunduğu bir gizli toplantıda, İttihat ve Terakki Cemiyeti aleyhine makaleler yazan bir gazetecinin öldürülmesini önerdiğini ve bu yolda karar alındığını aktarmaktadır! (www.tarihvakfi.org.tr)

Ayasofya'ya doğru yola çıkan gerici monarşistler, karşılaştıkları askerlere "alaylı" mı, "mektepli" mi olduklarını soruyordu. "Mektepliyiz" cevabını verenleri öldürmekten kaçınmıyorlardı. Her öldürdükleri Harbiyeli subayın ardından, "Mektepli zabit istemeyiz, alaylı zabit isteriz!.." diye slogan atıyorlardı.

Hemen o gece öldürülenler arasında, Asarı Tevfik zırhlısı süvarisi Binbaşı Ali Kabulî, Yüzbaşı Sparati, Mülazım Muhiddin, Yüzbaşı Nail, Yüzbaşı Salaheddin ve kardeşi Nureddin Bey vardı. Galata Köprüsü üzerinde katledilen Mülazım Selim'in cesedi ise iki gün sonra ancak kaldırılacaktı...

O gece toplam yirmi subay öldürülmüştü...

Gericiler İttihatçı avına çıkmıştı.

Sadece mektepli subayları değil, İttihatçı mebusları da katlettiler. Adliye Nazırı Nâzım Paşa ve Lazkiye Mebusu Emin Arslan Bey öldürüldü.

Araya girip minik bir tespit yapmak istiyorum: "Bizim" tarih kitapları diyor ki: Adliye Nazırı Nâzım Paşa, İttihat ve Terakki Cemiyeti'nin kuruluş aşamasında Paris liderliğini yapıp, meşrutiyet sonrası İstanbul'a gelerek mebus seçilen ve sonrasında Meclisi Mebusan reisi olan Ahmed Rıza'ya benzetilerek öldürüldü!

Ayrıca...

Lazkiye Mebusu Emin Arslan Bey de İttihatçıların yayın organı *Tanin* gazetesinin başyazarı ve İstanbul milletvekili Hüseyin Cahid (Yalçın) zannedilerek öldürülmüştü!

Tarih araştırmacıları, akademisyenler, gazeteciler hemen hepsi bunu yazıyor.

Size bu hiç inandırıcı geliyor mu?

Gericiler, Adliye nazırını ve Lazkiye mebusunu öldürüyorlar; onu da birilerine benzeterek yapıyorlar!

El insaf! İşin tuhaf yanı, ölenler ile öldürülmek istenenler fizikî olarak birbirlerine hiç benzemiyorlar!

Ayrıca gericiler, bazı İttihatçıları yakalayıp hapsetmişlerdi. Bazılarının evlerine girip arama yapmışlardı. Zaten ellerinde de meşhur hafiye Fehim Paşa'nın yardımcısı Süreyya Paşa'nın verdiği liste vardı...

Bitmedi. Emin Arslan öyle bilinmeyecek ve tanınmayacak sıradan bir mebus değildi; o İttihat ve Terakki Cemiyeti'nin ilk "nizamnamesini" yazacak kadar önde gelen isimlerden biriydi...

Ahmed Rıza'yı öldürdüklerini sananlar, daha sonra yazılı isteklerinde Ahmed Rıza'nın Meclis başkanlığından çekilmesini neden istesinler?

Neyse...

Anlamadığım, "bu benzetme hikâyesine" neden ihtiyaç duyulduğudur?

Ahmed Rıza ve Hüseyin Cahid'in 31 Mart Ayaklanması'ndaki korkak tavırlarının üzerine örtü sermek için mi?

Ya da "kahraman yaratma" ihtiyacından mı?

Gericiler, artık "Frenkçe'den çevrilen kitaplarla talim yapılacağını" söyleyen Bahriye Nazırı Rıza Paşa'ya da saldırmışlar, öldü sanıp bırakmışlardı.

Rıza Paşa öldürülseydi, o kime benzetilecekti acaba?

Neyse...

Monarşist gerici isyancılar, Meclisi Mebusan'a karşıydılar. Bu sebeple Ayasofya Meydanı'ndaki Meclis önünde toplandılar.

Hatta bazıları Meclis binasına kadar girip Genel Kurul salonunu işgal etti.

İsteklerini yazılı olarak Meclis'e verdiler...

Şeriat hükümlerinin tamamıyla tatbik edilmesini istiyorlardı.

Ayrıca İstanbul 1. Ordu Komutanı Mahmud Muhtar (Katırcıoğlu) Paşa'nın ve Esad Bey'in görevinden uzaklaştırılmasını, Ahmed Rıza'nın Meclis başkanlığından ayrılmasını ve askerin bu eyleminden ötürü kılına bile dokunulmamasını talep ediyorlardı.

İstekleri uzundu...

Kızlar için idadî (lise) istenmiyordu, zira şeriata aykırıydı. Meclisi Mebusan'a bir dedikleri yoktu, ama mebuslar dindar olmalıydı. Mebuslar Meclisi'nde isimleri saptanmış birçok dinsizin bulunduğunu açıkladılar ve bunların hemen Meclis'i terk etmesini istediler.

Bitmedi...

Okullarda derslerin Türkçe okutulmasına, yeni okulların açılmasına, resmî yazışmaların Türkçe yapılmasına karşıydılar.

Medrese öğrencilerinin eskiden olduğu gibi askere alınmaması da sıralanan istekler arasındaydı.

Başlarındaki mektepli subayların değiştirilmesini, açığa çıkarılan alaylı subayların yerlerine iadesini istiyorlardı.

Mebuslardan Ahmed Rıza, Hüseyin Cahid, Talat, Rahmi ve *Şûrayı Ümmet* gazetesi sahibi Dr. Bahaeddin Şakir'in yurtdışına sürgüne gönderilmesini talep ediyorlardı...

Doktor Nâzım yine kıyafet değiştiriyor

Doktor Nâzım genellikle İzmir'de bulunduğu için, henüz gericilerin dikkatini çekmemişti!

Ama ayaklanma başladığında Doktor Nâzım İstanbul'daydı. Monarşistlerin "mektepli" subayları, milletvekillerini öldürüp, Sultanahmet Meydanı'na geldiğini öğrenince Talat Bey'le birlikte Şehzadebaşı'nda Yağcızade Şefik Bey'in evine saklanmışlardı.

Talat Bey İttihat ve Terakki Cemiyeti'nin başkanıydı, Doktor Nâzım ise kısa bir süre önce kâtibi umumîliğe, yani genel sekreterliğe getirilmişti.

"Temmuz Devrimi"ni gerçekleştiren örgütün bir ve iki numaralı adamları bir evde saklanmak zorunda kalmışlardı! Şaşkındılar. Osmanlı'da yeni bir dönemi başlatmanın ne denli zor ve çetrefil bir iş olduğunu anlamışlardı. Ama öyle eli kolu bağlı oturmayı da pek istemediler. Saklandıklarının ikinci günü Doktor Nâzım, "Kıyafet değiştirerek sokağa çıkalım" önerisinde bulundu.

Öyle ya, Doktor Nâzım yıllarca böyle dolaşmıştı; ama Talat Bey çekiniyordu. Sonunda kıyafet değiştirip sokağa çıktılar. Başlarında sarık, üzerlerinde cüppe vardı!

İstanbul sokakları tenhaydı.

Sirkeci'ye gidip Sultanahmet Meydanı'na doğru yol aldılar.

Meydandaki kalabalığı ve sopaların üzerindeki bazı insan başlarını görünce tehlikeli bir iş yaptıklarını anladılar. Hürriyeti ve meşrutiyeti korumak için Rumeli'den getirilen bazı askerlerin de göstericiler arasında olmasına şaşırdılar.

Hemen eve döndüler. Arkadaşlarının nerede olduğunu öğrenmeye çalıştılar.

Rahmi Bey Büyükada'daydı. Midhat Şükrü (Bleda) ise Küçükayasofya'daki evinden çıkmamıştı. Doktor Nâzım Büyükada'ya, Talat Bey ise Midhat Şükrü'nün evine gitmeye karar verdi.

İttihatçılar darmadağın olmuştu. Cavid Bey ve Hüseyin Cahid (Yalçın) aralarında, hangi büyükelçiliğe sığınacaklarını tartışıyorlardı. Cavid Bey, Hüseyin Cahid'in Rus Elçiliği'ne gitme fikrini reddediyordu. Hüseyin Cahid Bey ise gitmekte direndi ve dikkat çekmemek için, konuğu olduğu Lübnanlı Matran ailesinin hanımlarının birinin koluna girip Rus Elçiliği'ne sığındı.

İttihatçı sivillerin durumu böyleydi; hepsi bir köşeye kaçıp sığınmıştı. Peki subayları, fedaileri ne yapıyordu.

Önde gelen subaylardan Binbaşı Enver Berlin, Binbaşı Fethi (Okyar) Paris, Yüzbaşı Ali Fuad (Cebesoy) Roma'da ataşemiliterlik görevlerindeydiler.

Halil (Enver'in amcası), Sapancalı Hakkı, Yakub Cemil, İzmitli Mümtaz, Mustafa Necib, Ömer Naci, Yenibahçeli Şükrü ile ağabeyi Nail, Kuşçubaşı Eşref ve kardeşi Sami gibi rütbeleri yüzbaşı ile teğmen arasında değişen İttihatçı fedailer, zor duruma düşen İran'daki meşrutiyetçilere yardım için o ülkeye gitmişlerdi!

Ve zaten subay kadrosunun önemli bir bölümü 3. Ordu'nun bulunduğu Makedonya'da görev yapıyordu.

Gerici isyana iki yer karşılık vermek istedi...

Biri İstanbul'daki Harbiye Mektebi! İsyan karşısında Harbiyeli öğrenciler tedirgindi. Zorlu bir yolla elde edilen meşrutiyetin yitirileceğini düşünüyorlardı. Gönüllüydüler; silah kuşanıp İstanbul sokaklarına girip gericilerle savaşmak istiyorlardı. Bunu komutanlarına da söylediler, ancak komutanlar daha hangi tarafta yer alacaklarını kestirememişlerdi. Yıldız Sarayı'nın tavrını merak ediyorlardı. Ama Saray nedense sessizliğe bürünmüştü.

Diğeri Selanik'teki 3. Ordu'da görevli subaylar!

Hemen harekete geçtiler. İstanbul'a yürümek için 3. Ordu Komutanlığı bünyesinde müfrezeler oluşturdular. "Hareket Ordusu" adı verilen bu kuvvetlerin başına Hüseyin Hüsnü Paşa geçti. Kurmay başkanı Yüzbaşı Mustafa Kemal'di (Atatürk).

İttihatçı subaylardan Yarbay Cemal, Yüzbaşı Kâzım (Karabekir), Yüzbaşı Resneli Niyazi, Binbaşı Eyüb Sabri (Akgöl), Yüzbaşı İsmet (İnönü) isyanı bastırmak için Hareket Ordusu'na katıldı.

Edirne'deki 2. Ordu da Hareket Ordusu'na destek verme kararı aldı.

Hareket Ordusu'nda Arnavutlardan, Manastırlılardan ve Bulgarlardan oluşan gönüllü siviller de vardı. Örneğin 700 Selanikli Yahudi'nin oluşturduğu Gönüllü Musevî Taburu, 2. Fırka Komutanı Albay Kâzım Bey'in komutası altındaydı.[9]

25 piyade taburu, 7 sahra ve 2 cebel bataryası ile 10 süvari bölüğü kuvvetindeki Hareket Ordusu'nun neredeyse yarısı gönüllülerden oluşuyordu.

Selanik'te toplanan İttihatçılar birkaç taburu elde etmişler. Sandanskiy adındaki meşhur Bulgar komitacı da birtakım Bulgarlarla Hareket Ordusu'na iştirak etmişti. Diğer mühim kısım da dönmeler olmak üzere bir ordu vücuda gelmiştir. (Rıza Nur, *Hayat ve Hatıratım*, 1992, c.1, s. 301)

---

9. Hareket Ordusu'na katılan gönüllü Yahudiler için o günlerde şarkı yapıldı: "Köylerdeki gençler / Ve Selanik'ten birçoğumuz / Gönüllü olduk / Askerliğe gittik / Ya Hürriyet gerçekleşecek / Ya kanımız akacak / Türkiye'ye olan aşkımız için!.. / Türkler, Yahudiler ve Hıristiyanlar / Hepimiz Osmanlılar / Ellerimizi tutuşturduk / Kardeş olmaya yemin ettik / İstanbul için hareket edeceğiz / Kötülerle savaşacağız / Türkiye'yi kurtarmak için!.."
Türkiye'de Ladino şarkıları söylemesiyle tanınan Jak Esim, Cem İkiz'le birlikte Çekirdek Sanatevi Konserleri kapsamında bu şarkıyı 1986'da seslendirmişlerdi

Hareket Ordusu bünyesinde II. Abdülhamid'in şahsını korumakla görevli "silahşorlar" da bulunuyordu.

Bu arada Anadolu kentlerinde de gönüllü taburları oluşturuldu. Bunlardan Bursa'dan yola çıkan gönüllü taburunu kuranların başında yirmi altı yaşındaki Mahmud Celal (Bayar) vardı!

Hareket Ordusu, Ayastefanos'a (Yeşilköy) geldiğinde birliğin komutasını 3. Ordu Komutanı Müşir Mahmud Şevket Paşa ve kurmay başkanlığını Berlin'den gelen Binbaşı Enver aldı.

Doktor Nâzım, Talat Bey, Rahmi Bey, Midhat Şükrü, Bolu Mebusu Habib Efendi, Çürüksulu Mahmud Paşa gibi İttihatçılar Yeşilköy'de toplanmaya başladı.

Ordu, tüm hazırlıklarının ardından ertesi gün alacakaranlıkta Şişli yolu üzerinden Harbiye'ye geldi. Harbiyeli askerî öğrenciler de Hareket Ordusu'na katıldı.

Ve 24 nisan sabahı Taşkışla'da büyük çatışmalar oldu.

İstanbul yine bir iktidar savaşına tanıklık ediyordu...

Sonuçta iç savaşı "modernlik taraftarı" İttihatçılar kazandı.

İki gün süren iç savaş sonrasında Hareket Ordusu'ndan 3'ü subay, 71 asker öldü. Bunlardan 21'i Musevî Taburu'ndandı!

İsyan bastırıldıktan sonra Mahmud Şevket Paşa ile Harbiye Nazırı Salih Paşa, Hahambaşı Haim Nahum'u ziyaret etti. Her iki paşa da, Selanik Yahudilerinin verdiği destek için teşekkür etti.

Diğer cemaatleri de ziyaret eden Hareket Ordusu kurmay kadrosu, ayrıca İstanbul halkına bir bildiri yayınladı: vatanın ve milletin bölünmezliği ve Meşrutiyet her daim korunup kollanacaktır!...

(Ara not: bu bildirinin benzerini 1960, 1971 ve 1980 yıllarında da görülecektir. Tek değişen "Meşrutiyet" yerine "Cumhuriyet"tir!..)

Devam...

İstanbul'da sıkıyönetim ilan edildi.

Yeni hükûmet kuruldu. Hüseyin Hilmi Paşa sadrazamlığa getirildi.

31 Mart'ın arkasında kimler vardı?

Gerici monarşistlerin arkasında II. Abdülhamid var mıydı?

Almanlara yakınlığıyla bilinen Hareket Ordusu Komutanı Mahmud Şevket Paşa'ya göre II. Abdülhamid'in darbecilerle hiçbir ilişkisi yoktu ve iktidarda kalmalıydı.

Ama Meclisi Mebusan'daki sivil İttihatçılar öyle düşünmüyordu.

II. Abdülhamid tahttan indirildi ve Selanik'e sürgüne gönderildi.

İstanbul'dan uzaklaştırılanlar arasında Kâmil Paşa'nın oğlu Said Paşa, *İkdam* gazetesi başyazarı Ali Kemal, *Serbestî* gazetesi başyazarı Mevlanzade Rıfat, *Yeni Gazete* sahibi Abdullah Zühtü, Berat mebusları İsmail Kemal ve Müfit beyler vardı.

Liberal Prens Sabaheddin'den İslamist Mizancı Murad'a, aşırı dinci Derviş Vahdetî'den gerici alaycı askerlere kadar hepsi, İttihatçılara karşı işbirliği yapmışlardı. Hepsini birleştiren güç ise "İngiliz sevgisi"ydi!

31 Mart Ayaklanması'nın ardında "dış parmak" var mıydı?

İttihatçılar, "Temmuz Devrimi"nden önce, İngiltere, Almanya, Fransa ve İtalya'yla iyi ilişkiler içindeydi.

İttihatçı kadrolar içinde Selanikli Rahmi Bey gibi İngilizlere çok yakın isimler vardı. Ama İttihatçılar içindeki İngiliz taraftarları, Sadrazam Kıbrıslı Kâmil Paşa, Prens Sabaheddin, Mizancı Murad'ın yanında çok sönük kalıyorlardı. Prof. Dr. Sina Akşin'in deyimiyle, bunlar "gözü kapalı, ne olursa olsun türünden İngilizci"ydi.

"Temmuz Devrimi"nden sonra İttihatçıların Kıbrıslı Kâmil Paşa'yı sadrazamlığa getirmesi İttihatçılar ile İngilizler arasındaki ilişkilerin sıcak olduğunun göstergesi. Ancak, İngilizler, İttihatçıların "çağdaş ulus devleti" kurma teşebbüsünden hoşnut değillerdi. Çünkü bu durum İngiliz sömürgelerinde de etki yapabilirdi.

Ayrıca, İttihatçılar arasında Prusya ekolünü benimseyen subayların çokluğu, İngilizlerin bu hareketin geleceği konusunda endişe duymasına neden oluyordu.

İngilizlerin korktuğu gibi İttihatçılar Almanlara mı yaklaşıyordu?

Almanya cephesinde durum farklıydı. Almanya "Temmuz Devrimi"nden önce II. Abdülhamid'e büyük destek vermişti. Ancak meşrutiyet ilanından sonra Almanya'nın müttefiki Avusturya-Macaristan İmparatorluğu'nun Bosna-Hersek'i işgal etmesi ilişkileri gerginleştirmişti. Almanya'nın ilişkileri tekrar düzeltmek için tek kozu vardı: "Prusya ekolü"yle yetişen, Alman kolektivist fikirlerin etkisinde kalan genç "pozitivist" subaylar!

İttihatçılar arasında Almanlara yakın subay ağırlığı çoktu. Ancak bunlar da, İngilizlerle "iplerin tamamen kopmasını" istemiyordu.

Üstelik, İttihatçılar arasında Almanya'ya mesafeli duranlar vardı. "Devletin ekonomik hayattan tamamen çekilmesini" isteyen ittihatçıların başını Cavid Bey ve Rahmi Bey gibi Selanikliler çekiyordu. Bunlar liberalizme yakındı ve Alman kolektivizmine mesafeliydiler.

31 Mart Ayaklanması İttihatçıları İngilizlerden uzaklaştırıp iyice Almanlara yakınlaştırdığı da bilinen bir gerçekti.

Hareket Ordusu İstanbul'a yola çıkmadan önce Selanik'in İngiltere konsolosu Lamb'in Mahmud Şevket Paşa'yı iki kez ziyaret ederek, İstanbul'a yürümenin devletin parçalanmasına yol açacağı uyarısında bulunması; İngiltere Büyükelçiliği görevlisi Yüzbaşı Bettelheim'in ayaklanma günü Ayasofya'da gericilerin yanında görünmesi, İttihatçıları olayların arkasında "İngiliz parmağı var" görüşüne yöneltti.

İstanbul'da hemen herkes Hareket Ordusu'nun başarısını bir "Alman zaferi" ve "İngiliz yenilgisi" olarak değerlendiriyordu!..

Osmanlı tebaası içinde yenilenlerin bazısı Mizancı Murad gibi sürgüne, bazısı ise idam sehpasına gönderildi.

Örfî İdare Mahkemesi başta Derviş Vahdetî olmak üzere 43 kişiye idam kararı verdi. İdamlar cürüm yapılan yerlerde infaz edildi...

İdam edilenler arasında II. Abdülhamid'in başmusahibi Cevher Ağa ve özel tütün kıyıcısı Hacı Mustafa gibi isimler vardı...

Prens Sabaheddin Mahmud Şevket Paşa'nın özel isteğiyle serbest kaldı.

Sakinleşen İstanbul yeni sultanı alkışlıyordu...

Yeni padişah, neredeyse yaşamı boyunca Dolmabahçe Sarayı'ndan dışarı çıkmamış altmış beş yaşındaki Mehmed Reşad'dı...

Mehmed Reşad

II. Abdülhamid'in tahttan indirilmesinden sonra Veliaht Reşad'ın "Mehmed Reşad" adıyla tahta çıkmasına karar verildi. Nedeni ilginçti, Fatih Sultan Mehmed'in İstanbul'a girişiyle, Hareket Ordusu'nun girişi arasında bir bağ kurulmak istenmesiydi.

2 kasım 1844'te İstanbul'da doğmuştu. Babası Sultan Abdülmecid, annesi Çerkez güzeli bir cariye olan Gülcemal Kadınefendi'ydi.

Fransızca biliyordu.

Gözleri maviydi. Bu nedenle ağabeyi II. Abdülhamid, "nazarı değer" diye onunla görüşmekten kaçınırdı. İki kardeş on dokuz yıl birbirlerini hiç görmemişlerdi! Sanırım bu tek olgu bile Osmanlı Sarayı'nda yaşayanların ruhsal durumunu göstermektedir. Özellikle son otuz iki yıl içinde Dolmabahçe Sarayı'ndan dışarıya hiç çıkmadı. İstanbul'u gezmesine, halkla konuşmasına II. Abdülhamid döneminde hiç izin verilmemişti.

Mevlevî'ydi.[10]

10. Sultan Reşad'ın elinden düşürmediği *Mesnevî*yi dört cilt halinde Türkçe'ye çeviren kişi, Türkiye Komünist Partisi'nin önemli isimlerinden Rasih Nuri İleri'nin dedesinin babası Abidin Paşa'dır. Fransızca ve Rumca dahil beş dil bilen Abidin Paşa'nın bir diğer torunu ünlü ressam Abidin Dino'dur. Sivas, Selanik, Adana, Ankara valiliği yapan Abidin Paşa'nın adı, Ankara'nın semti, "Abidinpaşa"ya verilmiştir.

Sultan Mehmed Reşad tahta çıktıktan sonra, düzenlenen "kılıç alayı" töreniyle Eyüp'e gitti. Buradaki türbede Şeyhülislam Sahib Efendi ile Konya Mevlevî dergâhı postnişi Abdülhalim Çelebi kılıç kuşattı. Mevlevîlerle ilişkisini hep sürdürdü.

Hep aynı aileler

Mehmed Reşad, Yıldız Sarayı'nda oturmak istememiş, babası tarafından yaptırılan Dolmabahçe Sarayı'nı tercih etmişti...

İttihatçılar yeni padişahı kontrol altında tutmak için mabeyin başkâtipliğine (özel kalem müdürlüğü) güvendikleri bir ismi atadılar: Uşakîzade Halid Ziya!

Tespit 1: II. Abdülhamid'in mabeyin başkâtibi kimdi: Ali Cevad Bey!

Ali Cevad Bey'in oğlu kiminle evlenecekti: Halid Ziya'nın amcaoğlu Uşakîzade Muammer'in kızı Rukiye'yle!

Devletin "sinir merkezlerinin" hep belli ailelerin kontrolünde olması tesadüf mü?

Tespit 2: Sultan Reşad'ın seryaverliğine ise, 31 Mart Ayaklanması'nı bastıran Hareket Ordusu'nun komutanlarından Hüseyin Hüsnü Paşa'nın oğlu Binbaşı Tahsin getirildi.

Seryaverliğe getirilen Binbaşı Tahsin Bey'in dedesi kimdi: Osmanlı'ya sığınıp Müslüman olmuş Müşir Mehmed Paşa! Gerçek adı: Karl Detrois.

II. Abdülhamid'in seryaveri olduğu için sürgüne giden Rüşdü Paşa'nın babası kimdi: Rusya'dan kaçıp Osmanlı'ya sığınan Rus İbrahim Paşa!

Yorum yok!

Doktor Nâzım-Halid Ziya görüşmesi

II. Abdülhamid nasıl Selanik Alatini Köşkü'nde "gözaltında" tutuluyorsa, Padişah Mehmed Reşad da Dolmabahçe Sarayı'nda "kontrol" altındaydı.

Cemiyet tarafından gönderilen İttihatçılar bazı günler mabeyne misafirliğe giderlerdi; ne olup bittiğini öğrenmek için!

Bu ziyarete gidenlerden biri de Doktor Nâzım'dı.

Önce İzmir'den bahsettiler. Evliyazade Refik Efendi, Uşakîzade Halid Ziya'nın gençlik ve çapkınlık arkadaşıydı.

Sonra konu ciddi meselelere geldi:

"Halid Ziya Beyefendi, 'Hünkârı ziyaret eden şeyhler, hocalar

vardır' diye işitiliyor. Bunların telkinlerinden çekinmez misiniz?"
Halid Ziya, bunların mabeyne gelmediklerini, gelenlerin ise hareme gittiklerini söyledi.

Aslında Doktor Nâzım'ın geliş maksadı başkaydı: İttihatçılar Sadrazam Hüseyin Hilmi Paşa'nın sık sık padişahla görüşmesinden rahatsızdı. "Her seferinde huzura kabul ediliyormuş, nelerden bahsediyorlar acaba?"

Halid Ziya, İttihatçıların sadrazamı pek sevmediklerini anlamıştı. Açıklama yaptı:

"Sadrazamların haftada iki kere mabeyne uğramaları âdet imiş. Her defasında kendisi matbahı hümayundan nefis yemeklerle ağırlanıyor. Mabeyne gelen bir sadrazamın huzura kabul edilmesi de pek tabiîdir. Hünkâr onun sohbetinden pek hoşlanmış görünüyor."

Doktor Nâzım, Sadrazam Hüseyin Hilmi Paşa'nın, İttihat ve Terakki Cemiyeti aleyhine konuştuğundan şüpheleniyordu.

İttihatçılar şüphelerinden kısa zamanda kurtuldu. 1910'un hemen başında Hüseyin Hilmi Paşa görevden alındı.

Sadrazamın görevden alınmasında Doktor Nâzım'ın parmağı var mıydı? Bilinmez.

Ama...

Rüşdü Paşa, Güzide (Zorlu) ve minik Fatin Rüşdü'nün (Zorlu) Midilli'ye sürgüne gitmesinde Doktor Nâzım'ın parmağı vardı.

II. Abdülhamid'e karşı on altı yıldır mücadele veren Doktor Nâzım, "baş düşmanının" tahttan indiriliş fetvasını Şeyhülislam Mehmed Ziyaeddin Efendi'den bizzat kendisi almıştı.

Bu fetva aynı zamanda Zorlu ailesinin de sürgün kararıydı!

Ve gün gelecek "sürgüne gönderen" Doktor Nâzım ile "sürgüne giden" Fatin Rüşdü Evliyazade iki kuzenle evleneceklerdi...

Fatin Rüşdü'nün evlenmesine daha yirmi dört yıl vardı...

Doktor Nâzım'ın ise sadece birkaç ay...

Beşinci bölüm

27 nisan 1911, İzmir

İzmir o günlerde görkemli bir düğünü konuşuyordu.

İttihat ve Terakki Cemiyeti'nin önde gelen isimlerinden Doktor Nâzım ile kentin tanınmış ailelerinden Evliyazade Refik Efendi'nin kızı Beria evlenmişti.

Evliyazadelerin sadık hizmetçisi Didar Kalfa ile "Tütüncü Yakub Ağa"nın evliliği sona ermişti!..

Doktor Nâzım 1872 doğumluydu, yani otuz dokuz yaşındaydı.

Bir yıl önce İttihat ve Terakki Cemiyeti kâtibi umumîliğinden ayrılmış, ama yönetimden kopmamıştı; evlendiğinde cemiyetin yedi kişilik merkezi umumî üyesiydi.

Evliyazade Beria ise 1891 doğumluydu, yani yirmi yaşındaydı. Notre-Dame de Sion'u yeni bitirmişti.[1]

Doktor Nâzım ve Beria evlendiklerinde kendilerine bir vapur tahsis edildi. Bu özel vapurla Selanik'e gittiler. Burada, damat evinde de düğün yapılacaktı.

Balayı vapuru Selanik'te görkemli bir törenle karşılandı.

Karşılama töreninde yeni evli bir çift daha vardı: İttihat ve Terakki Cemiyeti'nin önde gelen ismi, Dahiliye nazırlığı (İçişleri bakanlığı) görevinden yeni ayrılmış, ancak cemiyet genel başkanlığını sürdüren (ve artık "paşa" olan) Talat Paşa ve eşi Hayriye Hanım!

Talat Paşa ile Hayriye Hanım 10 mart 1911 tarihinde evlenip balayı için Selanik'e gelmişlerdi.

Temmuz Devrimi'ni gerçekleştirip, gerici 31 Mart Ayaklanması'nı bastıran İttihatçılar, 1911 yılında arka arkaya evlenmeye başladı.

Talat Paşa'nın evliliği de Doktor Nâzım'ın evliliğine benziyordu. Onların arasındaki yaş farkı yirmi birdi.

---

1. Evliyazade Refik Efendi, kızına neden "Beria" adını koymuştu? Beria, İbranîce "yaratılış" demektir; evreni simgeler. Sabetay Sevi'nin, Müslümanlarla evliliği yasakladığı o ünlü on sekiz maddelik emrinde "beria" sözcüğü sıkça geçer!

Talat Paşa 1874, Hayriye Hanım 1895 doğumluydu.
Hayriye Hanım'ın babası Yanyalı Hulusî Bey çok zengindi. Hanları, balık çiftlikleri vardı. Kiraya verdikleri emlakların getirisi oldukça fazlaydı.
Yanya'dan İstanbul'a göç etmişlerdi. Moda'da görkemli bir konakta oturuyorlardı. Hayriye Hanım da, Evliyazade Beria gibi Notre-Dame de Sion'luydu.
Beria okulu bitirmiş, ama Hayriye son sınıftayken evlenmişti.
Hayriye Hanım Fransızca ve Rumca biliyordu.
Beria vapurdan Doktor Nâzım'ın koluna girerek indi.
Yüzü peçeliydi. Üzerinde fıstıkî yeşil bir elbise vardı.
Karşılama törenini düzenleyen heyetin üyeleriyle tek tek tokalaştı.
İttihatçıların eşleri "modernlik simgelerine" uyma konusunda titiz davranıyordu. Batılı kadın, cemiyet içinde nasıl davranıyorsa onlar da öyle yapmalıydı. Gerek Beria gerekse Hayriye Hanım Notre-Dame de Sion'da "Batılı kadın" gibi olmayı öğrenmişlerdi zaten. Güçlük çekmiyorlardı.
Doktor Nâzım-Beria çiftini karşılayanlar arasında –gün gelecek Evliyazadelerin damadı olacak– Dr. Tevfik Rüşdü de (Aras) vardı.
Doktor Nâzım ile Dr. Tevfik Rüşdü Paris'te tanışıp, arkadaş olmuşlardı.
Tevfik Rüşdü, İttihatçılara yakındı ama Paris'te örgüte katılmamıştı. Ahmed Rıza'nın ağırbaşlılığını, Doktor Nâzım'ın mücadeleci kişiliğini ve Dr. Bahaeddin Şakir'in makalelerini seviyordu, o kadar.
Salt meşrutiyet ilanıyla sorunların ortadan kalkacağına inanmıyordu. Kendi ifadesiyle, "hürriyetsizlikten çok, devletin zayıflığından, milletin geriliğinden, sefaletinden ıstırap duyuyordu".
Tevfik Rüşdü'nün ilgisini daha çok Fransız sosyalistler çekiyordu.
Doktor Nâzım ile Tevfik Rüşdü'nün arkadaşlığı, 1907'de dostluğa dönüşmüştü.
Tevfik Rüşdü, Paris'teki tıp tahsilini bitirince 1907'de İzmir'e gelmiş, hem İzmir Hastanesi'nde hem de açtığı özel muayenehanesinde çalışıyordu.
Bir gün karşısında, "Tütüncü Yakub Ağa"yı buldu.
Hâlâ İttihat ve Terakki Cemiyeti'ne katılmamıştı ama arkadaşı Doktor Nâzım'a her türlü yardımı yaptı. Ardından çok geçmeden cemiyete katıldı.

Onun cemiyete girmesine neden olan kişi, Doktor Nâzım değil, 1905 yılında Beyrut Tıp Fakültesi öğrencisiyken, Şam'da yaptığı görev sırasında tanıştığı Mustafa Kemal'di.

Mustafa Kemal, Selanik'ten görev yeri Şam'a dönerken İzmir'e uğramış, Konak Meydanı'ndaki bir kıraathanede arkadaşı Tevfik Rüşdü'ye rastlamıştı. Burada yaptıkları sohbet sonrasında Tevfik Rüşdü cemiyete katılma kararı vermişti.

O tarihten başlayarak Tevfik Rüşdü hiçbir dönem Mustafa Kemal'in sözünden dışarı çıkmayacak, her daim onun direktiflerine göre hareket edecek ve onun en yakın can dostu olacaktı...

Doktor Nâzım, Selanik limanında dostu Tevfik Rüşdü'yü görünce çok duygulandı. İki doktorun birbirine kenetlenir gibi sarılması Beria'yı şaşırttı.

Doktor Nâzım dostunu eşi Beria'yla tanıştırdı.

Beria, o gün tanıştığı Tevfik Rüşdü'nün yakın bir gelecekte eniştesi olacağını tahmin bile edemezdi...

Dr. Tevfik Rüşdü (Aras)

Ahmed Tevfik, 1883 yılında Çanakkale'de doğdu.

Aslen Rodoslu'ydular. Babası Hasan Rüşdü Efendi'nin görevi nedeniyle Çanakkale'de bulunuyorlardı.

Annesi Şerife İzmirli'ydi.

Bir kız kardeşi vardı: 1887 doğumlu Fahriye.

Hasan Rüşdü Efendi, Osmanlı devri adliyesinde görev yapan bir memurdu.

Çocukluğu hep bir şehirden bir şehre taşınarak geçti. Babası Gümülcine Bidayet Mahkemesi reisliğinden, Üsküp müddeiumumî muavinliğine, Üsküp Bidayet Mahkemesi ceza reisliğinden İzmir ceza reisliğine kadar birçok görevde bulundu.

Tevfik Rüşdü, ilköğrenimini İzmir'de, yedi yıllık idadî öğrenimini ise Üsküp'te yaptı. Üsküp İdadîsi'ni "aliyyülâlâ", yani birincilikle bitirince, padişahın iradesiyle üç arkadaşıyla birlikte İstanbul'a gönderildi. Burada Numunei Terakki Mektebi'ne girdi.

Babasının Beyrut Vilayeti Bidayet Mahkemesi ceza reisliğine tayini nedeniyle bu şehre gitti. Burada Fransız Mektebi'nde öğrenim gördü.

Sonra Beyrut Fransız Tıbbiye Mektebi'nden mezun oldu.

Babasının Trabzon'a tayini üzerine bu kez bu şehre gitti, ama artık yirmi iki yaşında bir doktordu. Tıp öğrenimini geliştirmek için, Trabzon Valisi Mehmed Reşad Bey'in desteği ve yardımıyla

Paris'e gitti. Bodlak Doğum Hastanesi ve Broka Hastanesi'nde ihtisas yapıp jinekolog (kadın doğum uzmanı) oldu.

Üsküp İdadîsi'nden okul arkadaşı Yahya Kemal, Paris'teki en yakın dostuydu.

İkisinin de babası hukukçuydu. Yahya Kemal babası İbrahim Naci'ye, Tevfik Rüşdü de babası Hasan Rüşdü'ye gönderdikleri kartpostalları bazen birlikte seçerlerdi.

Yahya Kemal "Akıncı" gibi şiirlerini yazar yazmaz ilk olarak Dr. Tevfik Rüşdü'ye okuyordu: "Bin atlı, akınlarda çocuklar gibi şendik / Bin atlı o gün dev gibi bir orduyu yendik!.."

Dr. Tevfik Rüşdü'yü sosyalist düşüncelerle tanıştıran kişi de arkadaşı Yahya Kemal'di. Sosyalist düşüncelerin Paris'i sarstığı o yıllarda ne Yahya Kemal, ne de Tevfik Rüşdü bu rüzgâra karşı koyabildiler. Sosyalistlerin mitinglerine katılıyorlardı. Sosyalist Parti lideri Jean Jaurès ile "devletin yok edilmesini" savunan anarşist Jean Grave'in hatipliğini çok beğeniyorlardı. Fransız Sosyalist Partisi'nin yayın organı *l'Humanité*'yi ellerinden düşürmüyorlardı.

Sosyalist görüşler Yahya Kemal'de, bir gençlik hevesi gibi gelip geçecek, Dr. Tevfik Rüşdü ise Paris'te etkilendiği bu fikirlerden yaşamı boyunca kopmayacaktı. Liberalizmin, siyasal örgütlenme düzeyinde özgürlük getirmesine rağmen, toplumsal hayatta ekonomik köleliliği ve sosyal eşitsizliği getirdiğine inanıyordu.[2]

Dr. Tevfik Rüşdü Paris'te, tıp alanında çeşitli çalışmalar yaptı; çiçek hastalığı ve sıtmayla ilgili küçük el kitapları yazdı.

1907'de Paris'ten İzmir'e döndü. Hem İzmir Hastanesi'nde, hem de açtığı özel muayenehanesinde çalıştı. Sonra İzmir Hastanesi'nden Gureba Hastanesi'ne geçti. 2 mayıs 1908'den 31 ekim 1909'a kadar bu hastanede görev yaptı.

Bu arada İkinci Meşrutiyet'ten sonra yayımlanan *Sedat* ve *İttihat* gazetelerinde başyazar olarak makaleler kaleme aldı.

2 şubat 1909'da Selanik'e gelerek, burada Vilayet Sıhhiye Müfettişliği'nde çalışmaya başladı. Ayrıca bu yıl, Tevfik Rüşdü'nün İttihat ve Terakki Cemiyeti kongresinde genel sekreter seçilişinin de tarihiydi. İttihatçılar arasındaki yıldızı her geçen gün biraz daha parlıyordu...

Doktor Nâzım ile Tevfik Rüşdü'nün dostluğu, Evliyazade aile-

---

2. Yahya Kemal ile Dr. Tevfik Rüşdü daha sonraki yıllarda kanlı bıçaklı oldular. Yahya Kemal, Paris'teki en yakın arkadaşı için, "Seciyesizliği (karakteri bakımından güvenilmezliği [S.Y.]) temsil etmiş olan Doktor Tevfik Rüşdü" diye yazacak, anılarını kaleme aldığı kitaplarda ondan hiç bahsetmeyecektir. Tevfik Rüşdü Aras'ın Dışişleri bakanlığı döneminde Yahya Kemal Varşova ve Madrid'de elçilik görevinde bulundu. Ama çok istemesine rağmen "büyükelçi" statüsü verilmeyip "ortaelçi" düzeyinde tutulması bu arkadaşlığı bozmuş olabilir mi?

sine ikinci bir doktor damadın girmesini de sağlayacaktı.

Evliyazade Hacı Mehmed Efendi'nin kızı Makbule, yıllardır kız kardeşi Naciye'yi dizinin dibinden ayırmamıştı. Öyle ki Naciye evlenirken bile onunla damat evine gitti. Evliyazadelerin kızlarından hiçbir farkı yoktu.

Makbule alaturkayı da, alafrangayı da bilirdi. Zira udu ne kadar güzel çalıyorsa piyanoyu da o kadar iyi çalardı.

Doktor Nâzım Beria'dan nasıl yaşça çok büyükse, Makbule de, Tevfik Rüşdü'den yaşlıydı. Aralarında yedi yaş fark vardı! Makbule evlendiğinde otuz altı, Tevfik Rüşdü ise yirmi dokuz yaşındaydı.

İlginçtir, evlenme cüzdanlarında Makbule Hanım'ın doğum tarihi karalanmıştır!

Peki Tevfik Rüşdü gibi doktor olmuş, Paris'i görmüş, oldukça sosyal biri, kendinden yaşlı biriyle neden evlenmişti?

Aşk olabilir mi?

Nişanlı oldukları bir gün, Makbule'nin gökyüzündeki ayı gösterip, "Rüşdü Bey, aya bakınız, ne hoş değil mi?" sözüne Tevfik Rüşdü'nün verdiği yanıt ilişkinin ne derece romantik ve aşk dolu olduğunu gösteriyor: "Evet evet, tabak gibi!.."

Evet, Makbule-Tevfik Rüşdü ilişkisinde aşk yoktu.

Peki ne vardı, neden evlendiler?

Yanıtı yok!..

Gerek İzmir gerekse Selanik'teki evliliklere bazen akıl erdirmek zor!

Bu evliliklerde hep bir sır var...

Peki tanışmaları nasıl olmuştu? Nezihe Araz, *Hürriyet* gazetesi'nin eki Ekstra'da "Soylu bir ailenin öyküsü" adlı yazı dizisinde bakın ne yazıyor:

> Dr. Tevfik Rüşdü Bir gün İzmir'e, kız kardeşi Fahriye'ye ziyarete gelir ve artık evlenmek istediğini söyler. Bu haber Fahriye Hanım'ı çok heyecanlandırır. Evliyazadelerin kızlarından Makbule aklına gelir. Fahriye Hanım bu Makbule için öyle ilgi çekici şeyler anlatır ki, Dr. Tevfik Rüşdü hemen bu genç kıza talip olur. Makbule'nin ağabeyi Refik Evliyazade doktora, "Ben bu hususta karar verecek yetkide değilim. Buyurun bize gidelim. Sizi kız kardeşimle tanıştırayım. Birbirinizle anlaşırsanız bu iş olur" cevabını verir. O güne kadar bütün taliplerini reddeden genç kız, doktor beyin fizikî dezavantajlarını öne sürenlere gülerek ağabeyine, "Tevfik Rüştü Bey'i çok beğendiğini" söyler. (şubat-mart 1978)

Sonra herhalde, gökten üç elma düşer...
Evlilik "hikâyesi" böyle...
Evet bu evlilikte de saklanan bir sır vardı, tıpkı diğer evliliklerde olduğu gibi...
Neyse...
Makbule Hanım, Dr. Tevfik Rüşdü'yle evlendikten sonra Selanik'e yerleşmedi. İzmir'den kopamamıştı. Ama Selanik'te sağlık müfettişliği yapan eşi Tevfik Rüşdü'yü, kız kardeşi Naciye'yle birlikte sık sık ziyaret etmeyi ihmal etmedi.
Bu arada Selanik'te yeni dostlar da kazandı. Bunlardan biri de Miralay Caferi Tayyar'ın eşi Hayriye Hanım'dı.
Dr. Tevfik Rüşdü ile Miralay Caferi Tayyar Beyrut'tan tanışıyordu.
"Selanik evlenmelerinde" hep karşımıza çıkan ilginç bir durum var: damatların çoğunluğu hep "içgüveysi" oluyor! Neden? Yanıtı yine yok!
Miralay Caferi Tayyar, eşi Hayriye Hanım'ın babası Moralı Ali Rıza Paşa'nın, Selanik'te zenginlerin oturduğu Yalılar semtindeki büyük konağına "içgüveysi" girmişti.
Evliyazade Makbule ve Naciye Selanik'e geldiklerinde, dostları Hayriye Hanım'ı bu konakta ziyaret ederler. İki minik çocuk Fatma Berin (Menderes) ile Hatice Münevver (Ayaşlı) konakta saklambaç oynarlardı.
Münevver Ayaşlı, Evliyazadelerin bu ev ziyaretini yıllar sonra *Rumeli ve Muhteşem İstanbul* adlı anı kitabında şöyle anlatacaktı:

> Annemle bu İzmirli hanımlar pek ahbap olmuşlardı, hemen birbirleriyle kaynaşmışlardı. Makbule Hanım ailesinin asaletiyle hep övünürdü. "Biz yedi göbek asiliz" derdi. Bu İzmirli kibar hanımlar Selanik'e misafir olarak gelirler, az kalırlar ve tekrar İzmir'e dönerlerdi. İzmir'i bırakmak istemezlerdi. "Taş yerinde ağır" kavlince kendilerini İzmir'de daha rahat hissediyorlardı. Annem çok nazik ve çok mükrim bir ev sahibesiydi. Mamafih, konsolos madamlarına ve İzmir'den gelen Evliyazadelerin hanımlarına çok özen gösterirdi... (2003, s. 90)

Bu bölümü bitirmeden önce bir bilgi daha aktaralım. Tevfik Rüşdü'nün kız kardeşi Fahriye, İzmir'in tanınmış tüccar ailesi Salepçizadelerden Mehmed Niyazi'yle evlendi. Fahriye, İzmir'de Salepçizadeler kadar tanınmış konaklarına gelin gitti.
Salepçizadelerin yalnızca konakları ünlü değildi. Kemeraltı semtindeki, Büyük Salepçizade Hanı ile Küçük Salepçizade Hanı'nın sa-

hibiydiler. Ayrıca "hayır için yaptırdıkları" Salepçizade Camii vardı.

Ne yazık ki Fahriye ve Salepçizade Mehmed Niyazi'nin evliliği uzun sürmedi. 1915'te boşandılar. Tevfik Rüşdü'nün kız kardeşi Fahriye, daha sonra Dr. Cemal Tunca'yla evlendi. Salepçizade Niyazi bu tarihten sonra koyu bir İttihatçı düşmanı ve Hürriyet ve İtilaf Fırkası'nın İzmir'deki örgütünün önde gelen ismi oldu.

İttihatçıların evlilik hikâyelerine yeniden dönelim...

Kimi ticaret burjuvazisinin önde gelenlerinin kızlarıyla evlenirken, kimi İttihatçı'nın gözü daha yükseklerdeydi...

Damadı hazreti şehriyarî

Şehzade Süleyman Efendi (1860-1909) Padişah Abdülmecid'in oğluydu. Üç ağabeyi sırasıyla padişah olmuştu: V. Murad, II. Abdülhamid ve Mehmed Reşad.

Sıra kendisindeydi, yani şehzadelikten veliahtlığa terfi etmişti!

Bebek sırtlarında, büyük bir bahçe içindeki Nispetiye Köşkü'nde avlanarak, bahçe işleriyle uğraşarak bekliyordu tahta oturacağı günü.

Dört karısı vardı. 1909'da eşlerinden Ayşe Tarzıter Kadın'dan olan kızı Naciye Sultan'a iyi bir kısmet geldiği haberini aldı.

Berlin'de ikinci ataşemiliter olarak bulunan Binbaşı Enver, Naciye Sultan'la evlenmek istiyordu!

Aslında bu evliliği Enver mi istiyordu, yoksa Saray İttihatçılardan bir damat alarak kendini güvencede mi hissetmek istiyordu tartışılır...

Kuşkusuz Saray, Enver'in ataşemiliterlik statüsünü değil, İttihatçılar içindeki gücünü istiyordu.

Binbaşı Enver'i damat almak isteyen sadece İstanbul'daki Saray değildi, Mısır Sarayı da kızları Prenses İffet'i Enver'le evlendirmek istiyordu. Enver de İffet'i istemiyor değildi hani...

Ancak İstanbul, ikinci kez göreve getirilen, Midillili sadrazam Hüseyin Hilmi Paşa aracılığıyla elini çabuk tuttu. Öyle ki, II. Abdülhamid de, oğlu Abdürrahim Efendi'yi Naciye Sultan'la evlendirmek istemiş, haber bile göndermişti.

Veliaht Süleyman Efendi kızını, iktidarını kaybetmiş ağabeyinin oğluyla değil, yıldızları giderek parlayan İttihatçılardan biriyle evlendirmek istiyordu. Böylece taht işini garantiye almayı planlıyordu.

Binbaşı Enver'in Naciye Sultan'la evlenmek istemesinin nedeni de Süleyman Efendi'nin veliaht olmasıydı. Enver, gelecekte padişahın damadı, yani "damatı hazreti şehriyarî" olmanın hayalini kuruyordu!

Sonunda Enver'in ailesi gidip Naciye Sultan'ı istedi. Ne damat adayı ne gelin birbirlerini görebilmişlerdi. Sadece karşılıklı fotoğraflar verilmişti. Ama kız tarafı zorluk çıkarmadı. Ama bu arada bir aksilik oldu: Enver'in kayınpederi Veliaht Süleyman Efendi vefat etti! Enver'in padişahın damadı olma hayalleri suya düşmüştü... Nişan günü, hazırlanan davetiyeyle duyuruldu:

> Bi-mennihi tealâ mahi (ayın) hali rumînin yirminci perşembe günü akşamı devletlü, ismetlü Naciye Sultan Hazretleri ile Harbiye nazırı devletlü Enver Bey Hazretleri'nin velime cemiyetinin icrası musammem olduğundan yevmi mezkûrda (az önce sözü edilen günde) alaturka saat on bir buçuk raddelerinde müşarünileyhin (adı geçen kişinin) Nişantaşı'ndaki konaklarını lütfen teşrif buyurmaları rica olunur efendim.
>
> 7 rebiyülahir (ay takviminin dördüncü ayı) 1332 (20 şubat 1329-1913).

Sonuçta Enver Bey ile Naciye Sultan birbirlerini sadece fotoğrafta görerek nişanlandılar.

Enver otuz, Naciye Sultan on iki yaşındaydı.

Birbirlerini mektuplarla tanımaya çalıştılar. Bir yıl sonra da evlendiler.

Bu arada, Mustafa Kemal'den Ali Fethi (Okyar) Bey'e kadar birçok isim "damadı hazreti şehriyarî" olmak istiyordu.

> Sultan Vahideddin ailesine göre Mustafa Kemal, Vahideddin'in kızı Sabiha Sultan'ı bir değil, iki kere istetmiştir. Önce Sultan Reşad'ın, sonra da Vahideddin'in hükümdarlığı sırasında. Ancak her iki talep de yine aile mensuplarının anlattığına göre, "Sabiha Sultan'ın Halife Abdülmecid'in oğlu Ömer Faruk Efendi'den başka hiç kimseyi gözünün görmemesi" sebebiyle reddedilmiştir. (Murat Bardakçı, *Son Osmanlılar*, 1999, s. 45)

Atatürk Hayatı ve Eseri adlı çalışmasında Yusuf Hikmet Bayur[3] Vahideddin'in kızını Mustafa Kemal'e vermek istediğini, hatta bu konuda Enver, Talat paşalar ile Ali Fethi (Okyar) Bey'in ısrarlarına rağmen Mustafa Kemal'in bu evliliği reddettiğini yaz-

---

3. Yusuf Hikmet Bayur Atatürk'ün çok sevdiği tarihçilerden biriydi; Sadrazam Kıbrıslı Kâmil Paşa'nın torunuydu. Dördüncü-altıncı ve onuncu, on birinci dönemlerde CHP milletvekilliği yaptı.

maktadır. (Aktaran: M. Çağatay Uluçay, *Padişahların Kadınları ve Kızları*, 1992, s. 187)

Osmanlı Sarayı'nda bekâr sultan kalmayınca bazı İttihatçılar gözlerini Mısır Sarayı'na diktiler! Ali Fethi (Okyar), Mısır Prensi Hüseyin'in kızı Prenses Kadriye'yle evlenmek istedi. Ancak Prenses Mısır'da nişanlıydı.

Ali Fethi, Saray'dan sultan alamamıştı ama devrik sadrazam İbrahim Edhem Paşa'nın torunun kızı Galibe'yle evlenmeyi başardı.

(Ara not: Sadrazam İbrahim Edhem Paşa (1818-1893) Sakızlı bir ailenin çocuğuydu. Esir alınıp Müslüman yapılmıştı. Fransa'da eğitime gönderildi. Sonra devlet basamaklarını tek tek çıktı. Midhat Paşa azledildiğinde sadrazamlığa kadar yükseldi. "Deli Corci" lakaplı Sadrazam İbrahim Edhem'in, ressam Osman Hamdi; İstanbul şehreminiliği [belediye başkanlığı] ve uzun yıllar müzeler müdürlüğü yapan Halil Edhem Eldem; Ekrem Reşid Rey ve Cemal Reşid Rey'in dedeleri Mustafa ve ünlü mimar Sedat Hakkı Eldem, Vedat Eldem ile Galibe'nin dedesi Galib adında dört oğlu vardı. Galib'in torunu Roksan'ın oğlunun adı ise "Bay Pipo" Hiram Abas'tı.)

Bir ayrıntı vermek zorundayım: Osmanlı Devleti Sakız Adası'nı 1415'te aldı. Sözü burada Prof. Abraham Galante'ye bırakalım:

> 1667'de Sabetay Sevi Sakız Adası'na gitmek üzere bir uşak ve üç Türk'ün refakatinde yola çıktı. Bir zamanlar bir Sabetaycılık merkezi olan bu adada bir süre kaldıktan sonra Trakya'nın limanlarından İpsala'ya geçti. (Abraham Galante, *Sabetay Sevi ve Sabetaycıların Gelenekleri*, 2000, s. 54)

Sakız Adası bir dönem Sabetayistlerin merkezî yeriydi!

1695'te Venedikliler, adadaki Hıristiyanların yardımıyla Sakız Adası'nı ele geçirdiler. Ada bir yıl sonra Kaptanıderya Mezomorto Hüseyin Paşa tarafından geri alındı!

Sadrazam İbrahim Edhem Paşa'nın doğumuna daha yüz yirmi iki yıl vardı! Yani resmî tarih şunu mu söylüyor: Osmanlı Devleti, bazen tebaasını kaçırıp Fransa'da eğitime gönderirdi!

Geçelim...

II. Abdülhamid, İttihatçı damat arıyor

İttihat ve Terakki'nin önde gelen isimlerinin Saray'dan kız alma isteklerinin önemli nedeni siyasal güç elde etmekti.

Canlı canlı gömüldüğü Selanik'teki Alatini Köşkü'nün ünlü konuğunun da düğün planları vardı. II. Abdülhamid kızını bir İttihatçı'ya vererek, eski gücünü kazanma hazırlığı içindeydi.

Tesadüf işte, II. Abdülhamid'in kızı Şadiye Sultan, İttihat ve Terakki Cemiyeti'nin kâtibi umumîsi Midhat Şükrü'nün (Bleda) yeğeni Fahir Bey'i fotoğrafından görüp çok beğenmişti! "Ah kocam böyle yakışıklı olsa. Kabil olsa da beni Fahir Bey'e verseler" demekteydi çevresine!

Sonunda yirmi üç yaşındaki Şadiye Sultan'ın isteği Bükreş Büyükelçiliği'nde çalışan Fahir Bey'in kulağına gitti. O da sultanı görmemesine rağmen bu evliliği çok istedi. Ama ortada küçük bir sorun vardı... Midhat Şükrü, yeğeninin II. Abdülhamid'in kızıyla evlenmesine karşıydı.

Fahir Bey İstanbul'a gidip amcasıyla yüzyüze görüşmeye karar verdi ve öyle de yaptı. "Beni damat yapmak istiyorlar, siz bu işe ne dersiniz?" diyerek amcasına fikrini sordu. Midhat Şükrü'nün cevabı netti: "Beni dinlersen evlenme!"

Fahir Bey ise bu cevabın üzerine karşı tarafa ret cevabı vereceğini söyledi. Amca ile yeğen konuşmalarına devam ederken, Talat Paşa yanlarına geldi. "Siz böyle amca yeğen baş başa verip gizli gizli neler konuşuyorsunuz?.." diye sordu. Fahir Bey, amcasını görmeye geldiğini söyledi. Talat Paşa'nın olanlardan haberi vardı. "Çocuğu sen caydırıyorsun anladığım kadarıyla" diyerek Midhat Şükrü'nün koluna girdi ve onu koridorun diğer ucuna götürdü. Talat Paşa'nın Midhat Şükrü'yü etkilemesi ve Fahir'in istekli olmasıyla, 1910 yılında Fahir, Şadiye Sultan'la evlendi. 1914 yılında kızları Samiye (d'Appdoca) doğdu.

Bir yıl sonra Fahir Bey Erenköy'deki köşkte verilen davette yediği siyah havyardan zehirlenip öldü.

II. Abdülhamid'in kızı Şadiye Sultan 1931'de Paris'te, büyükelçi Reşad Halis Bey'le evlendi.

Selanik'te bir esir

Son kızı Şadiye Sultanı da evlendiren II. Abdülhamid, Selanik'te Yalılar semtinde sessizce yaşıyordu.

Ziyaretçisi bile yoktu.

Emrinde çok az hizmetçisi ve haremi vardı.

Bahçeye çıkması, gazete okuması yasaktı.

Ama, *le Crime du Moulin Rouge* ya da *les Mysteres* gibi romanları okumasına izin vardı.

Bunun dışında tıpkı eski günlerindeki gibi saatçilik ve marangozluk hobisiyle vakit geçiriyordu. Yıldız Sarayı çiftliğinden getirilen iki inek ve bir öküz ile yumurtalardan şikâyet ettiği için yeni getirilen elliye yakın tavukla da ilgileniyordu.

Bir dönem bütün Osmanlı'ya uyguladığı yöntemler şimdi ona uygulanıyordu. Köşke giren her türlü eşya aranıyordu. Öyle ki, II. Abdülhamid'in siparişi üzerine köşkün eski kunduracısı tarafından yapılan botların topukları bile didik didik ediliyordu.

Akşamüzeri gezintilerinden sonra evlerine dönen Selanikliler, üstü açık arabalarından köşke doğru baktıklarında bir pencerenin gerisinde öylece kıpırdamadan oturup güneşin batışını seyreden kırmızı fesli yaşlı bir adamı fark ederlerdi...

Padişah Mehmed Reşad, veliahtlığı döneminde kendisiyle hiç ilgilenmeyen ağabeyine yine de vicdanlı davranıp, bir isteği olup olmadığını öğrenmek için mabeyin başkâtibi Uşakîzade Halid Ziya Efendi'yi Selanik'e göndedi.

II. Abdülhamid'in sadece iki isteği vardı.

Oğullarından Abid yanındaydı ve okul çağına gelmişti. Ancak köşkten çıkmasına izin verilmiyordu. Selanik'te bir okula gitmesini istiyordu.

Bir diğer isteği ise, Yıldız Sarayı'ndan çıkarken kadı efendiye bir çanta vermişti; çantada mücevherler, nakit paralar vardı. Çanta o kargaşalıkta kaybolmuştu. Çantayı alan kimdi ve çantanın akıbeti ne olmuştu?..

Çanta kaybolmuştu...

Bu arada Osmanlı Selanik'ten binlerce kilometre uzaklıktaki Trablusgarp topraklarını kaybetmek üzereydi.

Enver'den Mustafa Kemal'e, Ali Fethi'den Hüseyin Rauf'a, Kuşçubaşı Eşref'ten Yakub Cemil'e kadar tüm İttihatçılar Trablusgarp cephesine koştular. Artık vatanın bir avuç toprağını vermek istemiyorlardı...

Osmanlı seferber olmuştu. Tüm Osmanlı kentlerinde olduğu gibi İzmir'de de Hilali Ahmer Cemiyeti'nin (Kızılay) şubesi kuruldu. Mordehay Levi, Eczacı Donan Efendi, tüccar Selim Mizrahi, avukat Gad Franko gibi Yahudiler; Çürükoğlu Nikolaki Efendi, tüccar Dijoyen Efendi gibi Rumlar; avukat Diran Efendi gibi Ermeniler ve Hacı Mustafa Efendi, Şükrü Bey, gazeteci Ali Nazmi Bey gibi kurucular arasında Evliyazade Refik Efendi de vardı.

Osmanlı tebaası toprak kaybetmekten usanmıştı.

Bir başka bıktığı ise, peş peşe değişen hükûmetlerdi.

İkinci Meşrutiyet'ten sonra kaç hükûmet değişmişti: Mehmed

Said Paşa hükûmeti; Kıbrıslı Kâmil Paşa hükûmeti; Hüseyin Hilmi Paşa hükûmeti; Ahmed Tevfik Paşa hükûmeti; tekrar Hüseyin Hilmi Paşa hükûmeti; İbrahim Hakkı Paşa hükûmeti; tekrar Mehmed Said Paşa hükûmeti; Ahmed Muhtar Paşa hükûmeti; tekrar Kıbrıslı Kâmil Paşa hükûmeti...

Bu arada dört yıl önce ihtilal yapan İttihat ve Terakki Cemiyeti iktidardan düşmüştü. Meclis erken seçim için feshedilmişti. Artık İstanbul'da Hürriyet ve İtilaf Fırkası ile onun askerî gücü Halaskâr Zabitan Grubu'nun iktidarı vardı.

İktidarı kaybeden İttihatçılar, bu arada kendi aralarında da bölündüler. Meclis'te bulunan "Fırkacılar" ile Meclis dışında kalan "Cemiyetçiler" birbirine düştü.

Fırsattan yararlanan hükûmet İttihatçıları yok etmek için harekete geçti.

Önce, İttihat ve Terakki Umumî Merkezi kapatıldı.

Ardından İstanbul'da İttihatçı avına çıktı.

Ürgüplü Hayri Efendi, Dr. Abdullah Cevdet, Salah (Cimcoz), Süleyman Nazif, Hüseyin Cahid (Yalçın), Aka Gündüz gözaltına alındı.

Çok geçmedi, gözaltına alınanların sayısı elli beşi buldu.

Milaslı Halil (Menteşe) Alman Sefareti'ne, Cavid Bey Fransız Sefareti'ne, artık "Büyük Efendi" diye hitap edilen Talat Paşa ise Tokatlıyan Oteli'nin tavan arasına saklandı. Selanik'te İttihatçı örgütlenmeyi ilk gerçekleştirenlerden İsmail Canbulad, kendisini gözaltına almaya gelen inzibat memuru Nizameddin'i öldürüp ortadan kayboldu.

İstanbul 31 Mart Ayaklanması'ndan sonra yine karışmıştı...

Muhalefetin elindeki koz: Siyonizm

"Temmuz Devrimi"ni gerçekleştiren İttihatçıların muhalefete düşmesinin en önemli nedenlerinden biri, muhalefetin "İttihatçı-Siyonist ilişkisini" abartarak propaganda yapmasıydı.

Bu propagandanın arkasındaki isim ise İngiliz Büyükelçiliği baştercümanı Fitz Maurice'ti. Bağnaz bir İrlandalı Katolik olan Fitz Maurice, İttihatçıların masonlar ve Siyonistlerle işbirliği yaptığını iddia etmekteydi. Baştercümana göre İkinci Meşrutiyet hareketi Siyonistlerin hazırladığı "dünya imparatorluğu" projesinin ilk adımıydı. İkinci Meşrutiyet'i gerçekleştirmek için "bilhassa Selanik'te yaşayan 80 000 İspanyol Musevîsi ve 20 000 dönme ile İtalyan mason locaları işbirliği" yapmıştı. "Toy zabitlerin perde arkasında masonlar, dönmeler, kozmopolitler yani tek kelimeyle Yahudi dehası vardır."

Bu iddiaların sahibi İngiltere, yurtiçindeki muhalefeti İttihatçılara karşı kullanmak için öne sürdüğü bu düşüncelerden yararlandı. "İttihatçılar Siyonistlerle anlaşarak vatanı satacaklar"dı!

Peki bu savlar doğru muydu?

İttihatçılar arasında mason, Yahudi ve Sabetayist olduğu bir gerçekti. Ama şurası da bir gerçekti ki, bunların çoğunluğu Siyonizm'e de karşıydı. Siyonizm'i macera olarak görüyorlardı. Asıl vatan Filistin değil, Osmanlı'ydı!

İkinci soru: İttihatçılar Siyonistlerle ilişki kurdu mu?

Bu sorudan önce şunu söylemek gerekiyor: İttihatçılara göre, Yahudiler çalışkan insanlardı. Ellerinde çok güçlü bir sermaye birikimi vardı. Bu nedenle başta Rusya olmak üzere soykırımdan kaçan Yahudilerin Osmanlı'ya sığınmalarına sıcak bakıyorlardı. Eğer göç edenler Osmanlı'nın geri kalmış Mezopotamya gibi yerlerine yerleştirilirse o yörenin kalkınmasına katkıda bulunabilirlerdi. Makedonya'ya yerleşmeleri halinde ise, ayrılıkçı akımların koparmak istediği bu topraklar üzerindeki tehlike ortadan kalkabilirdi. Ayrıca, "toprak açılması" halinde gelecek Yahudi sermayesinin, bozulan Osmanlı maliyesini de düzeltebileceğine inanıyorlardı.

Bu politikanın İttihatçılar içindeki başta gelen savunucusu Doktor Nâzım'dı.

Doktor Nâzım, Siyonizm'e karşıtlığıyla bilinen Fransa'daki Alliance İsraelite Universelle yöneticileriyle sürekli mektuplaşıyordu. 20 temmuz 1909'da *Journal de Salonique*'in yazı işleri müdürü Sam Levy'yle yaptığı röportajda Musevîleri Makedonya'ya yerleştirmek için bazı projeler üzerinde çalıştıklarını söylüyordu. Beş ay sonra (7 ocak 1910) aynı kişiyle yaptığı söyleşide, Paris'te Yahudi Kolonizasyon Derneği (Jewish Colonisations Association) yetkilileriyle görüştüğünü ve Vardar Nehri kıyısının kolonizasyona açılmasını kararlaştırdıklarını ve bu bölgeye en kısa zamanda 200 000 Yahudi'nin yerleştirileceğini söyledi.

Evet, İttihatçılar daha çok ekonomik nedenlerden dolayı Yahudilerden bir şekilde yararlanmayı düşündüler. Siyonistlere bile "beyaz gül" vermekten geri durmadılar. Yahudilerin Filistin'e girişlerini kolaylaştırdılar, toprak sahibi olmaları için izin verdiler. Makedonya ve Mezopotomya'da yeni kolonizasyonlar açmayı düşündüler.

Ancak...

İttihatçılar "iktidarlarının" ilk aylarında meşrutiyetin "her derde deva bir ilaç" olmadığını acı tecrübeyle gördüler: Bosna-Hersek ile Girit'in elden çıkıp, Bulgaristan'ın bağımsızlığını ilan etmesi İttihatçıların "sarhoşluktan" çıkmasına neden oldu. Siyonistlerin de Osmanlı'dan toprak koparacaklarını ciddi ciddi düşünüp, endişelenmeye başladılar. Ve II. Abdülhamid'in "Filistin kanunlarını" tekrar yürürlüğe koydular. Osmanlı Musevîlerinin bile Filistin'den toprak almalarına yasak getirdiler.

İttihatçıların Siyonistlerle balayı dönemi kısa sürmüştü.

Tam da bu sırada İngilizler, İttihatçı karşıtı muhalefeti harekete geçirmek için "elindeki Siyonist kozu"nu oynadı.

Hatırlatmam gerekiyor: İttihatçıların Mezopotamya'ya göçmen Yahudileri yerleştirmek istemesi de İngilizleri ürkütmüştü. İngiltere'nin bölgedeki geleneksel stratejisi, Hint sömürgesine ulaşımını sağlayan yolların denetimini elinde tutmaktı. Keza İngilizler Mezopotamya ticaretinin yüzde 65'ini kontrol ediyordu. Yahudilerin bölgeye gelmesi, İngiliz çıkarlarına zarar verebilirdi. İngiltere'nin son yıllarda Rusya'yla çıkar ilişkisine girmesi, Rusya'dan sürekli kovulan Yahudileri Almanya'ya yaklaştırmıştı.

İngiltere İttihatçıların arkasında Yahudilerin, Yahudilerin arkasında ise Almanya'nın olduğunu düşünüyordu.

O günlerde Osmanlı münevverlerinin elinden bir kitap hiç düşmüyordu.

Enver ve Kâzım (Karabekir) beylerle birlikte İttihat ve Terakki Cemiyeti'nin Manastır şubesini kuran; İkinci Meşrutiyet'ten sonra İttihatçılarla yolunu ayıran, Hürriyet ve İtilaf Fırkası kurucusu Miralay Sadık Bey, İttihatçıların, Sabetayistlerin ve masonların elinde kukla olduğunu iddia ediyordu.[4]

Peki Miralay Sadık'ın sözlerinde hiç mi doğruluk payı yoktu?

İttihat ve Terakki Cemiyeti'nin gizli dönemlerinde yurt içinde iki önemli merkezi vardı: Selanik ve Manastır.

---

4. Miralay Sadık Bey, bu tezlerini 1919 yılında *Dönmelerin Hakikati* (Karabet Matbaası, İstanbul) adlı otuz iki sayfalık bir risale yazarak sürdürdü. Sadık Bey'in kitabı bugün bile tartışma konusudur. Kimi yazar kitapta Sabetayistlerin korunduğunu ve savunulduğunu belirtirken, kimisi ise Sadık Bey'in İngilizlerin oyununa gelip Sabetayistlere haksız ithamlarda bulunduğunu belirtmektedir! Ekleme yapayım: Millî Mücadele'ye karşı olduğu iddiasıyla yurtdışına sürülen Yüzellilikler arasında Sadık Bey de vardı. Yirmi iki yıl Romanya'da, Dobruca Hırsova köyünde yaşadı. Yüzelliliklere af çıkmasına rağmen ülkeye dönmedi. 1940'ta Cumhurbaşkanı İsmet İnönü'ye uzun bir mektup yazarak yaptıklarını anlattı ve suçsuzluğunu kanıtlamak istediğini, hakkındaki vatana ihanet suçlamasının kaldırılması dileğinde bulundu. İsteği kabul edildi. 3 Şubat 1941'de Türkiye'ye döndü. Aynı akşam nefes darlığından yaşama veda etti.
Miralay Sadık Bey'in ağabeyi Asım Bey'in torunu kimdi dersiniz: *Sabetay Sevi* kitabını yazan İbrahim Alaettin Gövsa! Bazı "meseleler" bazı aileler arasında "bayrak" olup elden ele taşınıyordu!

Cemiyetin fikir gücünü oluşturan Selanik teşkilatında, "Sabetayistler" ve Yahudiler çoğunluktaydı. Hareketin vurucu gücü Manastır'da ise ağırlık Arnavutlardaydı.

Selanik kadroları arasında çok az subay vardı, örgüt daha çok sivillere dayanıyordu.

Manastır'da ise ağırlık Arnavut subaylardaydı.

İki merkez arasında görüş ayrılıkları vardı. Örneğin Manastır'daki subaylar, Balkanlar'daki gayrimüslimlerin ayaklanması üzerine, Müslüman Arnavutlara geniş ayrıcalıklar veren II. Abdülhamid'e hiç karşı olmadı. 1908'de dağa çıktıklarında bile Yıldız Sarayı'na bağlılık mesajı gönderdiler. II. Abdülhamid'le ayrıldıkları tek nokta, Kanuni Esasî'nin yeniden yürürlüğe konulmasıyla ayrılıkçı hareketlerin son bulacağına duydukları inançtı.

Oysa Selanik başlangıcından beri, II. Abdülhamid'e sıcak bakmamakla birlikte bunu telaffuz etmekten kaçınıyordu.

Sonuçta Manastır, 23 temmuz 1908'de siyasal iktidarı Selanik'e kaptırdı. Özellikle devlet emniyet teşkilatının eline geçmesi Selanik'e yeni bir vurucu güç olanağı sağladı. Manastır giderek arka plana düştü.

Ve bu durum Manastır'ı İttihat ve Terakki Cemiyeti karşıtlığına getirdi. İttihat ve Terakki Cemiyeti muhalifi Halaskâr Zabitan Grubu'nun gücünü Arnavutlardan almasını başka nasıl açıklayabiliriz.

Gerçek şu: Selanik daha becerikli çıkmıştı?

Niye acaba?

Masonluk iddiası

Gelelim bir diğer iddiaya: İttihatçı kadrolar mason muydu?
Evet...
Bunu zaten önceki bölümlerde anlatmıştık.
Peki İngilizler masonluğa karşı mıydı ki, İttihatçıları masonlukla suçluyorlardı?
Masonluk 1700'lerin başında İngiltere'de kurulan Büyük Loca'dan doğmamış mıydı? Osmanlı'ya masonluğu getiren İngiliz Büyükelçisi Lord Montagu değil miydi? İlk mason localarından "Bulver Lodge Locası"nı, İngiltere büyükelçisi S. Henry Bulver 1857'de hayata geçirmemiş miydi? 1876'da İzmir'de de İngiliz "obediyansı"na bağlı "Homer Lodge"ı kurmamışlar mıydı?

Örnekleri uzatmaya sanırım gerek yok.

İngilizlerin İttihatçıları masonlukla itham etmesinin iki nedeni vardı.

Birincisi, Osmanlı gericilerini İttihatçılara karşı kışkırtmaktı.

İkincisi, İttihatçıların masonluğu İngiliz sömürgeciliğine karşı kullanma staretejisinin önüne geçmekti.

Şöyle ki:

İkinci Meşrutiyet ilan edildikten sonra "ulusal bir mason örgütü" olan "Şûrayı Âlii Osmanî" kuruldu. Talat Paşa "müfettişi umumii âzam" sıfatıyla başa getirildi. Talat Paşa ve diğer mason İttihatçılar, Müslüman ülkelerle de dayanışmayı sağlayacak bir "İslam masonluğu" kurulmasını organize etmeye başladılar. Örneğin Osmanlı masonluğunun önde gelen isimlerinden Arap asıllı Said Halim Paşa, Osmanlı maşrığına bağlı bir "Mısır Locası" kurmak için girişimlere başladı. Fakat Mısır'da İngiliz yanlısı "Büyük Mısır Locası" faaliyetteydi. İngilizler Mısır'da İttihatçıların loca kurmasına karşı çıkıyordu. Ama İttihatçılar yine de milliyetçi lider Muhammed Ferid'in üstatlığında mason örgütü kurdular. Benzer çalışma İran'da da başlatıldı.

İşte İngilizler, İttihatçıların mason locaları kanalıyla başta Mısır olmak üzere Müslüman ülkeleri ayaklandırmasından korkuyordu. Öyle ya "masonik İttihatçılar" koskoca II. Abdülhamid'i de böyle devirmemişler miydi?[5]

Keza İngilizlerin, İttihatçıların bağlı olduğu localarda Yahudilerin bulunduğu iddiası da o kadar safsataydı. Çünkü İngiltere dahil olmak üzere dünyada Yahudisiz hiçbir mason locası yoktu!

Mason ve Siyonist olmakla suçlayarak İttihatçıları gözden düşürmek için başta basın olmak üzere İngilizler tüm propaganda metotlarından yararlandılar. Ellerindeki en büyük koz ise perde arkasında Prens Sabaheddin'in bulunduğu, 21 kasım 1911'de kurulan Hürriyet ve İtilaf Fırkası'ydı. Bu fırkanın "askerî gücü" olan Halaskâr Zabitan Grubu, bir dönem İttihatçıların yaptığını yapıp Makedonya'da dağa çıkmıştı.

"Kara propagandanın" etkisiyle Meclisi Mebusan'da bulunan Rum, Ermeni, Arnavut, Arap milliyetçi grupları İttihat ve Terakki'ye karşı cephe oluşturdular. Önce muhalefetin "kellesini istediği" Dahiliye Nazırı Talat Paşa ve arkasından "Yahudi bankalarıyla çok içlidışlı olduğu gerekçesiyle" Maliye Nazırı Cavid Bey'in "düşürülmesini" sağladılar.

İttihatçılar, baskılar sonucu muhalefete düştüler.

İşte, cemiyetin kapatılması, İttihatçıların gözaltına alınması bu olaylardan sonra gerçekleşmişti.

5. Masonluğun en yüksek statüsü 33. derece mason olan İttihatçılar şunlardı: Midhat Şükrü (Bleda), Cavid, Nesim Mazliyah, Rahmi, Hüseyin Cahid (Yalçın), Emmanuel Karasu, Dr. Tevfik Rüşdü vb.

Hürriyet ve İtilaf Fırkası, muhalefetteyken İttihat ve Terakki hükûmetini masonlukla ve vatanı Siyonistlere satmakla suçlamıştı; ancak sonra iktidara geldiklerinde ne yaptılar? Siyonistlerle pazarlık yapıp Filistin'de bazı ayrıcalıklar vermeyi kabul ettiler!

Hürriyet ve İtilaf Fırkası'nın önde gelen ismi Aydın mebusu Rıza Tevfik (Bölükbaşı) Edirne Alliance İsraelite Universelle'de öğrenim görmüştü ve Ladino ile İbranîce'yi iyi biliyordu. 11 mart 1909'da İstanbul'da Genç Yahudiler Derneği'nde yaptığı konuşmada, Siyonist olduğunu açıklayıvermesi herkesi hayrete düşürdü! Ama Rıza Tevfik bu açıklamasına sonra bir çekince koydu: "Lütfen bunu bağımsız bir Yahudi devleti kurma anlamında anlamayın!.."

Meşrutiyet'in akabinde Edirne mebusu olan Rıza Tevfik Selanik'e geldi. Beyazkule Gazinosu'nda Mısırlı Kıraathanesi'nde, Olimpos Palas'ta bizimle uzun uzadıya konuştu ve şunu haber verdi: "Çocuklar yarın akşam Beyazkule bahçesinde Musevî vatandaşlarımıza Yahudice bir konferans vereceğim, muhakkak bulununuz, enteresandır' dedi.

Bahçe Yahudi vatandaşlarla dolu idi. Hepsi memnuniyet ve kahkahalarla dinliyorlar ve hayretlerinden "Adiyo Santo !" diye haykırıyorlardı. Ben merak ettim, tanıdığım Musevî gençlerine sordum, bana, "Mükemmel tam şivesiyle fasih bir İspanyolca" dediler. (Ali Canip Yöntem, *Yakın Tarihimiz*, 1962, c.1, s. 129)

Sadece Rıza Tevfik değil, Hürriyet ve İtilaf Fırkası'nın kurucusu Dr. Rıza Nur da, Alliance İsraelite Universelle mezunuydu!

Ne ilginç değil mi, Hürriyet ve İtilaf Fırkası, İttihatçıları "Yahudi işbirlikçisi" olmakla itham ediyorlardı.

Osmanlı başkentinde Yahudi, Siyonist, Sabetayist tartışmaları yapılırken, daha dün bağımsızlığına kavuşan Balkan ülkeleri, Bulgarlar, Yunanlılar ve Sırplar Osmanlı'ya savaş açtı.

Osmanlı hükûmeti önce İtalyanlarla masaya oturdu; Trablusgarp ve Ege Denizi'ndeki Onikiada'yı İtalyanlara verdi.

Sonra Balkan ülkeleriyle savaştı, tabiî buna savaş denirse! Birkaç gün içinde Bulgarlar İstanbul Çatalca'ya dayandılar; Sırplar, Arnavutluk üzerine yürüyüşe geçtiler ve Yunanlılar Selanik'e girdiler...

Dört yüz yetmiş yıldır Osmanlı egemenliğinden olan Selanik, tek bir kurşun bile atılmadan Yunanlılara teslim edildi!

"Kâbei hürriyet" işgal edilmişti. Osmanlı modernliğinin "köprübaşı" artık yoktu.

Devrik padişah II. Abdülhamid Alman Lorelei gemisiyle İstanbul'a zor kaçırılmıştı.
Şanslı olmayanlar da vardı; bunlardan biri de Doktor Nâzım'dı.

Doktor Nâzım Atina'da hapis

Meclis'in erken seçim kararıyla feshedilmesinin ardından gelen Hürriyet ve İtilaf Fırkası'nın "teröründen" kaçmak için Selanik'e giden Doktor Nâzım 9 kasım 1912'de Yunanlılara esir düştü.
Doktor Nâzım Atina'da hapisteydi.
Yunanlılar, Doktor Nâzım'ın İttihatçıların önde gelen isimlerinden biri olduğuna uzun süre inanamadılar. İstanbul'dan gelen resmî yazılar sonrasında Doktor Nâzım'ın önemini fark ettiler.
İlk günler diğer esirlerle aynı muameleye tâbi olan Doktor Nâzım, artık tek kişilik odada kalıyor, iyi yemekler yiyordu. Bu arada hasta esirleri de tedavi ediyordu.
Bir an önce kurtulmayı bekliyordu. Ama durumun güç olduğunun da farkındaydı. İstanbul'daki İttihatçı arkadaşlarının zor durumda olduğunu biliyordu.
Zor durumda olan sadece İttihatçılar değildi...
Selanik, Üsküp, Manastır, Kalkandelen, Danişment, İşkodra, Edirne ve Arnavutluk işgal altındaydı.
Osmanlı'nın Avrupa'da toprağı kalmamıştı artık.
İki buçuk milyon Osmanlı tebaası vatansız kalıvermişti.
Serez'de, Poroy'da Üsküp'te, Priştine'de, Kosova'da Bosna'da binlerce insan kitleler halinde öldürülüp, çukurlara gömülüyordu.
Diğer yanda yüz binlerce kişi aç susuz, öküz arabaları eşliğinde işgal bölgelerinden Anadolu'ya kaçıyordu. Hanlar, hamamlar, camiler, medreseler göçmenlerle dolmuştu.
Göç edenler sadece Müslümanlar değildi:

> Art arda gelen ilhaklar sırasında yeni Yunan topraklarındaki Yahudiler sık sık hırpalanır, evleri ve dükkânları yağmalanır. Rumlar ve Yahudiler arasındaki uyuşmazlık, Makedonya, Epir, Batı Trakya ve Ege adalarının Yunanistan'a bağlanmasıyla sonuçlanan 1912-1913 Balkan Savaşları sırasında kızışır. Bu bölgelerde birçok Yahudi cemaati yaşamaktadır. Kavala, İyonya ve özellikle 1913'te 150 000'lik nüfusunun 80 000'inin Yahudi olduğu ve Yahudi üstlüğünün sadece sayısal değil, iktisadî de olduğu Selanik'te.
> Yunan Krallığı tarafından ele geçirilen bölgelerden Osmanlı kalmış topraklara doğru önemli bir Yahudi göçü başlar. Tesalya'dan Sela-

nik'e ve İzmir'e doğru; Girit'ten adalara, İzmir'e ve Selanik'e doğru; adalardan İzmir'e doğru; Selanik'ten İstanbul'a ya da Filistin'e doğru. Bir örnek vermek gerekirse, Sakız, Limnos ve Midilli Yahudi cemaatlerinin neredeyse tamamı, bu adaların Yunanistan'a ilhakından sonra göç ederler. (Henri Nahum, *İzmir Yahudileri*, 2000, s. 88-89)

Osmanlı'nın başına bela olan Bulgaristan Kralı Ferdinand küçücük ordusuyla İstanbul'a dayandı. Top sesleri başkentten duyuluyordu. Halk endişeliydi.

İstanbul düşecek miydi? Padişah Mehmed Reşad, güvenliği için Bursa'ya götürülmek istendi. Ancak padişah bunu reddetti...

Askerî darbe

Hükûmet, Dolmabahçe Sarayı'nda olağanüstü toplanma kararı aldı. Toplantıyı isteyen dördüncü kez sadrazamlığa getirilen "İngiliz yanlısı" Kıbrıslı Kâmil Paşa'ydı. İngilizlerden bile gerekli desteği bulamayan Sadrazam Kâmil Paşa, İstanbul'u kurtarmak için Edirne ve Çatalca'yı Bulgarlara vermeyi planlıyordu.

Diğer yanda İstanbul'da iki gecedir gizli gizli toplantı yapanların da bir planı vardı: askerî darbeyle iktidarı yıkacaklardı!

İttihat ve Terakki'nin önde gelen isimleri Beşezade Emin Bey'in Vefa'daki evinde gizlice buluştular. Kimler yoktu ki: Talat Paşa, Ziya Gökalp, Prens Said Halim Paşa, Hacı Adil, Kara Kemal, Rahmi, Midhat Şükrü, Mustafa Necib...

İzmit'te Hurşid Paşa komutasındaki kolordunun kurmay başkanlığını yapan Binbaşı Enver toplantıya yetişemediği için her kafadan bir ses çıkıyordu.

Örneğin Ali Fethi (Okyar) askerî bir müdahaleye karşı çıkıyordu.

İkinci toplantıya Bulgaristan cephesinden gelen Enver de katıldı.

Enver'in seçkin özelliklerinden biri de buydu: hiçbir zaman telaşlı ya da heyecanlı görünmez, bir odaya girdiği vakit beraberinde bir sükûnet havası getirirdi. (Lord Kinross, *Atatürk*, 1994, s. 97)

Son toplantı Talat Paşa'nın evinin alt katında gece vakti yapıldı. Karar alındı: hükûmet bir darbeyle yıkılacaktı.

Sadrazam Kıbrıslı Kâmil Paşa indirilecek ve yerine Hareket Ordusu'nun Komutanı Mahmud Şevket Paşa'ya ya da İzzet Paşa'ya kabine kurdurulacaktı.

Darbe için, gerici 31 Mart Ayaklanması'nı bastıran Mahmud Şevket Paşa'nın görüşünün de alınması gerekiyordu. Deyim yerindeyse Mahmud Şevket Paşa "İttihatçıların ağabeyi" konumundaydı.[6]

Mahmud Şevket Paşa'yla görüşecek üç kişilik bir heyet seçtiler. Erkânıharp Miralayı İsmail Hakkı, Midhat Şükrü ve Taif zindanında boğdurulan Midhat Paşa'nın oğlu Ali Haydar Midhat!

Midhat Paşa'nın oğlunun heyete konulmasının özel bir nedeni vardı: Midhat Paşa Bağdat'ta valiliği sırasında Mahmud Şevket'e ilgi göstermiş, onu okutmuştu.

Ancak aralarında bir fark vardı: Midhat Paşa ne kadar İngilizlere yakın ise, Mahmud Şevket Paşa da o kadar Almanya yanlısıydı!

Heyetten önce Ali Haydar Midhat tek başına Mahmud Şevket Paşa'yı ziyaret etti. Askerî darbe planını açıkladı. Paşa, "bu tür taşkın fikirlerin hep Enver'in başının altından çıktığını" belirtip "darbeye karşı" olduğunu açıkladı.

İttihatçılar kararlıydı.

Darbenin stratejisi yapıldı. Kabine üyelerinin tam kadro bulunduğu saatte Babıâli'ye baskın yapılacaktı. Darbe yapıldığında dışarıdan kimsenin müdahalesi olmaması gerekiyordu. Aksi halde kan dökülürdü.

Babıâli önünde Ömer Naci halka hitap edecek ve milleti yanlarına çekecekti. Divanyolu'ndan Sirkeci'ye kadar olan alan içinde terzi, bakkal, kahve gibi umumî yerlerde hep İttihatçı fedailer olacaktı.

23 ocak 1913 perşembe.
Saat 13.00.

İlk emri, darbenin hükûmete haber verilmesini engellemekle görevli ekip aldı. Başlarında Yüzbaşı Hüsameddin (Ertürk) vardı. Bu ekip Polis Müdüriyeti, Merkez Komutanlığı ile Posta ve Telgraf İdaresi'ni işgal edecek ve Babıâli'nin telefon hatlarını kesecekti. Merkez telgrafhanesinde Kara Kemal bulunuyordu. Hükûmetin yıkıldığını dünyaya o duyuracaktı. Aksi durumda haberleşmeyi engelleyecekti.

Basına ve halka dağıtılacak İttihat ve Terakki Cemiyeti bildirisini Ali Fethi (Okyar) yazmış, gizlice basılmasını sağlamıştı. Dağıtım için emir bekliyordu.

Saat 14.00.
Kabine toplandı.
Saat 14.30.

---

6. Bu durumu bir örnekle açıklamak daha yerinde olacak. Nasıl 27 Mayıs 1960 askerî ihtilaline karar veren genç subaylar, başlarına bir "ağabey", yani rütbesi büyük bir komutan arayıp, Cemal Gürsel Paşa'yı bulmuşlarsa, İttihatçıların "Cemal Gürsel'i" de Mahmud Şevket Paşa'ydı!

Karla karışık yağmur başladı.

Son kontrolleri yapan İttihatçı fedai Sapancalı Hakkı soluk soluğa Binbaşı Enver'in yanına geldi. Fedailer hazırdı.

Binbaşı Enver harekat emrini verdi.

Nuruosmaniye'deki İttihat ve Terakki Merkezi Umumîsi'nin (günümüzde *Cumhuriyet* gazetesinin bulunduğu bina) karşısında yer alan Askerî Menzil Müfettişliği'ndeki Genel Müfettiş Binbaşı Cemal'in odasından çıktılar.

Saat 15.00.

Yakub Cemil, İzmitli Mümtaz, Mustafa Necib, Sapancalı Hakkı, Silahçı Tahsin, Eyüb, Yenibahçeli Şükrü ve Nail kardeşler, Filibeli Hilmi ve Samuel İsrael gibi fedailer silahlarını kuşanıp Babıâli'ye doğru yürümeye başladılar.

Binbaşı Enver, beyaz bir atın üstündeydi...

Halk merakla İttihatçılara bakıyordu. Bir köşede Ömer Naci, diğer köşede Ömer Seyfeddin halkın desteğini almak için heyecanlı konuşmalar yapıyorlardı:

"Hükûmet Edirne'yi Bulgar'a verecek, hürriyet kahramanı, Trablusgarp kahramanı Enver Babıâli'ye yürüyor. Hadi siz de ona katılın!"

Ateşli söylevler etkisini gösterdi. Halk "Yaşasın vatan... Yaşasın millet..." diye slogan atmaya başladı.

Enver Babıâli önündeki demir kapıdan içeri girdi. Atından atladı ve baskını başlattı. Darbe başladıktan sonra Babıâli binası savaş yerine döndü; her yerde kan vardı.

Harbiye Nazırı Yaveri Kıbrıslı Tevfik ve Sadaret Yaveri Ohrili Nafiz ilk ölen isimlerdi.

İttihatçılardan da Mustafa Necib can verdi.

Ama asıl gürültü Harbiye Nazırı (o tarihlerde "Erkânıharbiyei Umumiye Reisliği" yani "Genelkurmay Başkanlığı" da ona bağlıydı) Müşir Nâzım Paşa'nın, "Ne yapıyorsunuz?.." diye bağırmasıyla koptu.

Darbecilerin en üst rütbesi binbaşıydı. Çoğu teğmen ve yüzbaşıydı. Karşılarında birden koskoca Harbiye nazırını görünce şaşırdılar. Paşanın gür sesiyle, "Bu ne cüret, asi adamlar!.." demesi üzerine bir silah sesi duyuldu. Koskoca Harbiye Nazırı Nâzım Paşa'nın heybetli bedeni yere yığıldı kaldı.

Kafalar ateş açılan yere döndü, Yakub Cemil soğukkanlıydı, "Bu herife laf anlatılır mı?.." dedi.[7]

---

7. Gerek Babıâli Baskını gerekse Yakub Cemil'in biyografisi için, Soner Yalçın'ın *Teşkilatın İki Silahşoru* (Doğan Kitap) adlı kitabına bakabilirsiniz.

Harbiye Nazırı Nâzım Paşa'yla birlikte ölü sayısı yediye yükseldi. On dokuz yaralı vardı.

Fakat eylem bitmemişti. İttihatçılar, sadrazamın odasına girdi. Sadrazam Kıbrıslı Kâmil Paşa sakindi. "Ne istiyorsunuz evlatlarım?.." dedi.

Binbaşı Enver, "Paşa hazretleri, millet sizi istemiyor, imzalamaya kararlı olduğunuz sulhtan sonra, bu devlet baki kalmaz, lütfen istifanamenizi yazınız" diye emretti.

Kâmil Paşa istifasını yazdı. Kâğıdı Talat Paşa aldı, okudu, sinirlendi. "Paşa hazretleri 'ciheti askeriyeden vaki ısrar üzerine' diye yazmışsınız. Lütfen pencereden bakar mısınız, dışarıda sadece askerler değil, her meslekten millet var" dedi. Kıbrıslı Kâmil Paşa iade edilip önüne konan kâğıda "ve millet" ibaresini ekledi.

Bu yeni bir dönemin başlangıcıydı. Babıâli'yi basan İttihatçılar artık iktidarı tamamen kontrollerine alacaktı.

Bu, yaşanan ne ilk ne de son askerî darbe olacaktı...

İstifa ettirilen "İngilizci" Kıbrıslı Kâmil Paşa'nın yerine kim gelecekti?

Talat Paşa'nın istememesi sonucu Harbiye nazırlığından ayrılmak zorunda kalan Mahmud Şevket Paşa İttihatçılara dargındı. Darbeye karşı olduğunu da söylemişti. Ancak Üsküdar'daki evine gelen Miralay İsmail Hakkı, "Almancı" Mahmud Şevket Paşa'yı sadrazam olmaya zor ikna etti.[8] Kabinenin tamamı artık İttihatçılardan oluşuyordu.

Ancak bu durum çok uzun sürmedi, çok değil altı ay sonra İstanbul, Osmanlı tarihinde ilk kez bir sadrazama yapılan suikasta tanık olacaktı...

Sadrazama suikast

11 haziran 1913.

Sadrazam Mahmud Şevket Paşa Harbiye Nezareti'nden çıkıp otomobiline bindi. Yanında Seryaver Eşref, Bahriye Yaveri İbrahim ve Kâzım Ağa ona eşlik ediyordu. Otomobili Bâbıali'ye doğru ilerliyordu.

Beyazıt Meydanı'na geldiklerinde, karşılarına bir cenaze çıktı. Paşa cenazenin geçmesi için otomobilin durdurulmasını istedi.

---

8. "1913 askerî müdahalesi"nin sadrazamı Mahmud Şevket Paşa'nın Üsküdar'daki konağı yıllar sonra, DP hükûmetini yıkmak isteyen Sezai Okan, Ahmet Yıldız, Dündar Seyhan, Orhan Kabibay gibi subayların gizli toplantılarına ev sahipliği yapacaktı! Çünkü konağın yeni sahibi 27 Mayısçı Refet Aksoyoğlu'ydu. (*Talat Aydemir'in Hatıraları*, 1968. s. 30)

Tam bu sırada paşanın aracı taranmaya başlandı. Atılan kurşunlardan beşi paşaya isabet etti.[9]

Paşa ölmüştü...

Sadrazam Mahmud Şevket Paşa'yı kimler öldürmek istemişti? Babıâli Baskını sonrasında İstanbul Muhafız komutanı olan Cemal Paşa işi çok sıkı tuttu. Tetikçiler, Ziya, Bahriyeli Şevki, Hakkı, Nazmi, Abdurrahman hemen yakalandılar. Onları teşvik eden Yüzbaşı Kâzım'dı. Peki onun arkasında kim vardı?

İşin içyüzü anlaşıldı...

"Babıâli Baskını" gibi bir darbe planlanmıştı. Sadrazam Mahmud Şevket Paşa'dan sonra suikast yapılacaklar arasında Talat Paşa, Emmanuel Karasu ve Nesim Ruso gibi isimler vardı. Plana göre suikastlarla bocalayan İttihatçılar iktidardan düşürülecekti. Sadrazamlık makamına ya Prens Sabaheddin ya da Kıbrıslı Kâmil Paşa oturtulacaktı. Hatta Kâmil Paşa darbenin başarılı olacağından o kadar da emindi ki, Mısır'dan İstanbul'a gelmişti.

İttihatçılar, cinayetin arkasında "İngiliz parmağı" olduğunu düşünüyorlardı.

Haklıydılar. İngilizler üçüncü kez muhalefeti kışkırtıp bir darbe girişimiyle İttihatçıları devirmeyi planlamışlardı.

Başarısız olan Büyükelçi S. Gerald Lowther hemen Londra'ya merkeze alındı. Yerine L. Mallet geldi. Doğal olarak tercüman-ajan Fitzmaurice ile ataşemiliter Tyrrell de İngiltere'ye çağrıldılar. İngiltere ekip değiştiriyordu, İttihatçılarla tekrar uzlaşaşabilmek için...

Doktor Nâzım döndü

Ve o karışık günlerde Doktor Nâzım, artık iktidarı ele geçiren arkadaşlarının diplomatik çabalarıyla Yunanistan'daki esaretinden kurtularak vatanına döndü.

Kırk bir yaşındaydı.

Yunanistan'dan direkt İzmir'e geçti.

Karşıyaka'daki Evliyazade Konağı'nda kalan kızı Sevinç'i ilk kez gördü.

Sevinç sarışın, renkli gözlüydü. Daha konuşmaya yeni başlamıştı. Evliyazadelerin neşe kaynağıydı.

Karısı Beria'nın durgunluğu Doktor Nâzım'ın dikkatini çekti. Ne hazindir ki, ya kalıtımsal ya da Doktor Nâzım'ın yaşadığı

---

9. Sadrazam Mahmud Şevket Paşa'nın suikast sırasında içinde bulunduğu otomobil, üniforması, öldürülen yaverlerinin kıyafetleri, silahlar vb. İstanbul Harbiye'deki Askerî Müze'de sergilenmektedir.

fırtınalı hayat Beria'nın ruh sağlığını olumsuz yönde etkilemeye başlamıştı. Beria'nın psikolojik dengesi bozulma emareleri gösteriyordu...

Dr. Tevfik Rüşdü (Aras) Çanakkale Hastanesi'nin başhekimliğini yapıyordu. Eşi Makbule hamileydi ve kardeşi Naciye'nin yanında İzmir'de kalıyordu. Dr. Tevfik Rüşdü her fırsatta İzmir'e geliyordu. Bu ziyaretleri sırasında o da, Beria'nın durumunun farkına varmış, ruhsal sorunlarını gidermesi için birkaç ilaç vermişti. Ancak ilaçlar pek fayda etmiyordu...

Evliyazade ailesi, Beria için seferber olmuştu. Aslında benzer durumu daha birkaç yıl önce yaşamışlardı. Naciye Hanım'ın eşi Yemişçizade İzzet Efendi'yi benzer bir ruhsal hastalık sonucu kaybetmişlerdi.

İzmirli ailelerde sık görülen akıl hastalıklarının temel nedeni akraba evlilikleri miydi?..

Beria'nın durumuna en çok üzülen babası Evliyazade Refik Efendi'ydi. Beş çocuğu vardı ama nedense Beria'nın yeri farklıydı. Kızını götürmediği doktor kalmamıştı. Hepsinin tek yaptığı şey, ilaç vermekti.

Durumun farkına varan Doktor Nâzım İzmir'de kalıp eşiyle ilgilenmek istedi ama hemen İstanbul'a gelmesi için İttihat ve Terakki Cemiyeti'nden çağrı aldı.

Kızı ve eşinin yanında ancak üç gün kalabilmişti...

Avrupa devletleri birlik olmuş, küçücük Balkan devletlerinin büyük bir imparatorluğu hezimete uğratmasının keyfini çıkarıyordu. Balkanlar'daki Osmanlı tebaası toplu kıyıma uğruyor, buna rağmen Avrupa basınında Balkan ülkelerini öven makaleler yayımlanıyordu.

İttihatçılar, gerek insan hakları konusunda Batı aydınlarının ve siyasetçilerin desteğini almak ve gerekse müttefik aramak amacıyla Avrupa'ya ekipler gönderdi.

Bu ekiplerden birinin başına geçmesi için Doktor Nâzım alelacele İzmir'den çağrılmıştı.

Doktor Nâzım, Rahmi Bey ve Halil (Menteşe) ile sosyalist lider Jean Jaurès'in Paris'teki köşküne gitti. Doktor Nâzım, Jaurès'le Paris'teki kaçak günlerinde tanışmıştı.

Jean Jaurès Fransız solunun efsanevî isimlerinden biriydi. Paris Komünü bastırıldıktan sonra dağınık durumdaki solun toparlanmasında ve eski haline gelmesinde büyük payı vardı. *L'Humanité* gazetesini kurmuştu. O yıllarda Fransa'da giderek güç kazanan saldırgan ve şoven milliyetçiliğin karşısındaydı.

Jaurès, misafirlerini kütüphanesinde kabul etti. Doktor Nâzım, Jaurès'e, önce ihtilallerinin amaçlarını açıkladı; ardından Osmanlı ordusunun yenilgisinin nedenlerine değinip sözü Balkanlar'daki zulme getirdi. Katliamları örnek olaylar ve fotoğraflarla anlattı.

Sosyalist Jean Jaurès çok etkilendi. Balkanlar'daki facianın bu dereceye vardığını bilmediğini söyledi. İnsan hakları ihlallerinin önlenmesi için elinden geleni yapacağı sözünü verdi.

Osmanlı ordusunun minik Balkan ülkeleri karşısındaki âciz durumuna da değinen Jaurès, yenilginin tek nedeninin gericilik olduğunu söyleyip, İttihatçı hükûmetin tez elden ıslahat reformlarını başlatmasının gerekli olduğunu anlattı.

Jean Jaurès İttihatçıların Fransa'daki en yakın dostuydu. Ancak bu görüşmeden birkaç ay sonra sosyalist Jaurès, şoven bir Fransız milliyetçisi tarafından vurularak öldürüldü.

Doktor Nâzım, Rahmi Bey ve Halil Bey'den oluşan İttihatçı ekip, sosyalist lider Édouard Herriot gibi Fransız siyasetçiler, insan hakları temsilcileriyle de görüşmeler yapıp İstanbul'a döndü.

Doktor Nâzım İstanbul'a ayak basar basmaz kendini yine bir sorunun içinde buldu...

Öldürülen Mahmud Şevket Paşa'nın ardından sadrazamlığa Kavalalı Mehmed Ali Paşa'nın torunu Mısır Prensi Said Halim Paşa getirildi.

Sadrazam bulunmuş, ama yeni kabine bir türlü kurulamıyordu. İttihat ve Terakki Cemiyeti Merkezi Umumîsi ile şehirlerde görevli kâtibi mesuller arasında bir türlü anlaşma sağlanamıyordu.

Kâtibi mesullerin arasında Yakub Cemil, Atıf (Kamçıl), Sapancalı Hakkı, İzmitli Mümtaz, Hüsrev Sami (Kızıldoğan), Topçu İhsan (Eryavuz), Abdülkadir gibi Çerkez fedailer vardı. Bunlar Selanik kökenli Talat Paşa, Doktor Nâzım, Rahmi, Midhat Şükrü gibi sivil İttihatçılara "hizip oluşturup, tek başlarına karar alıyorlar" diye karşıydılar. Özellikle Talat Paşa'ya ateş püskürüyor, ekibinin yeni kabinede yer almasını istemiyorlardı.

Sonuçta Selanik lobisi kazandı: Cemal Paşa'nın fedailerin gönlünü almasıyla "İttihatçı kabine" kuruldu. Kabinede, Talat Paşa, Halil (Menteşe), Midhat Şükrü (Bleda), Çürüksulu Mahmud Paşa gibi isimler vardı...

İttihat ve Terakki Cemiyeti'nin beş yıl sürecek ikinci iktidar dönemi başlamıştı.

Evliyazade Refik Efendi de bundan payını alacaktı...

Altıncı bölüm

12 ekim 1913, İzmir

İttihat ve Terakki Cemiyeti'nin önde gelen ismi Selanikli Rahmi, Ahmed Reşid'in yerine İzmir'e vali olarak atandı.
Rahmi Bey, Talat Paşa'nın sağ koluydu. Zaten bu atama da onun isteğiyle gerçekleşmişti.
Rahmi Bey'in İzmir'e vali olarak atanmasının nedenleri de vardı. Öncelikli sebep Rahmi Bey'in siyasî çizgisinde saklıydı.
Rahmi Bey'i diğer İttihatçılardan ayıran en önemli özelliği, İngilizlere yakın olmasıydı! İttihatçılar, İzmir'in Osmanlı ekonomisi için öneminin farkındaydılar.
Selanikli Rahmi Bey İzmir'e atanır atanmaz, belediye başkanlığına tanıdık bir isim geldi: Evliyazade Refik Efendi!
Evliyazadeler bir kez daha İzmir Belediye başkanlığına getirildi.
İki kez İzmir Belediye başkanlığı yapan Evliyazade Hacı Mehmed Efendi'den sonra, oğlu Refik Efendi de aynı koltuğa oturdu!
Beş yıl İzmir'in kaderine hükmedecek bu iki isimden Evliyazade Refik Efendi'yi az çok tanıttık. Peki Selanikli Rahmi Bey kimdi?
Selanik eşrafından, İsfendiyar ailesine mensup varlıklı ve iyi eğitim görmüş bir kişiydi.
25 haziran 1873 yılında Selanik'te doğdu.
İlk ve ortaöğrenimini Selanik'te yaptı.
1893 yılında Mektebi Hukukı Şahane'ye kaydoldu. Okulu bitirmesine yakın bir jurnal sonucu tutuklandı. Serbest kalınca Avrupa'ya kaçtı. Abdullah Cevdet ile "Reşadiye Komitesi"ni kurdu. Amaçları II. Abdülhamid'i devirip yerine Veliaht Reşad Efendi'yi geçirmekti. 1899 yılında Jön Türkler ve Ahmed Celaleddin Paşa arasında yapılan anlaşma üzerine ülkeye döndü.
Selanik'teki "hikâyesini" biliyorsunuz.
İkinci Meşrutiyet'in ardından Selanik milletvekili oldu. 1911 yı-

lında evlenen İttihatçılar kervanına o da katıldı. Eşi Nimet Hanım, bir önceki bölümde okuduğunuz Sultan Mehmed Reşad'ın seryaveri Binbaşı Tahsin'in kız kardeşiydi.

Nimet Hanım'ın ailesinin öyküsü hayli ilginçti...

Nimet Hanım'ın dedesi –bir önceki bölümde okuduğunuz– Müşir Mehmed Ali Paşa'nın gerçek adı Karl Detrois'ti.

1834 yılında Prusya'da doğmuş, on iki yaşındayken, İstanbul'a gelen bir okul gemisinden atlayarak Osmanlı Devleti'ne sığınmıştı.

İltica başvurusuyla bizzat ilgilenen Sadrazam Ali Paşa'ydı. Müslüman olup "Mehmed Ali" ismini aldı. Mektebi Hayriye'de okutuldu. Kırım, Bosna, Karadağ, Rusya savaşlarında gösterdiği üstün başarı sonrasında ordu komutanlığına (serdarlığa) yükseltildi. Arnavutluk Ayaklanması'nı bastırmakla görevliyken yapılan bir baskınla öldürüldü.

Müşir Mehmed Ali Paşa'nın dört kızı vardı: Hayriye, Adeviye, Zekiye ve Leyla.

Kızlarından Hayriye Hanım, 31 Mart Ayaklanması'nı bastırmak için Selanik'ten İstanbul'a gelen "Hareket Ordusu"nun komutanı Hüseyin Hüsnü Paşa'yla evliydi. Nimet Hanım işte bu evlilikten dünyaya geldi.

Nimet Hanım'ın Tahsin dışında bir ağabeyi daha vardı: Muhlis. Muhlis hiç evlenmedi. Salah Birsel'in *Sergüzeşti Nono Bey ve Elmas Boğaziçi* adlı kitabında yazdığına göre, arkadaşları Muhlis Bey'e "Nono Bey" diyorlardı!

Muhlis, Fransa'da Nancy Ziraat Okulu'nu birincilikle bitirdi. Eniştesi Rahmi Bey'in İzmir'deki çiftliğinde çalıştı. İzmir Şehir Kulübü'nde eğlenmeyi seviyordu. Bir gün ressam İhap Hulusi onun bir resmini yaptı. O resim "Kulüp Rakısı" şişesinin üstündeki iki resimden biri oldu!

Diğer kardeş Sultan Mehmed Reşad'ın seryaveri Binbaşı Tahsin, ünlü metamatikçi Gelenbevî İsmail Efendi'nin soyundan Âliye Hanım'la evliydi. Türk solunun önde gelen ismi Mehmet Ali Aybar bu çiftin oğludur.

Yani, Vali Selanikli Rahmi Bey'in eşi Nimet Hanım, Mehmet Ali Aybar'ın halasıydı.[1]

---

[1]. Müşir Mehmed Ali (Karl Detrois) Paşa'nın Leyla adındaki kızı ise, Polonya'daki başarısız ihtilal teşebbüsünden sonra 1849 yılında yirmi üç yaşındayken Osmanlı Devleti'ne sığınan Mustafa Celaleddin (Yüzbaşı Konstantin Polkozic Borzecki) Paşa'nın oğlu Hasan Enver Paşa'yla evlendi. Bu evlilikten beş çocuk oldu: Celile, Mehmed Ali, Mustafa Celaleddin, Sara ve Münevver. Şair Nâzım Hikmet, Celile Hanım-Hikmet Bey çiftinin oğludur Nâzım Hikmet'in baba tarafından dedesi Mehmed Nâzım Paşa da Selanik'in son valisidir.

İttihatçıların çoğu birbirleriyle akrabaydı.
Yukarıda yazdım. Müşir Mehmed Ali Paşa'nın dört kızı vardı: Hayriye, Adeviye, Zekiye ve Leyla.
Rahmi Bey, Hayriye Hanım'ın kızı Nimet'le evliydi.
Peki Zekiye Hanım'ın oğlu kimdi: Ali Fuad (Cebesoy)!
Yani Rahmi Bey "dava arkadaşı" Ali Fuad'ın eniştesiydi. Doğru mudur bilmem sadece alıntı yapıyorum:

> Ali Fuad Cebesoy ise, resmen hiç evlenmemiş ve bilaveled (çocuksuz) vefat etmiştir. Kendisinin güzel kuzinlerinden (Rahmi Bey'in eşi) Nimet Hanım'a âşık olduğu ve bu yüzden evlenmediğini, o zamanlar söylerlerdi. (Münevver Ayaşlı, *Rumeli ve Muhteşem İstanbul*, 2003, s. 59)

Selanikli Rahmi Bey'in eniştesi ise, hemşerisi "İttihatçıların kasası" Midhat Şükrü'ydü (Bleda). Midhat Şükrü'nün eşi Hatice Hanım, İsfendiyaroğullarının kızıydı.
Selaniklilerin bir ortak özelliği vardı herhalde...
Selanikli Rahmi Bey çok içki içerdi. Onunla aynı sofrayı paylaşanlar masada sızıp kalırdı. Dostlarını, arkadaşlarını masada uyuklarken görmek Rahmi Bey'in en büyük zevkiydi.
Bu "özel bilgilerden" sonra gelelim daha "ciddi" meselelere...
Selanikli Rahmi Bey neden İzmir'e vali yapılmıştı?

Millî burjuvazi doğuyor

Sorunun yanıtını vermek için, Rahmi Bey'in memleketi Selanik'in öneminin altını bir kez daha çizmek gerekiyor.
Ama bunu bize Doğan Avcıoğlu *Türkiye'nin Düzeni* adlı kitabıyla anlatsın:

> Selanik'te hayli güçlü bir ticaret burjuvazisi yetişmişti. Selanikli dönmeler, kültür seviyeleri, yabancı dil bilmeleri, kurdukları basımevleri, gazeteleri, kulüpleri, özel okullarıyla ticaret burjuvazisi zümresi olarak iyice sivrilmişlerdi. Dönmeler ve Musevîler, Jön Türk hareketini desteklemekteydiler. Bir rejim değişikliğinin onlara, Rum ve Ermeni işadamlarının İstanbul'daki tekel durumunu yıkmaya fırsat vereceğini ummaktaydılar. (1969, c. 1, s. 167)

Evet sonuçta başardılar ve rejim değişikliğini gerçekleştirdiler. Yani, 1838 ticarî antlaşmasıyla, Osmanlı'nın sosyoekonomik yapısında sahip oldukları ayrıcalıklı konumlarını kaybeden Yahudiler, Sabetayistler ve Müslümanlar artık iktidar olmuşlardı.

Ama dört yıl sonra hiç beklenmedik bir olay gerçekleşti...

Osmanlı'nın "gizli başkenti" Selanik kaybedildi!

Yahudi, Sabetayist ve Müslüman tebaanın, Osmanlı'dan başka gidecek vatanı yoktu!

Tarihî koşullar bu üç unsuru dün nasıl İttihat ve Terakki Cemiyeti'nde yan yana getirdi ise o gün de "Türkiye" kavramında buluşturmuştu!

Yeni vatan Türkiye'ydi...

Ve tüm bunlar "Türk ulusçuluğunun" doğmasına neden oldu!

"Türk ulusçuluğunun kilometre taşlarını kimlerin döşediğini" bilmemiz için araya girip minik bir not yazmak istiyorum:

Yukarıda adı geçen Yüzbaşı Konstantin Polkozic Borzecki, 1849 Polonya ihtilali sonrası önce Paris'e sonra Osmanlı'ya sığındı. "Mustafa Celaleddin" adını aldı. Osmanlı ordusunda paşalığa kadar yükseldi.

1869'da *Les Turcs Anciens et Modernes* (Eski ve Yeni Türkler) kitabını yazdı. Bu çalışma, Osmanlı'da Türkçülük akımının başeserleri arasında yer aldı. Kitap, "Türklerin ve Hunların veya Moğolların ırk olarak akraba oldukları fikri yanlıştır. Türkler ve Avrupalılar büyük Touro-Aryan ırkının üyesidir" tezini ileri sürüyordu. "Doğu'da yalnızlaşmış Türklüğü Avrupa'yla birleştirmeyi" savunuyordu.

Başta Mustafa Kemal olmak üzere İttihatçı subaylar, Mustafa Celaleddin Paşa'nın bu kitabını ellerinden düşürmüyorlardı...

Bu yeni politikanın tarihsel dönemecini Babıâli Baskını'yla başlatabiliriz.

Babıâli Baskını hem Osmanlı hem de İttihatçılar için dönüm noktası oldu. Bu sadece beş yıllık özgürlükçü ortamın bitmesi değildi, aynı zamanda İttihatçıların Rum, Ermeni, Arnavut, Arap örgütleriyle kurduğu işbirliğinin sona erdiğinin tarihiydi. "Osmanlıcılık" artık rafa kaldırılıyordu.

İttihatçılar artık yeni ittifaklar kuruyordu. Ya da daha önce kurdukları ittifakları, Osmanlı'nın devlet politikası haline getiriyorlardı!

Bu ittifakın temel tezi "Alman devlet anlayışından" alınmıştı: ne pahasına olursa olsun devletin varlığı korunacaktı! Bunun yolu da "Türk ulusçuluğundan" ve dolasıyla "millî burjuvazi" oluşturmaktan geçiyordu.

"Millî iktisat" fikrini İttihatçılar arasında ortaya atanlardan biri de Selanik Yahudisi Moiz Kohen'di. Siyonistlere karşı çıkıp, Yahudileri Osmanlı topraklarına çağıran ve Selanik kaybedildikten sonra İstanbul'a yerleşen Moiz Kohen, Yahudilerin esasta Türk ya da Türk Yahudisi olarak kendilerini tanımlamaları fikrini savunuyordu. Moiz Kohen o kadar "Türklüğe" inanıyordu ki, dinini değil ama adını "Tekinalp" olarak değiştirdi!

"Yahudilerin kendilerini Türk olarak tanımlaması" fikrini savunan sadece Moiz Kohen (Tekinalp) değildi; İzmir Yahudisi Selim Mizrahi gibi isimler de benzer görüşü yayan birçok yazı kaleme aldılar.

İttihat ve Terakki Cemiyeti hakkında yaptığı araştırmalarla bilinen Feroz Ahmad, İttihatçıların ekonomideki Hıristiyan hegemonyayı yıkmak için, Türklerle birlikte Yahudileri de teşvik ettiğini, bu iki grubun yaratılmak istenen millî burjuvazinin temel unsuru olduğunu belirtiyor.

Evet, millî burjuvazinin en güçlü olduğu İzmir, bu nedenle Osmanlı'nın en önemli kentiydi. Kozmopolit bir yapıya sahip bulunması nedeniyle oldukça dikkatli olmak gerekiyordu. Osmanlı ticaretini elinde tutan Levantenlerin, Rumların ve Ermenilerin ürkütülmemesi gerekiyordu.

Bu operasyonu yapacak kişi ise, liberalizme ve İngilizlere yakın, Selanikli Rahmi Bey'den başkası olamazdı...

Rahmi Bey'in "İngiliz taraftarlığı" Kıbrıslı Kâmil Paşa'dan bile fazlaydı. Bu konuda sözü Rauf (Orbay) Bey'e bırakalım:

> Rahmi Bey, Selanik'ten mebus seçildiğinden, devletin siyasetinde belli başlı söz ve tesir sahiplerinden biriydi. Devletin menfaatini İngilizlerle anlaşmada görür, bunu sağlamak uğrunda çalışmaktan geri kalmazdı. Bu sebeple Balkanlar'da İngiliz siyasetini yayıp yürütmek maksadıyla İngiltere'de kurulmuş "Balkan Komitesi" isimli cemiyetin temsilcileri olarak İstanbul'a gelen Bohston kardeşleri iltizam ettiği halde, onları İngiliz dostluğuyla şöhreti bulmuş olmasına rağmen iyi kabul etmeyen zamanın sadrazamı Kâmil Paşa'yla arasında şiddetli anlaşmazlıklar çıkmıştı. Her iki taraf gazetelerdeki açık mektuplarıyla birbirlerini hırpalamışlardı. Bu hal nihayet Kâmil Paşa ile İttihat ve Terakki Cemiyeti arasında uzlaşılmaz bir ayrılık doğurmuştu. (Rauf Orbay, *Cehennem Değirmeni*, 2000, c. 1, s. 88)

Rahmi Bey yalnız değildi; başta Talat Paşa, Selanikli Cavid Bey gibi bazı İttihatçılar, "toprakları üzerinde güneş batmayan" bu dünya imparatorluğuyla iyi ilişkiler kurmak amacındaydılar.

Neden Evliyazade Refik Efendi?

Gelelim bir diğer soruya: Rahmi Bey, Evliyazade Refik Efendi'nin belediye başkanlığına gelmesini neden çok istemişti?
Öncelikle bir konunun altına çizmek gerekiyor...
Evliyazade Refik Efendi belediyeye uzak biri değildi. 9 haziran 1909'da, İzmir'in "üç dairei belediye"ye bölünmesi ve bunların hudutlarının belirlenmesi amacıyla şehrin ileri gelenlerinden oluşturulan komisyonda, Uşakîzade Sadık, Taşlızade Edhem, Kantarağasızade Ali, Yemişçizade Sabri vb. birlikte görev almıştı. Ancak belediye ve basının şiddetli muhalefetiyle bu proje rafa kaldırılmıştı.

Evliyazade Refik Efendi, 10 mart 1912'de yapılacak genel seçimler öncesinde İzmir'de sandıkları denetlemek üzere oluşturulan on kişilik Teftiş Heyeti üyeleri arasındaydı. Seçimler sonrasında üç kişilik oy sayma teftiş görevini de Mordehay Levi, Yosef Ostruga'yla birlikte gerçekleştirmişti.

1912 genel seçimi "sopalı seçim" diye adlandırıldı. Söylenenlere göre İttihatçılar güç gösterileriyle halktan zorla oy toplamış ve oy sayımlarında da hile yapmıştı. İddialar üzerine Evliyazade Refik Efendi seçildiği belediye meclisi üyeliğinden 27 mart 1912'de istifa etmişti.

Bu siyasal çalışmaları sonucu mu Refik Efendi belediye başkanı seçilmişti? Refik Efendi İttihatçılar için ne ifade ediyordu?

Evliyazade Refik Efendi, İttihatçıların en güçlü isimlerinden Doktor Nâzım'ın kayınpederiydi. "Temmuz Devrimi" öncesi yararlı faaliyetleri olmuştu. 1912 seçimlerinde ise nasıl bir İttihatçı olduğunu ispat etmişti!

Ve en önemli özelliği: başta İngilizler olmak üzere Levantenlerle çok iyi ilişki içindeydi!..

Mahmud Celal (Bayar)

İttihatçılar vali ve belediye başkanını belirledikten sonra İzmir'e kâtibi umumî olarak Mahmud Celal'i (Bayar) gönderdiler...
Mahmud Celal'in İzmir'e gönderilmesini basit bir "parti müfettişliği" gibi görmek hata olur.
Mahmud Celal (Bayar) 15 mayıs 1883 tarihinde Bursa'nın Gemlik ilçesine bağlı Umurbey köyünde doğdu. Babası Abdullah Fehmi Efendi Bulgaristan göçmeniydi. Medreseli olmasına karşın aydın bir kişiydi. Fıkıha ve İslam tarihine meraklıydı. Umur-

bey Rüştiyesi'nin mualllimi evveliydi (birinci öğretmeni). Mahmud Celal'in iki kardeşi daha vardı. Birisi dayısının yardımıyla Edirne Askerî İdadîsi'nde okuyordu ama veremden öldü. Diğer kardeşi Asım ise bahriye subayı olmak istiyordu ama o da veremden öldü.

Mahmud Celal'in dayısı hâkimdi ve Yeni Osmanlıların önde gelen aydınlarından Ali Suavi'nin arkadaşıydı.

Mahmud Celal, küçük yaşta hürriyet fikri ve mücadelesiyle dayısı sayesinde tanıştı. Yeğenine büyük özen gösteren dayısı, ona okuması için *Serveti Fünun* dergileri verdi. Avrupa'dan gizlice Gemlik'e gönderilen Jön Türklerin çıkardığı gizli yayınları bakkal Nuri Efendi'den alıp dayısına getirirdi. "Yeraltı faaliyetlerine" küçük yaşta başladı.

Bursa'da İpek Meslek Okulu'nda College Français de l'Assomption'da eğitim gördü. Abraham Galante'nin *Türkler ve Yahudiler* adlı kitabından Mahmud Celal'in Bursa Alliance İsraelite okuluna devam ettiğini aktarmıştık. (1995, s. 219)

Okul bittikten sonra, Düyunı Umumiye'nin tütün gelirlerini toplamak için kurduğu Reji İdaresi'nin Gemlik şubesinde çalıştı. Buradan sınavını kazandığı Ziraat Bankası'na geçti. Bankacılığa ilk adımı attı. Ardından Almanya'nın Deutsche Orient Bank'ın Bursa şubesinde memurluk yaptı. Bankadaki iki Türk'ten biriydi. Diğeri Hacı Saffet Efendi ise eşi Reşide'nin amcasıydı.

Mahmud Celal'in eşi Reşide'nin ailesinde bankacı çoktu.[2]

Bir gün Edirneli Mehmed Efendi adındaki arkadaşı, Mahmud Celal'e Bursa'daki gizli bir teşkilattan bahsetti: "Küme!"

Bu teşkilat İttihat ve Terakki'nin koluydu. Mahmud Celal 1907'de İttihat ve Terakki Cemiyeti'ne girdi. Meşrutiyet'in ilanından sonra Bursa kâtibi mesulü oldu. Sonra aynı görevle İzmir'e gönderildi.

İttihat ve Terakki Cemiyeti İzmir kâtibi mesulü Mahmud Celal, İkinci Beyler Sokağı'ndaki cemiyetin merkez kulübünün ikinci katında oturuyordu.

Kulüpte hemen bir dizi konferanslar düzenledi. Konferansları hep İstanköylü Şükrü (Kaya) veriyordu. Mahmud Celal'in bir diğer yardımcısı ise cemiyetin Tilkilik şubesinin başkanlığını yürüten Uşakîzade Muammer'di.

2. Celal Bayar'ın kayınpederi İnegöllüzade Refet Efendi İş Bankası'nın kurucularındandır. Ayrıca Refet Efendi'nin kardeşi Hacı Saffet Efendi de kurucularındandır. Hacı Saffet aynı zamanda İş Bankası Bursa şubesinin ilk müdürüdür. Hacı Saffet'in oğlu ise, beş-sekizinci dönemlerde, Ankara CHP milletvekilliği ve İş Bankası genel müdürlüğü yapmış olan Muammer Saffet Eriş'tir!

Eczacıbaşı ve Giraud

Rahmi Bey, Mahmud Celal (Bayar) ve Evliyazade Refik'ten oluşan "sacayağına" zamanla bir isim daha katıldı: Süleyman Ferid (Eczacıbaşı)!

Refik Efendi, aile dostları Şifa Eczanesi'nin sahibi Süleyman Ferid'i iki yakın çalışma arkadaşıyla tanıştırdı.

İttihatçıların İzmir'de önde gelen isimlerinden Süleyman Ferid de o günlerde çok mutluydu. O da diğer İttihatçılar gibi 1911'de Şam'dan İzmir'e gelmiş tüccar Caferîzade Kemal Efendi'nin kızı Saffet Hanım'la evlenmiş ve oğlu, Rahmi Bey İzmir'e geldiği gün doğmuştu.

Süleyman Ferid yakın arkadaşı Evliyazade Refik'in oğluna verdiği ismi kendi oğluna da koymuştu: Nejat (Eczacıbaşı)![3]

Evliyazade Refik, Rahmi Bey ve Mahmud Celal Bey'e bir isim daha tanıştırdı: Henri Giraud!

Giraud ailesiyle dostluk, Evliyazade Hacı Mehmed Efendi'den oğlu Refik'e "miras" kalmıştı.

Mahmud Celal, Süleyman Ferid'le ilk tanıştıkları gün nasıl samimi olduysa, Rahmi Bey de yeni tanıştığı Henri Giraud'la çok yakın oldu. Öyle ki Giraud ailesi, Rahmi Bey'i hiçbir zaman yalnız bırakmayacak, ölene kadar şirketleri İzmir Pamuk Mensucat'ın yönetim kurulu başkanı yapacaklardı!

Rahmi Bey'in İzmir'de Levanten ailelerle ilişkileri hep dostane oldu. Bu ilişkiler kimi zaman dedikodulara neden olmuyor değildi.

Örneğin, evini Göztepe'den Bornova'ya mı taşıyor, bu taşınma olayı hemen kullaktan kulağa söylentilerin yayılmasına neden oluyordu. Neymiş, Rahmi Bey, Whittallerden Madam Charlton Whittall'e yakın olmak için evini taşımışmış!

İzmir'de dedikodu hiç eksik olmazdı...

Gerek Rahmi Bey'in gerekse Evliyazade Refik'in hizmetleri çoğu zaman bu dedikoduların hemen kapanmasına neden olurdu...

"Millî bankaları" kimler kurdu?

İkinci Meşrutiyet'ten sonra on bir kez vali, altı kez belediye başkanı değiştiren İzmir'in 1908-1913 yılları arasında nasıl bir istikrarsızlık içinde olduğu tahmin edilebilir.

O dönemde en büyük sorun göçtü. Balkanlar'dan binlerce in-

---

3. "Nejat" evrensel bir isim olmalı ki, hemen her ülkede bu isme rastlanmaktadır. Örneğin, İsrail adına casusluk yaptıkları iddiasıyla İran'da idamla yargılanan on İranlı Yahudi'den birinin adı da Nejat Erookhim'di. (*Milliyet*, 2 mayıs 2000)

san İzmir'e akıyordu. Göç tek taraflı da değildi. İzmir ve çevresinden 200 000'e yakın Rum da yıllardır yaşadıkları topraklardan ayrılıp Yunanistan'a gidiyorlardı.

Rumlar Osmanlı topraklarını terk ederken, sadece Müslümanlar değil, başta Selanik olmak üzere Sakız, Limni, Midilli gibi bölgelerdeki Yahudiler de, Hıristiyan antisemitizminden korkup Osmanlı'ya kaçıyorlardı.

İzmir, göçleri çaresizlikle seyrediyordu.

Acil çözüm bekleyen sorunlar her daim değişen yönetim yüzünden kronikleşmeye başlamıştı.

Evliyazade Refik, belediye başkanlığına geldiğinde ilk olarak Cemil (Topuzlu) Paşa'nın İstanbul şehreminiliğine geldiği dönemde hazırladığı "Zabıtayı Belediye Talimnamesi"ni İzmir'e de kabul ettirdi. Bu talimnamenin temel özelliği polis ve belediye zabıtalarını bir çatı altında toplamaktı.

İzmir Belediyesi'nin kadroları zayıftı; belediye çavuşları daha çok Frenk Mahallesi, Kordon, Başdurak, Kemeraltı gibi işlek ve zengin bölgelerde istihdam ediliyordu. Kadrolar yetersizdi yetersiz olmasına ama mevcut olanlar da işleri pek sıkı tutmuyorlardı. Bu durum gazete sayfalarına da haber malzemesi oluyordu. Çavuşların esnafla olan "sıkı ilişkileri", yani rüşvet, sürekli ima ediliyordu.

Belediyenin öncelik verdiği konu, finansman sorununun çözümüydü. Belediye borç arayışına girince çareyi İngiliz şirketiyle anlaşmakta buldu. Alınacak parayla gazino, bulvar, park yapılacaktı. Maliye Nezareti 50 000 İngiliz lirasına kefil olmayı kabul etti. Ancak ufukta görünen savaş olasılıkları, borcun alınamamasına neden oldu.

Tüm olumsuzluklara rağmen belediye, özellikle kentin imarı için sürekli çaba sarf etti. Ama bu da kolay olmuyordu. Örneğin, zamanla kentin içinde yer alan mezarlıkların kaldırılması ve bu alanlara park alanı yapılması, yeni tartışmaları da beraberinde getirdi. Oluşturulan dinsel muhalefeti Vali Rahmi Bey göğüsledi. Bahribaba'daki Yahudi, İkiçeşmelik'teki Müslüman mezarlıklarını kaldırdı. Yerine park ve bahçe yapıldı.

Gerek Rahmi Bey gerekse Evliyazade Refik cesur adımlar atıyorlardı. Yıllardır üzerinde tartışılan, ancak hiçbir somut adım atılamayan projeleri hayata geçiriyorlardı. Örneğin yıllardır projesi hazır olan Basmane'yi rıhtıma bağlayacak bir bulvarı hemen açtılar.

Ve gelelim en önemli icraatlarına: İttihatçıların ekonomi stratejisine uygun olarak, "millî" şirket kurmayı özendirdiler. Örneğin, tütün üreticisine düşük faizle borç verebilmek için, Tütün Zürraı Bankası kurmak için kolları sıvadılar.

Sadece İzmir'de değil, Anadolu'da da "millî banka" kurma dönemi başlamıştı. Örneğin sanayinin kredi ihtiyacını karşılamak için İtibarı Millî Bankası kuruldu.

Kurulan her "millî bankanın" bir hikâyesi vardı. Örneğin, Osmanlı Bankası'nın Adapazarı şubesi, bir Türk tüccarının kredi istemesi üzerine, Hıristiyan bir tüccarı kefil göstermeyi şart koşunca, bu yöredeki Numan Hamid, İbrahim Nuri, İsmail Hakkı, Mustafa Nuri aralarında para toplayarak "Adapazarı İslam Bankası"nı kurdular.[4]

Konya'da "Konya Millî İktisat Bankası" açıldı.

İzmirli Evliyazade Refik, Selanikli Rahmi ve Bursalı Mahmud Celal, İzmir yöresinin Yahudi, Sabetayist ve Müslüman eşrafını örgütlemek, sermaye birikimini oluşturmak için ellerinden geleni yapıyorlardı. Amaçları eşraf, tüccar ve çiftçiyi, "millî" şirketler sayesinde, Rum ve Ermenilerle rekabet edecek düzeye getirmekti.

İzmir'deki "sacayağı" kısaca "bulvar şirketi" olarak bilinen, "İzmir İmarat ve İnşaatı Umumiye Şirketi"nin kurulmasına önayak oldular. Bu şirketin görevi adından da anlaşılacağı gibi yalnızca bulvar yapmak değildi. Gerekli görülen yerlerde denizi doldurmak, bataklıkları kurutmak, kendi adına bina yaparak bunları satmak ve kiralamak, tramvay işletmek, kentin imarı ile süslemesini yapmak vb. bu şirketin görevleri arasındaydı. Sermayesi 300 000 lira olan şirketin imtiyazını İzmir'in önde gelen tüccarları aldı. Sermayedar grubunda Ahmed Hersapaşazade Zeki, Emirlerzade Refik, İsmail Receb, Osmanzade Yusuf Ziya gibi isimler de bulunuyordu.

Soru: "millî bankaların" ve "millî şirketlerin" kurulmasında, gerek İzmir'de oturan ve gerekse Selanik'ten göç eden Sabetayistlerin ağırlığı nedir? Keza, Ulusal Kurtuluş Savaşı'nda ilk direniş örgütlerinin, "millî bankaların" ve "millî şirketlerin" bulunduğu Ege bölgesinde kurulmasının bildiğimiz "hamaset edebiyatı" dışında bir başka açıklaması yok mudur? Bu direniş örgütlerindeki Sabetayistlerin ağırlığı nedir?

Ne yazık ki bu ülkenin "tabuları" bu tür sorulara ve araştırmalara engeldir!

Geçelim...

---

[4]. Adapazarı İslam Bankası zamanla Türk Ticaret Bankası'na dönüştü. Bu ulusal banka da, 1990'lı yıllarda, siyaset, iş dünyası ve mafya arasındaki çıkar ilişkilerine kurban edildi!

Bağımsız ilk Türk cumhuriyeti!

Balkan Savaşı geride kalalı iki buçuk ay olmuştu. İktidarı silah zoruyla ele geçiren İttihatçılar, Edirne'yi de geri almak istiyorlardı.

Bu istekte olanlar sadece İttihatçılar değildi. Başta Edirne olmak üzere kaybedilen toprakların yeniden ele geçirilmesi için halk altınlarını orduya bağışlamaya başlamıştı.

Ve İttihatçılar Osmanlı'nın makûs talihini dönüştürecek kararı aldılar. Bulgarlara, Yunanlılara, Sırplara savaş ilan ettiler.

Osmanlı ordusu artık "ilerliyordu".

Albay Fethi (Okyar) komutasındaki kuvvetler Kırklareli, Yarbay Enver komutasındaki kuvvetler ise Edirne üzerine yürüyordu.

Yıllardır kıyılara demirleyip duran Osmanlı donanması bile harekete geçmişti. Binbaşı Rauf (Orbay) Hamidiye kruvazörüyle Akdeniz'de, düşman donanmasının arkasına sızarak, hareket üslerini bombalamaya başladı.

Birkaç gün içinde, Keşan, İpsala, Uzunköprü derken Edirne geri alındı. Hem de İkinci Meşrutiyet'in yıldönümünde!

Edirne'ye ilk giren süvarilerin başında Yarbay Enver vardı.

"Hürriyet Kahramanı" bu kez "Edirne Fatihi" olmuştu.

Osmanlı ordusunun kısa bir sürede toparlanıp Edirne'yi geri alması Avrupalı elçilerin Sadrazam Said Halim Paşa'ya gitmelerine neden oldu. İstekleri netti. Osmanlı Londra Antlaşması'nı tek taraflı bozmuştu, hemen işgal altına aldığı toprakları terk edecekti!

Avrupalı, "hasta adam"ın ayağa kalkmasını istemiyordu.

Ama altı yüz yıllık Osmanlı'da "oyun" çoktu.

İttihat ve Terakki Cemiyeti'nin Süleyman Askerî, Kuşçubaşı Eşref, Sapancalı Hakkı, Yüzbaşı Çerkez Reşid, Yüzbaşı Fehmi, Yakub Cemil gibi fedaileri Batı Trakya'ya girdi. Ve aldıkları topraklarda "Garbî Trakya Muvakkat Hükûmeti"ni kurdular.

Geçici yeni hükûmetin başına Müderris Salih Hoca Efendi'yi getirdiler. Süleyman Askerî (takma adı "Zeynel Abidin") Genelkurmay başkanı oldu. Yeni hükûmet pul bile bastırdı.

Ama Avrupalılar bayrağı bile olan bu "bağımsız devleti" tanımadılar!

Oyunu anlamışlardı. Osmanlı'ya baskıya devam ettiler.

Bu arada Garbî Trakya Muvakkat Hükûmeti'nin "Dışişleri bakanlığını" yürütüp, Yunanistan ve Bulgaristan temsilcileriyle görüşmeler yapan kimdi dersiniz: Evliyazadelerin damadı Dr. Tevfik Rüşdü (Aras)!

Türkiye Cumhuriyeti tarihinin en uzun süre Dışişleri bakanlığını yapacak Dr. Tevfik Rüşdü ilk diplomasi deneyimini o görüşmelerde edinecekti!..

Osmanlı Devleti, baskılar karşısında Garbî Trakya Muvakkat Hükûmeti'yle ilgisi olmadığını sürekli olarak açıklamak zorunda kaldı. Ama bu arada kendi barış şartlarını ileri sürmekten de geri durmadı. Sonunda Bulgarlar ve Yunanlılar ile Osmanlı Devleti arasında İstanbul-Atina antlaşmaları imza edildi (29 eylül-14 kasım 1913). Antlaşmalara göre, Edirne, Dimetoka ve Karaağaç'ın içinde olduğu bölge Osmanlı'ya bırakıldı.

Bunun üzerine İttihatçı fedailer " bağımsız devletlerini" bırakıp Osmanlı'ya geri döndüler!

Enver Harbiye nazırı oluyor

"Hürriyet Kahramanı" ve "Edirne Fatihi" Yarbay Enver artık rütbesinin içine sığmıyordu. Edirne'nin alınmasından sonra albay oldu. Mektebi Harbiye komutanlığına atandı; ama bunu pek ciddiye almadı ve görevine de başlamadı, çünkü gözü yüksekierdeydi.

Gözü yüksekierdeydi ama hastaydı. İkinci Balkan Savaşı'nın devam ettiği bir dönemde apandisit ameliyatı olmuşsa da ağrılarından kurtulamamıştı; ayrıca, bağırsaklarından da rahatsızdı.

Beşiktaş Saman İskelesi'nde bulunan evinde istirahat ediyordu. Yalnızca özel dostlarını kabul ediyordu. Bir gün ziyaretine Süleyman Askerî geldi. Enver'e bir teklifte bulundu: Harbiye nazırı olması gerektiğini söyledi. Yoksa Talat Paşa, Cemal Paşa'yı Harbiye nazırı yapacaktı.

Süleyman Askerî'nin teklifi Enver'in hoşuna gitti. Harbiye nazırlığı için neyi eksikti? Rütbesi yetmiyordu ama olsun, yükseltilebilirdi!

O günden sonra kafasından Harbiye nazırlığı ve Erkânıharbiyei Umumiye reisliği hiç çıkmadı.

Görüşünü önce en yakın arkadaşları İttihatçı fedailere açtı. Hepsi yerinde buldu. Ertesi gün Babıâli'ye giderek Sadrazam Said Halim Paşa'yla görüştü. Sadrazam, bir süre beklemesinin iyi olacağını söyledi. Enver sinirlendi. Kendisini salt İttihat ve Terakki'deki arkadaşlarının değil, dış ülkelerin de istediğini sert üslubuyla söyledi.

Sadrazam Said Halim Paşa, biraz taviz verip, Harbiye nazırı değil de Genelkurmay başkanı olabileceğini söyledi. Albay Enver, Genelkurmay Başkanlığı'nın Harbiye Nezareti'ne bağlı olduğunu, orduyu kendisinin yönetmesi gerektiğini, başkaları tarafından belirlenen politikaları istemediğini anlattı.

Bunun üzerine Sadrazam Said Halim Paşa durumu hemen Talat Paşa'yla görüşeceğini söyledi.

Talat Paşa, Enver'in isteğini öğrenince şaşırdı; olayı Cemal Paşa'ya aktardı, Enver'i ikna etmesini istedi.

Cemal Paşa Enver'in evine gidip, vatanî görevlerin onu çok yorduğunu, Almanya'ya gidip ameliyat olmasını, istirahatının ardından bu meseleleri görüşmeyi teklif etti. Enver ikna olmuşa benziyordu. Cemal Paşa ardından İttihatçı fedaileri çağırarak onlarla görüştü. Enver'in aklına fedailerin girdiğine inanıyordu.

Fedailer başta Talat Paşa olmak üzere bazı İttihatçılardan rahatsız olduklarını, kabineye Cemal Paşa'yla birlikte Enver'in de girmesinin şart olduğunu söylediler.

İttihatçı fedai subayların sivillere güvensizliği sürüyordu...

Bu arada Enver ameliyatı İstanbul'da olmaya karar verdi. İlk ameliyatını Dr. Cemil (Topuzlu) Paşa yapmıştı, ikincisini de o yapacaktı. Enver ertesi gün Alman Hastanesi'ne gitti. Hem Saray'a hem Dahiliye Nazırı Talat Paşa'ya ameliyat olacağını bildirdi.

Talat ve Cemal paşalar hemen plan yaptılar. Harbiye Nazırı İzzet Paşa'yı incitip üzmemek için Cemal Paşa önce Nafia nazırlığı vekilliğine atanacak, sonra Bahriye nazırlığına, oradan da Harbiye nazırlığına getirilecekti.

Bu plandan haberi olan İttihatçı fedailerden Yakub Cemil tabancalarını kuşanıp Alman Hastanesi'nin yolunu tuttu. Ameliyata giren Cemil (Topuzlu) Paşa'ya, "Eğer Enver masadan sağ olarak kalkmazsa, seni öldürürüm" dedi.

Sonunda Enver masadan sağ kalktı ve İttihatçı fedai subayların gücüyle Talat Paşa ve Cemal Paşa ikna edildi.

Albay Enver'in, Harbiye nazırı olabilmesi için en azından tuğgeneral olması gerekiyordu; Trablusgarp Savaşı'ndaki ve İkinci Balkan Savaşı'ndaki hizmetleri için üçer yıl kıdem verilerek "tuğgeneral" yapıldı.

Ve...

1 ocak 1914'te Enver, "paşa" oldu.

Enver'in "paşa"lık serüveni Talat Paşa'yla arasının biraz açılmasına neden oldu. Fakat İttihatçılar bu durumu pek sorun yapmadılar, Harbiye Nazırı Enver Paşa'yı tebrik etmek için kuyruğa girdiler!

Enver Paşa'nın o günlerdeki bir başka konuğu ise İzmir Belediye Başkanı Evliyazade Refik Efendi'ydi. Ama o Babıâli'ye sadece tebrik ziyareti için gelmemişti...

Evliyazadeler ile Enver Paşa'nın ortak hobisi

İzmir Belediye Başkanı Evliyazade Refik Efendi'nin Enver Paşa'yı ziyaretinin nedeni atçılık sporuydu.

İzmir'deki görkemli at yarışları Balkan Savaşı'yla önemini ve değerini yitirivermişti. Smyrna Races Club dağılmış, Şirinyer'deki hipodromun kapılarına kilit vurulmuştu.

Evliyazade Refik Efendi'nin, dönemin birçok yarışını kazanan Reyhan adlı atı artık yarış koşamıyordu. Keza oğlu Nejat'ın Arap derbisinde birinci olan Küheylan adlı atı da Çifteler Harası'na kapatılmıştı.

Evliyazade Refik pes etmek niyetinde değildi.

At yarışçılığını yeniden canlandırmak için hiç vakit kaybetmeden girişimlerde bulunmak üzere İstanbul'un yolunu tutmuştu. Biliyordu ki Harbiye Nazırı Enver Paşa'nın da en büyük hobisi atlardı.

Evliyazade Refik, damadı Doktor Nâzım'ın da sayesinde Enver Paşa'yla hiç beklemeden hemen görüştü. Konuşmasına, İzmir'deki yarışlar ve uyandırdığı büyük ilgi hakkında bilgiler vererek başladı.

Enver Paşa, merakla dinledi. Görüşme sırasında atçılık sporunun sadece İzmir'le sınırlı kalmaması için, kendi başkanlığında "Islahı Nesli Feres Cemiyeti" (At Neslini Islah Derneği) ile buna bağlı olarak "Sipahi Ocağı"nın kurulması emrini verdi.

İzmir Belediye Başkanı Evliyazade Refik İzmir'e umutlu döndü.

Gerçekten de hemen kurulan Sipahi Ocağı kısa sürede devrin ileri gelen at meraklılarıyla doldu. Bakırköy'deki (Makriköy) hazineye ait Veliefendi Çayırı bu işe tahsis olundu.[5]

Aslında burada 1911 yılından beri at yarışları yapılıyordu. Ancak o yıllarda modern yarışçılık tekniği henüz İstanbul'a gelmemişti. Evliyazade Refik sayesinde İngiltere ve Macaristan'dan getirilen uzmanlar, jokeyler İstanbul'daki at yarışlarının modernleşmesini sağladı. Ayrıca Romanya'dan gelen spiker Sabri (Tulça) Bey, modern yarışçılık anlatımının yerleşmesinde önemli bir etken oldu.

Enver Paşa'nın, Mesut, Süleyk, Maşallah adlı Arap atları vardı.

Enver Paşa, Evliyazade Refik aracılığıyla İzmir'den Ubeyyam adlı bir at daha aldı. Bu at İstanbul yarışlarının en gözde şampiyonu oldu.

---

5. Veliefendi Çayırı Bizans döneminde orduların eğitim yaptığı, Haçlı ordusunun karargâh kurduğu tarihî bir çayırdı. Fatih Sultan Mehmed İstanbul'u kuşatmadan önce kuvvetlerini bu geniş çayırda savaş düzenine sokmuştu. Burada kimi zaman manevralar yapılmış kimi zaman da geçit törenleri düzenlenmişti.

Ubeyyam'ı, Şehzade Abdülhalim Efendi'nin Geyik ve Reyhan adlı atları zorluyordu...

At yarışlarının İzmir'de yeniden canlanmaya başladığı o günlerde bir başka spor dalı Türklerin ilgisini çekmeye başlamıştı: futbol.

Ve futbolun İzmir'de gelişmesinde yine bir Evliyazade'nin büyük emeği vardı...

Futbolcu Evliyazade Nejad

Osmanlı topraklarına futbolu ilk getirenler İngiliz Levantenlerdi. İngilizler 1890 yılında İzmir Bornova'da futbol oynamaya başladılar. İlk futbol kulübü "Football and Rugby Club"dı. Futbolun gelişmesinde İzmir'in ünlü Levanten ailelerinin rolü vardı: Giraudlar, Whittaller, Charnaudlar...[6]

II. Abdülhamid'in baskıcı yönetimi nedeniyle Müslümanların futbol oynama özgürlüğü yoktu. İstibdat yönetimi Müslümanların sosyal kulüp kurmalarına bile izin vermiyordu.

İzmir futbol ligi adeta "yabancılar ligi"ydi.

Panianios, Apollon, Pelops, Evangalis, İskoş, Karavokiri, Midilli karması gibi Rum, Yunan, İngiliz ve Ermeni karışımı takımlar ile İtalyan Garibaldi takımı vardı.

Futbol maçları kıran kırana geçiyordu. Öyle ki, Başpapaz Hrisostomos her maça gelip Rum takımalarını takdis edip rahipleriyle beraber tribünden ilahîler okuyordu. Rum Evangelidis Okulu'nun bando takımı maç boyunca durmadan çalıyordu...

"Temmuz Devrimi"nden sonra gelen özgürlük sporu da etkiledi.

İzmirli Türkler arasında futbolu tanıtan, öğreten, sevdiren ve gelişmesine katkıları olan isim, İzmir Sultanîsi'nde spor öğretmeni olan ve aynı zamanda "Şark'ın bilardo şampiyonu" olarak tanınan Ermeni Melikyan Efendi'ydi. Melikyan Efendi'nin girişimleriyle kurulan "İzmir Sultanîsi Futbol Takımı" ilk maçını Pelops Kulübü sahasında 22 ekim 1910 tarihinde yaptı.

Bu takımın futbolcuları arasında bulunan Baha Esad (Tekant) Bey, zaman gelecek kavgaların çıkmasına neden olacak bir evlilik yaparak Evliyazadelere damat olacaktı...

Türklerin futbola aktif katılımlarını sağlayan İttihatçılardı.

İttihatçı kurmay kadronun çoğu eğitimlerini yurtdışında yaptı-

---

[6]. Whittallerin bir bölümü futbolun İstanbul'a taşınmasına da önayak oldu. İngiliz Whittaller nasıl futbolu Osmanlı topraklarına getirdiyse, Fransız Giraudlar da tenisin İzmir'e ve dolayısıyla Osmanlı'ya gelmesinde öncülük etti. Giraudların Türkiye'ye getirdikleri bir başka spor dalı ise yelkenciliktir!

lar. Paris ve Londra gibi kültürün beşiği sayılacak kentlerden etkilendiler; iktidara geldiklerinde de gördüklerini ve öğrendiklerini hayata geçirmek için kolları sıvadılar.

Futbolun kitleleri etkisine alan bir spor olduğunu Avrupa'da görmüşlerdi ve şimdi futbolun bu özelliğinden yararlanmak istiyorlardı.

Kaleci Ali Adnan (Menderes)

İzmir'de kurulan ilk Türk kulübü "Karşıyaka Gençlerbirliği Futbol Takımı" oldu. Kırmızı-yeşil renkleri olan takım daha sonra Karşıyaka Spor Kulübü adını aldı.

Kulüp İttihat ve Terakki Cemiyeti'nin İzmir il binasında doğdu. Cemiyetin İzmir merkezi aynı zamanda Karşıyaka Spor Kulübü'nün lokaliydi.

Karşıyaka'nın 1912 yılında kurulması bir tesadüf değildi. Balkan Savaşı sonrası özellikle Rumların başını çektiği yabancıların İzmir'i terk etmesi Türklerin kendilerini daha iyi göstermelerine neden olmuştu. Rum takımlarının yerini Türk takımları almaya başlayacaktı.

Karşıyaka'dan kısa bir süre sonra "Hilal" kuruldu. Siyah-beyaz renkleriyle futbol sahalarında fırtına gibi esen bu takım sonradan "Altay" adını aldı.

Altay takımının kurucuları arasında bir Evliyazade vardı: İzmir Belediye Başkanı Evliyazade Refik Efendi'nin oğlu Nejad!..

Evliyazade Nejad futbola yabancı biri değildi.

Futbola, yakın arkadaşları Talat (Erboy), Sabri (Süleymanoviç), Şerif Remzi (Reyent), Hasan Tahsin (Soydam), Şimendiferci Rıfat'la (İyison) birlikte 1905 yılında başlamıştı.

Futbol oynamak o günlerde sürgün nedeniydi...

International Amerikan Koleji öğrencisi Talat, Şeref Remzi ve Sabri devrin İzmir valisi Kıbrıslı Kâmil Paşa'nın baskısı sonucu, "futbol oynadıkları" için okuldan atıldılar.

Talat okumak için gittiği İngiltere'de futbolunu geliştirdi. Aynı tarihte ziraat eğitimi almak için gittiği Belçika'da futbol oynayan bir diğer İzmirli futbolcu ise Evliyazade Nejad'dı.

Türk futbol tarihinde,"Belçika'da futbol oynayan ilk Türk" Evliyazade Nejad'dı!

Evliyazade ailesi, II. Abdülhamid baskısından oğulları Nejad'ı kurtarabilmek için onu Belçika'ya göndermişlerdi.

Nejad Belçika'da iki yıl kaldı.

Babası Refik Efendi nasıl at yarışlarının gelişmesinde faal ise, Evliyazade Nejad da Türk futbolunun modernleşmesinde etkin bir rol oynadı. Futbol tüzüğünü Türkçe'ye o kazandırdı. Evliyazade Nejad bu çalışmasında yalnız değildi. İngiltere'den dönen Talat ve ileride eniştesi olacak Baha Esad da ona yardımcı oldular. Evliyazade Nejad sadece Altay takımı kurucusu olmakla kalmadı. Aynı zamanda takımın renginin siyah-beyaz olmasını isteyen kişiydi!

Altay marşını ise takım arkadaşı Amerikan koleji öğrencisi Said (Odyak) yazmıştı:

Şerefli şanlı Altay
Kuvvetinle kudretinle yaşa Altay,
Altay sevil, koş, atıl, oyna
Semalarda semalarda parılda.

İzmir'in parlak yıldızı
Duydular şanımızı,
Yüksel ki sen kararsın ay
Kudretinle kuvvetinle yaşa Altay...[7]

Altay da, Karşıyaka gibi İttihatçıların takımıydı. Bunun en belirgin göstergesi, İttihatçıların Maarif nazırı Mustafa Necati Bey'in kendine ait odasını Altay'a tahsis etmesiydi.

Daha sonra İttihat ve Terakki Cemiyeti İzmir Kâtibi Umumîsi Mahmud Celal (Bayar) aracılığıyla Altay'a kulüp binası verdi.

Altay İzmir'de fırtına gibi esti. Kurulduğu yıl, Karşıyaka, Midilli ve Trablusgarp takımları arasında yapılan turnuvanın şampiyonu oldu. Bu zafer İzmir sokaklarında, caddelerinde davul zurna çalınarak kutlandı. Aynı yıl Altay, Ermeni takımı Armenion'u yenince İzmir benzer sevinç gösterilerine sahne oldu. İngiliz gençlerinden kurulu Pakser'i 4-3, Rumların takımı Paniainios-Apollon karma takımını 2-0 yendi.

Ama bir maçı hiçbir zaman unutmadılar: Evliyazade Nejad'ın da oynadığı maçta İtalyan Levantenlerin takımı Garibaldi'yi 10-0

---

7. Altay takımının futbolcuları kulüplerine o kadar bağlıydılar ki, soyadı kanunu çıkınca hepsi "Altay" soyadını almak istedi. Ancak işgal altındaki İzmir'e 9 eylül 1922'de süvari kolordusuyla giren Fahreddin Paşa "Altay" soyadını alınca, futbolculardan, Şerif "Eraltay", daha sonra Fransa Racing takımında da oynayan Basri Vahab "Özaltay", kaleci Cemil "Tuğaltay" soyadını aldılar. Öylesine Altay sevgisiyle doluydular ki, Vahab Özaltay bir Altay kongresinde konuşurken heyecanlanıp kürsüde vefat etti.

yenince, İtalyan konsolosu, "İtalyan millî kahramanı Garibaldi küçük düşürüldü" diye kulübü kapattı!

O yıllarda Altay'ın kalesini koruyan isim Ali Adnan'dı (Menderes)...

Kaleciler futbol sahalarının en yalnız futbolcusudur.

Gelecekte Evliyazadelerin damadı olacak Ali Adnan, çocukluğundan başbakanlığa uzanan yolda hep yalnız olacaktı.

Son yolculuğuna çıkarken bile...

Yedinci bölüm

1914, İzmir

Karşıyaka'daki Karavokiri sahasının çevresi Türk ve Rum seyircileriyle dolmuştu.

Türklerin sesi sanki daha gür çıkıyordu:

"Kaf Kaf Kaf, Sin Sin Sin... Kaf Sin, Kaf Sin, Kaf... "

"Kırmızı Türklüğü, yeşil Müslümanlığı temsil etsin" diye seçilen, Karşıyaka Spor Kulübü'nün kırmızı-yeşil bayraklarını sürekli sallayan Türkler hiç susmuyordu.

Maçın henüz başlarıydı; ortasaha oyuncusu sağiç İplikçizade Sadi, topu sağaçık Kadızade Rıfat'ın önüne attı. Meşin yuvarlağı kontrol eden Rıfat, Rum solbeki çalımlayıp, topu ortaladı. Rum defansının bakışları arasında top Rum kale sahası önündeki santrfor Ali Adnan'ın (Menderes) önüne düştü. Ali Adnan kaleciyle karşı karşıyaydı. Topa olanca gücüyle vurdu. Top kalenin epey üstünden auta çıktı...

Hayatında ilk kez, o futbol sahasında yuhalandı.

Kırılgan bir yapısı vardı; belki de bu olayın etkisiyle Karşıyaka Spor Kulübü'nden ayrılıp yeni kurulan Altay'a geçmişti.

Üstelik santrfor oynamayı da bırakmıştı. Futbolun yalnız mevkii, kaleciliği seçmişti!

Futbolun yalnız adamı, yaşamın yalnızlığını çoktan öğrenmişti, üstelik daha on beş yaşındaydı...

Yıl 1894.

Ali Adnan'ın babası İbrahim Edhem, İstanbul'da Darülfünunu Sultanî'nin hukuk bölümünün son sınıf öğrencisiydi.

İbrahim Edhem hukuk bölümünden önce hangi okulda öğrenim görmüştü?

DP Antalya Milletvekili Kenan Akmanlar, *Adalet* gazetesinde

20 eylül-10 kasım 1969 tarihleri arasında "Ölümsüz Menderes" adlı bir yazı dizisi kaleme aldı.

Akmanlar yazı dizisinde dayısı İbrahim Edhem'in öğrenimine ilişkin şu bilgiyi yazdı: "Edhem Bey'e gelince, o İstanbul'da Amerikan kolejinden sonra artık Darülfünun'un hukuk bölümüne devam ediyordu."

O tarihte İstanbul'daki Amerikan kolejinin adı Robert Kolej'di. 16 eylül 1863'te öğrenime açılmıştı. İstanbul'daki Amerikan Kız Koleji'nde Türk öğrenciler (örneğin Halide Edib [Adıvar]) okurken, Robert Kolej'de hiç erkek Türk öğrenci yoktu. Okul kayıtlarına göre, Hüseyin Hulusi (Pektaş)[1] ilk mezundu.

Robert Kolej ilk Türk mezunu 1903 yılında vermişti.

Okul 1903'ten önce Müslüman Türk öğrenci mezun etmediğine göre İbrahim Edhem, Robert Kolej mezunu olamaz.

Peki Kenan Akmanlar dayısı İbrahim Edhem hakkında yanılıyor olabilir mi? Yeğen Akmanlar "Ölümsüz Menderes" adlı yazı dizisini, Şevket Süreyya Aydemir'in *Menderes'in Dramı* adlı kitabına yanıt amacıyla kaleme almıştı. Aydemir'in kitabını "hatalarla dolu" bulan Kenan Akmanlar, bu kadar basit bir konuda dayısının öğrenimi hakkında yanılmış olabilir mi?

Ya da İbrahim Edhem, Müslümanlar arasında, Hıristiyanlık propagandası yaptığı için "gâvur mektebi" olarak bilinen Amerikan misyoner okulunda öğrenim gördüğünü saklamak gayesiyle bir başka adla okula kayıt yaptırmış olabilir mi?[2]

Kenan Akmanlar, Amerikan koleji konusunda yanılmıyor da, okulun bulunduğu şehir konusunda hata yapmış olabilir mi?

İbrahim Edhem, Tarsus (1888), Antep (1876), Harput (1878), Merzifon (1886) kolejleri gibi Amerikan misyoner okullarının birinde öğrenim görmüş olamaz mı?

Çünkü biliniyor ki, 1880'li yılların ortalarından itibaren bazı Türk aileler çocuklarını bu "gâvur" okullarına gönderdiler.

Kenan Akmanlar'ın yazdığına göre, İbrahim Edhem'in babası İsmail Efendi, oğlunu kâmil bir devlet adamı olarak yetiştirmek istiyordu.

---

1. Hüseyin Hulusi (Pektaş), Bektaşî şeyhi Nafi Baba'nın torunlarındandır. Robert Koleji'den mezun olduktan sonra iki yıl Darülfünun'da, ardından Sorbonne Üniversitesi'nde okudu. Mudanya ve Lozan konferanslarında sekreter ve tercüman olarak çalıştı. Şehitlik Tekkesi olarak bilinen Nafi Baba Tekkesi günümüzde Boğaziçi Üniversitesi içinde yer almaktadır. Tekkeden geriye ise yalnızca kalıntılar kalmıştır.

2. Konuyla hiç ilgisi yok ama, Türk medyasının önde gelen isimlerinden gazeteci-yazar Altemur Kılıç'ın, Robert Koleji'in son sınıfına kadar adı Demir Kılıç'tı. Son sınıfta Demir ismini değiştirip Altemur adını aldı! Garip rastlantı: Altemur Kılıç'ın babası Kılıç Ali'nin gerçek adı da Asaf'tı. Kılıç Ali adını sonradan aldı.

İbrahim Edhem'in babası İsmail Efendi, aslen Moralı'ydı. Köklerinin Kerkük-Süleymaniye'den geldiği söyleniyor.

İsmail Efendi'nin Kürt olduğu hemen akla gelebilir. Ancak, kökeni Zaholu olan Yale Üniversitesi İbranî dili profesörü Yona Sabar, *Kürdistan Yahudilerinin Halk Edebiyatı: Antoloji* adlı çalışmasında; A. Medyalı *Kürdistanlı Yahudiler* kitabında, Süleymaniye ve Kerkük başta olmak üzere, XX. yüzyıla kadar Mezopotamya'da çok sayıda Yahudi'nin yaşadığını yazmaktadırlar. 1947 sayımında Kerkük'te 4 042; Süleymaniye'de 2 271 Yahudi kalmıştı. Bölgede Kürt ve Yahudilerden başka Araplar, Yezidîler, Hıristiyanlar ve Türkler de vardı. Bugün İsrail'de Mezopotamya'dan göçen 50 000'in üzerinde "Kürdistanlı Yahudi" olduğu bilinmektedir.

İsmail Efendi'nin soyağacına ilişkin bir iddiayı da biz yazalım:

1600'lerin başlarında Osmanlı-Habsburg savaşları sırasında Halep'te istenen aşırı yüksek vergiler sonucu bir kısım tüccar İzmir'e göç etmişti.

İbrahim Edhem'in baba tarafına Halepçizadeler deniyordu. Bu isim bu olasılığı güçlendiriyor.

İsmail Efendi, Kerkük-Süleymaniyeli mi, Halepli mi, yoksa Moralı mı? Bilinmiyor!

Aslında ne iş yaptığı da tam bilinmiyor. Şevket Süreyya Aydemir, İsmail Efendi'nin "Aydın Vilayeti Tahriratı Umumiye müdürü" olduğuna inanmıyor. Böyle yazanların küçük ve lüzumsuz bir çaba harcadıklarını yazıyor. Çünkü böyle bir kadro o tarihlerde yoktu. (*Menderes'in Dramı*, 2000, s.14)

İsmail Efendi'nin memurluğu var mı, o da bilinmiyor; ama içinde incirlik ve zeytinlik bulunan Dedekuyu'da bir çiftliği olduğu biliniyor.

Hukuk öğrencisi İbrahim Edhem'in annesi Fitnat Hanım hakkında ise yeteri kadar bilgi var.

Gün gelecek torunu Adnan'ı (Menderes) tek başına büyütecek olan Fitnat Hanım, İzmir'in ileri gelenlerinden Kâtipzade Mehmed Efendi ile Kâtipzade Safiye Hanım'ın dört çocuğundan (Bekir, Ahmed, Şerife ve Fitnat) biriydi.

İlginçtir Fitnat Hanım'ın annesi Kâtipzade Safiye Hanım'ın soyağacı tutulmuş iken, babası Mehmed Efendi hakkında soyağacında hiçbir bilgi yoktur!

Şecere 1724 yılından başlıyor!

Soyağacının en başında Elhac (Hacı) Mehmed Efendi var. İzmir'e mütesellim (vergi toplama memuru) göreviyle geldiği sanılıyor. Ama nereden geldiği bilinmiyor.

Fitnat Hanım'ın annesi Safiye, Elhac Mehmed Efendi'nin torunu olarak gözüküyor.

Kâtipzadeler geniş bir aileydi; Aydın, İzmir ve Selanik'e kadar yayılmışlardı.

Selanikli ünlü tütün tüccarı Sabetayist Kapancı Kâtipzade Sabri Efendi'nin, İzmirli Kâtipzadelerle bir akrabalığı var mıydı?

Bugün çoğunluğu İstanbul'da yaşayan eski Selanikli Kâtipzadeler, İzmirli Kâtipzadeleri tanımadıklarını söylüyorlar. Ayrıca İzmirli Kâtipzadelerin soy kütüğünde "Sabri" ismi yok!

Ama bu şecerede Kâtipzade olduğu bilinmesine rağmen Safiye Hanım'ın eşi Mehmed'in de adı gözükmüyor!

İşin garip yanını yazayım: bu şecerede sadece kadınların soyağacı tutulmuştur. Bir koldan Kâtipzade Meryem Hanım'ın, diğer koldan Kâtipzade Safiye Hanım'ın soyağacı yazılmış!

Benim de gördüğüm bazı İzmirli ailelerin soyağaçlarında, soy kadından devam etmektedir. Neyse...

Emre Kongar ile Adnan Menderes akraba

İbrahim Edhem'in ailesini tanımayı sürdürelim...

İsmail Efendi-Fitnat Hanım çiftinin oğulları İbrahim Edhem'den başka, bir de Sacide adlı kızları vardı.

Sacide, İzmir Belediye başkanlığı yaparken görevden alınan Helvacızade Emin Efendi'nin oğlu "şimendifer komiseri" Ahmed Hamdi'yle evliydi.

Evliyazadeler, Uşakîzadeler, Helvacızadeler ve Kâtipzadeler akrabaydı. Şimdi uzak gibi görünen, Evliyazadeler ile Kâtipzadeler arasındaki akrabalık, gün gelecek daha da yakınlaşacaktı...

Sacide-Ahmed Hamdi çiftinin Güzide, Hüseyin, Hasan, Ali Selami ve Kenan isminde çocukları vardı. Hüseyin ve Hasan ikiz doğdu. Hasan küçük yaşta vefat etti. Hüseyin, Yurdakul Hanım'la, Ali Selami ise Hatice Behire Hanım'la evlendi.

Güzide, Yüzbaşı Filibeli Nihad'la (Anılmış) evliydi; Kenan (Akmanlar) ise, Selanik-Köprülü "tapu kadastro" memuru Raşid Efendi'nin kızı Lütfiye'yle.[3]

Ali Adnan'ın (Menderes) halası Sacide Hanım'ın çocukları "soyadı kanunu" çıkınca iki ayrı soyadı seçtiler. Kenan, "Akmanlar"

---

[3]. Sohbetinden keyif ve feyz aldığım Prof. Emre Kongar, son yazdığı *Babam, Oğlum, Torunum; Yüz Yıllık Öykü* adlı (Remzi Kitabevi, 2003) kitabında Adnan Menderes'le uzaktan akraba olduklarını yazmaktadır. Ancak bu akrabalığın nereden geldiğini yazmamıştır; biz ekleyelim: Prof. Kongar'ın halası Lütfiye Hanım, Adnan Menderes'in halasının oğlu Kenan'la (Akmanlar) evliydi.

soyadını alırken, diğer iki kardeş Hüseyin ve Ali Selami ise "Helvacıoğlu" soyadını aldı.

Ali Adnan'ın halası Sacide'den sonra babasının hikâyesine devam edelim...

Hukuk öğrencisi İbrahim Edhem tatillerde İstanbul'dan Aydın'a geldiğinde Kızılseki'deki çiftlik evinde kalırdı. Bu ev, Aydın'ın toprak ağalarından Hacı Ali Paşa'nın konağının karşısındaydı.

İbrahim Edhem, Hacı Ali Paşa'nın biricik kızı Tevfika'ya âşıktı.

İbrahim Edhem, Tevfika'ya aşk mektupları gönderiyordu. Mektupları götüren ise ablası Sacide'nin beş yaşındaki kızı Güzide'ydi.

Güzide, hemen her fırsatta sevilmek için karşı konaktan, yani Hacı Ali Paşa'nın konağından çağrılırdı.

Küçük Güzide, dayısı İbrahim Edhem'in, göğsüne sıkıştırdığı mektupları Tevfika'ya ulaştırma konusunda oldukça hünerliydi. Sevgililerin karşılıklı mektuplarını taşırken bir gün bile yakalanmadı.

Her yıl tekrarlanan yaz mektuplaşmaları sürerken İbrahim Edhem hukuk öğrenimini tamamladı. Aydın Vilayeti Tahriratı Umumiye Müdürlüğü'nde kâtiplik ve davavekilliği yaptı.

Bu arada babası İsmail Efendi'ye, Tevfika'yla evlenmek istediğini açıkladı. İsmail Efendi, oğlunun isteğine karşı çıkar gibi oldu. Karşı çıkmasının nedeni Tevfika'nın verem olmasıydı. Ama oğlunun ısrarları karşısında "evet" demek zorunda kaldı.

İsmail Efendi ve Fitnat Hanım aile büyükleriyle birlikte komşuları Hacı Ali Paşa'nın konağına gidip Tevfika'yı oğullarına istediler.

Hacı Ali Paşa'nın ne yanıt verdiğini yazmadan önce, kimliği konusunda birkaç söz sarf etmem gerekiyor.

Hacı Ali Paşa'nın sır dolu hikâyesi

Öncelikle bir konunun altını kalın bir kalemle çizmek gerekiyor: gerek Menderes ailesinin biyografisini anlatan kitaplar, gerekse elinizdeki kitabın yazımı sırasında görüştüğüm kişiler Hacı Ali Paşa'nın kimliği konusunda hep farklı anlatımlarda bulundu. Yani, Hacı Ali Paşa'nın kimliğine ilişkin bir fikir birliği yoktur.

Yazılan kitaplarda ortak görüş, 1877-1878 Osmanlı-Rus Savaşı üzerine Dobruca'dan Eskişehir'e göçettigi şeklindedir. (Şevket Süreyya Aydemir, *Menderes'in Dramı*, 2000, s. 18)

"Kırım ve Kafkas göçleri" konusunda çalışma yapan Abdullah Saydam, Türkiye'de hep yanlış bilinen bir gerçeğe dikkat çekiyor:

İslamiyet'in yanı sıra Kırım'da Hıristiyanlık ile Musevîlik de mevcuttu. Gayrimüslimlerin hemen hepsi Gözleve, Karasupazar, Akmescit, Bahçesaray şehirlerinde yaşıyorlardı. Din ve mezhep dışında, Ermeniler, Gürcüler, Rumlar ve Karayim Musevîleri Müslümanların yaşayışlarını benimsemişlerdi ki, bu ilginç bir durumdur. Rumlar ile Ermeniler, Rus İmparatorluğu'na katıldıklarında Türkçe konuşuyorlardı. (*Kırım ve Kafkas Göçleri*, 1997, s. 22)

Kırımlı Ali, Eskişehir'den Tire'ye gidiyor.

Sebebinin ne olduğu tam bilinmemekle birlikte, eline silah alıp Tire dağlarına çıkıyor, eşkıya oluyor.

Kendine kucak açmış bir ülkede hemen eşkıya olması hayli tuhaf değil mi?

Dağını taşını, insanını bilmeden eşkıya oluyor!

Sonrası daha da ilginç: eşkıyalıktan bıkıp, Tire'de büyük bir çiftlikte kâhyalık yapmaya başlıyor. Bu arada çiftliğin genç dul hanımıyla evleniyor. Böylece "Ali Ağa" unvanını alıyor. Ardından Kâbe'ye gidip "hacı" oluyor; "Hacı Ali Ağa", sonra da "Hacı Ali Paşa" adını alıyor! "Paşa" unvanı Saray'dan kendine "miri miran" denilen sivil paşalık unvanıyla geliyor.

Bu hikâyede yanıtını bilemediğimiz yığınla soru var...

Örneğin, niye Tire?

Siren Bora *İzmir Yahudileri Tarihi (1908-1923)* adlı çalışmasında bakın ne diyor:

1453 yılında İstanbul'a Tireli Yahudilerin sürgün edildiğini biliyoruz. O halde bu tarihten önce Tire'de Yahudiler yaşıyordu. 1492 yılında ise, İspanya'dan kovulan ve Osmanlı Devleti'ne sığınan Yahudilerin bir kısmı Tire ve Manisa'ya yerleşmişti.

Tire tapu tahrir defterine göre XVI. yüzyılın ikinci yarısında Tire'de 64 hane, 18 bekâr Yahudi yaşıyordu.

Keza daha sonraki yıllarda Filistin'den getirilen Yahudilerin bir kısmı da Tire'ye yerleştirilmişti.

Tire'de Rum nüfusunun da olduğu biliniyor.

Kırımlı Ali, kozmopolit Tire'yi tercih etmişti!

Tire'nin bir özelliği ilgi çekiciydi...

XV. yüzyıldan XVIII. yüzyıla kadar kadar tam üç yüz yıl boyunca Tire, Osmanlı'nın paralarının basıldığı yerdi, yani darphaneydi.

Neyse fazla kafa karışıklığı yaratmayalım!

Kırımlı Ali dağdan inerek "içgüveysi" olmayı neden kabul etmişti? Çiftlik sahibi dul kadın Türk ve Müslüman mıydı? Yoksa Rum ya da Yahudi miydi? Dul kadının kimliği hep büyük bir sır olarak kaldı.

Adnan Menderes'in dedesi Hacı Ali Paşa şeceresinde bu kadar çok bilinmezin olması tuhaf değil mi? Örneğin Adnan Menderes gençliğinde, dedesinin "Mabeyinci Ali Paşa" olduğunu söylüyor. Gerçekten de II. Abdülhamid'in Mabeyinci Ali Paşa'sı vardı, ama o İstanbul'dan hiç dışarı çıkmamıştı. Yani Aydın ve Tire'deki "Hacı Ali Paşa"yla uzaktan yakından ilgisi yoktu.

Adnan Menderes'in kendisini yüceltmek için öz dedesi Hacı Ali Paşa'ya değil, Mabeyinci Ali Paşa'ya ihtiyaç duymasının sebebi neydi?

Yine söylenenlere göre, Hacı Ali Paşa'ya, II. Abdülhamid'e bağlı olduğu için, Tire'de 70 000, Aydın Çakırbeyli'de 30 000 dönüm toprak verilmişti.

Soru basit: bu kadar büyük toprağı niye versin?

O dönemde başta İngilizler olmak üzere yabancı tüccarlar, ihracat ürünleri yetiştirmek için toprakları binlerce liraya satın alırken, padişah kimin toprağını kime bedava verebilir ki?

Ama rivayet öyle!..

1866 yılında çıkarılan yeni yasayla birlikte yabancılara taşınmaz mal alabilme hakkı tanınmıştı. Bunun üzerine 1878'de 41 İngiliz tüccar İzmir-Aydın arasındaki ekilebilir arazilerin pek çoğunu satın aldılar.

Örneğin, D. Baltazzi 247 000 dönüm; W.G. Maltass 122 592 dönüm; R. Wilkin 130 228 dönüm; A. Edward 80 000 dönüm; E. Lee 3 040 dönüm; C. Gregoriades 5 160 dönüm; J. Aldrich 6 000 dönüm A.S. Perkins 16 360 dönüm toprak aldı.

Hacı Ali Paşa'nın "güya bedavadan konduğu" Tire'de, J.H. Hatkinson 1 556; F. Whittall 18 868 dönüm toprağa, binlerce sterlin vererek sahip olmuştu.

O dönemde herkes Aydın bölgesinden toprak alma peşindeydi. Keza:

> 1877'de Osmanlı uyruklu Kafkas Yahudileri söz konusudur; Alyans (Alliance İsraelite Universelle) sorumluluğunda Aydın yakınlarında bir çiftliğe yerleştirilenler için bir tarım kolonisi oluşturulur. (Henri Nahum, *İzmir Yahudileri*, 2000, s. 47)

Hacı Ali Paşa "Kafkas Yahudisi" olabilir mi?
Bu konuda elimizde yeteri kadar bilgi ve belge yok.

Hacı Ali Paşa'nın oğlu Sadık'ın torunu Münci Giz, dedesi hakkında farklı bilgiler vermektedir:

> Konya'da yaşıyor. Sonra adı bir kan davasına karışıyor; öldürülmemesi için bir Arap aile tarafından İstanbul Burgaz Adası'na getiriliyor. Burada bir çiftlikte sığırtmaç olarak işe başlıyor. 1,90 boyunda, sarışın, renkli gözlü bir adam. Zamanla çiftliği de satın alıyor, sonra Tire'ye gidiyor.

Sonrası malum hikâye, dul kadınla evlenmesi vb.
Biliyorum kafanız karıştı. Anlatmak istediğim de zaten bu karışıklık!
Kırımlı Ali ya da Konyalı Ali, "ışık hızıyla" işler yapıyor:
Önce dağa çıkıyor, sonra çiftlikte kâhyalık yapıyor ve arkasından "dul kadınla" evleniyor. Dul kadının adını, torun Münci Giz açıklıyor: Fatma!
Hacı Ali Paşa'nın bu dul kadından çocuğu oluyor mu?
Evet oluyor: Tevfika, Sadık, Şükrü ve Refik.
Bir kızı daha var, ancak adını ailede kimse bilmiyor, çünkü bebekken ölüyor.
En küçükleri Tevfika'ydı.
En büyüğü Sadık, Arnavut Ali Zot Paşa'nın kızı Feriye'yle evliydi. Feriye aynı zamanda gelecekte Arnavutluk kralı olacak Ahmed Zogu'nun kuzeniydi. Feriye, uzaktan II. Abdülhamid'le de akraba sayılır, çünkü Arnavutluk Kralı Zogu'nun kız kardeşi Prenses Seniye, II. Abdülhamid'in en küçük oğlu Abid Efendi'yle evliydi.[4]
Feriye Sadık'ın ikinci eşiydi. Sadık'ın ilk eşi Refiha'dan Sabiha isminde bir kızı vardı. İkinci eşi Feriye'dense Sadık isminde oğlu oldu. İbrahim Edhem'in aşkından ne yapacağını bilemediği o günlerde Hacı Ali Paşa'nın üç çocuğu, Tevfika, Şükrü ve Refik bekârdı.

Tevfika kaçırılıyor

Biz dönelim "kız isteme" törenine...
Yazılanlara bakılırsa, Tevfika'yı, oğlu İbrahim Edhem'e isteme-

---

4. Ahmed Zogu, Arnavutluk'un önemli ailelerinden biri olan Zogolli ailesine mensuptu. Manastır Askerî İdadîsi'nde okudu. Ardından bir süre Galatasaray İdadîsi'nde öğrenim gördü. Birinci Dünya Savaşı'na Avusturya ordusu saflarında katıldı. Yirmi beş yaşında İçişleri bakanı oldu. Yugoslavya'ya karşı Arnavutluk direnişini organize etti. Otuz yaşında cumhurbaşkanı, otuz üç yaşında, yani 1928 yılında Arnavutluk kralı oldu. 1939'da İtalyanlar Arnavutluk'u işgal edince Yunanistan'a sığındı. 1940'ta Londra'ya giderek ülkesinin yeraltı direnişine önderlik etti. 1961'de Fransa'da vefat etti. Oğlu Leka Güney Afrika'da, yeğeni Ergun Zoka ise Türkiye'de yaşıyor.

ye giden İsmail Efendi ve Fitnat Hanım, Hacı Ali Paşa'nın kişiliğine uygun sertlikte bir yanıt aldılar. Hacı Ali Paşa, "Hayır vermem" diyerek kestirip attı.

Dün olduğu gibi bugün bile Anadolu'da hasta genç kızların evlenince iyileşeceğine inanılırken, Hacı Ali Paşa'nın kızının evlenmesine karşı çıkmasının bir başka nedeni olmalıydı!

Üstelik İbrahim Edhem hukuk öğrenimi görmüş, aydın bir insandı. Türkler arasında okumuş aydın kaç kişi vardı ki? Temiz, düzenli, zarif ve çevresince saygı gören bir kişiydi. Yani iyi yetişmiş, kültürlü, güzel konuşup yazan ve edebiyata merakı olan bir Osmanlı münevveriydi. Keza gerek baba tarafından Halepçizadeler, gerekse anne tarafından Kâtipzadeler zengindiler.

Özetle, Tevfika'nın iyileşmesi için olanakları fazlaydı.

Keza Hacı Ali Paşa'nın hasta kızının son arzusunu bile yerine getirmek istememesinin hangi geçerli nedeni vardı acaba?

Hacı Ali Paşa'nın kızı Tevfika'yı vermesinin nedeni sadece kızının değil, İbrahim Edhem'in de verem olduğunu bilmesi miydi? Üstelik genç avukatın kalp hastası olduğu da söyleniyordu.

İbrahim Edhem, Hacı Ali Paşa'nın kararını öğrenince çok üzüldü.

İzmir'e gitti; konuyu ablası Sacide'nin kocası Ahmed Hamdi'ye açtı.

Ne yapacağını da söyledi: Tevfika'yı kaçıracaktı.

Yazılanlara bakılırsa, Ahmed Hamdi, Salepçizade Midhat ve âşık İbrahim Edhem, Hacı Ali Paşa'dan korkmadan, çekinmeden gidip Tevfika'yı kaçırdılar.

Yazılanlara inanırsak, eşkıyanın kol gezdiği bir dönemde Hacı Ali Paşa'nın konağının korumasız olduğunu düşünmemiz gerekiyor. Neyse... Ama oluyor işte; üç genç ellerini kollarını sallaya sallaya Tevfika'yı kaçırıyorlar.

Bir akşam vakti Tevfika'yı İzmir'e getiriyorlar.

Ve alelacele iki genç evlenip, İzmir Beyler Sokağı'ndaki bir eve yerleşiyorlar.

Ve gökten yine üç elma düşüyor!..

Yine ilgili tarih kitaplarına bakarsak, araya giren hatırlı kişiler sayesinde Hacı Ali Paşa kızını ve damadını affedip, bağrına basıyor.

O herkesin korktuğu, karşısında titrediği sert kişilikli Hacı Ali Paşa yumuşayıveriyor. "Eeee, madem İbrahim Edhem oğlumuz Tevfika'yı kaçırmayı başardı, evlenmeyi de hak ediyor" demiştir herhalde!

Şaka bir yana bunlar hiç inandırıcı değil.

Ne Hacı Ali Paşa'nın kimliği üzerine anlatılanlar ne de Tevfika ile İbrahim Edhem'in aşkları ve kaçışları akla uygun değil!

Yeşilçam filmlerinden öykülenilerek yazıldığı duygusunu veriyor.

Gerçeği bilmiyoruz. Ama yazılanların da doğru olmadığını anlayabiliyoruz.

O halde şunu yazabiliriz: bir sır var!

Yürek yakan acılar

Tevfika-İbrahim Edhem evliliğinden bir yıl sonra...

Lepiska saçlı, sarışın, mavi gözlü ilk çocukları İzmir Beyler Sokağı'ndaki evde doğdu: Melike.

Üç yıl sonra...

Tevfika'nın ağabeyi Sadık Bey'in Aydın Sarayiçi Mahallesi'ndeki konağında ikinci çocukları dünyaya geldi: Ali Paşazade Adnan (Menderes)!

Burada iki ayrıntıya dikkatinizi çekmek istiyorum.

Ali Adnan'ın doğum tarihi 1899.

Melike'nin ise 1896.

Diyelim ki, İbrahim Edhem-Tevfika çifti 1895'te evleniyorlar.

Acaba Tevfika evlendiğinde kaç yaşındaydı?

Bunu şu nedenle soruyorum: hani Hacı Ali Paşa'nın, daha "paşa" olmadan önce 1878'de Dobruca'dan gelip, Aydın çevresinde "hacı" ve "paşa" unvanlarını kaç yılda aldığını ortaya çıkarmak istiyorum!

Yazılanlar doğruysa hepsini "ışık hızıyla" yapması gerekiyor!

Bir diğer ayrıntı: Ali Paşazade Adnan, babasının değil annesinin soyunu isim seçmişti!

Babası İbrahim Edhem'in adını alması gerekmiyor mu? Yani neden "Halepçizade Adnan" veya "İbrahim Adnan", ne bileyim "Edhem Adnan" değil de, "Ali Paşazade Adnan"?

Neden?..

Geçelim...

Kızı Melike ve oğlu Ali Paşazade Adnan'ın doğumuyla moral bulan Tevfika yine de hastalığı yenecek gücü bulamadı. Giderek sağlığı bozuldu. Ateşi yükseldi, öksürükleri sıklaştı. İştahsızlığı artık hiç yemek yememe boyutuna vardı.

Fitnat Hanım gelini ve iki torununu alıp İzmir'e geldi.

İzmir doktorları seferber edildi. Ama verem ilerlemişti.

Tevfika, arkasında bir eş ve iki minik bebek bırakıp son nefesini verdi.

Ali Paşazade Adnan daha küçüktü, ne olduğunun farkında bile değildi.

Abla Melike ise sadece beş yaşındaydı.

O yıllarda eşi İsmail Efendi'nin üzerine Manisa'dan Hasna isminde bir kuma getirmesine kızan Fitnat Hanım koca evinden ayrıldı.

Artık eşi Halepçizade İsmail'in adını değil, kendi ailesinin adını kullanacaktı: Kâtipzade Fitnat Hanım!

Fitnat Hanım çokeşliliğe karşıydı.

Yukarıda yazdığım gibi Fithat Hanım'ın iki çocuğu vardı: İbrahim Edhem ve Sacide.

Sacide'nin eşi Ahmed Hamdi Bey çok çapkındı. Damadının çapkınlığına çok kızan ve kızının onun yüzünden çektiği sıkıntılar nedeniyle genç yaşta öldüğünü düşünen Fitnat Hanım, kızının ailesine mirasından hiç pay ayırmadı. Yani Fitnat Hanım hayli güçlü bir kadındı.

Kocasından ayrılan Fitnat Hanım, oğlu İbrahim Edhem ve torunları Melike ile Ali Paşazade Adnan'ın bakımını üstlendi.

Ancak talihsizlik peşlerini bırakmadı.

Eşini kaybeden İbrahim Edhem de hastalandı. Veremdi.

Doktorlar çarenin İsviçre'de olduğunu söylediler. Gitmesine engel yoktu ama çocuklarını bırakmak istemiyordu.

Fitnat Hanım oğluna ısrar edip, İsviçre'ye gitmeye ikna etti.

İbrahim Edhem, valizini toplayıp, İzmir'den İstanbul'a geldi. Önce burada muayene olacaktı, eğer çare bulunmazsa İsviçre'ye gidecekti.

Zamanın en önemli otellerinden biri olan Meserret Oteli'ne yerleşti. Ancak bu arada hastalığı arttı; doktorlara gidecek gücü kendinde bulamıyordu. Annesi Fitnat Hanım'ı çağırdı. Ama Fitnat Hanım İstanbul'a ulaşamadan İbrahim Edhem otel odasında can verdi.

Fitnat Hanım oğlunun İstanbul'daki Merkez Efendi Mezarlığı'na defnedilmesini istedi.

Cenaze işlemlerinden sonra İzmir'e torunlarının yanına döndü. Ama acı henüz evlerini terk etmemişti. Oğlundan sonra kızı Sacide'yi kaybetti.

Ölümün evlerinden gideceği yoktu.

Tevfika ve İbrahim Edhem'den sonra altı yaşındaki Melike de yaşama veda etti.

Minik Ali Adnan, annesi, babası, halasından hemen sonra ablası Melike'yi de kaybetmişti. Daha üç yaşındaydı.

Yaşamı boyunca aklına ne zaman ablası Melike gelse, Ali Adnan hep gözyaşı dökecekti. Ne annesinin ne de babasının yüzünü anımsıyordu; ailesinden tek bildiği ablası Melike'nin mavi gözleri ve sarı saçlarıydı...

Dayısı akıl hastasıydı

"Ali Adnan ve babaannesi Fitnat Hanım bir başlarına kalakalmışlardı."

Adnan Menderes'le ilgili kitaplar, makaleler, yazı dizileri, belgeseller hep bu yukarıdaki cümleye yer veriyor.

Gelin şu cümleyi biraz açalım...

Ali Adnan'a neden sadece babaannesi Fitnat Hanım sahip çıkmıştı?

Anne tarafı Ali Adnan'la niçin ilgilenmemişti? Ya da bu yargı yanlış mıydı?

Yanıtı bulmak için Ali Adnan'ın anne tarafına yani Hacı Ali Paşa ailesine tekrar dönelim.

Anne tarafından Hacı Ali Paşa ailesine akraba olan Osman Evliyazade'nin, Hacı Ali Paşa'nın öldürülmesine ilişkin bu kitabın yazarına yaptığı açıklama da hayli ilginçtir:

> Tire'den Bayındır'a kaplıcaya giderken Rum arabacısı tarafından öldürülüyor. Arabacı yolda arabayı durduruyor, silahını çekiyor. Hacı Ali Paşa cebinden bir kese altın çıkarıp arabacıya uzatıyor. Arabacı "Malını değil canını istiyoruz" diyerek Hacı Ali Paşa'yı öldürüyor.

Diyorum ya bu hayat hikâyesi hep gizemlerle dolu...

Bu cinayet, Hacı Ali Paşa'nın kişiliğiyle ilgili "çizilen tablolara" pek yakışmıyor doğrusu!

Dr. Mükerrem Sarol *Bilinmeyen Menderes* adlı kitabında, Hacı Ali Paşa'yı bakın nasıl yazıyor:

> Hacı Ali Paşa sert, mütehakkim mizaçlı bir aile reisidir. Az konuşan, ağırbaşlı, çok cesur, korkusuz yaradılışlı bir insandır. Ali Paşa'nın sürdürdüğü aile düzeni pederşahî bir düzendir. Son derece mütehakkim olan paşadan yalnız ailesi değil uzak yakın çevresi de korkmaktadır. (1983, s. 7)

O "astığı astık, kestiği kestik" Hacı Ali Paşa, canını kurtarmak için arabacıya bir kese altın teklif ediyor, ama kurtulamıyor!

Neyse, ayrıntıya girmeyelim.
Yani Ali Adnan'ın, adını taşıdığı dedesi öldürülmüştü.
Peki ya dayıları?

Hacı Ali Paşa ailesi o yıllarda hep acı olayları arka arkaya yaşadı. Kaybettikleri sadece kızları Tevfika, damatları İbrahim Edhem ve torunları Melike değildi.

Hacı Ali Paşa'nın büyük oğlu Sadık'ın Feriye'yle evlendiğini ve Sabiha isminde bir kızları olduğunu yukarıda yazmıştım.

Ne yazık ki, Sadık, genç yaşta öldü. Dul kalan Feriye, Sadık Bey'in erkek kardeşi Refik'le evlendirildi.

Feriye Hanım, Refik Bey'in ikinci eşi oldu. Refik Bey Siret Hanım'la evliydi ve bir çocukları vardı: Mesude.

Ancak Feriha Hanım da genç yaşta vefat etti.

İki dul, Feriye ile Refik evlendirilmişti!

İki çocuk, Sabiha ve Sami ile Mesude hem kuzen, hem de kardeş olmuşlardı. Ancak Sami bu evliliğe karşı çıkıp Fransa'ya gitti ve uzun yıllar dönmedi.

Refik ile Feriye Hanım'ın bir çocukları oldu: Dündar.

Ve Hacı Ali Paşa'nın bir diğer oğlu Şükrü de, ağabeyi Sadık'la aynı kaderi paylaşacak, genç yaşta ölecekti.

Ama veremden değildi onun ölümü: "Şükrü Bey bir ruh hastalığından mustaripti." (Şevket Süreyya Aydemir, *Menderes'in Dramı*, 2000, s. 21) Yani Ali Adnan'ın dayısı bir akıl hastasıydı.

Şükrü vefat ettiğinde otuz yaşındaydı. Gariptir Dündar da akıl hastasıydı. İleride göreceğiz ailede akıl hastası sayısı hiç de az değildi.

Ve gelelim yukarıdaki sorunun yanıtına...

Annesiz babasız kalan Ali Adnan'ı dayısı Refik neden yanına almadı?

Aslında almak istedi. Almak istemesinin bir diğer nedeni Hacı Ali Paşa'nın mirasının bölünmemesiydi. Konu mahkemelere yansıdı.

Aydın Menderes'in babasından duyduğuna göre, Ali Adnan mahkeme günü duruşmanın yapıldığı odadaki pencerenin önünde giderek, "Beni babaannemden ayırırsanız intihar ederim" diye ağlamaya başladı ve bunun üzerine mahkeme çocuğun verasetini Fitnat Hanım'a verdi.

Hacı Ali Paşa'nın mirası bölünmüş, Çakırbeyli Çiftliği Ali Adnan'ın olmuştu.

Dayısına ise Tire'deki araziler kaldı...

Gün gelecek, yaptıkları evlilikle, Çakırbeyli Çiftliği'ne Evliyazade Fatma Berin Hanım, Tire'deki çiftliklere ise Evliyazade Nejad ortak olacaktı!

Amerikan koleji

O yıllarda verem uğradığı evden kolay kolay çıkmıyordu. Ali Adnan giderek zayıflamaya başladı. Fitnat Hanım ne yapsa bu zayıflığın çaresini bulamıyordu. Sonunda İzmir Gureba Hastanesi hekimlerinden Dr. Şehrî Bey küçük Ali Adnan'a verem teşhisi koydu.

Fitnat Hanım uğursuz vereme biricik torununu kurban vermemek için çırpındı. Önce oturdukları evi değiştirdi, Karşıyaka semtine taşındı. Temiz havası ve ferah bir bahçesi olan bu evde Ali Adnan biraz kilo aldı, sağlığına kavuşmaya başladı.

Üstelik ele avuca sığmayan afacan bir çocuk olmuştu. Disipline sığmayan mizacı yüzünden sık sık babaannesini üzüyordu.

Babaannesi çok disiplinliydi; ilk önceleri Ali Adnan'ın sokağa çıkmasına bile izin vermiyordu. Hastalık kapmasından endişe ediyordu.

Ali Adnan çok nadir, dayısı Refik'in ziyaretlerine geldiğinde yanında getirdiği kızı, Sabiha ile Mesude ablaları ve Sami ağabeyiyle oynuyordu.

Küçük Adnan onun dışında akranlarını hep evden seyrediyordu. Sonra yasak kalktı. Ama yine kurallar vardı: hava kararmadan eve gelinecekti, terli terli gezilmeyecekti...

Hastalıkla mücadele yıllarında küçük Ali Adnan okula gidemedi. Özel hocalardan ders alıp, okuma yazmayı öğrendi.

İkinci Meşrutiyet ilan edilir edilmez Uşakîzade Muammer'in Arapfırını ilerisindeki konağını okul binası olması için hibe etti. Memlekete "uyanık bir nesil yetiştirmek" amacıyla kurulan okula, "Leylî (yatılı) ve Neharî (gündüzlü) Merkez İttihat ve Terakki Mektebi" adı verildi. Okul, iptidaî (ilk), rüştiye (orta) ve idadî (lise) kısımlarından oluşuyordu.

Okulun öğretmen kadrosu, Türkiye'nin gelecekteki önde gelen devlet adamlarından oluşuyordu. Örneğin Mustafa Necib, Cumhuriyet'in ilk kuruluş yıllarının efsanevî Millî Eğitim bakanı olacaktı. Mustafa Necib'in 1929'da genç yaşında ölümü üzerine, aynı bakanlığa aynı okulda görev yaptığı arkadaşı, meslektaşı Mustafa (Çınar) getirilecekti. Okulun müdürü Şükrü (Saracoğlu) gün gelecek başbakan olacaktı. Ünlü yazar Reşat Nuri Güntekin'in babası Dr. Nuri Bey de bu okulda öğretmenlik yapıyordu...

Kafasında fesi, üzerinde dönemin hürriyet rengi kırmızı-beyaz önlüğü, göğsünde kurtuluşu simgeleyen rozeti ve elinde bayrağıyla, Ali Adnan bu okulun orta kısmına gitti.

En sevdiği ders Ateşoğlu Hayri Bey'in öğretmenliğini yaptığı jimnastik dersiydi.

Bir de salı ve perşembe günleri öğle sonrası tatillerinden faydalanıp öğretmenler eşliğinde şarkılar söyleyerek kır gezilerine gitmekten hoşlanıyordu.

Ali Adnan (Menderes), hayatı boyunca yanından ayıramayacağı Edhem'i (Menderes) o yıllarda tanıdı.

Ama asıl ilişkileri, Birinci Dünya Savaşı ortalarında buluğ çağında çağrıldıkları, yedek subay talimgâhında başlayacaktı...

Ali Adnan okula başladıktan sonra, artık daha bol vakti olan Fitnat Hanım Çakırbeyli Çiftliği'yle uğraşmak istedi. Ancak Aydın ile İzmir arasında gidip gelmekten yoruldu.

Bütün mülklerinin ve para işlerinin idaresini avukat Fevzi (Akder) Bey'e teslim etti...[5]

Bu arada, Ali Adnan, okulun orta bölümünü bitirmeden İzmir Kızılçullu'daki Amerikan kolejinin yatılı bölümüne geçti. Neden böyle bir tercihte bulunmuştu?

O dönemde, Amerikalı Protestan misyonerlerin Osmanlı İmparatorluğu sınırları içinde 430 okulu vardı.

Bunlardan biri de 1904 yılında açılan İzmir'deki International American College'di.

Amerikalı Protestan misyonerlerin Anadolu'daki okullarında 23 465 öğrenci öğrenim görüyordu. Bu öğrencilerden biri de artık Ali Adnan olmuştu.

Okulun amacı, diğer Amerikan misyoner okullarından farklı değildi: erkek çocuklara ve gençlere, Hıristiyanlık ilkelerine dayalı dil, sanat ve bilim eğitimi vermek. Artık sayıları giderek fazlalaşan Müslüman Türkler, istemezse bu din derslerine girmiyorlardı.

Dördü hazırlık, dördü yüksek bölüm olmak üzere okul sekiz yıllıktı.

Gözü gibi saklayıp büyüttüğü torunu Ali Adnan'ın bir misyoner okulunda hem de yatılı olarak okumasına Fitnat Hanım nasıl izin vermişti?

Aydın Menderes anlatıyor:

---

5. Avukat Fevzi Akder, Başbakan Adnan Menderes'in sevgilisi olarak karşımıza çıkacak ünlü opera sanatçısı Ayhan Aydan'ın dayısıdır.

Babam güçlü bir kişilik. Kızılçullu Amerikan Koleji'ne gitmeye tek başına karar veriyor. Gidip Fitnat Hanım'a diyor ki: "Ben bu okula gideceğim." Fitnat Hanım, "Ama senin İngilizcen yok" diyerek karşı çıkıyor. Babam "Ben oradan bir öğretmenle konuştum, bana İngilizce dersi verecek" diyor ve gidip koleje yazılıyor.

Mahmud Celal (Bayar) ile Ali Adnan'ın ilk karşılaşmaları Ali Adnan'ın Amerikan koleji günlerine dayanıyor.

Kolejden üç genç, İttihat ve Terakki'nin İzmir'deki önemli ismi Mahmud Celal'le görüşmek için yanına gidiyorlar. Temiz giyimli bu üç gençten biri, okullarında misyoner rahipler olduğunu ve bunların, Müslüman öğrencileri Hıristiyan yapmak için haddinden fazla çaba sarf ettiklerini söylüyor. Üstelik bazı Türk öğrenciler Hıristiyan olmuşlardı bile.

Bu üç öğrenciden biri Ali Adnan'dı.

Mahmud Celal, öğrencilerin sorunlarıyla ilgilenmiş, okul idaresiyle ve Maarif Müdürlüğü'yle temasa geçip, tahkikat açtırmıştı. Bu konu İzmir basınında bir hafta süren haberlere konu olmuştu...

Hıristiyanlık propagandası dışında Ali Adnan koleji sevmişti.

İttihat ve Terakki Mektebi'ndeki durgunluğunu Amerikan kolejinde üzerinden atmıştı. Okulda yeni arkadaşlar edindi. Bunlardan biri de, gelecekte bacanağı olacak Nusret Hamdi'ydi (Dülger).

Bir diğer arkadaşı ise İplikçizade Sadi. Ali Adnan'ı Karşıyaka Spor Kulübü'ne götüren oydu. Futbolu, güreşi ve bisiklete binmeyi seviyordu. İzmir'de bisiklete ilk binenler ikisi olmuştu.

Ali Adnan bisikletiyle Karşıyaka'da gezinirken saçları uzun ve örgülü dokuz yaşındaki küçük bir kız ona koşarak eşlik ederdi. Ali Adnan da küçük kızı sinirlendirmek için onun saçını çekerdi.

O küçük kız, gelecekte Ali Adnan'ın eşi olacak, Evliyazade Naciye'nin kızı Fatma Berin'di.

Ali Adnan'ı Karşıyaka Spor Kulübü'nden koparıp Altay'a götüren kişi Evliyazade Nejad'dı. Ali Adnan ile Nejad sadece Karşıyaka'dan tanışmıyorlardı.

Evliyazade Nejad o günlerde Ali Adnan'ın "çiçeği burnunda" eniştesiydi.

Ali Adnan'ın Karşıyaka'daki mahalleden tanıdığı Nejad ağabeyi, dayısı Refik'in kızı Mesude'yle evlenmişti.

Annesi Feriha'yı kaybeden Mesude genç yaşında evlendirilmişti.

Nejad aynı zamanda –ileride Ali Adnan'la evlenecek– dokuz yaşındaki Fatma Berin'in dayısının oğluydu.

Yani Ali Adnan'ın dayısının kızı Mesude ile Berin'in dayısının oğlu Nejad evleniyordu.
Dünürlerin ikisinin ismi de Refik'ti...
Erkek tarafı, Evliyazade Refik Efendi.
Kız tarafı, Hacı Ali Paşazade Refik Efendi.
Hacı Ali Paşa yaşasaydı, bu evliliğe de karşı çıkar mıydı acaba?!

Giz ailesi

Hacı Ali Paşa ailesi ikinci kuşağından ilk evliliği, genç yaşta vefat eden Sadık Bey'in ilk eşi Feriha'dan olan kızı Sabiha yapmıştı.

Ali Adnan'ın dayısının kızı Sabiha, Aydın'da mabeyinci olarak görev yapan Nuri Efendi'nin oğlu Söke kaymakamı Hamdi Efendi'yle evlenmişti.

Sabiha Hanım ilk doğan çocuğuna babasının adını verdi: Sadık!
Sadık Giz, 1950'li yılların Türkiye'sinde hayli şöhretli bir isim olacaktı.

On yıl DP milletvekilliği yapacaktı.
Eniştesi, Evliyazade Nejad'la birlikte Türkiye'de ilk jokey kulübünü kuracaktı.

Evliyazade Nejad ile Sadık Giz'in bir diğer ortak yanları ise, aynı okuldan mezun olmalarıydı: Belçika Ziraat Okulu!
Ve.
Sadık Giz, Galatasaray Kulübü'nün iki yıl (1957-1959) başkanlığını yapacaktı.[6]

1934'te çıkarılan soyadı yasasında "Giz" soyadını alan Sabiha ve Hamdi Efendi çiftinin, Sadık Giz dışında beş çocukları daha vardı:

1957 seçimlerinde DP listesinden aday olan, ancak seçilemeyen Dr. Münci Giz; uzun yıllar ABD'de yaşayan Dr. Sabahattin Giz; Millet Partisi (MP) kurucusu Dr. Mustafa Kentli'nin eşi Semiha Giz; Şekip İriboz ile evli Dilaram Giz ve Mehmet Ali Onat ile evli Refia Giz!

Sabiha Hanım'ın babası Sadık Bey ölünce üvey annesi Feriye Hanım'ın Refik Bey'le evlendirildiğini yazmıştık. Bu evlilikten doğan Sami, Paris'ten dönerek köylü kızı Fatma'dan evlilik dışı doğan oğluna amcasının adını verecekti: Sadık!

Sadık ise iki evlilik yapacak ilk eşi Feryel'den Sami ikinci eşi Zerrin'den Yunus, Feriye ve Vehibe doğacaktı.

---

6. Galatasaray Sadık Giz'in başkanlığı döneminde iki yıl üst üste şampiyon olmakla kalmadı, İstanbul Kuruçeşme'deki Galatasaray Adası'na da sahip oldu. Tabii bu ada meselesinde Sadık Giz'in DP milletvekili olmasının yanında dönemin başbakanı Adnan Menderes'in dayısının torunu olmasını da göz ardı etmemek gerekir!

Neyse biz tekrar eski yıllara Mesude'nin, Evliyazade Nejad'la yaptıkları düğüne dönelim...

Düğünde en mutlu kişi Evliyazade Nejad'ın annesi Kapanîzade Hacer Hanım'dı. Kızı Beria'nın babası yaşında Doktor Nâzım'la evlenmesine Hacer Hanım'ın gönlü pek elvermemişti. Ancak torunu Sevinç'in doğumu sıkıntılarını alıp götürmüştü.

Sevinç'i kucağından hiç indirmeyen kişi ise dedesi Evliyazade Refik Efendi'ydi.

Sevinç, Evliyazade ailesindeki tek torun değildi.

Evliyazade Gülsüm, kızı Faire'den bir torun sahibi olmuştu: Mesadet.

Evliyazadelerin nüfusu artıyordu...

Dr. Tevfik Rüşdü (Aras) ile Evliyazade Makbule'nin de bir kız çocukları dünyaya gelmişti: Emel.

Evliyazadeler arasında dayanışma çok güçlüydü. Makbule Hanım'ın sütü olmadığı için, Emel'i bir süre, Makbule'nin ablası Gülsüm'ün, Mihri Dülger'le evli kızı Faire emzirdi.

Emel'in sütannesi Faire'ydi!

Tüm Evliyazadeler Nejad-Mesude çiftinin düğünü için İzmir'de toplanmışlardı.

İki bacanak Doktor Nâzım ve Tevfik Rüşdü düğün için İstanbul'dan gelmişlerdi. İzmir ve Aydın'ın önde gelen aileleri bu düğünde buluşmuşlardı.

Nejad'ın şahidi İzmir Valisi Rahmi Bey'di...

Dünya ise o yıllarda büyük bir savaşa şahit olmaya hazırlanıyordu...

Sekizinci bölüm

Temmuz 1914, İstanbul

Evliyazadelerin iki damadı Doktor Nâzım ve Dr. Tevfik Rüşdü (Aras) düğün sabahı İzmir limanından Gülcemal vapuruyla İstanbul'a doğru yola çıktılar.
O dönemde İstanbul Moda'da aynı evi paylaşıyorlardı.
Doktor Nâzım, İttihat ve Terakki Cemiyeti Merkezi Umumîsi üyesi, Dr. Tevfik Rüşdü ise İstanbul Sağlık Teftiş Heyeti reisiydi.
Doktor Nâzım, Talat Paşa'ya, Dr. Tevfik Rüşdü ise o günlerde Sofya'da ataşemiliter olarak bulunan Mustafa Kemal'e yakındı.
İttihatçılar kendi aralarında birkaç parçaya bölünmüşlerdi. Mustafa Kemal bu hiziplerden birinin başındaydı. İttihat ve Terakki Cemiyeti'nde subayların ağırlığının artmasından rahatsızdı.
1909 Selanik Kongresi'ne Trablusgarp delegesi olarak katıldı. Kongreye, subayların ya siyasetle uğraşmaları ya da kışlaya dönmeleri önerisini sundu. Mustafa Kemal, İttihatçılar arasında Talat Paşa'nın başını çektiği sivillere yakın subaylardan biriydi. İttihatçılar bunu, Mustafa Kemal'in, Enver Paşa'yı kıskanmasına bağlıyordu.
Kongre Mustafa Kemal'in önerisini kabul etti. Ama bunu hiçbir zaman uygulamadı. Üstelik başta Enver Paşa olmak üzere askerlerin cemiyet içindeki ağırlığı her geçen gün arttı; aynı zamanda Enver Paşa'ya yakın İttihatçıların Mustafa Kemal düşmanlığı da. Mustafa Kemal'i bu nedenle Sofya'ya "sürgün" göndermişlerdi.
Mustafa Kemal Sofya'ya ataşemiliter olarak gitmeden önce Dr. Tevfik Rüşdü'yle görüşmüş, İstanbul'da ne olup bittiğini kendisine mektupla haber vermesini rica etmişti. Dr. Tevfik Rüşdü'nün en iyi haber kaynağı ise kuşkusuz bacanağı Doktor Nâzım'dı.
Doktor Nâzım "Talat Paşacı"ydı, bu nedenle Mustafa Kemal'e soğuk değildi. Subayların politikayla uğraşmasına o da karşıydı; özellikle İttihatçı fedailerin...

İki bacanak, Gülcemal vapurundan inip, Moda'daki evlerine ulaştıklarında Dr. Tevfik Rüşdü, Mustafa Kemal'in mektubuyla karşılaştı. Mektubu alelacele açıp okudu.

On yedi sayfalık mektupta Mustafa Kemal, Bulgar hükûmetinin son aylarda tamamen Alman buyruğu altına girdiğini, Meclisi Mebusan Reisi Halil (Menteşe) Bey'in Sofya ziyaretinin perde arkasında yeni bir ittifak kurma çabalarının olduğunu ve bunu planlayanın ise Almanya olduğundan kuşkulandığını yazıyordu.

Mustafa Kemal, her ne olursa olsun Osmanlı Devleti'nin savaşa girmemesi gerektiğini belirtiyor ve bu konuda Dr. Tevfik Rüşdü'den konuyla ilgili kulis yapmasını istiyordu.

Sadece Mustafa Kemal'i değil, İttihatçıların büyük bir bölümünü kaygılandıran gelişmenin başlangıç tarihi 28 haziran 1914'tü. Avusturya Veliahtı Franz-Ferdinand ve eşi düşes Saraybosna'da uğradıkları suikast sonucu öldürüldü. Suikastı düzenleyen kişi on dokuz yaşında Gavrilo Princip adında bir Sırp milliyetçisiydi.

İmparatorluğunun içinde büyük bir nüfusu olan ve her an başkaldırma teşebbüsünde bulunan Slavlara dersini vermek isteyen Avusturya-Macaristan, suikastı fırsat bildi. Ama bu iş o kadar kolay değildi. Sırbistan, Ortodoks Slav bir ülkeydi. Rusya'nın koruması altındaydı. Avusturya-Macaristan İmparatorluğu ise Almanya'ya yakındı.

İşin özünde "dünya paylaşımının yeniden yapılanması" vardı.

Dünya iki kutuplu olmuştu: Almanya, Avusturya-Macaristan İmparatorluğu ve İtalya "Üçlü İttifak"ı; İngiltere, Fransa ve Rusya "İtilaf Devletleri"ni oluşturuyordu. Bu devletlerin politikaları her geçen gün gelişen sanayilerine sömürge bulmak üzerine kuruluydu. Ama sömürecek yeni yer kalmamıştı. Oysa, birliklerini geç tamamlayan Almanya ve İtalya yeni sömürgeler peşindeydi. İngiltere ve Fransa ise sömürgelerini korumak zorundaydı. Rusya ise öncelikle Balkanlar'da, Panslavist bir politikayla yeni sömürge arayışına girdi. Yani dünya hızla savaşa sürükleniyordu.

Bazı imparatorlukların (Osmanlı, Almanya, Rusya ve Avusturya-Macaristan) yıkılacağı savaşa gün değil saatler vardı.

Gizli kapılar ardında...

Bu bilgilerden sonra tekrar Moda'daki eve dönelim...

Dr. Tevfik Rüşdü, mektubu okuduktan sonra bacanağı Doktor Nâzım'a uzattı. Doktor Nâzım anlamıştı ki, kapalı kapılar ardında bilmedikleri bir oyun oynanıyor... Dahiliye Nazırı Talat Paşa'yla görüşmeye karar verdi...

Bir gün sonra, akşam vakti, Dr. Tevfik Rüşdü'ye müjdeyi verdi. Talat Paşa ve İttihat ve Terakki Merkezi Umumîsi'ndeki arkadaşlarıyla görüştüğünü, hepsinin savaşa girmeme konusunda hemfikir olduğunu söyledi.

Sevinçli haberi Moda'daki evlerinde konyak içerek kutladılar...

Aynı saatlerde İstanbul'un diğer yakası Yeniköy'de Said Halim Paşa'nın yalısında gizli bir görüşme yapılıyordu.

Sadrazam Said Halim Paşa, yalısına Meclisi Mebusan Reisi Halil (Menteşe) Bey'i özel olarak çağırmıştı: "Halil Bey, Almanya'yla ittifak hazırlamaktayım. Ne dersiniz, devam edeyim mi?"

Bu sorunun aslında birkaç anlamı vardı.

Sadrazam, Harbiye Nazırı Enver Paşa'nın "kontrolü" altındaydı. Ondan habersiz böyle bir harekete kalkışamazdı. Ama biliyordu ki, İttihatçıların "sivil kanadı" onaylamadan da bu girişimin bir anlamı olamazdı. Bu nedenle hem kişisel dostu, hem de İttihatçılar arasında çok sevilen Halil Bey'i yalısına çağırmıştı. Ayrıca Meclis'in havasını da merak ediyordu.

Halil Bey, "İngilizler ve Fransızlar nezdindeki bütün teşebbüslerimiz neticesiz kaldığına göre, sırf Rusya'nın saldırısı karşısında, savunma amacıyla Almanya'yla bir ittifak akdine muvaffak olursanız, memlekete hizmet etmiş olursunuz" dedi.

Sadrazam Said Halim Paşa rahatlamıştı.

Biliyordu ki, İttihat ve Terakki Cemiyeti Merkezi Umumîsi üyesi Doktor Nâzım, Bahriye Nazırı Cemal Paşa ve İzmir Valisi Rahmi Bey, Maliye eski nazırı Cavid gibi isimler İngiltere ve Fransa'ya yakındı. Bu isimler Almanya'yla ittifaka karşı çıkan İttihatçıların başını çekiyordu.

Uzun yıllar Paris'te kaldığı için, "Fransızlara yakın olduğu" iddiası bir gün Doktor Nâzım'ı, Almanya'nın İstanbul büyükelçisiyle kavga eder noktaya getirdi.

Taşkışla'da çıkan bir yangının söndürülmesi sırasında altı Alman askerinin ölümü üzerine Doktor Nâzım, İttihat ve Terakki Cemiyeti adına Alman Büyükelçiliği'ne taziyeye gitti. Alman Büyükelçisi Baron Wangenheim'ın biraz da küstahça, "Siz, bize gelen bilgilere göre Alman düşmanı, Fransız dostuymuşsunuz" şeklindeki sözlerine Doktor Nâzım çok sinirlendi ve "Ben ne Alman-Fransız dostu ne de Alman-Fransız düşmanıyım; ben Türk'üm, Türk dostuyum" diye yanıt verdi.

Almanya'yla ittifak çabaları bazı İttihatçı nazırların istifalarına yol açtı. Menemenlizade Mehmed Rıfat Bey, şair Namık Kemal'in kızı Feride'yle evliydi. Selanik Defterdarı Mehmet Rıfat Bey, İttihat Terakki döneminde iki kez (18 şubat-14 nisan 1909 ve 1 mayıs-1 temmuz 1909) Maliye nazırlığı yaptı.

Birinci Dünya Savaşı'na girilip girilmeyeceği tartışmalarının yapıldığı o günlerde Mehmed Rıfat Bey üçüncü kez (ocak 1913) Maliye nazırlığı görevini yürütüyordu. Savaşa girilmesine karşıydı. Mart 1914'te istifa etti.[1]

İstifa eden Menemenlizade Mehmed Rıfat Bey'in yerine Selanikli Cavid ikinci kez Maliye nazırlığına getirildi. Ancak o da yedi ay görevde kalacak, Almanya'yla ittifaka karşı çıkıp istifa edecekti.

Savaş İttihatçıları ikiye bölmüştü; güç İttihatçıların asker kanadındaydı.

1914 yazı hayli sıcak geçiyordu...

23 temmuz: Avusturya-Macaristan İmparatorluğu Sırbistan'a ültimatom verdi.

25 temmuz: Sadrazam Said Halim Paşa, Rusya'nın muhtemel saldırısına karşı Almanya'yla ittifak yapma yetkisine olanak sağlayacak padişah ruhsatnamesini aldı.

28 temmuz: Avusturya-Macaristan İmparatorluğu Sırbistan'a savaş açtı.

29 temmuz: Rusya seferberlik kararı aldı.

1 ağustos: Almanya Rusya'ya savaş ilan etti. Aynı gün İngiltere ve Fransa genel seferberlik çağrısı yaptı.

Ve 2 ağustos: Sadrazam Said Halim Paşa'nın Yeniköy'deki yalısında, Almanya'yla ittifak antlaşması imza edildi. Antlaşmaya göre, Rusya, Avusturya-Macaristan İmparatorluğu ile Sırbistan arasındaki savaşa müdahale ederse, Almanya ve Osmanlı Devleti savaşa katılacaklardı.

---

1. Menemenlizade Mehmed Rıfat'ın ilk eşi Namık Kemal'in kızı Feride'den Numan, Nahide, Beraat, Muvaffak adında dört çocuğu vardı. Numan Menemencioğlu, büyükelçilik, Dışişleri genel sekreterliği, CHP ve DP milletvekilliği ile 1942-1944 yılları arasında Dışişleri bakanlığı yaptı.
Mehmed Rıfat Bey'in diğer oğlu Muvaffak Menemencioğlu ise İngiliz Catherine'le (Laya) evlendi. Osmanlı Mebusan Meclisi üyeliği, Anadolu Ajansı müdürlüğü, Fenerbahçe Spor Kulübü başkanlığı (1927-1932) görevlerinde bulundu. Muvaffak Bey'in oğlu Turgut Menemencioğlu da büyükelçilik yaptı. Kızı Suzan da "aile geleneğini" bozmayarak Büyükelçi Mustafa Borovalı'yla evlendi. Muvaffak Menemencioğlu'nun torunlarından Ekber Menemencioğlu da büyükelçiydi. Diğer torunu Namık Kemal ise tercüme bürosu sahibidir. Ailede büyükelçi çoktu.
Mehmed Rıfat Bey'in torunu (Nahide'nin kızları) Berin, Büyük... ... Kutbay'la, Nevin ise Büyükelçi Zeki Sirmen'le evlendi. 1941-1943 yılları arasında Adalet bakanlığı yapan Hasan Menemencioğlu ile TBMM'de ikinci-üçüncü dönem Saruhan milletvekili olarak bulunan Kemal Menemencioğlu da bu ailenin akrabalarıdır.
Mehmet Rıfat'ın ikinci eşi Nüveyre'den Neyyire, Cem ve Tuğrul adında üç çocuğu oldu. Oğlu Cem Marsilya'da intihar etti.

İşin garip yanı, bu antlaşmadan bir gün önce Almanya'nın Rusya'ya savaş ilan etmiş olmasıydı!

Her iki taraftan milyonlarca askerin cephelere gönderileceği bir dünya savaşı başlamıştı. İnsanlık tarihinin o döneme kadarki en büyük savaşı, yorgun Osmanlı'nın kapısına dayanmıştı...

Koca Osmanlı İmparatorluğu savaşa giriyordu ve bundan hâlâ dört kişinin haberi vardı: Sadrazam Said Halim Paşa, Harbiye Nazırı Enver Paşa, Dahiliye Nazırı Talat Paşa ve Meclisi Mebusan Reisi Halil (Menteşe) Bey!

İttihat ve Terakki Cemiyeti'nin merkezi umumî üyeleri, Doktor Nâzım, Eyüb Sabri (Akgöl), Dr. Bahaeddin Şakir, Ziya Gökalp, Dr. Rüsuhî, Emrullah, Küçük Talat (Muşkara),[2] Rıza, Kara Kemal ve fırkanın genel sekreteri Midhat Şükrü'nün (Bleda) haberi yoktu.

Ve aynı gün Meclisi Mebusan beş aylık tatile sokuldu...

"Talat Paşa izin vermez!"

Bir sabah Moda'daki evin kapısı sabahın erken saatinde hızlı hızlı çalındı.

İttihat ve Terakki'nin umumî kâtibi Midhat Şükrü (Bleda), Doktor Nâzım ve Dr. Tevfik Rüşdü'nün (Aras) oturduğu Moda'daki eve telaşla girdi:

"Haberiniz var mı, İngiliz filosu tarafından kovalanan iki Alman zırhlısı, Breslau ve Goeben Çanakkale'ye sığınmış."

Dr. Tevfik Rüşdü, uluslararası ilişkilere meraklı olduğu için meselenin yasal çerçevesini çizdi: "Bitaraflık (tarafsızlık) kavaidine tevfikan yirmi dört saat zarfında karasularımızı terk etmek zorundalar, aksi takdirde..."

Midhat Şükrü, Dr. Tevfik Rüşdü'nün sözünü keserek, "Hayır, bildiğiniz gibi değil, biz bu gemileri satın almışız, Goeben'e 'Yavuz', Breslau'ya 'Midilli' adını vermişiz. Şimdi bu gemilerin direklerinde Türk bayrağı dalgalanıyormuş, Alman zabitleri de kafalarına fes geçirmişler!" dedi.

Dr. Tevfik Rüşdü, Osmanlı'nın savaşa girmesinin an meselesi olduğunu anladı. Doktor Nâzım, bacanağı gibi düşünmüyordu. Talat Paşa'nın savaşa girilmesini önleyeceğini umut ediyordu.

Hep birlikte, gelişmelerden detaylı haber almak için, Nuruosmaniye'deki İttihat ve Terakki Cemiyeti Merkezi Umumîsi'ne gittiler.

---

2. İttihat ve Terakki'de iki Talat vardı. İttihat ve Terakki Cemiyeti Başkanı ve Dahiliye Nazırı Talat Paşa'yla karışmaması için, "Talat"lardan birine (Muşkara'ya) "Küçük Talat" deniliyordu. Ayrıca, Düyunı Umumiye memurlarından Nâzım Bey'e, Doktor Nâzım'la karıştırmamak için "Küçük Nâzım" denirdi.

Haber duyulmuştu. Herkes endişeliydi. Almanya'nın oldubitti yapmasından çekiniyorlardı. Her kafadan bir ses çıkıyor, sigara dumanından göz gözü görmüyordu. Bir anda kapı açıldı, Talat Paşa heyecanla içeriye girdi.

Doktor Nâzım, Talat Paşa'nın yüzüne bakınca gelişmelerin hiç de umduğu gibi gitmediğini anladı.

Talat Paşa, gür sesiyle, "Arkadaşlar" diyerek konuşmaya başladı: "Bugün size memleketimiz için çok hayırlı bir antlaşmadan bahsedeceğim..."

Talat Paşa, Almanya'yla antlaşma imzaladıklarını ama bunun hemen savaşa girileceği anlamına gelmediğini uzun uzun anlattı.

Ama. Yine de, yapılacak işler vardı.

Bu işlerin en gizli ve stratejik olanında Doktor Nâzım aktif olarak görev alacaktı...

Teşkilatı Mahsusa "resmen" kuruluyor

Teşkilatı Mahsusa, Osmanlı Devleti'nin –gerilla savaşı yapacak– ilk paramiliter örgütünün adıydı. İlk istihbarat kuruluşu da denebilir.

Aslında Teşkilatı Mahsusa resmen olmasa da, daha önce faaliyetteydi. Örgütün çekirdeğini İttihatçı fedailer oluşturuyordu. Teşkilat, "Temmuz Devrimi" öncesi "hürriyet amacıyla" dağa çıkanlarca gayri resmî olarak oluşturulmuştu. Yapılan suikastların perde arkasında daha henüz "kurumsal" anlamda kurulmayan Teşkilatı Mahsusa vardı!

Keza, "Garbî Trakya Muvakkat Hükûmeti" kurulma sürecinde de o vardı.

Birinci Dünya Savaşı başlamadan önce, Enver Paşa, Teşkilatı Mahsusa'nın artık resmen kurulmasını istedi.

Çalışmalar kısa sürede bitti. Teşkilatı Mahsusa, Harbiye Nezareti'ne yani Enver Paşa'ya bağlı olacaktı.

Görevi, düşman topraklarına gerilla tipi akınlar yapmak, karşı orduları şaşırtacak sabotaj eylemlerinde bulunmak, düşman hakkında bilgi toplamaktı.

Gönüllülük esasına dayanan bu kuvvetler yarı askerî sivillerden oluşacaktı. Örneğin bu müfrezelerde mahkûmlar da vardı. Yararlılık gösterenler affedilecekti!

Herkes sivil kıyafet giyecekti. Görevli subaylar bile "sivil" sayılacaktı. Ancak özel kimlikleri vardı ve bu kimliklerini sadece şehrin valilerine göstermekle yükümlüydüler.

Giderleri "tahsisatı mesture"den (örtülü ödenek) karşılanan örgütün beş kişilik "çelik çekirdek" yönetim kadrosu vardı:

Doktor Nâzım, Dr. Bahaeddin Şakir, Yüzbaşı Atıf (Kamçıl), Binbaşı Süleyman Askerî ve Emniyeti Umumiye Müdür Muavini Azmî![3]

Teşkilatı Mahsusa'nın başındaki "beşli" bu iş için "biçilmiş kaftan"dı. Beşi de, 1908'den önce İttihat ve Terakki Cemiyeti'ne katılmış, yurtiçinde ve yurtdışında istihbarat faaliyetlerinde bulunmuş, yeri geldiğinde tabancalarını ateşlemekten geri durmamışlardı.

Ateş topunu hep ellerinde tutan bu beş İttihatçı'nın sonu ne yazık ki hazin olacaktı: biri intihar edecek, ikisi yurtdışında suikasta kurban gidecek, biri idam edilecek ve sadece biri Türkiye Büyük Millet Meclisi'nde yer alacak, doğal ölümle yaşamdan kopacaktı!

Bu beş idealist, 1914'ün sonbaharında, ömrünü tüketmiş bir imparatorluğu tekrar diriltmek için her göreve koşmaya hazırdı...

Teşkilatta Kuzey Afrika'dan, İran'dan, Hindistan'dan, Çarlık Rusyası içinden ve Çin'den birçok kişi görev aldı.

Teşkilat, "Dahilî" ve "Haricî" olmak üzere ikiye ayrıldı. "Haricî Teşkilat" Çarlık Rusyası'nda, İran'da, Hindistan'da, "Dahilî Teşkilat" ise yurtiçinde asayişi sağlayacak, düşman işgali altına girerse, Osmanlı topraklarındaki mahallî güçleri örgütleyerek gayrinizamî harp yapacaktı.

Gün gelecek bu "Dahilî Teşkilat" yeni bir ulusun doğmasının temel taşı olacaktı...

Teşkilatı Mahsusa'nın müfrezelerine, Ömer Naci, Eyüb Sabri, Yakub Cemil, Hüsrev Sami (Kızıldoğan), İsmail Canbulad, Sapancalı Hakkı, Kuşçubaşı Eşref gibi İttihatçı fedailer komutanlık yapacaktı...

Bir tespit yapmak gerekiyor: Teşkilatı Mahsusa'nın beş kişilik yönetiminde yer alan iki isim, Doktor Nâzım ve Bahaeddin Şakir, Paris'te "Ahmed Rıza'nın okulu"nda yetişmişlerdi.

Teşkilatı Mahsusa'nın "çelik çekirdeğinde" iki doktorun bulunmasının kuşkusuz bir nedeni vardı:

> Teşkilat birbirinden bağımsız çeşitli hücrelerden oluşuyordu. Her hücrenin bir hücrebaşısı, bir doktoru, iki iç icra unsuru ve bir "vale"si vardı. Hücredeki doktorun görevi, hücre mensuplarının hastalanması, vurulması, yaralanması halinde onların tedavisini sağlamaktı. Bu

---

3. Falih Rıfkı Atay, *Zeytindağı* adlı kitabında Teşkilatı Mahsusa'ya kaydolmak için İttihat ve Terakki Cemiyeti Merkezi Umumîsi'ne gittiğini ve Doktor Nâzım'la görüştüğünü aktarıyor. Doktor Nâzım, Falih Rıfkı Atay'a, "Biz bu çetelere hapislerden adam alıyoruz. Senin gibi gençlerin yeri orası değil" diyor. (1981, s. 35)

doktorlar genellikle Askerî Tıbbiye'den yetişmiş, genç, ateşli, genellikle de "Türk Ocaklı" kişilerdi. Vale ise, yemek pişirmekten, çamaşırlarını yıkamaktan ve diğer işlerini yapmaktan sorumluydu. İcra unsurları fedailerdi... (Abidin Nesimi, *Yılların İçinden*, 1977, s. 37)

Teşkilatı Mahsusa'nın başkanının kim olacağı bir süre Harbiye Nazırı Enver Paşa ve Dahiliye Nazırı Talat Paşa arasında tartışma konusu oldu. Sonunda Binbaşı Süleyman Askerî'nin başkanlığında anlaştılar. Yardımcısı ise "hürriyetten önce" Manastır'da Müşir Şemsi Paşa'yı vuran Yüzbaşı Atıf'tı.

Rum tehcir kararı

Enver Paşa savaşmayı kafasına koymuştu. Almanların yenilmezliğine inanıyordu. Bütün planını ona uygun yaptı. Teşkilatı Mahsusa'yı kurdurduktan sonra, İttihatçı fedailerden Kuşçubaşı Eşref'i İzmir'den çağırdı.

Makamına gelen Kuşçubaşı Eşref'i yanına alarak Dahiliye Nazırı Talat Paşa'nın evine gitti. Enver Paşa, büyük bir savaşa girerken, başta İzmir olmak üzere Ege bölgesindeki Rum nüfusunun fazlalığından endişe ediyordu.

Rum gençlerinin gizlice adalara giderek Yunan ordusunda askerlik yaptıktan sonra silah ve teçhizatlarıyla geri döndükleri yolunda istihbarat almışlardı.

Dahiliye Nazırı Talat Paşa'ya "Ne yapabiliriz?" diye sordu.

Talat Paşa, İzmir'de Rahmi Bey, Mahmud Celal, Evliyazade Refik Efendi ve Kolordu Komutanı Pertev Paşa gibi güvenilir isimlerin görev yaptığını, bu tür faaliyetlere izin vermeyeceklerini söyledi. Ayrıca, İzmir ticaretinin Osmanlı için öneminden bahsedip, yapılacak uygulamaların bölge ekonomisini olumsuz etkileyeceğini belirtti.

Talat Paşa, Enver Paşa'nın kafasındaki planı anlamıştı.

Enver Paşa stratejik noktalarda kümelenmiş gayri Türk nüfusun (Rum ve Ermeni azınlıkların) tehcirini planlıyordu.

Enver Paşa tabiî bunu açıkça söylemekten çekiniyordu. Talat Paşa'nın sözleri üzerine, Kuşçubaşı Eşref'in bölgeye gidip araştırma yapmasını istedi.

Kuşçubaşı Eşref, kimliğini gizleyip, Bursa Gemlik'ten başlayarak, Ayvalık, Edremit, İzmir, Urla, Aydın, Akhisar, Manisa ve Uşak'a kadar tüm bölgeyi gezdi. Bir de rapor hazırladı. Ayvalık Körfezi mıntıkasında 120 000, Çanakkale mıntıkasında 90 000, İzmir'de 190 000, güneybatısında ve Urla Yarımadası'nda 130 000,

Aydın ve çevresinde 80 000, Akhisar, Manisa, Alaşehir ve Uşak'ta 150 000 Rum vardı. Bunların arasında Yunanistan'dan kaçak gelen, sahte kimlikle kalan papazlar, casuslar ve muallimler bulunuyordu. Bölge ticaretini ellerinde tutuyorlardı. Örneğin, demiryollarında Türk ve Müslüman aramak boşunaydı. Bölgede bir tek Türk ve Müslüman bakkal yoktu.

Yani Ege kıyılarını kontrol altına almak zordu. Cephe gerisi her daim tehlike arz ediyordu. İstihbarat doğruydu: Rum gençleri Midilli, Sisam ve Sakız adalarında silahlı eğitim görüyorlar, dönüşlerinde silah ve teçhizatlarını beraberlerinde getiriyorlardı.

Kuşçubaşı Eşref raporunu, Harbiye Nazırı Enver Paşa ve Dahiliye Nazırı Talat Paşa'ya sundu. Talat Paşa rapordan İzmir Valisi Rahmi Bey'i haberdar etti. Ve bu rapor İzmir Valisi Rahmi Bey ile Kuşçubaşı Eşref'i karşı karşıya getirdi.

Rahmi Bey, Kuşçubaşı Eşref Bey'i yakından tanıyordu. Söylediklerinin ellerinde bulunan resmî rakamlara uymadığını söyledi. Bu sözler Kuşçubaşı Eşref'i sinirlendirdi. Ortalık gerildi. Kâtibi Umumî Mahmud Celal (Bayar) ise tarafları yatıştırmaya çabaladı.

Kuşçubaşı Eşref'in sözleri ortamı sakinleştirecek gibi değildi: "Askerlik yaşı gelmiş Rum gençleri Anadolu'nun iç bölgelerine göndermemiz gerekiyor!"

Kuşçubaşı Eşref, tehcir konusunda geri adım atacağa benzemiyordu. "Aman Rahmi Bey, ayağınızın altından toprak çekiliyor, siz hâlâ müsamahakâr fikirlerin peşinden koşuyorsunuz" dedi.

Rahmi Bey böylesine büyük sayıda bir tehcir kararının, Yunanistan'la ve buna bağlı olarak İngiltere'yle savaşı göze almak anlamına geldiğini söyledi. Ayrıca diğer Avrupa devletleri ile Amerika Birleşik Devletleri'nin gözleri önünde böyle bir tehcir uygulamasının Osmanlı Devleti'ne büyük yük getireceğini anlattı.

Rahmi Bey'in, "Rumları koruyor" tavrı Kuşçubaşı Eşref'i şaşırttı; biliyordu ki, Rahmi Bey Rumları sevmezliğiyle tanınırdı.

Uzlaşma sağlanamadan toplantı bitti.

Rahmi Bey, Rum gençlerinin tehcir meselesini açtığında Evliyazade Refik Efendi de şoke oldu. Duyduklarına inanamadı; bu, İzmir'in boşaltılması anlamına geliyordu.

Enver Paşa nezdinde girişimlerde bulunmaya karar verdiler. Midhat Şükrü (Bleda) ve Doktor Nâzım gibi isimler de Rumların tehcirine soğuk bakıyorlardı.

Sonuçta "tehcir meselesi" Enver Paşa, Talat Paşa, Midhat Şükrü ve İsmail Canbulad'ın bulunduğu bir toplantıda konuşuldu. Sayı abartılı bulundu.

Zaten kısa bir süre sonra Enver Paşa'nın gündeminde başka konular olacaktı.

Çünkü...

Alman ordusu Marne Nehri'nde Fransızlara yenildi. Avusturya-Macaristan İmparatorluğu ordusu, Sırbistan ve Rusya karşısında başarısızlığa uğradı.

Almanlar Osmanlı'ya baskı yapmaya başladı. Kendilerinin yenilmeleri halinde Osmanlı Devleti'nin parçalanarak işgal edileceğini söylediler.

Osmanlı için planları vardı: Osmanlı donanması, Rus donanmasına ani bir baskın yapıp kesin üstünlük sağlayabilir, ardından Kafkasya ve Odesa çıkarmasıyla kaybettiği toprakları tek tek geri alabilirdi! Almanlar, Osmanlı'nın Kanal Seferi'yle de İngiltere'yi "meşgul etmesini" istiyordu.

Kâğıt üzerindeki Alman planı başta Enver Paşa olmak üzere İttihatçıların iştahını kabartmıştı!

Enver Paşa Osmanlı donanmasının Karadeniz'e açılmasını emretti. Ardından, 29 ekim 1914'te Sivastopol'un bombalanması emrini verdi.

Osmanlı artık resmen savaşa girmişti...

Osmanlı'nın 124. şeyhülislamı Mustafa Hayri Efendi cihat fetvası verdi.[4] Kırmızı üzerine yeşil bayraklı ve tuğralı bildiriler başkent İstanbul'un ve Anadolu'nun her köşesine yapıştırıldı.

Seferberlik ilan edilmişti!

Osmanlı ordusu dokuz cephede çarpışacaktı.

Altısı ülke içindeydi: Kafkasya, Çanakkale, Irak, Sina, Filistin, Yemen. Diğer üçü ise ülke dışındaydı: Romanya, Galiçya ve Makedonya.

Daha iki yıl önce küçük Balkan orduları karşısında hezimete uğrayan Osmanlı, şimdi dokuz cephede savaş verecekti.

Teşkilatı Mahsusa da, Türk ve Müslümanları ayaklandırmak için İran, Afganistan, Azerbaycan ve Hindistan'a doğru yola çıkmıştı.

İki yıl içinde bunları organize hale getirmek kuşkusuz az bir başarı değildi.

Ve üstelik dört yıl sürecek bu dünya savaşının ilk üç yılında Osmanlı ordusu hayli büyük başarılara imza atacaktı...

Mehmetçik savaşın ilk yıllarında Sarıkamış dağlarında dondu.

---

4. Selanik'te müddeiumumîlik (savcılık) yaparken İttihat ve Terakki Cemiyeti'ne katılan ve aynı zamanda üst düzey bir mason olan Şeyhülislam Mustafa Hayri Efendi, eski başbakanlarımızdan Suat Hayri Ürgüplü'nün babasıdır. Mustafa Hayri Efendi'den sonra, 1916'da ikinci kez şeyhülislamlığa getirilen Musa Kâzım Efendi de hem Nakşibendî şeyhi, hem Bektaşî dedesi, hem de masondu! Musa Kâzım Efendi anne tarafından Şahkulu Bektaşî Dergâhı'nın postnişini Tevfik Baba'nın akrabasıydı.

Ama Çanakkale'de destan yazdı; Gelibolu'yu, Anafartalar'ı düşmana dar etti.

Irak Kut ül-Amare'de, o kendini beğenmiş İngiliz Generali Sir Charles Townshend'i 15 000 askeriyle teslim aldı. İngilizlerin tarihinde yoktu, bu kadar esir vermek!

Ama bu başarılar kolay kazanılmıyordu. Osmanlı iyi yetişmiş kadrolarını şehit veriyordu...

Osmanlı'nın "Che Guevara'sı"

Şehit düşenlerden biri de İttihatçıların önde gelen "yaramaz çocuğu" Ömer Naci'ydi. Yaşamöyküsünün de diğer İttihatçılardan pek farkı yoktu.

1878'de doğdu. Nerede doğduğu, anne ve babasının kim olduğu bilinmiyor. Bilinen, anne ve babasının Rus Harbi'nden kaçarken öldükleridir.

İttihatçı fedailerin çoğu gibi o da Çerkez'di.[5]

Ömer Naci'yi Beylerbeyili Defterdar Cemal Efendi ile eşi Hayriye Hanım büyüttü. Küçük yaşta Arapça, Farsça ve Fransızca öğrendi. Bursa'da askerî okula, Işıklar İdadîsi'ne gitti. Vatan sevgisi üzerine konuşmalar yapmak ve Namık Kemal'in şiirlerini gizli gizli okumak suçuyla Manastır Askerî İdadîsi'ne sürgüne gönderildi. Edebiyata yatkındı ve *Serveti Fünun'da* şiirleri yayımlanırdı.

Aynı dönemde, annesi Zübeyde Hanım'ın Ragıb Efendi adında küçük bir muhafaza memuruyla evlenmesine kızan Mustafa Kemal, Selanik Askerî Rüştiyesi'nden, Manastır Askerî İdadîsi'ne gelmişti. Ömer Naci ve Mustafa Kemal iki yakın arkadaş oldu. Mustafa Kemal'e şiiri ilk sevdiren isim Ömer Naci oldu. Namık Kemal'i, Tevfik Fikret'i Mustafa Kemal'e ilk öğreten oydu. Tabiî ilk isyan duygularını veren de oydu. Ölene kadar bu dostluk hiç bozulmadı.

1902'de Harbiye'den teğmen rütbesiyle mezun oldu. İlk görev yeri Üsküp yakınlarındaki Preşova'ydı. İki yıl sonra komutanı Binbaşı Mehmed Ali Bey'in on yedi yaşındaki kızı Emine'yle evlendi. Bir yıl sonra oğlu Hikmet (Naci Hatipoğlu) ve daha sonra kızı Müzeyyen (Nişbay) dünyaya geldi.

1905 haziranında jandarma teşkilatını düzenlemeye memur edilen İtalyan generali Giorgi Paşa'nın yaveri olarak Selanik'e gitti.

---

5. İttihatçıların yönetici kadrolarının çoğu (Doktor Nâzım, Rahmi, Midhat Şükrü, Cavid Bey gibi) Selanikli, fedailerin hemen hepsi (Ömer Naci, Yakub Cemil, İzmitli Mümtaz, Sapancalı Hakkı gibi) Çerkez'dir!

1906'da Selanik'te kurulan Osmanlı Hürriyet Cemiyeti'nin ilk on kurucusundan biriydi.

Ömer Naci "Temmuz Devrimi"nden hemen önce meşrutiyet mücadelesi veren İranlı devrimcilere yardım için bu ülkeye gitti! Azerbaycan aydınlarından Mirza Said'le birlikte dağa çıktı. Ancak birkaç ay sonra İran şahı güçlerince yakalanıp Tahran'da cezaevine kondu. İdam edilecekken imdadına 24 temmuz 1908'de "Temmuz Devrimi" yetişti. Affedildi. İstanbul'a dönerken, Van, Muş, Trabzon, Erzurum gibi şehirlerde kendisini karşılamaya gelen binlerce insana "devrim" söylevleri vererek İstanbul'a geldi.

Ama İranlı devrimcilere yardım etmek için tekrar bu ülkeye gitti. Gerici 31 Mart Ayaklanması üzerine İstanbul'a geri döndü.

1910 ve 1911 kongrelerinde İttihat ve Terakki Cemiyeti Merkezi Umumîsi içinde yer aldı. İkinci mecliste Kırkkilise (Kırklareli) mebusu olarak görev yaptı.

Trablusgarp'ın İtalyanlar tarafından işgali üzerine cepheye ilk koşan isimler arasındaydı. Balkan Savaşı'nın her cephesine yetişmeye çalıştı. 1913'teki Babıâli Baskını'nda, yazar arkadaşı Ömer Seyfeddin'le birlikte attığı nutukla İstanbul halkını İttihatçıların yanına çeken de oydu.

Teşkilatı Mahsusa'nın fedaisi olarak Birinci Dünya Savaşı'na katıldı. Görev yeri Rusların işgal ettiği İran Azerbaycanı'ydı.

Ömer Naci komutasındaki gönüllüler Rus cephesinden gedikler açtı, 4 ocak 1915'te Urmiye'yi aldılar. Ömer Naci'nin müfrezesi ilerlemekteydi, ama onun üzerinde bir halsizlik vardı ve gün geçtikçe yorgunluğu arttı. Yatağa düştü. Alman doktor tifüs teşhisini koydu ama iş işten geçmişti.

Ömer Naci şehit düştü...

Başlı başına bir ordu, hitabet ustası, idealist devrimci ve şair Ömer Naci'yi, Kerkük Türk Şehitliği'ne defnettiler.

Mezarı hâlâ oradadır...

Kaybetmeyi onurlarına yediremeyen bir kuşaktı onlar: asi delikanlılar kuşağı!

Bir diğer isim, Teşkilatı Mahsusa'nın başkanı Süleyman Askerî.

İngilizlere yenilgiyi hazmedemediği için kafasına tabancayı sıktığında sadece yirmi sekiz yaşındaydı.

Kısa yaşamına ne çok tarihsel olay sığdırmıştı.

O da inanmış bir İttihatçı'ydı. Trablusgarp Savaşı'ndan Edirne'nin alınışına kadar her cephede görev yaptı. Garbî Trakya Muvakkat Hükûmeti'nin Genelkurmay başkanıydı!

Basra yakınlarında savunduğu Şuaybe cephesini kaybetmeyi

onuruna yedirememiş, silahıyla intiharı yeğlemişti.

İttihatçıların bireysel tarihi, kahramanların serüvenlerine benziyor. Ateş çemberinden yara almadan geçen kahramanlara inandılar belki de! Umut ettiler ki, tükenmiş, ömrünü tamamlamış bir imparatorluğu yürekleriyle yeniden hayata döndürecekler! Bilemediler ki, namlularının ucunda hayat iksiri yoktu!

Sahi, "cihadı ekber", "cihadı mukaddes" masallarına inanmış mıydılar? Ya Turan'a, "Kızılelma" düşüne?..

Evet, inanıyorlardı; tarihin gidişatını değiştireceklerine inanıyorlardı...

Osmanlı'yı o görkemli günlerine döndürecekleri inancı içindeydiler...

Ama Almanlar daha gerçekçiydi.

Osmanlı Devleti'nden, Avrupa'daki yüklerini hafifletmek için Alman von Kress komutasında ağustos 1916 başında ikinci bir Kanal seferi yapılmasını istediler. Savaşın mümkün olduğu kadar doğuya çekilmesi bir Alman stratejisiydi.

Osmanlı cephelere asker yetiştiremiyordu.

Yeni bir asker çağrısı yaptılar.

Askere alınanların arasında artık öğrenciler de vardı.

Silah altına alınacakların evlerinde telaş hüzün iç içeydi.

Bu evlerden biri de Ali Adnan'ın (Menderes) eviydi.

Babaanne Fitnat Hanım veremden kurtardığı torununu dünya savaşına göndermeye hazırlanıyordu...

Dokuzuncu bölüm

Ekim 1916, İzmir

Harbiye Nezareti'nin askere çağırdığı 1315 (1899) doğumlular arasında, Kızılçullu Amerikan Koleji son sınıf öğrencisi Ali Adnan da (Menderes) vardı.
On yedi yaşındaydı. Bulunduğu öğrenim düzeyi nedeniyle askerliğini yedek subay olarak yapacaktı.
Babaannesi Fitnat Hanım'ın elini öptü ve İstanbul'a doğru yola çıktı. İkisi de ağlıyordu, birbirlerinden saklayarak.
İstanbul Erenköy'deki İhtiyat Zabiti Talimgâhı'na katıldı.
Sicil numarası 20 737'ydi.
Anadolu'nun çeşitli yerlerinden gelmiş yedek subay adaylarıyla birlikte hızlandırılmış bir askerî eğitimden geçecekti.
Sporcu olduğu için talimlerde zorlanmıyordu. Tek sorun yemeklerdeydi. Bir türlü alışamamıştı asker tayınına.
Haftalık tatili olan cuma günlerinde İstanbul'a inip geceyi, başkentin en pahalı otellerinden Meserret Oteli'nde geçiriyordu.
İzmir'den okul arkadaşı Edhem de (Menderes) Erenköy'deki talimgâhtaydı. Ama o bir dönem öndeydi. İttihat ve Terakki Mektebi'nden sonra yolları ayrılmıştı. Ali Adnan Amerikan kolejine, Edhem Frerler Okulu'na gitmişti.[1]
Ali Adnan'ın bundan sonraki yaşamında yanından hiç ayrılmayacak Edhem'i daha yakından tanıyalım...
Edhem'in babası Kadri Efendi, Aydın'ın Koçarlı kazasının Sobuca köyündendi. Medrese eğitimi görmüş ama "sarıklı hayata" fazla bağlı değildi. İzmir'e gidip, Aşar ve Reji idarelerinde memurluklarda bulunmuştu. İzmirli Hacı İbrahim'in kızıyla evlenmişti. İşte Edhem bu çiftin oğluydu.

---

[1] Fransız Katolik Saint Jean-Baptiste de La Salle tarafından kurulan bu okul, Saint Joseph Koleji'nin temelidir.

Ali Adnan ve Edhem, İttihat ve Terakki Mektebi'nde arkadaş olmuşlardı. Bu arkadaşlık İstanbul'daki askerlik günlerinde daha yakın bir ilişkiye dönüşüvermişti. Birlikte dolaşıyor, dertleşiyor, şehre indiklerinde aldıkları yiyecekleri paylaşıyorlardı.

Her askerlik arkadaşının yaptığını yapıp, bir gün birlikte üniformaları sırtlarında fotoğraf çektirdiler; bu fotoğrafta, Edhem oturmakta, Ali Adnan ise ayaktaydı...

Babaannesini çağırır

Ali Adnan bu arada babaannesi Fitnat Hanım'a mektup yazarak İstanbul'a çağırdı. Özlemişti. Ayrıca yemek ve kirli çamaşır sorununu halledeceğini düşündü.

Fitnat Hanım hemen Gülcemal vapuruna binip İstanbul'a geldi. Şahinpaşa Oteli'ne yerleşti.

Gülcemal, lüks bir vapur, Şahinpaşa Oteli ise İstanbul'un en pahalı yerlerindendi. Bu da gösteriyor ki, savaş yıllarına rağmen ailenin para yönünden hiçbir sıkıntısı yoktu.

Fitnat Hanım torunu Ali Adnan'ı sadece bir gün, cuma günü görmek için, otelden bir hafta boyu çıkmadan onu bekliyordu. Çamaşırlarını yıkayıp, sevdiği yemekleri otel şartlarında yapmaya çalışıyordu.

Bir cuma günü Ali Adnan'ın babası İbrahim Edhem'in mezarını ziyaret etmek istediler. Babasının mezarı Merkezefendi Mezarlığı'ndaydı.

Gittiler. Aradılar. Bulamadılar. Sonunda mezarlık görevlisi bekçiye sordular. O da tereddütsüz, "İşte önünüzde" deyiverdi. Tesadüf, bekçiye, tam babasının kabrinin başında sormuşlardı.

Emin olamadılar, babaanne ile torun hemen mezarlık üzerindeki otları elleriyle temizlediler. Yazıları okunacak hale getirdiler, evet, bekçi doğru söylüyordu.

Fitnat Hanım oğlunun mezarına kapandı ve hıçkırarak ağlamaya başladı.

Ali Adnan, bu tür duygusal anlarda yaptığı hareketi babasının mezarı başında da tekrarladı: cebinden çıkardığı beyaz mendilini ağzına soktu ve o da hıçkıra hıçkıra ağlamaya başladı...

Babaanne ile torun Şahinpaşa Oteli'ne döndüler. Yemek yedikten sonra vedalaşıp, gelecek hafta buluşmak üzere ayrıldılar.

Bir daha hiç buluşamayacaklarını ikisi de bilmiyordu.

İki gün sonra Fitnat Hanım otel odasında torununu beklerken vefat etti.

Ne tuhaf tesadüf, Ali Adnan'ın babası İstanbul'da rahatsızlanınca annesi Fitnat Hanım'ı çağırmış, ama o gelmeden son nefesini vermişti.

Aradan yıllar geçmiş, bu kez torunu için İstanbul'a gelen Fitnat Hanım bir otel odasında ölmüştü.

Fitnat Hanım, oğlu İbrahim Edhem'in kabrinin bulunduğu Merkezefendi Mezarlığı'na defnedildi...

İzmirli anne oğul İstanbul'daki Merkezefendi Mezarlığı'nda buluşmuşlardı.

Kader mi, tesadüf mü?

Ya da bir sır mı var?

Bunu öğrenmenin yolu, mezarlığa adını veren Merkez Efendi'den geçiyor...

Merkezefendi Mezarlığı

Merkez Efendi, Denizli Buldan'ın Sarımahmutlu köyünde 1460 yılında doğdu. Asıl adı Musa bin Muslihiddin bin Kılıç'tı. "Keramet" sahibi bir kişi olarak tanınmaya başladı. On beş yaşında Bursa'ya giderek medresede eğitim gördü.

Sonra o medreseye hoca oldu.

Medresede kız ve erkek öğrencileri birlikte okuttuğu için Padişah Fatih Sultan Mehmed'e şikâyet edildi. İstanbul'a çağrıldı. Rivayet edilir ki, Fatih Sultan Mehmed'in huzuruna alındı. Padişah'ın "Ateş ve barut nasıl yan yana durur?.." demesi üzerine, Merkez Efendi başındaki sarığının içinden çıkardığı ateş ve barutu göstererek, "İşte böyle haşmetmeabım..." dedi. Bu cevap Fatih Sultan Mehmed'in çok hoşuna gitti ve onun İstanbul'da kalmasını istedi.

Merkez Efendi İstanbul'da Halvetiye tarikatının şeyhlerinden Sünbül Sinan Efendi'ye bağlandı.

Merkez Efendi'yi daha yakından tanımak için şimdi de Halvetiye tarikatına bir göz atalım...

Mevlevîlik, Bektaşîlik gibi Osmanlı İmparatorluğu'nun en önemli tarikatlarından biri de Halvetiye'ydi.

Kurucusu Şeyh Ebu Abdullah Siraceddin Ömer bin Ekmelüddin el-Gilanî, kırk gün yalnız olarak tapını (erbain) kırk kez üst üste tekrarlamakla ünlendiği için kendisine Halvetî denmişti. Dünyadan el etek çekmek ve gizli zikir bu tarikatın başlıca özelliğiydi. Toplu zikirler deveran, yani ayakta bir halka oluşturarak dönmek şeklinde oluyordu.

Horasan'da doğan Halvetî tarikatının dört kolu vardı: Ruşeni-

ye, Cemaliye, Ahmediye, Şemsiye.
Bunlar da kendi aralarında Sünbüliye, Cerrahiye gibi farklı kollara ayrılırdı.
Halvetiye'nin diğerlerinden bir farkı Mevlevîlik, Bektaşîlik'le birlikte Rumeli'de en çok tekkesi olan tarikat olmasıydı.
Bu kısa bilgilerden sonra biz dönelim tekrar Merkez Efendi'ye...
Merkez Efendi, Halvetiye tarikatının önde gelen isimlerinden Buharalı Ömer'in oğlu Mirza Baba'ya damat oldu.
Tasavvuf eğitimini tamamladıktan sonra Aksaray Kovacı (ya da Sevindik) Dede dergâhına "şeyh" olarak atandı. Bir süre burada kaldıktan sonra bu kez Manisa'ya gitti. Kanunî Sultan Süleyman'ın annesi, Yavuz Sultan Selim'in eşi Ayşe Hafsa Sultan'ın yaptırdığı Sultaniye Külliyesi'ne yerleşti.
Ulema arasında saygın bir yer edinen Merkez Efendi, aynı zamanda tıbbî bilgisi olan, döneme göre "hekim" sayılan bir kişiydi. Külliyenin bimarhanesinde hekimlik yapmaya da başladı.
Beş yüz yıllık bir geçmişin ürünü olan ve toplam kırk bir farklı baharat kullanılarak yapılan mesir macununu ilk yapan kişiydi. Bu macun sayesinde geçirdiği ağır hastalıktan kurtulan Ayşe Hafsa Sultan, macunun halka dağıtılmasını da istedi.[2]
Merkez Efendi, şeyhi Sünbül Sinan'ın ölümünden sonra İstanbul'a gelerek bu kolun başına geçti.
1551 yılında doksan bir yaşındayken öldü.
Türbesi İstanbul Zeytinburnu'nda Merkezefendi Camii'nin haziresindedir.
Alman tarihçi Hans-Peter Laqueur, *Hüve'l Baki: İstanbul'da Osmanlı Mezarlıkları ve Mezar Taşları* adlı çalışmasında, Merkezefendi Mezarlığı ve komşusu Yenikapı Mevlevîhanesi Mezarlığı'na belli bir tekkenin mensubu olan kişilerin gömüldüklerini yazmaktadır. (1997, s. 22)
Minik bir alıntı da John Freely'nin *Kayıp Mesih* adlı kitabından yapalım:

> XX. yüzyıl başlarında Selanik'te değişik tarikatlara ait yaklaşık otuz iki tekke vardı ve bunların çoğu Bektaşî ve Mevlevî tekkeleriydi. Aralarında en büyük ve varlıklı olanı Mevlevîlerin baştekkesi olan Mevlevîhane'ydi. Mevlevîhane, Yenikapı'nın hemen dışında iki dönme mezarlığının bulunduğu yerdeydi. (2002, s. 270)

2. Mesir Bayramı geleneği 1926'ya kadar devam etti. Alınan kararla kaldırılan bayram, Başbakan Adnan Menderes sayesinde, 1951 yılında yeniden kutlanmaya başlandı.

Sabetayistlerin bazı tekke, dergâh ve tarikatlara girdiği artık biliniyor.

Bunların en başlıcası Mevlevî dergâhları.

Selanik'teki Yenikapı Mevlevîhanesi ile İstanbul Yenikapı'daki Mevlevîhane arasında bir ilişki var mıdır? Olmaması ihtimal dışıdır.

Peki Selanik'teki Mevlevîhane'nin yanındaki Sabetaycıların mezarlıkları ile İstanbul'daki Merkezefendi Mezarlığı arasında bir paralellik var mıdır?

Bilmiyoruz.

Bildiğimiz İzmirli Kâtipzade ailesinin Halvetiye dergâhına bağlı olduğudur!

Yukarıda gördüğümüz gibi Halvetiye dergâhı, Rumeli'de olduğu gibi, İzmir, Aydın, Manisa, Denizli vb. şehirlerde de hayli sayıda tekkeye sahipti.

Bu nedenle Kâtipzadelerin bu dergâha bağlı olmaları doğaldı.

Bu bilgilerimiz ve sorularımız ekseninde şimdi bir alıntı yapmamız gerekiyor:

Ilgaz Zorlu *Türkiye Sabetaycılığı; Evet, Ben Selanikli'yim* kitabında Halvetîler ile "Sabetaycılar" arasındaki ilişkiye değiniyor:

> Sabetaycıların din değiştirmeleri sonrasında İstanbul'da yaptıkları ilk eylem, zamanın Halvetî dergâhı pirlerinden olan ve bugün Üsküdar'da yatan Aziz Mahmud Hüdaî'nin tekkesinin yapılışında maddî destek sağlamalarıdır. Bunun ana nedeni uzun bir süre Sabetaycıların bu dergâha devam etmeleriydi. (1999, s. 41)

Sabetayist bir ailenin evladı olduğunu Türkiye'de açıklayan nadir isimlerden olan yazar Ilgaz Zorlu, Sabetayist-Halvetiye tarikatı ilişkisinin diğer olgularını da sıralıyor:

> Sabetay Sevi'nin yaşadığı yıllarda İslam mutasavvıflarından Halvetiye tarikatının en tanınmış ismi Niyazii Mısrî'yle ilişki kurduğu çeşitli kaynaklarda iddia edilmektedir. Paul Fenton yayımladığı bir makalesinde bu konuya değinmektedir. Fenton, 1666 yılında her iki mistiğin karşı karşıya geldiklerini belirtmektedir. Bu tekke Sultanahmet civarındaki Mehmed Paşa tekkesidir. Ve ikisi birlikte burada halvete çekilmişlerdir. Yine İsrael Hazan da Sabetay'ın Allah'ın ismini zikreden bir tarikata katıldığını yazmaktadır.

Şimdi karşımıza bir isim daha çıktı: Halvetiye dergâhı şeyhi Niyazii Mısrî!

Belki onun kimliğinde Ali Adnan'ın iki yakınının neden Merkezefendi Mezarlığı'na defnedildiğini öğrenmiş oluruz.

Önce Niyazii Mısrî kim, ona bakalım:

1617 yılında Malatya'da İşpozi'de (günümüzdeki adıyla Soğanlı) doğdu. Babası Nakşibendî tarikatının mensubu olsa da, o Halvetî tarikatı şeyhi Malatyalı Hüseyin Efendi'ye bağlandı.

Niyazii Mısrî Arapça'sını geliştirmek ve sufilerle görüşmek üzere Bağdat'tan başlayarak Arap Yarımadası'nı dolaştı. Mısır'a gitti. Dört yıllık bir eğitimin ardından Anadolu'ya döndü. Önce İstanbul'a geldi. Oradan sonra, "çok ilgi gördüğü" Bursa, Uşak ve Kütahya'da bulundu. Vaazları nedeniyle (Mehdî olduğunu iddia ediyordu) Edirne ve Limni'ye sürgüne gönderildi. 1694'te Limni'de vefat etti.

Sabetay Sevi hakkında geniş bir araştırma yapan John Freely, Sabetay Sevi-Niyazii Mısrî arasındaki ilişki hakkında bakın ne diyor:

> Sabetay, kapıcıbaşı olarak kaldığı Edirne Sarayı'nda oldukça özgür bir yaşam sürüyordu. Hem Yahudilerle hem Müslümanlarla dilediğince görüşüyor, sık sık başkent İstanbul'a giderek sadık destekçisi Abraham Yakhini'nin önderlik ettiği müritlerle buluşuyordu. Ayrıca Edirne'deki ve İstanbul'daki tekkelere giderek Bektaşîlerin ve diğer tarikatların ayinlerine katılıyordu.
>
> Sabetaycı kaynaklara göre Sabetay'ın yakınlık kurduğu dervişlerden biri, tanınmış bir şair ve sufi olan Niyazii Mısrî Dede'ydi. Niyazi 1617 ya da 1618 yılında Malatya'da doğmuştu. Bir Nakşibendi dervişinin oğluydu. Önce Halvetîlere katılmışsa da bir şair ve bir sufî olarak kendisine büyük saygı gösteren Bektaşîler arasında yaşamıştı. 1670 yılında Sadrazam Fazıl Ahmed Paşa, Niyazi'nin Kabalacı kehanetlerde bulunduğunu duyunca onu Edirne'ye getirtti. Sabetay'la da bu sıralar tanışmış olmalılar. Daha sonra Niyazi İstanbul'daki bir Bektaşî tekkesinin başına geçince, Sabetay'ın onu sık sık ziyaret ettiği ve buradaki ayinlere katıldığı biliniyor.
>
> Her ikisi de din konusunda aykırı fikirlere sahip olan Sabetay ve Niyazi'nin birbirlerinden bir hayli etkilendiklerini tahmin etmek güç değil; bu dostluk onları Yahudiler ve Müslümanlar arasında süregelen geleneksel inançlardan biraz daha uzaklaştırmış olmalı. Niyazi'nin derviş olmasının yanı sıra (dervişler arasında aykırı fikirleriyle sivrilmiş, Cemal Kafadar'ın tanımıyla "karizmatik ve gaddarlığıyla tanınan bir sufî"ydi) gizlice Hıristiyanlığa geçtiği de söyleniyordu.
>
> Sabetay özellikle Bektaşî tarikatını kendine yakın bulmuş olmalı,

çünkü bu tarikatın Müslümanlarca bir hayli yadırganan âdetleri, Sabetaycıların ibadet şekillerine benziyordu. (...)

Sabetay Sevi'nin geçmişiyle ilgili karanlıkta kalan konulardan biri de bu tarikatla ilişkisinin boyutları ve Niyazii Mısrî Dede'nin Sabetaycı harekete katılıp katılmadığı sorusudur. Niyazii Mısrî'ye göre tüm dinler temelde aynıydı, zaten gizlice Hıristiyan olmakla suçlanan bu kişinin Müslüman olmuş Yahudi bir Mesih'in tarikatına girmiş olması muhtemeldir. (*Kayıp Mesih*, 2002, s. 216-217-275)

Ilgaz Zorlu, Sabetay Sevi'nin gönüldaşı-fikirdaşı olan Niyazii Mısrî'ye duydukları ilgiyle "Sabetayistlerin" bu dergâha akın ettiklerini yazmaktadır. "Sabetayist" Ali Örfî Efendi, Selanik Yalılar semtindeki evini tekke haline getirmişti. (*Türkiye Sabetaycılığı; Evet, Ben Selanikli'yim*, 1999, s. 45)[3]

Uzatmaya gerek yok; John Freely, Sabetay Sevi'nin Arnavutluk Berat'ta bulunan mezarıyla ilgili olarak, "Sabetay'ın bir ermiş baba ya da dede olduğuna inanan Halvetîlerin, Sabetay'ın mezarına büyük özen gösterdiklerini" yazıyor. (*Kayıp Mesih*, 2002, s. 292)

Bir alıntı daha yapalım:

> Selanik'te üç kolun da (Kapanî, Yakubî, Karakaşî) mezarlıkları ayrı ayrı; ortak yanları şu, bu mezarların çevresinde Mevlevî ve Bektaşî tekkeleri var, sayıları çok ve iç içe haldeler. Sabetayistleri, Mevlevî ve Bektaşî'den ayırmak imkânsız. (Yalçın Küçük, *Tekelistan*, 2002, s. 47)

Biliyoruz ki, İstanbul'daki Karakaşîler Bülbülderesi Mezarlığı'na gömülmektedir. Sabetayist Ilgaz Zorlu'ya göre Yakubîler de Feriköy'de kendileri için ayrı olarak satın alınan bir bölüme defnedilmektedir. (*Türkiye Sabetaycılığı; Evet, Ben Selanikli'yim*, 1999, s. 93)

İzmirli Kâtipzade Fıtnat Hanım ve oğlu İbrahim Edhem'in mezarları, Merkezefendi Mezarlığı'ndaydı.

Kapancı olduğunu bildiğimiz İstanbullu Kâtipzadeler nereye defnedilmişlerdi?

---

3. Ali Örfî Efendi, ticaret amacıyla gittiği Mısır'da uzun süre kaldıktan sonra Selanik'e yerleşti. Melamî şeyhi Muhammed Nurularabî'ye bağlıydı. *Niyazii Mısrî Divanı*'na şerh yazdı. Şeyh Bedreddin'in *Varidat*'ını Arapça'dan Türkçe'ye çevirdi. Ali Örfî'nin torunu Türk sinemasının ünlü senarist-yönetmenlerinden Vedat Örfî'ydi. Ünlü edebiyatçı Memet Fuat'ın babası Vedat Örfî'nin eşi Piraye Hanım, daha sonra *Simavna Kadısıoğlu Şeyh Bedreddin Destanı*'nı yazan şair Nâzım Hikmet'le evlendi.

Verilen yanıt: "Çoğunluğu Zincirlikuyu'da."
Peki ya dün nereye defnediliyorlardı?
Bir "özel mezarlığa" ama hangisine?..

Bu kadar bilgiden sonra sorumuzu bir kez daha yineleyebiliriz: Ali Adnan'ın babası ve babaannesinin İstanbul Merkezefendi Mezarlığı'na defnedilmesinin ardında bir giz var mı?
Bazı "Sabetayistlerin" Halvetiye tarikatına girdiğini artık öğrenmiş bulunuyoruz.
Görünen o ki, İbrahim Edhem ve Fitnat Hanım da Halvetiye tarikatına mensuplar.
Peki bu bilgiler ışığında, İzmirli Kâtipzadelerin "Sabetayist" olduğunu söyleyebilir miyiz?
Hayır! Ama bu bilgiler de kuşku duymamıza neden olur, o kadar!..
Başka olgulara ihiyacımız vardır...
Mahkeme kararıyla Yahudi olduğunu ispat eden Sabetayist Ilgaz Zorlu'dan bir alıntı yaparak bu konuya şimdilik bir nokta koyalım:

> Sabetaycı aileler genellikle iki isim kullanmaktadırlar... Çengelköy'deki Bedevîye (Halvetiye'nin Ahmediye koluna bağlı [S.Y.]) dergâhını yaptıran Rabia Adviye Hanım'ın ismi de yine bu şekilde dinî anlamı olan bir isimdir; kaldı ki babasının ismi olan –kendisi dergâhın şeyhlerindendir– İbrahim Edhem de yine Sabetaycı ailelerde sıkça rastlanan bir isimdir.

Artık bu konu kapanmıştır...

Ali Adnan ağır hasta!

1917 yılında Ali Adnan (Menderes), 19. mürettebat devresinden zabit namzedi (asteğmen) olarak çıktı.
On dokuz yaşındaydı.
Bu devrenin tüm diğer mezunları gibi o da, Suriye'deki Yıldırım Ordular Grubu Komutanlığı emrine verildi.
Edhem'in (Menderes) devresi Çanakkale'ye gidiyordu.
Kucaklaştılar, ayrıldılar.

Ali Adnan yüzlerce askerle birlikte, 4. Ordu Komutanı Bahriye Nazırı Cemal Paşa'nın emrine girmek için trenle Suriye cephesine doğru yola çıktı. Mustafa Kemal Paşa'dan İsmet (İnönü) Paşa'ya,

Ali Fuad (Cebesoy) Paşa'dan Fevzi (Çakmak) Paşa'ya kadar bir dönemin ünlü isimleri bu cephede görev yapıyorlardı...

Ünlü yazar Falih Rıfkı (Atay), Cemal Paşa'nın emir subayıydı. Sivil yaşamında bir ara Dahiliye Nazırı Talat Paşa'nın özel kalem müdürlüğünü de yapan Falih Rıfkı *Zeytindağı* adlı kitabında Suriye cephesindeki olayları bir edebiyatçı gözüyle anlatmaktadır.

Ali Adnan'a cepheye ulaşmak "kısmet" olmadı.
Hastalandı!
Trenin ilk durağı Pozantı'da, menzil komutanlığı Ali Adnan'ı trenden aldı. Seyyar hastaneye yatırıldı.
Adnan Menderes'in biyografisini yazan kitaplara bakılırsa, burada 40 kiloya kadar düştü!
Sonra.
Sonra, İzmir'deki 17. Kolordu Komutanlığı'nın emrine verildi.
Tesadüf! Bu kolordunun komutanı eniştesi Filibeli Nihad (Anılmış) Paşa'ydı!
Nihad Paşa, Ali Adnan'ın halasının kızı Güzide'nin kocasıydı.
Güzide (Anılmış) Hanım, yaşamı boyunca dayısının oğlu Ali Adnan'a hep sahip çıkacak, gün gelecek annelik, gün gelecek ablalık yapacaktı.
Ali Adnan'a yaşamında en yakın olmuş isim "abla" dediği Güzide Hanım'dı.
Güzide Hanım'ın iki oğlu vardı: Fuad ve Nejad.
Fuad Anılmış, Perihan Hanım'la evliydi. Sevgi, Nejad ve Semra adında üç çocukları vardı.[4]

Nihad Paşa-Güzide Hanım'ın diğer oğlu Nejad Anılmış, genç yaşta vefat edecekti. Güzide Hanım oğul acısını oğlu Fuad ve "oğul" dediği Ali Adnan'a sarılarak azaltmaya çalışacaktı.
İlginçtir: Ali Adnan'ın gidemediği Suriye cephesine, 7 kasım 1918'de Nihad Paşa 7. Ordu komutanı olarak atanacaktı!

Kudüs mü, petrol mü?

Savaşın sonuna gelinen o günlerde, Suriye cephesinde "komutan kaosu" yaşanıyordu.

---

4. Nihad (Anılmış) Paşa-Güzide Hanım çiftinin torunları Sevgi Hanım, ünlü kalp doktoru Prof. Ali Ekmekçi'yle evlidir. Kitabı hazırladığım günlerde (2 kasım 2003), bu ülkenin bir karış toprağını vermemek için cepheden cepheye koşan, İstiklal Madalyası sahibi Emekli Korgeneral Nihad Anılmış'ın damadı yetmiş sekiz yaşındaki Prof. Ali Ekmekçi, arsasını mafyaya satmadığı için Şişli'deki muayenehanesinde bacağından üç kurşunla vuruldu. Üç beş çapulcu, Prof. Ali Ekmekçi'yi "sahipsiz" bulup korkutarak arsasına el koymaya çalışıyordu!

Yıldırım Ordular Grubu Komutanı Alman General Erich von Falkenhayn ile Cemal Paşa arasında yetki ve savaş stratejisi konusunda tartışmalar yaşanıyordu.

Bir diğer tartışma konusu ise Kudüs'tü!

Alman komutan Falkenhayn, karargâhındaki 1. Şube Müdürü Yarbay Franz von Papen'in etkisinde kalarak, Kudüs'ün müdafaa edilmeden İngilizlere verilmesi taraftarıydı.[5]

Cemal Paşa *Hatıralar* adlı kitabında, Alman komutanın gerekçesinin komikliğini şöyle anlatıyor:

> Falkenhayn, mukaddes beldenin müdafaası, mübarek makamların top mermileriyle harap olmasıyla neticeleneceğinden, buna katiyen razı olamayacağını bir konuşma sırasında Ali Fuad Paşa'ya söylemişti. (...)
>
> Şayet Kudüs'teki mübarek makamların harap olmaması lazım geliyorsa, Hıristiyan olan İngiliz ordusunun bu şehre hücum etmekten ve şehir üzerine ateş açmaktan kaçınması icap ederdi. Her halde biz şehrin ilerisinde müdafaayı kabul edeceğimiz için, şehre isabet edecek olan mermiler bize değil, İngilizlere ait olacaktı. (1959, s. 213)

General Falkenhayn'ın amacı belliydi. Almanlar Enver Paşa'yla anlaşmışlardı. Suriye cephesindeki bazı birlikler Irak'a kaydırılacak ve Bağdat İngilizlerden geri alınacaktı.

Cemal Paşa *Hatıralar*'da gerek bu taarruzu, gerekse savaş başında Teşkilatı Mahsusa'nın İran'a yönelik saldırılarının altındaki asıl nedeni herhalde anlamamıştı!

Asıl neden petroldü!

Almanya için Kudüs ve Şam'ın önemi yoktu. Irak ve İran petrollerini istiyordu.

Osmanlı ordusunun önüne "Kızılelma"yı koyup, Kafkasya'ya gönderen Almanya'nın tek hedefi, Bakü petrolüydü.

Zaten savaş bu kaynakların paylaşımından çıkmamış mıydı?

Cemal Paşa bu somut gerçeği görememiş miydi?

Bahriye nazırı "petrol gerçeğinden" bihaber miydi!

Ama yalnız o mu?

Mahmud Şevket Paşa'nın Günlüğü trajikomik bir tespiti gözler önüne seriyor.

Suikasta kurban giden Sadrazam Mahmud Şevket Paşa, 13 şubat 1913 tarihli günlüğüne bakın ne yazmıştı:

---

5. Alman Yarbay Franz von Papen İkinci Dünya Savaşı'nda Ankara'da Alman büyükelçisi olarak görev yaptı ve düzenlenen bir suikasttan şans eseri kurtuldu.

Kuveyt ve Katar gibi çölden ibaret iki kaza yüzünden İngiltere'yle ihtilaf çıkaramazdık. Bu ehemmiyetsiz topraklardan ne gibi bir istifademiz olabilirdi. Kuveyt ve Katar'ı İngiltere'ye bırakmaya ve zengin Irak vilayetlerimizle uğraşmaya karar verdim." (Âdem Sarıgöl, 2001, s. 61)

Harbiye nazırlığı ve sadrazamlık yapan Mahmud Şevket Paşa, Osmanlı ordusunun en iyi yetişmiş komutanlarından biriydi.
Fakat paşa, petrolün farkında bile değildi.
Oysa aynı tarihlerde İngiltere, Rusya ve ABD donanmaları, yakıt olarak artık petrolü kullanmaya başlamışlardı!
İngilizler İran şahıyla petrol antlaşmaları imza ediyordu.
Mescidi Süleyman'da büyük bir petrol yatağının bulunmasının üzerinden beş yıl geçmişti!
Ama Osmanlı'nın en iyi yetişmiş paşaları bunlardan habersizdi!..
Osmanlı paşaları İngilizlerin Arabistan çöllerinde, Mezopotamya ve Kafkasya'da ne için savaştığını sanıyordu?..
Sanayisi olmayan bir ülkenin paşasının, kaynak arayışı için savaşıldığını bilmemesi doğal değil midir?
Ama İttihatçı kadrolar içinde birileri bunun farkındaydı...

Selanikli Çolak Hayri

Osmanlı Devleti kamu gelirlerinin üçte birini kontrolü altına alan Düyunı Umumiye'yi, Avrupa ülkelerinin karşı çıkmalarına rağmen, ani kararla, 5 eylül 1914'te tek taraflı olarak kaldırdı!
Karara Almanya bile tepki göstermişti. Öyle ki, Almanya Elçisi Wangenhein, böyle bir karar alınmasında kendilerine danışılmaması karşısında çok öfkelenmiş adeta Maliye Nazırı Cavid Bey'i azarlamıştı: "Bu karar zamanının çok fena seçildiğini bilmelisiniz. Müttefiklerin siyasî çıkarlarına aykırıdır. Yarın İngiliz ve Fransız donanmaları Boğazlar'dan geçecekler ve size harp ilan edecekler. Biz böyle bir durum karşısında size katiyen yardımda bulunamayacağız. Boğazlar katiyen mukavemet edemezler. Siz bu suretle Türkiye'nin mahvını hazırlıyorsunuz. Sizin bu kararınızın Berlin'e çok kötü etkiler yaratacağını bilmelisiniz. Ne ittifak kalacak ne bir şey! Ben de yarın askerleri alarak buradan gideceğim..."

Burada, İttihatçı anlayışı ve örgütlenmeyi daha iyi anlatabilmek için bir örnek olay anlatmalıyım:
Hayri Efendi Selanikli'ydi. Herkes ona "Çolak Hayri" diyordu.
Selanik'teki ilk İttihatçılardan biri de oydu. Talat Paşa'nın ya-

kın çevresinden biriydi. 1908 devriminden sonra İstanbul'da Emniyet teşkilatının başındaki Selanikli Samuel İzisel'in emrine girdi.

Bir gün Talat Paşa kendisini çağırdı. Halkın kapitülasyonlar aleyhinde olduğunu göstermek için bazı eylemler organize etmelerini istedi.

Çolak Hayri ve arkadaşı Kenan, esnaf kâhyalarından Salih, Dayı Mesut ve diğer bazı kâhyaları alarak Beyoğlu'nda Tokatlıyan Oteli ve çevresindeki mağazaları basıp kapitülasyonlar aleyhinde eylemde bulundu.

Bu durum karşısında Almanya, Osmanlı'ya sert bir uyarıda bulunarak eylemleri yapanları cezalandırmasını istedi.

Çolak Hayri ve arkadaşları yargılanıp on beş yıla mahkûm oldu. Çolak Hayri Anadolu'da bir şehirde cezasını çekmek üzere önce vapura bindirildi. Ardından İzmit'te trene bindirilip cezaevinin bulunduğu bölgeye gidecekken, istasyonda bazı İttihatçı fedailer tarafından kaçırıldı. Kadın kıyafeti giydirilen Çolak Hayri Ankara'ya kadar bu kıyafetle yolculuk yaptı. Ankara'da İttihat ve Terakki kâtibi mesulünü buldu. Burada özel bir araba ve yeni nüfus kâğıdıyla gittiği Ankara'nın ilçesi Haymana'da savaş sonuna kadar belediye başkanı oldu!..

Kapitülasyonları kaldıran güç

Tekrar kapitülasyonlar konusuna dönelim...

İttihatçılar, klasik iktisada ve Avrupa'ya meydan okuyordu.

Ancak, İttihat ve Terakki kadrolarının tamamen liberalizme karşı olduğunu düşünmek yanıltıcı olur.

İki temel görüş vardı. Bunlardan biri, başını Maliye Nazırı Cavid ile Rahmi Bey gibi Selanikli grubun savunduğu serbest piyasa ekonomisiydi. Bu görüşün İttihatçılar arasında yerleşmesine Mülkiye'de öğretim üyeliği yapan Sakızlı Ohannes ve Mikail Portakal önayak olmuştu. Cavid Bey zaten onların öğrencisiydi.

Diğer görüş Alman iktisatçı Friedrich List'in "devletçiliği"ydi. Yani, yerli sanayinin gelişip tutunabilmesi için belli bir süre devlet tarafından korunması gerekiyordu. Bu görüşün taraftarı Kazanlı Musa (Akyiğit) Harbiye ve Erkânıharbiye'de iktisat dersi verdiği için İttihatçı subayları çok etkiledi.

İttihatçıların iktisat konularındaki bir diğer "ideoloğu", Almanya'dan misafir profesör olarak çağrılan, Darülfünun maliye müderrisi Dr. Fleck'ti.

Dr. Fleck'in yardımcısı Tekinalp (Moiz Kohen) ile Ziya Gökalp'ti. Onlara göre, Alman modeli benimsenerek "ulusal devlet" kurulmalıydı.

Çermikli Zaza Tevfik Efendi'nin oğlu Ziya Gökalp bu yolla Türklerin siyasal birliğe ulaşacaklarını söylüyordu. Hep Almanları örnek gösteriyordu: onlar bugünkü güçlerine, üç aşamadan geçerek ulaşmışlardı: harsî (kültürel) birlik; iktisadî birlik ve siyasî birlik.

Millî birliğe kültürel birlikle başlanmış, Leibniz'in önderliğinde "Almancılık" cereyanı doğmuştu. Kültürel birliği, iktisadî birlik izlemişti. List'in çabasıyla "Zollverein" (Gümrük Birliği) kurulmuştu. Son aşamada Bismarck'ın gücüyle siyasî birlik sağlanmıştı.

Osmanlı'da, kültürel birlik Namık Kemal, Ziya Paşa ve Şinasi'lerle başlayan süreçte atılmıştı. Tekinalp'e göre, Osmanlı'nın siyaset alanında Bismarck'ları vardı, ama iktisadî alanda hiç List'leri yoktu...

Bir de savunucu pek olmamakla birlikte İttihatçılar arasında Marksistler vardı...

Takma adı "Parvus" olan Alman Yahudisi, Alexander İsrael Helphand 1910 yılında, İttihat ve Terakki'ye danışmanlık yapmak amacıyla İstanbul'a geldi. Beş yıl süreyle ülkede kaldı. Marksist'ti. İttihatçıları emperyalizm ve sömürge kavramlarıyla tanıştırdı. Düyunu Umumiye, Reji gibi kurumların Osmanlı'yı ne şekilde sömürdüklerini anlattı. Söyledikleri, yazdıkları etkili oldu.[6]

"Türkiye Türklerindir"

Hangi görüşte olursa olsun, tüm İttihatçıların hemfikir oldukları bir konu vardı: "millî burjuvazi" oluşturmak!

İttihatçılar, Osmanlı ordusu cephelerde çarpışırken, içeride tüm güç koşullara rağmen millî iktisadı oluşturma çabasına hız verildi.

Yabancıların imtiyazına son verildi, vergide eşitlik sağlandı. Para basma imtiyazı ise bir yabancı banka olan Osmanlı Bankası'ndan alındı. Böylece devlet daha rahat bir şekilde para basabilecekti.

---

6. Parvus, daha sonraki yıllarda savaş sırasında silah komisyonculuğundan çok büyük paralar kazanarak ülkesine döndü. Bolşeviklerin önde gelen isimlerinden Troçki, Kamenev ve Zinovyev üzerinde çok etkili oldu. Ayrıca Alman hükümetini ikna ederek, Bolşeviklere önemli miktarda para yardımı yapılmasını ve Lenin'in gizli bir trenle ülkeye sokulmasını ayarlayan da Parvus'tu! 1924 yılında Almanya'nın en zengin kişilerinden biri olarak hayata veda etti...

1838 Baltalimanı Antlaşması tarihin çöp sepetine atıldı. Yeni bir gümrük tarifesi yürürlüğe girdi. Dışarıdan gelen mallardan alınan gümrük vergisi yüzde 15'e çıkarıldı. Çanakkale zaferi ne kadar büyük bir sevinç yaşattıysa bu yeni gümrük tarifesi de en az onun kadar coşku yarattı.

İlk kez "Türkiye Türklerindir" sloganı duyulmaya başlandı. Tarım emekçisi korunacak, sanayi teşvik edilecekti. Yasalar, yönetmelikler en ince ayrıntılarına kadar yeniden hazırlanıyordu. Parasız tohum dağıtılmaya, çiftçiye eğitim verilmeye başlandı. Gazetelerde tarım bilgisini içeren haberler çıktı. Donanma, Kızılay gibi dernekler ve bankalar bu kampanyayı destekleyip bizzat çiftçilik yaptılar. Birçok bölgede ilk kez patates ekimi, bu çabalar sonucunda yapılabildi. Tarım Kanunu'yla, çiftçilik hakkında bilgisi olan kadınların ve askerlikten muaf erkeklerin zorunlu olarak tarımda çalıştırılması kabul edildi. Her çiftçi sekiz saat çalışacak, her çift öküz 35 dönüm toprak sürecekti. Büyük çiftliklerin sahipleri askerlik hizmetinden muaf tutulacaktı. Boş bırakılmış alanlar da unutulmadı, buralar civar köy ve kasaba halkaları tarafından kullanılabilecekti. Tarım hayatına katkıları bulunan millî bankaların bir işi daha vardı. O da tarımda kooperatifçiliği geliştirmekti. Kooperatifçilik yalnızca tarım alanında değil, şehirlerde de yabancıların elinde bulunan ticareti kurtarmak için de teşvik edildi.

Geleceğin Türk işadamları da bu dönemde yetişmeye başladı. Devlet fabrika kurmak isteyenlere 5 000 metrekare parasız arsa sağlayacak ve ücretsiz inşaat ruhsatı verecekti. Sanayici on beş yıl vergiden muaf tutulacaktı. Makinelerin ithalatından ve dışarıya satılan ürünlerden gümrük vergisi alınmayacaktı.

Yabancılar ise günden güne ayrıcalıklardan yararlanamaz duruma geldi. Bu şirketlere çok sayıda Türk'ü işe alma, onlara "iş hayatını öğretme" yükümlülüğü kondu. Keza yabancı şirketlerin tabelalarını Türkçe yazma, defterlerini ve yazışmalarını Türkçe yapma şartı getirildi.

Alınan bu kararlardan sonra sıra kalifiye eleman istihdamına geldi. Bunun için öncelik eğitim ihtiyacını gidermekti. Sanayi okulları ıslah edildi; ardından kadın meslek okulları ve sanatçılar için kurslar verildi. Demiryollarını yabancıların tekelinden kurtarmak için Türk demiryolcularını yetiştiren okullar açıldı. Artık Almanya sadece subayların gittiği bir ülke değil, yetiştirilmek üzere gönderilen işçi ve ustaların da yeni adresiydi.

Ve en önemli sorun sermaye birikimiydi.

Türklerin parası yoktu!

Ulusal nitelikte bir "Merkez Bankası" özlemiyle kurulan İtibarı Millî Bankası ve Anadolu'daki millî bankalar, girişimci Türk eşrafa ucuz kredi sağlayacaktı.

Ayrıca...

Türk işadamının bugün bile "alışkanlık" olarak kullandığı bir yöntem hayata sokuldu: "devlet eliyle zengin yaratma dönemi" başladı. Dolayısıyla vagon tahsisleri, karaborsacılık, istifçilik harp zenginlerini yarattı.

Ne yazık ki yine bu topraklara özel bir durumdu: cephede gözünü kırpmadan düşman üzerine yürüyen kişi, İstanbul'da bireyci kazanç hırsıyla irrasyonel davranabiliyordu...

Görev duygusu çıkar hırsıyla bazen çatışıveriyordu!

O günlerde, sefahat ve sefalet birlikte büyüyordu Osmanlı topraklarında...

1838 Baltalimanı Antlaşması'yla zengin olanlar komisyonculardı. Savaş yıllarında "millî sermaye" yaratma amacıyla zengin yapılanlar da yine o komisyoncularıdı.

Dün kimlerin simsarlık yaptığını az çok biliyoruz!

Peki savaş sırasında komisyonculuğu kimler yaptı?

Millî bankaların, şirketlerin hepsinin nizamnamesine önemli bir şart konuluyordu: üyelerinin Osmanlı uyruğunda olması şartı!

Zaten savaş döneminde Rum ve Ermeni komisyoncular Osmanlı topraklarını terk etmişlerdi.

Kimler kalmıştı geride: Yahudiler ve Türkler!

Türklerin çoğunluğunu ise Sabetayistler oluşturuyordu.

Savaşın yarattığı olağanüstü fırsatlardan en çok Yahudiler Türk hayatına uyma kabiliyetini gösterdikleri ölçüde onlarla iş hayatında birlikte yürümeyi kabullenmişlerdir. Çok tuhaftır ki Yahudiler geçmişte başaramadıklarını yeni şartlarda başarmışlar ve Türk hayatına uymuşlardır.

Bu tespiti yapan isim gazeteci yazar Ahmed Emin Yalman'dı.

Ailesi Sabetayist'ti. Bu nedenle Yalman'ın tespiti daha çok önem kazanıyor.

Bir diğer örnek ise şudur: İtibarı Millî Bankası'nın İzmir şubesi başkanı Ferid Aseo'ydu. Yani, "millîleştirme" kampanyası Yahudileri de kapsıyordu. Zaten o yıllarda bankacılık yapacak Türk-Müslüman'ı bulmak zordu.

Dün İzmir'de "kompradorlar" zengin olup nasıl Karşıyaka'yı "yaratmışlarsa", savaş zengini İstanbullu "komisyoncular" tarafından da İstanbul'da Şişli ve Nişantaşı oluşturuluyordu...

Vagon ticaretinin, komisyonculuğun, karaborsacılığın paralarıyla yeni apartmanlar yapılıyordu.

Ama diğer yanda ayakkabının altı delik gezen, idealist düşüncelerinden taviz vermeyen ve "yeni bir ulus" hayalini gerçekleştirmek için her yana koşan Doktor Nâzım gibi İttihatçılar da vardı...

Onuncu bölüm

17 aralık 1917, İstanbul

İki ezelî rakip Galatasaray ile Fenerbahçe seyirciyi selamlamak için İttihatspor Stadı'nda (bugünkü adıyla Şükrü Saracoğlu Stadyumu'nda) sahaya çıktı.

Futbolcuların formalarından ayakkabılarına kadar tüm aksesuarları döneme uygundu: İngiliz malı potinlerin yerini Alman ve Avusturya kramponları almıştı. Futbol topunun iç lastikleri de Alman ürünüydü.

Yöneticiler de döneme uygundu...

Fenerbahçe Kulübü'nün başkanlığına Doktor Nâzım getirilmişti.

Yani, Evliyazade ailesinin futbolla ilgili tek ismi Karşıyaka ve Altay'da futbol oynayan Nejad değildi...

Doktor Nâzım'ın kulübün başına geldiği o yıllar aynı zamanda Fenerbahçe'nin siyasal iktidarlarla olan ilişkisinin başlangıç tarihiydi.

Fenerbahçe'nin "kaderi" o yıllarda yazılıyordu: Fenerbahçe bu yıllardan sonra Türkiye'nin siyasal tarihine paralel olarak, iktidara kim gelirse, takımın başkanlığına da istisnasız o iktidar ekibinden birini getirecekti...

İttihatçıların futbolun kitlesel özelliğini kavrayan ilk siyasal hareket olduğunu belirtmiştik. İttihatçılar ile Fenerbahçe arasındaki ilişki kuşkusuz bir çıkar ilişkisiydi. İttihatçılar kamuoyunun Fenerbahçe sempatisinden yararlanmaya, Fenerbahçe ise iktidarın gücüne ihtiyaç duyuyordu.

Doktor Nâzım'ın o gün seyirciler arasına "Fenerbahçe başkanı" sıfatıyla oturmasının bir başka anlamı yoktu...

Savaş sırasında sahaya on bir futbolcuyla çıkmanın güç olduğu bir dönemden geçiliyordu. Fenerbahçe yıldız futbolcularının bazılarını şehit vermişti.

Yirmi üç yaşındaki Teğmen Nureddin, Anburnu Savaşları'nda (12 nisan 1915); yirmi bir yaşındaki Yedek Subay Halim, Alçıtepe'de (nisan 1915), yirmi bir yaşındaki Teğmen Haldun, Anburnu Savaşları'nda (22 haziran 1915); yirmi yaşındaki Yedek Subay Kemal, Seddülbahir'de şehit olmuştu.

Fenerbahçe, 2 ekim 1914 ile 12 kasım 1915 tarihleri arasında oynadığı on beş maçta hiç mağlup olmamış, iki yıl üst üste şampiyonluk kazanan efsane takımın futbolcularını ancak Birinci Dünya Savaşı yenebilmişti!..

Bir de...

O efsanevî takımın, futbolcularından Otomobil Nuri, Öküz Öldüren Bombacı Bekir, Şiir Refik gibi yedisini, İttihat ve Terakki'nin takımı olarak bilinen ve Talat Paşa'nın başkanlığını yaptığı Altınordu kapmıştı...

Fenerbahçe bu koşullar altında Galatasaray'ın karşısına çıkmıştı. Üstelik bazı futbolcuları cepheden güçlükle toparlanıp getirilmişti. Kulüp başkanı Doktor Nâzım, Galatasaray'ın karşısına on bir futbolcuyla çıkmak için cephedeki futbolcularının bağlı bulunduğu komutanlıklarla tek tek temasa geçmiş, takım kaptanı Galib, Kırıkkale'den; müdafi Emirzade Arif, Keşan'dan; Edhem, Fikirtepe Uçaksavar Batarya Komutanlığı'ndan izin alınarak getirilmişti. Futbolcular yorucu tren ve at yolculuğundan sonra maça zar zor yetişebilmişlerdi...

On bir futbolcuyla sahaya çıkacak olmaları takımın antrenörü Fuad Hüsnü (Kayacan) Bey'i çok sevindirdi...

Fuad Hüsnü ilk Türk futbolcuydu:

II. Abdülhamid'in o istibdat günlerinde hapisleri, sürgünleri göze alıp futbol oynamıştı. Hüseyin Hüsnü Paşa'nın oğluydu. 1902 yılında Bahriye Mektebi'nde okurken, "Boby" takma adıyla Cadikeuy Football Club'da (Kadıköy Futbol Kulübü'nde) oynamaya başlamıştı. Mükemmel İngilizce konuşmasına, saç tıraşından bıyıklarının şekline kadar, kendisine tam bir İngiliz görünümü verse de jurnallerden kurtulamamış, futbol aşkı nedeniyle mahkemelere çıkıp ifade vermek zorunda kalıp, babası sayesinde ağır cezalardan kurtulmuştu. Fuad Hüsnü futbolculuğu bıraktıktan sonra futboldan kopamamış, antrenör olarak görev yapmaya başlamıştı...

Doktor Nâzım'ın başkanlığını yaptığı Fenerbahçe takımında, ileride Türkiye'de adını başka alanlarda da duyacağımız kişiler de futbol oynuyordu; Münir Nureddin (Selçuk), Burhan (Felek) gibi...

17 aralık 1917'de oynanan maçı Galatasaray 3-2 kazandı.

Doktor Nâzım teselli amacıyla futbolcularına sigara ikram etti! Galatasaray'a karşı kaybetse de, Doktor Nâzım savaşta "yenilmemek" için koşturup duruyordu. Galatasaray maçının hemen ardından İzmir'e gitti. 28 aralık 1917'de Beyler Sokağı'nda asker alma şubesi yanındaki binada "Halka Doğru Cemiyeti"nin kurulmasına önayak oldu. Kurucuları ve yöneticileri hep tanıdık isimlerdi. İzmir Valisi Rahmi Bey, İttihatçıların İzmir temsilcisi Mahmud Celal (Bayar), eski Halep valisi Tevfik vb...

Halka Doğru Cemiyeti Türk milliyetçiliğini yaymayı amaçlıyordu. Türkçülük ideolojisine halkçılık kavramını katmışlardı. Bir buçuk ay sonra, 6 şubatta cemiyet, *Halka Doğru* mecmuasını çıkardı. Derginin müdürlüğünü üstlenen isim Mahmud Celal'di.

Bu Doktor Nâzım'ın çıkardığı ilk dergi değildi.

Paris'teki "Fransız Akademisi"ni örnek alarak, doğrudan doğruya araştırmaya ve bilgi birikimine yönelik bir akademi oluşturmak amacıyla, Köprülüzade Mehmed Fuad, Ziya Gökalp, Celal Sahir, Ağaoğlu Ahmed, Akçuraoğlu Yusuf'la birlikte "Türk Bilgi Derneği"nin kurulmasına önayak oldu. Kasım 1913-haziran 1914 arasında toplam yedi sayı yayımlanan *Bilgi Mecmuası*'nı çıkardı. Derginin yazarları arasında Dr. Tevfik Rüşdü, Dr. Bahaeddin Şakir, Âkil Muhtar (Özden), Adnan (Adıvar), Salah (Cimcoz), Hamdullah Suphi (Tanrıöver), Ömer Seyfeddin, Mehmed Emin (Yurdakul), Zekeriya (Sertel), Moiz Kohen, Salih Zeki, Parvus (Alexander Helphand), Hüseyin Cahid ve Selanikli Cavid gibi isimler vardı.

Evet, Doktor Nâzım çok faaldi. İttihat ve Terakki Meclisi Umumîsi'nde ve Teşkilatı Mahsusa'daki görevlerini de sürdürüyordu. Bu arada Fransızlardan soğumuş, Alman Dostluğu Cemiyeti'nde görev yapıyordu. Milyonları bulan para yardımıyla İstanbul'da bir bina ve kütüphane yaptırılmasını sağladı. Almanlar ve Türkler arasında öğrenci-öğretmen mübadelesi yapılmasını gerçekleştirdi.

Âsarı Atika Cemiyeti'nde İstanbul'da ve Türkiye'de bulunan tarihî eserleri korumak için bir komisyon oluşturdu. İstanbul'daki eski eserlerin tarihçelerini kaydettirdi. Tarihî eserlerin harap olmasını engellemek için hükûmete bazı teklifler sundu. Üç ay Meni İhtikâr (vurgunculuğu önleme) Komisyonu'nda üyelik yaptı. Türk Ocakları'nın kurulup gelişmesine maddî ve manevî destekte bulundu.

Her yere koşuyordu.

Kırk bir yaşında vereme yakalanan Tanburî Cemil Bey'in[1] İsviçre'de bir sanatoryuma gönderilmesi için elinden geleni yaptı.

---

1. Tanburî Cemil Bey'in oğlu Mesut Cemil, Celal Sahir Erozan'ın kızı Berin Hanım'la evliydi. Boşandıktan sonra Berin Hanım gazeteci-yazar Nadir Nadi'yle evlendi.

Ancak üstat Tanburî Cemil gitmemekte direnmiş ve kısa bir süre sonra da vefat etmişti..,
Doktor Nâzım İttihatçıların evlilik meseleleriyle de ilgileniyordu!..

İlk dönme evliliği

Doktor Nâzım aldığı bir haber sonucu genç gazeteci Zekeriya'yı (Sertel) yanına çağırttı. Zekeriya'yla ilişkisi Selanik'teki istibdat günlerine dayanıyordu. On dokuz yaşındaki hukuk öğrencisi Zekeriya İttihatçıların yayın organlarında görev yapıyordu.

Zekeriya aynı zamanda, Doktor Nâzım tarafından Paris Sorbonne'da eğitim görmesi için gönderilen öğrencilerden biriydi.

Konu çok hassas olduğu için, ayrıca sizin de farklı okumanıza yardım etmek amacıyla, Doktor Nâzım'ı çok sevindiren bu olayı birincil kişinin, yani Zekeriya Sertel'in hatıralarından okuyalım:

> Günlerden bir gün, Selanik'te hukukta okurken evinde kaldığım pansiyon sahibi kadın geldi. Hoş sohbetten sonra evlenip evlenmediğimi sordu. Hâlâ bekâr olduğumu öğrenince, şöyle yüzüme baktı:
> – Sen, dedi, vaktiyle bir Selanikli kızı istemiştin, bugün o kızı bulsam, onunla evlenmeye razı olur musun?
> Bu damdan düşer gibi yapılan teklifi beklemiyordum. Zaten ben kızı çoktan unutmuştum. Aradan seneler geçmişti, şimdi onun nerede olduğunu, ne yapıp ne ettiğini bilmiyordum, merak da etmiyordum. Meğer Selanik'in Yunanlılar tarafından işgalinden bir süre sonra onlar da ailece İstanbul'a göçmüşler, şimdi buradaymış. O da hâlâ evlenmemiş. Bu bilgiyi verdikten sonra:
> – Eğer istersen bir aralık soruştururayım, dedi.
> Önem vermeyerek "Olur" deyivermiştim. Üzerinden bir hafta geçti geçmedi. Bizim "Anne Hanım" (bu kadına biz bütün pansiyonerler "Anne" derdik) çıkageldi. Büyük bir iş yapmış gibi sevinçli bir hali vardı.
> – Müjde, dedi, kız hazır!
> – Yani... dedim.
> – Yani kızla görüştüm, o seni hâlâ unutmamış. Senden söz açılınca heyecanlandı, sevindi, kızardı. Sonra fikrimi açtım, önce utanıp önüne baktı, sonra boynuma sarıldı. Şimdi söz senin. (...)
> – Anne Hanım, dedim, bu kızı görmek, görüşüp tanışmak mümkün değil mi? Sen böyle bir buluşma sağlayamaz mısın?
> Kadın güldü:
> – Öyle şey olmaz, namuslu bir aile kızı tanımadığı bir erkekle gö-

rüşmez. Ama sen kızı istersin, ağabeyleriyle temas edersin. Belki onlar sizi buluşturmaya razı olurlar.

Gene önemsemeyerek, "Peki" demiştim.

Bizim Anne Hanım gidip kıza müjdelemiş, o da ağabeylerine açılmış, benimle evlenmeye razı olduğunu bildirmiş.

Günün birinde telefon çaldı:

– Ben avukat Celal Derviş, sizinle görüşmek istiyorum.

– Buyurun efendim, dedim.

– Yok sizinle çok önemli bir meseleyi konuşmak zorundayım. Bugün saat beşte filan yerde buluşabilir miyiz?

– Hayhay...

Telefon kapandı. İş ilerliyordu. Celal Derviş genç kızın büyük ağabeyiydi.[2]

Demek işe o el koymuştu. Kararlaştırılan saatte buluştuk. Karşılıklı oturduk. Ben görücüye çıkmış bir kız durumundaydım. Celal Derviş bir yandan beni süzüyor, bir yandan da yüzünden tebessümünü eksiltmeyerek konuşuyordu:

– Siz kız kardeşimle evlenmek istiyormuşsunuz. Bu konuda ne dereceye kadar ciddi olduğunuzu öğrenmek istiyorum.

Meğer hakkımda bilgi toplamışlar, bir defa da benimle görüşmeye ve beni yakından görmeye karar vermişler. Çünkü verecekleri karar çok önemliydi. Hatta tarihî bir nitelik taşıyordu. Kız bir "dönme" ailesine mensuptu. Dönmeler Ortaçağ'da İspanya'daki engizisyon zulmünden kaçarak Osmanlı İmparatorluğu'na sığınan ve Selanik'e yerleşen bir avuç Yahudi'ydi. Bunlar Osmanlı İmparatorluğu'na döndükten sonra Müslüman olmuşlardı. Dinlerini değiştirmekle beraber Müslümanlığı da tam benimsemiş sayılmazlardı.

Çevrelerinden de mukavemet görmüşlerdi. İslam'ın hiçbir kuralına uymazlardı. Namaz kılmaz, oruç tutmaz, Müslümanlarla ve Türklerle kaynaşmazlardı. Bir kast halinde yaşarlardı. Zeki, çalışkan, becerikli ve sevimli insanlardı. Fakat kendi kabukları içinde yaşar, Türk topluluğuna girmez, Türklerle kız alıp vermez, kendi dar varlıklarını öylece sürdürüp giderlerdi. Daha çok ticaretle uğraşırlardı. Bu sebeple Avrupa'yla sıkı ilişkileri vardı. Bu durum onların yaşayışları üzerinde de etkisini gösteriyordu. Kazançları iyi, yaşama düzeyleri diğer topluluklarınkinden yüksekti. Selanik'ten İstanbul'a göç ettikten sonra da çoğunlukla Nişantaşı ve Şişli semtlerine yerleşmiş, yine kendi topluluk hayatlarını kurmuşlardı. Çocuklarını da Türk okullarına vermemiş olmak için "Fevziye Lisesi" ve "Şişli Terakki Lisesi" adında iki okul açmışlar-

---

[2]. Sabiha Sertel, *Roman Gibi* adlı kitabında (1969, s. 24) kardeşinin adının "Celal Deriş" olduğunu yazıyor. Bu küçük gibi görünen ayrıntıyı yazmak istedim. Çünkü bazı yazarlar "Derviş" soyadından yola çıkarak Sertel ailesi hakkında farklı yorumlarda bulunuyorlar.

dı. Çocuklarını resmî okullara göndermez, bu okullarda okuturlardı.

İşte benim evlenmek istediğim kız, bu topluluğa mensuptu. Ailesi razı olursa, ilk kez bir "dönme" kızı bir Türk'le evlenecekti.[3]

Celal Derviş İstanbul'da hukuk öğrenimi yapmış, ufku genişlemiş, bu eski geleneklerin gereksizliğini anlamış bir adamdı. Zaten İstanbul'a göçtükten sonra da "dönme" topluluğunda sarsıntılar başlamıştı. Kast, birliğini az çok yitirmişti. Şimdi Türklerle karışmaya karar vermeleri, kastın kabuğunu kıracak ve bu toplumun birliğini tamamıyla bozacaktı. Görüşmemizden bir hafta sonra, Celal Derviş, beni evine yemeğe davet etti. İlerde ömrüm boyu hayat arkadaşım olacak kızla ilk defa o gün tanıştım. Önce fotoğrafını bile görememiştim. Nedense siyahlar giyinmişti. Ona da pek yaraşıyordu. O gün beraber yemek yedik. Bu bir biçim nişanlanma sayıldı. O günden sonra haftada bir ziyaretine giderdim. Fakat bizi asla yalnız bırakmazlardı. Yanımıza mutlaka aileden bir kadın takarlardı.

Benim bir "dönme" kızıyla evlenmek üzere olduğumu "İttihat ve Terakki" genel merkezi komitesine duyurmuşlar. Bir gün bu komitenin ünlü üyesi sayılan Doktor Nâzım beni çağırdı. Tebrik etti. Yaptığım işin önemini bilip bilmediğimi sordu.

– Sen belki farkında değilsin, dedi, fakat yüzyıllardan beri birbirine yan bakan iki toplumun birleşip kaynaşmasına yol açıyorsun. Dönmelik kastına ölüm yumruğu indiriyorsun. Biz bu olayı gereği gibi değerlendirmeli ve Türkler ile dönmelerin birleşmesini bu vesileyle kutlamalıyız. Bunu millî ve tarihî bir olay gibi değerlendirmek gerek.

Şaşırdım.

– Yani ne yapalım efendim? dedim.

– Yani, nikâhınızı biz kıyacağız. İşi gazetelere duyuracağız. Bu nikâhı bir aile olayından çıkarıp millî olay haline getireceğiz.

Nikâhımız Şehzadebaşı'nda Suphipaşa Konağı'nda yapıldı. O vakit yalnız dinî nikâh yapılırdı. Nikâhı bir hoca kıyardı. Nikâh sırasında dahi kızla erkek yan yana gelemezdi. Nikâh için iki taraf kendilerine birer vekil seçerlerdi. Bizim nikâhımızda kız tarafının vekili zamanın başbakanı ve İttihat ve Terakki'nin en nüfuzlu adamı Talat Paşa'ydı. Benim vekilliğimi de Atatürk'ün Dışişleri bakanlığını yapan Doktor Tevfik Rüşdü Aras üzerine almıştı. İttihat ve Terakki'nin belli başlı kodamanları da nikâhta hazır bulunuyordu. Kız harem dairesinde,

---

3. Zekeriya Sertel belki bilmiyordu ama ilk evliliği kendisi gerçekleştirmemişti. Selanik'te Sabetayist Şemseddinzade Osman Efendi'nin oğlu Ali Efendi'nin kızı Rabia, Manastırlı Hacı Feyzullah'a kaçmıştı. Sabetayist Ali Efendi bu evliliğe karşı çıkıp, olayı Selanik Valiliği'ne kadar götürdü. Valilik ise topu Babıâli'ye atmıştı. 29 aralık 1891'de toplanan Osmanlı Bakanlar Kurulu, kızın yaşının reşit olması nedeniyle evliliği onaylamış ancak Selanik'te olaylar çıkmaması için genç çiftin İstanbul'da yaşamasına karar vermişti. (*Tarih ve Düşünce*, temmuz 2000)

ben erkeklerin yanındaydım. Talat Paşa gülerek ve şakalaşarak:
— Biz kızımızı bedavaya vermeyiz, 1 000 lira isteriz, dedi.

O vakit nikâh için böyle bir ağırlık (para) vaat etmek âdetti. Bana sordular: "Kız tarafı 1 000 lira istiyor ne diyorsun?" O dakika cebimde 10 lira bile yoktu. Bütün nikâh masrafını İttihatçılar görmüşlerdi. Bol keseden "Veririm" dedim. İmam duasını okudu. Bizleri tebrik ettiler. Lokumlar yendi, resmen nikâhlanmış olduk. Ertesi gün bütün gazeteler bu haberi önemle verdiler. O günden sonra da bizim evlenmemiz "dönme" toplumu arasında bir örnek oldu. Arkamızdan kız-erkek Türklerle evlenenler çoğaldı. Ve böylece dönmelik kastı yıkılıp tarihe karıştı. (*Hatırladıklarım (1905-1950)*, 1968 s. 57-62)

"İyi okuma yapmanız" için bazı küçük bilgiler vermem gerekiyor: Zekeriya Selanik'e bağlı Ustrumca kasabasında doğdu. Sırplar, Bulgarlar, Yahudiler ve Türklerin iç içe yaşadığı bir yerdi Ustrumca. Zekeriya Bey'in kız kardeşi Belkıs Halim Vassaf ailesi hakkında şu bilgiyi veriyor:

> Hacı Salman Efendi dedem. Gene dayım olan Hacı Hasan Efendi. (...) Babama "Hacı Halim Ağa" denirdi. Ama neden dedeme "Hacı Salman Efendi" de, babama "Hacı Halim Ağa" denirdi bilmiyorum. (Gündüz Vassaf, *Annem Belkıs*, 2000, s. 27)

Serteller sonra Ustrumca'dan Selanik'e taşınıyor.

Yine Zekeriya Sertel'in anılarından bir alıntıyla bu konuyu kapatalım:

> Peki, iyi ama evlenme meselesi ne olacaktı? Bu iş bir sorun olarak zaman zaman karşıma çıkıyordu. Artık evlenme çağındaydım. Fakat Paris'te öğrenimdeyken evlenemezdim. Zaten yabancı kızlarla evlenmiş olan arkadaşların denemeleri gözümün önündeydi. Dili, dini, gelenekleri ve düşünüşleri bize uymayan yabancı kızlarla evlenmenin sonu iyi olmuyordu. (s. 37)[4]

---

[4]. Bu kitabı, hep yanlış anlaşılmaktan korkarak yazdım. Antisemitik görünmenin, öyle anlaşılmanın beni çok üzeceğini biliyorum. Bu nedenle size bir anımsatma yapmam gerekiyor: *Teşkilatın İki Silahşoru* adlı kitabımı meslektaş olmaktan gurur duyduğum gazeteci Zekeriya Sertel'e ithaf ettim. Yalçın Küçük *Tekelistan* adlı kitabında (2002, s. 175) Zekeriya Sertel'in Sabetayist olduğundan kuşkulandığını yazıyor ve kafasındaki soruları okuyucuyla paylaşıyor. Yalçın Küçük'ün iddialarını güçlendirecek bir çok kanıt *Annem Belkıs* adlı kitapta da mevcut. Serteller bu kitabın konusu olmadığı için bu tartışmaya girmek istemiyorum. Ancak Zekeriya Sertel gibi namuslu bir aydının yazdıklarını doğru kabul etmek istiyorum!

Bu evliliğin bu kitabı ilgilendiren yanı, Evliyazadelerin iki damadı Doktor Nâzım ve Dr. Tevfik Rüşdü'nün (Aras) üstlendiği görevlerdi. Doktor Nâzım düğünü neden bir propaganda malzemesine dönüştürmüştü? Dr. Tevfik Rüşdü neden damadın tanığıydı?

Evliyazadelerin iki damadının bu düğünde öne çıkmalarının altında yatan bir sır mı vardı? Neyse...

Her yana yetişmeye çalışan Doktor Nâzım sonunda istemeyerek de olsa nazırlık koltuğuna oturdu.

Evliyazadelerin damadı nazır oldu

8 temmuz 1918'de Sultan Mehmed Reşad'ın ölümü üzerine hükûmet istifa etti. Tahta Sultan Vahideddin (VI. Mehmed) geçti.

20 temmuzda yeni hükûmet Sadrazam Talat Paşa başkanlığında kuruldu. Doktor Nâzım Maarif nazırı olmuştu!

Ne var ki, Doktor Nâzım aslında Maarif nazırı olmak istemiyordu. "Temmuz Devrimi"nin o sıcak günlerinde, mebusluk-bakanlık yapmama kararı almıştı. İcraatlarını "koltuk-makam" amacıyla yapmadığını ispat etmek istiyordu.

Ancak başta Talat Paşa'nın ve İttihatçı diğer arkadaşlarının ısrarı sonucu görevi kabul etmek zorunda kaldı. Hatta ilk gün Sadrazam Talat Paşa, onu kolundan tutup makamına oturttu.

Görevi kabul etmesinin asıl bir nedeni vardı: savaşın Osmanlı aleyhine geliştiğini görenler hükûmette yer alarak, yenilginin sorumluluğuna ortak olmak istemiyorlardı! İttihatçılar kabine oluşturmakta zorlanıyorlardı.

Doktor Nâzım'ın nazırlık koltuğuna oturduğunda ilk yaptığı iş, bürokratlarını etrafına toplayarak neler yapılması gerektiğini anlatmak oldu. Ardından ilk atamasını gerçekleştirdi: Ziya Gökalp'i kültür işlerinin başına atadı.

Eğitim-öğrenim için Avrupa'ya gönderilen Türk öğrencilerin sayısını artırmayı amaçlayan yeni çalışmalar başlattı. Öğrencilerin eğitim masraflarını karşılamayı üstlenen kişilere maarif nişanı verdi. Bu nişanların dönemin gazetesi *Takvimi Vekayi*'de ilan edilmesini sağladı. Örneğin iki öğrencinin masraflarını karşılayan tanınmış Trabzon tüccarlarından Kırzade Mustafa Bey'e üçüncü dereceden bir kıta maarif nişanı verdi. Bu yolla eğitime yardım için zengin kişileri teşvik etmeye çalıştı. Bu şekilde yüzlerce öğrencinin Avrupa'ya gitmesine katkıda bulundu.

Bunlardan biri de, Evliyazade Naciye Hanım'ın, on altı yaşındaki oğlu Samim'di. Samim'i tarım eğitimi alması için Macaristan'a gönderdi.

Evliyazadelerde sadece Samim değildi yurtdışında okuyan. Gün gelecek, İzmir Belediye Başkanı Evliyazade Refik Efendi'nin Nejad'dan sonra iki oğlu Ahmed ve Sedad da yurtdışında okuyacaklardı. Ahmed ve Sedad, Doktor Nâzım'ın okulunu tercih edeceklerdi: Sorbonne! Ama tıp eğitimini değil iktisadı seçeceklerdi.

O günlerde Maarif Nazırı Doktor Nâzım'ın başı, kayınçolarıyla değil, kardeşiyle dertteydi...

Doktor Nâzım'ın ağabeyi Ahmed Fazıl İstanbul defterdarıydı. Bir önceki görevi ise Selanik defterdarlığıydı. Selanik 1912'de düştükten sonra İstanbul'a gelmişti.

Hatice ve Nazlı adında iki eşi vardı. Gerek kendisi ve gerek eşlerinin çok şık giyinmeleri, pahalı konaklarda oturup, zengin davetlerde görülmeleri haklarında kısa sürede yığınla dedikodunun çıkmasına neden oldu.

Ağabeyi şık landolarla gezip şaşaalı bir hayat sürerken Doktor Nâzım hakkı olan devlet arabasına bile binmek istemezdi.

Bir gün Büyükada'da dost meclisinde sohbet edilirken, Doktor Nâzım'a ağabeyi şikâyet edildi. Doktor Nâzım hem üzüldü hem şaşırdı. Çok değil üç gün sonra gazeteler İstanbul Defterdarı Ahmed Fazıl'ın Bursa'ya atandığını yazdı...

Savaş ekonomisinden Maarif Nazırlığı da payına düşeni aldı. Doktor Nâzım bu duruma da çare buldu. Maddî olanaklara sahip kişilerden nazırlığı adına yardım istedi. Yardımda bulunanları ise tıpkı öğrencilerin eğitim masraflarını karşılayan kişilere yaptığı gibi "nişan"la ödüllendirdi.

Savaş koşullarında Osmanlı halkının moralini yüksek tutmak, rejime olan inançlarını pekiştirmek amacıyla, 1918'de "İdman Bayramı" organize edilmeye başlandı. Zaten 1916 yılından itibaren "Çocuklar Bayramı" kutlanıyordu...

Yakın gelecekte "Temmuz Devrimi"nin bu bayramları, "Osmanlı'nın küllerinden doğan" Türkiye'nin bayramları arasında yerini alacaktı...

Keza İzmir'de de Belediye Başkanı Evliyazade Refik Efendi, halkı birbirine kaynaştırmak, onlara moral verebilmek için Whittall, Giraud, Forbes, Paterson gibi İngiliz-Fransız Levantenlerle işbirliği yaparak at yarışlarını tekrar başlattı. Kendisi de başhakemlik yapıyordu.

Savaş "öteki İzmir"e uzaktı...

Bornova'da René Lochner evinde müzik ziyafetleri veriyor,

Madam Evelyn Lochner piyanosunun başına geçip güzel sesiyle aryalar söylüyordu. Karşıyaka'da Madam Fernand Guifray'ın salonunda verilen ziyafetler de pek parlak geçiyordu.

Levanten gençler Aliottilerin Karşıyaka'daki "Villa des Algues"ında piknikler yapıyor, müzik partileri veriyordu. Sporting Kulüp'te ise maskeli balolara katılmak prestijliydi. Bu balolarda danslar "vals"le başlıyor, "kadril"le devam ediyor, "cake-walk"la bitiyordu.

Bir de en şık elbiselerle Cafe de Paris adlı sinemaya gidiliyordu.

Viyana Operet Kumpanyası gibi toplulukların operetleri ise kaçırılmıyordu. Bu eğlencelere İzmir'in tanınmış Türk aileleri de katılıyordu...

İzmir'deki zenginler savaş koşullarında bile eğlenebiliyordu. Ama çok değil biraz ötede, Rus zenginlerin durumu pek parlak değildi...

1917'de Rusya'da çarlığa son veren sosyalist devrim, Osmanlı'yı ve müttefiklerini sevindirdi. Yeni sosyalist yönetimin tek taraflı olarak savaştan çekildiğini açıklaması, Kafkas cephesindeki savaşın bittiği anlamına geliyordu. Artık Osmanlı Kafkas cephesindeki güçlerini diğer bölgelere kaydırabilirdi. Ancak Almanların kontrolünde Rusya'ya gidip devrim yapan Lenin'in Almanların yenilmesine neden olacağını kimse bilemezdi!

Şöyle ki...

Rusya'daki sosyalist devrim ABD yönetimini çok rahatsız etti. İngilizlerin baskılarına rağmen bir türlü savaşa girmeyen Amerika, Rusya'daki gelişmeler üzerine İtilaf güçlerine katılıp Almanya'ya savaş ilan etti. ABD'yi Yunanistan takip etti, Yunanlılar da İtilaf güçlerine katıldıklarını açıkladılar.

Ve Rusya'daki sosyalist devrim Almanya'yı vurdu. Almanya'daki sosyalistler ayaklandı. Ocak 1918'de Berlin, Hamburg, Münih gibi büyük şehirler başta olmak üzere bir milyon işçi greve gitti. Alman işçi sınıfı gerek sayısal, gerekse örgütsel açıdan dünyanın en güçlü hareketini oluşturuyordu.

Yenilmez Prusya ordusunun arkasındaki güç savaşa karşı bayrak açmıştı. İşçileri, Alman donanmasındaki erler ve komutanlar takip etti. Almanya ummadığı yerden darbe yemişti.

Avusturya-Macaristan İmparatorluğu da benzer durumdaydı. Savaşın getirdiği yıkım askerler, işçiler ve köylüler arasındaki huzursuzluğu artırdı. Donanmanın başını çektiği askerler savaş istemediklerini belirttiler. 6. Topçu Alayı ayaklandı. Başkaldırılar kanla bastırıldı. Ancak eylemler bitmedi. Grevler hızla yayılmaya başladı. Sadece Budapeşte'de 300 000 işçi greve gitti.

15 haziran 1918'de ülke çapında genel grev ilan edildi.

Almanya ve Avusturya-Macaristan içişleriyle uğraşırken, bir diğer müttefik Bulgaristan savaştan çekildiğini açıkladı.

Bu arada İttifak Devletleri kendi aralarında da sorunlar yaşıyorlardı. Örneğin, Kafkasya konusunda Osmanlı ile Almanya arasında anlaşmazlıklar baş göstermişti. Osmanlı Azerbaycan'ı Almanlara bırakmaya yanaşmıyordu. Almanya ise Azerî petrolüne sahip olmak istiyordu.

Sonuçta benzer nedenlerle, ittifak parçalanma noktasına geldi. Her ülke kendi kurtuluşu peşine düştü.

O günlerde İstanbul'dan İzmir'e gönderilen gizli mektup, kurtuluş umudu peşindeydi...

İzmir'de toplama kampı

5 ekim 1918.

İzmir Valisi Rahmi Bey Sporting Kulüp atölyesinde ressam Çallı İbrahim'e portresini yaptırırken, İstanbul'dan "acele" notuyla gönderilmiş, gizli damgalı bir mektup aldı.

Mektubu Sadrazam Talat Paşa göndermişti. İngilizlerle sulh görüşmesi yapmaya hazır olduklarını bildiriyor ve Rahmi Bey'in bu işe aracı olmasını istiyordu.

Osmanlı, İngilizlerle anlaşarak savaşı en az zararla kapatma arayışına girmişti.

Peki Talat Paşa'nın İngiltere'yle yapılacak bir barış antlaşması için neden İzmir Valisi Rahmi Bey'i seçmişti?

İzmir Valisi Rahmi Bey ve Belediye Başkanı Evliyazade Refik Efendi ilk günden itibaren Almanya'nın yanında savaşa girilmesine karşıydılar.

Cephelerde İngiliz, Fransız askerleriyle çarpışılırken, onlar, İzmir'deki İngiliz, İtalyan ve Fransız Levantenleriyle çok iyi ilişkiler içinde olmuşlardı.

Hatta. 22 kasım 1917 günü Atina'daki İngiliz Elçisi Lord Granville, Londra hükûmetinden aldığı talimat gereğince İzmir'deki esirlere çok iyi davranıldığı için Rahmi Bey'e teşekkür mektubu yazmıştı. (N. Bilal Şimşir, *Malta Sürgünleri*, 1985, s. 284)

Rahmi Bey ve Evliyazade Refik Efendi bu tutumları nedeniyle zaman zaman Alman komutanlarla da karşı karşıya gelmişlerdi.

Bir gün Almanlar, Evliyazade Refik Efendi'ye, esirler için büyük bir kamp hazırlığı yapmasını istediler. Refik Efendi Almanların isteğine bir anlam veremedi.

Konu Vali Rahmi Bey'e de yansıyınca durum anlaşıldı; Almanlar İzmir'de yaşayan başta İngiliz ve Fransızlar olmak üzere Levanten aileleri bir kampta toplamak istiyordu.

Gerek Rahmi Bey gerekse Evliyazade Refik, Almanların teklifine önce pek aldırış etmediler. Unutturma yöntemini seçtiler. Ama Almanlar kararlıydı, kamp meselesini halletmek için İzmir'e general bile tayin ettiler.

Alman general, Rahmi Bey ve Evliyazade Refik'le yaptığı toplantıda, kamp sorununun acilen çözülmesini "emretti"! General, valilik makamından çıkarken, bu emrin altında padişahın mührünün olduğunu söylemeyi de ihmal etmedi.

İş ciddiydi...

Rahmi Bey ve Evliyazade Refik ne yapacaklarını kara kara düşünmeye başladılar. İzmir'de bir toplama kampının olması şehir ekonomisinin çökmesi anlamına geliyordu. Almanların İzmir'den İngiliz, Fransız Levantenleri kovmak için bunu maksatlı yaptıklarını düşünüyorlardı.

Fakat sonunda çare buldular. İzmir Levantenlerinin önde gelen isimlerinden, yakın dostları Henri Giraud'yu çağırdılar. Durumu anlattılar.

Henri Giraud, Almanların teklifini duyunca sarsıldı. Eşleri ve çocuklarıyla birlikte bir esir kampında yaşamayı hiç aklına getirmemişti. En fazla sınırdışı edileceklerini düşünüyordu.

Ama yıllardır ailece görüştükleri Evliyazade Refik, hemen teskin edici sözler söylemeye başladı. Emir padişahındı ama tatbikat kendilerine bırakılmıştı.

Vali Rahmi Bey, tatbikatın nasıl olacağını hemen açıkladı: "Lütfen Bornova ve Buca'daki aileleri içinizden birinin bahçesine toplayın, sabahtan akşama kadar aileler belirli yerde otursun, beyler işine gitsin ama yine oraya dönsün. Bir müddet böyle idare edelim. Bana soracak olursa, kamp yeri olarak orayı seçtiğimizi söylerim."

Birinci Dünya Savaşı sırasında Levantenlerin "esir kampı" yaşamları bir süre devam etti...

İstanbul'dan, İngilizlerle anlaşma umudu taşıyan mektup geldiğinde, "toplama kampı" uygulaması devam ediyordu.

Kaçış oylaması

Mektubu okuyan Vali Rahmi Bey, ressam Çallı İbrahim'den izin isteyerek Hükûmet Konağı'na gitti.

Başta Belediye Başkanı Evliyazade Refik olmak üzere güvendiği mesai arkadaşlarını ve kentin önde gelen Levanten tüccarlarını valiliğe çağırdı. Talat Paşa'nın İngilizlerle masaya oturmak istediklerini belirten mektubundan bahsetti. Mektup bu topluluk tarafından müspet bulundu. Hemen karar aldılar.

Toplantıda bulunan Vilayet Yabancı İşler Müdürü Charles Karabiber Efendi ile Fransız tüccar M. Edmond Giraud delege sıfatıyla Midilli'deki İngiliz temsilciliğine gideceklerdi. Yanlarında Talat Paşa'nın barış teklifini içeren mektubu vardı.

Charles Karabiber Efendi ve Edmond Giraud Midilli'ye hareket ettiler. İngiliz temsilci bu konunun kendi rütbe ve görevini aşacağını belirtip, heyetin Atina'daki sefir Lord Granville'le görüşmesinin daha iyi olacağını söyledi. Atina'daki sefir Lord Granville ise hiç umutlu konuşmadı:

Osmanlı hükûmeti sulh isteğinde geç kalmıştı...

İngilizlerin kendilerinden bu kadar güvenli olmalarının nedeni Osmanlı'nın müttefiklerinin yaşadığı sorunlardı. Bulgar Kralı Ferdinand, Alman İmparatoru II. Wilhelm ve Avusturya-Macaristan İmparatoru I. Karl taç ve tahtlarını bırakarak memleketlerini terk etmişlerdi.

İtilaf Devletleri savaştan zaferle çıktı...

Osmanlı ordusunun yenilgisiyle Sadrazam Talat Paşa kabinesi istifa etti.

Doktor Nâzım'ın nazırlığı ancak 2 ay 26 gün sürebildi...

Yeni hükûmeti kurma görevi Ahmed İzzet Paşa'ya verildi.

Ahmed İzzet Paşa, Osmanlı ordusunun bilgili komutanlarındandı. 1884 yılında Harp Okulu'nu, 1887'de ise Harp Akademesi'ni birincilikle bitirmişti. Bu başarılarından dolayı askerî okullar müfettişi Goltz Paşa'nın (Colmar von der Goltz) yardımcılığına getirilmiş, mesleğini ilerletmesi için Almanya'ya gönderilmiş ve Alman Genelkurmayı'nda uzun süre Liman von Sanders'le birlikte çalışmıştı.

Yani, Sadrazam Ahmed İzzet Paşa Almanlara ve İttihatçılara yakındı.

Kabinesinde, Dahiliye Nazırı Ali Fethi (Okyar), Maliye Nazırı Cavid, Bahriye Nazırı Hüseyin Rauf (Orbay) gibi İttihatçılar vardı.

Harbiye nazırlığını da üstlenen Sadrazam Ahmed İzzet Paşa, bakanlığın müsteşarlığına da Albay İsmet (İnönü) Bey'i getirdi.

Yeni hükûmetin ilk icraatı, İttihatçıların başta Ermeni tehciri olmak üzere bazı politikalarını aşırı ya da kanunsuz uyguladığını düşündüğü, Bursa Valisi İsmail Hakkı, Halep Vilayeti Polis Müdürü Sadeddin, İçel Mutasarrıfı Mahmud Ata, Kavaklı Kaymakamı İdris Kemal gibi bürokratları azletmek oldu.

Görevinden alınanlar arasında süpriz bir isim daha vardı: İttihatçıların önemli kurmaylarından İzmir Valisi Rahmi Bey!..

Rahmi Bey, İttihat ve Terakki içinde Selanik'ten beri birlikte çalıştığı 1911'de cemiyetin kâtibi umumî görevinde de bulunan yeni Dahiliye nazırı Ali Fethi tarafından görevden alınmıştı.

Vali Rahmi Bey görevden alındıktan sonra İttihat ve Terakki'nin acil çağrısı üzerine İstanbul'a gitmek üzere yola çıktı. Yolculuktan önce, Osmanlı'nın yenilgiyle birlikte şehirde taşkınlıklarda bulunan İzmirli Ermenilerden Madam Avadikyan'ı ziyarete gitti. Bilmezden gelerek mor, turuncu ve sarı renkli, perdelere takılmış, yere kadar uzanan bezin ne olduğunu sordu. Madam Avadikyan, millî bayrakları olduğunu söyleyince, Rahmi Bey, "Madamcığım pek zevksiz buldum bunu. Rumların mavi-beyaz bayrağı daha iç açıcı" diye alay ederek evi terk etti. (Nail Moralı, *Mütareke'de İzmir*, 2002, s.104)

Rahmi Bey İstanbul'a doğru yola çıkarken, İstanbul hükûmetinin temsilcisi on günlük Bahriye nazırı olan Hüseyin Rauf ve ikinci delege Hariciye Müsteşarı Reşad Hikmet, İngilizlerle barış görüşmesi yapmak için İzmir'e geliyordu.

İzmir'in bazı mahalleleri gürültülü, bazıları ise sessizdi. Sessiz olanlar Müslüman ve Yahudi mahalleleriydi. Şenlik yapanlar ise Rumlar ve Ermenilerdi.

Levantenlerin ruh halleri karışıktı.

Trenle gelen İstanbul hükûmeti mütareke heyetini Vali Vekili Nureddin ile Ordu Komutanı Cevad Paşa karşıladı.

Rauf Bey başkanlığındaki Osmanlı heyeti, Midilli Adası'nın Mondros limanınına demirlemiş İngiliz savaş gemisi Agamemnon'da İngiliz Akdeniz Donanması Başkomutanı Amiral Sir Arthur Calthorpe'la "barış görüşmesi" yaparken, İstanbul'daki İttihatçılar geleceklerini tartışıyordu.

Doktor Nâzım çok kızgındı. Yenilgiyi kabul edemiyordu. Osmanlı'nın tek başına da kalsa savaşa devam etmesi gerektiğini savunuyordu.

Kendi görüşünü destekleyen sadece bir avuç İttihatçı'ydı. Onlar da Bulgaristan'ın çekilmesiyle, Balkan cephesinin çökmesi üzerine sonucu kabul etmekten başka bir yol göremiyorlardı.

Savaşın bilançosu Doktor Nâzım'ın önerisinin hayata geçirilmesinin zor olduğunu gösteriyordu: Osmanlı 400 000 şehit vermişti. 180 000 asker yaralı ve 1,5 milyon asker ise tutsaktı.

Görünen tablo bir gerçeği İttihatçıların yüzüne çarpıyordu. Hem Osmanlı, hem de ittihatçılar kaybetmişti...

Doktor Nâzım'ın "savaşa devam" önerisi fazla tartışılmadı bile. Gündemin ikinci maddesi, bundan sonra ne yapılacağı konusuydu. Doktor Nâzım, bir süre Anadolu'da saklanmayı, sonra çıkıp kurulacak mahkemelerde kendilerini savunmayı önerdi.

Merkezi umumî üyesi Kara Kemal, İttihatçıların önde gelen isimlerinin yurtdışına gitmelerini sonra ortam müsait olunca dönmeleri teklifinde bulundu.

Tartışmalardan sonra Kara Kemal'in önerisi kabul edildi!

Bazı "İttihatçı şeflerin" yurtdışına gitmesine karar verildi. İttihatçılara bir kez daha yurtdışı gözükmüştü.

Ayrıca...

Dört çekimser, dokuz ret ve otuz beş kabul oyuyla "İttihat ve Terakki Cemiyeti-Fırkası" kapatıldı. Osmanlı'nın kaderine hükmeden "İttihat ve Terakki" isim olarak tarihe karışmıştı, ama onun siyasal çizgisi bu topraklarda hiç yok olmayacaktı...

Moda'daki evde heyecan ve hüzün iç içe

"İki bacanak" Doktor Nâzım ve Dr. Tevfik Rüşdü'nün (Aras) birlikte kaldıkları Moda'daki evleri o gece çok kalabalıktı. Doktor Nâzım, kıyafet değiştirip Anadolu'ya gitmek istediğini bir kez daha telaffuz etti. Ama karar alınmıştı; yurtdışına gideceklerdi ve giden "İttihatçı şefler" arasında o da vardı!

Doktor Nâzım ve arkadaşlarının yurtdışına çıkacağını çok az ittihatçı biliyordu. Onlar da veda için eve gelip gidiyorlardı. Misafirlerin hemen hepsi Doktor Nâzım'ın yurtdışına çıkması konusunda hemfikirdi. Bunun iki nedeni vardı. Doktor Nâzım, İttihat ve Terakki ile Teşkilatı Mahsusa eylemlerinden sorumlu tutulan isimlerin başında geliyordu. Cezaevine girebilir, hatta idam bile edilebilirdi.

Ayrıca Doktor Nâzım'ın, uzun yıllar yurtdışında bulunup örgütlenme faaliyetlerinde bulunduğu için, benzer çalışmayı yine yapması bekleniyordu.

İttihatçılar pes etmek niyetinde değildi. Planlarına göre, yurtdışına çıkanlar tıpkı daha önce yaptıkları "hürriyet mücadelesinin" benzerini verecekler ve iktidarı yine ele geçireceklerdi!..

Moda'daki evin ziyaretçileri azalmıyordu. Sürekli eski günlerden, anılardan bahsediyorlardı; Paris... Selanik... İzmir!

Doktor Nâzım eşi Beria'yla birkaç dakikalığına baş başa kalabildi. Beria'ya İttihat ve Terakki merkezinden aldığı beş aylık maaşı olan 300 lirayı verdi. İzmir'e, babası Evliyazade Refik Efendi'nin yanına gitmesini öğütledi. Kendi üzerine kiralık olan çiftliği son gün 9 000 liraya elinden çıkarmıştı. Onu da eşine verdi. Cebinde yalnızca 18 lirası vardı. Beria paranın bir bölümünü iade etmek istedi, ama o kabul etmedi, ne de olsa kısa bir zaman sonra dönecekti, 18 lira yeterliydi!

Beria ağlamaya başladı. Doktor Nâzım çekmeceden sakinleştirici bir ilaç çıkarıp verdi. Beria sanki hap müptelası olmuştu, su almadan hapı yuttu. Titriyordu. Anlamlı anlamsız kafasını sallıyordu sürekli.

Doktor Nâzım dinlenmesini öğütleyip salona döndü.

Kızı Sevinç'i kucağına aldı. Öptü, kokladı. Yedi yaşındaki Sevinç babasının sık sık gittiği seyahatlerine alışmıştı sanki.

Doktor Nâzım kızıyla oynarken nedense odada bulunanların hepsi susmuştu. Sessizliği bozan Evliyazade Naciye Hanım oldu. Duygusal havayı dağıtmak için konuyu değiştirdi:

Halide Edib (Adıvar), Nakiye (Elgün) ve Fatma Âliye hanımefendilerle buluştuklarını, ABD Başkanı Woodrow Wilson'un on dört maddelik barış planını Osmanlı Devleti için çok umut verici bulduklarını aktardı. Naciye Hanım'a göre, Başkan Wilson, Türklerin "dostu" ve "savunucusuydu"; Osmanlı Devleti'nin egemenlik hakkını tanıyordu.

Üstelik Amerika'nın "emperyalist gayesi" yoktu!..

Naciye Hanım, ABD'nin başında insan hakları savunucusu, idealist, dış politika uzmanı bir profesörün bulunmasının Osmanlı için şans olduğunu sözlerine ekledi. Son olarak, Halide Edib Hanımefendi'nin "Wilson Prensipleri Cemiyeti" kurmak için hazırlıklara giriştiği bilgisini de verdi.

Moda'daki eve tekrar dönmek üzere, konuyu da dağıtmadan araya girip birkaç minik not aktarmak istiyorum: Üsküdar Amerikan Kız Koleji mezunu Halide Edib (Adıvar) ve Amerikan Columbia Üniversitesi mezunu Ahmed Emin'in (Yalman) girişimleriyle, Refik Halid (Karay), Celal Nuri (İleri), Necmeddin (Sadak), Yunus Nadi (Abalıoğlu) gibi Osmanlı münevverleri, Robert Kolej'de bir araya gelerek, 4 ocak 1919'da "Wilson Prensipleri Cemiyeti"ni kurdular.

Kurucuların çoğunun Sabetayist olması tesadüf müydü?

Herhalde!..

Peki, İstanbul'da "Wilson Prensipleri Cemiyeti"ni kuranlar, gerek ABD gerekse Siyonist politikaları hakkında ne kadar bilgiye sahiptiler?

ABD Başkanı W. Wilson Siyonizm'e yürekten bağlıydı. Özel görüşmelerinde Amerikan Siyonistlerinden bu eğilimini saklamıyordu. Aynen, pek çok Amerikalı gibi dinî sebeplerle Siyon'a bağlıydı. "Musevîler için Filistin'i barbar Türk'ten koparmak" efsanesi başkanı da büyülemişti. (Mim Kemal Öke, *Kutsal Topraklarda İhanetler, Komplolar, Aldanmalar*, 1991, s. 263)

Savaş yılları boyunca ABD yönetimi, Siyonizm'i devlet politikası haline getirmişti! Kuşkusuz bunda ABD'deki Yahudilerin finans ve yayın dünyasına hâkim olmalarının büyük etkisi vardı.

ABD bu Siyonist politikalarını hayata geçirmek için İstanbul'a gönderdiği büyükelçilerini bile özel olarak seçiyordu. Amerika'nın savaş yıllarındaki büyükelçisi Henry Morgenthau ve arkasından gelen Abram Elkus Yahudi'ydi.[5]

Dünya Siyonist teşkilatı Alman kökenli Yahudilerin elindeydi. Bu nedenle Siyonistler Birinci Dünya Savaşı'nda İttifak Devletleri'ne yakındılar. Ancak, Amerika'nın savaşa katılması, Almanya'nın yenilmesi ve İngilizlerin Filistin'e girmesiyle birlikte İtilaf güçlerine yaklaştılar. Aslında Siyonistlerin İngilizlere yakınlaşması bir yıl önce başlamıştı. İngiliz Dışişleri Bakanı Arthur James Balfour'un adını taşıyan 2 kasım 1917 tarihli Balfour Bildirisi, Filistin'de bir "Yahudi millî yurdu"nun kurulmasını talep ediyordu. İngiliz işgaliyle birlikte, Yahudi millî yurdu kurulması amacıyla Filistin, "Britanya manda yönetimine" sokuldu. Bu arada Yahudilerin Filistin'e göçleri hiç durmadı. 1914'te 90 000 Yahudi'nin bulunduğu Filistin'e ayda ortalama 3 000 kişi göç etti.

Siyonistler, Filistin'de bağımsız İsrail devletini kurmak için, artık ne II. Abdülhamid'e ne de İttihatçılara muhtaçtı. Amaçlarına ulaşmak için, Amerika, İngiltere, Fransa ve Sovyetler Birliği'nde lobi faaliyetlerini sürdürüyorlardı.

En çok güvendikleri ise Amerika'daki Yahudi sermayesiydi.

Filistin'in İngilizler tarafından işgal edilmesiyle "Siyonizm" Osmanlı'nın gündeminden düşmüş müydü?

Osmanlı münevverlerine, Siyonistlere bir "vatan" bulma amacı taşıdığı için, Wilson Prensipleri'ne sıkı sıkıya sarıldıklarını söylemek haksızlık olur.

ABD ve Sovyetler Birliği, ezilen dünya ülkelerine bir umudun

---

5. İlginçtir, ABD Ankara'ya gönderdiği büyükelçilerini hep Yahudi diplomatlardan seçmektedir. Elli dört kişiden oluşan büyükelçi listesinde yer alan isimlerin yüzde 90'ı Yahudi'dir. İsimleri tek tek yazarak uzatmak gereksizdir. James Spain, Robert Strausz-Hupe, Morton Abramowitz, Marc Grossman, M. Robert Parris, Eric Edelman bunlardan sadece birkaçıdır. Soru basit: Neden Yahudi büyükelçiler gönderilmektedir?

propagandasını "ihraç" ediyorlardı: kendi kaderini tayin hakkı!

Evliyazade Naciye Hanım gibi münevverler, ABD'nin Osmanlı'daki Türklerin haklarını koruyacaklarına inanıyorlardı. Yani yurtlarından sürgün edilmemenin güvencesi olarak Wilson Prensipleri'ni görüyorlardı!

Evliyazade Naciye Hanım'ın ayrıca Amerikalılara sempatisi vardı. Damadı Fuad Hamdi (Dülger), Amerikan Glen Tobacco şirketinin Türkiye temsilciliğini yapıyordu. Amerikalılarla bir iki yemekte İzmir'de yan yana gelmişlerdi. Amerikalıların "kasıntı" olmamalarından, Naciye Hanım etkilenmiş, onları kendisine yakın bulmuştu.

İngilizleri, Fransızları yakından tanıyordu. Onların bir umut olmadığını düşünüyordu. Ülkenin kurtuluşunun ABD'ye yakınlaşmakla mümkün olacağını söylüyordu çevresine. Kurtuluş için başka bir "reçeteye" gerek yoktu!

Neyse, Moda'daki eve dönelim...

Moda'daki veda gecesinin belki de en sakini Naciye Hanım'dı. Yeğeni Sevinç'i kucağından indirmiyordu. Herkesi sakinleştirme görevi sanki ona verilmişti.

Bir diğer Evliyazade, Dr. Tevfik Rüşdü'nün (Aras) eşi Makbule şaşkındı; evin içinde sürekli hareket halindeydi, nedensizce sağı solu toparlamaya çalışıyordu. Telaşlıydı.

Art arda içilen sigaralarla evin salonunda göz gözü görmüyordu. Geceyarısına yaklaşılmıştı ki, Dr. Tevfik Rüşdü sevinçle eve girdi. Mondros Mütarekesi'nin iyi şartlarda imzalandığını söyledi.

Haber evin kasvetli havasını birden değiştirdi. Umutsuzluğa gerek yoktu!..

Mondros Mütarekesi'nin sevinçli bir heyecan dalgası yaratmasının nedeni, antlaşmayı imzalayan Rauf (Orbay) Bey'in, görüşmelerden döndükten sonra İstanbul gazetelerine, "Devletimizin bağımsızlığı, saltanatımızın hukuku, milletimizin onuru tümüyle kurtarılmıştır" diye demeç vermesiydi.

Heyecana Osmanlı Meclisi Mebusanı da kendini kaptırmış görünüyordu; müterakeyi oybirliğiyle onayladı; Osmanlı posta idaresi mutlu bir olayı kutlarcasına anma pulları çıkardı!

Osmanlı'nın başkenti İstanbul henüz gerçekle tanışmamıştı.

Moda'daki evde artık ayrılık zamanı gelmişti...

Doktor Nâzım eşi Beria, kızı Sevinç ve yakın dostlarıyla vedalaşıp evden çıktı.

Kemerinde kayınpederi Evliyazade Refik'in hediyesi tabancası vardı.

Kimsenin uğurlamaya gelmesini istemedi. Yanında sadece güvenliği için Teşkilatı Mahsusa'dan birkaç fedai vardı.

Moda iskelesine gittiler.

Arnavutköy'de İhsan Namık'ın (Poroy) evinde kader arkadaşlarıyla buluştu.

Sabaha karşı...

Sekiz kişiydiler: Enver Paşa, Talat Paşa, Cemal Paşa, Doktor Nâzımı, Dr. Rusuhî, Polis Müdürü Azmî, Bedri Bey ve Dr. Bahaeddin Şakir.

Yağmur ve rüzgârın hâkim olduğu karanlık bir gecede sekiz yorgun adam denizin karanlığına karıştı.[6]

Arkadaşlarını uğurlamaya gelen başta Teşkilatı Mahsusa'nın Başkanı Albay Hüsameddin (Ertürk) olmak üzere bir avuç İtti-

6. Konuyla ilgili anılarda, gazeteci ve akademik çalışmalarda gidiş tarihleri konusunda 2, 3, 7 ve 8 kasım gecesi yazılmaktadır. Keza aynı karışıklık "neyle gittikleri" konusunda da vardır. İnanmayacaksınız ama kaç kişinin yurtdışına çıktığı bilgisi bile net değildir. Bazı isimler yedi bazıları ise sekiz demektedir. Hatta koca koca "profesörler" giden gruba "Yediler", "Yedibaşlar" denildiğini yazmaktadır. Sorun Dr. Rusuhî Bey'den kaynaklanmaktadır. Bazı yazarlar Dr. Rusuhî'nin diğer grupla birlikte gitmediğini yazmaktadır. Oysa Dr. Rusuhî 1926 İzmir Suikastı yargılanmalarında yurtdışına nasıl kaçtıklarını ayrıntılarıyla anlatmaktadır!

Yazar	Kitap adı	Sayfa no.	Ne zaman?	Neyle gittiler?
Süleyman Kocabaş	Jön Türkler Nerede Yanıldı	566	2 kasım 1918	Alman gemisi
Sina Akşin	Jön Türkler, İttihat ve Terakki	439	1-2 kasım 1918	Alman denizaltısı
Şevket Süreyya Aydemir	Enver Paşa cilt 3	479	7-8 kasım 1918	U-67 Alman denizaltısı
Tarık Zafer Tunaya	Türkiye'de Siyasal Partiler (1859-1952)	678	2 kasım 1918	Alman torpidosu
Ahmet Bedevî Kuran	İnkılap Tarihimiz ve Jön Türkler	443	3 kasım 1918	Alman torpidosu
Mustafa Ragıb Esatlı	İttihat ve Terakki	734	2 kasım 1918	Alman gemisi
Yay. yön. Sina Akşin	Çağdaş Türkiye (1908-1980) cilt 4	70	1 kasım 1918	Alman gemisi
Alpay Kabacalı	Talat Paşa'nın Anıları	12-13	1 kasım 1918	Alman gemisi
Uğur Mumcu	Gazi Paşa'ya Suikast	80	2 kasım 1918	U-67 Alman denizaltısı
Samih Nafiz Tansu	İttihat ve Terakki İçinde Dönenler	386-387	31 ekim-1 kasım 1918	Alman torpidosu

hatçı fedai, sağ ellerini kalplerinin üzerine koydular. Kalp üzerine konan el, "Ölüme kadar beraberiz" anlamına gelen bir İttihatçı selamıydı...

Öyle de olacaktı: sekiz İttihatçı'dan dördü suikast sonucu; biri çatışmada; biri idam sehpasında can verecekti. Sadece ikisi, onlar da idam sehpasına çıkmaktan son anda kurtulduktan sonra, ecelleriyle öleceklerdi.

Bir bilinmeze doğru yola çıkan Doktor Nâzım, kendisini nasıl bir sonun beklediğini kuşkusuz bilemezdi...

On birinci bölüm

30 ocak 1919, İstanbul

Sabah saatleri...

Dr. Tevfik Rüşdü (Aras), Meclisi Âlii Sıhhî'deki işine gitmek için Moda'daki evinden tam çıkacakken, kapı çalındı. Açtı. Karşısında bir polis memuru vardı. Polis, elinde tuttuğu İstanbul Polis umum müdürünün tezkeresini uzattı.

Dr. Tevfik Rüşdü tezkereyi okudu. Müdüri umum bey, bazı malumatlar almak üzere kendisini makamına çağırıyordu.

Eşi Makbule Hanım'ı çağrı tezkeresinden haberdar edip, gelen görevliyle İstanbul Polis Umum Müdürlüğü'nün yolunu tuttu.

Polis Umum Müdür Muavini Sezaî Bey'in yanına çıktı. Sezaî Bey niçin davet edildiğini bilmediğini söyledi. Diğer görevlilere neden çağrıldığını sormak için tam kapıdan çıkarken, etrafını polisler sardı. Gözaltına alındığını söylediler!

Dr. Tevfik Rüşdü'yü, Polis Umum Müdürlüğü'nün en üst katındaki küçük bir odaya kapattılar. Yerde sadece pis kokan bir minder vardı. Bir gün gündüzlü geceli orada kaldı. Ertesi gün evden yiyecek, giyecek ve yatak getirtmesine izin verildi.

Bir hafta hiç dışarı çıkarılmadan o küçük odada kaldı. Kimseyle görüştürülmedi. Daha sonra gözaltına alınanlarla birlikte Bekirağa Bölüğü'ne gönderildi.

Dr. Tevfik Rüşdü neden gözaltına alınıp, tutuklanmıştı?

İttihat ve Terakki Cemiyeti-Fırkası kendisini feshettikten sonra, tüm belgeler bacanağı Doktor Nâzım tarafından alınıp bir bilinmeze götürülmüştü. Gerek Saray, gerekse Sadrazam Ahmed İzzet Paşa'nın istifasından sonra işbaşına gelen Ahmed Tevfik Paşa hükûmeti, bu belgelere büyük önem veriyordu. Saray, dış baskılardan kurtulmak için, Ermeni tehcirinin bir devlet politikası değil, İttihatçıların uyguladığı bir operasyon olduğunu bu belgelerle ispatlayıp rahatlamak istiyordu.

Dr. Tevfik Rüşdü'nün tutuklanma nedeni salt bu belgeleri ortaya çıkarmak değildi. Doktor, İttihat ve Terakki Cemiyeti-Fırkası feshedildikten sonra, yerine 24 kasım 1918'de kurulan "Teceddüt Fırkası"nın meclisi umumîsinde görev almıştı.

Meclisi Mebusan'ı fesheden Sultan Vahideddin, İttihatçıların küllerinden doğan, Teceddüt Fırkası'nı yaşatmak istemiyordu!

İtilaf güçleri İstanbul'u henüz işgal etmemişlerdi ama Boğaz'a gönderdikleri savaş gemileriyle varlıklarını hissettirmeye başlamışlardı. Başta İttihatçılar olmak üzere, direniş yapabilecek tüm unsurlara gözdağı verilmesini istiyorlardı.

Sultan Vahideddin de İngilizlerin güvenini kazanabilmek için İttihatçılar üzerindeki baskıyı yoğunlaştırdı.

Baskılar sadece İstanbul'da yapılmıyordu...

Evliyazade ailesi üzerinde karabulutlar dolaşıyordu.

Önce, damatları Doktor Nâzım yurtdışına kaçmak zorunda kalmıştı. Arkasından, 8 kasımda Evliyazade Refik Efendi baskılara dayanamayıp İzmir Belediye başkanlığından istifa etmişti.

Şimdi ise bir diğer damat, Dr. Tevfik Rüşdü tutuklanmıştı.

İttihatçı Evliyazade ailesi, Osmanlı Devleti gibi Birinci Dünya Savaşı'ndan yenik çıkmıştı...

Kâbus sadece Evliyazadelerin üzerine çökmedi.

İstanbul'da sadece Moda'daki evin kapısı çalınmadı.

O gün, o saatte İstanbul'da birçok eve baskın yapıldı.

İstanbul hükûmeti, insan avı başlatmıştı. Gözaltına alınanlar hemen tutuklanarak "Bekirağa Bölüğü" denilen Harbiye Nezareti cezaevine tıkılıyordu.

Yakalananlar arasında İttihatçıların önde gelen isimleri vardı: İttihatçıların kasası Midhat Şükrü (Bleda), İttihatçı "teorisyen" Ziya Gökalp, İttihatçıların yayın organı *Tanin*'in sahibi ve başyazarı Hüseyin Cahid (Yalçın), İttihatçı Dahiliye Nazırı İsmail Canbulad, İttihatçıların İstanbul'daki en güçlü ismi Kara Kemal...

Liste her geçen gün kabaracaktı: Sadrazam Said Halim Paşa, Meclisi Mebusan Başkanı Halil (Menteşe), Dahiliye Nazırı Ali Fethi (Okyar), gazeteci Ahmed Emin (Yalman), gazeteci Salah (Cimcoz), İttihatçı "teorisyen" Ahmed (Ağaoğlu), gazeteci Celal Nuri (İleri), Osmanlı münevverleri Süleyman Nazif, Aka Gündüz ve Emmanuel Karasu...

İzmir'den Rahmi Bey, Şükrü (Kaya), Eczacıbaşı Ferid...

Evliyazede Refik tutuklanmamıştı.

Daha birkaç ay önce imzaladığı Mondros Mütarekesi'ni "umut verici" bulan Hüseyin Rauf da (Orbay) tutuklananlar arasındaydı!

İngilizler, kendilerine mukavemet gösterecek her çevreden ismi tutuklatarak Bekirağa Bölüğü'ne koyuyordu. Bunlar arasında "Wilson Prensipleri Cemiyeti" üyeleri bile vardı!

İngiltere o yıllarda kendisine yavaş yavaş rakip çıkmaya başlayan ABD'yi, "kurtarıcı ilan eden" isimleri de tutuklayarak o çevrelere mesaj vermek istiyordu. Zaten bir süre sonra "İngiliz Muhipleri Cemiyeti"ni kurdurdu. İngilizlerin en büyük yardımcısı, 1919 başında tekrar siyaset sahnesine çıkan Hürriyet ve İtilaf Fırkası'ydı!..

İngilizlerin bir diğer "yardımcısı" Sultan Vahideddin'in dünürü Sadrazam Ahmed Tevfik Paşa'ydı.

Dünürlük nereden geliyordu? Ahmed Tevfik Paşa'nın oğlu İsmail Hakkı (Okday) Paşa, 12 eylül 1914'te Sultan Vahideddin'in kızı Ulviye Sultan'la evlenmişti.[1]

Ahmed Tevfik Paşa'nın sadrazamlığa getirilmesi yaşlı olduğu gerekçesiyle çok eleştirilmişti. Ancak Paşa dört kez geldiği sadrazamlık görevini 1920 yılına kadar sürdürdü. Görevi bıraktığında yetmiş yedi yaşındaydı. İlginç rastlantı, paşanın kucağında sevdiği Bülent Ecevit de dört kez başbakanlık yaptı. Son başbakanlığı döneminde çok yaşlı olduğu eleştirilerine muhatap kaldı. O da başbakanlıktan ayrıldığında yetmiş yedi yaşındaydı! Ahmed Tevfik Paşa 1936'da vefat etti; yani öldüğünde doksan bir yaşındaydı!

Sadrazam Ahmed Tevfik Paşa'nın ilk icraatı, İttihatçıları tutuklatmak oldu. Arkasından İttihat ve Terakki Cemiyeti-Fırkası'nın malvarlığına el koydurdu. Biliniyor ki, sadrazama bu operasyonu yaptıran güç İngilizlerdi.

Peki, tutuklananlar arasında Rahmi Bey gibi İngilizciliğiyle ünlü isimlerin olmasının sebebi neydi?

Benzer soru, o günlerde İngiliz Parlamentosu'nda da gündeme geldi. İngiliz milletvekilleri H. Herbert, J. Jones ve W. Guinness "Rahmi Bey sorununu" Avam Kamarası gündemine taşıdılar.

Charlton Whittall İngiliz Dışişleri Bakanlığı'na uzun bir mektup yazdı.

Sahi İzmir eski valisi "İngilizci" Rahmi Bey neden tutuklanmıştı? Bu sorunun yanıtı için dört yıl geriye gitmemiz gerekiyor...

---

[1]. Sadrazam Ahmed Tevfik Paşa'nın oğlu İsmail Hakkı Okday ikinci evliliğini ise 21 haziran 1922'de Ferhande Hanım'la yaptı. Ferhande Hanım Bülent Ecevit'in annesi ressam Nazlı Hanım'ın teyzesiydi. Ahmed Tevfik Paşa, Bülent Ecevit'i kucağına alıp, "Bu çocuk ileride büyük adam olacak" dermiş! (Arı İnan, *Tarihe Tanıklık Edenler*, 1997, s. 29-30)

"Gel prens ol!"

İngilizler 1915 başında Çanakkale Boğazı'na karşı harekâta geçmeden önce, İzmir Yeni Kale istihkâmlarını bombalamış, sonra körfeze girerek İzmir'i teslim almak istemişti.

İngiliz filosunda görevli istihbarat servisinin ünlü elemanı Albay Wyndhem Deeds,[2] İzmirli İngiliz tüccar Eric Whittall aracılığıyla, İzmir Valisi Rahmi Bey'le görüşmek istediğini bildirdi. Resmî olmayan bu isteği Rahmi Bey kabul etti. Vilayet Yabancı İşler Müdürü Charles Karabiber'le birlikte Karaburun'da istihbarat görevlisi Deeds'le buluştu. İngilizler İzmir ve çevresine asker çıkarma izni istediler.

Rahmi Bey'in bu hizmetinin karşılığı da düşünülmüştü. İzmir bir prenslik olacak, başına da Rahmi Bey getirilecekti. İngilizlerin Arap Yarımadası'nda oynadıkları bu oyunun Anadolu'da da sökeceğini düşünebilmeleri şaşırtıcıdır. Yine İngiltere'nin Rahmi Bey'e bu teklifi yaparken kendince haklı ve yerinde sayılabilecek bazı nedenlere dayandığını söylemek zorundayız. Rahmi Bey, İzmir'i Osmanlı İmparatorluğu'nun dışında bağımsız bir ülke gibi yönetmekteydi. Şehirdeki yabancı uyruklu işadamlarıyla olan dostluğu Türklerin bile yakınmalarına yol açıyordu. (Nurdoğan Taçalan, *Ege'de Kurtuluş Savaşı Başlarken*, 1970, s. 43)

İngilizler Rahmi Bey'e prenslik teklif ediyorlardı.
Rahmi Bey'in cevabı da netti:

İzmir cayır cayır yanar, yine de İngiliz olmaz. Bu davranışınızla şehrin içindeki tüm Hıristiyanları ateşin içine atıyorsunuz. Şehri dövüşerek alsanız bile tek bir Hıristiyanı sağ olarak bulamayacaksınız... (Yaşar Aksoy, *Bir Kent, Bir İnsan*, 1986, s. 133)

Rahmi Bey dediğini de yaptı; valiliğe gelir gelmez, Evliyazade Refik Efendi'yle birlikte şehrin ileri gelenlerini topladı. Tüm resmî dairelere teneke teneke gaz dağıtılmasını, başta Levantenler olmak üzere Rum ve Ermenilerin "canlı hedef" olmaları için şehrin her tarafında dağıtılmalarını istedi.

Bu arada devreye Whittaller, Giraudlar gibi aileler girdi; İngilizler İzmir'i almaktan vazgeçti. Rahmi Bey de "savunma planını" rafa kaldırdı.

---

2. İngiliz istihbaratının önemli isimlerinden Wyndhem Deeds daha sonra "sir" unvanı aldı. Türkiye'yle ilişkisini hiç kesmedi. İkinci Dünya Savaşı yıllarında BBC Radyosu'nda Türkçe konuşmalar yaptı.

Kuşkusuz "hikâyenin anlatımı" biraz abartılıydı ama olay gerçekti. Rahmi Bey, İngilizlerin teklifini reddetmişti.

İngilizler kendilerinden saydıkları İzmir Valisi Rahmi Bey'in bu tavrını unutmadılar.

İngilizler için "İngilizcilik", söylediklerinin itirazsız uygulanması anlamına geliyordu! Osmanlı sadrazamlarından bürokratlarına kadar buna uyan birçok isimle uzun yıllar çalışmışlardı.

İngilizler anlamıştı ki, Rahmi Bey önce İttihatçı'ydı!..

Rahmi Bey'in bir diğer özelliği ise, özellikle Selanik'in kaybedilişinden sonra "aşırı Rum düşmanı" olmasıydı...

Savaş öncesi Enver Paşa'nın Kuşçubaşı Eşref'le birlikte hazırladığı "Rum tehcir planına" sayı abartıldığı için karşı çıkmıştı. Ancak uygulamamazlık yapmadı.

Başta İzmir olmak üzere Batı Anadolu sahillerinde ikamet eden Rumların, iç bölgelere nakledilmesinde aktif olarak çalıştı.

Osmanlı mebusu Dimitriyadis Emanuelidis, Meclisi Mebusan'da yaptığı konuşmada, sahil kesiminden iç bölgelere gönderilen Rum nüfusunun 250 000 olduğunu belirtmişti.

"Sürgüne" gönderilenler arasında ünlü isimler de vardı. Savaş öncesi İzmir metropolitliğine atanan Hrisostomos, Rahmi Bey'in emriyle İstanbul'a sürülmüştü.

İtilaf güçleri gerek Ermenilere, gerekse Rumlara yapılan tehcir uygulamasına katılan tüm İttihatçıları tutukluyordu. İşte Rahmi Bey de bu isimlerden biriydi. Bu nedenle Bekirağa Bölüğü'ne tıkılıvermişti...

Açlık grevi

Bekirağa Bölüğü'ne her gün yeni İttihatçılar getiriliyordu. Koğuşlarda yer kalmamıştı. İttihatçılar arasında sadrazamlık, nazırlık yapmış isimler daha az tutuklunun bulunduğu odalara, Dr. Tevfik Rüşdü gibi daha genç olanlar "meydan" adını verdikleri kalabalık koğuşlara konuluyordu.

Ziyaretçileriyle görüşme yapmalarına izin veriliyordu.

İtalyan Yüksek Komiseri Kont Sforza, Emmanuel Karasu'yu ziyaretinde, daha hiçbir İttihatçı'nın sorgusunun yapılmadığını öğrenince çok şaşırdı. Memleketin başına nasıl bir idare gelirse gelsin Osmanlı'nın adam olmayacağını söylemesi ve bunu Karasu'nun Bekirağa Bölüğü'ndeki arkadaşlarına aktarması, Dr. Tevfik Rüşdü'nün açlık grevi yapmasına neden oldu.

Dr. Tevfik Rüşdü, Harbiye nazırına gönderdiği hakaret dolu mektubunda, ifadesi alınana kadar yemek yemeyeceğini bildirdi.

Başta Hüseyin Cahid olmak üzere arkadaşlarını açlık grevinden vazgeçirmeye çalıştı. İş başında bulunan hainlerin ölümünden memnun kalacaklarını söylemeleri bile Dr. Tevfik Rüşdü'yü kararından vazgeçiremedi.

İstanbul gazeteleri Dr. Tevfik Rüşdü'nün asabî bir rahatsızlığa uğradığını ve hiç yemek yemediğini yazmaya başladılar. Bu yalan haber bile doktorun şevkini kırmadı.

Ve açlık grevinin üçüncü gününde Bekirağa Bölüğü'ndeki tutukluların ifadeleri alınmaya başlandı...[3]

Evliyazade Makbule Hanım, Dr. Tevfik Rüşdü'nün açlık grevini bıraktığını öğrenince ona süt götürdü. Kocasını çok zayıflamış gördü. Birbirlerine moral verici sözler sarf ettiler.

Evliyazadeler, o günlerde, Sadrazam Ahmed Tevfik Paşa'ya ateş püskürüyordu. Ancak, gün gelecek dünür olacaklardı!

Evliyazade Refik Efendi'nin oğlu Nejad'ın torunu Osman Evliyazade; Sultan Vahideddin ile Sadrazam Ahmed Tevfik Paşa'nın çocukları Ulviye ve İsmail Hakkı (Okday) Bey'in torunu Hanzade'yle evlenecekti! Bu evlilikten Neslişah ile Mesude Evliyazade doğacaktı. Ama dünür olacakları günler henüz çok uzaktaydı...

Ve ilginçtir, çok uzak olsa da, Bülent Ecevit ile Adnan Menderes akrabaydı...

İttihatçıları sarsan intihar

Bekirağa Bölüğü'ne konulanların sayısı kısa sürede iki yüz elliyi buldu. Tutuklular koğuşlarda üst üste yatıyordu. Ek olarak açılan Süleymaniye kapısının üzerindeki itfaiye karargâhı odaları bile dolmuştu. Üstelik tevkifatlar bitmek bilmiyordu...

Bu arada Bekirağa Bölüğü'nde bir ilk gerçekleşti: Tıbbiyei Askeriye Mektebi'nde, üç arkadaşıyla birlikte İttihat ve Terakki Cemiyeti'nin temeli sayılan "İttihadı Osmanî"yi kuran Dr. Mehmed Reşid, Bekirağa Bölüğü'nden kaçtı.

Son olarak Diyarbakır valiliği görevinde bulunan Dr. Mehmed Reşid Bey, Ermeni tehcirinden sorumlu tutularak, Bekirağa Bölüğü'ne ilk konulan İttihatçılardandı.

"Milleti sadıka" denilen Ermeniler ile Osmanlılar arasına ne girmişti?

Kuşkusuz Avrupa'dan esmeye başlayan milliyetçilik rüzgârı Er-

---

[3]. Yukarıda anlatılanlar Dr. Tevfik Rüşdü Aras'ın, Celal Bayar'a yazdığı 7 aralık 1944 tarihli mektubundan aktarılmıştır.

menileri de etkilemişti. Onlar da Yunanlılar, Bulgarlar, Sırplar gibi Osmanlı'dan kopup bağımsız bir devlet olmak istiyordu.

XIX. yüzyılın son döneminde başlayan Ermeni isyanları Birinci Dünya Savaşı döneminde artarak sürdü. Özellikle Çarlık Rusyası'nın verdiği destekle topyekûn ayaklanma girişimi başlattılar.

Önce 15 nisan 1915'te Van bölgesinde ayaklanma çıkarıp şehri ele geçirdiler. Van'ın Ermenilerin eline geçmesinden sonra, isyan dalgası Bitlis, Muş, Erzurum, Beyazıt, Zeytun ve Sivas bölgelerine yayılmaya başladı.

Ermeni milisler, Kafkas cephesinde Ruslarla savaşan Osmanlı ordusunu arkadan (cephe gerisinden) vuruyordu. Bunun üzerine 24 nisanda İstanbul hükûmeti tehcir kararı aldı.

Yıllardır tartışılan bu karar neyi kapsıyordu?

Başta Kafkas cephe arkası olmak üzere, isyancı Ermeniler başka bölgelere gönderilecekti. Ermenilerden boşalan yerlere muhacirler yerleştirilecekti. Tehcir edilen Ermenilere mal ve mülklerinin bedeli ödenecek, yeni yerleşim bölgelerinde benzer yaşam kurmaları sağlanacak, maddî durumu iyi olmayanlara iskân imkânı sağlanacaktı. Taşınmaz malların bedelleri Evkaf Nezareti tarafından ödenecekti.

Ermeniler, haberleşmelerini Türkçe yapacaklardı. Yeni okullar açamayacaklardı. Çocukları devletin resmî okullarında eğitim görecekti. Vilayetlerde çıkarılan Ermeni gazeteleri kapatılacak, mahallî Ermeni komite merkezleri dağıtılacaktı. Hareket alanındaki zararlı kişiler başka bölgelere gönderilecekti. On altı-elli beş yaş arasındaki Ermeniler, ülke dışından içeriye giremeyecek, ülke içinden ise dışarıya çıkamayacaklardı.

Kâğıt üzerindeki yasanın, uygulaması ne yazık ki büyük acılara yol açtı. Tehcir yolculuğu sırasında korumasız kafilelere saldırılar oldu. Yağmacılık ve intikam hırsıyla binlerce Ermeni öldürüldü.

Bu katliamlara, açlık ve hastalık eklenince, tehcir sırasında ölen Ermenilerin sayısı yarım milyona yaklaştı.

Ermeni tehcirinden sorumlu tutulanlardan biri de, Diyarbakır Valisi İttihatçı Dr. Reşid Bey'di.

Ermeni tehcirini araştırmak için, hükûmet tarafından, Tetkiki Seyyiat Komisyonu kuruldu. Dr. Reşid Bey burada suçlu bulunarak Divanı Harp'e verildi. Tutuklu kaldığı dönemde *Sebat* adlı kitabını kaleme aldı. Kitapta suçlandığı konulara cevap vermeye çalıştı. Kitap yeğeni Rüstem Bey tarafından basıldı ancak hükûmet tarafından toplatıldı.

Bekirağa Bölüğü'nde kaldığı dönemde yoğun baskılara dayanamayan Dr. Reşid, 25 ocak 1919'da hamama götürülürken kaçırıldı. Kaçış olayını planlayan Reşid Bey'in Trablusgarp'ta sürgün olduğu dönemde tanıdığı Behçet Bey'in, Mektebi Hukuk öğrencisi olan oğlu Vedat'tı (Ardahanlı). Ona arkadaşları Neyyir ve Kemal beyler yardım etmişti. Olayın ardından İstanbul polisi adeta seferber edildi. *Alemdar* gazetesi, olayı, "Bütün cihana karşı rezil ve hacîl olduk" diyerek verdi.

Dr. Reşid Bey'in cezaevinden kaçması İstanbul'daki İngiliz Yüksek Komiserliği'ni çok kızdırdı. "Ermeni kırımına en çok karışmış" birinin cezaevinden kaçması, "Ermeni tehcirine karışmış kişilerin gerekli cezaları alacağını dünyaya duyuran" İngiliz hükûmetini çok güç durumda bırakmıştı.

İngilizler, Dr. Reşid Bey'in kaçışını küçük memurların gevşekliğinden çok İttihatçıların tertibi ve meydan okuması olarak değerlendiriyordu.

Sadrazam Tevfik Paşa, İngilizlerin öfkesini dindirmek için İstanbul polisini ve muhafız gücünü seferber etti.

Zaten şubat başında İttihatçı "avının" başlamasına neden olan olay da Dr. Reşid'in cezaevinden kaçmasıyla başlamıştı. İttihatçılara "gerekli ders" verilmesi için sanki fırsat beklenmişti...

6 şubat 1919'da Bekirağa Bölüğü derin bir sessizliğe büründü. Çünkü, Beşiktaş-Nişantaşı bayırında yakalanacağını anlayan Dr. Reşid Bey, kafasına sıktığı kurşunla intihar etmişti.

Dr. Reşid Bey'in acısı bitmemişti ki, İzmir'de Çerkez Edhem'in bir eylemi Bekirağa Bölüğü'ndeki İttihatçıları şoke etti.

Çerkez Edhem, İzmir eski valisi Rahmi Bey'in sekiz yaşındaki oğlu Alp'i, Bornova'da Miss Florence Okulu'ndan evine dönerken kaçırmıştı. Dönemin gazeteleri, *Memleket, İkdam, Akşam* haberi manşetlerine taşımışlardı.

Çerkez Edhem

Çerkez Edhem'in İttihatçıların önde gelen isimlerinden Rahmi Bey'in oğlunu kaçırmasına Bekirağa Bölüğü'ndekiler anlam verememişlerdi. Biliniyordu ki, Çerkez Edhem sıradan bir eşkıya değildi. Üstelik ailece İttihatçı'ydılar. Babası Kafkas göçmeni Ali Ağa, Tütüncü Yakub Ağa'nın yani Doktor Nâzım'ın propagandaları sonucu teşkilata katılmıştı. Çerkez Edhem'in ağabeyleri Reşid Bey ve Tevfik Bey[4] Harbiye'de öğrenciyken harekete girmişlerdi.

4. Çerkez Edhem'in ağabeyi Tevfik Bey'in kızı, *Sevişmenin Rengi* gibi lezbiyen ilişkileri konu eden romanlarla tanınan Güner Kuban'dır.

Subay ağabeylerini örnek alan Çerkez Edhem, babasının karşı çıkmasına rağmen on dokuz yaşında evden kaçtı; İstanbul'a Küçük Zabit Mektebi'ne yazıldı. Okuldan birincilikle başçavuş olarak mezun oldu.

Birinci Dünya Savaşı'nda Bulgar cephesinde savaştı, yaralandı. Sonra ağabeyi Reşid'le birlikte Teşkilatı Mahsusa saflarına gerilla olarak katıldı; Irak, İran ve Afganistan'da çarpıştı, yaralandı. Savaş bittiğinde Bandırma'daki evinde tedavi görüyordu.

Ne olmuştu da, Çerkez Edhem, İttihatçı Rahmi Bey'in oğlunu kaçırmıştı?

Bu soru, yanıtını bugün bile bulamamıştır.

Doğan Avcıoğlu, Çerkez Edhem'in İngilizlerin gözüne girmek için bu eylemi yaptığını iddia etmektedir. (Doğan Avcıoğlu, *Millî Kurtuluş Tarihi*, 1980, c. 2, s. 76)

Zeki Sarıhan, "şaki olduğu için" sırf para almak amacıyla yaptığını yazmaktadır. (Zeki Sarıhan, *Çerkez Ethem'in İhaneti*, 1986, s. 14)

Cemal Şener, "Bu durum olsa olsa Ethem'in kişisel nedenlerle o ara İttihatçı düşmanı kesilmesine bağlanabilir" demektedir. (*Çerkez Ethem Olayı*, 1986, s. 30)

Çerkez Edhem ise *Anılarım* adlı kitabında bu olaya hiç değinmemektedir.

Bu kaçırılma olayında Kuşçubaşı Eşref'in parmağı olabilir mi? Çerkez Edhem'in arkasındaki görünmez kişi, Kuşçubaşı Eşref'ti! Edhem'in Teşkilatı Mahsusa'ya girmesinde Kuşçubaşı Eşref rol oynamıştı. Keza Kuşçubaşı Eşref, Birinci Dünya Savaşı'nda nereye gitse yanında Çerkez Edhem'i de götürmüştü.

Biliyoruz ki, Kuşçubaşı Eşref, Rahmi Bey'le İzmir'deki birçok olay yüzünden karşı karşıya gelmişti. Birbirlerini sevmiyorlardı.

Keza, kaçırılan Alp Aslan yıllar sonra kendisiyle röportaj yapan Nurdoğan Taçalan'a kaçırılışını ayrıntılarıyla anlatırken iddiamızı güçlendiriyor:

"On gün kadar geceleri yürüdük, gündüzleri de bir yerlerde barındık. On beşinci günü Bozdağ eteğinde bir köye geldik. O akşam Salihli'de, istasyondan da biraz ilerde dağa doğru bir yerde Kuşçubaşı Eşref'e ait bağ kulesinde misafir kaldık. Orada bana bir mektup yazdırdılar anneme. (*Ege'de Kurtuluş Savaşı Başlarken*, 1970, s. 152)

Ayrıca...

İttihat ve Terakki Cemiyeti-Fırkası kendini feshedip, lider kadrosu yurtdışına gidince gerek basında gerekse halk arasında dedikodu düzeyinde, İttihatçıların çok paraları olduğu yazılıp konuşulmaya başlanmıştı. En çok paranın da Rahmi Bey'de olduğu söyleniyordu. Öyle ki, Enver Paşa yurtdışına çıkarken Rahmi Bey'den 500 lira borç almıştı!

Kuşçubaşı Eşref ile Çerkez Edhem, Rahmi Bey'in elindeki bu parayı ele geçirmek için birlikte plan yapmış olabilirler mi?

Akla yakın. Torunu Alp'in kaçırıldığını öğrenen, gerici 31 Mart Ayaklanması'nı bastıran Hareket Ordusu'nun komutanı; İttihat ve Terakki Cemiyeti-Fırkası yerine kurulan Teceddüt Fırkası'nın reisi, altmış yedi yaşındaki Müşir Hüseyin Hüsnü Paşa, hemen İzmir'e kızı Nermin'in yanına hareket etti. Oğlu Albay Tahsin Bey de kendisiyle gelmek istedi. Paşa, torununun neden kaçırıldığını tam anlamıyla çözemediği için, Tahsin Bey'e evdekilere göz kulak olmasını öğütledi. Evdeki torunlardan biri de dokuz yaşındaki Mehmed Ali'ydi (Aybar)...

Müşir Hüseyin Hüsnü Paşa'yı istasyonda Evliyazade Refik Efendi karşıladı. Ayaküstü olup biteni anlattı. Çerkez Edhem, Alp karşılığında para istiyordu.

İstenilen parayı hemen bulmalarına imkân yoktu.

Devreye hatırlı dostlar girdi.

Bunlardan biri Giraud ailesiydi!

Alanyalızade Mahmud Bey, Nazmi Tocuoğlu, bir de Henri Giraud aralarında parayı taksim edip ödemişler. Miktar 53 000 liraydı, yarısı altın yarısı kâğıt. (Nurdoğan Taçalan, *Ege'de Kurtuluş Savaşı Başlarken*, 1970, s. 153)

Rahmi Bey'in oğlunun kurtulduğu haberi Bekirağa Bölüğü'nün ilk kez yüzünü güldürdü. Rahmi Bey'i ilk kutlayanlar hiç yanından ayrılmayan Midhat Şükrü (Bleda) ile Dr. Tevfik Rüşdü (Aras) oldu.[5]

Evliyazade Hanı yanıyor

15 mayıs 1919.

İstanbul Moda'daki evde telaş vardı...

Evliyazade Naciye Hanım, bayılan ablası Makbule'yi ayıltmak için, kollarına, başına kolonya sürüyor, bir yandan da ken-

---

5. İttihatçıların önde gelen isimlerinden Rahmi Bey'in oğlu Alp Aslan daha sonraki yıllarda, Yıldız Sarayı'nın hiç sevilmeyen adamı "İzzet Holo" diye bilinen Arap İzzet Paşa'nın torunu, keza İttihatçı düşmanı Semih Mümtaz Bey'in kızı Zeynep Hanım'la evlendi. Zeynep Hanım da bugün hâlâ hayattadır. Bir kızları oldu: Melekşah. Bir İzmir hanımefendisi olan Melekşah Hanım'la sağlığı elvermediği için bir türlü görüşemedik.

di gözyaşlarını siliyordu. Makbule Hanım'ı bayıltan haberi getiren Halide Edib (Adıvar) Hanım, geldiği gibi aynı hızla evden çıkıp gitmişti.

Moda'daki evde sarsıntı yaratan olay neydi?

İzmir'den gelen haberler, ne Osmanlı Devleti ne de Evliyazade ailesi için hayırlıydı: Yunanlılar karaya asker çıkararak İzmir'i bu sabah işgal etmişlerdi.

Doktor Nâzım ve Dr. Tevfik Rüşdü'nün (Aras) Paris'te öğrenciyken tanıdığı Osman Nevres adındaki İttihatçı fedai ilk kurşunu atınca, olaylar meydana gelmiş, yüzlerce İzmirli öldürülmüştü.

Bu arada yangınlar çıkmış, Evliyazade Hanı da yanmıştı![6]
Evliyazade Hanı önce Yunan askerleri ve yerli Rumlar tarafından yağmalanmış, sonra yakılmıştı. Tek yağmalanan ve yakılan Evliyazade Hanı değildi; Selanikli Hafız Hüsnü Efendi'nin dükkânları, İsmail Efendi'nin lokantası ve evi, Selanikliler Kitabevi, Şifa Eczanesi, Hacı Hafız Mustafa Efendi'nin gömlek dükkânı gibi yüzden fazla işyeri yağmalanıp yakılmıştı. (Mustafa Turan, *Yunan Mezalimi*, 1999, s. 90)

Her şey sabahın ilk saatlerinde başlamıştı...

İzmir Kordon Boyu bir şenlik havasındaydı. Rumlar ellerindeki Yunan bayraklarıyla şarkılar söylüyor, "Zito Venizelos!.." diye sloganlar atıyordu. Her taraf mavi-beyaz renklere bürünmüştü. Metropolit Hrisostomos ile Anadolu'nun çeşitli yerlerinden gelen papazlar, Yunan ordusunu karşılamak, takdis etmek için limana gelmişlerdi. Bin yıllık rüyaları "Megalo İdea", Büyük Yunanistan planı gerçekleşmek üzereydi.

İzmir limanına İngiliz, Amerikan ve Fransız donanmalarının koruması altında, Yunan Averof zırhlısı demirlemişti.

Zırhlıların gölgesinde Temistokles, Patris ve Atroniyos adlı Yunan savaş gemileri, düdük sesleri, kilise çanlarının uğultusu, çalınan marşlar ve binlerce Rumun sevinç gösterileri içinde, limana yaklaştı.

İlk inen Efzon[7] Alayı Konak Meydanı'na doğru yürümeye başladı. Alayın sancağını, babası İzmir'de meyhanecilik yapan Teğmen Yani taşıyordu.

Efzon Alayı, sevinç gösterileri yaparak kendisine eşlik eden binlerce Rum'la birlikte Saat Kulesi'ni geçip Kemeraltı girişinde-

---

6. Bugün, Kemeraltı'na Hükümet Konağı'nın yanından girdiğinizde sağ tarafta Ankara Palas Oteli vardır. Onu geçince Millî Kütüphane Caddesi gelir ve köşede Yapı Kredi Bankası yer alır, işte burası eskiden Evliyazade Hanı'ydı.

7. Bazı araştırmacılara göre "Evzon" Alayı! Örneğin: Mustafa Turan, *Yunan Mezalimi*, 1999, s. 251.

ki Askerî Kıraathane'ye yönelmişti ki, ne olduysa o anda oldu.
Bir silah sesi patladı... Arkasından bir tane daha...
İki Yunan askeri yere düştü. Efzon Alayı panik içinde bir yerlere sığınmaya çalıştı. Her yandan kurşun sesleri gelmeye başladı.
İlk kurşunu sıkan Teşkilatı Mahsusa'nın fedaisi gazeteci Hasan Tahsin'di...

İlk kurşunu kim sıktı?

Asıl adı Osman Nevres Receb'di.
1888'de Selanik'te doğdu.
Receb ve Ayşe çiftinin dört çocuğu oldu: Mehmed Receb, Osman Nevres, Binnaz ile Melek (Gökmen).
İlkokulu Selanik'te Şemsi Efendi İlkokulu'nda tamamladı. Orta ve lise eğitimini Selanik Fevziye Mektebi'nde yaptı. O sıralarda okul müdürü gelecekte Maliye nazırı olacak Cavid Bey'di. Osman Nevres'in ailesi İstanbul'a taşınınca ona sahip çıkan, "kol kanat geren" isim Cavid Bey oldu. Her gece Osman Nevres Cavid Bey'in evine gidip ders alıyordu.
Üniversite öğrenimi için İstanbul'a gidip Darülfünun'a yazıldı. Meşrutiyet sonrası Avrupa yolunu tutan öğrenciler arasında o da vardı. Paris Sorbonne Üniversitesi'nde hukuk ve felsefe okudu. Yahya Kemal'le (Beyatlı) sağlam dostluğunu o günlerde kurdu.
"İlk kurşunu" İzmir'de değil İsviçre'de attı.
Yıl 1911. İtalyan-Osmanlı orduları Trablusgarp'ta savaşıyor. O günlerde İsviçre sinemalarında Osmanlı Devleti aleyhine bir film gösteriliyor. Filme tahammül edemeyen Osman Nevres Neuchâtel'deki sinemanın beyazperdesine üç kurşun sıkıyor.
İkinci kurşunun adresi Bükreş!
O artık Teşkilatı Mahsusa'nın fedaisiydi. Teşkilata onu alan isim ise, hemşerisi Doktor Nâzım'dı.
Kod adı "Hasan Tahsin"di![8] Görev yeri ise Romanya'ydı!..
Balkan ülkelerinin İngiltere safında yer alması için Balkan Cemiyeti'ni kuran İngiliz, Noel ve Leland Buxton kardeşler Bükreş'te bir konferanstan çıkarken Osman Nevres'in kurşunlarına hedef oldu.
Öldürememiş, kardeşlerden sadece Leland Buxton'u yaralamıştı. Yakalandı. Beş yıla mahkûm oldu. İki yıl yattı.

8. Osman Nevres'in pasaportunu kullandığı "Hasan Tahsin", *Silah* gazetesini çıkartan ve bu nedenle "Silahçı Hasan Tahsin" olarak bilinen eski bir bahriye yüzbaşısının adıydı.

1916 yılında Osmanlı ve Alman orduları Bükreş'e doğru ilerlediler. Siyasî mahkûmlar daha iç bölgelerde bulunan hapishanelere taşınacaktı. Mahkûmlar banliyo istasyonuna götürüldü, Osman Nevres buradan kaçmayı başardı. Yaralı ayağıyla bin bir güçlükle İstanbul'a geldi.

Talat ve Enver paşaların tavsiyesi üzerine istirahat etmesi ve muhtemel bir görevi üstlenmesi için İsviçre'ye gönderildi. 1918 yılında İsviçre'den döndü. Kısa bir süre İstanbul'da kaldı, ardından İzmir'e gitti.

1,80 boyunda, ela gözlü, daima koyu renk elbiseler giyen Osman Nevres'i, İzmir sokaklarında fesle dolaşırken gören olmamıştı; şapka kullanıyordu. Mondros Mütarekesi sonrası *Hukukı Beşer* (insan hakları) gazetesini çıkardı. Sert muhalefeti ve milliyetçi yazılarından ötürü gazetesi kapatıldı.

Yılmadı, bu kez *Sulh ve Selamet* adındaki gazeteyi çıkardı.

Efzon Alayı'na kurşun yağdırdıktan sonra kaçmaya fırsat bulamamıştı. Yunan askerleri Hasan Tahsin'in cesedini parçaladılar.

Bununla da hırslarını alamadılar, Hasan Tahsin'in Frenk Mahallesi'ndeki evini de darmadağın ettiler.

O günlerde Hasan Tahsin'in ailesinin yardımına, gemi acentesi Van der Zee'nin patronu Hollandalı Yahudi tüccar Heinrich Van der Zee yetişti. Aynı zamanda o günlerde Norveç fahrî konsolosu olan Van der Zee, Hasan Tahsin'in ailesini bir süreliğine Amerikan kolejinde sakladı.[9]

Bugün Hasan Tahsin'in mezarı yoktur. İstanbul'da Karakaşî Sabetayistlerin mezarlığı olarak bilinen Bülbülderesi Mezarlığı'nda adına dikilen bir anıt vardır![10]

İstanbul Bülbülderesi Mezarlığı'nda, İzmir işgal edildiği gün şehit edilip denize atılan, İzmir Kolordu Komutanlığı'nda başhekim olarak görev yapan Yarbay Dr. Şükrü Bey'in de anıtı vardır...

İzmir'in işgaline karşı Türkler, Sabetayistler ve Yahudiler güç-

---

9. Nereden nereye; "Van der Zee" 1990 yılında Refah Partisi'nin "gizli kasası" olarak bilenen Beşir Darçın tarafından satın alındı. Şirket o tarihten sonra Suudî Arabistan'ın "Necmettin Erbakan özel kotası"yla her yıl 5 000 hacı adayını Mekke'ye taşımaya başladı.

10. Hasan Tahsin adına İzmir'de anıt yapılması gündeme gelince, İzmir eski Belediye başkanı Behçet Uz, 22 ocak 1973 tarihinde bir basın toplantısı düzenleyerek, ilk kurşunu Hasan Tahsin'in atmadığını iddia etti! Uz, ilk kurşunu kimin attığının tespit edilemediğini söylüyordu. Bir gün sonra İzmirli avukat ve CHP eski milletvekili Necdet Öktem, *Ege Ekonomi Gazetesi*'nde, Hasan Tahsin'in evinde öldürüldüğünü yazdı. Bilge Umar bu iddialara 25 ocak 1973'te *Yeni Asır* gazetesinde yanıt verdi: "İlk kurşunu Hasan Tahsin atmıştır." İzmir'de bu tartışma günlerce sürdü. Merak edenler, Bilge Umar'ın *İzmir'de Yunanlıların Son Günleri* (Bilgi Yayınevi, 1974) adlı kitabına bakabilir. Sanırım bu tartışma, Sabetayist grupların kendi aralarındaki bir çekişmenin sonucuydu!

birliği yapmışlardı. İşgal öncesi, işgali önlemek amacıyla ilk mitingi yapanlar İzmirli Yahudilerdi.[11]

"İzmir'deki tüm Türkler, Sabetayistler ve Yahudiler bu mücadeleyi verdi" demek yanıltıcı olur. 1983 yılında Millî Türkoloji Kongresi'ne sunduğu tebliğinde Dr. Robert Anhegger, İzmir'in geleceğinden endişeli olan bazı zengin Yahudilerin o günlerde kenti terk edip başta Amerika olmak üzere Batı'ya gittiklerini iddia etti.

Kaçanlar olduğu gibi Yunanlılarla işbirliği yapan Yahudiler de vardı. Yahudi işadamı Durdoğlu Efendi, Punta Lunapark'ta yüksek rütbeli subaylar şerefine mükellef bir ziyafet verdi. Ama direnişin sembolü Yahudiler de vardı: Rumların Kramer Palas'a astığı Yunan bayrağını Yahudi Nesim Navaro yırtıp atmıştı...

Yunanlılar işgal ettikleri İzmir'in idarî yapısında değişiklikler yaptılar.

Evliyazade Refik Efendi'nin yerine belediye başkanlığına Osmanzade Hacı Hasan Efendi getirildi. Hacı Hasan Efendi Yunanlılarla çok iyi ilişkiler geliştirdi. İşgal döneminde İngiltere Başbakanı Lloyd George'a bir mektup yazarak Yunanlıların kendilerine çok yardım ettiğini dile getirdi.

Bazı Levantenler yeni döneme uyum sağlamada hayli başarılı oldular. Dün Osmanlı padişahlarını ve önde gelen İttihatçıları ağırlayan Whittallerin Bornova'daki villası, bu kez Yunan Prensi Andreas'ı konuk ediyordu.

Evliyazade ailesinin yakın dostu, iş ortakları J. J. Frederic Giraud, Yunanlıların kentteki en büyük yardımcısı oluvermişti!

Kral Konstantinos'un İzmir'e geldiğinde karargâh olarak kullanacağı bir mekân arandı. Sonunda Karşıyaka'daki bir konak beğenildi. Bu konak, Evliyazade ailesinin oturduğu mekândı.

İşgal güçleri Evliyazade Refik'ten evi hemen terk etmesini istediler.

Trikopis'in Evliyazadelerin konağını seçmesinin belki de en önemli nedeni Refik Efendi'nin İttihatçı olması ve Birinci Dünya Savaşı'nda bazı Rumların iç bölgelere tehcirinde rol oynadığını düşünmesiydi.

Türk filmlerine, romanlarına belgesellerine konu olan, Kral Konstantinos'un Türk bayrağını çiğnediği o konak, Evliyazadelerin konağıydı...

---

11. İzmir'de o tarihlerde 55 000 Yahudi vardı. 14 mart 1914'te Osmanlı Devleti'nin ilan ettiği Yahudi nüfuslarına ilişkin birkaç örnek vereyim: İstanbul 52 126, Aydın 35 044, Edirne 22 515, Ankara 4 026, Diyarbakır 2.085, Menteş 1 615, Van 1 380, Eskişehir 728, Sivas 344, Antalya 250, Adana 66, Canik. 27, Kastamonu 8, Konya 4.

Kral Konstantinos konağa yerleşmeden önce evde bulunan, Evliyazade Refik Efendi, eşi Hacer; oğulları Ahmed, Sedad, kızı Bihin ve Doktor Nâzım'ın eşi Beria ve kızı Sevinç ile ablası Gülsüm'ün oğlu Kemal konaktan ayrıldılar.

Evliyazadelere bu zor günlerinde aile dostları Giraudlar el uzattı. Evliyazadeler bir süreliğine Bornova'ya taşınmak zorunda kaldılar...[12]

Bastille Zindanı korkusu

İzmir'in işgali Osmanlı'nın başkenti İstanbul'u ayağa kaldırdı.

İstanbul'daki camilerin iki minaresi arasına gerilen mahyalarda, "İzmir bizimdir" yazıyordu.

Fatih, Üsküdar ve Kadıköy'de binlerce insanın katıldığı mitingler yapılıyordu.

Ama asıl miting 23 mayısta Sultanahmet Meydanı'nda olacaktı. İstanbul, tarihinin en büyük mitingine hazırlanıyordu.

Sadrazam Ahmed Tevfik Paşa'nın istifası sonrasında kurulan, Hürriyet ve İtilaf Fırkası hükûmetinin başkanı Damat Ferid Paşa, Fransız devrimcilerin 1789'da Bastille Zindanı'na hücum ettikleri gibi, Sultanahmet mitingine katılanların da Bekirağa Bölüğü'ne yürüyeceğinden çekinmekteydi.

Hükûmet mitingden bir gün önce kırk bir tutukluya bir günlük izin verdi.

Bu izinler zaten aralıklarla kullanılıyordu. Önceleri dört asker ile bir subayın gözetiminde kullanılan bu izinler, zamanla tek askere ve nihayetinde tutukluların kaçmayacaklarına söz vermeleriyle, askersiz verilmeye başlandı.

Bu haktan yararlananların başında Dr. Tevfik Rüşdü (Aras) geliyordu. Sultanahmet Mitingi tahmin edildiği gibi binlerce insanın katılımıyla gerçekleşti. Meydanda 50 000 insan vardı. Evlerin pencereleri, balkonları, çatıları insan doluydu.

50 000 kişi tekbir getirip, "İzmir bizimdir" diye bağırıyordu.

Siyah çarşafı içindeki Halide Edib (Adıvar) Hanım kürsüde, boğazını yırtarcasına bağırıyordu.

Kürsünün üzerine siyah bir bayrak gerilmişti; ay-yıldızın hemen altında ise "Ya istiklal ya ölüm" yazılıydı!

Türk'ün kurtuluşu için Osmanlı'nın iki tebaası işbirliği yapmış-

---

[12]. Doktor Nâzım'ın torunu Sedat Bozinal, Kral Konstantinos'un kullandığı konağın Evliyazade Konağı olduğunu söylüyor. Ancak Karşıyaka Spor Kulübü'nün internetteki sitesi www.ksk1912.org'da Kral Konstantinos'un Sadi İplikçi'nin Karşıyaka'daki evini seçtiğini yazıyor.

tı: Müslümanlar ve Yahudiler!
İlk kurşunu atan bir Sabetayist'ti.
Çıktığı kürsüde boğazını yırtarcasına bağırarak Osmanlı'yı direnişe çağıran da Sabetayist'ti!..
Başka gidecek yerleri olmayanlar Osmanlı topraklarını avuçlarının içinde sımsıkı tutup, kimseye kaptırmak istemiyorlardı!..
Dr. Tevfik Rüşdü ve Evliyazadelerin kadınları Naciye ve Makbule hanımlar da miting alanındaydılar.

Çağın gerisinde kalmış bazı softaların mitinge gelen kadınların yüzüne tükürüp, "Bütün felaketler sizin yüzünüzden geldi" sözlerine aldırmamışlardı bile.

Miting sonrasında Moda'daki eve dönünce Dr. Tevfik Rüşdü ile baldızı Naciye Hanım arasında tartışma çıktı. Dr. Tevfik Rüşdü, mitingde kürsünün hemen sağına Wilson Prensipleri'nin 12. maddesinin asılmasına kızmıştı.

Ne diyordu 12. madde: "Bugünkü Osmanlı Devleti'ndeki Türk kesimlerine güvenli bir egemenlik tanınmalı; Osmanlı yönetimindeki öbür uluslara da her türlü kuşkudan uzak yaşam güvenliğiyle özerk gelişmeleri için tam bir özgürlük sağlanmalıdır."

Dr. Tevfik Rüşdü, Naciye Hanım'a soruyordu: İzmir, Wilson Prensipleri yüzünden işgal edilmemiş miydi? İzmir ve bölgesi, Türk, Ermeni ve Yahudi'den daha çok Rum olduğu ileri sürülerek, Paris Barış Konferansı'nda Yunanistan'a verilmemiş miydi? İşgal Amerikan donanmasının gözetiminde olmamış mıydı?

Amerika, İngiltere ve Fransa'nın ortak amacı, Rumların hakkını korumak olmayıp, İzmir-Konya-Antalya üçgenini alarak Akdeniz'i kontrol edecek İtalya'nın önünü kesmek değil miydi?

Dr. Tevfik Rüşdü kadın ve erkeğiyle Osmanlı münevverinin, kurtuluşun ancak, büyük bir gücün kanatları altına girerek gerçekleşeceğini düşünmelerine kızıyordu.

Naciye Hanım, bazı tavizler verilerek bağımsızlığın korunacağını düşünüyordu. Ama baba ocağı İzmir'in elden çıkması kafasını karıştırmıştı.

Yine de, Wilson Prensipleri'nin dünya barışına hizmet edeceğini düşünüyordu. Yapılan sayımlarla İzmir ve bölgesinde Türk-Müslüman nüfusunun fazla olduğu ortaya çıkacak ve başta ABD olmak üzere İngilizler ve Fransızlar, Yunan ordusunun İzmir'den çekilmesini sağlayacaklardı!

Dr. Tevfik Rüşdü bu görüşleri şaşırarak dinliyordu.

Paris'ten beri sosyalist görüşlere yakındı. Rusya'daki Bolşevik devriminden çok etkilenmişti. Wilson Prensipleri'nin bir aldatmaca olduğunu düşünüyordu. Amerikan sermayesi yüzüne "insan hakları" maskesi geçirmişti. Wilson Prensipleri'nin en önemli maddeleri neydi:

– Denizlerde mutlak serbestlik sağlansın.
– Uluslararası ekonomik engeller kaldırılsın.
– Çanakkale Boğazı uluslararası güvencelerle gemilerin özgürce geçişine ve ticarete sürekli açık tutulsun vb...

Wilson Prensipleri, "insan hakları" maskesi altında, Amerikan sermayesinin dünyaya yayılma aracıydı.

Dr. Tevfik Rüşdü o akşam, Anadolu'ya Mustafa Kemal'in yanına gitmeye karar verdiğini eşi Makbule'ye açıkladı.

Mustafa Kemal Anadolu'ya geçmeden önce, Bekirağa Bölüğü'nü iki kez ziyaret etmiş, arkadaşlarıyla son durumu gözden geçirmişti. Karar vermesinde buradaki sohbetlerin kuşkusuz katkısı olmuştu; ama Mustafa Kemal'in Anadolu'ya gitmesi hiç de kolay olmadı. Daha İstanbul'da "insan avı" başlamadan önce, Mustafa Kemal Şişli'de kiraladığı evinin alt katındaki büyük odada Fethi (Okyar) gibi arkadaşlarıyla ülkenin nasıl kurtulacağını tartışıyordu.

Bu tartışmalara bazen Albay İsmet (İnönü), Albay Kâzım (Karabekir), İttihatçıların önde gelen isimlerinden İsmail Canbulad ve Kara Kemal gibi isimler de katılıyordu.

Konuklara hizmet eden kişi ise –bir süre önce ailesinin zoruyla evlenip daha sonra boşanan–, Mustafa Kemal'in kuzeni Fikriye'ydi.

Sıtma hastalığının tedavisi için Anadolu'daki görevinden izin alarak İstanbul'a gelen Ali Fuad (Cebesoy) Paşa, Şişli'deki evde arkadaşlarını Anadolu'ya çağırdı. Ali Fuad, artık İstanbul'da bir hareket alanı kalmadığını, Ankara'da toplanılarak bir ulusal mücadele organizasyonu yapılması gerektiğini söyledi.

Bu fikir de epey konuşuldu, tartışıldı. Mustafa Kemal, sınıf arkadaşı Ali Fuad'a katılıyordu. Bunu kendi deneyimlerinden biliyordu; "kurtuluş reçetesi"ni önce İstanbul'da aramış, Harbiye nazırı olmak istemiş, kabul edilmemişti. Anlamıştı ki, Saray kabinede, müttefik güçlere karşı millî mukavemet gösteren genç ve enerjik İttihatçıları istemiyordu.

Biliyordu ki tek çare Anadolu'ydu!
Peki nasıl gidecekti?

Samsun'a çıkışın perde arkası

O buhranlı günlerde, İstanbul'da yapılan bir düğünün Ulusal Kurtuluş Savaşı'nın önderi Mustafa Kemal'in yolunu açacağını kimse tahmin edemezdi.

Damat, aile içinde "Raprap Ali" diye anılan Mehmed Ali (Cebesoy), gelin ise 1919 yılının hemen başında yeniden kurulan Hürriyet ve İtilaf Fırkası'nın kurucusu, tüccar Mehmed Ali (Gerede) Bey'in kızı Leyla Makbule'ydi.

Damat Mehmed Ali (Cebesoy); Ali Fuad'ın (Cebesoy) ağabeyi, İsmail Fazıl Paşa'nın oğluydu. Annesi Zekiye Hanım, Prusyalı Karl Detrois'in yani Müşir Mehmed Ali Paşa'nın kızıydı.

Dünürleri "yabancı" değildi, Macar göçmeniydiler!

Aynı günlerde Prusyalı Karl Detrois'in diğer kızı Leyla'dan olma torunu Münevver de Macar Ali Rifat Bey'in oğlu Samim Rifat'la evlendi.[13]

XIII. yüzyıldan beri, Orta ve Doğu Avrupa'da Rusya hariç en büyük Yahudi topluluğu Macaristan'daydı. Yahudiler rahat yüzünü Macaristan'ın Osmanlı egemenliğine girmesiyle görmeye başladılar. Ancak XVII. yüzyılın sonlarına doğru Habsburglar Osmanlıları yenince ülke Hıristiyanların yönetimine girdi ve Yahudilere yönelik antisemitizm tekrar hortladı. Yahudiler yurtlarından edilmeye başlandı. XVIII. yüzyılda antisemitik olmasıyla bilinen Kraliçe Maria Theresia Yahudilere "hoşgörü vergisi" adı altında ağır cezalar getirdi. Bazı Macarların o tarihlerde Osmanlı'ya göç etmesinin nedeni buydu. Sayı hiç de küçük değildi; 5 000 kişiydi. (Nezahet Nurettin Ege, *Prens Sabahattin, Hayatı ve İlmî Müdafaaları*, 1977, s. 16)

Neyse, konumuza dönelim...

Mehmed Ali (Gerede), zaptiye eski nazırlarından (temmuz 1886-temmuz 1890) Kâmil Bey'in oğluydu. Kâmil Bey'in babası Ali Paşa "Macaristan'dan" göç ettikten sonra Hersek'e yerleştiği için "Hersekli" ya da "Geredeli" Ali Paşa diye biliniyordu.

Mehmed Ali (Gerede) daha önce –genellikle Yahudi ve Hıristiyanların yaşadığı– İstanbul Yeniköy'de belediye başkanlığı yapmıştı. Ticaretle ve siyasetle ilgileniyordu. İngilizce ve Fransızca biliyordu. Galatasaray mezunuydu. Eşi İngiliz'di: Eleanor Louisa Bendon.

Sıradan bir politikacı değildi. 4 mart 1919'da kurulan Damat Ferid Paşa kabinesinde Posta Telgraf nazırı oldu. Daha sonra istifa etti, fakat 7 nisan 1919'da kurulan Damat Ferid Paşa kabinesinde bu kez Dahiliye nazırlığına getirildi.

Tüccar Mehmed Ali Bey'in Dahiliye nazırı yapılmasında tek neden, onun İttihatçı düşmanı olması mıydı? Yoksa başka "meziyet-

---

[13] Münevver-Samim Rifat, ünlü şair Oktay Rifat'ın anne ve babasıdır.

ieri" de var mıydı? Kuşkusuz vardı; yoksa o işgal yıllarında, iç karışıklıkların fazla olduğu bir dönemde Dahiliye nazırlığına bir tüccarın getirilmesi düşünülemezdi.

İşte Mustafa Kemal'in Anadolu'ya gitmesini sağlayan bu isim Dahiliye nazırı Mehmed Ali (Gerede) Bey'di!

Bu organizasyonu gerçekleştiren ise baba-oğuldu; İsmail Fazıl Paşa ile oğlu Ali Fuat (Cebesoy)!

Mustafa Kemal, İsmail Fazıl Paşa'nın Kuzguncuk'taki evinde verilen bir yemekte Dahiliye Nazırı Mehmed Ali Bey'le tanıştırıldı.

Mustafa Kemal bu evin yabancısı değildi. Harbiye'de okurken okul arkadaşı Ali Fuad'la hafta sonları eve gelip İsmail Fazıl Paşa'nın da katıldığı öğle yemeği yiyorlardı.

Aradan yıllar geçmiş, aynı evde bir başka amaç için aynı masanın etrafına oturmuşlardı...

Yemekte İsmail Fazıl Paşa, üzerine basa basa Mustafa Kemal'in İttihatçı olmadığını dünürüne söyledi. Mehmed Ali Bey, Mustafa Kemal'in adını "Anafartalar kahramanı" olarak duyduğunu ve onu hep takip ettiğini, başarılarından övünç duyduğunu belirtti.

Yemek sıcak bir ortamda yendi.

Hürriyet ve İtilaf Fırkası'nın Dahiliye nazırı Mehmed Ali Bey ile İttihatçı olduğu bilinen Mustafa Kemal'i birbirine yakınlaştıran neydi?

İttihatçı olduğu bilinen İsmail Fazıl Paşa ile Hürriyet ve İtilaf Fırkası'nın içinden gelen Mehmed Ali Bey'i birbirine dünür yapan güç ve ilişki neyse, Mustafa Kemal ile Mehmed Ali Bey'i birbirine yakınlaştıran da oydu!

İttihatçı Mustafa Kemal ile Dahiliye Nazırı Mehmed Ali Bey dost olmuşlardı. Hatta nazır birkaç gün sonra, Mustafa Kemal'in Şişli'deki evine ziyarete bile gitti.

Ve beklenen fırsat doğdu.

İşgal güçleri hükûmete, Samsun ve çevresindeki olaylar nedeniyle baskı yapmaya başladı: Türkler Rumlara saldırıyordu. Bu saldırılar önlenemez ise müdahale edeceklerdi.

Sadrazam Damat Ferid Paşa, hemen Dahiliye Nazırı Mehmed Ali Bey'i çağırdı. Çare olarak ne düşündüğünü sordu.

Mehmed Ali Bey, asayişin Babıâli'den sağlanamayacağını belirtti. Olay yerine tecrübeli, geniş yetkilerle donatılmış bir kişinin gönderilmesini tavsiye etti. Ve bu özelliklere sahip isim olarak da Mustafa Kemal'i önerdi.

Damat Ferid Paşa bir süre tereddüt etti. Biliyordu ki Mustafa Kemal İttihatçı'ydı. Mehmed Ali Bey ısrar etti. Sonunda Damat

Ferid Paşa Mehmed Ali Bey aracılığıyla Mustafa Kemal'i Cercle d'Orient'da yemeğe davet etti. Mustafa Kemal ve Damat Ferid Paşa o gün ilk kez bir araya geldiler. Tanışmaktan öteye gitmeyen bu yemeğin ardından yine Mehmed Ali Bey'in aracılığıyla ikinci buluşma gerçekleşti. Sadrazam Damat Ferid kararını vermişti. Mustafa Kemal'in ordu müfettişliğine tayinini kendisi yazdırıp Padişah Sultan Vahideddin'e imzalattı.[14]

Ordu müfettişlikleri o günlerde yeni kuruluyordu.

3. Ordu müfettişliğine Mustafa Kemal getirilerek, Samsun'a gitmesine karar verildi.

Mustafa Kemal göreve gitmeden önce, veliaht iken bir süre yaverliğini yaptığı Sultan Vahideddin'i ziyaret etti. Sultan Vahideddin, Mustafa Kemal'e başarılar diledi, bir de saat armağan etti.

Mustafa Kemal, Albay Refet (Bele), Albay Kâzım (Dirik), Yarbay Ayıcı Arif, Binbaşı Hüsrev (Gerede, Dahiliye Nazırı Mehmed Ali [Gerede]nin amcaoğlu!), Albay İbrahim Tali (Öngören), Dr. Refik (Saydam), başyaveri Cevad Abbas (Gürer) gibi on sekiz arkadaşıyla birlikte Anadolu'ya ayak bastığı o günlerde, başını İttihatçı komutanların çektiği bazı subaylar direniş örgütleri kuvvetleri organize etmeye başladılar: güneybatıda Mersinli Cemal, İzmir-Balıkesir arasında Nureddin Paşa, Edirne'de Cafer Tayyar (Eğilmez) Paşa, Erzurum'da Kâzım (Karabekir) Paşa, Balıkesir-Bandırma arasında Kâzım (Özalp) Paşa, Ankara ve çevresinde Ali Fuad (Cebesoy) Paşa.

Mondros Mütarekesi'ne uyup silahlarını teslim etmek yerine, zamanı gelince çıkarıp kuşanmak için toprağa gömen Teşkilatı Mahsusa'nın fedaileri, İstanbul'dan Anadolu'ya silah kaçırıyorlardı.

Teşkilatı Mahsusa fedailerinin başını çektiği bir grup, 5 şubat 1919'da Karakol Cemiyeti adlı illegal örgütü kurdular. İstanbul'un her semtinde örgütlenen Karakol Cemiyeti, Anadolu'da Balıkesir, Bursa, Samsun, İzmit, Erzurum, İzmir gibi şehirlerle ilişki içindeydi. İngilizler, Karakol Cemiyeti'yle mücadeleye başlamışlardı. Örgütün başkanı Galatalı Şevket[15] yakalanıp Bekirağa Bölüğü'ne konuldu.

İngilizler, 16 mart 1920'de İstanbul'u işgal etmelerinden sonra

14. Dahiliye Nazırı Mehmed Ali Bey, Ulusal Kurtuluş Savaşı'nın ardından Yüzellilikler listesine dahil edilip, yurtdışına sürüldü. Yüzellilikler'in affedilmesine rağmen Mehmed Ali (Gerede) Bey yurda Mustafa Kemal'in ölümünden sonra döndü ve on beş gün sonra öldü.

15. Karakol Cemiyeti'nin bir diğer lideri Kara Vâsıf Bey'di. 9 aralık 1931'de geçirdiği trafik kazası sonucu vefat etti. Ailesi üç yıl sonra soyadı kanunu çıkarılınca, "Karakol" soyadını aldı.

yerel milislere karşı operasyonlarını hızlandırdı. Gözaltına alıp işkence yaptığı isimlerden biri de, hemşire Şahande Hanım'dı. İşkenceye rağmen bilgi vermeyen Şahande Hanım, Cumhuriyet'in başbakanlarından Recep Peker'in kayınvalidesiydi. (Ergun Hiçyılmaz, *Teşkilatı Mahsusa'dan MİT'e*, 1990, s. 45)

Ayrıca ilginçtir İngilizler, Selanik'te yaşayan dönmelerin de İtilaf Devletleri'ne husumet beslediklerini ve onların aleyhinde casusluk faaliyetlerinde bulunduklarını kaydetmektedirler:

> Kadınları serbestçe Fransız ve İngiliz subaylarıyla birlikte oluyor; tabiî işe yarar malumat elde edebilmek için. Bunların (dönmeler) hepsi tehlikeli ajanlardır... (İ. Friedman, *Germany, Turkey and Zionism [1897-1918]*, Oxford, 1977, s. 201; Aktaran: Mim Kemal Öke, *Kutsal Topraklarda İhanetler, Komplolar, Aldanmalar*, 1991, s. 242)

Gazeteci-yazar Hıfzı Topuz, *Çamlıca'nın Üç Gülü* adlı romanında, "eski Hariciye Nazırlarından Ahmed Hulusî Bey'in Amerikan Kız Koleji'nde okuyan Neriman ve Perihan ile Dame de Sion'da okuyan Ümran adlı kızlarının İstanbul'un işgali döneminde İngiliz ve Fransız subaylarla ilişkiye girerek bilgi edinip bunları ulusal güçlere aktardıklarını" yazmaktadır.

Ulusal güçlere destek vermenin bedeli o günlerde çok ağırdı...

İttihatçılar sürgüne gönderiliyor

Tarih 28 mayıs 1919.

Bekirağa Bölüğü'nde hareketli bir gece yaşanıyor.

Bir İngiliz subayı komutasındaki 10 İngiliz asker ile yine bir Fransız subayın emrindeki 10 Fransız asker Bekirağa Bölüğü'ne baskın yaparak, ellerindeki 67 kişilik listedeki isimleri bulunanları tek tek alıp götürdüler.

İttihatçılar kendilerini Malta'ya sürgüne götürecek Princess Ena gemisine bindirildi.

Sürgüne gidenler arasında ayrıca 11 kişi daha vardı. Bunlar, Osmanlı ordusu çekilince Kars, Ardahan ve Batum bölgesinde kurulan "Güneybatı Kafkas Hükûmeti"nin Kars Şûrası üyesiydi.[16]

İngilizler, Damat Ferid Paşa hükûmetine bile güvenmeyip, ulusal bir direniş gücü örgütleyeceğine inandıkları isimleri Malta'ya sürgüne götürüyordu.

---

16. İngiliz Amiral Sir Arthur Calthorpe 11 kişiyi Türk makamlarına bildirmemişti. Bu yüzden ilk sürgün kafilesi bugüne kadar 67 kişi olarak bilinegelmiştir. (N. Bilal Şimşir, *Malta Sürgünleri*, 1985, s.107)

İngilizler özellikle 67 kişiyi üç gruba ayırdı:
12'ler; eski nazır ve politikacılardan oluşan birinci sınıf tutuklulardı.
41'ler; eski nazır, politikacı, vali ve küçük rütbeli görevlilerden oluşan ikinci sınıf sürgünlerdi.
14'ler; subaylardı ve İngiliz savaş tutsaklarına kötü davranmaktan tutukluydular.
Hepsinin bir sürgün numarası vardı:
2756: Midhat Şükrü (Bleda), 2759: Ziya Gökalp, 2760: Halil (Menteşe), 2691: Rahmi (Arslan), 2692: İsmail Canbulad, 2689: Ali Fethi (Okyar), 2675: Hüseyin Cahid (Yalçın), 2728: Salah (Cimcoz),[17] 2738: Şükrü (Kaya)...
Malta sürgünleri arasında Enver Paşa'nın babası Hacı Ahmed Paşa da vardı! En sessiz sürgün oydu. Yorgundu. Oğlu Enver Paşa'nın nerede olduğunu bilmiyordu. Diğer oğlu Nuri ise Batum'da esirdi. Küçük kardeşi Halil Paşa ise Bekirağa Bölüğü'nden kaçıp kayıplara karışmıştı. Kısa bir süre sonra İstanbul'dan alacağı bir haber onun sessizliğini daha da derinleştirecekti.

Tarih 5 temmuz 1919.
Divanı Harp iki aydır süren yargılamanın sonucunda kararını açıkladı:
Enver Paşa, Talat Paşa, Cemal Paşa ve Doktor Nâzım idama mahkûm edildi.
Doktor Nâzım ilk olarak 1897 yılında idama mahkûm edilmişti.
Paris'te olduğu için kurtulmuştu.
1919'da ikinci kez idama mahkûm oldu.
Ve o yine yurtdışındaydı...

---

17. Salah Cimcoz'un o günlerde on yaşında olan kızı Emel, gün gelecek Cumhurbaşkanı Fahri Korutürk'ün eşi olacak ve Çankaya Köşkü'nde "first lady" olarak oturacaktı.

On ikinci bölüm

15 mart 1921, Berlin

Charlottenburg semti.
Sabah saatleri...
Hardenberg Caddesi'nde patlayan silah sesini duyan Doktor Nâzım, önce adımlarını sıklaştırdı, sonra koşmaya başladı. Caddenin ortasında biri yatıyordu. Caddede karmaşa vardı. Sokaktan geçenler suikastı gerçekleştiren genci yakalamışlardı.
Doktor Nâzım yerde yüzüstü yatan cesedin başına gitti...
Korktuğu başına gelmişti...
Donakaldı. Yakın arkadaşı, İttihat ve Terakki Fırkası'nın Selanik eski mebusu Yahudi Nesim Mazliyah'ın yanına geldiğini görememişti bile. Ama hemen kendini toparladı. Aklına üç apartman ileride oturan Hayriye Hanım geldi. Birden paniğe kapılarak eve koşmaya başladı. Nesim Mazliyah da onu takip etti.
Soluk soluğaydı...
Kapı zilinin üst üste çalınması Hayriye Hanım'ı ürküttü. Eşi evden çıkalı daha on dakika ancak olmuştu.
Kapıyı açtı. Karşısında Doktor Nâzım'ı gördü.
Doktor Nâzım, "Hayriye Hanım... Hayriye Hanım..." diye bağırmaya başlayınca anladı.
Sesi titreyerek, "Öldü mü?.." diye sordu.
Aldığı cevapla kapının eşiğine düşüp bayıldı...
Doktor Nâzım, Nesim Mazliyah'ı evde bırakıp tekrar olay yerine koştu. Cesedin başında polisler vardı ve üzerine gazete kâğıdı kapatmışlardı. Polis elindeki cüzdandan suikasta kurban giden kişinin kimliğini tespit etmeye çalışıyordu. Kimlikte "Osmanlı Hilali Ahmer görevlisi Ali Sai!" yazılıydı.
Doktor Nâzım müdahale etti: "Hayır hayır, o sahte kimliği! Gerçek adı, Osmanlı eski sadrazamı Mehmed Talat Paşa!"

"Ali Sai" Talat Paşa'nın kod adıydı. Ve bu ismi Osmanlı Hürriyet Cemiyeti Selanik'te varlığını sürdürdüğünde, Paris'te bulunan Terakki ve İttihat Cemiyeti'yle haberleşirken kullanmaya başlamıştı. Yurtdışında da aynı adı kullanmayı tercih etmişti!...

Talat Paşa evden çıkmış, 100 metre sonra kemerindeki sedef kabzalı 6,35'lik Browning marka tabancasını çekmeye fırsat bulamadan, kafasına iki kurşun yemişti.

Katil İran'dan gelen yirmi dört yaşındaki Ermeni Sogomon Tayleryan'dı.

Erivan'da 6-13 şubat 1919 tarihleri arasında toplanan Batı Ermenileri İkinci Kongresi'nde kurulan Halk Mahkemesi, Sadrazam Said Halim Paşa, Enver Paşa, Talat Paşa, Cemal Paşa, Doktor Nâzım, Bahaeddin Şakir ve Cemal ile Azmî beyler gibi İttihatçılar hakkında idam kararı vermişti.

İlk infazı gerçekleştirmişlerdi...

Hakkında gerek İstanbul Divanı Harp'ince ve gerekse İran'daki Ermeni Halk Mahkemesi'nce verilmiş ölüm kararı bulunan Doktor Nâzım'ı, polisler, öldürülen Talat Paşa hakkında bilgi almak için karakola davet etti.

Karakola giderken son iki yılda yaşadıkları, Doktor Nâzım'ın film şeridi gibi gözlerinin önünden geçti...

"İslam İhtilalleri İttihadı Cemiyeti"

İki yılda neler olmuştu:

İstanbul'dan ayrıldıktan tam bir gün sonra Kırım Yarımadası'nda Sivastopol'un yakınlarında bulunan Gözleve'ye (Yevpatoriya) varmışlardı. Almanlar henüz İtilaf Devletleri'yle Versailles Antlaşması'nı imzalamadığı için Kırım Yarımadası'ndan çekilmemişti.

Almanlarla İstanbul'da yapılan plan gereği İttihatçı ekip buradan askerî trenle Berlin'e gidecekti. Gözleve'nin Novograd (Yenişehir) kısmında sahil bulvarında bulunan Büyük Dilber Oteli'ne gidip geceyi orada geçirdiler.

Sabah erken saatlerde hazırlanan askerî trenle yola çıktılar. Güzergâhları, Akmescit (Simferopol) yoluyla Berlin'di. Akmescit yönüne doğru yol alırken, ilk istasyonda bir gece beklediler; çünkü trenler genellikle gündüz hareket ediyordu. Sabahın ilk ışıklarında çalan düdükle tren hareket edecekken Enver Paşa'nın yokluğunu fark ettiler.

Enver Paşa kimseye fark ettirmeden trenden atlamış, kayıplara karışmıştı!

On yıl önce Makedonya'da tüm nişanlarını söküp üniformasını çıkarıp dağa çıkan Enver Paşa yine aynı yolu seçmişti.

Enver'in planları diğerlerine uymuyordu. Odesa'dan Kırım'a geçecek, oradan Batum'a gelecekti. Burada amcası Halil Paşa'ya Maverayı Kafkas ordularına kumandan tayin edilen ve kendisine iki yüz altmış bin altın lira gönderilmiş olan Yusuf İzzet Paşa'yı ve biraderi Nuri Paşa'yı bulacaktı. Osmanlı ordusunun bu değerli kumandanlarını maiyetine alarak derhal teşkilatlanmaya geçecekti. Kafkasya'nın Azerîleri, Gürcüleriyle muazzam bir ordu kuracak, oradan Anadolu'ya girecek, yine Türk milletinin başında dünkü düşmanlarına karşı meydan okuyacaktı. Enver Paşa, Kırım'dan bir yelkenliyle hareket ettiği Kafkas sahillerine, on gün denizde müthiş fırtınalarla göğüs göğüse mücadele ederek varabilmiş, fakat orada Halil ve Nuri paşaların yola çıktığını Yusuf İzzet Paşa'nın da Trabzon'a geçtiğini ve daha sonra elindeki parasıyla İstanbul'a gelip hepsini padişaha vermeye mecbur kaldığını öğrenmişti. Hadiseler pek acı cereyan etmiş, talimat yerine getirilmemişti. Enver Paşa azminden bir santim kaybetmemiş, Moskova'ya gitmişti. (Samih Nafiz Tansu, *İttihat ve Terakki İçinde Dönenler*, 1960, s. 388)

Enver Paşa ile Talat Paşa'nın yolları aslında çok önceden ayrılmıştı. Fizikî ayrılık Kafkas topraklarında oldu...

Talat Paşa ve arkadaşlarını taşıyan tren Berlin'e girdiğinde onları bir sürpriz bekliyordu. Alman komünistleri, "Spartakistler"in öncülüğünde Berlin'de devrim yapıp "cumhuriyet" ilan etmişlerdi. Alman İmparatoru II. Wilhelm tahttan feragat edip Hollanda'ya kaçmıştı.

Plan gereği kendilerini karşılayacak Almanlar ortalarda gözükmüyordu. Herkes bir yana kaçmıştı.

Berlin'in her yanında silah ve top sesleri vardı. İlk geceyi geçirecek yer aradılar. İstasyona yakın kenar mahallelerin birinde buldukları bir otele kendilerini zor atabildiler. Ertesi gün iç savaşın nispeten az yaşandığı Charlottenburg bölgesindeki bir otele gittiler. Burada birkaç gün kaldılar.

"İttihatçı şeflerin" Berlin'e gelişleri duyulmuştu. Aleyhlerinde "Rum ve Ermeni katilleri" diye yürüyüş yapılacağını öğrenince hemen otelden ayrıldılar.

Bu arada tanıdıkları Almanlar aracılığıyla Berlin'de bir sanatoryumda kaldılar.[1]

---

1. Aynı tarihlerde Berlin'in kuzeyinde küçük bir Pomeranya kasabası olan Pasewalk'taki askerî sanatoryumda, Birinci Dünya Savaşı'nda yaralanan bir asker tedavi görüyordu: Adolf Hitler!

Berlin o sıralar ucuz bir kentti. Geçimlerini kolay sağlayabiliyorlardı. Doktor Nâzım, tıpkı Paris günlerinde olduğu gibi, yine muhasebe işlerinden sorumluydu. Talat Paşa'nın verdiği az miktardaki parayı oldukça iyi idare ederek küçük grubun yaşamını idame ettiriyordu.

Güvenli bir yerde kalmaya başlayınca, "durum değerlendirmesi" yaptılar.

Yedisi bir masanın etrafında toplandı. Gündem belliydi, şimdi ne yapılacaktı? İngiltere, Fransa ve İtalya gibi İtilaf Devletleri'ni zora sokmak, onların sömürgelerinde iç savaş çıkarmakla mümkün olabilirdi. Eğer Müslümanları ihtilale teşvik ederlerse sonuca ulaşabileceklerini düşünüyorlardı. Bu şekilde Osmanlı da, işgal devletlerinin boyunduruğundan kurtulabilirdi.

"İslam İhtilalleri İttihadı Cemiyeti" adında bir örgüt kurdular!

Doktor Nâzım, bu yeni cemiyetin programıyla ilgilenmeye başladı. Cemiyetin esasları şöyleydi:

– Her ülke kendi kaderini kendi tayin edecek.

– Her millet kendi gücüne güvenip, başka bir yerden yardım beklemeyecek.

– Cemiyette her milletten bir delege bulunacak.

İslam İhtilalleri İttihadı Cemiyeti'nin merkezi olarak Berlin seçildi.

Üye toplamak için Mısır, Hindistan, Suriye, Irak, İran ve Cezayir'le diyalog kurulmasına karar verildi.

Amaçlarına ulaşabilmek için, Rusya'da iktidara gelen sosyalist Bolşeviklerle işbirliğine geçilmesi kararını aldılar.

Bolşeviklerin o günlerde Berlin'deki en güçlü adamı Sovyet hükûmetinin Dışişleri komiser yardımcısı Karl Radek'ti. Buluştular ve anlaşma yaptılar. Irak, İran ve Hindistan'daki örgütlenme ve ayaklanmalarda, Bolşeviklerden silah ve asker yardımı alacaklardı.

Türkler ve Müslümanlar lehine propaganda yapmak ve gazetelere yazı yazmak için Amsterdam ve Berlin'de büro kuruldu. Berlin bürosunun başına Doktor Nâzım, Amsterdam bürosunun başına ise Talat Paşa getirildi.

Doktor Nâzım Berlin'deki büro sayesinde gazetelere makaleler yazdı. Londra, Berlin, Paris'teki siyasetçilerle ve devlet erkânıyla temaslar kurdu. Basın yoluyla, Rum ve Ermenilerin Türkler aleyhine yaptıkları propagandalara karşılık verdi.

Doktor Nâzım bunlarla ilgilenirken, Talat Paşa Ankara'yla olumlu ilişkiler geliştirdi. Mustafa Kemal'den mektup geldi. Mektupta birlikte hareket etme isteği olumlu karşılanıyordu. Ancak bir şartı vardı Ankara'nın: "Biz içeride Anadolu'da çalışacağız, siz dışarıda Avrupa'da çalışacaksınız!"

Bu mektuptan sonra Doktor Nâzım, Avrupa'nın Türkler hakkındaki fikir ve teşebbüslerinden Ankara'yı haberdar etmek için seyahatler yaptı. İsviçre, İtalya ve Hollanda'nın Türkler hakkındaki görüşlerini bir rapor halinde Mustafa Kemal'e gönderdi. Ancak Avrupa'daki çalışmalar verimli olmuyordu. Anadolu'ya geçmenin daha yararlı olacağına inandılar. Anadolu'ya geçmek için aracılar vasıtasıyla mektup yazdılar.

Bu arada Berlin'de, Spartakistlerin ayaklanması bastırıldı; devrimcilerin önderi Rosa Luxemburg, Karl Liebknecht öldürüldü; binlerce komünist katledildi.[2]

Berlin'deki İttihatçılar sadece Ankara'yla diyalog kurmadılar. Enver Paşa'dan haber alamayınca Alman dostları aracılığıyla "askerî liderlerini" aradılar ve sonunda izini Varşova'da buldular. Yine Alman dostlarının yardımıyla Enver Paşa'nın Berlin'e gelmesini sağladılar.

Enver Paşa'yla yapılan görüşme sonrasında, İslam İhtilalleri İttihadı Cemiyeti'nin merkezini Moskova'ya taşımaya ve faaliyetlerini orada sürdürmeye karar verdiler. Zaten Berlin yenilgisi sonrasında Karl Radek Moskova'ya dönmüştü.

Doktor Nâzım son günlerde Talat Paşa'nın Ermenilerden tehdit mektupları aldığını biliyordu. Son olarak Cenevre'ye gitmişti, Talat Paşa'nın İsviçre'de güvenli olup olup olmayacağını öğrenmek için. İsviçre Ermenilerin yoğun olduğu bir ülkeydi ve "Büyük Ermenistan" propagandası bu ülkede de kuvvetli taraftar bulmuştu.

Doktor Nâzım Zürich'teyken Gabriel Noradunkyan'la karşılaşmıştı. Bir zamanlar Kıbrıslı Kâmil Paşa hükûmetinde Hariciye nazırı olarak görev yapan Gabriel Noradunkyan şimdi Ermenilerin bağımsızlığı için çaba harcıyordu.

Doktor Nâzım, Talat Paşa'ya gelebilecek bir saldırıyı önleyebil-

---

2. Türkiye'deki sağcı ve siyasal İslamcı çevrelerin yıllardır ortaya attıkları bir senaryo vardır. Senaryoları Aristoteles mantığına dayanır: gerçek adı "Karl Sobelsohn" olan Karl Radek Bolşeviklerin en önemli kurmaylarından biridir ve Yahudi'dir. Rosa Luxemburg Alman komünistlerinin lideridir, Yahudi'dir. İddialarına göre Radek ve Luxemburg Almanya'yı Yahudi devleti yapmak için mücadele etmişlerdir! Güzel. Peki Radek ve Luxemburg kime karşı mücadele vermişlerdir? Biz söyleyelim: Alman ekonomisinin yüzde 70'ini elinde tutan Yahudi sermayesine karşı! Komünistleri ezmesi için Adolf Hitler'e para akıtanlar da bu Yahudi sermayesi değil miydi? Sosyalizmi, Karl Marx, Troçki, Kamenev, Zinovyev ve Luxemburg'un o olmayan dinsel kimliğinden yola çıkarak bir "Yahudi ideolojisi" olarak göstermek hiçbir bilimsel temele dayanmamaktadır. Sadece kaba bir söylemdir.

mek için *Journal de Genève* gazetesine onun İsviçre'de olduğunu bile yazdırmıştı.

Ama olmamıştı.

"Lider" bildiği "Büyük Efendi" Talat Paşa'yı bir türlü kurtaramamıştı... Talat Paşa cadde ortasında vurularak öldürülmüştü...

Berlin'de bir cenaze!

Doktor Nâzım karakolda gerekli işlemleri yaparken, Talat Paşa'nın "yeğenim" dediği Almanya'da öğrenim gören Midhat Şükrü (Bleda) Bey'in oğlu Turgut, Talat Paşa'nın üzerinden çıkanları teslim alıyordu.

Turgut (Bleda), suikastı yapanı görmek için polise ricada bulundu. Alman polislerin başında Birinci Dünya Savaşı'nda Osmanlı askerleriyle yan yana çarpışmış bir Alman çavuş vardı, isteği geri çeviremedi. Turgut katili görür görmez, elinde bulunan Talat Paşa'nın bastonunu suratına indirdi. Katil Sogomon Tayleryan'ın burnu kırıldı.

Talat Paşa'nın naaşı Karl Otenburg Hastanesi'nde ilaçlanarak üç mahfazalı bir kasanın içine kondu. Hayriye Hanım eşinin naaşının morgdan eve getirilmesini istedi. Talebi yerine getirildi. Sonra, Tempelhof'taki camide cenaze namazı kılındı.

Başta bazı Alman diplomatlar olmak üzere Batı ve Doğu'nun birçok temsilcisi cenaze töreninde hazır bulundu.

Cami avlusunda on beş İttihatçı vardı. "Büyük Efendi" hakkında konuşuyorlardı.

Doktor Nâzım, Dr. Bahaeddin Şakir'e dönerek, "Baha, Paris'te bir heykel vardı hatırlıyor musun; gözleri görmeyen bir adamın arkasında topal bir adam vardı. 'Kör görmez ama yürüyebilir, topal yürüyemez ama görür' fikrini tasvir etmişler. İki yarım insan bir araya gelince tam insan olur. İşte şimdi biz de bu heykele benziyoruz. Belki ikimiz bir araya gelirsek ancak o zaman Talat Paşa olabiliriz!.."

Cenaze töreni Almanlar tarafından filme çekildi.

Siyasal şartların el verdiği bir ortamda İstanbul'a götürmek için cenaze bir kilisenin mezarlığına defnedildi.[3]

---

3. Talat Paşa'nın naaşı yirmi üç yıl sonra ülkesine getirildi. O da siyasî bir malzeme aracı yapılarak... 25 şubat 1944'te İkinci Dünya Savaşı sürüyordu Almanlar Türklerin kendi saflarında savaşa katılmaları için ısrarlı davranıyorlardı. Bu sırada Talat Paşa'nın naaşı trenle İstanbul'a Sirkeci Garı'na getirildi. Buradan Şişli Etfal Hastanesi'ne götürüldü. Öğleden sonra top arabasına konan cenaze askerî törenle Hürriyeti Ebediye Tepesi'ne defnedildi. İki yüze yakın çelenk arasında İsmet İnönü'ye ait çelenk de vardı.

Kod adı "Gulam Rüstem"!

Sadece Talat Paşa kod isim kullanmıyordu.
Enver Paşa'nın ismi "Ali", Cemal Paşa'nın Bosnalı mühendis "Halid"di.
Doktor Nâzım'ın ise Afganlı "Gulam Rüstem"!..
Sahte kimlikleri Afganistan Büyükelçiliği'nden temin etmişlerdi.
Doktor Nâzım, yazdığı mektuplarda da "Gulam Rüstem" adını kullanıyordu.
Okuma yazma öğrenen İzmir'deki kızı Sevinç evlerine haftada bir gelen "Gulam Rüstem" imzalı mektupların kime ait olduğunu ilk günler anlamamıştı.
Evliyazadeler, bir süre "Gulam Rüstem" sırrını kimseyle paylaşmadı.
Doktor Nâzım sadece eşi Beria'ya değil, kayınpederi Evliyazade Refik Efendi'ye de sık sık mektup yazdı. Siyasî gelişmeleri kayınpederinden öğreniyordu!
Eşi Beria'ya yazdığı mektuplarında, hep bir noktanın altını çiziyordu: "İttihat ve Terakki'nin önemli isimlerinin çoğu Ankara'da mücadele veriyor, ben ise, Avrupa'da verimsiz verimsiz oturuyorum." Doktor Nâzım, Anadolu'ya geçmek istiyordu. "Salt siyaset yapmak amacıyla değil, gerekirse cephedeki yaralı askerleri tedavi etmek için!"
Ama Ankara, Doktor Nâzım'ın tüm mektuplarını yanıtsız bıraktı. Doktor Nâzım hemşerisi Mustafa Kemal'e yazdı, yanıt alamadı. Hürriyet için 1908'de Makedonya'da dağa çıkan üç isimden biri olan Eyüb Sabri'ye yazdı, yine yanıt alamadı.
Ankara duvardı! Ankara suskundu...
Görünen o ki Ankara, İttihatçı kadroları istiyordu, ama "İttihatçı şeflere" kapısı kapalıydı.
Doktor Nâzım'ın sık mektuplaştığı arkadaşlarından biri de, İsviçre'deki eski Maliye nazırı, hemşerisi Cavid Bey'di.
Doktor Nâzım gelişmeleri sürekli Cavid Bey'e bildiriyordu.
3 mayıs 1921 tarihli mektubunda Cavid Bey, Enver Paşa'nın Anadolu'ya davet edilme imkânını görmediğini, zaten bunu arzulamadığını ve gidişinin yarardan çok büyük zararlar getireceğini yazıyordu.
Cavid Bey'in böyle yazmasının nedeni, Enver Paşa'nın Doktor Nâzım'ı Moskova'ya çağırmasıydı.
Enver Paşa, Doktor Nâzım'ın bir an önce Moskova'ya, yanına gelmesini istiyordu.

İttihatçılar Anadolu'ya geçmek için çaba harcarken, İngilizler Malta'daki esir bazı İttihatçıları serbest bıraktı.

30 mayıs 1921 günü Hibiscus ve Chrysanthemum adlı İngiliz gemileri Malta'dan aldıkları otuz üç sürgünü İtalya'ya götürdüler.

Serbest bırakılan otuz üç kişi arasında Rahmi Bey, Ali Fethi (Okyar), İsmail Canbulad, Enver Paşa'nın babası Hacı Ahmed Paşa, Ziya Gökalp gibi isimler vardı...

Malta'da tüm esirler serbest bırakılmamıştı; yetmiş sekiz sürgün daha vardı...

İlk sürgünlerin serbest kalması "İnönü zaferi"ne denk gelmişti. Anadolu'da Mehmetçik'in kazandığı her zafer, Malta sürgünlerinin sayısını azalttı. "Sakarya zaferi" ise Malta'da hiçbir tutuklunun kalmamasına neden olacaktı...

Malta'daki sürgünlerin büyük bir bölümü ulusal mücadelenin merkezi Ankara'nın yolunu tuttu.

Ankara'ya gitmeyen Malta esirlerinden eski sadrazam Said Halim Paşa Roma'da Ermeni militanlar tarafından öldürüldü.

Ermenilerin peşinde olduğunu bilen Doktor Nâzım Ankara'dan umudunu kesti ve kararını verdi: Moskova'ya gidecekti...

İki bacanak Moskova'da

Doktor Nâzım Moskova'ya geldiğinde bambaşka bir havayla karşılaştı. 1789'da Paris'te esen "hürriyet, eşitlik, kardeşlik" rüzgârının benzeri şimdi Moskova'dan dünyaya yayılıyordu...

Berlin'de kurulan "İslam İhtilalleri İttihadı Cemiyeti"nin, Moskova'da bir anlamı kalmamıştı.

Müslüman dünyasında Enver Paşa'nın değil, bir başka ismin ağırlığı her geçen gün artıyordu. Bu isim, İslam'ı Türk milliyetçiliğiyle yoğurup "yeni bir sosyalizm" teorisi geliştiren Sultan Galiyev'di!

Galiyev'in sadece Kafkas halkları değil tüm ezilen Müslümanlar nazarında büyük değeri vardı. "Turan ülküsü"nün sosyalist devlet aracılığıyla mümkün olacağını söylüyordu.

Moskova'da, Hintli'den Azerî'ye, Afganlı'dan İranlı'ya, Afrikalı'dan Çinli'ye kadar sömürge altındaki tüm ezilen halklar, kendi kaderlerini tayin etmek için Moskova'da bir araya gelmişlerdi.

Sömürge ülkelerinin işçisi, köylüsü, kölesi sosyalizm için ayağa kalkıyordu. Müslüman Türkler, halifenin yeşil bayrağı yerine, artık sosyalizmin kızıl bayrağı altında birleşiyordu.

Doktor Nâzım Moskova'ya ilk adımı attığında, Bakü'de "III. Sosyalist Enternasyonal" başlamıştı. Elli beşi kadın iki bin delege geleceğin dünyasını tartışıyordu.

Ankara Hükûmeti'nin temsilcisi Dr. İbrahim Tali (Öngören) kongreye müşahit olarak çağrılmıştı.

Kongreye Fas, Tunus, Cezayir ve Trablusgarp devrimcilerini temsilen katılan Enver Paşa bir konuşma yaptı:

> Yoldaşlar ! Bizi III. Enternasyonal'e yaklaştıran sebep, yaptığımız şimdiki muharebede kendimize yardım ve arka bulma arzusu değildir. Siyasî, içtimaî akidelerimizin esasta birbirine yakın bulunması da sanırım ki, mühim bir sebeptir. Biz inkılapçı kuvvetlerimizi daima halktan, halkın da mağdur ve yoksul olanı köylüden alıyorduk. Eğer bizim çokça fabrikalarımız ve işçilerimiz olsaydı, önce onları yâd ederdim. Köylüler bizim inkılapçılarla birlikte idiler. Şimdi de böyledir. (Ali Fuad Cebesoy, *Moskova Hatıraları*, 2002, s. 23)

İttihatçıların Almanya'dan tanıdıkları Karl Radek kurultayın önemli isimlerinden biriydi. Enver Paşa, Dr. Bahaeddin Şakir gibi İttihatçıların kurultaya kabul edilmeleri biraz da Karl Radek sayesinde gerçekleşmişti.

Ancak ne Enver Paşa, ne de Ankara Hükûmeti kurultaydan bekledikleri ilgiyi görebildiler. Kurultayda yıldızı parlayan Türk, Osmanlı komünistlerinin lideri Mustafa Suphi'ydi...

Ankara Hükûmeti Sovyetler Birliği'yle ilişkileri geliştirmek için, kasım 1920'de Moskova'ya büyük bir "çıkarma" yaptı.

Üç heyet gönderdi.

Yedi kişiden oluşan birinci grubun başını, Moskova'ya büyükelçi olarak atanan Ali Fuad (Cebesoy) çekiyordu.

İkinci grup dört milletvekilinden oluşuyordu. Grubun başında Dr. Tevfik Rüşdü (Aras) vardı. Bunlar resmî Komünist Partisi üyeleriydi.

Üçüncü grupta da yine dört kişi vardı. Bunlar alınacak silah ve cephane yardımları için gönderilmişti. Bu heyetin başında Erkânıharp Binbaşısı Saffet (Arıkan) bulunuyordu.

Doktor Nâzım, Ankara'dan gelen üç heyetten birinin içinde bacanağı Dr. Tevfik Rüşdü olduğunu öğrenince çok sevindi. Hemen kaldığı otele gidip onu buldu.

İki bacanak hasretle birbirlerine sarıldı. İki yıldır görüşmüyorlardı. Evliyazadelerin iki damadı, Doktor Nâzım ve Dr. Tevfik Rüşdü Moskova'da Savoy Oteli'nde sık sık buluştular.

İki damadın, "Kurtuluşun önderi kim olmalıdır?" sorusuna verdikleri yanıt ayrıydı.

Dr. Tevfik Rüşdü İttihatçılık günlerinden beri hep Mustafa Kemal'in yanında yer almıştı.

Doktor Nâzım ise çizgisini sürekli değiştirmişti: Paris'te Ahmed Rıza'nın yanından kopup Selanik'teki ihtilalci İttihatçılara katılmış; cemiyet ve fırka içindeki gruplaşmada sonuna kadar Talat Paşa'nın yanında yer almış; şimdi ise Enver Paşa'nın Anadolu'yu düşman işgalinden kurtaracağına inandığı için yanına gelmişti!

Aslında Doktor Nâzım'a haksızlık yapmamak gerekiyor; çünkü Ankara'ya gitmek istediğini belirten mektuplara Mustafa Kemal hiç yanıt vermemişti.

Mustafa Kemal de haklıydı; Ankara'da yeteri kadar İttihatçı vardı; bir de onlara teşkilatçılığıyla ünlü Doktor Nâzım'ın katılması işlerini daha zorlaştıracaktı...

Doktor Nâzım'a kapısını kapatan Mustafa Kemal'in, Evliyazadelerin diğer damadı Dr. Tevfik Rüşdü'ye güveni tamdı.

Moskova'da başında, tepesi kırmızı kadife kalpağıyla dolaşan Dr. Tevfik Rüşdü'nün, Ankara'da ulusal güçlere katılmasının hikâyesi hayli ilginçti...

Karışık bir olay

Tutuklu bulunduğu Bekirağa Bölüğü'nden "özel izinle" çıkan Dr. Tevfik Rüşdü, bir gün İstanbul'da tesadüfen görüştüğü Kirazlı Hamdi Paşa'nın 20. Kolordu komutanlığına atandığını öğrenince bir teklifte bulundu: "Millîciler Anadolu'ya yapılan her atamaya şüpheyle bakıyorlar. İsterseniz sizin iyi niyetinizi millîcileri yöneten yakın arkadaşlarıma anlatabilirim."

Kirazlı Hamdi Paşa eskiden beri Saray'ın adamıydı. Hem başkenti hem Ankara'yı idare edebileceğine inanıyordu. Oysa Ankara Hamdi Paşa'ya pek güvenmiyordu.

Dr. Tevfik Rüşdü, Ankara'nın üzerinde bu kadar kuşkusu bulunan bir komutana niçin yardımcı olma teklifi götürmüştü; bilinmiyor. Bilinen, bu teklif üzerine Kirazlı Hamdi Paşa, Dr. Tevfik Rüşdü'nün kendisiyle Anadolu'ya gelmesini istedi.[4]

Dr. Tevfik Rüşdü, Kirazlı Hamdi Paşa'yla Eskişehir'e gelince, millîcilerin bölgedeki komutanlarından Ali Fuad (Cebesoy) Paşa'yı telefonla arayarak görüşme talebinde bulundu. Sivrihisar'da bulunan Ali Fuad Paşa görüşme talebine şaşırdı. Çünkü Kirazlı

---

[4]. Kirazlı Hamdi Paşa daha sonra Sultan Vahideddin'in yaveri oldu. Ulusal Kurtuluş Savaşı'ndan sonra yurtdışına sürgüne gönderilen Yüzellilikler içinde yer aldı. İngilizlere sığınıp Romanya'ya kaçtı. Burada Tarikatı Salahiye'yi (kurtuluş tarikatı) kurdu. Yoksulluk içinde öldü.

Hamdi Paşa, kendi yerine atanmıştı. Saray, Mustafa Kemal gibi Ali Fuad Paşa'nın da rütbesini sökmüştü. Ali Fuad Paşa, artık 20. Kolordu komutanı değil, Batı Anadolu Genel Kuvayı Milliye komutanıydı. Zaten üniformasını da çıkarmıştı.

Ve şimdi düşman safında olan Kirazlı Hamdi Paşa'yla birlikte Eskişehir'e gelen Dr. Tevfik Rüşdü onunla görüşmek istiyordu!

Ali Fuad Paşa, Kirazlı Hamdi Paşa'ya ne kadar kuşkuyla baksa da Dr. Tevfik Rüşdü'yü Selanik günlerinden tanıyordu. Eski arkadaşını, Eskişehir'in hemen dışındaki karargâhına davet etti.

Görüştüklerinde yanılmadığını anladı. Dr. Tevfik Rüşdü hâlâ onlara dosttu ve Ankara'nın davasına inanıyordu!

Bir diğer iddiaya göre, "Ali Fuad Paşa milisleriyle Eskişehir'e saldırınca, Dr. Tevfik Rüşdü, Kirazlı Hamdi'nin resmî evraklarını alıp ulusal güçlerin yanına geçti." (Rıza Nur, *Hayat ve Hatıratım*, 1992, c. 3, s. 37)

Dr. Tevfik Rüşdü, Ali Fuad Paşa'yla görüşmesinin ardından Ankara'ya geçti. Ve Mustafa Kemal ölene kadar onun yanından ayrılmadı.

23 nisan 1920'de açılan Büyük Millet Meclisi'nde Menteşe mebusu olarak yerini aldı. Dr. Tevfik Rüşdü, birinci Meclis'te yer alan on beş doktordan biriydi.[5]

Stalin'in Türklere ilgisi

Dr. Tevfik Rüşdü'nün Ankara'dan Moskova'ya uzanan yol hikâyesi de ilginçti.

Büyük Millet Meclisi başkanı olan Mustafa Kemal, Moskova'dan esen rüzgârın farkındaydı.

Bu nedenle, Bolşevikliğin aslında İslamiyet'in uygulamasından başka bir sistem olmadığını söyleyerek, "İslam sosyalizmini" hedefleyen ve adı Sovyetler Birliği'ndeki "Kızılordu"dan etkilenerek "Yeşilordu" konulan harekete "yeşil ışık" yakmıştı! Ayrıca "sosyalist" Halk İştirakiyun Fırkası gibi sol hareketleri kontrolü altına almak için Ankara'da resmî-danışıklı "Türkiye Komünist Fırkası"nı kurdurdu.

Kurucuları arasında kimler yoktu ki: İsmet (İnönü), Fevzi (Çakmak), Ali Fuad (Cebesoy), Refet (Bele), Yunus Nadi (Abalıoğlu), Mahmud Esad (Bozkurt), Refik (Koraltan), Hakkı Behiç (Bayiç) ve Dr. Tevfik Rüşdü (Aras).

---

5. 318 kişiden oluşan Meclis'te 94 memur, 67 hoca, 50 zabit, 47 çiftçi, 21 mühendis, 19 hukukçu, 15 doktor ve 5 de aşiret reisi bulunuyordu.

Ankara, Moskova'yla ilişkilerini geliştirmek ve dünya komünist partilerinin üye olduğu Komintern'e girmek amacıyla, Komünist Fırka'nın dört üyesini, Dr. Tevfik Rüşdü, Fuad (Carım), İsmail Suphi (Soysallıoğlu) ve Besim (Atalay) beyleri Moskova'ya gönderdi.

Yani, Dr. Tevfik Rüşdü, Ankara Hükûmeti adına değil, "Türkiye Komünist Fırkası" temsilcisi sıfatıyla Moskova'da bulunuyordu!

Ancak...

Dr. Tevfik Rüşdü'nün başında bulunduğu "komünist" heyet Moskova'ya ulaştıktan kısa bir süre sonra, Ankara'da ilginç gelişmeler oldu. 6 000 savaşçısıyla Çerkez Edhem "Yeşilordu"ya katıldı. Bu arada Mustafa Kemal'in muhalefetine rağmen İçişleri bakanlığına sosyalist Nâzım Bey seçildi. Tüm bunlar Ankara Hükûmeti'ni harekete geçirdi. Meclis'teki kontrolün komünistlerin eline geçeceğini gören Mustafa Kemal hemen sert önlemler aldı.

Önce Çerkez Edhem'in üzerine İsmet (İnönü) Bey gönderildi. "Yeşilordu" ve "Halk İştirakiyun Fırkası" kapatıldı. Sosyalistlerin yayın organı *Yeni Gün*'ün binası tahrip edildi. Mensupları İstiklal Mahkemesi'nde yargılanmak üzere tutuklandı. Çoğu mahkûm oldu. Çerkez Edhem Yunanlılara sığındı.

Ankara Hükûmeti, "Yeşilordu"nun "Çerkez milliyetçiliği" yaptığını iddia etti!

O günlerde Büyük Millet Meclisi'nin davetlisi olarak Ankara'ya gelmekte olan, Türkiye Komünist Fırkası kurucusu ve ilk genel başkanı Mustafa Suphi ve on dört yoldaşı Karadeniz'de Sürmene açıklarında kimliği belirlenemeyen kişiler tarafından öldürüldü.

Mustafa Suphi ve arkadaşlarını İttihaçıların mı, Kemalistlerin mi öldürdüğü Türkiye tarihinin hâlâ bilinmeyen sırlarından biridir!..[6]

Bu karışıklık içinde Türkiye Komünist Fırkası da dağıtıldı. Ömrü yalnızca üç ay sürmüştü.

Ankara Hükûmeti'nin tavrı netleşmişti:

Sosyalizme "hayır", Sovyetler Birliği'ne "evet"!..

Ankara'daki gelişmelerden habersiz Dr. Tevfik Rüşdü, Moskova'daki faaliyetlerini sürdürdü. Hatta, çalışmalarının raporlarını Mustafa Kemal'e göndermeye devam etti. Ankara Hükûmeti 16 mayıs 1921'de Moskova büyükelçisi Ali Fuad Paşa aracılığıyla

---

6. Mustafa Suphi ve arkadaşlarının ölümlerinden sorumlu tutulan dönemin İttihatçısı ve Kuvayı Milliye yerel komutanı Yahya Kaptan Sivas'ta yargılandı, beraat etti. Ancak bir buçuk yıl sonra arabasında öldürülmüş olarak bulundu. Bir yıl sonra konuyu Meclis'e taşıyan Trabzon milletvekili Ali Şükrü kaçırıldı ve boğularak öldürüldü. Ali Şükrü'yü öldüren, Yahya Kaptan'ı da öldürdüğü iddia edilen Topal Osman'dı. Ulusal Kurtuluş Savaşı günlerinde, adamlarıyla birlikte Mustafa Kemal'in korumalığını üstlenen Topal Osman, Ali Şükrü'nün katili olarak yakalanmak istenirken çıkan çatışmada öldürüldü. Sonuçta, Mustafa Suphi ve yoldaşlarını kimin öldürdüğü belirlenemedi!..

Dr. Tevfik Rüşdü'ye uyarı mektubu gönderdi.

Ankara Hükûmeti'nin kararını beğenmeyen Dr. Tevfik Rüşdü çalışmalarını sürdürdü. Hatta 8 haziran 1921'de *Moskva* gazetesinde sosyalizmi öven bir makale yazdı.

Dr. Tevfik Rüşdü'nün bu tavrından şunu anlıyoruz: hep söylenegelenin aksine Türkiye Komünist Fırkası, Mustafa Kemal'e her zaman uysallıkla boyun eğmiyordu. (Mete Tunçay, *Türkiye'de Sol Akımlar*, 1978, s. 175)

Dr. Tevfik Rüşdü, Moskova'da hemen her gün Türk Büyükelçisi Ali Fuad Paşa'yla buluşuyordu. Ankara'nın tutumunu bilmemesi imkânsızdı! Buna rağmen Ankara'yı dinlemiyor, "sosyalizm"de ısrar ediyordu.

O günlerde Moskova'da Ali Fuad Paşa'ya yakınlık gösteren kimdi dersiniz: Yosif Stalin!

Stalin ile Ali Fuad Paşa Kremlin Sarayı'nda birkaç kez yan yana geldiler. Bu görüşmeler hem resmî hem de gayri resmîydi. Bazen aralıksız beş saat sohbet ediyorlardı. Stalin, Ankara Hükûmeti'nin cephane yardımlarıyla bizzat ilgileniyor, evrakların takibini kendisi yapıyordu. Vaatlerinin hepsini de yerine getirmişti.

O kadar samimi olmuşlardı ki, Stalin Ali Fuad Paşa'ya her soruyu sormaya başlamıştı:

"– Paşa, Selanik'in, Bulgaristan, Yunanistan ve Sırbistan'dan hangisine verilmesi daha münasip olur, fikrinizi öğrenebilir miyim?

– Yunanistan'da kalması daha adilane olur!" (Ali Fuad Cebesoy, *Moskova Hatıraları*, 2002, s. 160)

Moskova'daki Türk Büyükelçiliği konukları arasında Enver Paşa, Doktor Nâzım gibi İttihatçılar da vardı. İttihatçılar ile Ankara ilişkileri o günlerde henüz tamamıyla kopmamıştı.

Ayrıca Ankara Hükûmeti'nin Moskova büyükelçisi Ali Fuad Paşa, İttihatçı kimliğinden daha uzaklaşmamıştı!..

Moskova İttihatçı kaynıyordu...

Enver Paşa'nın amcası Halil (Kut) Paşa Moskova günlerine ilişkin bir anısını şöyle yazacaktı:

> Gece Anadolu'dan gelen arkadaşlarla Türkiye'nin durumunu konuşuyorduk. Dr. Tevfik Rüşdü Bey'e, Türkiye'de gerçekten böyle bir partinin (Türkiye Komünist Fırkası) kurulup kurulmadığını sorduğumda şu cevabı aldım: "Evet paşam, böyle bir parti kuruldu ve ben de partinin III. Enternasyonal nezdinde temasını temine memur edildim." Dr. Tevfik Rüşdü Bey bunları söylerken son derece ciddi idi, ken-

disine takılmış olmak için kendimi kastederek: "Aman doktor, şimdi siz komünist olmayan bir sefirin (Ali Fuad Paşa) ikametgâhında onunla birlikte kalıyorsunuz, yiyip içiyorsunuz, bir komünistin, komünist olmayan insanla beraber aynı yerde yatıp kalkması, yiyip içmesi karşı tarafça hangi noktaya kadar ciddiye alınır bilmem." Dr. Tevfik Rüşdü Bey birdenbire bunun çaresini düşünür gibi bir hale girince sözlerime devam ettim: "Hem sonra bak doktor, Rusya ile Türkiye pekâlâ geçinebilir, bunun için de Türklerin komünist olmalarının gereği yoktur. Bence üstelik komünist olunmadığı halde komünist gibi görünmek gülünç ve tehlikelidir." Yanıtı, "Paşam sen yanılıyorsun, Türkiye'de kurulan bu teşekkül son derece ciddidir" oldu. Zaman benim haklı olduğumu ortaya çıkardı. (Taylan Sorgun, *Bitmeyen Savaş*, 1997, s. 339-340)

Televole anıları

Moskova'da bulunan Türkler hep siyaset konuşmuyordu kuşkusuz...

Üç ciltlik anılarında, Sinop'ta başından geçen tecavüz girişiminden, karısıyla tüm yaşadıklarına kadar her olayı ayrıntılarıyla yazan, Ankara Hükûmeti'nin temsilcisi olarak Rusya'ya gönderilen, dönemin Maarif nazırı Rıza Nur, Moskova'da karşılaştığı Dr. Tevfik Rüşdü'den anılarında bakın nasıl bahsediyor:

> Uzun zamandır kadın gördüğüm yok. Böyle bir zamanda fırsat zuhur ederse erkek baştan çıkar. Kadın da böyle olsa gerek. İşte karıkoca hesaplarını buna göre yürütmeli. Birbirinden ayrılmamalıdır. Bir gün bize Dr. Tevfik Rüşdü gelmişti, Yahudi kırmızı kadife tepeli Bolşevik kalpağı yine kafasında. Kendisine kadınsızlıktan şikâyet etmiş. O, "Ondan kolay ne var..." dedi ve hakikaten akşama iki kadınla geldi. Yedik içtik. Bu kadınlarla yattık. Yaşasın Dr. Tevfik Rüşdü, iyi adamdır... Daima gönül yapar. (Rıza Nur, *Hayat ve Hatıratım*, 1992, c. 3, s. 145)

Türk siyasetinin "renkli siması" Rıza Nur, bir sayfa sonra ne yazıyor dersiniz:

> Dr. Tevfik Rüşdü (Moskova'da) sade, sessiz dolaşıyor. Sade komünistlik taslıyor. Komünistlerle temas arıyor. Nihayet merkezi umumiye azasına ait otelde yatak da buldu; fakat biraz sonra komünistlerden hakaret görmeye başladı, otelden bile dışarıya attılar. Bunun sebebini kendisine sordum. Söylemedi ama şu olsa gerek: bu adam gayet hafifmeşreptir...

Rıza Nur küçümsese de Dr. Tevfik Rüşdü'nün o yıllarda Moskova'da geliştirdiği ilişki uzun yıllar sürecekti. Moskova'nın Ankara'ya yaptığı yardımların perde arkasındaki isimsiz kişilerden biri de Dr. Tevfik Rüşdü'ydü.

Dr. Tevfik Rüşdü'nün bu ilk diplomatik başarısıydı. Arkası gelecekti...[7]

Doktor Nâzım, şair Nâzım Hikmet'le yan yana

Bir dönem Paris nasıl Osmanlı münevverlerinin buluşma yeri ise, Moskova da, XX. yüzyılın başında Türk aydınlarının bir araya geldiği bir kentti. Hangi görüşte olursa olsunlar –ki çoğunluğu Moskova'dan dünyaya yayılan sosyalizm rüzgârından etkilenmişti– birbirleriyle samimi ilişki içindeydiler.

İttihatçı Doktor Nâzım, "resmî sosyalist" Dr. Tevfik Rüşdü, Kuvayı Milliyeci büyükelçi Ali Fuad Paşa ve komünist şair Nâzım Hikmet yan yana gelip sohbet ediyorlardı. Hepsinin tanıdığı ve saygı duyduğu bir isim vardı: Selanik'in son valisi, şair Nâzım Hikmet'in dedesi Mehmed Nâzım! Vali Mehmed Nâzım o günlerde hâlâ Malta'da sürgündeydi.

İkisi de Selanik doğumlu olan iki Nâzım; Doktor Nâzım ve şair Nâzım Hikmet arasında dostluk var mıydı?

Doktor Nâzım sert bir politikacıydı. Ancak hoşsohbetti. Özellikle gençlerle diyalog kurmayı çok seviyordu. O günlerde on dokuz yaşındaki komünist Şevket Süreyya'yla (Aydemir) saatlerce keyifli bir sohbet etmişlerdi:

> Basit görünüşlü, konuşkan, babacan bir adamdı. Görünüşe göre silik bir şahsiyeti vardı. Bütün ömrü boyunca mal, mevki, şöhret hırsı görülmemiştir. Konuşmalarının içine her vesileyle hikâyeler, meseller karıştırmayı severdi. İnsan onunla bulunduğu zaman kendisini İstanbul'un Beyazıt Meydanı'ndaki emekliler kahvelerinden birinde ve bir kahve sohbeti içinde sayabilirdi. Halbuki bu basit görünüşlü adamın ardında bizim son imparatoruğumuzun en karanlık devrinin en kanlı hikâyeleri ve sorumlulukları vardı. İttihat ve Terakki'nin, Paris teşkilatından beri üyesiydi.

---

[7]. Henüz sosyalist inşayı tamamlamamış, iç savaşlarla mücadele eden, ekonomik krizi aşamayan Sovyetler Birliği, Ulusal Kurtuluş Savaşı boyunca Ankara'ya silah, cephane ve para yardımında bulundu.
Silah ve cephane yardımı: 39 275 tüfek; 327 makineli tüfek; 54 top; 63 milyon tüfek mermisi; 150 000 top mermisi; 1 000 atımlık top barutu; 4 000 adet el bombası; 4 000 adet şarapnel; 1 500 kılıç; 20 000 gaz maskesi...
Para yardımı: 11 milyon altın ruble. (Baskın Oran, *Türk Dış Politikası*, 2001, s. 162)

Bir gün ona söz arasında hatıralarını yazmayı teklif ettim. Tabiatça silik ve gölgede görünmeye alışmış bir adamdı. Şahsiyetinin bir hatıra şeklinde ortaya serilişi ona önce biraz garip geldi. Teklifi belki yadırgadı. Fakat sonra bu teklifte bir çocuk sadeliği buldu: "Evet, belki diğer arkadaşlar gibi, yarın beklenmeyen bir anda ve herhangi bir köşe başında beni de devirebilirler."

Biz üç arkadaştık. Her gün onunla buluşacak ve her gün birimiz, anlattıklarını yazacaktık. Daha o gün işe başladık. Arkadaşlarımızdan biri olan şair Nâzım Hikmet, onun adaşıydı. Doktor Nâzım ne kadar sakinse, şair o kadar heyecanlıydı. Hatırat kâtipliğinden onu kısa zamanda ıskartaya çıkarmamız lazım geldi. Çünkü şair, doktorun naklettiği hatıraları yazmıyor, doktorla cebelleşiyordu. Örneğin Doktor Nâzım meşrutiyetten mi bahsetti, tamam! Şair hemen şahlanırdı: "Meşrutiyet inkılabı mı dediniz? Saçma! Dünyada bir tek hakiki inkılap vardır. O da proletarya inkılabı! Reaksiyoner burjuvazinin bir oyunu! Hele sizin meşrutiyetiniz! Alman emperyalizminin ve istilacı kapitalizmin bir istismar vasıtası..."

Bu şahlanan şairi zapt etmeye çalışırdık. Doktor Nâzım sinirlenmezdi. Tane tane konuşurdu: "Canım oğlum, sen gene bildiğin inkılabı yap! Ama ne yapalım ki bizim zamanımızda beklediğimiz inkılap, meşrutiyet inkılabıydı. Biz de meşrutiyetçi olduk. Onu başaralım dedik. Hoş onu da yüzümüze gözümüze bulaştırdık ya..."

Fakat şair Nâzım Hikmet zapt olunmazdı. Hemen yerinden fırladı. Karşısındakine son ve en susturucu delillerle en dayanılmaz darbeyi vurmak için sağ elinin yumruğunu havaya kaldırarak, hemen bir şiir okumaya başladı. Bu şiir, proleterya inkılabı hakkındaydı. Sonra gergin vücudu, kanlanmış yüzü, zaferin heyecanından pırıl pırıl yanan gözleriyle hasmının yüzüne bakardı:

"Nasıl" demek isterdi, "daha diyeceğin var mı?"

Hepimiz gülerdik. Tabiî Doktor Nâzım müsamahalı ve rahat. Biz ise doktordan özür diler ve şairi de yatıştırmak isterdik.

Fakat şair sahnenin buralarına kadar beklemezdi. Birden kasketini kapar; gür, kumral, kıvırcık saçlarını bu kasketin içine iki eliyle sıkıştırmaya çalışırken, odadan fırlardı. Herhalde parkların birinde yeni bir proleterya inkılabı şiiri yazmaya koşardı...

Doktor Nâzım bazen güldürücü, bazen manalı, bazen hatta açık saçık, fakat her zaman zarifti.

Hikâyelerini dinlerken, hayatı bu kadar karışıklıklar içinde geçmiş ve kendisine o kadar büyük olayların sorumluluğu yükletilen bu adamın, bu saf ve çocuksu halini hayretle izlerdim. (Şevket Süreyya Aydemir, *Suyu Arayan Adam*, 1993, s. 272-273)

Enver Paşa, Çiçerin'in resmini yapıyor

Doktor Nâzım'ın aksine Enver Paşa günlerini daha çok Sovyetler Birliği'nin güçlü isimleriyle sohbet ederek geçiriyordu.

Sık sık Sovyetler Birliği Dışişleri Bakanlığı Halk Komiseri Çiçerin'le yan yana geliyordu. Bir defasında Çiçerin'in portresini yaptı. Enver Paşa'nın ne kadar güzel resim yaptığını yakın çevresi dışında pek az kişi biliyordu.

Peşinde Ermeni militanlar olduğu bilinen Enver Paşa, ilginçtir, Moskova'da Çiçerin'in yardımcısı Gürcü asıllı Karahan'la çok sıkı dosttu.

Sözü burada "tarihî televoleci" Rıza Nur'a bırakalım:

> Ruslar Enver Bey'e çok iyi baktılar. Karahan'ın karısının da Enver'e âşık olduğu söyleniyordu. (...)
> Enver'in iffet hususunda gayet temiz olmak şöhreti vardı. Herkes, bilhassa İttihatçılar Enver için "Ömründe asla fuhuş yapmamış" derlerdi. Bana Berlin'de Profesör "S" Potsdam'da hanesinde ziyafet verdi. Meğerse Enver Berlin'de ataşemiliter iken bu hanede pansiyon kalmış, profesörün karısıyla sevişmiş imiş. Diyorlar ki, profesörün küçük çocuğu Enver'indir. Profesör de karısını ve o çocuğu hiç sevmiyormuş... (*Hayat ve Hatıratım*, 1992, c. 3, s. 142 ve 248)

Maşallah! Rıza Nur'un anılarında saldırmadığı, "belden aşağı vurmadığı" tarihî şahsiyet yok!

Enver Paşa 28 temmuz 1921'de Sovyetler Birliği Hariciye Komiseri Çiçerin'le son kez yan yana geldi.

İki gün sonra, Doktor Nâzım'la birlikte Türkiye sınırına gitmek üzere yola çıktılar.

İttihatçı iki şef, Enver Paşa ve Doktor Nâzım'ın Türkiye sınırına gitmesinin önemli bir nedeni vardı. Yunan ordusu Afyon, Kütahya ve Eskişehir'i ele geçirmiş, Ankara'ya dayanmıştı.

Enver Paşa ve Doktor Nâzım, zahmetli ve uzun bir yolculuktan sonra Batum'a vardılar. Yolculuk sırasında bir aksilik yaşandı: Enver Paşa, küçük çantasını içindeki elmas yüzükle birlikte kaybetti! Canları epey sıkıldı. Üstelik bekledikleri İttihatçı arkadaşları da ortalıkta yoktu. İstasyonun bir kenarına çekilen 1030 numaralı vagonda beklemeye başladılar.

Günlerce beklediler. Küçücük vagon Batum'un rutubetli havasının da etkisiyle nefes alınamayacak durumdaydı, bir o kadar da pisti. Sivrisinekler ikisini de bunalttı. Ne eşyaları vardı

ne de doğru dürüst yiyecek ve giyecekleri...
Dışarı çıkamıyorlardı; çünkü Ermeni militanlar Batum'da sayıca hayli çoktular.
Doktor Nâzım sonunda dayanamadı, vagonu terk etti. Gerekli ilişkileri yeniden kurdu. Hopalı, Rizeli takacılarla bir araya geldi. Küçük Talat, Lazistan Mebusu Hacı Mehmed, Hacı Sami gibi İttihatçıların da katılımıyla 5-8 eylül 1921 tarihleri arasında Batum'da "Türkiye Halk Şûralar Fırkası" kongresini topladılar.
Berlin'de kurulan "İslam İhtilalleri İttihadı Cemiyeti" lağv edildi. Hindistan, Afganistan, Trablusgarp, Fas, Tunus gibi Müslüman ülkeler, topluluklar unutulmuştu; artık asıl hedef Anadolu'daki işgal güçleriydi...
Enver Paşa ve Doktor Nâzım'ın Anadolu'ya gelmek üzere olduğunu öğrenen Ankara da önlemlerini almakta gecikmedi.
Genelkurmay Başkanı Fevzi Çakmak, Şark Cephesi Komutanı Kâzım Karabekir'e şifreli bir mektup gönderdi:

> Enver Paşa'nın yaveri ve şimdi emrinizde Cephe erkânıharbiye reisi bulunan Kâzım Bey[8] ile sabık İstihbarat Şubesi müdürü Erkânıharp Kaymakamı Seyfi Bey'in Enver Paşa'ya karşı bağlılıkları devam etmesi tabiîdir. Bunların şimdiki vazifelerinden ve Şark Cephesi'nden münasip şekilde uzaklaştırılmalarını ve yerlerine sağlam seciyeli kimselerin tayinini muvafık görüyorum.

Kâzım Karabekir, Manastır'da gizli cemiyete birlikte girdiği, Makedonya dağlarında omuz omuza isyancılarla çarpıştığı, kardeş bildiği Enver Paşa'yı Anadolu'ya gelmesi halinde, tutuklayacak mıydı?
Ve işte o günlerde Ankara'nın makûs talihi değişti.
Başkomutanlığa atanan Mustafa Kemal'in önderliğinde, ulusal güçler yirmi iki gün yirmi iki gece savaşıp Yunan ordusunun ilerleyişini durdurdular.
13 eylül 1921'de Sakarya'daki zaferin ardından Enver Paşa Anadolu'yu bırakıp tekrar "Kızılelma"nın peşine düştü...
Mustafa Kemal'in "Ordular, ilk hedefiniz Akdeniz'dir, ileri!" emrini vermesine bir yıl kalmıştı...
Ama bazı işgalciler yavaş yavaş Anadolu'yu terk etmeye başlamışlardı...

---

8. Kâzım Orbay Enver Paşa'nın kız kardeşi Mediha'yla evliydi. O günlerde şüpheyle bakılan Kâzım Orbay Paşa gün gelecek, İkinci Dünya Savaşı'nın o çetin son döneminde (1944-1946) Genelkurmay başkanlığı yapacaktı!..

On üçüncü bölüm

5 nisan 1921, Aydın

Çakırbeyli Çiftliği'nin doğusunda, Baltaköy Köprüsü başındaki İtalyan Bersaglieri Çekista Birliği Anadolu'yu terk etmek için son hazırlıklarını yapıyordu. Yirmi iki gün önce Londra'da yapılan antlaşmaya göre, İtalyanlar Anadolu'dan çekiliyordu.

Birliğin komutanı Kapitan A. Moro'nun konukları vardı:

Ali Adnan (Menderes) ve Edhem (Menderes)!

İki yakın arkadaş, İtalyan askerlere veda ziyaretine gelmişti.

İtalyan komutan Moro, iki yıl önce (17 mayıs 1919) bölgeye geldiğinde tanışmıştı, yabancı dil bilen ve kafasındaki "Müslüman imajına" hiç uymayan bu iki gençle!

İki yıl önce, bölgedeki Türkler İtalyanlarla sıkı dostluk ilişkileri kurmuşlardı. Hatta içlerinden çoğu bölgeyi Yunanlıların değil, İtalyanların işgal etmesini istemişti. Örneğin Konya'da Mevlana'nın torunu Mevlevî Çelebi Abdülhalim, soylarının Osmanlı değil, Selçuklu olduğunu belirtip, Konya'da İtalyanlara bağlı "Selçukî devleti"ni kurmak için girişimlerde bile bulunmuştu!..

İzmir'in işgali sonrasında bazı Türk tüccarlar, İtalyan işgalindeki Rodos'a göç etmeyi yeğlemişlerdi. Göçenlerin elinden tutan kişi ise, adanın yerlilerinden Durmuş (Yaşar) Efendi'ydi![1]

Evet, İtalyanlar Ege'de işgalci olmalarına rağmen Türkler tarafından seviliyordu. Bu İtalyanların da planlarına uygundu; çünkü Yunanlılara karşı Türkleri yanlarına çekmek istiyorlardı. İtalyanlar, Yunanlılara karşı mücadele veren Türklere silah ve cephane yardımında bulunuyorlardı.

---

[1]. Durmuş Yaşar, adadaki Rum baskılarına dayanamayarak 1934'te Türkiye'ye göç etti. Yaşar Holding AŞ'nin sahibi oldu. Boya-kimya, gıda ve ticaret-hizmet sektörlerinde otuz üç şirketle faaliyet gösteren holdingin bünyesinde Pınar Süt Mamülleri, Pınar Entegre Et ve Yem Sanayii, Tuborg Bira, DYO Boya gibi Türkiye'nin tanınmış fabrikaları da bulunmaktadır.

Ali Adnan'ın İtalyanlarla dostluğunu bu çerçevede değerlendirmek gerekiyor. Ayrıca bu dostluğun bir de özel nedeni vardı:
Bir yıl önce, 1920 ağustosunun son günleri...
Ali Adnan, Mondros Müterakesi sonrasında terhis edilince, yakın arkadaşı Edhem'le, Yahudi mahallesi Kestelli'deki evlerinden ayrılıp birlikte Çakırbeyli Çiftliği'ne yerleşti.
Ali Adnan'ın çiftlikte köylülerle ilk karşılaşması sorunlu oldu. Onlar güçlü, belinde tabancası olan, burma bıyıklı, asık suratlı bir "bey" bekliyorlardı. Karşılarında şehirde yetişmiş, okumuş bir genç vardı.
Ali Adnan'a "çiftlik beyi" olma yolunda ilk dersi çiftliğin kâhyası Memişoğlu Mehmed verdi. Memişoğlu Mehmed her daim kâhyalar yönetiminde idare edilen çiftliğin Çakır Ali ve Budaklı Osman'dan sonraki üçüncü kâhyasıydı.

Ali Adnan'ı İtalyanlar kurtarıyor

Köylüler ona, o köylülere alışırken, Ali Adnan tropikaya, yani zehirli sıtmaya yakalandı. Durumu ağırlaşınca, ilaç ve doktor bulmak için Edhem, İtalyan komutan Kapitan A. Moro'nun yanına gitti. İtalyan komutanın emrinde doktor yoktu ama çiftliğe eczacı kalfasını gönderdi.
Ali Adnan'ın durumu her geçen saat ağırlaşıyordu. İtalyan sağlık görevlisi önce kinin verdi. Ama ateş düşmedi. Acilen Çine'deki İtalyan Enfermeriya Birliği'ne götürülmesini tavsiye etti.
Bir katır arabası bulundu; yatak serildi; Ali Adnan arabaya yatırılarak Çine'ye götürüldü.
Sıcak dayanılacak gibi değildi. Sivrisinekler aman vermiyordu. Yolu altı saatte aldılar.
Ellerinde komutan A. Moro'nun mesaj kâğıdı vardı. Çine'deki İtalyanlar Ali Adnan'la yakından ilgilendiler. Emrine Karnaço adında bir İtalyan asker verdiler. Hastalığın teşhisinden emin olmak için Antalya'daki karargâhtan uzman bir doktor bile getirdiler.
İtalyan doktor binbaşıydı. Ve hiç de umutlu konuşmadı. Ali Adnan'ın durumu ağırdı. Rodos'a giderse belki kurtulabilirdi.
Şevket Süreyya Aydemir *Menderes'in Dramı* adlı kitabında, "Fakat beklenmeyen bir şey olur. Bir yerlerden Binbaşı Adil veya Akif Bey isminde bir Türk doktoru peyda olur. İşe el koyar" diye yazmaktadır. (2000, s. 57)
Türk doktoru Ali Adnan'ı alıp Çine'deki Nuri Efendi'nin hanı-

na nakleder. İğneler, gıdalar ve Türklerin arasında olmak Ali Adnan'ı iyileştirir!

Ali Adnan'ın hayata dönüşünün "Yeşilçam senaryolarını" aratmayacak düzeyde yazıldığı bir gerçek!

Soru: Ali Adnan'ın yaşamöyküsünde neden hep "senaryoya" ihtiyaç duyuluyor?

Bu konuda örnek çok: Ali Adnan'ın yaşamöyküsünü kaleme alan bir avuç yazar, Ulusal Kurtuluş Savaşı günlerinde Ali Adnan ve Edhem'in "Ay-yıldız Çetesi"ni kurduğunu yazmaktadır.

Ege'deki Millî Mücadele dönemini yazan, gazeteci Haydar Rüşdü Öktem'den komutan Rahmi Apak'a, Çerkez Edhem'den, "Galib Hoca" Celal Bayar'a, komutan Ali Çetinkaya'dan Vali İbrahim Edhem Akıncı'ya, Kâzım Özalp Paşa'dan Hacim Muhiddin Çarıklı'ya kadar, dönemi kaleme alanlar anılarında ne Ali Adnan'dan ne de "Ay-Yıldız Çetesi"nden bahsediyorlar!

"Ay-Yıldız Çetesi"ni bilen sadece iki kişidir. Ali Adnan ve Edhem! Bir kişi daha var: çiftliğin kâhyası Mehmed!

Geçelim...

Ali Adnan, daha İzmir işgal edilmeden önce, 23 kasım 1918'de kurulan "Müdafaai Hukukı Osmaniye Cemiyeti"ne katılmamıştı. Halbuki dayısı Hacı Ali Paşazade Refik bu toplantılara önce katılmış sonra vazgeçmişti.

Keza işgalden hemen sonra kurulan "Reddi İlhak Heyeti Milliyesi" üyeleri arasında da Ali Adnan adı yoktu.

Yörük Ali Efe, Hüseyin Efe, Kara Durmuş Efe, Kozaklı Mehmed Efe, Mesutlulu Mestan Efe, Dokuzuncu Hasan Hüseyin Efe, Cafer Efe, Sancaktar'ın Ali Efe gibi Çakırbeyli Çiftliği'nin bulunduğu bölgede direniş komiteleri kuran milislerin adları tek tek yazılıyor ama nedense "Ay-Yıldız Çetesi"nden kimse bahsetmiyor!

Yine o bölgede mücadele veren Albay Salaheddin Bey, Binbaşı Saib Bey, Binbaşı Hacı Şükrü, Yüzbaşı Ahmed, Teğmen Zekâi, Teğmen Şerafeddin, Teğmen Mahmud, Yedek Teğmen Necmi, Bakırköylü Teğmen Kadri, Kütahyalı Receb Çavuş gibi askerlerin adları yazılıyor ama, yedek subay Ali Adnan'ın hiç adı geçmiyor!

"Ay-Yıldız Çetesi"nin görev alanı herhalde Çakırbeyli Çiftliği'yle sınırlıydı...

Peki Ali Adnan Millî Mücadele'ye katılmamış mıydı?

Katıldı. Hatta İstiklal Madalyası aldı. Peki ama ne zaman?

Sakarya'da zafer kazanılıp, Yunan ordusunun ilerleyişi durdurulunca, Mustafa Kemal Büyük Taarruz'un çalışmalarına başladı ve seferberlik ilan edildi. Subay, er, silah, yiyecek, içecek miktarını artırmak için kollar sıvandı.

Ankara bu konuda çok kararlıydı; aksi davranışta bulunanların cezasını İstiklal Mahkemeleri verecekti!

Ve Ankara'nın kararlılığı sayesinde Sakarya Savaşı'nda 6 629 olan subay sayısı 8 659'a çıktı. Er sayısı ise 133 079'dan, 199 283'e fırladı!

Askere gitmeyenlere ağır cezaların verileceğinin duyulması asker sayısının artmasına neden olmuştu. Ankara Hükûmeti Osman Bey adında bir topçu yarbayı Söke'ye gönderdi.

Yarbay Osman, bölgedeki yedek subayları göreve çağırdı.

İşte bu davete Ali Adnan ve Edhem de riayet etti.

Ali Adnan, Yenipazar ile Baltaköy arasındaki Dalama'ya "Süvari Müzaheret Bölüğü"ne gönderildi. Daha sonra Koçarlı inzibat komutanı Binbaşı Besim Bey'in emrine atandı.

Evet, orduya yeni katılan 2 030 subaydan biri de Ali Adnan'dı...

Ali Adnan'ın başından beri Millî Mücadele'ye katıldığını ispat etmek isteyenler hep Ali İhsan (Sabis) Paşa'nın 1951'de yayımladığı beş ciltlik *Harp Hatıralarım* adlı çalışmasına atıfta bulunuyor.

Kitabın yayımlandığı tarihe dikkatinizi çekerim: 1951, yani Ali Adnan başbakan; Ali İhsan Sabis Paşa DP Afyon milletvekili!

Ali İhsan Sabis Paşa ayrıca inanılmaz bir İsmet İnönü düşmanıdır; ona karşı "ulusal bir kahraman" yaratmayı amaçlamaktadır!

Peki Ali İhsan Sabis Paşa anılarında ne yazmıştı?

Anlattığı, Malta sürgünü dönüşü Koçarlı'da gördüğü yedek subay Ali Adnan'ın ne kadar zeki ve enerji dolu olduğu.

Hepsi bu.

Adnan Menderes'in hayatını "hamaset destanı" haline getirenler, bu anılardan yola çıkarak onu, elinde silahı, düşmana karşı cepheden cepheye koşmuş bir "millî kahraman" yapıvermişler!

Ayıp...

Ali İhsan Sabis Paşa, sürgünde bulunduğu Malta'dan ne zaman yurda dönmüştü: 27 eylül 1921.

Biz de aynı konunun altını çiziyoruz:

Ali Adnan Millî Mücadele'ye başlangıcından iki yıl sonra, yani İtalyanların bölgeden ayrılmasının ardından katıldı.

Bu tespit, Ali Adnan'ın ne kişisel, ne de siyasal yaşamını küçük düşürür. İsmet (İnönü) Paşa, Fevzi (Çakmak) Paşa da Ankara'ya gelmekte tereddüt geçirmişlerdir. Hatta Mustafa Kemal bile İstanbul'daki girişimlerinden sonuç alamayınca son çare olarak Anadolu'ya çıkmıştır. Ama bu ne Mustafa Kemal'i, ne de onun onurlu mücadelesini ufaltır.

Ali Adnan, Millî Mücadele'ye geç katılmıştı. Üstelik bir süre Koçarlı'da Binbaşı Besim Bey'in yanında görev yaparken yine hastalandı. Bu sefer karaciğeri iltihap kapmıştı. Neyse ki Söke'de Dr. İsmail Hakkı Bey vardı. Hastalığın tehlikeli ilk günleri Koçarlı'da geçti; sonra "bağ kulesi" denilen köy evine nakledildi. Burası Kuvayı Milliye Reisi Ömer Ağa'nın oğlu Mehmed Ağa'ya aitti. Ali Adnan'a çok iyi baktılar. Toparlandıktan sonra Söke'ye nakledildi.

Mustafa Kemal ordularına "İlk hedefiniz Akdeniz'dir" diye emrettiği gün, Ali Adnan henüz tam iyileşmemişti.

Türk ordusu 9 eylül 1922'de İzmir'e girdi...

İzmir'in kurtuluşuyla moral bulup sağlığına kavuşan Ali Adnan'ın yeni görevi, İngilizce bildiği için, İzmir Kordon'da sansür şubesinde tercümanlık oldu.

Kısa bir süre sonra tezkeresini alıp yine Çakırbeyli Çiftliği'ne döndü. Arkadaşı Edhem, Ali Adnan'ı yine yalnız bırakmadı...

Esir Evliyazade

İzmir özgürdü ama Evliyazadelerin içi yanıyordu...

Yunanlılar, Rumların Birinci Dünya Savaşı dönemindeki tehcirinden sorumlu tuttukları Evliyazade Refik Efendi'yi affetmişler ama yaptıklarını unutmamışlardı.

Başta Giraud ailesi olmak üzere Levantenler, Yunan komutanlara ricada bulunmuş, Evliyazade Refik'in esir olmasını engellemişlerdi. Ancak Yunanlılar İzmir'i terk ederken, güvenliklerini sağlama almak için şehrin ileri gelen her ailesinden bir kişiyi yanlarına alıp götürdüler!

> Savaşın son günlerinde Evliyazade, Emirlerzade, İplikçizade, Postacızade ailelerinin çocuklarının içinde bulunduğu on kişilik grup Atina'ya rehin olarak götürüldü. (Yaşar Aksoy, *Bir Kent, Bir İnsan*, 1986, s. 324)

Yunanlıların esir aldıkları arasında Evliyazade Refik Efendi'nin oğlu Nejad da vardı.

10 eylül 1922 gecesi Mustafa Kemal İplikçizade ailesinin konuğuydu. Aileler, paşadan rehinelerin bırakılması için çaba göstermesini rica etti. Mustafa Kemal, Yunanistan adına İzmir'de hiçbir yetkili olmadığı için İtalyan elçisini çağırttı. Bu kişilerin on gün içinde yurda geri dönmelerinin sağlanmasını istedi.

Mustafa Kemal o geceyi İzmir'deki Alatini Köşkü'nde geçirdi.
On üç yıl önce Selanik'teki konaklarını sürgündeki II. Abdülhamid'e tahsis eden Alatini ailesi, bu kez Ulusal Kurtuluş Savaşı'nın mimarı Mustafa Kemal'i ağırlıyorlardı...
On gün sonra rehineler yurda döndü.
Ama bir kişi eksikti: Karşıyaka Spor Kulübü Başkanı İplikçizade Sadi'nin ağabeyi Süreyya öldürülmüştü...
Evliyazade Refik'in oğlu Nejad, eşi Mesude, oğulları Yılmaz ve -yeni doğan- Mehmed Özdemir'e kavuştu.
Çok zayıflamıştı.
Geçmiş olsun ziyaretine gelenler arasında, Nejad'ın eşi Mesude'nin halasının oğlu Ali Adnan da vardı.
Mutluluk Evliyazadeleri İzmir'de bir araya getirdi.
Moskova'dan dönen Dr. Tevfik Rüşdü (Aras), eşi Makbule Hanım'ı ve kızı Emel'i Ankara'dan İzmir'e getirdi.
Makbule Hanım, Ankara'da Mustafa Kemal'le tanışmalarını ve özellikle kız kardeşinin adının da Makbule olması nedeniyle, Gazi'nin kendisine özel bir sempati gösterdiğini herkese anlatıyordu...
Ne tesadüftür; Mustafa Kemal'in diğer kız kardeşinin adı da Naciye'ydi (1889-1901)!..
Mustafa Kemal'in iki kız kardeşinin adı, Makbule ve Naciye (üçüncüsü Fatma [1871-1875]), Evliyazadelerin iki kızının ismiyle aynıydı!
Evliyazade ailesi yıllar sonra Karşıyaka'daki konakta toplanmıştı; tek eksik Doktor Nâzım'dı!..

Ermeniler Doktor Nâzım'ın peşinde

Bir yıl geriye dönelim. Doktor Nâzım bir yıl önce Batum'da, Enver Paşa'nın yanındaydı. Mustafa Kemal başarılı olunca, Enver Paşa ve yakın çevresi tekrar Türkleri birleştirmek için "Kızılelma"nın peşine düştü. Ama Enver Paşa'nın hayaline diğer İttihatçıların ayak uydurması zordu.
Doktor Nâzım, Batum'da Enver Paşa'nın yanından, Cemal Paşa'yla buluşmak üzere Afganistan'a gitti. Afganistan sınırı Çarcu'da buluşacaklardı. Cemal Paşa gecikince Doktor Nâzım Buhara'ya geçti.
18 eylül 1921'de Buhara'ya ulaştılar.
Bir hafta sonra, artık Anadolu'dan umudunu kesen Enver Paşa Buhara'ya geldi. Buhara'yı Türklük ve Turancılık hareketinin merkezi yapacaktı!..

Dün, "Müslümanların dünya emperyalizmine karşı Bolşeviklerle el ele vermesi" gerektiğini söyleyen Enver Paşa, artık Türklüğün bağımsızlığı için Bolşeviklerle savaşılması gerektiğini söylüyordu!..

Bu tavır değişikliğinin başlıca nedeni, Sakarya Savaşı'ndan sonra, Sovyetler Birliği'nin Anadolu'dan yana tavır alıp, Enver Paşa'yı dışlamasıydı.

Sovyet Hükûmeti 1921'de Afganistan, Moğolistan, İran ve Türkiye'yle dostluk antlaşmaları imzalamıştı ve bu ülkelerde iç karışıklık yaratacak eylemlere kesinlikle destek vermeyecekti...

Doktor Nâzım ve Cemal Paşa aksilikler yüzünden Enver Paşa'yla buluşamadılar. Bunun üzerine Cemal Paşa ve Doktor Nâzım Moskova'ya gittiler.

Doktor Nâzım Anadolu'ya dönmek için bu kez Büyükelçi Ali Fuad (Cebesoy) Paşa'dan yardım istedi. Bu arada, *Times* gazetesinde yayımlanan "Kemalist Enverist" makalesine açıklama göndererek, Türklerin ittifak halinde Ankara'nın yanında olduğunu belirtti.

Bu makale hem Ankara'nın hem de Moskova'nın hoşuna gitti. Moskova, Orta Asya Türklerini yanına alarak bir ihtilal hazırlığı içinde olduğunu bildiği Enver Paşa'yla yollarını ayırdı...

1922'nin yaz ayları Doktor Nâzım için kötü geçti.

Önce...

18 nisan 1922'de Berlin'de yurtdışına birlikte çıktıkları Bahaeddin Şakir ile Cemal Azmî Bey'in Ermeni militanlar tarafından şehit edildiğini öğrendi. Üstelik iki can dostu, misafirlikten dönerken şehit Talat Paşa'nın eşi Hayriye'nin gözleri önünde öldürülmüştü.

Ardından...

Moskova'dan Almanya'ya, oradan da Ankara Hükûmeti ile Fransa arasındaki antlaşmalarda bulunmak üzere Paris'e geçen Cemal Paşa, artık Ankara Hükûmeti'nin güvenini kazanmıştı.

Mustafa Kemal, Cemal Paşa'yı Ankara'ya çağırdı.

Cemal Paşa Anadolu'ya geçmek için Kafkas yolunu kullanmayı tercih etti. Ve ne yazık ki 22 temmuz 1922'de Tiflis'te Ermeni militanlar tarafından öldürüldü...

Ve on iki gün sonra...

Türkistan'ı özgürleştirmek isteyen Enver Paşa, Bolşeviklerle girdiği çatışmadan sağ çıkamadı. Enver Paşa aslında "intihar" etmişti. Mitralyözlerle açılan ateşin üzerine, elindeki yalın kılıçla giden bir askerin bu yaptığının başka bir açıklaması yoktu aslında...[2]

---

2. Enver Paşa'nın cenazesi ölümünden yetmiş dört yıl sonra 4 ağustos 1996'da yurda getirildi. İstanbul'daki Abidei Hürriyet Tepesi'ne defnedildi. Törene dönemin cumhurbaşkanı Süleyman Demirel, bazı bakanlar, torunları Osman Mayatepek ve Arzu Sadıkoğlu da katıldı.

İttihatçıların üç şefi, Talat Paşa, Cemal Paşa ve Enver Paşa öldürülmüştü.

Geriye bir avuç "kurmay" kalmıştı.

Cemal Paşa suikastı ve arkasından Enver Paşa'nın çatışmada ölmesi üzerine, Doktor Nâzım ve Moskova'da bulunan son İttihatçılar emniyet müdürlüğüne çağrıldı. En kısa zamanda Sovyetler Birliği topraklarını terk etmeleri istendi!..

Doktor Nâzım 15 ağustos 1922'de Moskova'dan ayrılıp, Almanya'ya gitti. Berlin'de İttihat ve Terakki'nin kuryelerinin para işlerini halleden veznedar Nihad Bey'in gizlice kiraladığı bir daire vardı, oraya yerleşti. Yanında Enver Paşa'nın amcası Halil Paşa, Binbaşı İsmail Hakkı ve Yüzbaşı Ferid vardı.

Evde iş bölümü yaptılar: alışverişi İsmail Hakkı ve Ferid yapıyor, yemekleri Halil Paşa hazırlıyor, Doktor Nâzım ise bulaşıkları yıkıyordu. (Taylan Sorgun, *Bitmeyen Savaş*, 1997, s. 372)

Gizlilik içinde yaşıyorlardı. Ancak evleri Ermeni militanlar tarafından tespit edildi. Takip edildiklerini anladılar. Doktor Nâzım'ın, Selanik- İstanbul ve Bursa eski defterdarı olan ağabeyi Ahmed Fazıl, Berlin'de Bismarck Strasse 88'de oturuyordu.

Doktor Nâzım'dan sonra o da yurtdışına çıkmıştı.

Doktor Nâzım ve Halil (Kut) Paşa, Ahmed Fazıl'ın evine yerleştiler.

Ancak Ermeni militanlar sanki nefes alışlarını dinliyordu. Yeni evde de onları bulmuşlardı.

Halil Paşa ve Doktor Nâzım suikast ekibini şaşırtmak için, yollarını ayırdılar. Halil Paşa, yeğeni Enver Paşa'nın kardeşi Kâmil Bey'in evine taşındı.

Doktor Nâzım ise ağabeyi Ahmed Fazıl Bey'in Bavyera'daki bir Alman köyünde bulduğu eve yerleşti.

Her an ölümle burun buruna yaşıyorlardı.

Ve İzmir'in düşman işgalinden kurtulmasıyla talihleri döndü.

Mustafa Kemal, Doktor Nâzım'ın Avrupa'da her an öldürüleceğini biliyordu. Resmî görüşmeler yapmak için Berlin'e giden Saffet (Arıkan) ile Nuri (Conker) Bey, Ankara'ya Mustafa Kemal'e Doktor Nâzım'ın durumunu bildiren mektup yazdılar.

Mektup etkili olmuştu. Ayrıca başta Uşakîzadeler olmak üzere, İzmirli yakın dostlarının ricasını kıramayan Mustafa Kemal, Doktor Nâzım'ın yurda dönmesine izin verdi.

Doktor Nâzım, Ankara Hükûmeti'nin Roma temsilcisi Celaleddin Arif Bey'in, kendisini Türkiye'ye davet eden resmî mektubunu alınca gözyaşlarına hâkim olamadı...

Mustafa Kemal, Enver Paşa'nın amcası Halil Paşa'ya da mektup gönderdi.

Berlin'de Ermeni tehdidi altında yaşadığını Gazi'ye bir mektupla bildirmişler, kendinden gelen mektubu bana gösterdiler, mektupta şöyle deniyordu: "Yenimahalle'nin her türlü ihtiyacı karşılanacaktır. Kendisi Anadolu'ya gelmek istediği takdirde pasaport da verilecektir." Yenimahalle benim Erkânıharp okulundaki lakabımdı. Gazi'ninki "Mustafa Kemal Efendi Selanik"ti. Yenimahalle adının kullanılması beni o gece yıllar öncesine götürdü. (Taylan Sorgun, *Bitmeyen Savaş*, 1997, s. 376)[3]

Mustafa Kemal, Halil (Kut) Paşa ve Nuri (Conker) Harbiye'den sınıf arkadaşıydılar...

Doktor Nâzım tekrar İzmir'de

Doktor Nâzım, sahte kimlikle Yunanistan üzerinden İzmir limanına geldiğinde şoke oldu. İzmir'in yarısı yanmıştı. Aya Katerina, Aya Trikona, Aya Nikola, Aya Dimitri, Kurt Kaya, Hacı Franco, Ermeni Mahallesi, Fransızların yaşadığı St. George Sokağı sanki yok olmuş gibiydi.

Ünlü İzmir Tiyatrosu, Sporting Kulüp, Kramer Palas, Posidon, Haylayf, İzmir Palas, İtalyan Konsolosluğu, İngiliz Konsolosluğu, Aya Fotini Kilisesi; Bonmarşe, Stein, Luvr, Şarm, Ektayolo gibi mağazalar; Atina, Selanik, Osmanlı bankaları gibi bankalar; Amerikan koleji gibi okullar; ticarethaneler, kütüphaneler, fotoğraf stüdyoları yanmıştı.

Doktor Nâzım Almanya ve Sovyetler Birliği'nde dört yıl boyunca savaşın harap ettiği yerlerde bulunmuştu. Ama İzmir'in uğradığı tahribata yine de inanamadı.

Evliyazadeler Doktor Nâzım'ı limanda karşıladılar.

Ailesi dışında başka kimseler yoktu.

1908'de "hürriyet"in ilanından sonra Selanik'ten dönerken binlerce insanın İzmir limanını nasıl doldurduğunu anımsamış mıdır, bilinmez. Çünkü kimse artık o günlerden konuşmak istemiyordu...

Limandan ayrılıp hemen Karşıyaka'da Evliyazadelerin konağına gittiler.

Doktor Nâzım evde, eşi Beria ve kızı Sevinç'le hasret giderdi.

---

3. Halil Paşa yurda dönünce, Mustafa Kemal'den görev istedi. Emekli edildi. Halil Paşa soyadı kanunu çıkınca, Irak Kut ül-Amare'de İngilizlere karşı kazandığı zaferi anımsatmak istercesine "Kut" soyadını aldı. Halil Kut Paşa'nın torunu ünlü manken Ahu Paşakay 20 ekim 2002'de intihar etti. Halil Paşa'nın oğlu Halil Paşakay da intihar etmişti.

Yorgundu. Üstelik ruh sağlığı da bozuktu. Eşi Beria'nın durumu kendisinden daha kötüydü. Sanrıları artmıştı. Zaten kısa bir süre sonra eşinin sağlığından endişelenen Doktor Nâzım Beria'yı alarak İstanbul'a Toptaşı Bimarhanesi'ne gitti.

Daha sonra adı Bakırköy Ruh ve Sinir Hastalıkları Hastanesi olarak değişecek Toptaşı Bimarhanesi'ne gitmelerini öneren kişi, o günlerde Sağlık ve Sosyal Yardım Bakanlığı görevini vekâleten yürüten Dr. Tevfik Rüşdü Aras'tı.

Dr. Aras, bakanlığının ilk icraatı olarak yakın dostu Dr. Mazhar Osman'ı bu hastanenin başhekimliğine getirmişti.[4]

Mazhar Osman, Dr. Tevfik Rüşdü'nün akrabalarıyla yakından ilgilendi. Beria'nın birkaç gün hastanede kalmasını istedi. Ama Beria bir akıl hastanesinde yatmayı kabul etmedi. Mazhar Osman da bazı ilaçlar yazdı ve bunların sürekli kullanılmasını, ayrıca gelişmelerden de haberdar edilmesini istedi.

Doktor Nâzım ve Beria bir umutla İzmir'e döndüler...

Evliyazade Refik Efendi kısa bir süre önce, bahçesinde karşılıklı iki Artemis heykeli bulunduğu için "İki Heykeller Köşkü" diye bilinen villayı satın almıştı. Karşıyaka'daki konak Doktor Nâzım ile Beria'ya bırakıldı.

Doktor Nâzım bir müddet çalışmayı düşünmedi. Konağın arka bahçesiyle ilgileniyordu. En büyük hobisi çeşitli renklerde gül yetiştirmekti. Kahveye bile gitmiyordu.

İki bacanağı Evliyazade Ahmed ve Evliyazade Sedad Sorbonne Üniversitesi'nde okuyorlardı. Paris'ten geldiklerinde onlarla Fransa ve Sorbonne üzerine konuşmaktan keyif alıyordu.

Devir değişmişti...

Saltanat kaldırılmış, Sultan Vahideddin bir İngiliz savaş gemisiyle –bir dönem İttihatçıların sürüldüğü– Malta'ya kaçmıştı.

Önce Mudanya Mütarekesi, sonra Lozan Antlaşması'yla yeni bir devletin doğuşu artık resmiyet kazanmıştı...

Doktor Nâzım siyasal gelişmelerden uzak durmaya çalışıyordu. Ama kayınpederi Evliyazade Refik Efendi siyasetten kopma niyetinde değildi...

---

4. Liz Behmoaras, *Mazhar Osman, Kapalı Kutudaki Fırtına* adlı kitabında Yusuf Mazhar Osman'ın Kafkas göçmeni annesi Atiye'nin Bülbülderesi Mezarlığı'na defnedilişini ayrıntılarıyla anlatır: "Atiye'yi Üsküdar'da Bülbülderesi'ne gömdüler. Defin sırasında mezarlığın yaşlı bekçisi, büyüklerin arasında pek ufak tefek kalan, bir köşeye sığınmış Yusuf'u (Mazhar Osman) süzüyordu. Sonunda ağır adımlarla yanına yaklaştı. Alçak sesle adeta huşu içinde konuştu: 'Evlat, burasına neden Bülbülderesi derler bilir misin? Bülbüller O gelinceye kadar ötecekler. İşte o zaman, basübadelmevt zamanı olacaktır... Sen dua et de bülbüller hep ötsün. Çünkü O onların sesine gelecektir.' Küçük Yusuf Mazhar Osman sordu: 'O kim?' Bekçi yanıt verdi: 'Mesih!... Sabetay Zvi.'" (2001. s. 30)

Evliyazade Refik yine belediye başkanı

Yunanlılarla işbirliği yapan İzmir Belediye Başkanı Hacı Hasan Paşa, İzmir'in kurtuluşundan kısa bir süre önce kenti terk etti. Böylece belediye makamı boşalmış oldu.

10 eylülde Duyunu Umumiye İzmir teşkilatı eski başkanı Abdülhalik (Renda), İzmir vali vekilliğine atandı. Yeni belediye heyeti seçilene kadar başkanlığı da Abdülhalik Bey üstlenecekti. Bu arada geçici bir belediye heyeti atandı. Heyetin içinde Salepçizade Midhat, tüccar Alaiyelizade Halil, Mahmud Tahir, Akarcalızade Vehbî, Vahideddin Efendi, Dr. Şehrî Bey, Behor Benadava ve Alemdarzade Edhem Efendi vardı.

Görüldüğü gibi Rum ve Ermeniler artık tamamen dışlanmıştı. Öte yandan Yahudiler heyet içindeydi... Yahudiler, işgal yıllarında "yakılan ateşten çember"den başarıyla geçmişlerdi!

Abdülhalik Bey, 4 ekimde bir bildiri yayınlayarak, belediye meclisi için seçim yapılacağını duyurdu.

Adaylardan biri de Evliyazade Refik Efendi'ydi.

29 kasım 1922'de sayılan oyların dağılımı şöyleydi:

Avukat Bekir Behlül (4 230), Mektupçu Kâmil (4 086), Evliyazade Refik Efendi (3 857), Kırımîzade Ömer Lütfi (3 603), Hacı Hüseyin Efendi (3 545), Dr. Şehrî (3 096), Haydar Şükrü Efendi (3 080), Eczacı Süleyman Ferid (3 064), Alemdarzade Edhem Efendi (3 058), Müftüzade Şükrü (Kaya) Efendi (2 922), Uşakîzade Muammer (2 817) ve Tokadîzade Şefik Efendi (2 115).

Bu isimlerden İzmir Belediye Meclisi oluştu.

Üyeler kendi aralarında gizli oylamayla başkanı seçtiler: Müftüzade Şükrü (Kaya) Efendi!

Talat Paşa'nın sempatisini kaybettikten sonra İstanbul'dan kaçıp, ailesiyle İzmir Valisi Rahmi Bey'in koruması altına giren, İstanköy doğumlu Şükrü (Kaya) belediye başkanı seçilmişti!

Ama bir sorun vardı: Şükrü Bey Lozan görüşmelerine müşavir sıfatıyla katılmak için İsviçre'ye gitmişti. Yerine Avukat Bekir Behlül'ün vekâlet etmesine karar verildi.

Lozan Konferansı'na verilen arayla İzmir'deki görevine dönen Şükrü Bey koltuğunda yine fazla oturamadı. 2 ağustos 1923'te Büyük Millet Meclisi'nin ikinci döneminde Muğla milletvekili seçildi.[5]

Şükrü Bey Ankara'ya gidince İzmir Belediye başkanlığına,

---

5. İzmir milletvekilleri aldıkları oy sıralamasına göre şunlardı: Mustafa Kemal (826 tam oy), Çelebizade Said Efendi (822), Mahmud Celal (Bayar) (815), Mahmud Esad (812), Fahreddin (Altay) Paşa (811), Saracoğlu Şükrü (807), Mustafa Necati Bey (805), Dr. Tevfik Rüşdü (Aras) (794), Rahmi Bey (793).

2 ekim 1923'te Evliyazade Refik Efendi getirildi.
Evliyazedeler için mutlu günler yeniden başlamıştı. Refik Efendi beş yıl aradan sonra yeniden İzmir Belediye başkanı olmuştu. Damatları Dr. Tevfik Rüşdü İzmir mebusu olarak yine Meclis'e girmişti. Ancak, aradan on iki gün geçti. 14 ekim 1923'te Evliyazade Refik, sağlık sorunlarını mazeret göstererek belediye başkanlığından çekildiğini açıkladı!
Sağlık sorunu yoktu. Peki ne olmuştu?
İşin özü sonradan anlaşıldı.
Başkent Ankara, Evliyazade Refik'in belediye başkanlığı yapmasını istemiyordu. Ona güvenmiyordu! Uzun yıllar Rahmi Bey'le birlikte çalışması, Doktor Nâzım'ın kayınpederi olması Evliyazade Refik Efendi'nin "güvenilmez" olması için yeterli sebepler arasındaydı. Keza Ankara, daha iki ay önce Meclis'i yenileyerek, yapacağı devrimlere uyum sağlayacak kadroları oluşturma peşindeydi. Benzer nitelikler belediye başkanları için de geçerliydi!
Mustafa Kemal İzmir'e çok önem veriyordu.
14 ocak 1924 tarihinde yapılan İzmir Belediye Meclisi seçimlerine, 11 eylül 1923'te kurulan Halk Fırkası aday listesi çıkardı. Bu listede Evliyazade Refik Efendi yoktu!
İlginçtir...
1913-1918 yılları arasında belediye başkanlığı görevini yürüten Evliyazade Refik, Mustafa Kemal tarafından "vetolanmış", ancak aynı dönemde İttihat ve Terakki Cemiyeti'nin İzmir "il başkanı" olan Mahmud Celal (Bayar) İktisat bakanı yapılmıştı!
Mahmud Celal Bey aynı zamanda Halk Fırkası kurucuları arasındaydı.
Galiba Mustafa Kemal'in bir tek kıstası vardı: Millî Mücadele'ye katılmak!
O zor günlerde Ankara'ya gelenlerin, Millî Mücadele'ye katkıda bulunanların göreve gelmesini istiyor, diğerlerine mesafeli davranıyordu.
Anlaşılan Evliyazade Refik Efendi ikinci gruba giriyordu...
Evliyazade Refik Efendi'ye haksızlık mı yapılıyordu?
Birinci Dünya Savaşı sonrasında Türk bağımsızlığını korumak için İzmir'de kurulan Müdafaai Hukukı Osmaniye Cemiyeti'ne katılmıştı. Ama gelin görün ki, 18 mart 1919 tarihli *Müsavat* gazetesi bakın ne yazmıştı:

> Bu kongre farz edelim bir heyet, bir encümen intihap olunuyor (seçiliyor). Yukarıda söylediğimiz üzre büyük bir aznı vatanperve-

raneyle İzmir'e kadar gelen zevatı muhterem iğfal edilerek belediye reisi sabık ve milleti bu hale düşürenlerin şerefbazı Doktor Nâzım'ın kayınpederi ve hemfikri Refik, Şerefzade Rıza, Karabina Ali efendiler ve saire güya ihrazı ekseriyet ediyor. Gülelim mi, ağlayalım mı? Bu efendiler hain değiller ise her halde idrakten mahrumdular. (Zeki Arıkan, *Haydar Rüştü Öktem, Mütareke ve İşgal Anıları*, 1989, s. 223)

O dönemindeki basının buna benzer makaleleri nedeniyle Evliyazade Refik Efendi bu tür çalışmalardan uzak durmak zorunda kalmıştı.

Evliyazadelerin iş ortağı J. J. Frederic Giraud, Yunan ordusu İzmir'i terk ederken onlarla birlikte Atina'ya gitmişti. Seksen beş yaşındayken 1922 yılında Atina'da öldü. Ama vasiyetinde İzmir'e gömülmek istediğini belirtmiş ve bu arzusu yerine getirilerek Bornova'daki Anglikan Kilisesi'nde toprağı verilmişti.

Bunu şu nedenle yazdım: iş ortakları Frederic Giraud'un Atina'ya sığınması, Evliyazade Refik Efendi'nin Ankara tarafından güven duyulmamasına neden olmuş olabilir mi? Hayır, olamaz. Çünkü ailenin Henri Giraud ve Edmond Giraud gibi bazı bireyleri İzmir'de kalmışlardı.

Bu arada Giraudların kurdukları İzmir Pamuk Mensucat'ın yönetim kurulu başkanlığına İzmir eski valisi Rahmi Bey'i getirmeleri, Rahmi Bey'in, Giraudların gizli ortağı olduğu "dedikodularına" neden olacaktı.[6]

Bu "dedikodulardan" Evliyazade Refik Efendi de payını alıyordu.

Sonuçta, Doktor Nâzım'ın kayınpederi Evliyazade Refik'in yerine İzmir Belediye başkanlığına kim seçildi dersiniz: Mustafa Kemal'in kayınpederi Uşakîzade Muammer!

Devir değişmişti. 1913-1918 yılları arasında iktidarda İttihatçılar vardı. İttihatçıların önde gelen isimlerinden Doktor Nâzım'ın kayınpederi Evliyazade Refik Efendi belediye başkanlığı koltuğuna oturmuştu.

Şimdi ise iktidarda Mustafa Kemal vardı ve İzmir Belediye başkanlığı koltuğunda Mustafa Kemal'in kayınpederi Uşakîzade Muammer Bey oturuyordu!

Aslında değişen bir şey yoktu; Uşakîzadeler ile Evliyazadeler akrabaydı! İzmir Belediye başkanlığı hep belli ailelerin elindeydi!..

---

6. Rahmi Bey ölene kadar, Giraudların sahibi olduğu Pamuk Mensucat TAŞ'nin Yönetim Kurulu başkanlığını yaptı. Öldükten sonra bu görevi oğlu Rahmi Aslan Bey yürüttü!

Mustafa Kemal Güzin'le evlenmek istedi mi?

Mustafa Kemal, 29 ocak 1923'te, Uşakîzadelerin Göztepe'deki konağında yapılan sade bir törenle Uşakîzade Muammer Bey'in kızı Latife'yle evlenmişti.

Doktor Nâzım'ın torunu Sedat Bozinal, Mustafa Kemal'in aslında Evliyazadelerin kızı Güzin'le evlenmek istediğini, ama Güzin'in nişanlı olması nedeniyle bu evliliğin gerçekleşmediğini söylüyor.

Nezihe Araz da "Soylu Bir Ailenin Öyküsü" adlı yazı dizisinde, Makbule-Dr. Tevfik Rüşdü çiftinin evlenip balayı için Selanik'e gittiklerinde, Mustafa Kemal'in burada gördüğü, Evliyazade Naciye'nin büyük kızı Güzin'i çok beğendiğini ve evlenmek istediğini yazıyor. (*Hürriyet*, 1978)

Ama evliliğin neden gerçekleşmediğini belirtmiyor!..

Biz yazalım:

Mustafa Kemal, Güzin'i beğendiği dönemde sıradan bir Osmanlı subayıydı. Evliyazadeler ise ailelerine damat girecek kişilerde bazı özellikler arıyorlardı: zenginlik, makam, güç vb. gibi.

Mustafa Kemal'in beğendiği Güzin birkaç yıl sonra İzmir'in tanınmış şahsiyetlerinden Hamdi Fuad'la (Dülger) evlendirildi.

Evliyazade Naciye'nin üç çocuğu vardı: Güzin, Samim ve Fatma Berin.[7]

İki kızından büyüğü Güzin 1899 yılında doğmuştu.

Notre-Dame de Sion mezunuydu. Rumca ve Fransızca biliyordu.

Çok iyi resim yapıyordu.

Güzin'in eşi Hamdi Fuad, Giritli bir ailenin oğluydu. Dülgerler ile Evliyazadeler zaten akrabaydı. Naciye Hanım'ın ablası Gülsüm Hanım'ın kızı Faire, Mihrî'yle (Dülger) evlenmişti. Mihrî ile Hamdi kuzendi. İki kuzen, Evliyazadelerin iki kuzeni Faire ve Güzin'le evlenmişlerdi. Yani, dışarıya kız vermiyorlar!

Hamdi Fuad'ın dört kardeşi vardı. Ablası Saadet Hanım, ağabeyi Ali ve ondan küçük kardeşleri Kemal ile Nusret.

Hamdi Fuad Karşıyakalı'ydı. Ailesi iki katlı, gösterişli Karşıyaka konaklarından birinde yaşıyordu.

Evlenince konağın alt katı Hamdi Fuad-Güzin çiftine verildi. Konağın üst katında da kardeşi Kemal oturdu.

Hamdi Fuad'ın ailesi tütün, buğday ve pamuk ticaretiyle ilgileniyorlardı. Kızılçullu Amerikan Koleji mezunuydu. İngilizcesi

---

[7]. Evliyazade Naciye Hanım'ın diğer kızı Fatma Berin, Adnan Menderes'le evlendi. Eğer Mustafa Kemal Güzin'le evlenmiş olsaydı, Mustafa Kemal ile Adnan Menderes bacanak olacaklardı!

çok iyiydi. Bu nedenle aynı zamanda merkezi ABD-New York'ta olan tütün şirketi Glen Tobacco Co.'nun İzmir temsilciliğini yapıyordu.

O da komisyoncuydu (simsar-komprador). Savaş sırasında İngilizler, Fransızlar, İtalyanlar; savaş sonrasında Alman tüccarlar İzmir'den çekilmişlerdi. Onların yerini Amerikalı tüccarlar, şirketler alıyordu. İzmirli yerli kompradorların yeni ortakları ABD şirketleriydi!

Hamdi Fuad ayrıca Amerikan denizcilik şirketi Archipelago Steamship'in de İzmir temsilciliğini yürütüyordu.

Dönelim tekrar Mustafa Kemal'in evlilik hikâyesine...

Mustafa Kemal'in Evliyazadelerin kızı Güzin'le evlenmek isteyip istemediği bilinmez. Ancak Evliyazadelerin damadı Dr. Tevfik Rüşdü'nün (Aras), Uşakîzadelerin kızı Latife ile Mustafa Kemal'in evlenmelerinde önemli bir rol oynadığı bilinen bir gerçek. Mustafa Kemal, Latife'yi yakından görmesi için annesi Zübeyde Hanım'ı İzmir'e Uşakîzadelerin köşküne gönderdi.

Mustafa Kemal annesinin de isteği üzerine yanına Selanikli Salih (Bozok), Emir Çavuşu Ali (Yaman) ve Fatma Hanım ile Dr. Yüzbaşı Asım Bey'i verdi.

Mustafa Kemal bir kişinin daha yanlarında gitmesini istedi:

Bu kişi Dr. Tevfik Rüşdü'ydü.

Dr. Tevfik Rüşdü iki tarafı temsilen gidecekti.

O Evliyazadelerin damadıydı. Yazdığım gibi Uşakîzade ile Evliyazade aileleri akrabaydı.

Mustafa Kemal evlilik kararı almadan önce yakın arkadaşı Dr. Tevfik Rüşdü'nün, Latife Hanım'ı yakından tanımasını, akrabaları Evliyazadelerin görüşlerini alarak kendisine aktarmasını istedi.

Yazılan kitaplara göre Dr. Tevfik Rüşdü'nün kararı olumluydu. Ancak torunu Sevin Zorlu'ya göre ise tersi doğruydu! Dr. Tevfik Rüşdü, Mustafa Kemal'i iyi tanıyordu, Gazi dik başlı kişileri sevmiyordu. Evliyazadelerin anlatımlarına göre ise Latife hiç de Mustafa Kemal'e uyum sağlayacak bir kişilikte değildi; dik başlıydı, hiçbir zaman alttan alabilecek bir yapıda değildi. Dr. Tevfik Rüşdü, Latife'ye, "Ne sen ona eş olursun, ne de Mustafa Kemal sana koca olur" diyor. Ancak Latife'nin sert tepkisiyle karşılaşıp susuyor.

Sonunda evlilik gerçekleşti.[8]

---

8. Zorladığımı biliyorum ama bir olgunun altını da çizmek istiyorum: hep birbirleriyle evleniyorlar! Çok alakasız gibi görünebilir ama Mustafa Kemal-Latife evliliği, Mustafa Kemal'i, Ali Adnan Menderes'le akraba yaptı. Nasıl mı? Adnan Menderes'in halasının kocası Ahmed Hamdi Efendi, Uşakîzade Hacı Ali Efendi'nin kızının çocuğuydu.

Damadın şahitleri Kâzım (Karabekir) ve Fevzi (Çakmak) paşalar, gelinin ise, İzmir Valisi Abdülhalik ile Salih (Bozok) beylerdi.

Mustafa Kemal'in evlenmesinde Dr. Tevfik Rüşdü nasıl aracılık yaptı ise, boşanmalarında da eşi Makbule Hanım istemeden aracı oldu.

Ve bir gün Atatürk Çankaya'ya Hariciye Vekili Dr. Tevfik Rüşdü'nün hanımını (Makbule Evliyazade) ve Fethi Okyar'ın hanımı Galibe'yi çağırdı. Galibe Hanım, Latife'nin en iyi dostuydu. İki hanım ne için çağrıldıklarını bilmiyorlardı. Atatürk, Latife Hanım'ı boşayacağını kısaca bildirdi. Dr. Tevfik Rüşdü'nün hanımı donakalmıştı. Galibe Hanım direnmek istedi. "Yok yok" dedi Mustafa Kemal, "gidin kendisine bildirin, yakınlarısınız. Kararımı verdim. O kafamın içinde bir çiviydi, çıkarmalıydım." (Nimet Arzık, *Menderes'i İpe Götürenler*, 1960, s. 195)

Evliyazadelerin düğünü

Evliyazade Refik Efendi'nin bildiğiniz gibi beş çocuğu vardı.

Büyük oğlu Nejad, Ali Adnan'ın (Menderes) dayısının kızı Mesude'yle, büyük kızı Beria ise, Doktor Nâzım'la evliydi.

Üç çocuğu bekârdı: Ahmed, Sedad ve Bihin.

Evliyazade Refik Efendi'nin küçük kızı Bihin'e dünür gelmişti. Damat adayı İzmir'in tanınmış ailelerinden Birsellerin oğluydu: Sadullah (Birsel).

Sadullah, Fatma Hanım ve Rıza Efendi'nin oğluydu.

Rıza Efendi bir süre İzmir gümrüğünde çalıştıktan sonra ticaret hayatına atılmış, oldukça da başarılı olmuştu.

Sadullah ailenin en küçüğüydü. Vedide (Sanver) adında ablası ve Ahmed Süreyya (Birsel) adında ağabeyi vardı.

Ablası kentin tanınmış tüccarlarından Selahattin Sanver'le evliydi.[9]

Ağabey Ahmed Süreyya ise Şerifzadelerin kızı Fatma Seza'yla evliydi ve çiftin oğulları Mehmet Melih o günlerde daha bir yaşındaydı.[10]

9. Vedide Sanver'in eşi Selahattin Sanver 1944-1946 yılları arasında İzmir Ticaret Borsası başkanlığı; 1946-1954 yılları arasında İzmir Ticaret Odası Yönetim Kurulu başkanlığı ve 1959-1965 yılları arasında İzmir Ticaret Odası Meclis başkanlığı görevlerini yürüttü.

10. Mehmet Melih büyüyüp Cenevre Üniversitesi'nin mimarlık bölümünden mezun olunca, J. Kamhi Apartmanı, Profilo Çerkezköy tesisleri, Mecidiyeköy Profilo Holding Yönetim Merkezi gibi binaları yaptı. Zaten sonra Kamhilerin sahibi olduğu Profilo Holding'in müşaviri oldu.

Damat Sadullah Almanya ve Viyana'da öğrenim görmüştü. Ancak ailesinin mesleği tüccarlığı tercih etmiş, üzüm, incir, tütün ticareti yapıyordu. Zengindi.

Gün gelecek kendi ismini taşıyan Alsancak'taki iş merkezini Türk Eğitim Vakfı'na bağışlayacaktı...

Evliyazade Bihin ile Sadullah görkemli bir düğünle evlendiler.

Sadullah-Bihin çiftinin tek çocuğu 26 ağustos 1925 tarihinde dünyaya gelecekti: Rasin Rıza Birsel.

Gün gelecek İngilizce, Almanca ve Fransızca bilen Oxford mezunu, İzmir Shell'in temsilciliğini yapacak olan Rasin Rıza Birsel, Ayla Muşkara'yla evlenecekti.

Ayla Muşkara, Tevfik Muşkara'nın kızıydı. Muşkaralar da İzmir'in tanınmış ailesiydi. Tevfik Muşkara'nın babası Dr. Vasfi Bey, İttihat ve Terakki'nin önemli isimlerinden Küçük Talat'ın kardeşiydi.

Rasin'in eşi Ayla Muşkara'nın annesi İsmet (Şahingiray) Hanım kimin kızıydı dersiniz: Dr. Reşid Bey'in! Yani, İttihat ve Terakki Cemiyeti'nin çekirdeği sayılan "İttihadı Osmanî"yi kuran, Diyarbakır valiliği sırasında Ermeni tehcirine adı karıştığı için İngilizler tarafından Bekirağa Bölüğü'ne hapsedilen ve oradan kaçıp yakalanacağını anlayınca intihar eden Dr. Reşid Bey'in!

Dr. Reşid Bey'in bir diğer kızı Nimet Şahingiray da, İttihatçıların önde gelen isimlerinden Küçük Talat Muşkara'yla evliydi!

Hep yazıyorum...

İzmirli bazı aileler çocuklarını "dışarıya" vermiyorlar.

Aralarında Küçük Talat ve Dr. Vasfi gibi tanınmış isimlerin de bulunduğu Muşkaralar yedi kardeşti. Kardeşlerden Servet Hanım, tıpkı Evliyazadelerin iki kızı Güzin ve Faire gibi Dülger ailesine gelin gitti, askerî doktor Mehmed Emin'le (Dülger) yaşamını birleştirdi.

Yıllar sonra Muşkaraların bir başka kızı ünlü modacı İpek (Kramer), 1962 yılında Evliyazadelerin kızı Fatma Berin (Menderes) Hanım'ın oğlu Yüksel Menderes'le evlenecekti. İpek Hanım'ın annesi Vuslat Muşkara'ydı.

Konu Muşkaralardan açılmışken birkaç not verelim...

Birbirleriyle dünür olan ailelerin bir diğer özelliği ise siyasete ilgi duymalarıydı.

Dr. Vasfi Beyin kızı Hikmet Muşkara'nın eşi, CHP'den yedinci ve sekizinci dönem İzmir milletvekili seçilecek Dr. Kâmuran Örs'tü.

Evliyazadelere gelin gidecek İpek Hanım'ın babası Şefik Kumbaracıbaşı'nın amca çocuğu ise SHP ve CHP milletvekili ve Bayındırlık eski bakanı Prof. Onur Kumbaracıbaşı'ydı!

Bu kadar isim kafanızı karıştırıyor olabilir!
Karışıklığın nedeni yazdığım gibi, İzmirli bazı ailelerin hep birbirlerine dünür olmalarıdır.
Alın size bir örnek daha...
Aslında Evliyazadeler ile Birseller birbirlerinden kız alıp vermeyi sürdüreceklerdir.
Evliyazade Bihin'le evlenen Sadullah (Birsel) Bey'in amca çocuğu Mustafa Münir (Birsel), 27 aralık 1928'de Evliyazade Yümniye Hanım'la evlenecekti.

Cumhuriyet Devrimleri'nin, sosyal yaşamdaki değişikliklerin, kadınlarla erkeklerin bir arada yaşamalarının, topluca gezmeye çıkmalarının tadını çıkarmaya başladılar. "Kırklar" diye anılan akraba ve yakın dostların toplu olarak geziye çıktıkları bir grup oluştu. Münir Bey, Yümniye Hanım'la bu grubun gezileri sırasında tanıştı, aralarında derin bir sevgi bağı doğdu. (Fatma Sezer Birkan, *Üç Evlerin Öyküsü*, 2002, s. 38)

"Evliyazade Yümniye de nereden çıktı?" diyeceksiniz, anlatayım:
Yümniye, Evliyazade Hacı Mehmed Efendi'nin, Demirhan'da tüccarlık yapan kardeşi Evliyazade Ahmed Efendi'nin kızıydı.
Yümniye, önce genç yaştaki kardeşi Mustafa'yı, ardından da babasını kaybetti. Annesi Zehra Hanım'la birlikte yaşıyordu.
Mustafa Münir Birsel-Yümniye Evliyazade'nin çocukları olmayacaktı.
Birseller siyasetle çok ilgiliydi.
Zaman gelecek Evliyazadelerin damadı Mustafa Münir Birsel, 1943 yılında TBMM'ye girecekti.
Receb Peker ve Hasan Saka hükûmetlerinde iki kez Millî Savunma bakanlığı (5 eylül 1947-7 haziran 1948) yapacak ve Türkiye'nin ilk İşletmeler bakanlığını (7 haziran 1949- 22 mayıs 1950) yürütecekti.
Evliyazadelerin dünürleri Birsel ailesinde tek bakan sadece Münir Birsel değildi. Sümerbank'ın kuruluşu aşamasında gösterdiği başarıdan dolayı soyadını Mustafa Kemal'in vereceği Nurullah Esad Sümer, Münir Birsel'in halasının çocuğuydu.
Kuzen Nurullah Esad Sümer, 1939'da TBMM'ye girecek; Maliye bakanlığı (14 eylül 1944-7 ağustos 1946) ve kısa bir süre de Devlet bakanlığı (16 ocak 1949-7 haziran 1949) yapacaktı.
Birseller CHP'liydi.
CHP'nin önde gelen isimlerinden, üçüncü-sekizinci dönemler

arasında milletvekili olarak görev yapan Halit Onaran, Birsellerin dünürüydü. Kızı Zerrin borsa simsarı Emin Birsel'le evliydi.[11]

1950 seçimlerinin galibi Demokrat Parti olacak. Halid Onaran, Nurullah Esad Sümer, Mustafa Münir Birsel seçilemeyecek, İzmir'e geri döneceklerdi.

Bayrağı dünürleri-akrabaları Evliyazadeler devralacaktı!..

Ama bu hiçbir Birsel aile mensubunun Meclis'e girmediği anlamına gelmeyecekti: Birsellerin dünürü Selim Ragıp Emeç DP'den milletvekili olacaktı.[12]

Uzatmaya gerek yok. Ama bu kadar ayrıntılı yazmamın nedeni bir sonuca varmaktı: Türkiye'de partiler değişse de bazı aileler hep iktidardaydı!..

Örneğin, 27 Mayıs 1960 askeri müdahalesinden sonra, bu kez Birsellerin dünürü Halid Onaran'ın kız kardeşi Kadriye (Kaatçılar) Hanım'ın kızı Gülfem'in eşi Cahit İren Ticaret bakanı olacaktı![13]

Sadece siyasette değil, edebiyatta da birçok ünlü Birsel vardı. Münir Birsel'in amcası Talat Birsel'in oğlu Türk edebiyatının ünlü isimlerinden Salah Birsel'di.

Selim Birsel, Ayşegül Birsel son dönemin ünlü Birsellerinden! Bir de gazeteci-yazar Zeynep Oral var tabiî...

Türkiye'nin kültürel yaşamına derin izler bırakan ve ekonomide de "millî iktisadın temelini atan" yine bu ailelerdi...

"Efendiler!"

Tarih, 17 şubat 1923.

İzmir İktisat Kongresi, Osmanlı Bankası'nın Hamparsumyan depolarında düzenlendi. Kongre binasının içinde ve binanın yakınlarındaki sokaklarda İktisat Sergisi'nin yerli malları sergileniyordu. Sergide özellikle İzmir'de üretilen sabun, makarna, üzüm, incir, pamuk, yağ gibi ürünler vardı.

Kongrenin yapıldığı handa uzun yıllar tütün, incir, fıstık, üzüm, pamuk, zeytinyağı stoku yapıldığından ortama ağır bir koku hâkimdi. Bu kokuyu gidermenin yolları aranıyordu. Kongreyi düzenleme komitesi başkanlığını yürüten Eczacıbaşı Süleyman Ferid'den ga-

---

[11]. Gazeteci Murat Birsel, Zerrin-Emin Birsel çiftinin torunudur.

[12]. Münir Birsel'in kız kardeşi Nebeviye (Çullu) Hanım'ın torunu Raziye, Aydın Emeç'le evliydi. Aydın Emeç- Çetin Emeç kardeşlerin babası Selim Ragıp Emeç dokuzuncu-on birinci dönemler arasında DP milletvekili seçilecekti.

[13]. Cahit İren'in babası Kemaleddin İren, Yunanistan Parlamentosu'nda milletvekilliği yaptı. Daha sonra Türkiye'ye göç etti. Cahit İren, 19 kasım 2001'de vefat etti; vasiyeti gereği aynı gün İstanbul Feriköy'deki aile mezarlığında toprağa verildi.

lon galon kolonya getirildi ve bunlar su gibi binaya döküldü.
Kongreye 1 135 temsilci katıldı. 500'ü kadındı ve bunlardan biri de Evliyazade Naciye Hanım'dı.
Kongrenin başkanı Kâzım (Karabekir) Paşa'ydı.
İşçi grubuna Aka Gündüz, sanayi grubuna Salaheddin Bey (Ayvalık), çiftçi grubuna Kâni Bey (Manisa), tüccar grubuna Alaiyelizade Mahmud Bey (Gediz) başkanlık etti.
Mustafa Kemal açılış konuşmasına, "Efendiler!" hitabıyla başladı.
Savaştan yeni çıkan ülkenin başlıca sorunu ekonomiydi. Ulusal ekonominin nasıl oluşturulacağı toplantıların başlıca konusuydu. Yabancı sermaye o günkü ekonomik koşullardan sorumlu tutuluyordu; yabancı sermayeye karşı kuşku ve düşmanlık duyuluyor ancak yabancı sermaye olmadan ekonomik gelişmenin olamayacağının da altı çiziliyordu.
Delegeler Türk ekonomisinin yabancılar tarafından sömürülmesine kesinlikle karşıydı. Yabancılardan kastedilen Levantenler, Rumlar ve Ermenilerdi! Bunu savunanların başında, dışında kaldığı savaşın nimetlerinden yararlanmak isteyen İstanbul tüccarı geliyordu. İzmir daha hoşgörülüydü.
Herkesin üzerinde hemfikir olduğu, "Ekonomik bağımsızlık olmadan siyasî bağımsızlık olamaz" gerçeğiydi...
Peki. Ulusal Kurtuluş Savaşı'na destek veren, ulusal ekonominin kalkınması için seferber olan bu "Efendiler" kimdi?

> Nusret Hilmi (Meray) çok sevdiğim bir arkadaştı. Selanikli, yani "dönme" denen Sabetay Sevi ahfadındandı. Nusret Mütareke'de, İzmir'de işgalden sonra İstanbul'da Müdafaai Hukuk çalışmalarımızda bize büyük hizmetler etti. Balıkesir Kongresi Teşkilatı'yla, Ankara'yla muhaberemizi çok tehlikeli şartlar altında yönetti. Nusret, Refik Halid'in (Karay) Posta Telgraf Umum Müdürlüğü'nde maliye müfettişi olarak çalışıyordu. Yakınlığını temin ettiği Atatürk'ün *Nutuk*'unda bahsini ettiği telgrafçı şefle bizi tanıştırdı ve büyük yardımlar sağladı. Nusret İstanbul'un Selanikli tüccarlarıyla da bizi temasa koydu. Bu vatandaşlar Müdafaai Hukuk Cemiyetimi'ze büyük ölçüde para yardımı yaptılar. Nusret, İş Bankası'nda, Ziraat Bankası Umum Müdürlüğü'nde memleket çapında tanındı. (Nail Moralı, *Mütareke'de İzmir*, 2002, s. 104-105)

Sadece Yahudi'si, Sabetayist'i değil, bu topraklardan başka gidecek yerleri olmayan Kürt'ü, Laz'ı, Çerkez'i ve Türkmeni'yle

Anadolu halkı Millî Mücadele'ye destek vermişti...

Anadolu'yu vatan bilenler şimdi de ulusal ekonomiyi geliştirmek için çaba sarf edeceklerdi...

Ve...

Yeni ülkenin yapılanmasına harç koyacak binlerce insan o günlerde gruplar halinde Anadolu'ya geliyordu.

30 ocak 1923'te Türkiye ve Yunanistan arasında "Türk-Yunan nüfus mübadelesi"yle ilgili sözleşme ve protokol imzalandı. İki ülkedeki Rumlar ile Müslümanların yer değiştirmesine 1 mayıs 1923'ten itibaren başlandı.

Mübadelede bir Evliyazade

Bu sözleşme ve protokolle belirlenen "Muhtelit Mübadele Komisyonu"nun Türkiye adına başkanlığını Dr. Tevfik Rüşdü (Aras) yapıyordu.

Sayıları milyonu aşan Rumlar, suyun öte yakasına giderken, binlerce Müslüman da Anadolu'ya geldi. Gülcemal, Akdeniz, Reşid Paşa, Kızılırmak, Şam, Giresun, Ümit, Gülnihal, Bahrıcedit, Altay, Gelibolu, Bandırma, İnebolu, Nimet, Canik, Millet, Ereğli adlı gemiler günlerce göçmen taşıdı.

1,3 milyon Rum Yunanistan'a, 500 000 kadar Müslüman ise Türkiye'ye göçtü.

Sadece Selanik'ten 99 720 göçmen Türkiye'ye geldi.

> Dönmeler Selanik'te 1923'e kadar yaşadılar. Bu tarihte Yunanistan ile Türkiye arasında nüfus mübadelesini düzenleyen Lozan Antlaşması maddelerine uygun olarak, diğer Müslümanlarla birlikte şehri terk etmek zorunda kaldılar. İçlerinden bazıları Amerika Birleşik Devletleri'ne ya da Batı Avrupa'ya göç etti, fakat büyük çoğunluğu İstanbul'a yöneldi. (Meropi Anastassiadou, *Selanik*, 1998, s. 70)

Neden Selanik'i terk etmişlerdi?

Yunanistan Rum mübadillere iskân sağlayabilmek için diğer unsurların ülkesini terk etmesini istedi. Bunu da uyguladığı, tüccar defterlerinin Rumca tutulma şartı, ağır vergilerin ve cezaların koyulması gibi sert yöntemlerle gerçekleştirdi. Diğer yanda Yunanlılar ekonomilerini millîleştirmek istiyorlardı. Ve yeni oluşturulan Yunan millî ekonomisinde Sabetayistlere ve Yahudilere yer yoktu.

1912'de Selanik'in Yunanlılar tarafından alınmasıyla başlayan

göç süreci son on yılda, eski sahiplerinin çoğunu kaybetti.[14]
Tüccar Rumların Yunanistan'a gitmesi ülke ekonomisini sekteye uğratabilirdi. Boşluğu Batı'ya yakın, ticareti bilen Selanik gibi şehirlerden gelenler dolduracaktı. Selanik, Kavala, Drama, Yanya, Kandiye, Girit, Midilli, vb. yörelerden gelen göçmenler İzmir, Aydın, Manisa, İstanbul, Samsun, Sinop, Adana, Amasya, Tokat, Sivas, Niğde, Karaman, Tekirdağ, Ankara, Denizli, Malatya gibi farklı yerleşim bölgelerine yerleştirildi.

Sabetayistler kavga ediyor

Mübadele günlerinde ilginç bir olay gazetelerin manşetlerinden düşmedi.

Selanikli Karakaş Rüşdü Bey, Meclis'e gönderdiği telgrafta, "Selanikli dönmelerin aslen, ırken ve soy bakımından Türklük ve Müslümanlıkla ilgisi bulunmamaklığından, bunların Türk toplumu dışında tutularak veya ülkenin her tarafına dağıtılarak Türk nüfusuyla karışmaya mecbur edilmelerini" istemekteydi!

İşin garip yanı, Karakaş Mağazaları sahibi Selanikli Karakaş Rüşdü Bey Sabetayist'ti! Adında da anlaşıldığı gibi Karakaş grubundandı.

Ne olmuş nasıl olmuştu da Yunanistan'dan gelecek Sabetayistlere düşman kesilmişti?

Kimi ruh sağlığının bozulduğunu, kimi kadın meselesi gibi nedenleri yazdı.

Peki Selanikli Karakaş Rüşdü Bey'le ilk röportajı yapan ve sürekli onu savunan gazeteci kimdi dersiniz: *Vakit* gazetesi muhabiri Hüseyin Necati! Hüseyin Necati kimdi: eski başbakanlardan Tansu Çiller'in babası!..[15]

Konuyu dağıtmadan bir tespitte bulunmak gerekiyor...

Vakit gazetesi, Aydın (İzmir) vilayetinin Saruhan (Manisa) sancağına bağlı Gördes ilçesinde saatçilik yapan Hacı Hasan Hulusî Efendi'nin oğulları Mehmed Asım Us, İsmail Hakkı Us ve Hasan Rasim Us'a aitti.

Soru: XIX. yüzyılda saatçilik yapan bir Türk-Müslüman olabilir mi?..

---

14. İkinci Dünya Savaşı'nda ağustos 1943'te Selanik'ten ardı ardına kalkan konvoylar Auschwitz, Birkenau ve Bergen-Belsen gibi Nazi kamplarına 46 000 Selanikli Yahudi taşıdı! Bugün Selanik'te çok az sayıda Yahudi nüfus vardır.

15. Hüseyin Necati Çiller, 1895 Milas doğumlu. Babası telgraf müdürü Nuri Efendi. Hüseyin Necati 1943'te Selanikli Muazzez Hanım'la evlendi. Bu evlilikten doğan Tansu Çiller Türkiye'nin ilk kadın başbakanı oldu.

Büyük ağabey Asım Us, Selanikli Ahmed Emin Yalman'la gazeteyi 250'şer lira koyarak 1917'de çıkardı. Ortaklık beş yıl sürdü, 1923'te ayrıldılar. Ahmed Emin Yalman aynı yıl *Vatan* gazetesini çıkardı.

Karakaşî Rüşdü Bey'in Sabetayistleri suçlayan *Vakit* gazetesi'ndeki demeç ve yazılarına ilk yanıt kimden geldi: *Vatan* gazetesi sahibi ve yazarı Ahmed Emin Yalman'dan!

Prof. Abraham Galante, *Sabetay Sevi ve Sabetaycıların Gelenekleri* adlı kitabının önsözünde yararlandığı kaynakları belirtirken, Karakaşî Rüşdü Bey'in söyledikleri ve yazdıklarıyla, diğer gazetelerin yanıtlarından yararlandığını belirtiyor:

> *Vatan*, Yakubî grubundan bir dönmenin yazdığı ilginç ve özlü bir çalışmayı ihtiva ediyor. *Vakit*, Karakaş grubundan başka bir dönmenin ilginç beyanatlarını ve *Resimli Dünya* ise Kapancı grubundan genç bir dönmenin ilginç açıklamalarını ihtiva ediyor. (2000, s. 15)

Karakaşîlere yanıt Yakubî ve Kapancılardan gelmişti!

Gazetelerdeki bu tartışmalar ilk kez Sabetayist âdetlerin ortaya çıkmasına neden olacaktı:

– Sünnet âdetleri Müslümanlardan farklıdır. Çocuklar iki ya da üç yaşında sünnet ettirilir.

– Ölen kadın bile olsa cenazeyi erkek yıkar.

– Sabetayist olmayan kadınla ilişkiye girenler cehenneme giderler.

– Bir toplulukta önce Sabetayist'e selam verilir.

– Yakubîler saçlarını tıraş etmek zorundadırlar; kadınları ise çok ince örerler. Kapancılara uzun saçlı anlamına gelen "kavalyeros" denir.

– Edirneli Yahudiler, Sabetayistlere, suda çeşitli dolambaçlar yaparken vücudunda çeşitli renkler gösteren sazan balığına benzeterek, "sazanikos" demektedir.

– Sabetayist bir kimsenin askerlik hizmetinden muaf tutulması için gerekli parayı, "cemaat" bir araya gelerek toplar.

Tartışmalarda yığınla ayrıntı vardı. Ancak, en yoğun tartışma "Kuzu Bayramı" kutlamalarının içeriğinde çıktı.

Karakaşî Rüşdü'nün tartışma çıkaran sözleri şöyleydi:

> Kuzu Bayramı. Bu bayram 22 Adar'da kutlanırdı. Her sene özel bir törenle bir gece ilk kez bir kuzunun yendiği bir bayramdı. O halde bu töreni oluşturan neydi? Evli iki erkek ve iki kadından oluşan en az

dört kişi kuzu bayramına iştirak etmelidir. Bu sayı artırılabilir ama daima evli karşı cinslerden oluşan çift sayıdan oluşmalıdır. Şık giyimli ve mücevherlerini takmış kadınlar sofrayı hazırlarlar. Yemekten sonra eğlenceye başlanır ve belirli bir anda bütün mumlar söndürülerek ortalık karartılır. Kuzu bayramının anlamından kaynaklanan aşkı en uzun yaşamayı bilenler o gecenin kahramanıdır. Bu bayramdan sonra doğan çocuklar tarikatın kendisi kadar aziz sayılırlar. Bu bayram "Dört Gönül Bayramı" olarak da bilinir.

Vakit gazetesine 8-18 ocak 1924 tarihleri arasında beş kez demeç veren Karakaşî Rüşdü Bey'in söylediklerine yanıt, 15 kasım 1925'te Sabiha-Zekeriya Sertel çiftinin çıkardığı *Resimli Dünya*[16] dergisine konuşan ve ismi açıklanmayan Kapancı bir gençten geldi:

> Sanırım "Büyük mumların sönmesi" olarak anılan tören Karakaş grubu tarafından uygulanmaktadır. Ayrıca, benim grubumun mensuplarının da eskiden uyguladıklarına inanıyorum, ama itiraf etmeliyim ki buna benzer hiçbir şey görmedim. Henüz yakın bir geçmişe kadar, dönmeler "Kuzu Töreni" denilen özel bir tören yapılmadan kuzu eti yemiyorlar. İlkbahar mevsimine rastlayan belirli bir gecede kuzular özel bir ayinle kesilerek (lus) hazırlanır ve dualar edilirken pişirilirdi. Dönme ailelerin her birine kuzudan bir parça düşerdi ve daha sonra bu eti hangi kasaptan olursa olsun satın almakta serbesttiler. Kuzu gecesi denilen bu gece esnasından bekârların kabul edilmediği törende başka dualar da okunabilirdi. Evli erkekler eşleriyle birlikte orada hazır bulunurlardı. Ben, genç ve bekâr olduğum için oraya katılamadım. Ama, bekârlara uygulanan yasak, tören esnasında eşlerin değiştirilmesi uygulamasına dayanıyor olsa gerek sanırım. Bu sırrı çözmek için harcadığım çabaların hepsi boşa çıktı. Herkesin verdiği cevap şuydu: "Evlen o zaman anlarsın."

Türkiye'de Karakaşî Rüşdü Bey'in söyledikleri gazete manşetlerine kadar çıkmıştı. Ama bu yazılanlar ve tartışmalar Sabetayistlerin gelmesine engel olmadı. Bunca zaman geçti, Karakaşî Rüşdü Bey'in bu tartışmayı niye başlattığı hâlâ anlaşılamadı.

Mübadele ayrılık acılarıyla sürdü...

Mübadele, yılların dostluklarının son bulması anlamına geliyordu...

Girit yağ ve sabun fabrikası sahipleri Cilivakilerin oğlu Efdal'in

---

16. Prof. Abraham Galante alıntı yaparken bir hataya düşmüştür: *Resimli Dünya* değil *Resimli Ay* olacaktı. Sertellerin çıkardığı dergide Nâzım Hikmet, Mehmed Rauf, Yakub Kadri, Reşat Nuri, Sabahattin Ali, Vâlâ Nureddin gibi yazarlar çalışmıştı.

en yakın arkadaşı Rum Nikos'tan ayrılması hayli zor olmuştu.

Gün gelecek Nikos Kazancakis, *Aleksi Zorba* adlı romanını yazacak, dünyada sayılı edebiyatçılar arasına girecekti.

Önce DP sonra AP'de politika yapan Efdal Ciliv, yakın arkadaşının romanından beyazperdeye aktarılan *Zorba* filmini gözyaşları içinde seyredecekti...[17]

Mübadele hiç kolay olmadı. Çoğu kimse evsiz, topraksız kaldı. Rüşvet söylentileri dillere düştü; zenginlerin komisyona para vererek iyi yerlere yerleştirildikleri haberleri uzun süre gündemden düşmedi.

Eleştiri okları Evliyazadelerin damadı Dr. Tevfik Rüşdü'yü (Aras) hedef alıyordu. Mübadele sırasında başarısız bulunan Dr. Tevfik Rüşdü'yü bir sürpriz bekliyordu...

---

17. Sara Ciliv, bana eşinin ailesinin soyağacını gösterdi. Cilivakiler arasında, 1923 mübadelesiyle Girit'ten gelen bir isim de, TKP hareketinin en zengini ve o kadar da cimrisi olarak bilinen merkez komite üyesi Cazım Aktimur'du.

On dördüncü bölüm

4 mart 1925, Ankara

Evliyazadelerin bir damadı daha bakan olmuştu.
İttihat ve Terakki'nin son kabinesinde Maarif nazırı olarak görev yapan Doktor Nâzım'dan yedi yıl sonra Evliyazadeler yine bir bakan çıkarmışlardı! Başbakan İsmet (İnönü) Paşa'nın başkanlığındaki hükûmette Evliyazadelerin bir damadı vardı: Dr. Tevfik Rüşdü (Aras)!

Dr. Tevfik Rüşdü, on üç yıl görev yapacağı Dışişleri bakanlığı koltuğuna 4 mart 1925'te oturdu.

Kabineyi kuran isim görünürde İsmet Paşa'ydı, ama perde arkasındaki isim hiç kuşkusuz Cumhurbaşkanı Mustafa Kemal'di. Mustafa Kemal, kendine inanan isimlerden bir kabine kurmuştu. Dr. Tevfik Rüşdü, bu konuda "rüştünü" defalarca ispat etmişti.

> Gazi, ilk taraftarlarından olan Dr. Tevfik Rüşdü'yü bu göreve daha gençliğinde Selanik kahvelerinde kehanetler savurduğu günlerde atamıştı. Dr. Tevfik Rüşdü Avrupa'yı iyi tanır, birkaç yabancı dil konuşurdu. İşlek bir zekâsı vardı. Bundan daha önemlisi efendisinin aklının nasıl işlediğini bilirdi. (...) Dr. Tevfik Rüşdü her zaman aynı düşüncede olmaz ve çok kez efendisiyle birlikte siyaset konuşmalarıyla oyun ve içkiyle geçen bir geceden sonra oldukça yorgun olurdu. (Lord Kinross, *Atatürk*, 1994, s. 475)

Kısaca "Atatürk dönemi" diye bilinen 1923-1939 döneminin "haysiyetli dış politikasının" uygulayıcısı Dr. Tevfik Rüşdü'ydü.

Bu politikanın temeli, İngiltere, Fransa gibi büyük devletlerin uydusu olmamaktı.

Dr. Tevfik Rüşdü Bey'i zor günler bekliyordu. İtalya'da Mussolini tüm sol partileri kapatmış, krala karşı sadece kendisinin sorumlu olduğunu ilan etmişti. Sovyetler Birliği'nde Stalin, Troçki'yi "savaş komiserliği" görevinden almıştı. Yunanistan'da askerî darbe olmuş, yönetim subayların eline geçmişti. Almanya'da Nazilerin lideri Hitler'in ayak sesleri duyulmaya başlanmıştı. Balkanlar ve Ortadoğu siyasî istikrara bir türlü kavuşamamıştı...

Gerek iç gerekse dış koşulların böylesine ağır olduğu bir dönemde, hükûmeti kuşkusuz Mustafa Kemal kurmuştu.

Hükûmetin bir devrim kabinesi olmasını istemişti. Çünkü yapılan devrimlere, yola birlikte çıktığı bazı arkadaşları muhalifti. Özellikle saltanatın, ardından halifeliğin kaldırılması yol arkadaşlarıyla arasını açmıştı.

İpleri kopma noktasına getiren gelişmeler bir yıl önce başlamıştı...

Devrimciler ile reformistler karşı karşıya

Mustafa Kemal'in, "Ortaçağ'dan kalan bir çıban" olarak nitelendirdiği halifeliği TBMM 3 mart 1924 gecesi kaldırdı. Aynı gece, kaldığı Dolmabahçe Sarayı'nda sabaha karşı uyandırılan Halife Abdülmecid'in, Türkiye'yi terk etmesi istendi.

36'sı erkek, 48'i kadın ve 60'ı çocuk, 144 kişiydiler. Osmanlı hanedanının tamamı Türkiye dışına çıkarıldı. Malvarlıkları tasfiye edildi. Şehzadelere 24 ile 72 saat, kadınlara bir hafta ile on gün arasında önem sıralarına göre değişen süreler tanındı. Sadece padişah eşleri olan kadınefendilerden ve hanımsultanlardan-sultanzade çocuklarından isteyenlerin Türkiye'de kalmasına izin verildi. (Murat Bardakçı, *Son Osmanlılar*, 1999, s. 7)

Bu arada bazı Hint ve Mısırlı Müslümanlar, halifeliğin kaldırılmasını önlemek için Mustafa Kemal'e "Halife olun" önerisi götürdüler. Mustafa Kemal ise, halifeliğin ne Müslüman dünya, ne de politik olaylar üzerinde etkisi kalmadığını düşünüyordu.

Saltanatın kaldırılması, Cumhuriyet'in kurulması ve son olarak halifelik kurumuna son verilmesi Mustafa Kemal ile bazı dava arkadaşlarını karşı karşıya getirdi. Tabiî bu karşı karşıya gelme meselesinde kişisel çekişmeleri de unutmamak gerekir.

Millî Mücadele sürecinde önemli roller oynayan dört arkadaş yan yana gelerek bir muhalif cephe oluşturma arayışına girdiler: Hüseyin Rauf (Orbay), Dr. Adnan (Adıvar), Refet (Bele) ve İsmail Canbulad.

Rauf Bey'in Şişli'deki evinde gizli gizli buluşmaların ardından bir yeni siyasal parti doğdu.

17 kasım 1924'te kurulan partinin adı, Terakkiperver Cumhuriyet Fırkası'ydı! Kurucuları şu isimlerden oluşuyordu: Ali Fuad (Cebesoy), Sabit (Sağıroğlu), Hüseyin Rauf (Orbay), Adnan (Adıvar), Kâzım (Karabekir), Refet (Bele), İsmail Canbulad.

Partinin genel başkanlığına Kâzım (Karabekir) Paşa getirildi.

İkinci Başkan Rauf (Orbay) ve Adnan (Adıvar) beylerdi.

Genel sekreteri Ali Fuad (Cebesoy) Paşa'ydı.

Terakkiperver Cumhuriyet Fırkası'nın (TCF) kurulmasının çeşitli nedenleri vardı. Örneğin, Mustafa Kemal, İttihat ve Terakki döneminden beri karşı olduğu bir anlayışı yeni dönemde hayata geçirdi: ya siyaset ya ordu!

Yani siyasetle uğraşmak isteyen paşalar üniformalarını çıkaracaklardı.

Kâzım (Karabekir) Paşa, Ali Fuad (Cebesoy) Paşa, Hüseyin Rauf (Orbay) Bey gibi isimler üniformalarını çıkarıp politika yapmaya karar verdiler.

Fırkanın safında yer alanların başında, eski İttihatçılar, ordudan ayrılmak zorunda kalan küskünler, devrimlere mesafeli duranlar, Cumhuriyet'i istemeyen hilafet yanlıları vardı.

TCF, bir cephe örgütü hüviyetindeydi; her çeşit görüşten muhalif vardı. Hepsinin karşı olduğu isim Mustafa Kemal ve devrimleriydi!

Ne yaptıklarını, ne de yapış tarzını onaylıyorlardı. Onlara göre Mustafa Kemal diktatördü!

Hadi saltanat neyse de, hilafetin kaldırılmasını bir türlü kabul edemiyorlardı. Ve Mustafa Kemal karşıtlığı onları gericilerle işbirliğine kadar götürdü.

Fırkada ağırlık İttihatçılardaydı. Örneğin yapılan araseçimlerde eski İzmir valisi Rahmi Bey ve Halil (Menteşe) Bey TCF listesinden aday olmuşlar, ancak kazanamamışlardı.

TCF'nin Meclis'te otuza yakın üyesi vardı. Bu isimlerin hepsi, Yunanistan'la olan mübadele sırasında yapılan yolsuzlukları bahane ederek Cumhuriyet Halk Fırkası'ndan ayrılmıştı.

TBMM genel kurullarında tıpkı birinci Meclis'in tekrarı sahneler yaşanmaya başlandı. Otuz muhalif milletvekili hükûmeti hemen her gün topa tutuyordu. Hedef, hükûmet gibi görünse de aslında Çankaya Köşkü'ydü.

Anayasal düzen içerisinde "tek kişilik zorba yönetimlere" karşı olduklarını belirtiyorlar; dinî düşünüş ve inançlara saygı istiyorlar; yabancı sermaye yatırımlarını destekliyorlar; basın özgürlüğünden yana tavır alıyorlar; belediye başkanlarının atamayla değil seçimle iş başına gelmesini istiyorlardı...

Meclis'te gergin günler yaşanıyordu.

Mustafa Kemal muhalefetin önünü kesmek için İsmet Paşa'yı başbakanlıktan alıp yerine daha liberal bir isim olan Ali Fethi (Okyar) Bey'i atadı.

Bu atama ortamı biraz yatıştırır gibi oldu. Ama önce Ardahan Milletvekili Halid Paşa'nın Afyon milletvekili Ali (Çetinkaya) tarafından vurulup öldürülmesi ve arkasından Şeyh Said İsyanı ülkeyi ve Meclis'i daha da gerdi.

Üstelik dış politikada Musul sorunu Türkiye'nin başını ağrıtıyordu... Musul aslında Birinci Dünya Savaşı'nda kaybedilmemişti. Hatta Mondros Mütarekesi'nde Musul Osmanlı vilayetiydi. İngiltere Musul'u mütareke sonrasında işgal etmişti. Şimdi ise petrol zengini bu bölgeden çıkmak istemiyordu. Lozan Konferansı'nda da taraflar uzlaşmaya varamamıştı.

Türkiye Musul'da en yoğun nüfusa Kürtlerin, sonra Türklerin sahip olduğunu, hatta Kürtler ile Türklerin aslında aynı ırktan geldiği tezini savunuyordu. Sanki Şeyh Said İsyanı, Kürt ile Türk'ün aynı olmadığını gösterebilmek için çıkarılmıştı!

On üç şehri kapsayan Şeyh Said İsyanı Türkiye'yi sadece diplomasi masasında güçsüzleştirmemiş, savaştan yeni çıkan ekonomisini de zayıflatmıştı. Ayaklanmanın ardında "İngiliz parmağı" vardı!

İsyan karşısında âciz kalan Ali Fethi (Okyar) hükûmeti çekildi. Yeni kabineyi İsmet Paşa kurdu. İşte Dr. Tevfik Rüşdü böylesine zor bir dönemde Dışişleri bakanlığı koltuğuna oturmuştu.

Kabinenin ilk icraatı hükûmete geniş yetkiler veren Takriri Sükûn Kanunu'nu çıkarıp, İstiklal Mahkemeleri'ni tekrar kurmak oldu.

Ve 31 mayıs 1925'te ayaklanma bastırıldı. Şeyh Said ve 39 arkadaşı Diyarbakır'da Ulu Cami önünde idam edildi.

Sonra muhalefet susturuldu.

3 haziranda Terakkiperver Cumhuriyet Fırkası kapatıldı.

Eşref Edib, Velid Ebüzziya, Abdülkadir Kemalî (Öğütçü), Fevzi Lütfi (Karaosmanoğlu), Sadri Edhem, Ahmed Emin (Yalman), Ahmed Şükrü (Esmer), Suphi Nuri (İleri) gibi gazeteciler yazılarıyla halkı kışkırttıkları iddiasıyla İstiklal Mahkemeleri'nde yargılandılar. Cumhurbaşkanı Mustafa Kemal'in affıyla kurtuldular.

Devrimciler, gericilikle mücadelede kararlıydı...

25 kasımda şapka giyilmesine ilişkin kanun Meclis'te kabul edildi. Kanun teklifini Meclis'e getiren Konya Milletvekili Refik (Koraltan) Bey'di![1]

Anılarını en ince ayrıntılarıyla dile getirmesiyle ünlü Fahreddin (Altay) Paşa o günleri yazar Taylan Sorgun'a şöyle anlattı:

> Yıl 1925. Bu senenin en önemli olayı Atatürk'ün milletimizin başındaki fesi atarak şapka giydirmesi ve kıyafetine benzetmesi olmuştur. En üzücü olay da Latife Hanım'dan ayrılmasıdır. Bu ayrılışın onu çok üzdüğünü fakat bunu kimseye hissettirmemeye çalıştığı hissediliyordu. Odasında "Bağrı yanık bülbüle döndüm" türküsünü çaldırarak hüzünlendiği duyulmuştu. Sene sonunda İzmir'e geldi. Öğretmenler topluluğunda konuşurken genç bir öğretmen kız (Afet İnan) dikkatini çekti, gece Türk Ocağı'nda verilen bir müsamerede onu locasına davet etti, beni de çağırdı, "Öğretmen hanım" diye tanıttı. Hürmetle selamladım. Çok genç, sarı saçlı, mavi gözlü, kibar tavırlı bu öğretmen bayanı şu tarzda anlatmaya başladı: "Ailesi Selanik'te bizim aileye akraba denecek kadar yakındır. Kendisine burada tesadüf ettiğime sevindim. Annesi ölmüş, babası genç bir kızla evlenmiş, bu da hayatını kazanmak için öğretmen olmuş. Okumaya çok meraklı, fakat tahsilini ilerletmeye imkân bulamıyormuş, kızım olmayı kabul etti. Ankara'ya gelecek, hem öğretmenlik yapacak hem de tahsilini yükseltmek imkânını bulduracağım."
>
> Atatürk'ün üzüntüsünü giderecek bir arkadaş bulmuş olmasına hepimiz çok sevinmiştik (...)
>
> Saat 20.30'da Atatürk tarafından yemeğe çağrıldım. Salonda müzik çalıyordu. Atatürk, kızların eğitimi için, Yahudi hizmetçisiyle birlikte İsviçre'den özel getirtilen Madam Baver ve manevî evlat edindiği dört küçük kızla yeşil odada oturmuş neşeli neşeli konuşuyordu. Önünde bir kadeh rakı ile biraz leblebi vardı. Bana da karşısında yer gösterdi. Bir kadeh de rakı söyledi.
>
> Garson Saib'e İsmet Paşa ve Dr. Tevfik Rüşdü Bey'in hemen gelmeleri için telefon edilmesini emretti. Dr. Tevfik Rüşdü'nün geleceği fakat İsmet Paşa'nın henüz evine gelmediği bildirildi. "Dairesine telefon ediniz, mutlaka gelsin, bekliyorum" buyurdular.
>
> Biraz sonra Dr. Tevfik Rüşdü Bey frak giyinmiş, elinde körüklü donuk siyah bir gece silindir şapkası olarak eşi, kızıyla geldi. Biz o za-

---

1. O günün gazeteleri nasıl şapka giyileceği konusunda yayınlar yapıyordu. Çünkü garip olaylar yaşanmaya başlanmıştı. Örneğin İzmir yakınlarında bir kasabada erkekler, sınır dışına çıkarılmış bir Ermeni'nin şapka dükkânından aldıkları tüylü kadın şapkalarını başlarına geçirmişlerdi!

manlar ne fraktan, ne de bu gibi şapkalardan anlamıyorduk. Biraz sonra İnönü de geldi. Ayaküstü birer kadeh içilerek sofraya oturuldu. (...)

Sofradan kalkınca, "Dans edelim" dediler. Gramofon çaldı, Atatürk Madam Baveri alarak güzel bir dans yaptı, bunun adının fokstrot olduğunu Aras'tan öğrendim. Biraz ara verildi. Madamı dansa kaldırmaklığımı işaret etti. "Hiç bilmem" dedimse de, "Olmaz, öğrenmek lazım" diyerek madama, "Paşaya öğretiniz" buyurdular. (...)

Atatürk'ün bir ara Dr. Tevfik Rüşdü'nün küçük yaştaki (11 yaşında [S. Y.]) kızı Emel gözüne ilişti. Onu okşadı. Fakat uzun saçlarını beğenmedi, "Bunun modası geçti" diyerek berberi Sabri'yi çağırttı ve orada saçları modaya uyar şekilde kestirdi. "Bak şimdi daha güzel oldun, modayı ihmal etmemeli" diyerek iltifatta bulundu. (*İmparatorluktan Cumhuriyete*, 2003, s. 339-343-345)

30 kasımda tekke, zaviye ve türbelerin kapısına kilit vuruldu.
Kuranı Kerim'in Türkçe'ye çevrilmesi önerisi Millet Meclisi'nde kabul edildi. Uluslararası saat ve takvimi kullanmak için yasa çıkarıldı.
Meclis kürsüsünün arkasındaki duvara "Hâkimiyet milletindir" levhası asıldı. İttihat ve Terakki'nin yapmaya cesaret edemediği devrimler tek tek yaşama geçiriliyordu...

Muhalif kanattaki Evliyazadeler!

Evliyazadelerin bir damadı yeni düzenin inşasına çalışırken, diğer damadı muhalifler arasındaydı!

Doktor Nâzım, 20 temmuz 1925'te yapılacak seçimlerde nasıl tavır alınacağına dair İstanbul'da, eski Maliye nazırı Selanikli Cavid Bey'in evinde yapılan toplantılara katıldı.

Dönemin yeni bir parti kurmaya elverişli olmadığını söyledi. Halkın Mustafa Kemal'e olan ilgisinin sona ermeden parti kurmanın anlamsız olacağını ileri sürdü. Ona göre parti kurmak için zamana ihtiyaç vardı.

Doktor Nâzım hemşerisi Cavid Bey'in İstanbul'daki evine birkaç kez gitti. Bu ziyaretlerin birinde süprizle karşılaştı. Aslında buna süpriz de denemezdi, çünkü Doktor Nâzım, Cavid Bey'in, iki yıl önce İsviçre Alpleri'nin tepelerinde Luzern Gölü'nün üstündeki Righi'de evlendiğini duymuştu.

Selanikli Cavid Bey'in eşi Âliye Hanım, Sultan II. Abdülhamid'in en sevdiği oğlu Burhaneddin Efendi'nin eşiydi. Ancak Burhaneddin Efendi'den boşanmıştı. Âliye Hanım Cavid Bey'le

daha önceden tanışıyorlardı. Ailece sık sık yan yana geliyorlardı. Bu evlilikten Osman Şiar (Yalçın) doğdu...[2]
Doktor Nâzım eski İttihatçı arkadaşlarıyla nadiren bir araya geliyordu, çünkü fazla göze batmak istemiyordu. Ama artık o ilk geldiği günlerdeki çekingenliği üzerinden atmıştı. Mustafa Kemal'den sürekli "Sarı Paşa" ya da "Gazoz Paşa" diye bahsediyordu.
Evliyazadelerin iki damadı iki ayrı gruptaydı.
Biri Dr. Tevfik Rüşdü, iktidarda; diğeri Doktor Nâzım, muhalifleri perde arkasından yöneten ekip içindeydi...

Doktor Nâzım kızını Robert Kolej'e kaydettiriyor

O dönemde Doktor Nâzım'ın bir başka derdi kızı Sevinç'in iyi bir okulda öğrenim görmesiydi. Bir dönem Türk öğrencilerinin yurtdışında öğrenim görmeleri için çaba sarf eden Maarif eski nazırı Doktor Nâzım, artık sadece kızının öğrenimiyle ilgileniyordu. Sonunda İstanbul'daki Robert Kolej'de karar kıldı. Sevinç burada yatılı okuyacaktı.

Kızını kendi elleriyle götürüp okula kaydını yaptırdı. Sevinç, Robert Kolej'deki Amerikalı öğretmenlerin babasına gösterdikleri saygıya hayret etti.

Sevinç'i Robert Kolej'in yatılı bölümüne kaydettiren Doktor Nâzım İzmir'e döndükten sonra neredeyse her gün kızına mektup yazdı. Bu mektuplarda, birinci öğretim yılında derslerinin neler olduğunu; ders programını nasıl bulduğunu; hangi dersleri sevdiğini; öğretmenlerinin takdirini alıp almadığını; boş zamanlarda neler yaptığını ayrıntılarıyla yazmasını istedi.

Mektup kâğıdının bir yüzüne Doktor Nâzım, diğer yüzüne Beria Hanım yazıyordu. Beria Hanım sürekli kızından şikâyetçi görünüyordu. Neden sıklıkla mektup yazmadığını eleştiriyordu:

> Benim ne zaman İstanbul'a geleceğimi soruyorsunuz. İstanbul'a gelmek kolay değil kızım. Seni görmek benim için bir emel olmakla bunu yapabilmenin nasıl müşkül ve masraflı olduğunu elbette bilmez değilsin. Senin hasretine ben senin iyiliğin için katlanıyorum. Burada İstanbul'daki gibi güzel ve havadar bir mektep olsaydı seni İstanbul'a gönderir miydim ? Bu hasretin acısını senin istikbalini düşünerek gö-

---

2. Selanikli Cavid Bey ölüme gitmeden önce oğlu Osman Şiar'ı, yakın arkadaşı gazeteci Hüseyin Cahid Yalçın'a emanet etti. Osman Şiar'ı Hüseyin Cahid Yalçın büyüttü ve ona kendi soyadını verdi. Cavid Bey'in akrabalarının soyadı Gerçel'dir. Kardeşleri, Mustafa Şefkatî Gerçel ve İsmail Kâzım Gerçel'in mezarları Sabetayist mezarlığı olarak bilinen Üsküdar'daki Bülbülderesi Mezarlığı'ndadır.

ze alıyorum. Sen de bunları düşünerek geceyi gündüze katmak suretiyle çalış. Tarih: 30 kasım 1924

Sevinç 27 aralık 1924 tarihinde yazdığı yanıtta babası Doktor Nâzım'ı biraz hayal kırıklığına uğrattı. Doktor Nâzım, kızının okul hakkında bilgi vermesi yerine, ne yiyip ne içtiğini yazmasına kızdı.

Bu mektuplardan Doktor Nâzım'ın o günlerdeki ruh halinden, başına nelerin geldiğine kadar tüm ayrıntıları öğrenmek mümkün.

Örneğin trafik kazası geçirdiğini, Memduh Bey adındaki bir arkadaşının arkasından dört yetim bırakarak öldüğünü, keza ablasının eşi Oğuz'un da vefat ettiğini öğreniyoruz.

Bir ayrıntı önemli: Sevinç'i okulda ziyaret edenlerden biri de Sovyetler Birliği'nin İstanbul konsolosuydu!

Bir diğer ziyaretçi ise Turan Bey.

> Turan Bey zahmet etmiş mektebine kadar gelmiş, doğrusu büyük insanlık göstermiş. Bunu ne deden (Evliyazade Refik [S. Y.]) ne de Sedad Dayın yapmışlardır. Sen de kendisine teşekkür etmişsin. Çok iyi etmişsin kızım. Bilakis bu hareketini beklemezdik. Turan Bey sana "Ne eksikliklerin var?" dediği zaman verdiğin cevap! Bak kızım böyle şeylerde vakarını muhafaza etmeli, cevap olarak, "Teşekkür ederim, bir şeye ihtiyacım yoktur, olunca babama yazarım" demeliydin. Turan Bey'in sana öyle sorması biraz nezakettir. Bu hatayı Rus konsolosun ziyaretinde de yapmışsın.
> Ben uzun zamandır işsizim, tabiîdir ki senin de, benim de, annenin de birçok eksiklerimiz vardır. Şimdi ben önüme gelen dostumdan eksiklerimin alınmasını istersem o dostum, "Ne arsız adam..." demez mi? Birkaç defadır bu ince noktayı sana bilmünasip yazıyorum.

Benzer eleştirileri annesi Beria Hanım da yapıyordu:

> Sen kızım anneni üzmekten zevk mi alıyorsun? Eğer maksadın beni kahretmek ise, sana ihbar edeyim kızım ki tuttuğun bu yol iyi bir yol olamaz... 10 ocak 1925

Yine bu mektuplardan, Evliyazade Refik'in oğlu Sedad'ın o günlerde İstanbul'un en lüks semti olan Şişli'de oturduğunu; Evliyazade Naciye Hanım'ın kızı Berin'in ayağını İzmir'de kuduz bir kedi ısırdığı için tedavisini yaptırmak maksadıyla İstanbul'a gittiklerini öğreniyoruz...

Bu arada Beria Hanım da kızının hasretine dayanamayıp soluğu bir süreliğine İstanbul'da almıştı.

Doktor Nâzım sadece kızı Sevinç'e mektup yazmıyor. Selanik'teki arkadaşı Castro'ya Fransızca yazdığı mektupta, babasından kalan mirası nasıl alabileceğini soruyordu.[3]

Doktor Nâzım, ailesine daha rahat bir yaşam sunmak için Selanik'teki malvarlığının peşinde koşarken, 30 haziran günü hiç beklemediği bir durumla karşı karşıya kalacaktı...

---

3. Doktor Nâzım'ın babasından kalan mirası alabilmek için çok çaba sarf etti ama pek başarılı olamadı. Ancak kızı Sevinç, 1972 yılında Selanik'e gitti, başta çarşı içindeki dükkânlar olmak üzere tüm malvarlığını sattı. Doktor Nâzım'ın torunu Tülin Hanım'ın söylediğine göre annesi Sevinç Hanım Selanik'ten hayli yüklü bir parayla dönmüştü.
Bu arada torun Tülin Hanım, Alman İmparatoru II. Wilhelm'in, dedesi Doktor Nâzım'a hediye ettiği vazoyu ve gümüş madalyonu evinin en özel yerinde saklıyor.

On beşinci bölüm

30 haziran 1926, İzmir

Doktor Nâzım, Karşıyaka Hayreddin Paşa Caddesi'ndeki 18 numaralı evinin kapısı sabah saatlerinde çalındığında bahçesiyle uğraşıyor, ağaçların altını çapalıyordu.
Emniyet görevlileri sokağı doldurmuştu. Emniyet adlî kısım amiri Midhat Bey, evde arama yapacaklarını söyledi.
Doktor Nâzım, Midhat Bey'in Selanik'teki çocukluğunu biliyordu.
Doktor Nâzım güvenlik güçlerini evine buyur etti.
Niye geldiklerini anlamıştı!..
Polislerin Doktor Nâzım'ın evine baskın yapar gibi gelmelerine neden olan olayın başlangıcı on üç gün öncesine dayanıyordu...
17 haziran 1926'da İzmir Polis Müdürlüğü siyasî kısım amiri Mehmed Ali'nin yanına çıkan Giritli Şevki, Mustafa Kemal'e suikast yapılacağını ihbar etti.
Polis müdürlüğü vilayet binasının alt katıydı. Mehmed Ali Bey telaşla İzmir Valisi Kâzım (Dirik) Paşa'nın[1] makamına çıktı.
Giritli Şevki bir kez daha dinlendi. Şevki saldırıyı yapacak kişilerin saklandığı yerleri de söyledi: Gaffarzade Oteli ve Rağıb Paşa Oteli. Önce Gaffarzade Oteli polis müdürü Mehmed Ali Bey ve ekibi tarafından basıldı. Otelde saldırı planını yapan Lazistan eski milletvekili Ziya Hurşid[2] vardı.

---

[1]. Kâzım Dirik'in kızı Şükran Hanım tiyatro sanatçısı Muammer Karaca'yla evlendi. Şükran Hanım'ın Muammer Karaca tarafından kaçırılarak evlenmesi gazetelerin manşetlerine de yansıdı. Karaca'ya kaçırma olayı sırasında yardım eden ve daha sonra çiftin nikâh şahitliğini yapan kişiler meslektaşlarından Suzan Hanım ve Lütfullah Bey'di. Yani tiyatro sanatçısı Gülriz Sururi'nin anne ve babası. Vali Kâzım (Dirik) Paşa bu olay üzerine görevinden istifa etti ama istifayı Mustafa Kemal kabul etmedi.

[2]. Ziya Hurşid 1892'de Trabzon'da doğdu. Osmanlı yönetiminin kadı ve valilerinden Hurşid Efendi'nin oğluydu. Hurşid Efendi Erzurum Kongresi'ne katkıları nedeniyle 1920'de milletvekilliğiyle ödüllendirilmek istendi. Ziya Hurşid Almanya'da gemi inşa mühendisliği ve telsiz-telgraf üzerine öğrenim gördü. Eskişehir'de öğretmenlik yaparken Rize milletvekili oldu. 1920'de Yozgat İstiklal Mahkemesi üyeliğine atandı.

Sonra Gaffarzade Oteli'nde diğer suikastçılar ele geçirildi ve suikast girişimi "çorap söküğü" gibi çözüldü.

Savcı Hasan ve Ekmel beyler yakalanan suikastçıların ilk sorgusuna başladı. İfadeler alındıkça olayın vahameti ortaya çıkıyor, perde arkasında bir sürü tanınmış politikacının, paşanın adı geçiyordu. (Osman Selim Kocahanoğlu, *Atatürk'e Kurulan Pusu*, 2002, s. 45)

Suikastçılar neden Mustafa Kemal'i öldürmek istemişlerdi?

Birinci Meclis'ten atılan Ziya Hurşid, Mustafa Kemal'i öldürmeyi kafasına birkaç yıl önce koymuştu. Bunu da kendi kişisel sorunu nedeniyle değil de, Mustafa Kemal'in Karadeniz kıyılarının, Yahya Kaptan, Topal Osman, Ali Şükrü gibi "büyük adamlarını tek tek kıymasını" gerekçe gösteriyordu![3]

Tabiî suikastın tek amacı salt Mustafa Kemal'i ortadan kaldırmak değil, yeni iktidarı, yeni rejimi yıkmaktı.

Ziya Hurşid, Enver Paşa ve arkadaşlarının 1913'te yaptığı Babıâli Baskını'nın bir benzerini hayata geçirmek istiyordu...

Fikrini ilk açtığı Maarif eski nazırı Ahmed Şükrü, Ankara eski valisi Abdülkadir, emekli albay Ayıcı Arif gibi eski İttihatçılar suikasta destek vermişlerdi. Bir diğer iddiaya göre suikastın fikir babası ve finansman kaynağı Ahmed Şükrü, organizasyonu üstlenen ise Ziya Hurşid ile Abdülkadir'di.

Suikastı önce Ankara'da Bakanlar Kurulu toplantısında ya da Meclis'te yapmayı planlamışlar ama tetikçilerin "Ankara'dan canlı çıkamayacaklarını" hesap etmeleri üzerine vazgeçmişlerdi.

Burada önemli bir ayrıntıyı vermeliyim: Ziya Hurşid'in Mustafa Kemal'e suikast hazırlığı içinde olduğunu Ankara'da eski İttihatçıların çoğu biliyordu. Öyle ki, Hüseyin Rauf (Orbay), suikastın Ankara'da olmaması için çaba sarf etmişti! Keza Adnan (Adıvar) Bey ve Halide Edib (Adıvar) Hanım, suikastın başarısız olma ihtimaline karşı Londra'ya gitmeyi tercih etmişlerdi!

Mustafa Kemal ve arkadaşlarının Ankara'da bu kadar konuşulan, tartışılan bir suikast hazırlığını duymaması mucizeydi.

Ziya Hurşid'in kardeşi, suikast döneminde Ordu mebusu olarak Meclis'te bulunan Faik (Günday) Bey, otuz yıl sonra 3 eylül 1956'da *Dünya* gazetesine yaptığı açıklamada, suikastı paşaların bildiğini itiraf etti! Hatta Kâzım Karabekir Paşa'nın suikasttan on

---

3. Günümüz insanına bu suikastın nedeni son derece saçma gelebilir. Ama dün gerçekten öyleydi. Örneğin, Enver Paşa'nın Kafkasya macerasında bir dönem yanında olan Kuşçubaşı Eşref'in kardeşi Hacı Sami, Enver Paşa'nın intikamını almak için, 1927 yılında gizlice Yunanistan üzerinden Anadolu'ya gelmiş, Mustafa Kemal'e suikast düzenleyecekken, güvenlik güçleriyle girdiği çatışmada öldürülmüştü.

gün önce, İsmet Paşa'nın cumhurbaşkanı olup olamayacağını kendisiyle konuştuğunu yazacaktı...

Eylemciler Ankara olmayınca bu kez suikastı İzmir'de yapmaya karar verdiler.

Ziya Hurşid'in yönlendirdiği saldırı ekibinin başında, emekli jandarma yüzbaşısı Sarı Efe Edib vardı. Millî Mücadele günlerinde Refet (Bele) Paşa'nın Ege yöresindeki faaliyetlerine yardımlarından dolayı, Sarı Efe Edib'e, Değirmendere'de Rumlardan kalma bir çiftlik hediye edilmişti.

Sarı Efe Edib'e, Çopur Hilmi, Laz İsmail, Gürcü Yusuf ve Giritli Şevki yardım edecekti.

Saldırı 15 haziran günü İzmir Kemeraltı'nda gerçekleşecekti. Ancak Mustafa Kemal 14 haziranda Bursa'ya ulaştı –ve nedeni hâlâ bilinmemekle birlikte– İzmir'e varış tarihini bir gün erteledi.

Gezi programının değişmesi üzerine Sarı Efe Edib suikastı beklemeden İzmir'den ayrıldı.

Sarı Efe Edib'in İzmir'den ayrılmasından şüphelenen motorcu Giritli Şevki kendini kurtarmak için suikastı ihbar etti...

Kırk dokuz kişi gözaltına alındı

Suikast ortaya çıkarılınca Mustafa Kemal gezisine kaldığı yerden devam etti; 16 haziranda İzmir'e geldi. Burada ünlü sözünü söyledi: "Benim naçiz vücudum bir gün elbet toprak olacaktır, fakat Türkiye Cumhuriyeti ilelebet payidar kalacaktır!"

18 haziranda hükûmet, Kel Ali (Çetinkaya) başkanlığındaki Ankara İstiklal Mahkemesi'ni olayı soruşturmakla görevlendirdi.

Yapılan ilk soruşturmalar sonucu, birinci Meclis'teki muhalifler, İttihat ve Terakki Cemiyeti ile Terakkiperver Cumhuriyet Fırkası'nın eski üyelerinden oluşan kırk dokuz isim gözaltına alındı.

Sarı Efe Edib, Lazistan eski mebusu Ziya Hurşid, Laz İsmail, Gürcü Yusuf, Çopur Hilmi, Lazistan eski mebusu Necati, İzmit Mebusu Şükrü, Ordu Mebusu Faik, Saruhan Mebusu Abidin, Eskişehir Mebusu Ayıcı Arif, Maliye eski nazırı Cavid, Çolak Salaheddin, Trabzon eski mebusu Rahmi, Erzurum Mebusu Hâzım, Mersin Mebusu Besim, Afyon Mebusu Kâmil, Gümüşhane Mebusu Zeki, Tokat Mebusu Bekir Sami, İzmit Mebusu Mustafa, Bursa Mebusu Necati, Bursa Mebusu Osman Nuri, Erzurum Mebusu Rüşdü Paşa, İstanbul Mebusu İsmail Canbulad, Kara Vâsıf, Karşıyaka'dan Bahçıvan İdris, Şahin Çavuş, ihtiyat subaylarından Bahaeddin, Baytar Albay Rasim, Diş Doktoru Şevket, Ziya Hurşid'in kardeşi Fazıl, Kadı namıyla tanınan Hüseyin Avnî, Trabzonlu Nimet Naciye, Lazistan eski mebusu Necati'nin kardeşi Hasan Tahsin, kayınbiraderi Hasan Rıza ve ortağı Mustafa Efendi bu liste arasında yer alan isimlerdendi.

İttihat ve Terakki Cemiyeti'nin çekirdeği "İttihad Osmanî" kurucusu Bakülü Hüseyinzade Ali de gözaltına alınanlar arasındaydı.

Mustafa Kemal'le yolları ayrılan Kâzım (Karabekir), Ali Fuad (Cebesoy), Refet (Bele), Cafer Tayyar (Eğilmez), Mersinli Cemal paşalar da gözaltına alınanlardandı.

Başbakan İsmet (İnönü) Paşa, Ankara Etlik'teki evinde yapılan bir operasyonla gözaltına alınan Kâzım Karabekir'i emir verip serbest bıraktırdı; ancak İstiklal Mahkemesi Başkanı Kel Ali, Kâzım Karabekir'i tekrar gözaltına aldırıp, tutuklattı. Hatta devreye Cumhurbaşkanı Mustafa Kemal girmese Başbakan İsmet Paşa'yı da gözaltına aldıracaktı.

Keza bu konuda da Mustafa Kemal ile İsmet Paşa anlaşmazlığa düşmüştü. Mustafa Kemal bizzat suikastçıları da dinleyerek olayın arkasında İttihatçılardan Terakkiperver Fırkası'na mensup birçok kişinin ismini öğrenmişti ve en yakın arkadaşları bile olsa herkesin gözaltına alınmasını istiyordu. İsmet Paşa ise yaşamı boyunca olduğu gibi serinkanlıydı. Deliller tam ortaya çıkmadan operasyonların kamuoyunda sevilen paşalara kadar uzanmasına karşı çıkıyordu.

Refet (Bele) Paşa, Mustafa Kemal'in Selanik'ten hemşerisiydi. Ali Fuad (Cebesoy) Paşa ile Mustafa Kemal sınıf arkadaşıydı. Diğer paşaların durumu farklı değildi. Hepsi İttihatçı'ydı, hepsi Milî Mücadele'ye omuz vermişlerdi. Ama Mustafa Kemal düne değil, yarına bakıyordu.

Peki ne olmuştu da yollar ayrılmıştı?

"Temmuz Devrimi"ni gerçekleştirenler Cumhuriyet'e giden yolu döşememiş miydi? Tarık Zafer Tunaya'nın dediği gibi, "İkinci Meşrutiyet Cumhuriyet'in siyasî laboratuvarı" değil miydi?

Aklı egemen kılma mücadelesini İttihatçılar başlatmamış mıydı? "Temmuz Devrimi"ni gerçekleştiren kadrolar şimdi karşı devrimci mi olmuştu? Cumhuriyet'e mi karşıydılar; Medenî Kanun'a, şapkaya, yeni takvime, tevhidi tedrisata mı; yoksa tekke ve zaviyelerin kapatılmasını mı kabul etmiyorlardı?[4]

Tüm bunların tek yanıtı vardı: Osmanlı reformcuları ile Cumhuriyet devrimcileri karşı karşıya gelmişti.

---

4. Falih Rıfkı Atay, *Çankaya* adlı kitabında yazdığına göre, Selanikli Cavid Bey'in sırf Mustafa Kemal düşmanlığı nedeniyle şapka devrimine karşı çıkmasını duyan Atatürk, "Beyimin dinine mi dokunuyor acaba?" demişti!

İşin özüne baktığınızda görüyorsunuz ki Mustafa Kemal yalnız bir jakobendi!...

Gelelim tekrar suikast meselesine...

İstanbul'da, Ankara'da gözaltına alınanlar İzmir'e getirildi. İzmir halkı paşaları görmek için rıhtımı doldurdu.

Duruşmalar 26 haziran günü İzmir Elhamra Sineması'nda başladı. Mahkeme Başkanı Kel Ali (Çetinkaya), üyeleri Kılıç Ali ve Reşid Galib'di... Savcı ise Necib Ali'ydi (Küçüka).[5]

Doktor Nâzım tutuklanıyor

Doktor Nâzım 30 haziran günü evinden alınıp İzmir Polis Müdürlüğü'ne götürüldü. Polis Müdürü Azmî Bey'in odasına alındı. Ne Midhat Bey ne de Azmî Bey neden emniyete getirildiğini açıklamıyorlardı. Doktor Nâzım sinirlenmeye ve sabırsızlanmaya başladı. Bunun üzerine Azmî Bey, mahkeme heyetinin kendisine birkaç soru soracağını söyledi.

Yıllardır başından o kadar olay geçen Doktor Nâzım evinin aranması ve emniyete getirilmesinin alelacele bir soru için olmayacağını anlamıştı.

Küçük Talat (Muşkara) ile Galatalı Şevket'in gözaltına alınıp ayrı ayrı odalarda tutulduğunu öğrendi. Morali bozuldu. Az sonra ittihatçıların önemli isimlerinden, kendisi gibi İzmir'de yaşayan hemşerisi Midhat Şükrü'nün de (Bleda) karakola getirildiğini duydu.

Anlamıştı: bir devrin hesaplaşması daha bitmemişti...

Neden gözaltına alındığını öğrenince tepki gösterdi: "Beni Mustafa Kemal Paşa'yla yüzleştirin, 'Suikast yaptın' derse kendimi asarım" dedi.

Üzeri arandı, kendisine zarar verecek maddeler alındı. Tek başına hücreye kondu.

Ancak günlerce ne ifadesi alındı ne de duruşmalara çıkarıldı. Kimseyle de görüştürülmedi. Sadece eşi Beria'ya mektup yazmasına izin verildi.

Doktor Nâzım mektuplarında mutlaka hep bir noktanın altını çiziyordu: "Suçsuzum ve bu hemen anlaşılacak."

Bu arada Kel Ali başkanlığındaki mahkeme 13 temmuz günü kararını açıkladı: altısı milletvekili olmak üzere on beş kişiyi ölüme mahkûm etti.

Ve on üçü hemen o gece, saat 03.00'te asıldı...

---

5. Yılmaz Karakoyunlu'nun İzmir Suikastı'nı konu eden kitabının adı *Üç Aliler Divanı*'dır. Ne var ki, onlar aslında dört Ali'ydiler! Çünkü idamları yerine getiren kişinin adı da Selanikli Cellat Ali'ydi!

İdam edilenler

Selanik İdadîsi'nde öğretmenlik yaparken İttihatçı olmuştu. Selanik Hukuk Mektebi müdürlüğü, Selanik Maarif müdürlüğü görevlerinde bulunmuştu. İttihat ve Terakki iktidarında dört yıl Maarif nazırlığı yapmış; 1923 seçimlerinde Mustafa Kemal'in muhalefetine rağmen Cumhuriyet Halk Fırkası listesinden Meclis'e girmeyi başarmış; sonra Terakkiperver Cumhuriyet Fırkası'na geçmiş, yazar Süleyman Nazif'in eniştesi Ahmed Şükrü Bey o gece asılan isimlerden biriydi...

Diğer bir isim İsmail Canbulad, Selanik'teki ilk İttihatçılardandı. İstanbul Belediye başkanlığı ve valiliği, Stockholm elçiliği, Dahiliye nazırlığı yapmıştı. Mustafa Kemal'i Anadolu'ya çıkması için ikna eden isimlerden biriydi. Malta esirliğini yaşamış, 1923 seçimlerinde Cumhuriyet Halk Fırkası milletvekili olmuştu. TCF'yi ilk kuran dört isimden biriydi.

Bir dönem "kellelerini koltuklarına alıp" II. Abdülhamid istibdadına karşı mücadele verenler şimdi bölünmüştü. O gün İzmir valisi olan ve Mustafa Kemal'e karşı yapılacak suikastı ortaya çıkaran Kâzım (Dirik) Paşa, İttihat ve Terakki Cemiyeti'ne İsmail Canbulad tarafından alınmıştı!

Ve Kâzım Paşa, o gece tek tek idam edilen arkadaşlarını seyrederken terden sırılsıklam olmuştu...[6]

Mustafa Kemal'in o gece idam edilenler arasında en çok üzüldüğü isim hiç kuşkusuz "Ayıcı" lakabıyla bilinen Albay Mehmed Arif'ti. Sınıf arkadaşıydı. 19 mayıs 1919'da Samsun'a ulaşan Bandırma vapurunda o da vardı...

Ulusal Kurtuluş Savaşı'nda 11. Tümen komutanı olarak bulunduğu sırada İnegöl dolaylarında Mezit ormanlarında üç aylıkken yakaladığı ayı yavrusunu hiç yanından ayırmayıp, büyütmesi nedeniyle "Ayıcı" lakabıyla anılıyordu.

Mustafa Kemal'in sırdaşı, çapkınlık arkadaşıydı. Halide Edib'in (Adıvar), Mustafa Kemal'e ikiz kardeş kadar benzettiği Ayıcı Arif, idam sehpasında arkadaşının kendisini affedeceğini bekledi...

Diğer idam edilenler: Lazistan eski mebusu Ziya Hurşid, tetikçi Gürcü Yusuf, tetikçi Laz İsmail, tetikçi Çopur Hilmi, emekli

---

6. Adı Nuriye'ydi. Şehremini Rıdvan Paşa'nın kızıydı. Konaklarda, köşklerde büyümüş, sultanların gördüğü ihtişamı görmüştü. İttihat ve Terakki Cemiyeti'nin önde gelen ismi İsmail Canbulad'la evlendi. Kocasının tehlikeli yaşamına ayak uydurdu ama Mütareke'de on dört yaşındaki tek oğlu Safi'nin İspanyol gribinden ölümü ona ilk darbe oldu. Sonra İzmir Suikastı'na adı karıştığı iddiasıyla kocası İsmail Canbulad idam edildi. Ve sonra Doktor Nâzım'ın eşi Beria'yla aynı kaderi paylaştı: hafızasını kaybetti!.. Bizim tarihimiz bu acılı kadınları neden yazmaz?

yüzbaşı ve İttihatçı silahşor Sarı Efe Edib, emekli baytar albay Rasim, Saruhan Mebusu Abidin, Sivas Mebusu Halis Turgut, Erzurum Mebusu Rüşdü Paşa, Trabzon eski mebusu ve Adliye vekili Hafız Mehmed.

Gıyaben ölüme mahkûm edilen İttihatçıların önde gelen isimlerinden, İaşe eski nazırı Kara Kemal 27 temmuzda, yakalanacağını anlayınca kafasına dayadığı tabancasıyla intihar etti. Ünlü İttihatçı fedai ve Ankara eski valisi, İsmet Paşa'nın Harbiye'den sınıf arkadaşı Abdülkadir ise, Bulgaristan'a kaçarken Çatalca'da yakalandı ve hemen 31 ağustos günü idam edildi...

Bu arada Kâzım (Karabekir), Ali Fuad (Cebesoy), Refet (Bele), Mersinli Cemal paşaların yargılanması orduda huzursuzluk yarattı. Bunun üzerine paşalar Cumhurbaşkanı Mustafa Kemal'in özel isteğiyle beraat etti.

Geriye kalan Doktor Nâzım, Selanikli Cavid, Midhat Şükrü (Bleda) gibi İttihatçıların "beyin kadrosunun" yargılanması Ankara'da sürecekti...

Evliyazadeler Paris'te

Evliyazadeler, damatları Doktor Nâzım'ın adının suikast girişimine karışmış olmasından çok korktular. Doktor Nâzım'ın sağda solda Mustafa Kemal'e ilişkin olarak, "Gazoz Paşa", "Küçük Napolyon", "Sarı Paşa" gibi yakıştırmalarda bulunduğunu biliyorlardı ama tepkisini suikasta kadar götüreceğine inanamıyorlardı.

Bu arada eşinin tutuklanması Beria'nın ruh sağlığını iyice bozdu. Odasından hiç dışarı çıkmıyordu. Aslında "çıkarılmıyordu" demek daha doğru olur.

Evliyazade Refik Efendi, kızının moralini düzeltmek ve tutuklamaların kendisine kadar uzanacağından çekindiği için, Beria'yı alıp Fransa'ya gitti.

Doktor Nâzım'ın kızı Sevinç Robert Kolej'deki öğrenimi yarım bıraktı.

Üçünü Paris'te yeni bir hayat bekliyordu.

Beria doktor doktor dolaştırılıyordu.

Sevinç'e, sesi güzel olduğu için şan ve piyano dersleri aldırılıyordu.

Evliyazade Refik Efendi'nin iki oğlu Ahmet ve Sedad Sorbonne Üniversitesi'nde okuyorlardı. İki kardeş fırsat buldukça babalarıyla birlikte Paris'i geziyorlar ve at yarışlarını takip ediyorlardı. Paris'te-

ki at severler arasında Evliyazadeler tanınmaya başlamıştı.
Evliyazade Sedad bazı koşularda jokeylik bile yapıyordu. Hatta bir yarışa katılabilmek için kilo vermesi gerekince, hemen rejime girmiş ve kısa sürede on kilo vermişti. Kısa sürede bu kadar kilo vermesine herkes şaşmıştı. Ancak sonra anlaşılmıştı ki, sedad rejimle kilo vermemiş, verem olmuştu! Paris'teki tıbbî olanaklar sayesinde hastalığı zor da olsa yenebilmişti.

O günlerde İzmir'den yurtdışına çıkan sadece Evliyazadeler değildi. Soruşturmanın kapsamının her geçen gün büyümesi ve İttihatçıları hedef alması birçok kişiyi korkuttu.

Bunlardan biri de İzmir eski valisi Rahmi Bey'di!
Rahmi Bey'in Rusya'ya gitmesi hayatını kurtaracaktı...

Doktor Nâzım Ankara'ya naklediliyor

Doktor Nâzım ise 17 temmuz sabahı yediyi çeyrek geçe kalkan trenle Ankara'ya yol alırken, kendisini nasıl bir sonun beklediğini bilmiyordu...

Ankara'nın Cebeci semtindeki İstiklal Mahkemesi salonunda yapılan ilk duruşmaya, 19 temmuz günü çıktı.

Mahkeme başkanı Kel Ali (Çetinkaya) kimlik tespitinden sonra Doktor Nâzım'a İkinci Meşrutiyet'e kadar olan yaşamını anlatmasını istedi.

Doktor Nâzım, bir dönem İttihat ve Terakki Cemiyeti içinde birlikte çalıştığı Kel Ali'ye, Selanik'le başlayıp, Askerî Tıbbiye, Paris, Selanik ve İzmir'de süren yaşamını özet halinde anlattı.

Kel Ali Doktor Nâzım'ın anlattıklarını sözünü kesmeden, soru sormadan dinledi. Sonra bir öğretmen tavrıyla, "Şimdi de Balkan Savaşı'na kadar olan bölümü anlat" dedi.

Doktor Nâzım, Balkan Savaşı sonuna kadar İttihat ve Terakki Cemiyeti Merkezi Umumîsi'nde çalıştığını, yalnız bir yıl umumî kâtip olarak görev yaptığını, bir kez Bosna-Hersek sorununa ilişkin lobi yapmak, bir kez de Türk öğrencilerin Avrupa'da öğrenim görmelerine olanak sağlamak amacıyla yurtdışına çıktığını, Balkan Savaşı sırasında Selanik'te Hilali Ahmer Hastanesi müdürü ve baştabibi olarak memleketini savunduğunu söyledi. Selanik'in düşüşünün ardından Atina'da on bir ay tutuklu kaldığını, sonra İstanbul'a gelip yine İttihat ve Terakki Cemiyeti'nde görev yaptığını da anlattı.

Mahkeme başkanı Kel Ali, Osmanlı Devleti'ni Birinci Dünya Savaşı'na sokmak için hangi faaliyetlerde bulunduğunu sordu. Kel

Ali, Midhat Şükrü (Bleda), Süleyman Askerî ve Doktor Nâzım'ın savaşa girilmesini teşvik ettiklerini düşünüyordu.

Doktor Nâzım kendisinin değil ama bugün başbakanlık koltuğunda oturan İsmet (İnönü) Paşa'nın Birinci Dünya Savaşı'na bir an evvel girilmesi için çalıştığını söyledi! Başbakan İsmet Paşa'yla ilgili sözleri ortamı gerginleştirdi. Kel Ali, Doktor Nâzım'ı olayları saptırmak ve yaptıklarını gizlemekle suçladı. Ortamın daha da gerginleşmesi üzerine duruşmaya son verildi.

Hapishane günleri

Doktor Nâzım, eni 18, boyu 15 adım olan odasında tek başına kalıyordu. Önceleri kitap okumalarına izin verilmiyordu. Bu yüzden Doktor Nâzım sıklıkla zihin egzersizleri yapıyor, aklında kalan şiirleri ya da etkisinde kaldığı makaleleri hatırlamaya çalışıyordu.

Tıpkı diğer mahkûmlar gibi tüm gününü pijamayla geçiriyordu. Tahtakuruları, pireler ve sineklerden rahatsızdı.

Sıcak su olmadığından soğuk suyla banyo yapıyordu. Bazen kolonyayla tüm vücudunu sildiği de oluyordu. Genel temizlik cuma günleri yapılırdı. Koğuşlar silinir, çarşaflar değiştirilirdi.

Kendilerine zarar verirler endişesiyle yanlarında jilet bulundurmalarına izin yoktu. Doktor Nâzım tıraş olmak istediğinde jandarmalara haber verirdi.

Yemek saatleri düzenli değildi Anadolu Lokantası'ndan getirilen yemekler ona eşi Beria'nın zeytinyağlı yemeklerini aratıyordu. Kimi zaman birkaç gün arka arkaya aynı yemekler gelirdi. Çoğunlukla yemekten sonra ispirto ocağında kahve pişirirdi.

Duruşmaların olmadığı günlerde savunması için hazırlıklar yapıyordu. Kendisinin değil, bir dönemin savunmasına hazırlanıyordu. Enver Paşa, Talat Paşa ve Cemal Paşa öldürülmüş, bir dönemi savunmak sadece birkaçının omuzlarına kalıvermişti...

Hapishanedeki tüm tutuklulara yalnız bir jandarma düşüyordu. Bu yüzden bir şeye ihtiyaç duyduğunda jandarmaya sesleniyordu. Görevli jandarma kimi zaman aynı anda gelen isteklere yetişemediği için yanıtını hep geç alıyordu.

Doktor Nâzım'ın çoğunlukla istediği kâğıt ve kalemdi...

Eşi Beria'dan gelen mektuplar "görüldükten" sonra Doktor Nâzım'ın eline ulaşıyordu. Doktor Nâzım da eşine yazdığı mektupların sansürlenmemesi için özen gösteriyordu.

Ankara'daki tutukluların ziyaretine kimse gelmeye cesaret edemiyordu. Sadece mahkeme üyesi Kılıç Ali hemen her gün gelip hatırlarını soruyor, ihtiyaçları olup olmadığını öğreniyordu.[7]

Cavid Bey'i cezaevinde ziyaret edebilen tek dostu *Akşam* gazetesinin sahibi ve geleceğin Dışişleri bakanı (1947-1950) Necmeddin (Sadak) Bey olmuştu!

Doktor Nâzım'ın ikinci duruşması 21 temmuz günü yapıldı. Mahkeme heyeti Doktor Nâzım ve arkadaşlarının neden yurdu terk ettiklerini anlatmasını istedi.

İlk duruşmadaki sorulardan kuşkulanmıştı ama artık emindi; mahkeme Mustafa Kemal'e yapılan suikast girişimini sorgulamıyor, bir dönemle hesaplaşıyordu.

Mahkeme İttihatçıların gelir kaynaklarından, yurtdışında nasıl geçindiklerine kadar her ayrıntıyı soruyordu.

Mahkeme soruyor, Doktor Nâzım bıkmadan usanmadan yanıtlıyordu.

22 temmuz günü yapılan üçüncü duruşma, Doktor Nâzım'ın İzmir'e geldikten sonra neler yaptığı üzerine yoğunlaştı. Mahkeme 1923'te seçim kararı alındıktan sonra İstanbul'da Maliye eski nazırı Cavid Bey'in evinde Kara Kemal, İsmail Canbulad, Şükrü Bey gibi isimlerle neden toplandıklarını açıklamasını istedi.

Doktor Nâzım, eşi ile kızlarını görmek için İstanbul'a gittiğini, Cavid Bey'in daveti üzerine evine uğradığını, burada on iki arkadaşının daha bulunduğunu ve sohbet ettiklerini anlattı.

Doktor Nâzım'ın ifadesi pek doğruyu yansıtmıyordu. Çünkü Cavid Bey, toplantı için İzmir'den Rahmi Bey ile Doktor Nâzım'ı özel olarak çağırdıklarını söylüyordu.

Mahkemenin "toplantı", Doktor Nâzım'ın "sohbet" dediği görüşmenin içeriği, milletvekili seçimlerindeki tavrı belirlemekti.

Doktor Nâzım, evde bulunanların ortak görüşünün blok halinde Cumhuriyet Halk Fırkası adaylarını desteklemek olduğunu söyledi.

Mahkeme, Doktor Nâzım'a inanmıyordu. Çünkü, Doktor Nâzım'ın evinde yapılan aramada, İstanbul'daki toplantıda anlaşmaya varılan dokuz maddelik bir parti programı taslağı bulunmuştu. Kel Ali'ye göre bu, parti kurma çalışması yaptıklarının açık bir deliliydi.

Doktor Nâzım, dokuz maddelik program taslağını, Kara Kemal'in İzmir'deki evine gönderdiğini ve böyle bir projeyi nasıl bulduğu konusunda fikrini sorduğunu ama mektuba yanıt vermediğini açıkladı. Ayrıca bu programı ne kimseye göstermişti ne de bi-

---

[7]. Yıllar sonra basında Kılıç Ali'nin oğlu Altemur Kılıç ile Cavid Bey'in oğlu Şiar Yalçın'ın arkadaş olmaları ve yan yana gelip röportajlar vermesi çok kişiyi şaşırtmıştır. Oysa, Kılıç Ali'nin cezaevinde yaptığı insanî yardımlar, ileride oğullarının arkadaşlık kurmalarına neden olmuştu. Ayrıca her ikisi de Nişantaşı'ndaki English High School'da okudular; öğretmenleri onları aynı sıraya oturtuyordu! Arkadaşlıkları Robert Kolej'de de devam etti.

riyle tartışmıştı. Üstelik bunun suikast teşebbüsüyle ne ilgisi olabileceğini anlamakta zorlandığını söyledi.

Terakkiperver Cumhuriyet Fırkası'na bile girmediğini anımsattı. Doktor Nâzım muhalif bir parti kurmanın mümkün olmadığını bildiğini, bunun Mustafa Kemal'in nutkundan kolayca anlaşıldığını sözlerine ekledi.

Mahkemede Doktor Nâzım'ın, tıpkı İkinci Meşrutiyet öncesinde olduğu gibi halk arasında dolaşarak propaganda yaptığı iddia ediliyordu. Doktor Nâzım, İzmir'deki günlerini anlattı:

> İzmir'e geleli dört seneye yakın zaman geçti. Çeşme ilçesine yaptığım üç günlük seyahatten başka eski İzmir vilayetinin ne sancağına ne bir kazasına hatta ne bir nahiyesine gitmişimdir. İzmir'in en ücra bir yeri olan, Daragoz'da emsali bir fabrikanın bürolarında teneke çemberi, petrole mahsusu ile Rus müessesesi ile sabahtan akşama kadar petrol ve benzin tenekeleri veya buz kalıplarını satmakla ve bu meşguliyetten artan zamanımı da evimdeki bahçemle ve aileme refakatle geçiririm.

23 temmuz 1926. "Temmuz Devrimi"nin on sekizinci yılıydı. Doktor Nâzım özgürlüğünden uzak, hapishanedeki hücresinde sıkıntıyla volta atıp duruyordu.

Karşı hücrede bulunan Maliye eski nazırı Cavid Bey de, bu bayram günü camına küçük bir bayrak dahi asamamanın sıkıntısını yaşıyordu. Aklına şampanya aldırıp günün anlamı nedeniyle birer kadeh Doktor Nâzım'a ve cezaevi komutanına ikram etmek geldi. İsteği kabul edilmez diye fikrinden vazgeçti.

2 ağustos günü yapılan duruşma hareketli geçti. Sanıklar mahkeme salonuna süngüler arasında getirildi ve sıralara oturtuldu. Salonda silah ve süngü şakırtıları hâkimdi.

Duruşmanın hareketli olmasının nedeni, sanıkların sorgusu bitmişti ve savcı Necib Ali (Küçüka) iddianameyi okuyacaktı.

Doktor Nâzım, Cavid Bey'in sol tarafında oturuyordu. Cavid Bey'in yanında, yıllar boyu hep birlikte olduğu can yoldaşı Hüseyin Cahid (Yalçın) vardı.[8]

Doktor Nâzım'ın üzerinde gülkurusu bir takım elbise vardı. Sessizce önüne bakıyordu. Sanki yapılanları protesto etmek ister gibi sakal bırakmıştı.

---

8. Hüseyin Cahid (Yalçın) ile İttihatçıların önde gelen Maliye eski nazırı Cavid Bey birbirleriyle çok samimiydiler. Mülkiye'deki yıllarında başlayan arkadaşlıkları ölene kadar sürdü. Bu iki arkadaşın birbirinden hiç ayrılmamaları nedeniyle, özellikle muhalifler kendilerine bir isim takmışlardı. O yıllarda Avrupa'da dünyaya gelen yapışık ikizler Radika ve Rodika'yla özdeşleştirerek, onlara "Radika-Rodika" derlerdi.

Savcı Doktor Nâzım'ı İzmir Suikastı'na karışmak ve taklibi hükûmet (hükûmet darbesi) teşebbüsüyle itham etti. Ayrıca,

– Mütereke yıllarında yurtdışında Ankara Hükûmeti aleyhine Enver Paşa'yla gizli bir teşkilatta çalışmak, Batum seyahatine ve Batum Konferansı macerasına katılmak;

– Cavid Bey'in evinde yapılan gizli toplantıya katılmak;

– Terakkiperver Cumhuriyet Fırkası'na maddî ve manevî yardımda bulunmak ve idam edilen Ahmed Şükrü Bey'e İzmir'deki seçim sonuçları hakkında 17 eylül 1921 tarihli mektubu yazmak;

– İstiklal Mahkemesi başkanının sorduğu sorulara verdiği cevaplarda samimi ve doğru olmamak;

– Gizli bir teşkilat adına İzmir'de propaganda yapmak, şüpheli ifadeler ve sözler söylemek;

– Halil (Menteşe) Bey'e yazdığı tarihsiz mektupta kendisinin himaye edilmesini istemiş olmak;

– İzmir Suikastı hazırlıklarından ve teşebbüslerinden haberi bulunmak;

– Cumhurbaşkanı Gazi Mustafa Kemal Paşa'ya karşı tereddütlü olmak ve mevcut iktidara karşı düşmanca davranmakla itham ediliyordu.

Doktor Nâzım'ın evinde yapılan aramada "ele geçirilen", Enver Paşa'nın 17 eylül 1921 tarihli mektubu da davanın önemli delillerinden biriydi!

Enver Paşa'yı savunuyor

Savcının iddianamesinden sonra sanıkların savunmasına geçildi. Duruşmalar ağustos ayı boyunca sürdü.

Doktor Nâzım savunmasında İttihat ve Terakki Cemiyeti'nin para işlerini de anlattı. İkinci Meşrutiyet ilan edildikten sonra İzmir'de 30 000, İstanbul'da 4 000 lira topladığını, ancak cemiyetin para işlerine karışmadığını; vatandaşlar arasında tarla, arsa ve mücevher bağışında bulunanların olduğunu; bizzat kendisinin cemiyetin kasasına 70 000 altın teslim ettiğini; sandıkta 9 000 lira değerinde yüzük ve şamdan olduğuna kadar bildiği tüm hesapları ayrıntılarıyla ortaya döktü.

Ne mahkeme sordu ne de dönemin gazeteleri bu konuya eğildi, ama insan ister istemez merak ediyor: İttihat ve Terakki Cemiyeti kasasındaki mücevherler, II. Abdülhamid'in Yıldız Sarayı'ndan Selanik'e giderken kaybolan çantasının içinden çıkanlar mıydı?..

Doktor Nâzım savunmasında, yaptığı "sosyal uğraşılarından" bile bahsetti. İttihat ve Terakki Cemiyeti dışında, Avrupa'ya Talebe Gönderme Cemiyeti; eski eserlerin tarihçesini yazdırarak koruma altına alan, Âsarı Atikanın Muhafazası Cemiyeti ve ülkenin iktisadî yönden kalkınması amacıyla Bilgi Cemiyeti kurduğunu ve üye olduğunu belirtti. Ayrıca Meni İhtikâr Komisyonu aracılığıyla, savaş döneminde, altı kat yükselen fiyatları aşağıya çektiklerini söyledi.

Doktor Nâzım'a, Almanya ve Fransa'yla ilişkileri soruldu. Türk öğrenci ve öğretmen değişimlerinde yaptığı katkılarından dolayı Alman imparatoru tarafından verilmek istenen ödülü bile reddettiğini açıkladı. Sadece Alman imparatorunun üzerine resmini yerleştirdiği vazoyu hediye almak zorunda bırakıldığını söyledi. Ama uğruna on bir ay hapis yattığı Hilali Ahmer'den bile ödül kabul etmediğini, bunun üzerine kendisine bir sandık dolusu sosyoloji kitabı hediye edildiğini sözlerine ekledi.

Mahkeme heyeti Doktor Nâzım'ın duygusal bir insan olduğunu biliyordu. Bu nedenle sürekli "yurtdışına kaçtınız" sözünü tekrarlayarak onu sinirlendirmek istedi. Biliyorlardı ki, Doktor Nâzım sinirlenince ağzına geleni söylerdi. Ama hiç sinirlenmemişti. Fakat, bir dönem birlikte çalıştığı arkadaşlarının Enver Paşa aleyhinde sözler sarf etmelerine çok kırılmıştı.

Her seferinde, Enver Paşa'nın "devrim arkadaşı" olduğunu, hatası yüzünden şehit düştüğünü, Enver Paşa'nın ruhunu tazip etmek istemediğini, Ankara tarafından kabul edilmeyişine çok üzüldüğünü, buna rağmen Ankara'nın namusunu kendisinden daha fazla koruduğunu ve bu nedenle duygularına yenik düşüp bile bile ölüme koştuğunu anlattı.

Mahkeme heyeti ikna olmuyordu. Moskova ve Batum'da, Anadolu'daki Ulusal Kurtuluş Savaşı'nı baltalamak için çaba sarf ettiklerini söyleyince dayanamadı; Millî Mücadele'yi başaran Müdafaai Hukuk Cemiyeti'nin 179 şubesinin 164'ünü İttihatçılar kurmamış mıydı? Anadolu'ya silah sevkiyatını kim yapmıştı? Yurtiçinde ve yurtdışında hangi İttihatçı ülkesinin bağımsızlığı için mücadeleye katılmamıştı? Hâlâ hükûmet olarak görev yapan kadrolar, bürokratlar hangi cemiyete, fırkaya mensuptu?

Sabetayistlerin gücü

25 ağustos günü sanıklar son savunmalarını verdi.
Cavid Bey'in savunması kırk dakika sürdü.
Duruşmalar boyunca "neden Ulusal Kurtuluş Savaşı'na katılmadığı" sorusuyla karşılaşmıştı. Net yanıt vermediğini düşünerek

savunmasının ağırlığını bu sorunun yanıtına ayırdı: "Bir akşam, temmuzun ortalarına doğruydu. Tanımadığım bir zattan aldığım tezkerede diyordu ki: 'Yarın İstanbul murahhası (delegesi) olarak Sivas'a gider misiniz?' O zatı nihayet aradım, bulamadım. Fevziye Mektebi Müdiresi Nakiye Hanım'ı çağırdım. Dedim ki, 'Şöyle bir tezkere aldım. Gideyim mi? Gidebilir miyim? Bu salahiyete (yetkiye) haiz miyim?' dedim. Bu işlerle meşgul Adnan (Adıvar) Bey ve Halide Edib (Adıvar) Hanım'a gönderdim. Aldığım cevapta 'Bu işlerle meşgul mahafil (toplanan kişiler) sizin murahhas olarak gitmenize muvafakat (kabul) etmemektedir' denildi. Ve iki gün sonra kaçtım."

Bu savunmada dikkat çekici iki nokta vardı: İstanbul'un işgalinden sonra Cavid Bey 175 gün İstanbul'da kaçak yaşamış ve yakalanmamıştı! Cavit Beyi saklayanların başında Feyziye Mektepleri Müdiresi Nakiye Hanım geliyordu.

Sabetayistler, Karakaşîlerin liderleri Osman Baba'nın soyundan gelen Cavid Bey'i, hiçbir iz bırakmadan İstanbul'da 175 gün saklama becerisini göstermişlerdi!

Saklanma ve kılık değiştirme konularında hayli becerikliydiler. Anımsayınız: hakkında II. Abdülhamid tarafından verilmiş idam kararı bulunan Doktor Nâzım'ın, Selanik'te "Hoca Mehmed Efendi" ve İzmir'de "Tütüncü Yakub Ağa" kimliğiyle rahatça dolaşabilmesi bunun ayrı bir örneği değil midir? Üç yüz elli yıldır gizlilik içinde yaşayan Sabetayistler bu konuda çok maharetliydiler!

Diğer bir ayrıntı: Cavid Bey, Sivas Kongresi'ne katılıp katılmama kararını Nakiye Hanım'a mı bırakmıştı? Hayır! Cavid Bey, Nakiye Hanım'ın kişisel görüşünü değil, mensubu olduğu Karakaşî Sabetayistlerin tavrını merak ediyordu.

Peki neden Sivas'a gitmemişti? Karakaşîler Anadolu'daki ulusal hareketin başarılı olmayacağına mı inanıyordu? Yoksa Cavid Bey'in ifadesinde söylediği gibi, Mustafa Kemal ve arkadaşları onu yanlarında istememiş miydi? Cavid Bey gibi Avrupa'daki lobilere yakın bir ismi aralarında görmek istememeleri doğru olabilir mi? Olabilir, çünkü istemedikleri bazı isimler vardı.

Karar: idam!

Cavid Bey'in ardından Doktor Nâzım da son savunmasını yaptı: "Müddeiumumî (savcı) beyin benim hakkımdaki en ağır ithamları benim gizli bir teşkilata intisabım (girdiğim) ve bu münasebetle Kara Kemal ve arkadaşlarının tertip ettiği suikast cürmünden haberdar bulunmaklığımdır. Şükrü, Canbulad ve Kemal beylerle iki seneden beri ne görüştüm, ne muhaberem olmuştur. En mukaddes şeyler üzerine yemin ederim ki, hadise, duyulmasından evvel tamamıyla habersizdim."

Mahkeme heyeti inanmış mıydı?

Ankara İstiklal Mahkemesi kararını 26 ağustos 1926 perşembe günü açıkladı. Mahkeme heyeti saat 17.00'ye kadar hiç kimseyi salona almadı. Saat 17.00'de bazı sanıklar salona getirildi. Doktor Nâzım, Cavid, Filibeli Hilmi ve Yenibahçeli Nail salona getirilmedi. Karar gıyaplarında okundu.

İstiklal Mahkemesi'nin Doktor Nâzım hakkındaki kararı şuydu:

Devlet işlerini iyi idare edemeyerek memleketi tehlikeye düşürüp kaçmış, Millî Mücadele yıllarında kurtuluş mücadelesi veren milletin aleyhinde Berlin'den başlayarak Moskova ve Batum'da kongreler düzenlemiş, zaferden sonra ülkeye dönerek ülke idaresine sahip olmak istemiş, suikast teşebbüslerine, gizlice kurdukları teşkilatta karar vermiş, gizli hedef ve amaçlarını gerçekleştirmeye yönelik eylemler yapmıştır...

Doktor Nâzım Ceza Kanunu'nun 55. ve 56. maddelerine aykırı davrandığı için idama mahkûm edilmişti.

Doktor Nâzım dışında üç kişiye daha idam kararı çıkmıştı: Selanikli Cavid, Yenibahçeli Nail ve Filibeli Hilmi!.. Yurtdışında bulunan Rauf (Orbay) ve Rahmi beyler gıyaplarında on yıla mahkûm olmuşlardı.[9] Kara Vâsıf, Küçük Talat, Hamdi Baba, Dr. Rusuhî, polis müdürü Azmî, Eyüb Sabri, Midhat Şükrü, Salah Cimcoz, Hüseyin Cahid (Yalçın), Dr. Hüseyinzade Ali, Ahmed Emin (Yalman) gibi çoğu İttihatçı otuz beş kişi beraat etmişti.

Son gece

Aynı günün akşamı.
Yani 26 ağustos 1926.
Doktor Nâzım gün boyu hakkındaki kararı bekledi.

Canı çok sıkkındı. O gün hiç yemek yemedi. Ardı ardına sigara içti. Kalın duvarlarla çevrili hücresinde akşam olmasına rağmen lambasını yaktırmadı. Gardiyan ısrar etti. "Yakın" diye emretti! "Yanmasa ne olur? Yoksa intihar ederim falan diye mi korkuyorsunuz? Günahkâr değilim ki öyle şeyler yapayım. Merak etmeyin,

---

9. Rauf Orbay *Cehennem Değirmeni* adlı hatıratında, 1928'de Fransa'da, 1929'da Mısır'da ve 1932'de İsviçre'de üç kez suikast teşebbüsünden kurtulduğunu yazıyor! (2000, c. 2, s. 226-230)

adaletin hükmünü metanetle bekleyeceğim" dedi.
Üzerinde bulunan pijamayla yatağa uzandı. Sineklerden korunmak için beyaz mendilini yüzüne örttü.
Doktor Nâzım suçsuz olduğuna ve bacanağı Dışişleri Bakanı Dr. Tevfik Rüşdü'nün kendisini kurtaracağına inanıyordu.
Saat 22.00 suları...
Hücresinin kapısı açıldı.
Anlamıştı.
Yaşamı boyunca hakkında daha önce iki idam kararı verilmişti. İkisinde de yurtdışındaydı, kurtulmuştu.
Ve şimdi yine idam cezasına çarptırılmıştı ve ne yazık ki bu kez tutukluydu...
Elleri kelepçelendi. Bölük komutanının odasına götürüldü. Burada okunan kararı soğukkanlılıkla karşıladı ve "Adaletin hükmünü metanetle kabul edeceğim, merak etmeyin" dedi.
Kararın açıklanmasından sonra menkul ve gayri menkul tüm mallarını eşi Beria Hanım'a ile kızı Sevinç'e bıraktığını söyledi. Sonra cebinden bir mektup çıkardı. Mektubu idam kararından önce o sabah kaleme almıştı. Mektubu uzattı, "Bunu eşime ulaştırır mısınız" dedi. Son mektubuydu:

> Güzel Beriacığım,
> Biraz evvel uzun bir telgrafınızı aldım. Benim için çok ıstırap içinde kaldığını anlıyorum. Bundan dolayı çok müteessir oluyorum. Yavrucuğum, senin ve Sevinç yavrumun bilakis üzerine kasem (yemin) ederim ki ben tamamıyla masum ve bigünahım, bunu bir maksadı menfaatle değil, tamamıyla müsterih olmanın neden ileri geldiğini anlatmak, seni de benim gibi müsterih görmek için yazıyorum. Masumiyetime bu derece kani olduktan sonra adil olarak bir mahkemenin beni mahkûm etmesine bir türlü akıl erdiremiyorum. Ve kuvvetle ümit ederim ki korktuğum netice yerine, inşallah hepimizi sevindirerek ve bu ıstıraplı günlere nihayet verecek bir karara mazhar olacağım.
> Beriacığım, böyle günlerde seni ne kadar aradığımı, ne kadar çok sevdiğimi daha iyi anlıyorum. Hayatı zevciyeni bedbaht geçirmeye sebep olduğumdan mı nedir bilmiyorum. Hatıran, çehren zihnimde temas eder etmez gözlerimin nemlendiğini hissediyorum.
> Beriacığım, seni ağlatmayı hiç arzu etmiyorum. Ama sen de beni müteessir etmemek için metin ve mütevekkil ol da bana fazla üzüntü verecek şeyler yazma. Malum ya insan uzun zaman yalnız başına kalınca muhabbet ve şefkat hislerini kalbinde hissetmek zarureti olunca

tesir veren sözlere karşı çok zayıf olur. Her gün jimnastik yaparak bütün asabiyetimi takviye ettiğim halde, kalbimin asabiyetini bir türlü kuvvetlendiremiyorum. Sevinç'in mektebini düşünüyor musunuz? Para için sıkıntıda ise belki acentelik hakkımdan inkişafta (açıkta kalan) biraz param kalmıştır, onları isteyiver.

Güzel gözlerinden hasretle öperim yavrum Beriacığım.

Perşembe, 26 ağustos 1926
Nâzım

Ankara'daki İstiklal Mahkemesi dört kişi hakkında idam kararı vermişti:

Yenibahçeli Nail: Birinci Dünya Savaşı'nda Teşkilatı Mahsusa'nın Trabzon ve yöresindeki komutanıydı. Savaş sonrasında Enver Paşa'nın kardeşi Nuri Bey'i Batum'daki cezaevinden kaçırdı. Enver Paşa'yla Kafkasya'da bir süre birlikte oldu. İdam kararını dinlerken, "Evet adilanedir, tamam adilanedir" dedi.

İdamından önce yazdığı mektubunda, "Çocuklarıma[10] amcaları (Yenibahçeli Şükrü Bey) baksın" dedi. Ne tuhaf rastlantı... Bir yıl önce, Nail'in ağabeyi Yenibahçeli Şükrü 1925 yılında evlendiğinde nikâh şahitleri kimdi dersiniz: Kel Ali (Çetinkaya) ile Kılıç Ali Bey! Nikâh şahitleri, bir yıl sonra, İstiklal Mahkemesi'nin iki üyesi olarak Yenibahçeli Şükrü'nün kardeşi hakkında idam kararı verdi.

Yenibahçeli Nail, "Konuyla kesin olarak hiçbir ilgim yoktur. Yalnız mahkeme başkanı Ali Bey'i kınamayınız. Doktor Fikret Bey'in bir sözü beni idam ettiriyor" diyerek vasiyetinin oğluna verilmesini istedi. Hapishane müdürüne dönerek, "Başkan ve Kılıç Ali beylere selamlarımı iletin, dargın olmadığımı söyleyin" dedi.

Yenibahçeli Nail idam sehbasına yürüdü, masaya çıktığında, "Ulus sağ olsun, yurt payidar olsun!" diye bağırıp darağacının altındaki sandalyeye oturuverdi. Herkes şaşırdı, o da şaşkındı. Cellat, kalkmasını isteyince gülmeye başladı. "Ne bileyim ben, her zaman sandalye görünce otururduk, meğer bu başka sandalye imiş; daha önce hiç idam edilmediğim için teşrifatını (kuralını) bilmiyorum, kusura bakmayın!" dedi.

İttihatçı fedailerinden, gözünü budaktan esirgemeyen Enver Paşa'nın yaveri Yenibahçeli Nail'in son sözleriydi bunlar...

Ve bir diğeri...

---

10. Yenibahçeli Nail'in torunu ünlü reklamcı Nail Keçeli'dir. Bu ailede Nail ismi babadan oğula geçer. Nail Keçeli'nin babasının adı da Nadir Nail Keçeli'ydi.

Artvin Şavşat doğumlu olmasına rağmen ataları Filibeli olduğu için "Filibeli Hilmi" diye tanınıyordu. Asker kökenliydi. Gerici 31 Mart Ayaklanması'ndan sonra Hareket Ordusu'yla İstanbul'a gelen subaylar arasındaydı.

Rastlantıya bakınız ki, 1913'teki Babıâli Baskını'nda Enver Paşa'nın bir yanında Yenibahçeli Nail, diğer yanında Filibeli Hilmi vardı! Şimdi birinin cesedi avlunun bir köşesine bırakılmıştı. Diğeri ise idam sehpasına çıkıyordu.

Son sözü, "Vazifenizi yapınız. Beni asanlara hakkımı helal ediyorum. Allahaısmarladık" oldu.

Ancak, tam idam edilirken masanın devrilmesiyle yere düştü. Yüze gözü kan içinde kaldı. Cellat, Filibeli Hilmi'nin yüzünü temizledikten sonra idam ilmiğini boğazına geçirdi...

Sırada Maliye eski nazırı Selanikli Cavid Bey vardı. Karar yüzüne okundu. "İdam" kelimesini duyunca sarsıldı. "Demek böyle, yazıklar olsun" dedi.

İdam sehpaları hapishanenin avlusuna kurulmuştu. Cavid Bey sehpalara doğru yürürken, son arzusunu sordular. Adlî tabibe dönerek, "Hüseyin Cahid Bey buradadır, selam söyleyiniz, çocuklarımın ve refikamın gözlerinden öpsün" dedi. Ardından sandalyeye çıktı, "Haydi, vazifenizi görünüz" dedi. İp boynuna geçirilirken son sözü "Zulümdür bu, zulüm! Allah'ın laneti zalimin üstünedir" oldu.[11]

Maliye eski nazırı Selanikli Cavid Bey idam edildikten sonra bir diğer Selanikli, Doktor Nâzım hapishane müdürünün odasına getirildi. Mahkeme kararı okundu.

Titriyordu...

Sehpaya götürüldü...

Doktor Nâzım'ın boynuna ipi geçiren, diğer üç idamı da gerçekleştiren Selanikli Cellat Ali'ydi.

İp boynuna geçirildiğinde son sözlerini söyledi:

"Efendiler bu meselede katiyen alakam ve kusurum yoktur. Masumum."[12]

11. Yazdığım gibi, Selanikli Cavid Bey, Karakaşî Sabetayistlerin lideri Osman Baba'nın soyundan geliyordu. Bizzat bu kitabın yazarı olarak, bazı Karakaşîlerin Cavid Bey'i astırdığı için Mustafa Kemal'e hâlâ mesafeli durduklarını ve onu eleştirdiklerine şahit oldum.

12. Doktor Nâzım, Selanikli Cavid Bey, Yenibahçeli Nail ve Filibeli Hilmi Bey ölüm cezalarının yerine getirilmesinin ardından hemen o gece cezaevinin avlusuna gömüldüler. 1950'li yılların başında Cavid Bey'in eşi Âliye Hanım'ın girişimi ve dönemin cumhurbaşkanı Celal Bayar'ın verdiği emir üzerine asılan bu dört İttihatçı'nın kemikleri cezaevi avlusundan alınıp Ankara Asrî Mezarlığı'na gömüldü. Kitabın hazırlık aşamasında Avukat Emrah Cengiz mezarların yerini bulmak amacıyla Ankara Asrî Mezarlığı'nda araştırma yaptı. Ancak mezarların hangi ada ve parselde olduğunun bilinmediği ortaya çıktı. Bir dönemin önemli bu dört isminin mezarı kaybolmuştu!

Dr. Tevfik Rüşdü'nün zor günleri

Doktor Nâzım'ın idam bilgisi Paris'e ulaştığında, Evliyazade Refik Efendi haberi kızı Beria'dan sakladı. İzmir'e dönene kadar, Evliyazade Naciye Hanım, Beria'ya Doktor Nâzım imzasıyla mektuplar gönderdi. Mektupları bazen de Berin yazıyordu...
Ama bir gün, Beria gerçeği öğrenecek ve bir daha onunla diyalog kurmak mümkün olmayacaktı...
Beria kendi hayatına çekilecekti sessizce...

Refik Efendi başta olmak üzere Evliyazadeler, Dışişleri Bakanı Dr. Tevfik Rüşdü'nün idamı önlemek için gerekli çabayı göstermediğini düşünüyorlardı.
Aslında Dr. Tevfik Rüşdü de Doktor Nâzım'ın idam edileceğini hiç tahmin etmemişti. Bu nedenle Mustafa Kemal nezdinde pek girişimlerde bulunmamıştı.
Sadece bacanağının idam edildiğini öğrendiğinde hışımla girdiği Mustafa Kemal'in yanından sinirleri yatışmış bir şekilde çıkmıştı. Mustafa Kemal, bacanağının neden asıldığını soran Dr. Tevfik Rüşdü'ye, "Asmak zorundaydım, yoksa onlar seni ve beni asacaklardı" demişti! (Orhan Tahsin, *Yeni Asır*, 1978)
Peki Doktor Nâzım suçlu muydu?
Hüseyin Cahid Yalçın, *Siyasal Anılar* adlı kitabında Doktor Nâzım'ın suçlu olup olmadığı konusundaki düşüncelerini bir temele dayandırıyor:

> Doktor Nâzım vardı ki, özgürlük ülküsündeki hizmet ve özverilerinden ötürü arkadaşlarının saygı ve güvenini tam olarak kazanmış olmakla birlikte, son yıllarda, belki de yaşının ilerlemiş olmasından ötürü, biraz fazla konuşur, çevresine de çevresindekilere de dikkat etmez bir hal almıştı. Ortada bir suikast hazırlığı varsa, bunu yapanlar maddece bu işte hiç yararı dokunamayacak olan Doktor Nâzım'a ihtiyatsızlığından ve boşboğazlığından ötürü böyle dehşetli bir sırrı haber vermezlerdi. (2000, s. 383)

Uğur Mumcu *Gazi Paşa'ya Suikast*, Falih Rıfkı Atay *Çankaya* adlı kitaplarında Doktor Nâzım'ın suçsuz olduğunu yazıyorlar.
İzmir Suikastı'nı *Atatürk'e Kurulan Pusu* adlı kitabında ayrıntılarıyla inceleyen yazar Osman Selim Kocahanoğlu'na, Doktor Nâzım'ın suçlu olup olmadığı konusundaki fikrini sordum. "Doktor Nâzım'ın bu suikastın dışında olmadığını düşünüyorum" dedi.

İttihat ve Terakki'nin kuruluşundan itibaren her suikastından haberi olan Doktor Nâzım'ın, İttihatçı fedailerinin son suikast girişiminden haberi yok muydu? Kuşkusuz, Cavid Bey'in evinde toplantı yapmak, çalışma programları hazırlamak, Terakkiperver Cumhuriyet Fırkası'nı perde arkasından yönetmek suç sayılamaz.

Ancak...

Şurası da bir gerçek ki, suikast fikri, ev toplantılarındaki kışkırtmalar sonucu doğmuştu. İttihatçıları tekrar bir hükûmet darbesiyle iktidara taşıma fikri, Terakkiperver Cumhuriyet Fırkası kapatılınca asıl amaç haline gelmişti. Ancak 1913 Babıâli Baskını'nı tekrarlama girişimi bu kez başarısızlıkla sonuçlanmıştı...

Sonuç:

Doktor Nâzım'ın idamı, Evliyazade ailesinin karşılaştığı ilk idamdı.

Ancak son olmayacaktı...

On altıncı bölüm

2 eylül 1928, İzmir

... ve uzaklarda gizlenir Karşıyaka,
yaprakların gölgesinde,
ilkbahar kendinden geçer,
uykuya dalar neşe!..

Gustave Cirilli

Evliyazadelerin evinde bambaşka bir heyecan yaşanıyordu.
O gün Karşıyaka'daki konakta düğün vardı.
Evliyazade Naciye Hanım'ın kızı Fatma Berin, Hacı Ali Paşazadelerin oğlu Ali Adnan'la (Menderes) evleniyordu.
Evliyazadelerin yeni damadı Ali Adnan ile Fatma Berin, birbirlerini çok eskiden tanıyorlardı. Ali Adnan gençliğinde Karşıyaka'da bisiklete binerken, bir küçük kız hep onun yanında koşardı. Örgülü saçları olmasa bir erkek çocuğu andıran Fatma Berin, Ali Adnan'ın "Yanımda koşma, dikkatimi dağıtıyorsun" demesine aldırmazdı bile. Ali Adnan sinirlenip Fatma Berin'in örgülü saçlarından çekerek onu ağlattığı olurdu.
Ali Adnan ile Fatma Berin'in "bisiklet maceraları" yıllar öncesinde kalmıştı. Her ikisi de kavgalarını çoktan unutmuştu.
Ali Adnan'ın Karşıyaka'da en yakın arkadaşı, Hamdi Fuad'dı (Dülger).
Hamdi Fuad, bir süre önce Berin'in ablası Güzin'le evlenmişti.
Ali Adnan ile Fatma Berin'in evlenmesine kim aracı olmuştu?
İki ihtimal var. Birincisi Hamdi Fuad'ın aracılık yapması.
İkincisi ise daha güçlü olasılık: Ali Adnan'ın dayısı Refik'in kızı Mesude birkaç yıl önce Evliyazadelere gelin gitmişti.
Mesude, Evliyazade Refik Efendi'nin oğlu Nejad'la evlenmişti.
Ayrıca Mesude'nin üvey annesi Feriye Hanım ile Evliyazade Naciye Hanım yakın görüşüyorlardı.
Feriye Hanım tıpkı Naciye Hanım gibi faal bir kadındı. Örneğin 1921'in kasım ayında İzmir'deki tutsakların yaşam koşullarını düzeltmek için İzmirli Türk kadınların girişimiyle kurulan yardım komisyonunda aktif olarak görev almıştı.
Bu tür sosyal faaliyetlerde sık sık yan yana geliyorlardı.

Gerek Mesude gerekse Feriye Hanım, yirmi dokuz yaşına gelmiş Ali Adnan'ı evlendirmek için çok çaba sarf ediyorlar, ama Ali Adnan'ı bir türlü ikna edemiyorlardı. Evlendirilmek istemelerinin bir nedeni aile soyunun devamıydı. Dündar akıl hastasıydı, Sami Fransa'ya gitmişti. Tek erkek Adnan'dı.

Çakırbeyli Çiftliği'nde yaşanan bir olay Ali Adnan'ın görüşünü değiştirecekti...

Bir yıl önce Çakırbeyli Çiftliği'nde bir cinayet işlendi.

Cinayete nedeni Ali Adnan'dı!

Budaklı Osman, çiftliğin eski kâhyalarından biriydi. Bu nedenle Budaklı ailesi çiftlikte yaşıyordu.

Ayşe bu ailenin henüz gelişme çağındaki kızlarından biriydi.

Bir gün Budaklıların en küçük oğlu Mehmed, kız kardeşi Ayşe'yi, çiftliğin beyi Ali Adnan'ın konağından çıkarken gördü ve kardeşini iki kurşunla öldürdü. Ali Adnan'ı da öldürmek istedi. O yıllarda çiftlikte Ali Adnan'la birlikte yaşayan Edhem (Menderes) devreye girdi ve olayları yatıştırdı.

Ali Adnan bitkindi, katil Mehmed cezaevine girmişti ama dört erkek kardeşi daha vardı. Her an öldürülme korkusuyla yaşıyordu. Çakırbeyli Çiftliği'nden ayrıldı ve Aydın'a yerleşti. Araya çok hatırlı dostlar girdi, Ali Adnan ile Budaklılar barıştırıldı. Hatta Ayşe'yi vuran Mehmed'e, Reşad (Ok) adındaki avukatı Ali Adnan tuttu.

Bu olayın üzerinden kısa bir zaman geçtikten sonra Ali Adnan evlenmeye karar verdi. Kan davasının sürüp sürmeyeceği daha belli olmadan İzmir'in tanınmış ailelerinden Evliyazadelerin, kızları Fatma Berin'i, Ali Adnan'la evlendirmesini çok cesurca alınan bir karar olarak mı görmek lazım?

Evliyazadeler Ali Adnan'ı damat olarak görmekte istekliydi. Üstelik bu evlilik Fatma Berin'e rağmen gerçekleşmişti.

Fatma Berin bu evliliğe soğuk bakıyordu. Aklında bir çiftçiyle evlenme düşüncesi yoktu. Çiftlik yaşamını sevmiyordu. Bu nedenle evliliğe razı olmadı.

Bir gün, her hafta sonu yaptığı gibi önce İpekçi ailesinin işlettiği Elhamra Sineması'na, oradan da Ali Galib Pastanesi'ne gitmek için hazırlık yapıyordu. Naciye Hanım kızı Fatma Berin'in odasına geldi. Berin kendisine "şık giyin" denmesini ve ardından saçına, kıyafetine sürekli müdahale edilmesini hiç anlamadı. Annesinin daha önce yapmadığı davranışlardı bunlar.

Fatma Berin ağabeyi Samim'le birlikte evden çıktı. Sinemadan sonra pastaneye gittiler. Masaların birinde Ali Adnan oturmaktaydı. Berin göz ucuyla ona baktı.

Karşı masada oturan genç adam, 1,70 boylarında, bebek yüzlü, çekik gözlü, sivri burunluydu; yanık pekmez renkli saçlarını limonla yapıştırmış, kalın kaşlarını hafif inceltmişti; boyuna göre geniş omuzlu, güzel elli, şık giyimliydi.

Ali Adnan'ın hayatı boyunca tercih edeceği koyu renkli kruvaze takım elbisesi vardı üzerinde. Ayakkabıları hep temiz, hep boyalı olacaktı. Bir diğer vazgeçemediği ise ipek çoraplarıydı.

Ağabeyi Samim'in "Tanışmak ister misin?" sorusuna Berin çok sinirlendi ve hışımla pastaneden çıktı. Hemen ardından da Samim çıkarak kız kardeşinin gönlünü almaya çalıştı.

Ama zamanla Fatma Berin ikna edildi...

Hep yazıyorum: Evliyazadelerin kızlarının evlenmelerinde hep bir tuhaflık var!..

İyi okulda okumuş, Fransızca'yı anadili gibi konuşan, piyano çalan "Batılı" Fatma Berin, tahsilini tamamlamamış, çiftlikte yalnız yaşayan ve her an öldürülme tehlikesi altında bulunan Ali Adnan'la neden evlendirilmek istenmektedir?

Fatma Berin'in birçok talibinin olmaması imkânsız. O halde Evliyazadelerin "Ali Adnan" ısrarı nedendir?

Kızlarını el üstünde tutan, yetişmeleri için her türlü olanağı seferber eden Evliyazadeler, Fatma Berin'in istememesine rağmen ona neden sürekli baskı yapmıştır?

Ve Fatma Berin neden boyun eğmiştir? Neden Aydın'ın bir köyünde yaşamaya mecbur bırakılmıştır?

Berin'in bu evliliği kabul etmesinin nedeni yaşı olabilir mi; yirmi üç yaşındaydı. O dönem için evlilik yaşını çoktan aşmıştı. Peki ama neden?

Ablası Güzin de geç evlenmişti; üstelik kocası Hamdi (Dülger) Efendi'den üç yaş büyüktü!

Bir sır var!..

Ali Adnan ile Fatma Berin, bir gün Ali Galib Pastanesi'nde bir araya gelip, tanıştılar.

Sonra birkaç kez daha buluştular.

Ali Adnan, Fatma Berin'e Çakırbeyli Çiftliği'ndeki yaşama uyum sağlayıp sağlayamayacağını soruyordu sürekli.

Fatma Berin ise Ali Adnan'dan bir söz istiyordu; siyasetle ilgilenmeyecekti!

Eniştesi Doktor Nâzım'ın başına gelenler tüm Evliyazade ailesi gibi Fatma Berin'i de çok sarsmıştı. Fatma Berin, babası Yemişçizade İzzet Beyin ruh sağlığının bozulmasında, içinde yer aldığı ve o dönemde II. Abdülhamid istibdatına karşı mücadele veren İttihat ve Terakki Cemiyeti'nin gizli faaliyetlerinin de etkisi olduğunu düşünüyordu.

Dayısının kızı Beria'nın ruh sağlığının bozulmasında da siyasetin rolü olduğu fikrindeydi.

Siyasetten nefret ediyordu...

Ali Adnan, Fatma Berin'e siyasetle ilgilenmeyeceği sözünü verdi.

Aileler anlaştı ve 2 eylül 1928'de Ali Adnan ile Berin'in nişanları ve düğünleri bir arada yapıldı.

Ve...

Çakırbeyli Çiftliği'ne önce Evliyazade Berin Hanım'ın piyanosu gitti...

Balayı dönüşü genç evliler çiftliğin yolunu tuttular.

Çiftliğin hanımını ve beyini yeni kâhya Gözkoyalı Abdi (Ak) Ağa karşıladı.

Dededen kalan topraklar eskisi kadar olmasa da bir hayli genişti. Çiftlik, sulanabilir bir ovaya yayılmıştı. Çiftlikte on bir artezyen kuyusu vardı. Aydın'dan gelen yol ile Koçarlı yönünden gelen yolun kesiştiği yerde ise bir köşk vardı. Köylüler buraya "Kule" derdi.

Köşk iki katlı, yedi odalıydı. Yapımında Macar ustalar çalışmıştı.

Evin yakınında kâhya ve hizmetlilerin kaldığı bir de ev vardı. Bir dönümlük sebze bahçesinde yetiştirilen ürünlerle çiftlikte yaşayanların ihtiyaçları karşılanırdı.

Ali Adnan çiftlikle bizzat ilgileniyordu. Onun girişimiyle Çakırbeyli Çiftliği'nde son yıllarda pamuk yetiştirmeye başlamışlardı.

Çiftlik hayatı Fatma Berin'i mutlu etmeye başladı.

Tek istemediği ve hayatı boyunca sevmeyeceği kişi, eşinin yakın dostu Edhem Bey'di!..

1 haziran 1930'da hayatında en çok sevdiği oğlu Yüksel'i doğurdu.

O günlerde Türkiye yeni bir siyasal doğuma hazırlanıyordu.

Ve bu siyasal hareketin içinde, Berin'in muhalefetine rağmen Ali Adnan da (Menderes) olacaktı...

Serbest Fırka

Paris Büyükelçisi Ali Fethi (Okyar), yapacağı ziyaretin yeni bir partinin doğumuna neden olacağını hiç tahmin etmiyordu.

Terakkiperver Cumhuriyet Fırkası'nın olaylı bir şekilde kapanmasının üzerinden beş yıl geçmişti; İzmir Suikastı davasıyla İttihatçıların yok edilmesinin üzerinden ise dört yıl...

Türkiye'de herkes artık kolay kolay yeni bir parti deneyiminin yaşanmayacağını düşünüyordu.

Ta ki o ziyarete kadar...

Paris Büyükelçisi Ali Fethi Türkiye'ye geldi.

Mustafa Kemal Yalova'da dinleniyordu. Ziyaretine gitti. Kısa bir ziyaret için gitmişti ancak altı gün Yalova'da kaldı.

Çok yakın arkadaştılar. Ali Fethi, Mustafa Kemal'in sözlerine değer verdiği isimlerden biriydi.

Ali Fethi, İttihat ve Terakki Cemiyeti'nin önemli kurmaylarındandı. Hatta bir dönem cemiyetin kâtibi umumîsi oldu. Mustafa Kemal'le birlikte "İttihatçı subayların siyasetten uzaklaşmasını" savunduğu ve liberalizmi benimsediği için Enver Paşa ve arkadaşlarıyla ters düştü, Mustafa Kemal'le birlikte İstanbul'dan uzaklaştırılmak için Sofya'ya elçi tayin edildi.

Birinci Dünya Savaşı'ndan sonra kurulan İzzet Paşa kabinesinde iki ay Dahiliye nazırlığı yaptı.

Millî Mücadele'ye Mustafa Kemal'i ikna eden isimlerden biriydi. 23 nisan 1920'de açılan Büyük Millet Meclisi'nin ilk başkanı oydu. 1920-1925 yılları arasında Ankara'nın en önemli "beyinlerinden" biriydi. Ali Fethi Bey, Terakkiperver Cumhuriyet Fırkası'nın kurulduğu günlerde Mustafa Kemal tarafından başbakanlığa atandı. Ancak Şeyh Said İsyanı, nasıl Terakkiperver Cumhuriyet Fırkası'nın siyasal hayatına son verilmesine sebep olduysa, bu fırkaya hep hoşgörüyle bakan Başbakan Ali Fethi'nin siyasal sonunu da hazırladı; Paris'e büyükelçi olarak atandı.

Beş yıldır Paris'te bulunuyordu.

Mustafa Kemal, Yalova'da altı gün boyunca, Ali Fethi'nin İngiltere ve Fransa'dan örnekler vererek Türkiye siyasal sistemine yönelik eleştirilerini dinledi.

Ali Fethi, ülkenin içinde bulunduğu ekonomik sıkıntıdan kurtulabilmesi için, Fransızların yardıma hazır olduğunu ve bunu elçi olarak kendisine bizzat bildirdiklerini söyledi.

Bizim çoğu tarih kitabımız der ki: "Mustafa Kemal bir muhalefet partisi kurduracaktı, bu nedenle Paris'ten Ali Fethi Bey'i çağırdı, ona parti kurduracağını açıklamadan, altı gün dinledi, sonra İstanbul Büyükdere'deki Necmeddin Molla'nın (Kocataş) evinde, kafasındaki düşünceyi Ali Fethi Bey'e açtı."

"Mustafa Kemal kafasında bir muhalefet partisi düşüncesi oluşturmuş ve buna uygun genel başkan bulmak için Paris Büyükelçisi Ali Fethi Bey'i çağırıp onu dinlemiştir" tezi pek gerçekçi görünmüyor.

Doğrusu, Ali Fethi gerek Yalova gerekse İstanbul'da söyledikleriyle Mustafa Kemal'i etkilemiştir.

Nasıl yüzyıl önce, Londra Sefiri Reşid Paşa İstanbul'a gelip İngiltere hükûmetinin Osmanlı Devleti hakkındaki görüşlerini Sultan Abdülmecid'e arz etmiş, sonra ikisi, gerek ekonomik gerekse siyasal ıslahatların yapılmasına karar vermişlerse, yüzyıl sonra benzer olay Yalova'da yaşanmıştı.

Mustafa Kemal, Ali Fethi'yi bu nedenle altı gün yanında tutmakla kalmamış, İstanbul'a da birlikte gitmişlerdir.

Mustafa Kemal, Necmeddin Molla'nın evinde, Ali Fethi'ye şunları söylemiştir:

> Ben bunun çaresini buldum. Memlekette muhalif bir fırka kurmak lazımdır. Böyle bir fırka vücuda gelirse Meclis'te münakaşa daha serbest olur. Mesela siz böyle bir fırkanın başına geçerseniz bildiklerinizi serbestçe Meclis'te söylersiniz; bu surette tatbikatta görülen birçok hataların önü alınmış olur. (Afet İnan, *Atatürk Hakkında Hatıralar ve Belgeler*, 1959, s. 263)

Evet, Mustafa Kemal, Ali Fethi'den etkilenmişti ancak onun kafasında da "demokrasi devrimi" vardı. Ve hemen bunu hayata geçirmek istiyordu.

Türkiye siyasal yaşamına, yani tek partili otoriter bir sisteme, demokratik Batı ülkelerinin küçümseyerek baktığını biliyordu. Bundan rahatsızdı. Tek partili rejimde hükûmet Meclis'te eleştirilmiyordu. Milletvekilleri sadece yeniden seçilmenin kulisini yapıyordu.

Üstelik dünya, 1929 ekonomik bunalımını yaşıyordu ve Türkiye ister istemez bu krizden epey etkilenmişti.

Mustafa Kemal kararını vermişti; Cumhuriyet Halk Fırkası yanında Meclis'te bir parti daha olmalıydı!

Terakkiperver Cumhuriyet Fırkası kendi denetimi dışında kurulmuştu. Yeni oluşumun tüm safhasında kendisi olacaktı.

Fırkanın başkanlığına Mustafa Kemal'in emriyle Ali Fethi geldi. "Emriyle" geldi, çünkü Ali Fethi bu görevi hiç istememişti.

Fırkanın adını da Mustafa Kemal koydu: Serbest Cumhuriyet Fırkası!

Kimlerin kurucu olacağını da tek tek saptadı. Kız kardeşi Makbule (Atadan) Hanım'ı kurucu yaptı. Kardeşini kurucu yaparak, yeni bir fırkaya katılmakta tereddüt eden kişilere güvence verdi. Yani, Serbest Cumhuriyet Fırkası hakkında ileride bir soruşturma-kovuşturma açılmayacağının en somut örneğiydi Makbule Hanım![1]

Fırkanın güvencesinin bir diğer ismi, Nuri (Conker) Bey'di. Mustafa Kemal'in Selanik'ten çocukluk arkadaşıydı. Aynı mahallede büyümüşler, tüm askerî okullarda birlikte okumuşlardı. Mustafa Kemal Paşa'ya "Kemal" diye adıyla hitap eden tek kişiydi! Nuri Bey Serbest Cumhuriyet Fırkası'nın umumî kâtipliğine (genel sekreterliğine) getirildi.

Mustafa Kemal "hocam" diye hitap ettiği, Selanik Askerî Rüştiyesi'nden Fransızca öğretmeni Yüzbaşı Nakiyettin'i de (Yücekök) kurucu yaptı.

Bir diğer Selanikli, Tahsin (Uzer) Bey de kurucular arasındaydı.

Türk Ocağı kurucularından şair Mehmed Emin (Yurdakul) ve Ağaoğlu Ahmed gibi isimler de Mustafa Kemal'in isteğiyle zoraki kurucu oldu.[2]

Serbest Cumhuriyet Fırkası'nın kurucuları arasında Selanikli ağırlığı vardı!

Mustafa Kemal Serbest Fırka'ya on beş milletvekili sözü verdi. Onun direktifiyle on beş milletvekili CHF'den istifa ederek hemen yeni fırkaya geçti.

Fırkanın çizgisi, kuruculara bakıldığında belliydi; liberal Türkçü bir parti olacaktı Serbest Cumhuriyet Fırkası!

Ama programında Türkçülükten çok liberalizm vurgusu ön plandaydı. Serbest Cumhuriyet Fırkası'nın programını Ağaoğlu Ahmed yazdı. Programda yer alan, "serbest piyasa" "yabancı sermaye", "kambiyo kuru", "ihracatın teşviki" gibi ekonomi kavramlarıyla Türkiye ilk kez karşılaşıyordu. Ama bu on bir maddelik programa Mustafa Kemal'in tek bir eleştirisi vardı.

Beşinci madde, ekonomik anlayışta liberalizmin benimseneceğine ve kişisel girişimin fırka tarafından destekleneceğine ilişkindi. "Bireysel girişim ve özel sermayenin gücünün yeterli olmadığı durumlarda devlet desteğinin gerektiğine" dair ifade

---

1. Serbest Cumhuriyet Fırkası'nda Mustafa Kemal'in tek akrabası yoktu. Mustafa Kemal'in annesi Zübeyde Hanım'ın yeğeni Türkiye Komünist Partisi genel sekreterliği görevinde bulunan Fuad Reşad Baraner'di. Baraner'in eşi dönemin ünlü yazarı, TKP'li Suat Derviş de (Saadet Baraner) 25 ağustos 1930 tarihli *Cumhuriyet* gazetesinin haberine göre Serbest Cumhuriyet Fırkası'na katılmıştı.

2. 1938 yılında İngiltere'nin Ankara büyükelçisi Percy Loraine "gizli" kaydıyla Londra'ya gönderdiği "Notes On Leading Turkish Person Alities" adlı raporunda Türkçülük fikrinin önde gelen isimlerinden Ağaoğlu Ahmed hakkındaki notu ilginçtir: "Ahmed Ağaoğlu, İslamiyet'i seçmiş Kafkas kökenli bir Yahudi'nin oğludur." Bu raporun yazar Halide Edib Adıvar'ın verdiği bilgilere göre yazıldığı iddia edilmektedir. Halide Edib Adıvar'ın Sabetayist olduğu bilinmektedir; bu nedenle Ağaoğlu ailesi hakkında verdiği bilgiye güvenebiliriz. Bir benzer iddia, yine Türkçülüğün ideologlarından, Kazanlı bir fabrikatörün oğlu Yusuf Akçura için de yapılmıştır!

daha sonra Mustafa Kemal tarafından eklendi.
Cumhuriyet Halk Fırkası ile Serbest Cumhuriyet Fırkası'nın tek ayrıştığı nokta ekonomiye bakıştı. İttihat ve Terakki Cemiyeti'ndeki günlerinden beri liberal iktisadı benimseyen Ali Fethi ile Ağaoğlu Ahmed beylerin, Başbakan İsmet (İnönü) Paşa'yla bu konuda farklı görüşte olduğu aşikârdı. Zaten o günlerde, Başbakan İsmet Paşa, ilk kez 30 ağustos 1930'da Sivas'ta "ılımlı devletçi" olduğunu açıklayarak, devletçilik terimini siyasal literatüre sokacaktı.
CHF'nin mi yoksa SCF'nin mi daha sol bir parti olduğu o günlerde ilginç tartışmalara neden oldu. Ali Fethi, *Cumhuriyet* gazetesine verdiği demeçte şöyle diyordu:

> Fırkam, Halk Fırkası'nın sol cenahında, liberal ve laik Cumhuriyetçi bir fırka olarak çalışacaktır. Sol cenaha teveccühün miyarı (ölçüsü) halkın seviye ve temayülüne, umumî efkârın (kamuoyunun) karşılayış ve yükselişi olacaktır. (11 ağustos 1930)

11 ağustos 1930 tarihli *Hâkimiyeti Milliye*'de de, "Fırkamız sola mütemayildir (eğilimlidir)" diyordu.
Aynı gazetede CHF'nin açıklaması 21 ağustosta yayımlandı:

> Bu memlekette padişahlığı, halifeliği, Şarklılığı kaldıran, dini, dünya işlerinden ayıran, Latin harflerini alan, şapka giydiren bir fırkanın daha solu yoktur. İsmet Paşa'nın soluna ancak hürmet icabı geçilebilir.

Anlaşılıyor ki sol kavramı o günlerde pek korkulu görünmüyor, özgürlükçü bir düzeni tanımlamak için kullanılıyordu...
Türkiye Cumhuriyeti, ikinci kez muhalefet oluşturma çabasını başarıyla uygulayabilecek miydi?..

Ali Adnan (Menderes) Serbest Fırka'da

Ali Adnan (Menderes) yeni kurulan Serbest Cumhuriyet Fırkası'na nasıl katıldı? Teklifi getiren kimlerdi?
Ali Adnan yıllar sonra avukatı Orhan Cemal Fersoy'a Serbest Fırka ve CHP'yle ilişkileri konusunda bakın ne diyor:

> Halk Partisi ileri gelenleriyle tanışıyordum. Dr. Reşid Galib, Necib Ali hemşerim, dostlarımdı. Fethi Bey'in Serbest Fırkası ortaya çıkıncaya kadar ise, Halk Partisi'ne onların rica ve ısrarlarına rağmen gir-

memiştim. O devredeki mutemetler saltanatı idaresini beğenmiyordum. (*Başbakan Adnan Menderes*, 1978, s. 61)

Samed Ağaoğlu *Arkadaşım Menderes* adlı kitabında, şunları yazmaktadır:

> Menderes politika hayatına yine Edhem Bey'le beraber, rahmetli Dr. Reşid Galib'in teşvikiyle Fethi Okyar'ın başında bulunduğu Serbest Cumhuriyet Fırkası'na girerek başladı. (1967, s. 27)

Yazılanlara bakılırsa, Ali Adnan'ın aktif siyasete girmesini, Dr. Reşid Galib ve Necib Ali (Küçüka) sağlamıştı!
Ne garip değil mi? Ali Adnan'ın "hemşerim, dostlarım" dediği bu iki isim, daha iki yıl önce Doktor Nâzım'ı idama gönderen İstiklal Mahkemesi'nin iki önemli üyesiydi!
Bu bir tesadüf mü?
Evliyazadelerin bir damadını, Doktor Nâzım'ı idama gönderenler, Evliyazadelerin bir diğer damadını, Ali Adnan'ı politikaya sokmak için çaba mı sarf etmişlerdi?
Özel bir nedeni veya vicdanî bir sebebi var mı bilemiyoruz!..
Bu sorunun yanıtını Dr. Reşid Galib'in kimliğinde bulabiliriz.
Arkadaşları arasındaki adı, "Köylü Reşid Galib"di! Bu ismin verilmesinin nedeni şuydu:
Birinci Dünya Savaşı'nın ağır mütareke koşullarında İstanbul'da bazı gençler, 25 kasım 1918'de "Köycüler" adı altında bir cemiyet kurdular. Köylere yerleşip bir misyoner gibi çalışacaklar, böylece Batı düşüncesini ve pratiğini köylüye öğreteceklerdi.
"Misyonerlik" Dr. Reşid Galib'e yabancı bir duygu değildi. Doğduğu Rodos'ta Alliance İsraelite Universelle'de öğrenim görmüştü!
Sonuçta siyasal yaşamı boyunca köylülerin politikaya girmesini isteyen Dr. Reşid Galib'in, iyi eğitimli çiftçi Ali Adnan'a sürekli teklif götürmesinde şaşılacak bir durum yoktu.
Sonuçta "köylü misyoneri" Dr. Reşid Galib ile çiftçi Ali Adnan aynı partide buluştular.
Ali Adnan sadece fırkaya katılmakla kalmadı, Serbest Cumhuriyet Fırkası'nın Aydın il başkanı oldu.
4 eylül 1930 Serbest Fırka için bir dönemeç oldu. Serbest Cumhuriyet Fırkası "teşkilatlanma gezisi" düzenledi ve bunu İzmir'den başlattı. Gezi daha sonra Aydın, Manisa, Balıkesir ve Akhisar'da devam edecekti..
Ali Fethi (Okyar) başkanlığındaki Serbest Fırka heyeti 3 eylül-

de gemiyle İstanbul'dan yola çıktı. Bir gün sonra İzmir limanında gördükleri manzaraya inanamadılar. Binlerce insan fırka yöneticilerini karşılamak için limanı doldurmuştu.

Yüzlerce insan ise kayıklardaydı. Kayıklarla vapura yaklaşanlar güverteye atlamaya başladı. Gemiye her atlayan doğruca Ali Fethi'nin boynuna sarılıyordu.

Gemi limana ulaştığında binlerce insan "Yaşasın Fethi!.. Yaşasın Gazi!.." diye bağırmaya başladı. Heyet güçbela bir otomobile bindirildi. Kalınacak otele gittiler, arkalarında binlerce İzmirli'yle birlikte!

Bu coşkulu kalabalık Halk Fırkası'nı kızdırdı. Kentte yer yer olaylar çıkmaya başladı. Bu arada çıkan çatışmada biri on dört yaşında bir çocuk olmak üzere iki kişi hayatını kaybetti.

Olaylar güçlükle yatıştırıldı.

Peki gerçekte neler oluyordu? Binlerce İzmirli Ali Fethi Bey'e neden hep "Kurtar bizi!" diye bağırıyordu? Dokuz yıl önce kurtarıcılarını bağrına basan İzmir, şimdi neden muhalefet fırkasına kucak açmıştı?

1929 dünya ekonomik krizi Türkiye ekonomisinin "belkemiği" İzmir'i fena vurmuştu. Dış kredi olanağı yok denecek kadar azalmıştı. Hükûmet, gelirleri artırmanın tek yolunu vergileri artırmakta bulmuştu. Ayrıca her geçen gün artan yolsuzluklar halkın moral değerlerini çökertiyor, "kurtarıcılarına" inancını azaltıyordu.

Bu arada dünya ekonomik krizi yetmezmiş gibi, 1927 ve 1928 yılındaki kuraklıklar, hâlâ bir tarım ülkesi olan Türkiye'yi derinden etkilemişti.

Serbest Fırka'nın mitingine binlerce İzmirli katıldı. Ali Fethi Bey, çıktığı kürsüden, sesini herkese duyurabilmek için var gücüyle bağırıyordu. Ama insanlar onu dinlemek yerine, bağırmayı yeğliyordu.

Bu arada Ankara'ya mitingle ilgili giden raporlar Mustafa Kemal'i etkilemeye yönelikti. Mitinge katılanlar onun ve Başbakan İsmet Paşa'nın aleyhine slogan atmışlardı!

İstanbul ve Ankara basını Serbest Fırka ve Ali Fethi Bey aleyhinde yayınlar yaparak Mustafa Kemal'i etkilemeyi sürdürüyordu.

Ali Adnan ile Ali Fethi Bey bu gezi esnasında tanıştı. İl başkanı Ali Adnan bölge halkının fırkalarına gösterdikleri ilgiyi örnek olaylarla anlattı.

Ali Adnan sadece Aydın'ın değil, Denizli, Nazilli, Muğla'daki örgütlerin kurulmasında da aktif olarak görev almıştı.

Ancak Ali Adnan'ın moral verici haberlerini heyetten kimse dinlemiyordu sanki. Herkes Ankara'nın tavrını merak ediyordu. Basının ortamı sürekli gerginleştiren yayınları morallerini bozuyordu. Sonunda Cumhurbaşkanı Mustafa Kemal siyasal tavrını açıkladı:

> Ben Cumhuriyet Halk Fırkası'nın umumî reisiyim. Cumhuriyet Halk Fırkası Anadolu'ya ilk ayak bastığım andan itibaren teşekkül edip benimle çalışan Anadolu ve Rumeli Müdafaai Hukuk Cemiyeti'nin mevludıdur (çocuğudur). Bu teşekküle tarihen bağlıyım. Bu bağı çözmek için hiçbir sebep ve icap yoktur ve olamaz.

Mustafa Kemal tavrını apaçık ortaya koymuştu. Bu şartlar altında 23 eylül 1930'da yerel seçimler yapıldı. Bu seçimin en önemli özelliklerinden biri, ilk kez kadınların da oy kullanmasıydı...
Serbest Fırka yurt çapındaki örgütlenmesini tamamlamamış olmasına rağmen seçimlere katılma kararı aldı. 502 seçim bölgesinin 31'inde Serbest Cumhuriyet Fırkası kazandı. Ege ve Trakya en çok oy aldığı bölgelerdi.
31 yerin 10'u İzmir, 8'i ise Aydın'dan kazanılmıştı.

Serbest Cumhuriyet Fırkası kurulduğu günlerde Büyük Millet Meclisi tatildeydi. 22 eylülde Meclis yeni yasama yılına başladı ve başlamasıyla birlikte, iktidar partisi Cumhuriyet Halk Fırkası ile muhalefet partisi Serbest Cumhuriyet Fırkası milletvekilleri arasında hemen her oturumda tartışmalar yaşanmaya başlandı.
Örneğin, SCF Genel Başkanı Ali Fethi Bey, hükûmetin demiryolları politikasını eleştiriyor, "Efendiler, bugünkü asırda, bu XX. asırda bütün dünyada şimendifer, yollar, tayyareler ve her türlü vasıtai nakliyenin (ulaşım araçlarının) bu kadar tekessür ettiği (çoğaldığı) bir devirde bu hükûmetin şimendifer siyaseti diye bir siyaseti yoktur. Böyle bir şeyi tanımıyorum. Bu memlekette şimendifer yapmak bedihî (kanıt ve tanıt gerektirmeyecek derecede açık, kesin) bir şeydir, tabiî bir şeydir. Yol yapmak da aynı veçhile ona göre lüzumlu bir şeydir. Bunların her birini bir siyaset haline koymak ve bunlara birer abide gibi herkesin tapınacağı bir şekil vermek doğru mudur?" diyordu.
Bir diğer tartışma konusu yabancı sermayeydi. SCF, hükûmeti ülkeye yabancı sermaye getirememekle, hükûmet ise SCF'yi yabancı sermaye taraftarı olduğu için millî ekonomiyi baltalamaya kalkışmakla suçluyordu!..
Başbakan İsmet Paşa, Ali Fethi Bey'i açıkça yabancı sermayenin simsarı olmakla itham ediyordu.

Genel seçimler yaklaşıyordu. Genel seçimler öncesi Mustafa Kemal'in tarafsız kalacağına ilişkin söylentiler dolanıyordu. Ancak Mustafa Kemal, Ali Fethi Bey'le yaptığı görüşme sonunda, Cumhuriyet Halk Fırkası'nı destekleyeceğini açıkladı.

Bu arada Başbakan İsmet Paşa ordu komutanlarını ve müfettişlerini Ankara'da toplantıya çağırıp, onları Mustafa Kemal'le buluşturdu. Komutanların ortak görüşü Serbest Cumhuriyet Fırkası'nın, Türk Silahlı Kuvvetleri üzerinde olumsuz tesirler yapmakta olduğuydu!..

Asker ağırlığını yine koymuştu.

SCF yönetimi, durumu kavramakta zorlanmadı. Fırkayı kapatma kararı aldı. Böylece Serbest Cumhuriyet Fırkası 17 kasım 1930 tarihinde siyaset sahnesinden çekildi.

Ali Fethi Bey Londra büyükelçiliğine tayin olundu.[3]

Cumhuriyet'in ikinci muhalefet denemesi ancak üç ay sürebilmişti...

Mustafa Kemal, Serbest Cumhuriyet Fırkası'nın kendini feshettiği gün, halkın dertlerini dinlemek için uzun bir Anadolu gezisine çıktı. Bu gezi Evliyazadelerin damadı Ali Adnan'ın siyasal geleceğini de yakından ilgilendiriyordu.

Mustafa Kemal bu gezilerinden sonra Serbest Cumhuriyet Fırkası'nın başarılı olduğu yerlerde, Cumhuriyet Halk Fırkası teşkilatlarının yenilenmesini istedi. Üstelik bu örgütlere eski Serbest Cumhuriyet Fırkası üyelerinin alınmasını istedi.

Aynı zamanda bu gezi, yoksulluk içinde kıvranan köylülere yönelik, iktisadî politikaların çoğunun formüle edilmesine de neden olmuştu. "Köylü milletin efendisi" olacaktı! Ali Adnan'ın, Cumhuriyet Halk Fırkası'na geçişinin nedeni, hem seçim başarısı hem de Mustafa Kemal'in bu köylü stratejisiydi.

Ali Adnan'ın yeni partisi

Ali Adnan'ın 1931 seçimlerinde Cumhuriyet Halk Fırkası'ndan milletvekili seçilmesine yönelik dört olasılık vardı:

3. Ali Fethi (Okyar) Bey ile İsmet (İnönü) Paşa arasında Ulusal Kurtuluş Savaşı günlerinden başlayan bir gerginlik vardı. Son olarak, Paris Büyükelçisi Ali Fethi'nin Osmanlı borçlarının ödenmesi konusunda Fransızlarla yaptığı antlaşmayı Başbakan İsmet Paşa'nın hiçe sayıp, yenisini yapması Ali Fethi'yi çok kızdırmıştı. Kim bilir, belki de politikaya yeniden girmesinde bu kızgınlığın da rolü vardı. İlginçtir, Fransızlara ödenecek borçlar konusu Lozan Konferansı'nda da Maliye eski nazırı, o günün heyet danışmanı Selanikli Cavid Bey ile İsmet Paşa'nın arasını açmıştı. Cavid Bey'in, idam edilmesine neden olan İttihat ve Terakki'yi yeniden diriltme çabalarına girmesinde, kim bilir belki de bu kızgınlığın az da olsa olsa etkisi vardı!

1- Bacanağı Dışişleri Bakanı Dr. Tevfik Rüşdü'nün kişisel kulisi: dönemin en kudretli isimlerinden Dr. Tevfik Rüşdü'nün Ali Adnan'ı milletvekili yapmak için Mustafa Kemal nezdinde kulis yaptığı hep iddia edildi. Ve Ali Adnan bunu hep reddetti.[4]

2- CHP'li Halid Onaran'ın desteği:
Ali Adnan güçlü bir aileye damat olmuştu. Fatma Berin (Evliyazade) Hanım'la evliydi.
Berin, Sadullah Birsel'le evli olan Bihin'in teyzesinin kızıydı.
Bihin Birsel'in eltisi Zerrin (Onaran) Hanım'dı.
Zerrin Hanım, Halid Onaran'ın kızıydı.
Halid Onaran CHP milletvekilliği yanında Maraş, Adana ve Aydın illerinin parti müfettişiydi.
Bir diğer iddiaya göre, Ali Adnan'ın CHP'ye katılmasında en önemli desteği, uzaktan akrabası Halid Onaran vermişti!

3- İzmir'deki olaylardan sonra Serbest Cumhuriyet Fırkası'ndan istifa eden ve Mustafa Kemal'in yurt gezisindeki heyette bulunan Dr. Reşid Galib'in ısrarlı isteği.

4- Bu gezisi sırasında, Ali Adnan'ın Aydın'da Cumhuriyet Halk Fırkası il binasında "köylülük" üzerine söylediklerinin, Mustafa Kemal'i çok etkilemesi milletvekili olmasının yolunu açmıştı...

Hepsini toparlarsak, "köylü ideolojisi" oluşturulmaya çalışıldığı o günlerde, "köylü" Ali Adnan, yeni döneme uygun bir politikacı "prototipi" çiziyordu.

"Köylü milletin efendisi" oluyordu!..

Siyasette Evliyazade sayısı artıyor

Fatma Berin Hanım, eşi Ali Adnan'nın milletvekili olduğunu öğrenince ona hemen bir telgraf çekmeye karar verdi.
Telgraf üç sözcükten oluşuyordu: "Hani söz vermiştin!"
Berin eşine siyasete girmeyeceğine dair verdiği sözü anımsatmak istiyordu.
Annesi Evliyazade Naciye Hanım kızını bu karardan vazgeçirmeye çalıştı ama ikna edemedi. Berin telgrafı çekti. Çekti ama oğlu Yüksel'i yanına alıp eşiyle birlikte başkent Ankara'nın yolunu da tuttu!
Ali Adnan ve Berin hiç görmedikleri, bilmedikleri Ankara'da ilk günler Dışişleri Bakanı Dr. Tevfik Rüştü-Makbule çiftinin Maltepe'deki Dışişleri Konutu'na misafir oldular.

---

4. Dr. Tevfik Rüşdü Aras'ın yaptığı kulisi inkâr etmeyen bir isim vardı: Cemal Tunca! Dr. Aras'ın kız kardeşi Fahriye'nin eşi olan Cemal Tunca, Dr. Tevfik Rüşdü sayesinde CHF milletvekili seçildiğini her fırsatta söylemekten kaçınmadı.

Dr. Tevfik Rüşdü, baldızı Naciye'nin kızı Fatma Berin'i evladı gibi severdi. Teyzesi Makbule (Aras) ise Berin'e hep ikinci annelik yapmıştı.

Ankara siyasetini, diplomasinini Berin'e öğretecek kişi, yaklaşık on yıldır başkentte yaşayan teyzesi Makbule Hanım olacaktı...

Makbule Hanım o dönemde Ankara'daki en güçlü kadınlardan biriydi. Mustafa Kemal sık sık evlerine ziyarete gelip sohbet ederdi. Onlar da Mustafa Kemal'in her davetine katılırlardı.

Ali Adnan-Berin çifti yakında başkent Ankara'da bu çevreyle tanışacaklardı...

Ama Ali Adnan'ın öncelikle yapması gereken işleri vardı. Önce Ankara Kavaklıdere Güven Evler'de iki katlı bir eve taşındılar.

Sonra...

Cumhuriyet Halk Fırkası Genel Sekreteri Receb (Peker) Bey'in, bir gün ona öğrenimini neden tamamlamadığını sorması üzerine üniversite diplomasına sahip olmaya karar verdi.

Amerikan kolejinden aldığı mezuniyet belgesiyle Ankara Hukuk Fakültesi'ne kaydoldu.

Yıl 1932, yaş otuz üçtü.

Fakültede yalnız değildi. Kendi gibi yaşı ilerlemiş, iş sahibi insanlar vardı. Amaçları ortaktı. Savaş yıllarında çeşitli nedenlerle yarım kalan öğrenimlerini tamamlamak istiyorlardı.

Ali Adnan'ın sıra arkadaşları arasında, Selim (Sarper) ve Ahmed Salih (Korur) gibi uzun yıllar dostluk sürdüreceği isimler vardı.

Kısa bir süre sonra Edhem de (Menderes) Ankara'ya gelip Hukuk Fakültesi'ne yazıldı!

Bir yandan üniversiteye giden milletvekili Ali Adnan, diğer yandan Meclis'teki oturumları kaçırmamaya çalışıyordu. Çok göze batan bir milletvekili değildi. Utangaçtı. Meclis kürsüsüne çok nadir çıkıyordu.

Arzıhal (Dilekçe) Encümeni, Büyük Millet Meclisi'nin en renkli komisyonuydu. Bu komisyonda görevliydi.

Bu arada spora olan düşkünlüğü nedeniyle, "Türkiye İdman Cemiyetleri İttifakı" ikinci başkanlığına getirildi. Bu görev ona yeni ilişkiler kurma, İstanbul ve İzmir gibi büyük şehirlerin spor ve gençlik çevrelerinde tanınma olanağı sağladı.

Yavaş yavaş Ankara'ya ve politikaya ısınmaya başladı.

Hırslı bir kişiliği vardı. Parti içinde yükselmek istiyordu, hatta bakan olmayı kafasına koymuştu. Tarım bakanlığını istiyordu. Bu nedenle birkaç kez Başbakan İsmet Paşa'nın huzuruna çıktı. Ama görüşmelerden bir sonuç alamadı.

Ali Adnan'ın, hükûmete girme arayışını sürdürdüğü o günlerde, Türkiye, siyasal kimliğini sağlamlaştırmak ve yeni kültürel kimliğini oluşturma çabası içindeydi. Yeni bir millet doğuyordu!
Yeni ulusa yeni kültür gerekiyordu...
Konuştuğu dilinden okullarda öğretilen tarihine, ticaret hayatından bürokrasiye, hukuktan kültürel hayata kadar, toplumsal yaşamın her boyutunda Türkleştirme politikalarına hız verildi.
Kollar sıvandı. "Yeni millete" uygun "yeni bir tarih" yazılıyor, "yeni bir dil" öğretiliyordu...
Önce "yeni milletin" kökeni üzerinde duruldu: Türkler sarı ırkın mensupları değildi. Örneğin Moğollarla hiçbir akrabalığı yoktu. Türkler Arî ırktandı. Kökü ve adı Milat'tan 9 000 ya da 12 000 yıl ve hatta 20 000 yıl öncesine dayanıyordu.
"Güneşdil teorisi"ne göre, Türklerin dili dünyadaki diğer büyük diller üzerinde etki yapmıştı...
Türkiye'de yaşayan her vatandaşın, etnik kimliği, anadili ne olursa olsun, Türkçe konuşması isteniyordu.
Örneğin, İzmir ve Milas Yahudileri Ladino yerine Türkçe konuşulmasını sağlamak için "Türkçe Konuşturma Birliği"ni kurdular. Türkçe'yi Yahudilerin anadili yapmak istediklerini bildirdiler. İzmir Yahudileri arasında Yahudi adları yerine Türkçe adların alınması yaygınlaştı. Erkekler arasında en çok Yakub, Kemal, Yusuf; kadınlar arasında Feride, Saadet adlarına rastlandı. Milas'taki Türkçe Konuşturma Birliği'nin kurucularından Yakub Kemal Beri çocuklarına, Altay, Cengiz, Kaya adlarını verdi. (N. Rıfat Bali, *Bir Türkleştirme Serüveni*, 2000, s. 161)
Bu "yeni ülkede" ibadet bile Türkçe yapılacaktı...
Her cumartesi günü ve önemli dinî bayramlarda okunan "Berih Şeme de mare alma" Yahudi duasını Hayim Davila ve Moiz Paralı; düğünlerde, Pesah bayramının birinci günü ve Kipur günü okunan "Anoten Teşua la melahim" Yahudi duasını ise Bursa cemaati başkanı Avukat Kemal Levent Türkçe'ye tercüme ettiler...
Türkleştirme politikalarının en başlıca savunucusu, Moiz Kohen olan adını değiştiren Munis Tekinalp, Yahudilerin "Türk millî birliğine" uyum sağlamaları için "on emir" hazırladı: "1. Adlarını Türkçeleştir. 2. Türkçe konuş. 3. Havralarda duaların hiç olmazsa bir kısmını Türkçe oku. 4. Mekteplerini Türkleştir. 5. Çocuklarını memleket mekteplerine gönder. 6. Memleket işlerine karış. 7. Türklerle düşüp kalk. 8.Millî iktisat sahasında vazifei mahsusanı yap. 10. Hakkını bil!.."

Ve ezan da Türkçe okunacaktı artık...

Devrim dalgası her kurumu, her toplumsal katmanı etkiliyordu. Darülfünun ve ona bağlı tüm bölümler kadrolarıyla birlikte lağv edildi. Yeni üniversiteler kuruldu. Emekli edilen Darülfünun hocaları yerine, Nazilerin iş başına gelmesiyle Almanya üniversitelerinden kovulan 144 Yahudi öğretim üyesi getirildi. Bunlardan 38'i dünyaca ünlü ordinaryüstü.

Tüm bu operasyonların arkasındaki önemli isimlerden biri, Alliance İsraelite Universelle mezunu Millî Eğitim Bakanı Dr. Reşid Galib'di!

Yani, İstiklal Mahkemeleri'ne gönüllü üye olarak katılan; Darülfünun'un feshedilmesi için Mustafa Kemal'le tartışan ve dediğini yaptıran; Türk Tarihi Tetkik Cemiyeti (Türk Tarih Kurumu) ile Türk Dili Tetkik Cemiyeti'nin (Türk Dil Kurumu) kurucularından olan ve Ali Adnan'ı siyasete sokan Dr. Reşid Galib!

Ve ne ilginçtir ki, Dr. Reşid Galib ipin ucunu kaçırmıştı; "çok sayıda yabancı profesör atadığı için görevinden alındı". (Philipp Schwartz, *Kader Birliği*, 2003, s, 57)

İlk gelen öğretim üyelerinden Philipp Schwartz, *Kader Birliği* adlı kitabında o günleri anlatmaktadır:

> Bu süreçte ortaya çıkan ufak pürüzlerin aşılmasında Mazhar Osman gibi Türk yüksekokul öğretim görevlilerinin katkıları dikkate değerdi. Bu hareketi kararlılıkla yürüten İstanbul Üniversitesi rektörü, hukukçu ve yönetici Ankaralı Cemil Bilsel oldu. (2003, s. 16)

Tıpkı Dr. Reşid Galib gibi Samih Rifat da Türk Tarih Kurumu ve Türk Dil Kurumu kurucusuydu. "Yeni düzenin" mimarlarından biri de oydu. 1848 Macar İhtilali'ne karışıp Osmanlı'ya sığınan Macar Ali Rifat Paşa'nın oğluydu.

Macar Ali Rıfat Paşa Çamlıca Bektaşî dergâhına bağlıydı. Bektaşî "cem"lerine Batı müziğini sokan isimdi. Türkiye'nin ilk operası olan *Bülbül Operası* onundu.

Samih Rifat'ın fikir hayatının oluşmasında babası kadar -eşi Münevver'in dedesi- büyük kayınpederinin de etkisi vardı. Kayınpeder, 1849'da Polonya'dan kaçıp Osmanlı'ya sığınan Mustafa Celaleddin Paşa'ydı. 1869'da kaleme aldığı *Les Turcs Anciens et Modernes* (Eski ve Yeni Türkler) adlı kitabında, Türklerin Avrupalı, yani Arî ırktan olduğunu ilk yazan kişiydi. Ona göre, Türkler, İslamiyet nedeniyle arîliklerini unutmuşlardı!

Prof. Şerafettin Turan, *Atatürk'ün Düşünce Yapısını Etkile-*

yen *Olaylar, Düşünürler, Kitaplar* adlı çalışmasında, Mustafa Celaleddin Paşa'nın, Mustafa Kemal'i en çok etkileyen isimlerin başında geldiğini yazmaktadır. (Mahmut Çetin, *Boğazdaki Aşiret*, 1998, s. 20)

Mustafa Celaleddin Paşa'nın kitabından sadece Mustafa Kemal etkilenmemişti; İttihat ve Terakki Cemiyeti'nin temelini oluşturan, İttihadı Osmanî'nin dört kurucusundan biri olan Abdullah Cevdet, Osmanlı gençlerinin Macarlarla evlenmesiyle yeni ve sağlıklı kuşakların yetişeceği fikrini ortaya atmıştı! (Naci Kutlay, *İttihat Terakki ve Kürtler*, 1991, s. 30)

Samih Rifat kayınpederinin tezini hayata geçiriyordu...[5]

"Türklerin —Osmanlı ve İslam dışında— kimliklerini Orta Asya'da araması gerektiğini" yazan Fransız Yahudisi Leon Cahun da Mustafa Kemal'i ve dönemin aydınlarını etkileyen önemli düşünürlerden biriydi.

Yeni ülkeye, yeni kültürel hayata, Fevziye Mektebi mezunu Yakub Kadri (Karaosmanoğlu) gibi yazarlar gerekiyordu.

Radyolarda alaturka müzik yayını yasaklandı!

Kudüs'te doğduğu için "Kudsî" adını alan Ahmed Kudsî (Tecer) yeni şairler "keşfedip," Halk Şairleri Bayramı düzenleyip bu ozanları gün ışığına çıkarıyordu.

Genelkurmay Başkanı Fevzi Çakmak'ın kızı A. Muazzez'le evli, Güzel Sanatlar Akademisi Müdürü Burhan Toprak, Yunus Emre'yi baş tacı yapmıştı. Ortodoks Sünnîliğe karşı Anadolu kültürüne sahip çıkılıyordu.

"Köylülük" yüceltiliyordu!

Dr. Reşid Galib'in "buluşu", Alliance İsraelite Universelle benzeri, köy çocuklarına Batılı yaşam biçimini öğreten Köy Enstitüleri yakın bir gelecekte hayata geçirilecekti. Değişimin önündeki tek engel olan halkın yoksulluğu ve cehaleti, Köy Enstitüleri'yle aşılacaktı.

Anadolu, klasik müzikle, tiyatroyla, Cumhuriyet balolarıyla tanışıyordu. Okullar öğrencilerine günün moda danslarını öğretiyordu. "Garson bira getir, garson bira getir, yaşa çarliston!" nakaratı dillerden düşmüyordu.

Gazeteler Türkiye güzeli yarışması düzenliyordu.

Yani, tıpkı Ulusal Kurtuluş Savaşı'nda olduğu gibi, Türkiye'yi uygarlaştırma çabalarının ardında birçok Sabetayist aydının imzası vardı...

---

5. Samih Rifat aynı zamanda şairdi. "Yaslı gittim şen geldim" adlı lirik şiir onundur. Oğlu Oktay Rifat da ünlü bir şairdir. Samih Rifat'ın kardeşi ise ünlü antikomünist, antisemitik Cevat Rifat Atilhan'dır! Atilhan'ın oğlu ise ünlü senarist Bülent Oran'dır.

"Ertekin" neden "Menderes" oldu?

Yeni süreçte, "ağa", "hacı", "hoca", "hafız", "molla", "bey", "efendi", "hanım", "paşa" gibi unvanlara yer yoktu.

Soyadı kanunu çıktı.

Ali Adnan 1934 yılının 21 haziranında Meclis'te kabul edilen bir yasayla soyadını seçti.

"Ertekin" soyadını aldı.

O artık Ali Adnan Ertekin'di! Eşi Fatma Berin Ertekin, oğlu Yüksel Ertekin'di.

Ancak iki yıl sonra soyadını değiştirdi.

"Menderes" soyadını aldı!

Niye bu değişikliği yaptı?

Yorumlar muhtelif. En güçlü olanı şu:

Yıllardır birlikte yaşadığı yakın dostu Edhem, "Menderes" soyadını almıştı. O da aynı soyadı taşımak istemişti, hepsi bu...

Berin Hanım'ın, Edhem Menderes'i sevmemesinin nedenleri arasında bu soyadı meselesi olduğu da söyleniyor.

Peki kişi en sevdiği arkadaşının soyadını aradan iki yıl geçince mi sever?

Adnan Menderes ile Edhem Menderes arasındaki ilişkiyi bugüne kadar kimse anlayamamıştır.

Adnan Menderes, nasıl arkadaşının soyadını almışsa, Edhem Menderes de doğan oğluna Adnan adını vermişti!

Ali Adnan Ertekin nüfusta bir değişiklik daha yaptı: "Ali" ismini de sildirdi!

O artık sadece "Adnan Menderes"ti!..

Mustafa Kemal, Dr. Tevfik Rüşdü'ye önce "Uygur" soyadını vermek istedi; vazgeçip "Aras" soyadını verdi. Gerek "Uygur" gerekse "Aras" soyadının verilmesinin nedeni, Dr. Tevfik Rüşdü'nün ailesinin Kafkas göçmeni olması mıydı? Ya da bir sır mı var?

Meclis'in verdiği "Atatürk" soyadını alan Mustafa Kemal'in özel dostlarına verdiği soyadlarını akrabaları bile kullanamayacaktı.

Örneğin İsmet Paşa'ya verdiği "İnönü" soyadını kardeşlerinin bile kullanmasına izin verilmemişti.

Keza Kâzım Paşa'ya verdiği "Özalp" soyadını alamayan akrabaları ona en yakın "Eralp" soyadını almışlardı.[6]

Atatürk nedense isim vermeyi çok seviyordu; kendi okulu Feyzi-

---

6. Selanik-Köprülü doğumlu Kâzım Özalp'in dokuz kardeşi vardı. On yıl TBMM başkanlığı, dört yıl Millî Savunma bakanlığı yapan Kâzım Paşa, Dışişleri'nin efsanevî isimlerinden Orhan Eralp'in amcasıydı; Mustafa Kemal'in "koyduğu kural" nedeniyle Atatürk'ün verdiği soyadları diğer akrabalar alamıyordu!..

ye Mektepleri'nin adının "Işık" olarak değiştirilmesini de istemişti!

Kitabın birinci bölümünde, Evliyazadelerin Buldanlı olup olmayacağı konusunda, O. Zeki Avralıoğlu'nun *Buldan ve Yöresinin Tarihçesi* adlı çalışmasından yararlandığımı, fakat bu konuda somut bir olguya rastlayamadığımı yazmıştım.

Gazeteci Orhan Tahsin, 1978'de *Yeni Asır* gazetesinde yayımlanan "Büyük Menderes ve Küçük Menderes'ler" adlı yazı dizisinde Evliyazade ailesine mensup bakanlar arasında Behçet Uz'un da[7] adını verdi. Şuna dayandırıyordu: "Behçet Bey de bir Evliyazade'ydi. Ama Atatürk soyadı dağıtımı sırasında 'Evliyazade'yi çizmiş, 'Uz' soyadını uygun görmüştü..."

Neden?

Dinsel bir anlamı olabilir mi?

Behçet Uz'un babası Salih Efendi Buldan müftüsüydü. Nedense 1880 yılından 1951 yılına kadar Buldan'daki müftülüğü hep "Uz ailesi" yaptı. Salih Efendi'den sonra göreve Mehmed (Uz) Efendi ve kardeşi Rasih (Uz) geldi.

Ancak İslam'da "Uz"un hiçbir anlamı yoktu!

Bir alıntı:

> İbranîce'de "uz" "güç" anlamındadır; Sağlık eski bakanlarından Behçet Uz'da bu soyadına rastlıyoruz. "Uzan" bir türev mi bilmiyorum; ancak aynı sözcüğün İbranîce'de "oz" olarak yazılıp okunduğunu biliyoruz. Bu sözcükle yapılan "Migdal Oz" bilinen bir tamlamadır; çünkü Köprülü Ahmed Paşa, Osmanlı düzeninde isyan etmiş sayılan Sabetay'ın başını vurdurmayıp zindana atmakla birlikte hemen rahat bir bölmeye geçirilmesine izin veriyor ve buraya, Sabetay Sevi taraftarlarını kabul edecek konfora kavuştuğu için "kuvvet kalesi" anlamında "Migdal Oz" deniyor; "Oz" daha yaygındır. "Oz" dilimizde genellikle "öz" olarak biliniyor ve tek başına soyadı olabiliyor veya soyadına giriyor, "Özerman" soyadını biliyoruz. (Yalçın Küçük, *Tekelistan*, 2002, s. 58)

Evliyazadeler soyadı olarak "Evliyazade"yi seçti.

Bu istisnaydı; "zade"yle biten unvanlar çoğunlukla "oğlu" ekini aldı. Ancak Mustafa Kemal, İzmirli Evliyazade ailesine "zade"li soyadı kullanma izni verdi! Niye onlara böyle bir ayrıcalık tanındığı bilinmiyor...

---

7. Dr. Behçet Uz Tıbbiye'yi bitirdikten sonra İzmir Memleket Hastanesi'nde çalıştı. 1932-1939 arası İzmir Belediye başkanlığı yaptı; 1939,1943 ve 1946 seçimlerinde Denizli milletvekili seçildi. 1942-1943 yıllarında Ticaret bakanlığı, 1946-1948 yılları arasında Sağlık bakanlığı yaptı. 1954 ve 1957 seçimlerinde DP'den İzmir milletvekili seçildi.

Evliyazadeler, Mustafa Kemal'e artık mesafeli davranıyorlardı. Evliyazade Refik Efendi'nin belediye başkanlığını istememesi; Doktor Nâzım'ın idamını istemesi nedeniyle Mustafa Kemal'e soğuktular.

Örneğin...

Bir gün İzmir'de Giraudların yatında ilginç bir olay meydana geldi. Alman film yıldızı Marlene Dietrich'e benzeyen genç kıza Mustafa Kemal, "Siz kimin kızısınız?" diye sordu. Yanıtı duyunca kısa bir şaşkınlık yaşadı. Genç kız, biraz da sesini yükselterek, "Astırdığınız Doktor Nâzım'ın kızı" dedi. Bu hiç beklenmeyen yanıt yatta herkesi şoke etti. Doktor Nâzım'ın kızı Sevinç apar topar bir kamaraya gönderildi. Mustafa Kemal hüzünlenmişti...

Tekrar soyadı meselesine dönelim...

Naciye Hanım eşinin soyadını aldı: "Yemişçizade", "Yemişçibaşı" oldu.

Artık hayatta olmayan Gülsüm Hanım'ın gelin gittiği Giridîzadelerin bir bölümü "Akça" diğer bir bölümü ise "Karaosmanoğlu" soyadını aldı.

Gülsüm'ün tek oğlu Giridîzade Kemal, Evliyazade Refik Efendi'ye "Evliyazade" soyadını almak için ricada bulundu. Kabul edildi. "Giridîzade Kemal", "Kemal Evliyazade" oldu!

Burada yine acı bir ayrıntı yazmak zorundayım. O günlerde Refik Evliyazade'nin evinde sadece kızı, Doktor Nâzım'ın eşi Beria sinir hastası değildi. Kemal Evliyazade de, Beria kadar olmasa da, akıl hastasıydı! Konağın alt katında yıllarca tek başına bir hayat süren Kemal Evliyazade uzun bir yaşam sürdü...

Evliyazade soyunu sürdüren Refik Efendi artık "Refik Evliyazade" olmuştu!

"Bey" ve "efendi" ayırımı artık tarihe karışmıştı!..

On yedinci bölüm

30 ağustos 1934, İstanbul

Davetiyeyi Cumhurbaşkanlığı Genel Sekreterliği[1] dağıttı: "Hariciye vekilinin kerimesi Emel Hanım ile sefaret kâtiplerinden Fatin Rüşdü Bey'in evlenmeleri münasebetiyle ağustos ayının 30'uncu perşembe günü saat 22.00'de Dolmabahçe Cumhuriyet Sarayı Muayede Salonu'nda yapılacak kabul törenini onurlandırmanızı arz ederiz."

Dışişleri Bakanı Dr. Tevfik Rüşdü Aras'ın kızı Emel ile Dışişleri Bakanlığı meslek memuru Fatin Rüşdü Zorlu'nun düğününün onur konuğu Cumhurbaşkanı Mustafa Kemal Atatürk'tü.

Evliyazadeler yıllar sonra ilk kez bir düğünle yine yan yana gelmişlerdi. Zaman, Dr. Tevfik Rüşdü Aras'a duyulan kızgınlıkları azaltmıştı.

Ancak yine de gelinin dedesi Refik Evliyazade, Cumhurbaşkanı Mustafa Kemal'le sadece tokalaşmış, sohbet etmemişti. Refik Evliyazade yaşamı boyunca Mustafa Kemal hakkında ne olumlu ne de olumsuz söz sarf etmeyecekti...

Mustafa Kemal düğünü, gelin Emel Aras'la dans ederek başlattı...

Genç çiftin bir yıl önce yapılan nişanı, 29 ekim 1933 tarihine, yani Cumhuriyet Bayramı'na tesadüf ettirilmişti. Ankara Palas'taki törende yine Atatürk bulunmuş ve yüzükleri takmıştı. Hatta yüzük takma töreni biraz da sorunlu geçmişti: Fatin Rüşdü Zorlu nişan yüzüklerini evde unutunca, davetliler arasından iki yüzük bulunup nişanlıların parmaklarına geçiriliverrmişti.

Nişan töreninde Cumhurbaşkanı Atatürk Emel Aras'a altın bir iğne takmıştı. Düğündeki hediyesi ise sade bir broştu.

Atatürk'ün hem nişanda hem de düğünde bulunmasının nedeni, Dışişleri Bakanı Dr. Tevfik Rüşdü Aras'a ve ailesine çok yakın

[1]. O dönemdeki adı "Riyaseticumhur Umumî Kâtipliği"ydi.

olmasıydı. Bu öylesine bir yakınlıktı ki, Dr. Tevfik Rüşdü Aras, kızını evlendirmek için Atatürk'ten izin almıştı. Tabiî Atatürk'ün damadı beğenmesi gerekiyordu ki, o da kolaylıkla halledilmişti.

Mustafa Kemal evliliğe hemen onay vermişti; ama Emel Aras'ı ikna etmek zor olmuştu...

Düğüne dönmeden önce, iki gencin evlenmelerine neden olan olayları anlatmak gerekiyor:

Her şey bir yıl önce Ankara'da Almanya Büyükelçiliği'nin verdiği bir resepsiyonda başladı. Dışşileri Bakanı Dr. Tevfik Rüşdü Aras'ın eşi Evliyazade Makbule Hanım'ın dikkatini, "görgüsü artsın" diye bu tip davetlere gönderilen genç diplomat adaylarından biri çekti. Fırsat yaratıp yanına gitti. Sohbet etti.

Makbule Hanım kararını o günkü davette verdi. Kızını bu genç diplomatla evlendirecekti!

Araştırdı ve damat adayının adının Fatin Rüşdü Zorlu olduğunu öğrendi.

Makbule Hanım niyetini, Ankara'daki en yakın dostu Mustafa Atıf Bayındır'ın eşi Ruhiye Hanım'a anlattı.

Makbule Hanım ile Ruhiye Bayındır dost olmalarının yanında, akrabaydı. Mustafa Atıf Bayındır Rodoslu'ydu ve Dr. Tevfik Rüşdü Aras'ın babası Hacı Rüşdü Paşa'nın kardeşinin oğluydu. Yani Dr. Tevfik Rüşdü ile Mustafa Atıf amcazadeydi.

Tarım Bakanlığı Müsteşarı Mustafa Atıf Bayındır, amcazadesi Dr. Tevfik Rüşdü Aras sayesinde İstanbul milletvekili olarak TBMM'ye girmişti, ama bu siyasete ilk adım atışı değildi. Osmanlı Meclisi Mebusanı üyeliği yapmıştı.[2]

Ankara'da yeni yeni oluşmaya başlayan sosyetenin bu iki önemli hanımefendisi Evliyazade Makbule Hanım ile Ruhiye Hanım, damat adayını sorup soruşturmaya başladılar. Onlara bu konuda en çok yardımı Ruhiye Hanım'ın yeğeni Sabri Bayındır yaptı.

Sabri Bayındır, Fatin Rüşdü Zorlu'nun yakın arkadaşıydı. Paris'te başlayan okul arkadaşlıkları kısa zamanda dostluğa dönüşmüştü.

Bir anekdot daha vereyim: Sabri Bayındır, 1926'daki İzmir Suikastı'na adı karışıp idam edilen eski Maarif nazırı Ahmed Şükrü'nün oğluydu!

Yani Dışişleri Bakanı Dr. Tevfik Rüşdü Aras, 1926 idamlarında sadece bacanağı Doktor Nâzım'ı değil, amcazadelerinden Ahmed Şükrü'yü de kaybetmişti!..

---

2. Mustafa Atıf-Ruhiye Bayındır çiftinin üç kızı vardı. Atıfa Hanım, DP Milletvekili Hulusî Timur'la; Emel Hanım, Büyükelçi Necdet Özmen'le ve Ümit Hanım, Büyükelçi ve Dışişleri Bakanı Hasan Esat Işık'la evlendi.

Bir ayrıntı daha vereyim: Sabri Bayındır, Doktor Nâzım'ın kızı Sevinç'e âşıktı. Onunla evlenmeyi çok istedi. Ancak bu isteği tüm çabasına rağmen gerçekleşmedi. Sevinç'ten umudunu kesen Sabri Bayındır, Mısır Sarayı'ndan bir prensesle evlendi ve "Prens Sabri" unvanını aldı...

"Prens Sabri" Evliyazade ailesinin en yakın dostlarından biriydi. Ailenin neşe kaynağıydı.

Bu bilgilerden sonra dönelim "çöpçatanlık" meselesine...

Sabri Bayındır, yengesi Makbule Aras'ın düşüncesini arkadaşı Fatin Rüşdü Zorlu'ya açıkladı. Fatin gülümsemekle yetindi ve konuyu hemen İstanbul'da yaşayan annesi Güzide Hanım'a açtı. Güzide Hanım önce şaşırdı; çünkü oğlunu dönemin içişleri bakanı Şükrü Kaya'nın kızı Bisan'la evlendirmeyi düşünüyordu.[3] Güzide Hanım "oğluna talip olan" aileyi onun geleceği için iyi bir fırsat olarak değerlendirdi. Oğluna evlenmesi için izin verdi, hatta biraz da teşvik etti.

Erkek evindeki gelişmeler olumlu gözükürken, kız tarafında kafalar karışıktı. Emel Aras, Fatin Rüşdü Zorlu'yu uzaktan tanıyordu. Ve onunla evlenmek istemiyordu. Nedenini son derece açık ortaya koydu: Fatin yakışıklı, hırslı ve iddialı bir gençti. Etrafında çok kadın olabilirdi. Bunlarla uğraşmak istemiyordu! Ayrıca Fatin'in, Dışişleri bakanının kızı olduğu için kendisiyle evlendiğini düşünüyordu.

Tüm Evliyazade kızları gibi, İngilizce ve Fransızca bilen Emel Aras'ı ikna etmek kolay olmadı. Makbule Hanım kızının en yakın arkadaşlarını devreye soktu.

Emel Aras'ın Ankara'da en yakın arkadaşları Numan Menemencioğlu'nun yeğenleri Nevin ve Berin'di. Tüm dertlerini onlarla paylaşırdı. O günlerde günde iki saat bu evlilik konusunu telefonda konuştukları oluyordu.

Sonunda bir iki ev partisinde yan yana gelen Fatin ile Emel birbirlerine ısındılar. Bu gelişmede Fatin Rüşdü Zorlu'nun nükteli sözlerinin de hayli payı oldu. Evlenmeye karar verdiler.

Soru: Dışişleri Bakanı Dr. Tevfik Rüşdü Aras dönemin en güçlü isimlerinden biriydi. Atatürk'ün en yakın arkadaşıydı. Araslar, tek evlatları Emel'i, daha mesleğinin başında olan Fatin Rüşdü Zorlu'ya vermek için neden ısrarcı oldu? Tek neden olarak, Fatin Rüşdü Zorlu'nun yakışıklı olduğunun söylenmesi size inandırıcı geliyor mu?

Bu evlilikte de bir sır var mı?

---

3. Bisan Kaya, diplomat Namık Kemal'in torununun oğlu İlhan Savut'la evlendi. 17 şubat 1959'da Başbakan Adnan Menderes'i Londra'ya götürürken düşen uçakta ölen on dört isimden biri de İlhan Savut'tu.

Zorlu ailesini yıkan intihar

Evliliğe uzanan gelişmeleri aktardıktan sonra, şimdi biraz da Zorlu ailesini yakından tanıyalım.

Fatin Rüşdü Zorlu'yu son olarak kırk günlük bebekken ailesiyle birlikte Midilli'ye sürgüne gittiği sırada bırakmıştık.

Rus İbrahim Paşa'nın oğlu, II. Abdülhamid'in yaveri Rüşdü Paşa, bir yıl sonra eşi Güzide ve oğlu Fatin'le birlikte sürgünden döndü. Ama Rüşdü Paşa bir daha asker ocağına adım atmadı.

Güzide Hanım'a babası Hüseyin Rıfkı Paşa'dan yüklüce miras kalmıştı. Bu mirasın bir bölümüyle İstanbul Suadiye'de büyük toprak parçası aldılar. Rüşdü Paşa at çiftliği kurmak istedi ama ömrü yetmedi, 1916'da vefat etti.

Evin geçimi, çocukların geleceği Güzide Hanım'ın omuzlarına kaldı. Ailesi zengin olduğu için yoksulluk çekmedi.

Kocasının ölümü değil ama Paris'ten aldığı bir haber Güzide Hanım'ı uzun süre kendine getiremedi. Paris'te okuyan oğlu Efdal karşılıksız bir aşkın kurbanı olmuş ve şakağına dayadığı tabancasıyla intihar etmişti!

Güzide Hanım'ın bu ilk evlat acısı değildi...

Oğlu Ender minik yaşında kuşpalazından ölmüştü. Diğer oğlu İsmail Nejad ise Galatasaray'da okurken menenjit olup hayata veda etmişti. Ve şimdi de Efdal kendi elleriyle yaşamına son vermişti...

Hayatta iki oğlu kalmıştı: Rıfkı Zorlu ve Fatin Rüşdü Zorlu!

İkisi de Dışişleri Bakanlığı'nda çalışıyordu.

İkisi de Galatasaray mezunuydu.

Fatin Rüşdü Dışişleri'ne annesinin zoruyla girmişti...

Üç ağabeyi gibi altı yaşında Galatasaray'a kaydedildi. Okul numarası 64'tü. Yatılıydı.

Cılızlığı, yüzünün renginin solukluğu, avurtlarının çöküklüğü ve kemerli burnuyla pek dikkati çeken bir öğrenci değildi.

Mahcup, sıkılgan, içine kapanık, az konuşan, yaramazlık yapmayan ve arkadaş edinmekte zorlanan bir öğrenciydi. Settar İlksel, Şadi Kavur, Muharrem Nuri Birgi, Nurettin Vergin[4] ilk arkadaşlarıydı.

Fransızcası iyiydi; bunun nedeni Fransızca'yı küçücük bir çocukken dadısından öğrenmiş olmasıydı.

---

4. Bazı kitaplarda Büyükelçi Nurettin Vergin, Türkiye'nin en tanınmış siyaset sosyoloğu Prof. Nur Vergin'in babası olarak yazılmaktadır. Doğrudur. Ancak üvey babasıdır. Prof. Nur Vergin'in babası Atatürk'ün çocukluk arkadaşı Nuri Conker'in oğlu 1912 Selanik doğumlu Mahmut Conker'dir. Diplomat Mahmut Conker İstanbul Park Otel'den atlayarak intihar edince Müşerref Hanım ikinci evliliğini Büyükelçi Nurettin Vergin'le yapmıştır. Özetle: Atatürk'ün çocukluk arkadaşı, yakın dostu Nuri Conker, Prof. Nur Vergin'in dedesidir.

Küçük bir kusuru vardı: "r" harfini telaffuz edemiyordu.

Sporda hayli başarılıydı... Gençlerde, Türkiye eskrim birinciliği vardı.

İyi yüzücüydü. Güzide Hanım yaz aylarında Büyükada'da köşk kiralıyordu. Fatin gün boyu denizden çıkmazdı. İyi yüzmesi ona sosyalleşmeyi de sağlamıştı. Rum ve Yahudi kızlar oldukça iyi yüzen Fatin Rüşdü'ye yakınlık göstermeye başlamışlardı. Onun gönlü ise Suphi Ziya Bey'in kızı Mihriman'daydı!..

1926-1927 döneminde Galatasaray'dan mezun oldu.

Ailenin diş doktoru Yahudi Sami Günzberg'e hayrandı. Bu hayranlık sonucu önce diş doktoru olmayı düşündü. Bu nedenle öğrenimini Amerika Birleşik Devletleri'nde sürdürmeye karar verdi. Ama her kritik kararında olduğu gibi Güzide Hanım hemen devreye girdi ve oğlunu bu kararından vazgeçirdi.

Güzide Hanım tıpkı ağabeyi gibi Fatin'in de diplomat olmasını istiyordu. Büyük oğlu Rıfkı Zorlu, o yıl Fransa'nın Grenoble şehrinde siyasal bilgiler okumuş ve ardından sınavı vererek Dışişleri Bakanlığı'na girmişti.

Güzide Hanım, çocuklarının "rotasını" çizmişti: Fatin Rüşdü de Dışişleri Bakanlığı'na girecek ve diplomat olacaktı!

Öyle de oldu. O da Paris'e gitti, önce siyasal bilgiler okudu.

Ama ağabeyi gibi derslerinde pek başarılı değildi. Nurettin Vergin ve Muharrem Nuri Birgi'yle aynı evde kalıyor ve bol bol geziyordu. Paris gece hayatı, derslerinde başarılı olmasını etkiledi. Ancak, zorlukla da olsa okulu bitirdi. Ardından Muharrem Nuri Birgi'yle birlikte Cenevre'ye hukuk okumaya gitti.

Fatin Rüşdü Zorlu, okulu bitirip Türkiye'ye dönünce 21 kasım 1932'de görev almak için Dışişleri Bakanlığı'na başvurdu. Kabul edildi, sınavları başarıyla verdi. İlk görevi Siyasî İşler Dairesi'nin Birinci Şube'sinde kâtiplik oldu.

Bedirhanlarla akraba

Bir ayrıntı daha yazmama izin verin:

Aile neden "Zorlu" soyadını almıştı?

Fatin Rüşdü Zorlu'nun dedesi Rus İbrahim Paşa Osmanlı'ya sığınınca Yusufelili Zor Derebeyi Ali Paşa'nın kızıyla evlendirildi. Zor Ali Paşa da tıpkı Rus İbrahim Paşa gibi sonradan Müslümanlığı seçmişti.

Parantez: Fatin Rüşdü Zorlu'nun Bedirhan aşiretinin akrabası olduğu bazı yayın organlarında yazılmıştır. Doğrudur. Bu akrabalığın kökeni şudur: Rus İbrahim Paşa'nın kayınpederi Zor Derebeyi Ali Paşa'nın eşi Bedirhanların kızıdır. Yani Rus İbrahim Paşa'nın kayınvalidesi Bedirhanlardandır.

Ayrıca Rus İbrahim Paşa, oğlu Ömer'i de, Bedirhanların kızı Belkıs Hanım'la evlendirdi. Yani Fatin Rüşdü'nün amcası da Bedirhanların kızıyla evlidir.

Bu evlilikten üç kız doğdu: Celile, Mevhibe ve Perihan.

İlginçtir üçü de kocalarına "Zorlu" soyadını kabul ettirdiler!

Celile[5]-Muzaffer Zorlu çiftinin kızı Semiramis Zorlu dünyaca ünlü bir heykeltıraştır.[6]

Bu kadar bilgi "bombardumanı altında" biz tekrar Emel Aras-Fatin Rüşdü Zorlu çiftinin, 30 ağustostaki düğününe dönelim

İki aile tam kadro düğündeydi. Erkeklerin tümü frak, kadınlar ise siyah gece elbisesi giymişti.

Güzide Hanım gelinine kıymetli taşlarla süslü büyük bir broş hediye etti. Ancak broş o kadar ağırdı ki gelinin elbisesini yırttı! Emel Hanım bu değerli hediyeyi ömür boyu takamadı ve hep evinde saklamak zorunda kaldı.

II. Mahmud zamanı yadigârı altın kaplama tabak ve çatal takımlarının sıralandığı, çiçeklerle süslü, bir baştan bir başa uzanan bir büfe. İki köşede iki ayrı caz. İstanbul'un en seçkin kişileri ile İstanbul'da bulunan kalburüstü Ankaralılardan oluşma bir çağrılı kalabalığı.

Vakit ilerliyor. Başlar dumanlı. Çağrılılardan tanıştırıldığım bir hanımla dans ettik. Biraz hava almak için rıhtımda dolaşmak üzere bahçeye çıkacağız. Dışarki salonda kulak kesilmiş bir grup görerek, durduk. İçlerinde Moskova Büyükelçisi Vâsıf Bey'i (Çınar) seçebiliyorum. Ortada Yahya Kemal (Beyatlı), çevresini saran hayranlarına şiir söylüyor: "Bin atlı... akınlarda... çocuklaaar... gibi şendik..." Ağır, bariton sesle, kimi heceleri, üzerinde özellikle durup uzatarak. Ünlü ozanı ilk kez dinliyorum. (Haldun Derin, *Çankaya Özel Kalemini Anımsarken*, 1995, s. 78)

5. Dünyanın en büyük deniz kabuğu koleksiyonunun sahibi Celile Zorlu'ydu. Bu koleksiyonu yeğeni Aslan Yener'e bıraktı. O da Beykoz Su Ürünleri Müzesi'ne bağışladı.

6. Bedirhanların Kürt olduğunu bilirdik. Son yıllarda başta Prof. Yalçın Küçük olmak üzere bazı araştırmacılar ailenin Yahudi kökenli olduğunu iddia etmektedir. Bedirhanlar arasında çok sayıda ünlü sima vardır: Rauf Orbay'ın kız kardeşi Melike Hanım bu aileye gelin gitmiştir. Melike Hanım'ın kızı ise ünlü senarist –Atıf Yılmaz Batıbeki'nin eski eşi– Ayşe Şasa'dır. Yahudi bakıcının elinde büyüyen, Arnavutköy Amerikan Kız Koleji mezunu Ayşe Şasa, bugün "çileli hayatına son verip" kapanmış ve Nakşibendî şeyhi Prof. Esat Coşan'ın "müridi" olmuştur. Atatürk'ün Millî Eğitim bakanı Vâsıf Çınar, Türkçe ibadet kitabını yazan tarihçi Cemal Kutay (kızı Süreyya İnci tanınmış Yahudi fotoğraf sanatçısı Moris Maçoro'yla evlidir), Dışişleri Bakanı Emre Gönensay, Başbakan Recep Tayyip Erdoğan'ın başdanışmanı Cüneyt Zapsu, yazar Musa Anter ve yazar Cenab Şahabeddin bu aileye mensuptur.

Geceyarısından sonra Atatürk salonun ortasına geldi. Konuklar hemen etrafını çevirdi. Bir kadın bağırarak şiir okumaya başladı. Ama şiirin uzunluğu Atatürk'ü sıktı. Devreye hemen Fatin Rüşdü Zorlu'nun akrabası, Moskova Büyükelçisi Vâsıf Çınar girip, kadını uzaklaştırdı. Atatürk, İktisat Bakanı Celal Bayar'ı yanına çağırdı, Türkiye ekonomisiyle ilgili birkaç soru sordu. Celal Bayar ceketinin cebinden hiç eksik etmediği siyah kaplı defterine bakarak soruları tek tek yanıtladı. Terledi.[7]

Bir dönem omuz omuza çalışacak, Celal Bayar, Adnan Menderes ve Fatin Rüşdü Zorlu kim bilir belki de ilk kez bu düğünde yan yana gelmişlerdi!..

Atatürk düğüne ağırlığını koydu.

Düğünün sonuna doğru davetliler hep birlikte "Dağ başını duman almış" diye başlayan "Gençlik Marşı"nı söylediler.[8]

Finali Deniz Kızı Eftalya yaptı: "Yalova'nın şen bülbülü..."

Önce "içgüveysi" oldu

Fatin Rüşdü Zorlu belki de ilk o gece, nasıl bir aileye damat olduğunu yakından gördü...

Kendisini nasıl bir geleceğin beklediğine ilk o gece şahit oldu. Dışişleri'nin sıradan bir memuru birdenbire üst düzey siyasetçilerin ve bürokratların saygı gösterdiği biri oluvermişti.

Çevresi değişecekti. Atatürk'ün Çankaya Köşkü'nde sık sık görülmeye başlanacak, bakanlarla arkadaşlık kuracak ve büyükelçi davetlerinin vazgeçilmez isimlerinden biri olacaktı...

Evliliğinin ilk günlerinde eşiyle birlikte kayınpederinin Dışişleri Konutu'nda kaldılar. Ancak annesi Güzide Zorlu bu durumdan rahatsızdı. Oğluna hemen Bahçelievler semtinde müstakil bir bahçeli ev aldı. Oğluna "içgüveysi" denilsin istemiyordu. Biliyordu ki eşine yıllarca böyle bakılmıştı ve Rüşdü Paşa dışarı vurmasa da, bu duruma hep üzülmüştü.

Fatin Rüşdü Zorlu 1934-1935 döneminde askerlik görevini Halıcıoğlu İhtiyat Zabit Okulu ve Cumhurbaşkanlığı Muhafız Alayı Süvari Bölüğü'nde yaptı. 30 ekim 1935'te terhis olunca, Dışişleri

---

7. Celal Bayar o tarihlerde, Türk bayrağındaki ay-yıldızı Şarklılığın, geriliğin belirtisi olarak görüp, "Partinin altı okunu millî bayrağımız yapalım" diyecek kadar ilericiydi! (Bediî Faik, *Matbuat Basın derkeen... Medya*, 2002, c. 3, s. 140)

8. Aradan bunca yıl geçmesine rağmen bugün bile coşkuyla söylediğimiz "Gençlik Marşı"nın müziği bir İsviçre okul şarkısından alınmadır. Söz yazarı ise şair Ali Ulvi Elöve'dir. Mustafa Kemal'le aynı yerde (Selanik) ve aynı yıl (1881) doğan Ali Ulvi, 15 ağustos 1975'te vefat etmiştir. Üsküdar Bülbülderesi Mezarlığı'ndaki aile mezarlığına defnedilmiştir.

Bakanlığı Siyasî Dairesi'ndeki görevine döndü. Bir yıl sonra hukuk müşaviri muavini oldu.

Ve Dışişleri kariyerindeki en önemli görevini 22 haziran-20 temmuz 1936 tarihleri arasında İsviçre'de Montreux Sözleşmesi görüşmelerine katılarak yaptı.

Boğazlar'la ilgili kararların alınacağı bu önemli görüşmelerde Türkiye'yi, Dışişleri Bakanı Dr. Tevfik Rüşdü Aras başkanlığındaki heyet temsil etti. Heyet kalabalıktı: Londra Büyükelçisi Ali Fethi Okyar, Paris Büyükelçisi Suat Davas, Dışişleri Genel Sekreteri Numan Menemencioğlu, Genelkurmay İkinci Başkanı Korgeneral Asım Gündüz, Milletler Cemiyeti'nde Türkiye daimî temsilcisi Sivas Milletvekili Necmeddin Sadak, Roma Büyükelçiliği Deniz Ataşesi Binbaşı Fahri Korutürk. Heyetin genel sekreteri Cevad Açıkalın.[9] Fatin Rüşdü Zorlu'nun heyetteki unvanı ise, "büyükelçilik sekreteri"ydi.

Lozan'dan sonra en önemli sınav Montreux'de verilecekti.

Türkiye, Çanakkale ve İstanbul boğazlarının denetimini "Boğazlar Komisyonu"ndan alınıp kendisine verilmesini ve Marmara ile Ege Denizi'ndeki adaların silahlardan arındırılmasını istiyordu.

20 temmuzda görüşmeler bittiğinde başta Ankara olmak üzere Türkiye'de bayram havası esti. İsteklerin hemen hepsi kabul edilmişti.

Dışişleri Bakanı Dr. Aras tüm heyet üyelerini takdirnameyle ödüllendirdi.

Kendisine ve damadı Fatin Rüşdü Zorlu'ya en büyük hediyeyi kızı Emel verdi. Montreux görüşmeleri sırasında İsviçre'nin Leman Gölü kenarındaki küçük bir kasabada doğum yaptı.

Bir kız çocukları olmuştu.

Söylenenlere göre Dışişleri Bakanı Dr. Aras, Montreux görüşmelerindeki diplomatik zaferi simgelesin diye torununa "Sevin" adını verdi!

Sevinç... Sevin... Sevim...

İsterseniz biraz Evliyazade ailesine dönelim.

Ama önce sır çözmeye yarayan sorular...

Dr. Aras'ın torununa "Sevin" adını vermesiyle, Doktor Nâzım'ın kızına "Sevinç" adının koyması arasında bir ilişki var mıdır?

---

9. Cevad Açıkalın Atatürk'ün eşi Latife Hanım'ın küçük kardeşi Uşakîzade Rukiye Hanım'la evliydi.

Birkaç yıl sonra Refik Evliyazade Nejad'dan sonra diğer oğlu Ahmed'i de evlendirdi. Gelininin adı "Sevim"di.

Sevinç... Sevin... Sevim!..

Tesadüf mü?

"Sabetay Sevi" ismiyle bir ilgi kurulması çok mu abartılı olur?

Neyse...

Yeri gelmişken Evliyazadelerin bir oğlundan bahsedelim:

Ahmed Evliyazade'nin eşi Sevim'in annesinin adı Nefise Samiye, babasının ise Zühtü Bey'di. Annesi ikinci evliliğini ünlü jinekolog doktor Mahmut Bayata'yla yapmıştı. Sevim ile Ahmed arasında on beş-yirmi yaş farkı vardı.

Ahmed Evliyazade 1903 doğumluydu. İzmir Kızılçullu Amerikan Koleji ve Paris Sorbonne mezunuydu. Yedi dil biliyordu. Eniştesi Dr. Tevfik Rüşdü Aras'ın zorlamasıyla Dışişleri Bakanlığı'na girmişti. Şair Yahya Kemal'in elçi olarak bulunduğu Madrid'de, o da kâtip düzeyinde görevliydi.[10]

Her Evliyazade erkeği gibi çapkındı! Adı İspanya Kraliyet ailesinin kızlarıyla aşk söylentilerine karışınca, Türk Dışişleri, Ahmed Evliyazade'yi apar topar Meksika'ya atadı! Bir dönem Almanya'da da görev yaptıktan sonra mesleği bıraktı. İzmir'e dönüp önce kız kardeşi Bihin'in eşi Sadullah Birsel'le tütün işine girdi. Sonra Efes Oteli karşısında (bugün Kordon İş Hanı'nın bulunduğu yerde) benzin istasyonu işletti. Bu benzin istasyonunun müdürü ise, halası Gülsüm'ün damadı Mihrî Dülger'di.

Sevim'i, kendinden yaşça çok büyük Ahmed Evliyazade'yle evlenmeye Doktor Nâzım'ın kızı Sevinç Hanım ikna etmişti.

Sevim-Ahmed Evliyazade çiftinin çocukları Ata Refik Evliyazade anlatıyor:

> Anneannem Nefise Hanım, Doktor Nâzım'ın yakın akrabasıydı. Yani Sevinç Teyze ile annem Sevim akrabaydı. Ama sormayın, nereden nasıl bağları vardı, bilmiyorum. Ama anneannemin, Doktor Nâzım'dan "dayım" diye bahsettiğini biliyorum. Anneannemin Selanik'te Atatürk'ün annesi Zübeyde Hanım'la aynı mahalleden, hatta kapı komşusu olduğunu biliyoruz. Ayrıca Süreyya İlmen de yine akrabamız oluyor.

Ata Refik'in "akrabamız" dediği Süreyya İlmen'in annesi Uşakîzadelerin kızı Adviye Hanım'dı. Babası II. Abdülhamid'in son seraskeri (Millî Savunma bakanı) Mehmed Rıza Paşa'ydı.

---

10. Yahya Kemal, Dr. Tevfik Rüşdü Aras'tan nefret etmesine rağmen Evliyazadelerin oğlu Ahmed Evliyazade ve damatları Sadullah Birsel'le dostluğunu ölene kadar sürdürdü.

Süreyya İlmen, Cumhuriyet'in ilk yıllarının moda merkezleri Süreyya Sineması ve Süreyya Plajları'nın sahibiydi. 1927-1930 yılları arasında CHP milletvekilliği yaptı. Serbest Cumhuriyet Fırkası'nın kurucularındandı. İstanbul Balat'ta devlet desteği olmadan kurulan ilk mensucat fabrikasının da sahibiydi.

Süreyya İlmen'in oğlu Hayri İlmen, Uşakîzadeler'in kızı –aynı zamanda kuzeni– Vecihe'yle evlendi. Vecihe, Mustafa Kemal'le evlenen Uşakîzade Latife'nin kız kardeşiydi.

Uzatıyorum ama akrabalık bağlarının nerelere kadar gittiğini göstermek istiyorum:

Hayri İlmen-Vecihe Hanım çiftinin kızları Erdem, İsmet İnönü'nün kardeşi Rıza'nın oğlu Mutlu Temelli'yle evlendi.

Yani Uşakîzadeler sadece Atatürk'le değil, zamanla İsmet İnönü'yle de akraba olmuşlardı!

Bitmedi. Erdem (İlmen)-Mutlu Temelli çiftinin kızları, Cumhurbaşkanı Fahri Korutürk'ün eşi Emel Hanım'ın yeğeni Ömer Aral'la evlendi.

Bitirelim, yoksa böyle gidersek bütün cumhurbaşkanlarını akraba çıkaracağız!...

Ahmed-Sevim Evliyazade'nin tek çocukları Ata Refik, ilk evliliğini Leyla Hanım'la yaptı. Kerem adlı çocukları oldu. Ata Bey, ikinci evliliğini İzmir'in tanınmış ailelerinden Fetvacıların kızı Esin'le yaptı. Esin Hanım'ın dedesi Hacim Muhiddin Çarıklı, birinci-sekizinci dönemler arasında CHP milletvekili olarak TBMM'de bulundu.

Tamam tamam... Konuyu kapatıyorum. Ama sanıyorum "derdimi" anlatabildim: hepsi akraba!...

Torunu Sevin'in dünyaya geldiği o günlerde Dışişleri Bakanı Dr. Aras'ı sevindirecek bir başka müjdeli haber İzmir'den geldi.

Cumhuriyet Halk Fırkası Antalya Milletvekili Cemal Tunca'yla evli olan kız kardeşi Fahriye, oğlu Faruk Tunca'yı evlendirmişti. Faruk Tunca, Kapanîzade Tahir Beyin kızı "Sevim" Kapanî'yle evlenmişti.[11]

Sevinç, Sevin ve Sevim'den sonra aileye bir Sevim daha katılmıştı!

Daha önce de yazdığımız gibi Kapanîler (Kapancılar) Sabetay Sevi'ye bağlı üç gruptan biriydi.[12]

---

11. Sevim Kapanî'nin iki ağabeyi de Türkiye'nin tanıdığı iki ünlü isimdi: Profesör Münci Kapanî ve DP'nin Devlet bakanı Osman Kapanî. Atatürk'ün eski eşi Latife Hanım'ın erkek kardeşi Uşakîzade Ömer de, Kapanîzade Tahir Bey'in diğer kızıyla evliydi.

12. Soyadı kanunu çıkınca Kapancılar, "Kapanî," "Kapancıoğlu", "Kapancı" soyadlarını aldılar.

Refik Evliyazade'nin eşi Hacer Hanım da Kapancı ailesine mensuptu.

Evliyazadeler, Uşakîzadeler ve Kapanîler akrabaydı. Çocukları birbirlerine "şer kuzin" derlerdi.

5 temmuz 1937'de Evliyazadelere yeni bir üye daha katıldı.

Berin-Adnan Menderes yeni doğan çocuklarına "Mutlu" adını verdiler.

Menderesler, çocuklarına "Mutlu" adını neden vermişlerdi? "Sevin"le aynı anlamı taşıdığı için mi?

Naciye Hanım torunu Mutlu'nun dünyaya gelmesine çok sevindi. Mutlu ikinci torunuydu. İlk göz ağrısı Yüksel'di.

Berin Menderes annesini hep mutlu etmişti. Ama diğer çocukları, Güzin ve Samim torun konusunda Naciye Hanım'ı üzüyorlardı.

Güzin eşi Hamdi Dülger'le anlaşmış, çocuk istemiyordu.

Otuz beş yaşına gelen Samim'in ise evlenmeye hiç niyeti yoktu.

Samim'in geleceğinde iki eniştesinin büyük rolü olmuştu.

Doktor Nâzım, Maarif nazırlığı döneminde ziraat eğitimi alması için Samim'i Macaristan'a göndermişti. Paris Sorbonne siyasal bilimler mezunu Samim'i, diğer eniştesi Dışişleri Bakanı Dr. Tevfik Rüşdü Aras ise Dışişleri Bakanlığı'na idare memuru olarak almıştı.

Diplomat Samim, annesinin ısrarlarına rağmen evlenmek istemiyordu. Bunun nedeni olarak Samim'in Macaristan'da bir sevgilisi olması ve onu unutamaması gösteriliyordu. Samim, sevgilisi "Oleick"in adı yazılı künyeyi uzun yıllar bileğinden çıkarmayacaktı.

Samim'in bir diğer özelliği ise çok iyi briç oynamasıydı.

Briç, Evliyazadelerin tutkusuydu. İçlerinde en iyisi Doktor Nâzım'ın kızı Sevinç'ti! Usta briç oyuncuları arasında Dr. Tevfik Rüşdü Aras'ı da saymak gerekiyor.

Sadece oyun masasında değil, yukarıda yazdığım gibi diplomasi masasından da çoğu kez başarıyla kalkan Dr. Aras'ın diplomasideki başarıları bazı politikacıları kıskandırmıyor da değildi.

> Montreux Konferansı'ndan memleketime döndüğüm gün Florya Köşkü'nde ziyaretine koştuğum Atatürk, beni öğle yemeğine alıkoymuş ve yemek sırasında iltifatlı sözlerini şu cümleyle bitirmişti: "Dr. Tevfik Rüşdü, yeni yeni muvaffakiyetler için acele etme. Kıskançlıktan kafanı koparacaklar ama, ben hayatta oldukça hiçbir şeyden endişe etme!"
> (Dr. Tevfik Rüşdü Aras, *Görüşlerim*, 1968, s.1)

Atatürk'ün Ankara'da en sık misafirliğe gittiği yerlerin başında Dr. Aras'ın evi geliyordu. Ve evde her şeye karışıyordu. Örneğin

Sevin Zorlu'nun saçı mı uzatılmış, hemen müdahale ediyordu: "Kısa, kâküllü kesilecek!" Atatürk uzun saçı hiç sevmiyordu!

Dr. Aras-İsmet Paşa kavgası

Türkiye'nin ekonomik ve siyasal bağımsızlığından ödün verilmeyen yıllardı o dönem.

Dünün en büyük iki düşmanı, Yunanistan ve Rusya (SSCB), Türkiye'nin en büyük dostuydu.

Türkiye, Milletler (Birleşmiş Milletler) Cemiyeti'ne girmeye çok istekliydi. Ama başvurarak değil, davetle katılmayı uygun buluyordu. Nitekim öyle de oldu. Ancak yine de şart koymuştu: "Dostumuz Sovyetler Birliği'ne karşı haklı görmeyeceğimiz herhangi bir tedbire katılmak zorunda değiliz."

Ve çok geçmeden Türkiye, Sovyetler Birliği'nin Milletler Cemiyeti'ne katılmasında başrolü oynadı.

Türkiye saygı duyulan bir ülke olma yolunda hızla ilerliyordu. 1937 martında Mısır'ın, Milletler Cemiyeti'ne kabulü için toplanan olağanüstü oturuma Dışişleri Bakanı Dr. Aras başkanlık yaptı.

Uluslararası siyasette giderek önemli görevler üstlenen Türkiye, hep barışçıl politikaları savunuyordu. Örneğin Balkanlar'da hiçbir devletle düşmanlığı yoktu. Oysa diğer ülkelerin aralarında sayısız anlaşmazlık vardı. Buna rağmen Türkiye öncülüğünde Balkan Paktı kuruldu.

"Balkan Paktı kuruldu" diye sadece bir cümleyle yazıp geçiyoruz. Halbuki özellikle son yarım asırdır birbirlerinin boğazına sarılmış ülkeleri bir paktta buluşturmak hiç de kolay olmamıştı. Zorluğu anlatmak için bir örnek vereyim: Dışişleri Bakanı Dr. Tevfik Rüşdü Aras, bu birliği sağlayabilmek için Atina'da o kadar çok bulunuyordu ki, eşi Makbule Hanım da Atina'ya taşınmak zorunda kalmıştı. Araslar Atina'da bir yıl kaldı.[13]

Balkan Paktı'nın ardından benzer çalışmalar Ortadoğu için de yapıldı. "Sadabat Paktı" kuruldu, geliştirildi.

Atatürk'ün Türkiye'si Üçüncü Dünya Ülkeleri'ne örnek oluyordu. Irak'ta Cumhuriyet Halk Partisi'ni örnek alan Bağdatlı aydınlar Halk Grubu'nu kurdular. Köklü reformları savundular. İktidara geldiler. Başbakan olan kişi Türkiye'ye yabancı değildi: Midhat Paşa'nın Bağdat'ta himayesine aldığı, Hareket Ordusu Komutanı

---

[13]. Balkan Paktı'nın mimarı Dr. Tevfik Rüşdü Aras, İttihat ve Terakki Cemiyeti'nin temeli sayılan "İttihadı Osmanî"yi kuran dört isimden biri olan ve daha sonraki yıllarda memleketi Romanya'ya dönen Dr. İbrahim Temo'nun heykelinin Bükreş Tıp Fakültesi şeref holüne dikilmesini sağladı. Heykel, daha sonra sosyalist rejim tarafından kaldırıldı.

ve 1913'te uğradığı suikast sonucu ölen Sadrazam Mahmud Şevket Paşa'nın kardeşi Hikmet Süleyman'dı.

"Atatürk devrimlerini" ülkesinde gerçekleştirmeye çalışan Başbakan Hikmet Süleyman kısa bir zaman sonra, İngilizlerin organize ettiği bir askerî darbeyle yıkıldı.

1935'te Almanya'nın Versailles Antlaşması'nı yırtması ve Ren bölgesine girmesi, ardından İtalya'nın Habeşistan'a saldırması, ufukta büyük bir savaşın başlayacağının deliliydi.

Türkiye iki düşman kutbun, İngiltere-Fransa ile Sovyetler Birliği'nin yakınlaşmasında da etkin rol oynuyordu.

Keza Montreux Sözleşmesi bu politikaların sonucunda başarıyla noktalanmıştı.

Bütün bu açık, dürüst, tarafsız ve barışçıl dış politikanın mimarı Mustafa Kemal, icracısı Dr. Tevfik Rüşdü Aras'tı.

Ancak Dr. Aras'ın yıldızının parlaması Türkiye'nin yakın geleceğinde bir fırtınanın kopacağının da işaretiydi.

10 eylül 1937'de İsviçre'nin Nyon kentinde yapılan toplantı, Cumhurbaşkanı Mustafa Kemal ile Başbakan İsmet İnönü'nün yollarını ayırdı.

Olay aslında son derece basitti...

1937'de dünyanın gündeminde korsan denizaltılar olayı vardı. Kimliği saptanamayan denizaltılar, ticaret gemilerini vurup kaçıyordu. Saldırılar Türkiye karasularında da olmaya başladı; Sovyetler Birliği'nden malzeme yüklenen iki İspanyol gemisi Çanakkale Boğazı önünde batırıldı. Marmara Denizi'nde yabancı bir denizaltının bulunduğu iddiası Avrupa gazetelerinde manşetlere taşındı. Korsan denizaltılar olayı, Sovyetler Birliği ile İtalya'yı karşı karşı getirdi; sert notalar verildi. Bu tartışmalar üzerine Akdeniz Konferansı düzenlenmesi fikri ortaya atıldı. Almanya ve İtalya konferansa katılmayı reddetti. Buna rağmen Türkiye, Sovyetler Birliği, İngiltere, Fransa, Mısır ve Balkan ülkeleri katılma kararı aldı.

Konferansta alınan işbirliği kararı Dışişleri Bakanı Dr. Aras ile Başbakan İsmet İnönü'nün arasını açtı.

Başbakan İnönü, İngiltere ve Fransa'nın Türkiye'nin başını belaya sokmak için korsan denizaltılar sorununu abarttığını düşünüyor ve işbirliğinin sadece Türk karasuları içinde yapılmasını ileri sürüyordu. Dr. Aras (ve dolayısıyla Atatürk) açık denizlerde de sınırlı bir işbirliğinden yanaydı.

Görüldüğü gibi mesele o kadar önemli değildi. Nyon Konferansı aslında son dönemde Çankaya Köşkü ile hükûmet arasındaki görüş farklılığının somut olarak ortaya çıkmasına neden oldu.

Hatay sorununun çözümü konusunda da Atatürk ile İnönü arasında önemli yaklaşım farklılıkları vardı. Atatürk askerî müdahaleyi de dışlamayan "şahin" bir diplomasiden yanayken, İnönü, Türkiye'yi Fransa'yla karşı karşıya getirmeyecek daha ılımlı bir siyaset izlenmesinden yanaydı.

Sadece diplomaside değil, uygulanan ekonomik politikalarda da Mustafa Kemal ile İsmet İnönü arasında görüş farklılığı vardı. Örneğin, Mustafa Kemal, Başbakan İnönü'nün ekonomiye devlet müdahalesini genişletme eğilimini dengelemek için, özel sektöre yakınlığıyla bilinen Celal Bayar'ı İktisat bakanı yapmıştı. Fakat Başbakan İnönü, Celal Bayar'ın elini kolunu bağlıyordu.

Uzatmayayım, sonuçta Nyon Konferansı bardağı taşırdı. Cumhurbaşkanı Atatürk, Başbakan İsmet İnönü'nün istifasını istedi.

Başbakan İnönü 20 eylül 1937'de "hastalığı nedeniyle" görevinden ayrıldığını açıkladı.

Gariptir, İsmet İnönü bundan önceki başbakanlıktan ayrılmalarında da hep "hastalığını" mazeret göstermişti.

Ama gerçek bir hasta vardı ki, onun ömrü çok azalmıştı.

Ve onun ölümü, Evliyazade ailesini derinden etkileyecekti...

On sekizinci bölüm

11 kasım 1938, Ankara

Mustafa Kemal Atatürk'ün ölümünün üzerinden bir gün geçmişti. Türkiye matemdeydi... Türkiye ağlıyordu...
Gazi Mustafa Kemal Atatürk İstanbul'da ölmüştü.
Ankara'da siyasî hareketlilik yaşanıyordu.
Olağanüstü toplanan Türkiye Büyük Millet Meclisi oybirliğiyle İsmet İnönü'yü cumhurbaşkanı seçti.
İsmet Paşa Meclis kürsüsüne çıktığında göğsündeki İstiklal Madalyası ve Birinci Dünya Savaşı'ndan kalma nişanı hayli dikkat çekiciydi. Türkiye Cumhuriyeti'nin cumhurbaşkanının göğsünde neden Osmanlı madalyası taşıdığı merak konusu oldu. Ama bunun nedenini kimse soramadı...
Meclis'ten kendi evi Pembe Köşk'e dönen Cumhurbaşkanı İsmet İnönü, annesi Cevriye Temelli'nin odasına girip elini öptü.
Başbakan Celal Bayar, o gün istifasını Cumhurbaşkanı İsmet İnönü'ye sundu. İsmet Paşa, hükûmeti kurma görevini yine Celal Bayar'a verdi.
Ama...
Özel bir özel isteği vardı: Dışişleri Bakanı Dr. Tevfik Rüşdü Aras ile İçişleri Bakanı Şükrü Kaya'yı yeni kabinede istemiyordu!
Neden?
Döneme ait tüm anı kitaplarının İsmet İnönü hakkında ortak bir görüşü vardır: "İsmet Paşa kincidir!"
İsmet Paşa'nın, Dr. Aras ve Şükrü Kaya'yı kabinede görmek istememesinin haklı bir nedeni var mıydı?
Bu soruyu yanıtlayabilmek için birkaç ay öncesine gitmekte yarar var...
Dışişleri Bakanı Dr. Tevfik Rüşdü Aras, İçişleri Bakanı Şükrü Kaya başta olmak üzere Atatürk'ün yakın çevresi onun vefatıyla

boşalacak Cumhurbaşkanlığı makamı için kulis faaliyetlerine girdiler. Biliyorlardı ki, sık sık komaya giren Atatürk'ün kurtulma umudu çok azdı...

Atatürk'ün yakın çevresinin, Çankaya Köşkü için üzerinde uzlaştıkları isim TBMM Başkanı Abdülhalik Renda'ydı.
Yanya doğumlu Meclis Başkanı Abdülhalik Renda ile Şükrü Kaya Malta sürgününde birlikteydiler. Dosttular.
Abdülhalik Renda'yı İstanbul'a çağırdılar.
Renda'yı Haydarpaşa Garı'nda karşılamaya gelenler sadece özel isimlerdi. Birlikte Pera Palas'a gittiler.
Dr. Aras ve Şükrü Kaya burada tekliflerini yaptılar.
Bu özel görüşmede olduğunu söyleyen Yakub Kadri Karaosmanoğlu, yapılan teklifi ve Abdülhalik Renda'nın bunu duyar duymaz reddettiğini, yıllar sonra İsmet İnönü'nün damadı Metin Toker'e anlattı.
Diyelim ki Yakub Kadri Karaosmanoğlu doğru söylüyor, Meclis Başkanı Renda[1] Çankaya Köşkü'ne çıkmayı reddetti. Peki niye? Dünürü Orgeneral İzzeddin Çalışlar, kulağına bazı bilgiler fısıldamış olabilir mi?
Teklif Atatürk ölmeden hemen önce yapılmıştı; o günlerde İsmet İnönü'nün adı telaffuz bile edilmiyordu.
Üstelik teklifi kabinenin iki önemli bakanı getirmişti.
TBMM Başkanı Renda teklifi neden reddetmişti?
Bilinmiyor!
Devam edelim, belki yanıtı bulabiliriz.
Yazılanlara bakılırsa Dr. Aras ve Şükrü Kaya'nın başını çektiği grup, Celal Bayar'a, Ali Fethi Okyar'a da teklif götürdü; onlar da hemen reddetti!
Bırakın bu yazılanların doğru ya da yanlış olduğu polemiğini, o günlerde Celal Bayar'ı Dr. Aras ve Şükrü Kaya'dan ayrı tutmak sadece saflık olur!
Keza yine yazılanlara göre bu grup, Mareşal Çakmak'a da teklif götürmek istiyor, ancak Mareşal Çakmak, "Hayır hayır... Çankaya Köşkü için en iyi aday İsmet İnönü'dür" diyor!
Bunların hepsi kötü senaryolardır.
Erkânıharbiyei Umumiye reisliği, Harbiye nazırlığı, başbakanlık, Genelkurmay başkanlığı yapmış Fevzi Çakmak'ın Çankaya Köşkü'nü istemediğine dair hiçbir belge ve bilgi yoktur!

---
1. Abdülhalik Renda'nın torunu Bedriye Renda, ünlü reklamcı Jefi Medina'yla evlidir. Medina ailesi İstanbul'un köklü Yahudi ailelerindendir. Bir kolları ise Paris'tedir.

Cumhurbaşkanlığını istemiyor, onun yerine eski müsteşarı, Heybeliada'da emekliliğin tadını çıkaran İsmet Paşa'nın emrine girmeye razı oluyor! Teklif götürülse kabul eder miydi, bilinmez, ama götürülmediği açıktır. Zaten götürülemezdi, Atatürk'ün yakın çevresi ile Mareşal Fevzi Çakmak'ın arasının "gergin olduğuna" ileride değineceğiz.

Devletin tepesinde ideolojik bir çatışmanın olduğunu söyleyebilir miyiz? Dr. Aras'ın siyasî çizgisini biliyoruz.

İçişleri Bakanı Şükrü Kaya için sadece tek bir olgu yeterli olacaktır: Charles Rist ile Charles Gide'in *Günümüze Kadar İktisadî Mezhepler Tarihi* gibi, bazı Marksist "klasikleri" Türkçe'ye çevirmişti![2]

Atatürk'ten sonra Çankaya Köşkü'ne çıkan İsmet İnönü'nün nasıl cumhurbaşkanı olduğu konusunda ne yazık ki hiçbir çalışma yoktur. Bol bol "hamaset edebiyatı" vardır!

Bir yıl önce, 1 kasım 1937'de Atatürk tarafından başbakanlıktan uzaklaştırılan İsmet İnönü, bir yıl sonra "kuyudan" nasıl çıkarılmıştır?

Bu konuda yapılan tek yorum, "Türk Silahlı Kuvvetleri ve onun başındaki Mareşal Fevzi Çakmak, İnönü'nün cumhurbaşkanı olmasını istedi" şeklindedir. Buna eklenen cümle ise, "Başka adam yoktu" değerlendirmesidir. Bu size inandırıcı geliyor mu?

Eğer bunu doğru kabul ederseniz, başka yorumlara neden olursunuz.

Soruyorum: Atatürk'ün başbakanlıkta istemediği birini, ordu nasıl Cumhurbaşkanlığı Köşkü'ne oturtmuştur? Üstelik Atatürk'ün yakın çevresine rağmen! Biliniyor ki bu çevre İsmet İnönü'yü hiç sevmiyordu.

Ama siz, "Atatürk'ün çevresinin ve bakanlarının hiçbir siyasal ağırlığı ve gücü yoktu" derseniz bu da bir başka tartışmaya neden olur. Çünkü bu sözler, "o dönemde Atatürk kültü yoktu" sonucunu doğurur!

Neyse. Meseleyi çözmek için biz yine bir yıl öncesine gidelim. Atatürk'ün ağır hasta olduğu biliniyor ve Çankaya Köşkü'ne kimin geleceği hesapları gizli kapılar ardından utangaç da olsa yapılıyordu. Atatürk sonrasına ilişkin hesap yapan iki grup vardı ve bunlar birbirlerine hayli mesafeliydi.

---

2. İsmet Bozdağ, *Bitmeyen Kavga* adlı kitabında, Şükrü Kaya'nın yazmış olduğu üç ciltlik anılarının, onun ölümünden sonra kaybolduğunu, bunun da sorumlusunun İsmet İnönü olduğunu yazar. Doğan Hızlan ise Şükrü Kaya'nın "özel koleksiyonunun" tasnif edilmeden Beyazıt Devlet Kütüphanesi'nde olduğunu belirtmektedir. (*Hürriyet*, 27 kasım 2000)

İsmet İnönü ile Fevzi Çakmak'ın başını çektiği bir grup; Şükrü Kaya ile Dr. Tevfik Rüşdü Aras'ın bulunduğu diğer grup. Bu durumu "kabaca" İttihat ve Terakki Cemiyeti içindeki asker-sivil gruplaşmasına benzetebiliriz.

İsmet Paşa, karşı grubun sol eğilimlilerle ittifak içinde olduğunu biliyor ve etkisizleştirmek istiyordu.

"Kurt politikacı" İsmet Paşa, Şükrü Kaya ve Dr. Tevfik Rüşdü Aras'ı, "komünistlerle işbirliği içinde" göstererek, özellikle asker çevrelerin onlara karşı tavır almalarına neden olacak bir hesap içindeydi.

Bu ucuz oyunu Şükrü Kaya ve Dr. Tevfik Rüşdü Aras'ın bilmemesine olanak yok. Bu nedenle, İçişleri Bakanı Şükrü Kaya ile Nâzım Hikmet arasında, sol çevrelerin bir türlü anlamlandıramadığı ve yanlış değerlendirmelere yol açan bir görüşme yapıldı. Şükrü Kaya, Nâzım Hikmet'e uyarıda bulundu:

> Türkiye büyük bir hızla Mareşal Fevzi Çakmak inisiyatifiyle faşizme doğru kaymaktadır. Ben bütün gücümle bunu önlemeye çalışıyorum. Fakat buna gücüm yetmiyor. Beni devirdikleri anda Türkiye faşizmin kucağına düşecektir. Faşizm geldiği an, benden evvel siz tasfiyeye uğrarsınız. Bu itibarla sosyalistlik-komünistlik propagandasını bırakın. Faşizme karşı mücadelede bana yardımcı olun. (Abidin Nesimi, *Yılların İçinden*, 1977, s. 146)

Sonra ne oldu?

İsmet İnönü-Fevzi Çakmak ittifakı, Türkiye'nin tanık olacağı en büyük "senaryolarından" birini hayata geçirdi: "Bir komünist isyan nasıl önlenir" oyunu sahneye kondu.

Nâzım Hikmet, Hikmet Kıvılcımlı, Kemal Tahir, Kerim Korcan, A. Kadir (Abdülkadir Meriçboyu) ve arkadaşları "orduyu ve donanmayı isyana teşvik" suçuyla 29 ağustos 1938'de hapse atıldılar!

Tarihe dikkatinizi çekerim!

Olayı o kadar büyüttüler ki, "komünistler her an darbe yapabilir" diye duruşmaları Erkin gemisine taşıdılar!

Bu topraklardan uzun yıllar kullanılacak "komünizm öcüsü" yaratılmıştı!

İttihatçılar arasında nasıl asker kanadın sözü geçiyorsa, "Kemalistler" için de durum değişmemişti. Siviller asker karşısında yine hazır ola geçti!

Yaratılan "canavar" askerleri ürküttü!

Askerleri harekete geçiren isim ise 1. Ordu Komutanı Fahreddin Altay Paşa'ydı. Paşa, Genelkurmay İkinci Başkanı Orgeneral Asım Gündüz'e, cumhurbaşkanının kim olacağını sorup, ordunun bu konuda tarafsız kalacağını öğrenince, hemen harekete geçip, 1. Ordu'nun kolordu ve tümen komutanlarıyla toplantı yaparak, adaylarının İsmet İnönü olduğunu, diğer ordu komutanlarına ve Genelkurmay İkinci Başkanı Orgeneral Asım Gündüz'e bildirdi.

İstiklal Savaşı'nın önde gelen komutanlarından Orgeneral Fahreddin Altay'ın ordu üzerinde ağırlığı büyüktü. 1924-1933 yılları arasında 2. Ordu komutanlığı yapmıştı, 1933'ten beri de 1. Ordu komutanlığı görevini yürütüyordu.

Genelkurmay Başkanı Mareşal Fevzi Çakmak, Orgeneral Altay'ın lobi yaptığından haberdar oldu. Ordunun kararına saygı duyduğunu açıkladı.

İsmet Paşa'nın adaylığı hükûmetin gündemine de geldi. Dışişleri Bakanı Dr. Tevfik Rüşdü Aras, İçişleri Bakanı Şükrü Kaya ve Başbakan Celal Bayar son kez yan yana geldiler. İsmet İnönü adı üzerinde istemeden de olsa fikir birliğine vardılar. Askerler gibi hükûmetin de cumhurbaşkanı adayı İsmet İnönü'ydü.

Dr. Tevfik Rüşdü Aras o gün yani 11 kasımda cumhurbaşkanlığı oylaması yapılmadan önce İsmet İnönü'yü Ankara'daki Pembe Köşk'ünde ziyaret etti. İsmet İnönü'yü dalgın buldu.

"Başımız sağ olsun paşam, milletçe öksüz kaldık" dedi.

Kısa cümlelerle sohbet ettiler. İsmet Paşa, Dr. Tevfik Rüşdü Aras'a soğuktu.

Sonra Dr. Aras, oy kullanmak için Meclis'in yolunu tuttu. TBMM çevresindeki olağanüstü askerî önlemler, herkes gibi onun da dikkatinden kaçmadı!

Askerler Meclis'e ağırlığını koymuştu...

Dr. Aras tasfiye ediliyor

Bir saat sonra.

İsmet İnönü Çankaya Köşkü'ne çıktı. TBMM'de oylamaya katılan 348 oyun hepsini almıştı.

İsmet Paşa, gerek başbakanlıktan ayrılmasına neden olanları, gerekse cumhurbaşkanı yapılmaması için kulis faaliyetinde bulunanları hiç unutmadı.

Özellikle Atatürk'ün son günlerinde bile yanına gitmesini engelleyenleri affetmedi.

Beş ay sonra yapılan genel seçimlerde, Atatürk'ün yakın arkadaşlarının hemen hepsinin üstünü çizdi, milletvekili olmalarını

bile istemedi. Artık TBMM'de, Atatürk'ün "sofra arkadaşlarından" Kılıç Ali, Ali Çetinkaya, Şükrü Kaya, Hasan Rıza Soyak, Cevad Abbas Gürer, Tahsin Uzer, Hüsrev Gerede, Nakiyettin Yücekök, Fuad Bulca gibi isimler yoktu.[3]
İsmet İnönü bazı isimleri hiç affetmeyecekti...
Buna karşılık...
İsmet Paşa, Atatürk'ün "dışladığı" Kâzım Karabekir, Hüseyin Rauf Orbay, Hüseyin Cahid Yalçın, Seyfi Düzgören gibi isimleri TBMM'ye taşıdı. Ali Fuad Cebesoy ile Refet Bele'ye kol kanat gerdi.[4]
Enver Paşa'nın çocuklarının, torunlarının Türkiye Cumhuriyeti vatandaşlığına alınmalarına ve yurda girişlerine izin verdi. Ama bir dönem özel kalem müdürlüğünü yaptığı Enver Paşa'nın mezarını getirmeye yanaşmadı! Diğer yandan Talat Paşa'nın naaşını İstanbul'a getirtti!
Peki tüm bunlar ortadayken hâlâ "İsmet İnönü kincidir" denilebilir mi?
Hem evet, hem hayır!
İsmet İnönü pragmatist bir politikacıydı. Eğer duygularına esir olsaydı, Atatürk döneminde hiç anlaşamadığı Hüseyin Rauf Orbay ve Ali Fethi Okyar'ı tekrar milletvekili, bakan yapmazdı!
Gerçi bunun da yanıtı vardı: güya İsmet Paşa, kendine muhalefet olacak güçlü isimleri yanına çekerek, "siyasî hasımlarının" kuvvvetini azaltan bir stratejiyi hayata geçiriyordu!
Kendisine yöneltilen, "Atatürk'ün muhaliflerini neden hemen Meclis'e taşıdınız?" sorusuna, "Mustafa Kemal'e dil uzatmamaları için yaptım" diye, hiç de inandırıcı olmayan bir yanıt verecekti...

Refii Bayar intihar ediyor

Bu notlardan sonra tekrar 11 kasım 1938 tarihine dönelim.
İsmet İnönü'nün Çankaya Köşkü'ndeki ilk konuğu Başbakan Celal Bayar'dı. Görüşme kısa sürdü.

3. O çevreden milletvekili yapılan nadir isimlerden biri, Mustafa Kemal'in vefat haberini alınca intihara kalkışan yaver Salih Bozok'tu. Ama Bozok'un milletvekilliği sadece bir dönem sürecekti. İlginçtir: Atatürk'ün iki çocukluk arkadaşı Salih Bozok ve Nuri Conker Atatürk gibi 1881 Selanik doğumluydu. Nuri Conker Atatürk'ten beş ay sonra, Salih Bozok ise on sekiz ay sonra vefat etti! Nuri Conker, Salih Bozok'un ablasıyla evliydi.

4. O kadar çok savaş cephesinde bulunan Refet Paşa, seçim gezisi için gittiği Trakya'da bir çocuğun trene attığı taşın gözüne rast gelmesi sonucu yaralandı. Ameliyatlar geçirdi. "Biz Halide Edib Hanım'ı Müslüman ettik zannediyorduk. Meğer Halide Hanım, Adnan (Adıvar) Bey'i Yahudi etmiş" diyen Refet Paşa'ya, bu zor günlerinde yine de Halide Edib Adıvar baktı!

Celal Bayar Çankaya Köşkü'nden çıkıp Başbakanlık'a gitti. Kabineyi olağanüstü toplantıya çağırdı. Bakan arkadaşlarına hükûmeti kurmakla yeniden görevlendirildiğini söyledi.

Dr. Aras yılların politikacısıydı. Söz aldı: "Dünyanın İkinci Dünya Savaşı'na sürüklendiğini sanırım hepimiz farkındayız. İstendiği takdirde görev almaktan kaçınmayacağımı sizlere bir kez daha anımsatmak isterim."

Dr. Aras sanki gelişmelerden haberdardı.

Kabine dağılınca Başbakan Celal Bayar, Dr. Aras'ın evine ziyarete gitti. Bayar, İsmet Paşa'yla yaptığı görüşmeyi aktardı.

(İnönü Celal Bayar'a) Benim uzun yıllar boyunca iyi işler gördüğümü fakat çok yorulduğumu düşünerek bir müddet istirahat etmemin iyi olacağını söylemiş. (*Hürriyet*, 12 kasım 1987)

Dr. Aras, Başbakan Celal Bayar'a kırıldı. Atatürk son dönemlerinde Dr. Aras, Şükrü Kaya ve Celal Bayar'a "ayrılmaz üçlü" diye bakıyordu. Bu üçlü de prensipte birbirlerinden kopmama sözü vermişlerdi. Ama Celal Bayar'ın başbakanlıkta kalabilmek için kendilerinin saf dışı edilmesine ses çıkarmadığını düşünüyorlardı. Dr. Aras çevresine, "Oysa Atatürk bizi Celal Bayar'a emanet etmişti" diyordu buruk bir ses tonuyla.

Arkadaşlarının saf dışı edilmesine tavır koymayan Celal Bayar'ın başbakanlığı da ancak üç ay sürecekti...

Fakat bu üç aylık başbakanlığı döneminde, İmpeks şirketinde çalışan oğlu Refii Bayar'ın, devletten aldığı ihalelerde çıkar sağladığı gerekçesiyle yargılanması, yaşamı boyunca unutamayacağı bir acıya neden olacaktı.

Mahkemelerin aklamasına rağmen, babasını çok üzdüğünü düşünen Refii Bayar intihar ederek yaşamına son verecekti...[5]

Celal Bayar oğlu Refii Bayar'ın Başbakan Refik Saydam'ın tertibi sonucu canına kıydığı kanısındaydı. Hiçbir zaman bu olayla ilgili İsmet İnönü'nün adını telaffuz etmedi ama ona karşı olan nefretinin altında bu duygunun yatmadığını düşünmek saflık olur!

Ne yazık ki gün gelecek bazı DP'liler ve DP'nin yayın organı *Zafer* gazetesi, İsmet İnönü'nün oğlu Ömer İnönü'nün adının bir cinayete karıştığını iddia edecek ve Türkiye'nin gündemini on dört ay bu olayla oyalayacaklardır. Kâbus dolu günler sonun-

---

5. Celal Bayar'ın torununa, yani Refii Bayar'ın oğluna, "Demirtaş" adını Atatürk koymuştur. Celal Bayar'ın diğer oğulları Atilla ABD'de, Turgut ise İsviçre'de yaşamaktadır.

da Ömer İnönü 5 temmuz 1951'de beraat edecekti.[6]

O günlerdeki söylentiler Celal Bayar'ın İsmet İnönü'den oğlu Refii Bayar'ın intikamını almakta olduğudur. (Metin Toker, *DP'nin Altın Yılları (1950-1954)*, 1991, s. 60)

İnanmak zor. Ama alıntı yaptığımız cümlenin sahibi Metin Toker, yani İsmet İnönü'nün damadı olunca, İnönü Ailesi'nin bu düşüncede olduğunu çıkarabiliriz...

Neyse, Bayarlar ile İnönüler arasındaki kavgayı bırakıp biz yine Dr. Aras'ın tasfiyesine dönelim...

13 yıl 8 ay Dışişleri bakanlığı yapan Dr. Tevfik Rüşdü Aras görevini Anglosakson taraftarı bilinen Şükrü Saracoğlu'na devretti.

Evliyazadeler damatlarının başına gelenlere çok üzüldüler. Ama küçük bir teselliyle avundular. Gerek Dr. Aras'ın eşi Makbule Hanım gerekse Berin Menderes'in Ankara'daki en yakın ahbapları Şükrü Saracoğlu'nun eşi Saadet Saracoğlu'ydu. Evliyazadeler'in hanımlarıyla Saadet Saracoğlu yakınlığı İzmirli olmalarından kaynaklanıyordu. O yıllarda Ankara'daki İzmirliler birbirlerini çok tutup kolluyorlardı.[7]

Dışişleri Bakanı Şükrü Saracoğlu ertesi gün yakın arkadaşı Dr. Aras'ı ziyaret etti. Hem İzmir'den hem de mübadele komisyonu günlerinden tanışıyorlardı. Saracoğlu, büyük bir nezaketle, "İsmet Paşa sizin Londra büyükelçiliğine tayininizi düşünüyor" dedi.

Dr. Aras bu karara pek de şaşırmadı ve yıllar öncesine döndü. Atatürk, İsmet İnönü'yü başbakanlıktan alınca devreye Dr. Aras girmiş ve İnönü'ye Washington büyükelçiliği görevini teklif etmişti.

Şimdi İsmet İnönü yıllar önce gerçekleşen bu olayın rövanşını almak istercesine Dr. Aras'a Londra büyükelçiliğini teklif ediyordu!

Dr. Aras, "çiçeği burnunda" Dışişleri bakanı Şükrü Saracoğlu'na dönerek, "Peki Londra Büyükelçisi Ali Fethi Okyar ne olacak?" dedi.

---

6. Türk siyasal tarihindeki intiharları bir meslektaşımızın yazmasını umut ediyorum. Dönemin Genelkurmay başkanı Orgeneral Kâzım Orbay'ın oğlu Haşmet Orbay, 17 ekim 1945'te Ankara'da Dr. Neşet Naci Arzan'ı öldürdü. Cinayeti parayla Reşit Mercan'a kabul ettirdi. Ancak olay sonradan aydınlandı. Haşmet Orbay cezaevine girdi. Suçu üstlenmesi için Reşit Mercan'a baskı yaptığı iddia edilen Ankara Valisi Nevzat Tandoğan 9 temmuz 1946'da canına kıydı! Kâzım Orbay da istifa etti! Son bir örnek daha vereyim: MHP Genel Başkanı Alparslan Türkeş'in Hacettepe Üniversitesi'nde öğretim görevlisi olarak çalışan damadı Dr. Turgut Günay, 14 aralık 1978'de intihar etti. İleri sayfalarda okuyacaksınız, bir intihar da Evliyazadeleri şoke edecekti...

7. 1947-1950 yılları arasında Dışişleri Bakanlığı yapan Necmeddin Sadak'ın eşi İlhan Sadak da Berin Menderes'in İzmir Notre-Dame de Sion'dan okul arkadaşıydı. Ancak İlhan Hanım okulu dördüncü sınıfta terk etmişti.

"Milletvekili" yanıtını aldı.

İsmet Paşa, siyasî muhalifi Ali Fethi Okyar'ın 31 aralık 1938'de yapılan araseçimde milletvekili seçilerek, Meclis'e girmesini sağladı!

Dr. Aras Londra büyükelçiliği teklifini kabul etti. Ancak kırgındı. İsmet Paşa onu Çankaya Köşkü'ne çaya davet etti.

"Paşam sizin devlet reisi olmanız üzerine benim hükûmetin dışında kalmam hazin değil mi?" dedi. İnönü'de, "Evet hazindir iki gözüm, ancak kısa bir süre için gidiyorsunuz, sizi uzun süre orada bırakmam" diyerek Dr. Aras'ın gönlünü aldı.

"İki gözüm" İnönü'nün sık kullandığı bir deyimdi.

Dr. Aras İsmet Paşa'nın sözlerine inandı mı bilinmez. Ama paşayı hayat boyu affetmeyecek bir kişi vardı: Makbule Aras!

Halbuki daha düne kadar, İsmet Paşa'nın eşi Mevhibe ve Kâzım Orbay'ın eşi Mediha'yla (Enver Paşa'nın kız kardeşi) ne kadar samimiydiler. Birlikte Ankara'daki büyükelçi eşlerinin beş çaylarına giderlerdi. Kokteyllerin vazgeçilmez isimleriydiler.

> Makbule Hanım, sakil sakil elbiseler ve şapkalar giyer, eski modaya göre de elinden birkaç numara küçük beyaz glase eldiven giyerdi. Bu dar eldivenler içinde elleri sakat gibi bir şey tutamaz, fakat bu dar eldivenlerin içinde büzülmüş ellerini bol bol büyükelçilere uzatır, onlar da bu acayip elleri tazim ile öperlerdi. Hele zavallı Hariciye mensupları, yanına pek yaklaşamazlar, şayet yaklaşabilirler ise, "Arzı tazimat ederiz hanımefendiciğim" demek mecburiyetinde kalırlardı. (Münevver Ayaşlı, *İşittiklerim Gördüklerim Bildiklerim*, 2002, s. 125)

Makbule Hanım "Türkiye'nin gücünü yabancı konuklara göstersin" diye som altından yapılan Hariciye Köşkü'ndeki o tabaklarda artık yemek yiyemeyecekti. (Orhan Dirik, *Babam General Kâzım Dirik ve Ben*, 1998, s. 54)

Ama çocukluğundan beri zengin bir ailede büyüdüğü için bunları sorun yapmıyordu. Onun kızdığı İsmet Paşa'nın, "Rüşdüm" dediği eşine yaptığı haksızlıktı! Herkese soruyordu: "Söyleyin bana, biz Dışişleri'nde başarısız olduğumuz için mi alındık?"

Atatürk'ün vefatıyla Ankara'da bir dönem artık sona ermişti. Sofralarda saatlerce oturma, balolarda dans etme gibi, bir dönemin simgeleri yok olmaya başladı. Atatürk otoriterdi. İsmet Paşa'nın liderliğinde totaliter bir süreç başlamıştı...

Başkentte artık Atatürk'ün sofrası boşalmıştı, devir "İnönü'nün adamlarının" devriydi. Refik Saydam, Saffet Arıkan, Nevzat Tandoğan gibi isimlerin yıldızı parlıyordu...[8]

CHP'liler de Cumhurbaşkanı İnönü'yü göklere çıkarıyordu. 26 aralık 1938'de olağanüstü toplanan CHP kurultayı İsmet İnönü'yü "millî şef" ve "değişmez genel başkan" seçti!

Kurultayın İnönü'ye bağlılığını bildiren mesajını kongre kâtibi CHP Aydın Milletvekili Adnan Menderes okudu: "Partimizin değişmez genel başkanlığına intihap olunan Türkiye devletinin büyük reisicumhuru ve kahraman Türk ordusunun yüce başbuğu, Millî Şef İsmet İnönü'ye büyük kurultayın yürekten saygı ve bağlılığının arzına karar verilmesini ve bu kararın kendisine sunulmasını, derin saygılarımızla teklif ederiz."

Bu teklif sürekli alkışlar arasında kabul edildi. Kurultay başkanı Celal Bayar, kongrenin bu saygı ve bağlılıklarını kendi saygılarıyla beraber İsmet İnönü'ye sunarak vazifesini yerine getirdi. (Şevket Süreyya Aydemir, *İkinci Adam*, 1993, c. 2, s. 39)

Ankara "Millî Şef" İsmet İnönü'nün etrafında hemen kenetlenivermişti...

Adnan Menderes bakan olacaktı

Dışişleri Bakanlığı'ndan tasfiye edilen Dr. Tevfik Rüşdü Aras Hariciye Köşkü'nü boşaltmak için acele davrandı. Ancak bu iş sandığı kadar kolay değildi. Örneğin, kayınçosu Refik Evliyazade'nin hediye ettiği, Hariciye Köşkü'nün bahçesinde bakılan ve özel konuklara iftiharla gösterilen İngiliz atı ne olacaktı?

Bir diğer sorunu ise, tabanca koleksiyonunu ne yapacağıydı. Yıllardır topladığı tabancalarla zengin bir tabanca koleksiyonuna sahip olmuştu.

At İzmir'e gönderildi. Tabancalar Bahçelievler'deki eve taşındı.

Dr. Aras özel sorunlarını hallettikten sonra, İngiltere'ye gitmeden önce, ocak ayının ilk günü Cumhurbaşkanı İnönü ve Dışişleri Bakanı Saracoğlu'yla Çankaya Köşkü'nde bir akşam yemeğinde yan yana geldi. Bu üçlü özel toplantı Dr. Aras'ın Dışişleri brifingiyle başladı.

Görüşme sonunda Cumhurbaşkanı İnönü, Londra Büyükelçisi Dr. Aras'a şu direktifleri verdi:

---

8. Saffet Arıkan, Ulusal Kurtuluş Savaşı sırasında Sovyetler Birliği'yle yapılan askerî yardım görüşmelerinde Türk askerî heyetinde "ataşemiliter erkânıharp binbaşısı" unvanıyla bulundu. Daha sonra Millî Savunma ve Millî Eğitim bakanlıkları yapan Saffet Arıkan, milletvekiliyken 26 kasım 1947'de elli dokuz yaşında intihar etti. Keza Nevzat Tandoğan'ın intihar ettiğini de yazdık.

– Savaş çıktığı takdirde Türkiye tarafsız kalacaktır.
– Ancak saldırıya uğradığında Türkiye kendini savunacaktır.
– Bu koşullar altında yeni Londra büyükelçisi İngiltere hükûmetinin bize ne gibi yardımlarda bulunabileceğini öğrenmeye çalışacaktır. (Doğan Avcıoğlu, *Millî Kurtuluş Tarihi*, 1974, s. 1479)

Bir ufak not eklemem gerekiyor: sadece kabinede değil, bürokraside de yer yer değişikliklere gidiliyordu. Yurtdışına göreve atanan tek isim Dr. Tevfik Rüşdü Aras değildi. Damadı Fatin Rüşdü Zorlu da kabinenin değişikliğinden payına düşeni almıştı! Genç hariciyecinin yeni görevi Paris Büyükelçiliği başkâtipliğiydi.

Bir yanda Makbule Hanım, diğer yanda Emel Hanım hazırlıklarını tamamladılar. Artık Ankara'da olduğu gibi sık sık görüşemeyeceklerdi. Arasların, torunları Sevin'den ayrılmaları çok zor oldu...

Dr. Tevfik Rüşdü-Makbule Aras çiftini Ankara'da uğurlamaya gelenler arasında 26 aralık 1938'de toplanan CHP 1. Olağanüstü Kongresi'nde on altı kişilik genel yönetim kuruluna seçilen, Dr. Aras'ın kız kardeşi Fahriye'nin eşi Dr. Cemal Tunca ve Adnan Menderes gibi akraba CHP'liler vardı.

Atatürk'ün ölümü Adnan Menderes'in bakan olmasını da "suya düşürmüştü":

Cumhurbaşkanı Atatürk, Tarım bakanlarının icraatlarını beğenmiyordu. Son iki yılda ardı ardına Muhlis Erkmen, Şakir Kesebir, Faik Kurtoğlu'nu Tarım bakanı yapmış ama yine de memnun kalmamıştı. İsmet İnönü'nün başbakanlıktan ayrılmasının nedenlerinden biri de, Atatürk'ün bir kabine toplantısında Şakir Kesebir'i sertçe azarlaması ve Başbakan İnönü'nün sesini yükselterek bakanını savunmasıydı.

Atatürk, Dr. Aras'a sık sık, "Bana bir Tarım bakanı bulamadınız" diye yakınıyordu. Dr. Aras, Tarım bakanlığı için Adnan Menderes'i hazırlamaktaydı. Atatürk ölmeseydi, büyük ihtimalle Adnan Menderes Tarım bakanı olacaktı...

Londra günleri

Dr. Aras, on üç yıllık Dışişleri bakanlığı yıllarının ardından büyükelçiliğe birdenbire uyum sağlayamadı. Ankara Hükûmeti'nin temsilcisi gibi değil, adeta kendi başına bir kabine başkanı gibi davranıyordu.

Dünya hızla yeni bir paylaşım savaşına hazırlanırken büyükelçi Dr. Aras'ın, Londra'da hâlâ Atatürk'ün geleneksel dış politikasını, yani tam bağımsızlıkçı ve Sovyetler Birliği'ni dost gören bir çizgiyi savunması ve Sovyetler Birliği'nin Londra büyükelçisiyle samimi diyalogları tepki çekiyordu.

Tepki karşılıklıydı. Dr. Aras da Ankara'ya kızıyordu. Yazdığı kriptolarda, İngiltere ve Fransa'yla askerî ittifak aramanın Atatürk'ün çizdiği tarafsızlık siyasetinden uzaklaşmak olduğunu vurguluyordu sürekli.

Tek kızgın Dr. Aras değildi. Adolf Hitler de Türkiye'nin yeni dış politikasına öfke duyuyordu. 22 ağustos 1939'da generalleriyle yaptığı bir toplantıda Türkiye yöneticilerine ateş püskürdü: "Türkiye'yi Kemal'in ölümünden sonra, budala ve aptallar yönetmektedir." (Doğan Avcıoğlu, *Millî Kurtuluş Tarihi*, 1974, s. 1487)

Hitler'i kızdıran gelişme, Türkiye'nin Fransa ve İngiltere'yle Ankara'da imzalayacağı Üçlü İttifak Antlaşması'ydı. Türkiye bir Avrupa devletinin saldırıya uğraması durumunda, Fransa ve İngiltere tarafından korunacaktı!

Türkiye yaptığı bu antlaşmayla tepki çekse de, iki yıl sonra Almanya'yla saldırmazlık antlaşması imzalayacaktı.

Ankara, başından beri Hitler'le ilişkileri sıcak tutma niyetindeydi. Örneğin, doğum gününü kutlamak için Berlin'e giden, Ali Fuad Cebesoy, Yunus Nadi, Necmeddin Sadak, Hüseyin Cahid Yalçın, Falih Rıfkı Atay, Orgeneral Asım Gündüz, Pertev Demirhan'dan oluşan heyeti Hitler sevinçle kabul etmişti.

Başta Hitler olmak üzere o dönemin Alman politikacı ve askerlerinde Birinci Dünya Savaşı'ndaki ittifak nedeniyle Türkiye'ye büyük bir sempati vardı.

Parantez: dün Amerikan mandasını isteyen bazı isimler şimdi de Türkiye'nin Almanya'yla ittifak kurmasını istiyorlardı! Örneğin bu isimlerden biri olan Yunus Nadi'ye meslektaşlarınca "Yunus Nazi" adı takılmıştı!..

Bu arada başta Almanya olmak üzere Avrupa'da yaygınlaşan antisemitik hareketlerin Türkiye'yi de etkilemesi uzun sürmeyecekti...

Sabetayist gazeteciler

Türkiye Yahudileri, İsmet İnönü'nün kendilerine karşı hasmane duygular beslediğine, Atatürk'ün bu olumsuz hissiyatı frenlediğine inanıyorlardı.

Atatürk'ün vefatından sonra İnönü'nün cumhurbaşkanı seçilmesinden dolayı Yahudiler endişe duydular. Onları tek rahatlatan gelişme, Serbest Cumhuriyet Fırkası eski başkanı Ali Fethi Okyar'ın Londra büyükelçiliği görevinden ayrılıp milletvekili ve ardından Adalet bakanı olmasıydı. (N. Rıfat Bali, *Musa'nın Evlatları, Cumhuriyet'in Yurttaşları*, 2001, s. 327-328)

Yahudiler, İsmet İnönü konusunda belki peşin hükümlüydüler ama İkinci Dünya Savaşı döneminde onları karamsarlığa düşürecek gelişmeler de olmuyor değildi.

8 ağustos 1939'da 600 Yahudi mülteciyle Panama bandıralı Parita gemisi İzmir limanına geldi. Hükûmet Yahudilerin karaya çıkmasına izin vermedi. Gemi bir hafta sonra limandan bir bilinmeze doğru yelken açtı.

12 ağustos 1939'da Çekoslovakya Yahudilerini taşıyan iki geminin Finike limanına yolcu çıkarmasına izin verilmedi.

15 aralık 1941'de 769 Rumen Yahudisi'ni taşıyan Struma gemisinin İstanbul'a yolcu indirmesi yasaklandı. Ancak bazı yolcular şanslıydı. Bu yolcular, hamile olduğu ve kanama geçirdiği için gemiden alınan Medea Salamowitz, Filistin'e giriş vizesi bulunan 5 kişi ve Segal ailesiydi.[9] Karadeniz'e açılmaya zorlanan Struma gemisini 24 şubatta kimliği belirsiz bir denizaltı torpilleyerek batırdı.

Başbakan Refik Saydam Meclis'te yaptığı konuşmada, "Türkiye başkaları tarafından arzu edilmeyen insanlar için vatan hizmeti göremez. Bizim tuttuğumuz yol budur. Kendilerini bu sebepten İstanbul'da alıkoymadık" dedi.

Struma faciasında ölenlerin anısına 27-28 şubatta Filistin'deki tüm sinagoglarda dualar okundu. Yahudiler kendilerini evlerine kapatarak olayı protesto ettiler. Anadolu Ajansı'nın bunu haber yapıp abonelerine göndermesi üzerine Başbakan Refik Saydam ajansta çalışan 26 Yahudi gazetecinin işine son verdiğini açıkladı!

İstanbul Musevî Lisesi Müdürü David Markus, Cumhurbaşkanı İsmet İnönü'ye başvurup Alman uyruklu binlerce Yahudi hekim ve eczacının Türkiye'ye göç etmelerine izin verilmesini istedi. Teklif reddedildi.

Bu arada, yoğun iç ve dış sorunlara kalbi dayanamayan Başbakan Refik Saydam 7 temmuz 1942'de vefat etti. Yerine Şükrü Saracoğlu getirildi.[10]

---

9. Martin Segal, Standard Oil Company of Newyork (SOCONY şimdiki adıyla Mobil Oil) şirketinin Romanya'daki müdürüydü. SOCONY'nin Türkiye genel müdürü Walker, şirketin Türkiye temsilcisinden ailenin kurtarılmasını istedi. Yoğun çabalar sonucu İçişleri Bakanı Faik Öztrak'ın özel izniyle Segaller kurtarıldı. Onlara yardım ederek hayatlarını kazandıran şirketin Türkiye temsilcisi ise Vehbi Koç'tu.

10. "Zamanın başbakanı kadınlara ister yedi yaşında olsunlar, ister yetmiş yaşında olsunlar, 'Güzel çocuk' diye hitap ederdi. Erkeklere de 'Delikanlı'. Güzel kadınların kulağına kükrerdi: 'Neden bu kadar güzelsin?' Aynı adamın devlet adamlığı da ancak o alaturkalıkta olabilirdi... Saracoğlu hem efe başvekil, hem çapkın başvekildi." (Nimet Arzık, *Menderes'i İpe Götürenler*,1960, s. 17)

Başbakan Saracoğlu 11 temmuz 1942'de açıkladığı kabinesinde Ticaret bakanlığını Behçet Uz'a verdi.

Evliyazadeler uzaktan da olsa bir akrabalarının yıllar sonra hükûmette yer almasına çok sevindiler.

Burada bir parantez açayım: Saracoğlu-Uz ikilisi o tarihe kadar kimsenin cesaret edemediği bir karara imza atarak, fiyatları serbest bıraktılar! Doğal olarak savaş koşullarında fiyatlar alabildiğine yükseldi. Haberi önceden öğrenen İzmirli bazı tüccarlar o günlerde olağanüstü kazançlar elde etti. Altının değeri yükseldi, Türk lirası değer kaybetti. Bu enflasyonist ortam sekiz ay sonunda Behçet Uz'u bakanlığından etti.

Neyse...

Şükrü Saracoğlu'nun başbakan olmasıyla Dışişleri bakanlığına "vatan şairi Namık Kemal'in" torunu, Maliye Nazırı Menemenlizade Mehmed Rıfat Bey'in oğlu Numan Menemencioğlu atandı.

Tesadüf mü?

Baba Menemenlizade Mehmed Rıfat Bey, Birinci Dünya Savaşı'na girmeme taraftarıydı. İttihatçıların askerî kanadıyla ters düşüp Maliye nazırlığından ayrılmıştı.

Şimdi oğul Numan Menemencioğlu Dışişleri bakanlığı koltuğundaydı ve o da tıpkı babası gibi, İkinci Dünya Savaşı'na girilmesine karşıydı...

Bu zor göreve atanan Numan Menemencioğlu ilk ve ortaokulu Selanik'te okumuş, lise öğrenimini İstanbul Fransız For Lisesi'nde görmüş, Lozan Hukuk Fakültesi'ni bitirmişti.

Bekârdı.

Dayısı –şair Namık Kemal'in oğlu– Ali Ekrem Bolayır'ın kızı Masume'yle nişanlanmış ancak evlenmemişti.

İsviçre'de okurken evlendiği İsviçreli eşini genç yaşta kaybettiği, onu unutamadığı ve bu nedenle bir daha hiç evlenmediği söyleniyordu...

Numan Menemencioğlu "kemik veremiydi"; iki yılda bir ameliyat olmak zorundaydı. Zor görevi bu şartlar altında yürütüyordu.

Örneğin, Türkiye'nin savaşa girmesini görüşmek için Kahire'de bir araya gelen İnönü, Churchill ve Roosevelt zirvesine tanıklık yaptı.

Ancak 15 haziran 1944'te istifa etti.

Almanların, savaş gemilerini ticaret gemisi biçimine sokarak, Boğazlar'dan geçirip işgal altındaki SSCB topraklarındaki askerlerine silah götürmesini İngiltere'nin protesto etmesinin, Menemencioğlu'nun bakanlıktan ayrılmasıyla aynı döneme

denk düşmesi bir anlam taşıyor herhalde!
Türkiye dış politikasında ikili oynamayı sürdürüyordu.
Almanlar Türkiye'nin yanı başında faaliyet içindeydi. 5 ağustos 1944'te Yahudi mültecileri taşıyan Mefkûre motoru İğneada yakınlarında kimliği belirsiz bir denizaltı tarafından batırıldı, 312 Yahudi mülteci öldü.
Türkiye'nin Yahudilere yönelik ölümcül hareketlere sessiz kalması dünya kamuoyundan tepki almaya başlamıştı. Bunun sonucu olarak, Yahudi cemaatinin ileri gelenlerinden Haim Barlas, Hanri Soriano, Edmond Goldenberg, Rıfat Karako, Sami Günzberg'in çabalarıyla Yahudi mültecilerin Türkiye'ye ayak basmamaları şartıyla gemiyle ve karayoluyla geçişlerine izin hakkı verildi. Buna karşılık Yahudiler de Kızılay'a 1 000 Türk lirası yardımda bulundular.

İttihat ve Terakki iktidarı boyunca yer yer alevlenen Yahudilik, masonluk, Sabetaycılık polemiği İkinci Dünya Savaşı'nda tekrar gündeme geldi.

Sağcı muhafazakârlar, Sabetayistleri Türkiye'ye çağdaş Batı tarzı yaşamı ve laikliği getiren, hatta böyle bir yaşam tarzını Müslümanlara dayatan ve dolayısıyla millî ve manevî değerleri erozyona uğratan bir düşüncenin temsilcisi olarak görüyordu!

Özellikle İslamcı gazete ve dergiler, Türkiye basınının Yahudiler tarafından yöneltildiğini iddia edip, *Tan, Son Posta, Akşam* gazetelerinin sahiplerinin Sabetayist; *Cumhuriyet*'in sahibi Yunus Nadi'nin ise Karay (Kırım) Yahudisi olduğunu yazıyorlardı. (N. Rıfat Bali, *Musa'nın Evlatları, Cumhuriyet'in Yurttaşları*, 2001, s. 437)

Sadece bu çevreler değil, bazı sosyalistler de aynı iddiayı yazıyordu:

> Büyük gazetelere gelince bunlar da Yahudilere aittir. Örneğin Ahmed Emin Yalman, Enis Tahsin Til Sabetayist Yahudisi'dir. Yunus Nadi ise Karaim Yahudisi'dir. Bu suretle matbuat Yahudilerin ellerinin altında olmuş olmaktadır. (Abidin Nesimi, *Yılların İçinden*, 1977, s. 118)

Ve o dönemde hayata geçirilen bir vergi yasası, bugün bile hâlâ Türkiye'nin gündemindedir...

Varlık Vergisi ve Cahide Sonku

11 kasım 1942'de TBMM'de pek de tartışılmadan kabul edilen Varlık Vergisi Kanunu'nun Almanya'daki Yahudi soykırımı döne-

mine rastlaması Türkiye'deki azınlıkların korkulu yıllar geçirmesine neden oldu.

Konuya "sınıfsal" bakanlarla, "etnik-dinsel" görenler arasında, bugün bile hâlâ süren tartışmalar yaşanmaktadır.

İşin özü şuydu:

Türkiye İkinci Dünya Savaşı'yla birlikte 1 milyonu aşkın insanı silah altına almıştı. Askere alınanların büyük bölümü tarım kesimi çalışanıydı. Doğal olarak tarım üretimi düştü, talep karşılanamaz oldu. Buna Avrupa'nın da savaş ortasında kalması sonucu ithal malların yurda girememesi eklenince piyasada sıkıntılar baş gösterdi. Doğal olarak karaborsa ve vurgunculuk Birinci Dünya Savaşı'ndan sonra tekrar ortaya çıktı. Ve bunu da piyasaya hâkim olan azınlıklar yapıyordu.

Özetle, devlet yeni kaynak bulmak; piyasadan para çekip enflasyonu indirmek; azınlıklardan oluşan karaborsacı ve stokçuların aşırı kârlarını yok etmek için varlık vergisi istiyordu.

Benzer uygulamalar Almanya, Fransa gibi savaşan diğer ülkelerde de uygulanıyordu. İngiltere'de gelirler yüzde 98'e kadar yükselen oranlarda vergilendirilmişti. Keza ABD'de "Victory Tax" (Zafer Vergisi) alınmaya başlanmıştı. Savaşa girmeyen İsviçre bile beş yıllığına varlık vergisi alıyordu.

Savaş dünyadaki her evin kapısını çalmıştı!

Varlık Vergisi Kanunu'na göre kim ne kadar vergi verecekti?

Bunu belirlemek için il ve ilçelerde komisyonlar kuruldu. İşte problem bu komisyonların yapısında ve uygulamalarında çıktı. Örneğin İstanbul'da kimin ne kadar vergi vereceğini, Vali Lütfi Kırdar, vali yardımcıları, CHP İstanbul İl Başkanı Suat Hayri Ürgüplü, Maliye Teftiş Kurulu Başkanı Şevket Adalan, Belediye Meclisi üyeleri ve Mithat Nemli, Nuri Dağdelen, H. N. Barlo, Muhittin Alemdar, Vâkıf Çakmur gibi bazı işadamları belirlemişti.

Maliye müfettişleri vergilendirilecek mükelleflerin listelerini hazırladı. Bu listelerde mükellefler hakkında bilgiler de yazılıydı. Komisyon bir ay gibi kısa sürede kimin ne kadar vergi vereceğini tespit etti. Ve sonunda ödenecek vergi miktarlarını gösteren listeler, il ve ilçe vergi dairelerine asıldı.

Ve asıl fırtına bundan sonra koptu.

Vergilendirilenler dört gruba ayrılmıştı: Müslümanlar, gayrimüslimler, dönmeler ve ecnebiler.

Müslümanlar takdir edilen matrahın yüzde 12,5'ini, gayrimüslimler yüzde 50'sini, Sabetayistler yüzde 25'ini ve yabancılar yüzde 12,5'ini ödeyecekti.

Sonuçta gayrimüslimler Müslümanların dört katı, Sabetayistler ise iki katı kadar vergiyi, üstelik on beş gün içinde ödeyecekti.

İlk bakışta haksızlık var gibi görülüyor. Ama Osmanlı'dan o güne uzanan dönemde piyasaya gayrimüslimlerin hâkim olduğunu düşünürseniz, bunun "o kadar da" haksız olmadığını düşünebilirsiniz. Savaş zenginleri arasında Müslüman sayısı bir elin parmağını geçmeyecek kadar azdı.

Peki Varlık Vergisi uygulamasında hata yok muydu? Olmaz olur mu? En birinci yanlış, Yahudilerin, Rumların, Ermenilerin hemen hepsinin zengin olduğu düşüncesiyle hareket edilmesiydi!

Kuşkusuz alelacele hazırlanan listelerde tutarsızlıklar ve yanlışlıklar vardı; bazı isimler özellikle kayrılmış, bazıları ise yok edilmeye çalışılmıştı. Öyle yanlışlıklar vardı ki, örneğin Mareşal Fevzi Çakmak'a büyük bir vergi konmuştu!

Başka "nedenlerle" vergi borcu çıkarıldığını iddia edenler de yok değildi. 150 000 lira vergi borcu çıkarılan kereste tüccarı ermeni Parseh Gevrekyan, bu kadar büyük bir rakamın karşısına çıkarılmasını şöyle açıklıyordu:

> Cahide Sonku'yla (dönemin ünlü sinema oyuncusu) birlikte yaşardım. Ona hoca tuttum, Yazlık ve kışlık ev aldım. Araba aldım. Onunla ilişkimizi kıskananların Varlık Vergisi'ni fırsat bilip bana yüklendiklerini biliyorum. (Rıdvan Akar, *Aşkale Yolcuları*, 2000, s. 235)

Vergi oranları için itiraz "mevzubahis" edilmiyordu. Ama her devirde olduğu gibi "işini bilenler" yok değildi. Çoğu tüccar, Başbakan Şükrü Saracoğlu, İstanbul Valisi Lütfi Kırdar vb. nezdinde girişimlerde bulunup borçlarını küçük miktarlara indirdiler.

Türkiye'de Yahudiler, Ermeniler, Rumlar ve Sabetayistler Varlık Vergisi'ni hep "büyük sorun" yaptılar.

Öyle bir hava yaratıldı ki, sanki ülke güllük gülistanlıktı ve devlet azınlıkları acımasızca soymuştu! Kimse savaş ekonomisinden bahsetmiyordu!

Bir kez daha altını çizmek gerekiyor:

18 milyonluk bir ülkenin 1 milyon askeri nasıl beslenecekti? Fiyatlar 1940'ta yüzde 39, 1941'de yüzde 93 oranında artmıştı. Cumhuriyet altını savaş öncesi 10,78 lirayken 1942'de 32 liraya çıkmıştı.

Aksini düşünmek Türkiye tarihine şaşı bakmaktır. Bu dönemin koşullarını göz önüne getirmeden yorum yapmaktır.

Bezmenler, Atabekler, Dilberler gibi bilinen Sabetayist ailelerin korkunç parasal miktarlar ödemek durumunda bırakıldıkları sürekli yazılmaktadır.

Ancak bu "korkunç parasal ödeme" yapanlardan Refik Bezmen, ortağı Yahudi Leon Toranto'ya ait 200 hisseyi o kaos ortamında, gerçek değerinin yaklaşık onda birine karşılık gelen, 400 000 liraya satın alabilecek kadar zengindi. İki ortak biri Yahudi diğeri Sabetayist, ikisi de varlık vergisi "mağduru"!

Ve Bezmenler ortaklarının hisselerini 400 000 liraya alacak kadar zenginler.

Bu biraz kafa karıştırmıyor mu?

İki ortak arasındaki gelişmeler aslında bir gerçeği gözler önüne seriyor. İki eski ortak bu hisse satışı meselesinden dolayı sonunda mahkemelik oldu. Davayı Bezmenler kazandı. Leon Toranto mahkemeyi CHP'li çıkar gruplarının etkilediğini iddia etti.

Varlık Vergisi'yle Türkiye'de para el değiştirdi. Doğrudur. Ama, gayrimüslimlerin paralarının kimlere gittiği de araştırma konusudur!

Varlık Vergisi Kanunu'nu çıkararak Sabetayistleri ezdiği iddia edilen CHP[11] vergi borçlarını ödeyebilmek için mallarını kaptıran Yahudi Leon Toranto'ya karşı Bezmenlerin yanında yer almıştı. Yahudi Leon Toranto'nun parası Sabetayist Bezmenlere geçti.

Not: Türkiye'nin her karışık siyasî-iktisadî döneminde bir aile hep gündeme geliyor: Bezmenler!

1980'li yıllarda Santral Holding operasyonunda Refik Bezmen ve Fuat Bezmen'den, 1990'lı yıllarda Halil Bezmen'in ABD maceralarına kadar özellikle son yirmi beş yıldır medya manşetlerinde hep Bezmenler var!

Keza "Toranto davası" nedeniyle 1940'lı yılların gazete manşetlerinde yine Bezmenler vardı...

Varlık Vergisi'nin büyük yanlışı borcunu ödeyemeyen 1 229 kişinin Aşkale gibi -kışın Eskişehir Sivrihisar- çalışma kamplarına gönderilmesiydi.

Gidenlerin çoğu İstanbul'dandı.

İzmir'deki sürgün sayısı sadece 88 kişiydi.

Varlık Vergisi öncelikle İstanbul piyasasını etkilemişti. İzmir, Bursa, Çanakkale, Balıkesir, Manisa, Mersin, Edirne, Samsun, Kayseri gibi yerler ikinci plandaydı.

Ama Varlık Vergisi'nin etkisi salt ekonomik yaşamda hissedilmedi. Örneğin İzmir Karataş'ta ve Bahribaba Parkı'nda yapılan

---

11. İsmet Paşa'nın kardeşi Rıza Temelli'nin adı Varlık Vergisi mağdurlarının mallarını alanlar arasında geçti. Borçlarını ödeyemeyen İdrofil Pamuk Fabrikası'nı ve kömür nakliyatı için 300 tonluk bir gemi almıştı. (Emin Karakuş, *İşte Ankara*, 1977, s. 69)

iki binanın Yahudilerin yakılması amacıyla hazırlandığı dedikodusu kenti sarsacaktı.

Keza İstanbul'da Or Hayim Hastanesi yanındaki Et ve Balık Kurumu'na ait arazide inşa edilen binanın Yahudileri yakmak için yapıldığı iddiası da bu kentteki Musevîleri korkutmuştu. Üstelik bırakın o dönemi, bugün bile, merkezi İsrail'de bulunan Siyonist Arşivi'nde "Türkiye Yahudi vatandaşlarını imha etmek için fırınlar hazırlamıştı" diye yazılan raporlar vardı. (Rıdvan Akar, *Aşkale Yolcuları*, 2000, s. 178)

Peki bir abartı yok mu?

Dönemin ünlü gazetecisi "Kandemir" İstanbul'dan Aşkale'ye ilk giden 45 kişilik heyetle yolculuk yaptı, yolda ve ilçede gördüklerini kaleme aldı. Başbakan Şükrü Saracoğlu, "Neden bu kadar ağır yazılar kaleme aldın, bunlar memleketimize zarar vermiyor mu?" diye sorunca şu yanıtı verdi:

> O günlerde yalnız İstanbul'da sevke tâbi elli binden fazla Aşkale yolcusu vardı. Bunların büyük bir kısmının, "Adam sen de, varsınlar sürsünler, ömrümün sonuna kadar orada bırakacak değiller ya, bir müddet sonra kurtulunca gelir, yine parama kavuşurum" diye Aşkale'de yan gelip oturacaklarını zannederek borçlarını ödememekte taallül gösterdiklerini duymayanımız yoktur. Böylelerini orada sefa sürülmediğini, aksine en ağır mahrumiyetler içinde çalışıldığını anlatıp korkutmak suretiyle borçlarını ödemeye teşvik etmek, memleketin menfaatinden başka bir gayeye matuf olabilir mi ?.. (Kandemir, *Yakın Tarihimiz*, 1962, c. 1, s. 183)

Bu Varlık vergisi nelere mal olmuştu?

İsrail 14 mayıs 1948'de bağımsızlığını ilan ettikten sonra Türkiye'den binlerce Yahudi'nin "anavatanlarına" dönme nedenleri arasında Varlık Vergisi de gösterilmektedir.[12]

Bu konuda çeşitli "komplo teorileri" de mevcuttur. *Milli Gazete*'nin köşeyazarı Afet Ilgaz, Varlık Vergisi'ni "Yahudi-dönme kompolosu" olarak görmektedir. Yazar Ilgaz'a göre, "İsrail'in devlet olabilmesi için 'bölgedeki Filistin nüfusunu geçecek' rakamı tutturabilmek amacıyla" Varlık Vergisi "dönme gazetecilerin" oyunuyla yürürlüğe sokulmuş ve böylece Türkiye'den Yahudilerin İsrail'e

---

12. Cumhuriyet'in ilanından itibaren Yahudi göçü: 1923-1931 ̤ ası . ̤ ̤); 1932'den 1940'a kadar 2 363 ve 1940-1947 arası 3 606 kişidir. 1948'de 4 362, 1949'da ise 26 306 kişidir. 1950'de bu rakam 2 491'e ve 1955'te 339'a kadar düşer. 1956'da 1 710'a ve 1957'de 1 197'ye kadar çıkar. 1960'ta 387'ye düşer ama 1961'de tekrar 1 829'a çıkar. İnişli çıkışlı Yahudi göçü devam eder gider.

göçü gerçekleştirilmişti. Zaten "kanunu imzalayan bakanlardan üçü dönme, üçü de masondu"! (*Millî Gazete*, 23 ağustos 2002)

Afet Ilgaz'ın makalesine "komplo teorisi" diyebilirsiniz; ama aklınızda şu soru da bulunsun: yaklaşık beş yüz yıldır hiçbir soykırım felaketi yaşamamış, Osmanlı'nın ve Türkiye'nin diğer tebaası ve yurttaşından çok ayrı bir muamele görmemiş –hatta son otuz yılda Rum ve Ermeni azınlığa göre daha yakınlık hissedilmiş– 90 000 nüfuslu bir topluluğun 35 000'i neden göç etmiştir?[13]

Nedeni ne olursa olsun bir gerçek vardı: çeyrek yüzyıl önce "tek dil, tek kültür, tek ulus" ilkeleriyle kurulan ve daha "emekleme çağında olan" Türkiye'ye, Yahudiler sadakatsizlik yapmıştı!

Ne yazık ki bazı Yahudilerin ilk fırsatta Türkiye'den kaçarcasına uzaklaşmaları, kalan Yahudileri zor durumda bırakacaktı...

Uzatmak istemiyorum. Varlık Vergisi konusunda yapılan bir diğer yorum da şudur: Varlık Vergisi'nin en olumsuz sonucu ise, her an bir devlet müdahalesiyle karşılaşıp mallarını kaybedeceğini sanan gayrimüslimlerin artık Türkiye'de kolay kolay yatırıma yönelmeyip, her an ülkeyi terk edecekmiş gibi para kazanma yollarını tercih ettiler!

Hiç şöyle bir araştırma gördünüz mü: Cumhuriyet dönemindeki yatırımları kimler yapmıştır? Evet, biliyoruz ki devlet; ama özel sektör yatırımları da yok değildi. Peki bu özel sektör yatırımlarının yüzde kaçını azınlıklar yapmıştır? Böyle bir çalışma yapılmadığı için bilmiyoruz. Ama Ermenilerin ve Rumların Cumhuriyet döneminde ne tarım ne de sanayi yatırımı yapmadığını biliyoruz. Peki Yahudiler?.. İşte konunun hassas noktası burasıdır.

Önce bir soru: Yahudiler dünyada neden borsa, sanat, edebiyat, bilim alanlarında çok başarılıdır? Örneğin Yahudi kâşif neden çoktur?

Yanıtı basittir: başta Avrupa olmak üzere çoğu yerde Yahudilerin toprak, mülk sahibi olması yasaktı. Ayrıca sürekli sürgün edilen Yahudiler de tarım, sanayi gibi kalıcı yatırımlara yönelmek istemiyorlardı.

Gelelim bizim topraklara... Gerek Osmanlı'da gerekse Türkiye'de büyük yatırımcı kaç Yahudi tanıyorsunuz? Bir elin parma-

---

13. Hacı Bayram Veli soyundan gelen Fuad Bayramoğlu Vehbi Koç'un ablası Zehra Kütükçüoğlu'nun kızı Nesteren'le evliydi. Bayramoğlu, Varlık Vergisi döneminde Başbakan Şükrü Saracoğlu'nun özel kalem müdürlüğünü yaptı. Aradan yıllar geçti, 1992'de, Yahudilerin İspanya'dan Osmanlı topraklarına gelişinin 500. yılında kurulan, "500. Yıl Vakfı"nın kurucularından biri oldu. Şimdi bu iki olayı nasıl "okumamız" gerekiyor? Özeleştiri mi yapıp vakfa kurucu olmuştu; yoksa Varlık Vergisi fazla mı abartılmıştı? Ya da tüm bunlar bir oyunun parçası mıydı?

ğını geçmez! Kompradorların çoğunluğunun Yahudi olmasının kuşkusuz tarihsel nedeni vardı.

Toparlarsak, Varlık Vergisi'nden sonra Yahudilerin Türkiye'ye yatırım yapmaktan vazgeçtiklerinin hiçbir gerçekliği yoktur.

Biliyorum, uzattım ama, bir noktanın daha altını çizmek istiyorum. Türkiye'de Varlık Vergisi konusunda fikir yürütenlerin hemen hepsi bir kitabı kaynak gösteriyor: Faik Ökte'nin, *Varlık Vergisi Faciası*.

Varlık Vergisi'nin uygulayıcısı İstanbul Defterdarı Faik Ökte, "vicdan azabına dayanamamış" bu kitabı yazmıştı!

Sahi öyle mi?

Dönemin bürokratı Cahit Kayra'nın *'38 Kuşağı* adlı kitabına göre, DP hükûmetinin geldiğini gören Faik Ökte, "korktuğu bir akıbetten kurtulmak için" bu kitabı kaleme almıştı! Ayrıca Faik Ökte'nin en büyük hatası ve korkusu, Varlık Vergisi nedeniyle elden çıkarılan bir Ermeni vatandaşın evini satın almasıydı! (2002, s. 139)

Üstelik Faik Ökte bir Sabetayist'ti!

"Faik Ökte, Yahudi kaynaklarda Yahudi olarak tasnif edilmektedir." (Yalçın Küçük, *Tekeliyet*, 2003, s. 342)

Son bir ayrıntıyı daha vermem gerekiyor: Varlık Vergisi'nin kararını CHP hükûmeti vermişti. Peki uygulayıcıları kimdi?

Sıtkı Yırcalı, Emin Kalafat, Halil Ayan, Nedim Ökmen, İhsan Baç gibi Demokrat Parti'nin önde gelen maliyecileri...

Keza Lütfi Kırdar da daha sonra DP'ye geçecekti.

Geçelim...

Büyükelçi Dr. Aras'a büyük oyun

Biz yine Evliyazadelerin damadı Dr. Tevfik Rüşdü Aras'ı bıraktığımız Londra'ya dönelim...

Ankara'nın, Londra Büyükelçisi Dr. Aras'tan ilk isteği hayli ilginçti: Türk lirası üzerinde artık İsmet Paşa'nın fotoğrafı basılmaya başlanmıştı. Üzerinde Atatürk resmi bulunan eski para kalıpları Londra darphanesinde imha edilecekti. İmha sırasında Türk Büyükelçiliği'nden bir görevlinin darphanede bulunması gerekiyordu. Dr. Aras, Büyükelçilik müsteşarını darphaneye yollarken, dost sohbetlerinde Ankara'ya gönderdiği "terbiye dışı" sözler kısa sürede "millî şefin" kulağına kadar gidecekti...

Aslında Atatürk fotoğrafı bulunan paraların İngiltere'de imha edilmesi yeni bir dönemin başladığının en somut göstergesiydi. Fakat Dr. Aras inandığı siyasal yoldan şaşmıyordu. Türk dış politikasındaki tercihi Ankara'yla yollarını tamamen ayıracaktı...

Yukarıda yazdığım gibi Dr. Aras ile İsmet Paşa'nın arasında, İkinci Dünya Savaşı'nda izlenecek dış politika konusunda farklılıklar vardı.

Dr. Aras hâlâ Sovyetler Birliği'yle ittifakın sürdürülmesinden yanaydı; İsmet Paşa ise "çok seçenekli" İngiltere, Fransa, Almanya ve Sovyetler Birliği'yle dostluk ilişkilerinden yanaydı. Ancak Sovyetler Birliği'yle ilişkilerin, Atatürk döneminde olduğu gibi sıcak devam etmediği de aşikârdı.

Türk dış politikası değişiyordu ama Dr. Aras hâlâ Atatürk dönemi siyasal çizgisinde ısrarlıydı. Bu nedenle bazı ülke başkentlerinin de tepkisini çekmiyor değildi! Örneğin Arnavutluk'un işgali sırasında İtalya'ya karşı Balkan devletlerini birlikte harekete geçirmek amacıyla yaptığı "diplomatik çabaları" öğrenen İtalya, Türkiye'ye şikâyette bulundu. Ankara, İtalyan elçisini, "Türkiye'nin dış politikasını artık Dr. Tevfik Rüşdü Aras yönetmiyor" diye yatıştırdı!

Ve bir olay İsmet Paşa'ya, Dr. Aras'tan kurtulma olanağı verdi: Almanya'nın Sovyetler Birliği'ne saldırması üzerine İngiltere Dışişleri Bakanı Anthony Eden ittifak görüşmeleri yapmak için Moskova'ya gitti. Başta Stalin olmak üzere önde gelen isimlerle toplantılar yapıp ülkesine döndü. Türkiye neler konuşulduğunu merak ediyordu.

Dr. Aras, Moskova'daki görüşmelerde bulunan yakın dostu Sovyetler Birliği'nin Londra büyükelçisi İvan Mihayloviç Mayskiy'den bilgiler aldı.

Diplomasi kurallarını aşmamak için İngiltere nezdinde de girişimde bulundu. Dışişleri Bakanı Eden önce Moskova'dan Türkiye'ye geçmekte olan Ankara büyükelçisinin yerine ulaşmasının ardından bilgi vereceğini söyledi. Aslında İngiltere, Dr. Aras'ın Sovyetler Birliği'nin Londra büyükelçisiyle çok samimi olmasından rahatsızdı. Ve bunu her fırsatta Ankara'ya bildiriyordu.

Artık Ankara da bu ilişkiden rahatsızlık duymaya başlamıştı. Diğer yandan Dr. Aras'ın Sovyetler Birliği nezdindeki ağırlığını bildiği için, damadı Fatin Rüşdü Zorlu'yu, Alman ordularının Moskova sınırına kadar dayanması üzerine Sovyetler'e yeni başkent yapılan Kuybişev'e, maslahatgüzar olarak tayin etmişti!

Dr. Aras'ın her ne kadar Sovyetler Birliği nezdinde güçlü ilişkileri olsa da Ankara artık İngiltere'nin baskılarına dayanamayacak noktaya gelmişti. Sonunda Dr. Aras'ın "ipinin çekilmesi" için Londra ve Ankara anlaştı.

Dışişleri Bakanı Anthony Eden, Dr. Aras'ın randevu tekliflerine bir türlü yanıt vermedi. Ankara bunu sorun yaptı. Dr. Aras'ın işini savsakladığını iddia etti ve ona üç seçenek sundu: ya istifa edecek, ya vekâlet emrine alınacak ya da emekliye sevk edilecekti. Dr. Aras son şıkkı seçti. 1943'te emekli olmak zorunda kaldı. Atatürk'ün dış politikası artık tamamen rafa kaldırılıyordu...

Dr. Aras'ın yerine, Londra büyükelçiliğine, Atatürk'le görüş ayrılığına düşen, İzmir Suikastı davasında yurtdışında olduğu için gıyabında yargılanan, on yıl hapse mahkûm edilen ve Mustafa Kemal vefat edince Türkiye'ye gelen Hüseyin Rauf Orbay atandı!

Dr. Aras emekli olur olmaz, Moskova Büyükelçiliği müsteşarlığına kadar yükselen damadı Fatin Rüşdü Zorlu da Beyrut konsolosluğuna atandı!

Evliyazedeler ile İsmet Paşa arasındaki mücadele hiç bitmeyecekti...

Evliyazadelerin yeni yıldızı

Toprağı olmayan köylülere geçimlerine yetecek kadar toprak verilmesini öngören "çiftçiyi topraklandırma" yasa tasarısının Meclis'te yeni bir partinin doğumuna vesile olacağını sanırım o günlerde kimse tahmin etmiyordu.

Köylüye öncelikle devletin elinde olup da kullanılmayan topraklar dağıtılacaktı. Buna ek olarak, tarıma elverişli bölgelerde, toprak ağalarının elindeki arazinin 5 000 dekardan fazlası, tarıma elverişsiz yerlerde ise 2 000 dekardan fazlası kamulaştırılıp köylüye verilecekti.

İşte bu madde CHP'yi ikiye bölecekti. Parti içinde Adnan Menderes, Emin Sazak, Cavit Oral gibi büyük toprak sahibi milletvekilleri yasa tasarısının bu maddesine şiddetle karşı çıktılar.

Hükûmet yasa tasarısını TBMM'ye gönderince, Meclis otuz iki kişiden oluşan bir karma komisyon seçti. Komisyon üyelerinde ağırlık büyük toprak sahiplerinindi. Adnan Menderes komisyonun "mazbata muharriri", yani raportörü olmuştu.

Gerek bu komisyondaki çalışmaları ve gerekse Meclis'te yasa tasarısına karşı yaptığı konuşmalar, Adnan Menderes adının, başkent siyasî çevrelerinde duyulmasını sağladı.

Evliyazadelerin damadı Menderes tasarıya karşı savaş açmıştı.

Toprak reformu komisyonda görüşülürken, 1945 bütçe yasası Meclis'e geldi. Adnan Menderes, Refik Koraltan ve Emin Sazak hükûmeti ve ülkenin ekonomik durumunu eleştiren konuşmalar yaptılar. Oylama sırasında bu üç milletvekilinin yanı sıra Celal Bayar ve Fuad Köprülü de ret oyu verdiler.

CHP içinde muhalefet hareketi ortaya çıkmaya başladı.

Bunun önemli nedeni, İkinci Dünya Savaşı liberal-demokrat ülkelerin üstünlüğüyle sonuçlanıp, tek partili otoriter faşist yönetimlere dayalı siyasal sistemlerin gözden düşmesiydi.

Batı, Nazi Almanyası'na karşı ittifak yapmıştı; şimdi ise aynı cephe Sovyetler Birliği'ne karşı kuruluyordu.

İnönü Türkiyesi safını Batı olarak belirlemişti. Ama burada yer almanın koşulları vardı. Örneğin, tek partili siyasal yaşama son vermek gerekiyordu. Cumhurbaşkanı İnönü de demokrasi sinyalleri veriyordu. Bu demeçler, konuşmalar CHP içindeki muhalifleri umutlandırıyordu.

Londra'dan Ankara'ya dönen Dr. Tevfik Rüşdü Aras altmış yaşındaydı, ama çok zinde ve kabına sığmayan biriydi. Ankara Bahçelievler'deki evini İsmet Paşa muhaliflerinin merkezi haline getirmişti. Ve bu muhalefetin başını çeken isimlerden biri ise Evliyazadelerin diğer damadı Adnan Menderes'ti...

İttihat ve Terakki döneminde Evliyazadelerin güçlü ismi Doktor Nâzım'dı; Atatürk döneminde ise Dr. Tevfik Rüşdü Aras!

Çok partili siyasal yaşama geçecek Türkiye'nin, bu yeni döneminde ise, bir diğer damadın, Adnan Menderes'in yıldızı parlayacaktı...

On dokuzuncu bölüm

21 haziran 1945, Ankara

Zonguldak'tan döneli daha üç gün olmuştu.

Ankara Bahçelievler'deki evinde yaptığı "perşembe toplantıları"na yetişebilmek için seçim döneminde kendisine yardımcı olan çok kişiye teşekkür ziyaretine bile gidememişti.

Perşembe toplantılarına Dr. Aras çok önem veriyordu. Siyasî stratejilerin tartışıldığı Bahçelievler'deki ev, CHP muhalefetinin merkeziydi.

Bu toplantılara sürekli gelen iki isim vardı: Adnan Menderes ve Fuad Köprülü. Sonradan Celal Bayar ve onun aracılığıyla Refik Koraltan.[1]

TBMM'de bütçeye ret oyu verilmesi, bazı yasa maddelerinin değiştirilmesi gibi, siyasal tavırların konuşulup tartışıldığı yerlerin başında Dr. Aras'ın evi geliyordu.

Dr. Aras kendisini o grubun gerçek ruhu, beyni sayıyordu. Fakat Meclis'te olmamasının büyük handikap teşkil ettiğini görüyordu. Memleket süratle çok partili sisteme gidiyordu. Manzara, ikinci partinin Meclis içinden çıkacağını belli ediyordu. Çankaya'dan ve CHP başkanlık divanından sızan haberler böyleydi. Eski Dışişleri bakanı ancak Meclis'e girmek suretiyle hukukî statüsünü de duruma uygun hale getirebileceğini biliyordu. Zonguldak işçi muhitiydi.

---

1. Refik Koraltan, DYP'li Mehmet Ali Bayar ile Özelleştirme İdaresi eski başkanı Uğur Bayar'ın büyük dayılarıdır! Refik Koraltan'ın yeğeni Sevinç Hanım, DP döneminin İstanbul valisi ve Belediye başkanı Kemal Aygün'le evliydi. Bu evlilikten doğan Baysan Hanım, AP'nin ünlü Sanayi ve Ticaret bakanı Nuri Bayar'ın eşi, Mehmet Ali Bayar ile Uğur Bayar'ın anneleridir.
Bir ek: Refik Koraltan'ın oğlu Oğuz'un eşi Gülseren (Bereket) ile Dışişleri eski bakanı Vahit Halefoğlu'nun eşi Fatma Zehra (Bereket) kardeştir.
Son not: Kemal Aygün'ün yeğeni Oğuz Aygün yıllarca AP grup başkanvekilliği yapmış, 1999 seçimlerinde DSP'den milletvekili seçilmiştir.

Eee, kendisi de soldaydı. O halde en uygun seçim bölgesi Zonguldak olacaktı. (Metin Toker, *Tek Partiden Çok Partiye (1944-1950)*, 1998, s. 64-65)

Dr. Aras adaylığını koymadan önce, "CHP makamının" bu durumu nasıl karşılayacağını öğrenmek istedi. Bilgi alamadı. CHP tarafından hâlâ "istenmeyen adam" olduğunu bir kez daha anladı.

O dönemde herkese "damadım" diye tanıttığı Adnan Menderes'in ve Celal Bayar'ın tavrını merak etti. Bayar, "Kazanma ihtimaliniz az, ancak ne olur, sadece bir maç kaybetmiş olursunuz" dedi.

Dr. Aras'ın Zonguldak'tan aday olmasının nedeni başkaydı. Zonguldak seçimi bir simgeydi.

Her şey on gün önce Başbakan Şükrü Saracoğlu'nun bir tebliğiyle başlamıştı:

"Açık bulunan Kocaeli, Zonguldak, Sivas, Burdur, İstanbul ve Çorum milletvekillikleri için haziranın 17. pazar günü seçim yapılmasına ve bu seçimde partimiz merkezi tarafından aday gösterilmemesine Genel Başkanlık Divanı'nda karar verilmiş bulunmaktadır."

Bu açıklama herkesi şoke etmişti. Ne demekti şimdi bu; bir seçim olacak ve tek parti döneminde CHP merkezi aday belirlemeyecek? Rejim liberalleşme yönünde ilk adımı bu tebliğle atmıştı!..

Türkiye'de ilk kez bu araseçimde adaylar birbirleriyle yarışacaktı. Bildirilerle, mitinglerle, nutuklarla propaganda yaparak halktan oy isteyecekti.

Dr. Tevfik Rüşdü Aras bu nedenle Zonguldak'tan adaylığını koydu.

Adaylığını koymasının bir diğer nedeni ise, Metin Toker'in yazdığı gibi, perşembe toplantılarında bir konu dikkatini çekmişti: ev toplantısında milletvekili olan muhaliflerin diğerlerine göre daha bir siyasal ağırlığı vardı. Sözleri daha çok dinleniyor, düşüncelerine daha çok önem veriliyordu. Eğer ileride Bahçelievler'deki evden bir parti doğacak olursa, onun başına geçebilmek için milletvekili olması gerektiğini düşünüyordu.

Bu hesabı yapan sadece kendisi değildi. İsmet Paşa'nın o araseçimde Zonguldak'a ayrı bir önem verip, Dr. Aras'ın seçilmemesini önlemesinin altında bu gelecek hesabı yatıyordu!

Sonuçta Dr. Aras seçimi kaybetti.
Ama pes etmiyordu.

O günlerde SSCB'nin Türk-Sovyet Dostluk ve Saldırmazlık Antlaşması'nın günün koşullarına uygun hale getirilerek yenilenmesini istemesi, Ankara tarafından abartılarak, kuzey komşusunu tekrar Osmanlı Devleti döneminde olduğu gibi bir "korku imparatorluğuna" dönüştürüvermişti!

Yeni dünya düzeni kuruluyordu ve Türkiye Batı'yla ittifak peşindeydi. Bunun yolunun Sovyetler Birliği düşmanlığından geçtiğini biliyordu!

Dr. Aras, Ulusal Kurtuluş Savaşı'nın ilk İçişleri bakanı Cami Baykurt ile Zekeriya-Sabiha Sertel çiftinin *Tan* gazetesindeki, bu politikalara karşı çıkan, Sovyetler Birliği'nin Türkiye topraklarında gözü olmadığını analiz eden makaleleri Ankara'da bazı çevrelerin tepkisini çekiyordu.[2]

Sonunda 4 aralık 1945 sabahı İstanbul Beyazıt Meydanı'nda toplanıp slogan atarak Babıâli'ye yürüyenler *Tan* gazetesini yerle bir ettiler!

Bu terör hareketinin amacı sadece *Tan* gazetesini susturmak mıydı? Hayır. CHP içindeki Bayar, Menderes, Köprülü, Koraltan ile sol muhaliflerin arasını açmak için mi yapılmıştı?

Meselenin gerisinde çok ince bir siyasal taktik yatıyordu...

Birkaç ay önce Celal Bayar, Fuad Köprülü, Adnan Menderes, Zekeriya Sertel, Dr. Tevfik Rüştü Aras, "faşizme ve her türlü diktatörlüğe karşı demokrasi yanlısı" herkesi bir partide toplamayı planlamışlardı.

İlkeler üzerinde anlaşmaya bile varmışlardı:

– Yeni parti burjuva demokratik hak ve özgürlüklerini savunacak.

– İleri devletçi olacak. Ancak devletin yapamadığı işler özel teşebbüse bırakılacak. Ama onlar da devletin kontrolü altında çalışacak.

– Türk-Sovyet dostluğu dış politikanın temeli olacak.

– Türkiye bağımsız ve barışçı olacak. (Zekeriya Sertel, *Hatırladıklarım (1905-1950)*, 1968, s. 261)

Bu hareketin bir yayın organı olması için kolları sıvamışlardı.

Görüşler adlı dergide Celal Bayar, Adnan Menderes, Fuad Köprülü, Behice Boran, Niyazi Berkes, Pertev Nailî Boratav, Zekeriya Sertel, Dr. Tevfik Rüştü Aras, Halide Edib Adıvar, Cami

---

2. İlginçtir; Dr. Aras, Sovyetler Birliği'yle dostluk ve işbirliği yapılmasını belirten makalelerini *Tan* gazetesinde; iç politikaya ilişkin demokrasi, hürriyet isteyen değerlendirmelerini Ahmed Emin Yalman'ın *Vatan* gazetesinde yazıyordu! Ahmed Emin Yalman Sovyetler Birliği'yle yakınlık politikasına karşı olduğu için Dr. Aras'ın gazetesinde dış politika yazmasına izin vermiyordu!

Baykurt'un adı makale yazacak yazarlar olarak kamuoyuna açıklanmıştı.

Toplantılar Dr. Aras'ın Bahçelievler'deki evinde oluyordu.

"Celal Bayar ve arkadaşları" denilince sonraki olayların tesiriyle akla Bayar, Menderes, Koraltan ve Köprülü gelir. Halbuki bu dörtlü 1942'lerden itibaren Dr. Aras'ın Bahçelievler'deki ikametgâhında sürüp giden görüşmelerin, sohbetlerin bir araya getirdiği bir gruptur. O tarihe kadar Bayar ile Menderes arasındaki ilişki aynı meclisteki iki milletvekilinin birbirlerini başlarıyla selamlamalarından, çok çok el sıkışmalarından ibarettir. Bayar ne başbakanlığında ne de ondan önce Menderes hakkında iyi veya kötü bir şey düşünmüştür. (Metin Toker, *Tek Partiden Çok Partiye (1944-1950)*, 1998, s. 529)

Dr. Aras'ın evindeki toplantılarda, Celal Bayar, Adnan Menderes, Fuad Köprülü ve İstanbul'dan gelen Zekeriya Sertel başı çekiyordu. Toplantılarda bazen Sabiha Sertel de bulunuyordu. Solcu Serteller ile "Demokratlar" o günlerde çok samimiydi. Öyle ki trenle Ankara'dan İstanbul'a dönecek Sabiha Sertel'i uğurlamaya Adnan Menderes ve Fuad Köprülü geliyordu.

Serteller İstanbul'a dönerken Adnan Menderes istasyona kadar gelerek kendilerini uğurlamıştı. Trenin penceresinden Sabiha Sertel bana, "Karakuş yazıları alıp göndermekte acele et" diye ricada bulunuyor, Adnan Menderes de, "Merak etmeyin hanımefendi, yazılar arka arkaya gönderilecektir" diyordu. (Emin Karakuş, *İşte Ankara*, 1977, s. 98)

Aslında dergi çıkarma ve siyasal parti kurma fikri İstanbul'daki dost ortamlarında doğmuştu:

Sertellerinkine ev değil de bir aydınlar kulübü, bir kültür ocağı, bir mektep demek lazım. Orada kimler yok ki ? Sadreddin Celal ile eşi Nâzıma Hanım, Nâzım'ın kız kardeşi Samiye ile kocası Seyda Bey, Halet Çambel Hanım ile Nail Bey, Sabahattin Ali ile Âliye Hanım, Mehmet Ali Aybar ile Siret Hanım, Kemal Salih'ler, Cami Bey, Dr. Adnan Adıvar, Bal Mahmut'lar, Adnan Cemgil'ler, Celal Bayar Bey, Ramazan Arkın'lar ve Babıâli'den, üniversiteden, politikacılardan adı saymakla bitmeyecek pekçok şahsiyet. (Sadun Tanju, *Eski Dostlar*, 2000, s. 16-17)

Bugün, Celal Bayar'ın adının sosyalistlerle birlikte görünmesi çok kişiye şaşırtıcı gelebilir. Ama dün öyle değildi. Örneğin, İktisat Vekili Mahmud Celal (Bayar), 1921 yılında *Hâkimiyeti Milliye* gazetesine bakın nasıl bir açıklama yapmıştı:

"Devlet sosyalizmine karşı olanlar, ferdiyeti kuvvetli, sermayesi zengin memleketler ahalisidir. Tanzimat'tan beri, elverişsiz şartlar altında Avrupa kapitalinin memleketimize imtiyazlı bir şekilde girmesinin ve iktisadî kaynaklarımıza hâkim bulunmasının esef verici neticeleri göz önündedir."

Keza Celal Bayar, "İslam sosyalizmi"ni savunan Yeşilordu içinde de yer almıştı.

Sosyalizm, Celal Bayar için o yıllarda öcü değildi. Seçim gezisi için gittiği İzmir'de, 6 nisan 1947'de şöyle konuşacaktı:

"Ben eğer Türk milletine fayda temin ediyorsam, kanaatlerimden fedakârlık yaparak sosyalist de olurum."

Söylemek istediğim şudur: 1940'lı yılların ikinci yarısında İstanbul ve Ankara'da yan yana gelen isimler tesadüfen bir araya gelmiş değillerdi. Buna bir "demokrasi, özgürlük veya muhalefet ortak cephesi" denebilir.

Siyasal ortaklık yanında, arkadaşlık, akrabalık gibi bağlar da yok değildi. Örneğin, Zekeriya-Sabiha Sertel çiftiyle, Adnan Menderes'in samimi olmasının özel bir nedeni vardı. Zekeriya Sertel'in kız kardeşi Belkıs Halim Vassaf, Prof. Dr. Edhem Vassaf'ın eşiydi.

Edhem Vassaf, Adnan Menderes'in hem çocukluk arkadaşı hem de Serbest Cumhuriyet Fırkası Aydın teşkilatından "dava arkadaşı"ydı. Bu nedenle Edhem Vassaf 1950'de Kocaeli'den DP milletvekili olacaktı. (Gündüz Vassaf, *Annem Belkıs*, 2000, s. 260)[3]

Bir dönem sosyalistler Cumhurbaşkanlığı Köşkü'nde bile çalışabiliyordu! 24 mayıs 1946'da Türkiye Sosyalist İşçi Partisi kurucusu Sabit Şevki Şeren Atatürk döneminde Cumhurbaşkanlığı Özel Kalem müdür muavinliği yapmıştı.[4]

Liberaller ile solcuların ittifakı aslında Terakkiperver Cumhuriyet Fırkası ve Serbest Cumhuriyet Fırkası'nda da olmuş ama sorun çıkmamıştı.

Ancak. Şimdi sorun vardı.

---

3. Edhem Vassaf, Mustafa Kemal Atatürk'ün halası Nimet Hanım'ın torunu Münire Hanım'ın oğludur. Mazhar Osman'ın asistanıydı. *Radikal* gazetesi köşeyazarı Gündüz Vassaf, Belkıs-Edhem Vassaf çiftinin oğludur.

4. Sabit Şevki Şeren, Galatasaray ve millî takımın unutulmaz kalecisi Turgay Şeren'in babasıdır!

İsmet Paşa, liberaller ile solcuların yan yana gelip parti kurmalarını istemiyordu.

Sonuçta *Tan* gazetesi provakasyonu amacına ulaştı: "Ortak muhalefet cephesi" dağıldı. *Görüşler* adlı dergide yazacakları kamuoyuna açıklanan Bayar, Menderes, Köprülü dergide yer almayacaklarını belirttiler.

"Millî şef" amacına ulaşmıştı: liberaller, solcularla yollarını ayırdılar.

İsmet Paşa'nın peşine polis taktığını Sertellere dert yanarak anlatan Celal Bayar, artık "millî şef"ten icazet almanın yollarını arıyordu. Aldı da!

Serbest Fırka döneminde Arapça'dan siyasî terminolojiye giren "muvazaa" (danışıklı dövüş) sözcüğü dillerde yine dolaşmaya başladı.

Celal Bayar, "millî şef"le gizli gizli buluşuyordu.

"Millî şef" ancak kendi kontrolünde Celal Bayar'ın bir parti kurmasına sıcak bakıyordu.

Demokrat Parti muvazaalı doğuyordu...

    Program ve tüzük çalışmalarında "Dörtler"e iki yardımcı katıldı. Bunlardan biri İzmir'den gelen Refik Şevket İnce'ydi.[5]

    Öteki yardımcı Dr. Tevfik Rüşdü Aras'tı.[6] Çalışmalara zaten onunla birlikte başlanılmıştı. Bir noktaya kadar birlikte gelinmişti. Fakat o noktada görüşler ayrıldı. Dr. Rüşdü Aras'ın bana anlattığı şudur: "Parti programını beraber yaptık. Sosyal adalet konusuna sıra geldiğinde ben ısrar ettim. Dedim ki: Bizim programımızda sosyal adelet fikri aslı CHP'dekinden geri olmayacaktır, ileri olacaktır.'"

    Dr. Aras, o konuda nasıl bir madde istediğini, yarısını Fransızca terim kullanarak izah etti. Herkesin çalışacağı belirtilecek ve "De chacun selon ses capasites, a chacun selon son travail (Herkesten yetenekleri ölçüsünde herkese çalışması ölçüsünde)" denilecekti. Bildiği gibi bu sosyalizmin sloganıdır. Komünizmin değil. Dörtler bunu kabul etmediler.

---

5. 1885 Midilli doğumlu, Selanik Hukuk Mektebi mezunu Refik Şevket İnce, Gazeteci Emin Çölaşan'ın dedesidir. Kastamonu İstiklal Mahkemesi başkanlığı yapmış olan İnce, altı dönem milletvekili olarak TBMM'de bulundu.
Refik Şevket İnce, Celal Bayar'ın yakın arkadaşıydı. İzmir Yunanlılar tarafından işgal edilip, İttihatçıların önde gelen ismi Celal Bayar aranmaya başlayınca onu evinde saklayan isimdi.

6. Demokrat Parti'nin kuruluş çalışmasına ilk katılan ekip içinde yer alan Refik Şevket İnce, Refik Koraltan, Muhiddin Baha Pars ve Dr. Tevfik Rüşdü Aras'ın İstiklal Mahkemeleri'nde görev yapmış olmaları ilginçtir. Parti program ve tüzüğünü hazırlayan İnce ve Dr. Aras Kastamonu'daki İstiklal Mahkemesi'nde birlikte çalışmışlardı.

Koraltan'a göre, program çalışmaları başladığında ve Dr. Aras bazı fikirlerini, tasavvurlarını belli ettiğinde onu ne kendisi, ne üç arkadaşı istemişlerdir. Fakat Dr. Aras toplantılara gelmekte devam etmiştir. Koraltan üç arkadaşının Dr. Aras'a kendisini istemediklerini söylemek için yüzlerinin tutmadığını anlayınca onlara, "O halde ben söylerim" demiştir. Gerçekten de kendi evindeki bir program toplantısında Koraltan, Dr. Aras'a dönmüş ve ona şöyle hitap etmiştir: "Sizin akideniz bizlerden farklı. Siz sosyal-demokrat bir parti kurmak istiyorsunuz. Bizim aramızda ne işiniz var? Çıkın gidin. Sizin komünist olduğunuzu bile söylüyorlar. İnansam değil evime kabul etmek, sizi yolda görsem selam vermem. Ama herhalde bizden değilsiniz. Lütfen artık gelmeyiniz." Dr.Aras bunun üzerine kendilerini rahat bırakmıştır. (Toker, *Tek Partiden Çok Partiye (1944-1950)*, 1998, s. 77-78)

Refik Koraltan, İsmet Paşa'nın damadı gazeteci Metin Toker'e o günleri biraz mübalağa ederek anlatmış olabilir mi? Koraltan renkli bir kişilikti. Örneğin, Atatürk, Refik Koraltan'ı Vâsıf Çınar'la güreş tutturur, keyifle izlermiş!

Ancak Refik Koraltan'ın "patavatsızlığı" da bilinmekteydi. Bu tür davranışları birkaç yıl sonra başına olmadık iş açacaktı.

1950'li yıllarda büyükelçi olarak son görevinde bulunduğu Tokyo'da Süreyya Anderiman ve eşi bir bunalım sonucu birlikte kendilerine kıyacaklardı. O günlerde bir Japonya gezisi yapmakta olan TBMM Başkanı Refik Koraltan'ın davranış tarzından alınmalarının, büyükelçi ile hanımını bu faciaya sürüklediğine sonradan basında değinilecekti. (Haldun Derin, *Çankaya Özel Kalemini Anımsarken*, 1995, s. 82)

Evliyazadelere göre, İsmet İnönü, parti kurucusu olmasını istemediği bazı kişilerin isimlerini Celal Bayar'a vermişti. Bunların başında Dr. Tevfik Rüşdü Aras geliyordu. İkinci sırada ise Ahmed Ağaoğlu'nun oğlu Samed Ağaoğlu'nun adı vardı! O günlerde Samed Ağaoğlu'nun en yakın arkadaşları Orhan Veli gibi solcu şair ve yazarlardı!

Evliyazadelerin partisi

Dr. Aras'ın kurucu olması istenmiyordu ama, Demokrat Parti'nin kuruluş çalışmalarında birden çok Evliyazade vardı.

Örneğin, Refik Evliyazade'nin torunu –Nejad Evliyazade'nin

oğlu– Mehmet Özdemir Evliyazade ve Dr. Aras'ın kız kardeşi Fahriye'nin eşi CHP milletvekili Dr. Cemal Tunca da vardı.

Dr. Cemal Tunca, Ankara Sümer Sokağı'nda bahçe içinde tek katlı villasını kuruluş aşamasındaki DP'ye vermişti. Bu villa DP'nin ilk genel merkezi olarak kullanılacaktı.

Cemal Tunca DP'nin önde gelen isimlerinden biri olacaktı; CHP'den istifa edip DP'ye geçmiş ve hemen partinin beş kişilik genel idare kurulunda görev almıştı.

Dr. Aras'ın İnönü tarafından tasfiye edildiği bir dönemde, onun kız kardeşinin kocasının CHP yönetimine seçilmesi, Cemal Tunca'nın parti içindeki gücünü göstermekteydi...

Dr. Aras ile Adnan Menderes'in akrabalığı sadece Evliyazadelere damat olmalarından kaynaklanmıyordu. Ayrıca Dr. Tevfik Rüştü Aras'ın kız kardeşi Fahriye'nin ilk kocası Salepçizade Mehmed Niyazi'nin babaannesi Emine ile Adnan Menderes'in dedesi (Fitnat Hanım'ın eşi) Halepçizade İsmail Efendi kardeşti!..

Bazı ailelerden nedense sürekli politikacı çıkıyordu!

Nihad Anılmış Paşa'nın adını daha önce yazmıştım. Adnan Menderes'in halası Sacide'nin kızı Güzide'yle evliydi. Hani Birinci Dünya Savaşı döneminde Adnan Menderes Suriye cephesine giderken hastalanınca İzmir'e götürülmüştü de, oradaki komutan Nihad Anılmış Paşa'ydı!

Paşa, Ulusal Kurtuluş Savaşı'nda da çok önemli cephelerde görev yapmıştı. Korgeneral rütbesinden emekli olduktan sonra 1939 ve 1943 seçimlerinde CHP'den Ankara milletvekili seçilmişti. Yani, Adnan Menderes iki dönem halasının kızıyla evli eniştesi Nihad Paşa'yla birlikte Meclis'te görev yapmıştı!

İlginçtir, Nihad Paşa nedense DP kuruluş çalışmalarında yer almadı. Bunun önemli nedeni sağlık sorunuydu, Alzheimer hastasıydı. Bir süre sonra 31 mayıs 1954'te vefat edecekti...

İzmir'in tanınmış aileleri nasıl akraba ise DP kurucuları arasında da akrabalık bağları vardı.

Örneğin...

O günlerin birbirlerinden ayrılmaz ikilisi Adnan Menderes ile Fuad Köprülü akrabaydı. Yıllarca *Hürriyet* gazetesinin Washington temsilciliğini yapan, Köprülü ailesinin gelini Tuna Köprülü akrabalık bağını şöyle anlatmaktadır:

> Osmanzadeler, İzmir'in köklü ailelerindendi. Soyadı Kanunu uygulanmaya başladığı sırada Atatürk, büyük amcam Hamdi Bey'e "Osmanzade" yerine "Aksoy" soyadını almasını söylemiş. Babamın amca-

sı Osmanzade Hamdi Bey, İstiklal Savaşı öncesi yakın arkadaşı Celal Bayar'la birlikte hoca kılığına girerek, Anadolu'yu eşek sırtında karış karış dolaşmış, misyonları, milletin nabzını tutmak ve savaş öncesi destek toplamakmış, Hamdi Bey 23 nisan 1920'de toplanan ilk Millet Meclisi'ne İzmir milletvekili seçilmiş. Aile büyüğü olarak, her konuda son sözü Hamdi Bey söylermiş. 1930 yılında babam Hasan Lemi Aksoy, Almanya'da eğitimini tamamlayarak İzmir'e döndüğünde, baba mesleği olan ticarete başlamış. Ailemizin Kemalpaşa'da üzüm bağları ve bağ evi varmış. Hatta annemle babam evlendikten sonra balayını bu bağ evinde geçirmiş. (...)

Osmanzadeler, Evliyazade ve Uşakîzade aileleriyle akrabadır. Zira İzmir'in tanınmış aileleri, genellikle kendi aralarında evlenirlermiş. (...)

Annemin İzmir'deki Fransız Kız Lisesi Notre-Dame de Sion mezunu olması yabancı dil bakımından diplomatik ilişkileri kolaylaştırırdı. (...)

Ancak babam zamanın elverişsiz koşullarına ayak uyduramayınca, ticareti bırakmış, amcamız Hamdi Bey'in desteğiyle, 1936 yılında, Celal Bayar'ın İktisat ve Ticaret bakanlığı döneminde Ankara'da Ölçü ve Ayarlar genel müdürü olmuş, daha sonra, İkinci Dünya Savaşı'nın ardından, ithalat-ihracat yapmak için gelen Avrupa'ya giden ticarî heyetlere başkanlık yapmaya başlamış. (...)

İlkokulu bitirdikten sonra, babamı Almanya'ya, akrabası, Atatürk döneminin ilk Dışişleri bakanı Dr. Tevfik Rüşdü Aras Bey götürmüş. Babam, bize Almanya anılarını anlatırken, "Almanya'ya, kısa pantolonlu gittim" derdi. Babaannem ve dedem, Yunan işgalinden önce (1919) yanlarına bir miktar para, altın ve mücevher alarak İzmir'den ayrılmış ve çocuklarının yanına, Almanya'ya gitmişler. Çocukları okula devam ederken, onlar da Dresden kentinde dört apartman alarak Almanya'da kendilerine yeni bir hayat kurmuşlar. Babaannem çocukları mezun olup Türkiye'ye döndükten sonra iki ülke arasında gidip gelmiş. Ancak orada yaşamına veda etti. (...)

Eşim Ertuğrul Köprülü, Prof. Fuad Köprülü'nün –amcasının oğludur– yeğenidir. Kayınpederim Kemal Köprülü, Cevat Açıkalın ve Numan Menemencioğlu'yla birlikte kırk yaşında büyükelçi atanan üç kişiden biriymiş. (Tuna Köprülü, *Beyaz Saray Anıları*, 2003, s. 24-26)[7]

DP'nin dört isminden Celal Bayar ve Adnan Menderes'i yakından tanıttık. Şimdi sırada, "hareketin" üçüncü ismi Mehmed Fuad Köprülü var.

---

[7]. Tuna Köprülü, ekonomiden sorumlu eski Devlet Bakanı Kemal Derviş'le yakın ilişkileri bulunan "Arı Hareketi"nin başında yer alan Kemal Köprülü'nün annesidir.

"Köprülüler tarihine" farklı bakış

Soyadından da anlaşılacağı gibi Mehmed Fuad Köprülü, Sadrazam Köprülü Mehmed Paşa'nın soyundan geliyor.
Tarihte ilk bilinen Köprülü, Sadrazam Mehmed Paşa!

"Birinci vatanım Arnavut Belgradı kazasına bağlı Rudnik nam kariye" diyen Mehmed'in ikinci vatanı Köprü kazası sayılıyor. Burada evlenip, sipahilikle taşraya çıktı. (Nâzım Tektaş, *Sadrazamlar "Osmanlı'da İkinci Adam Saltanatı"*, 2002, s. 277)

Mehmed Paşa burada yörenin varlıklı ailelerinden Yusuf Ağa'nın kızı Ayşe Hatun'la evlendi (1634). Yusuf Ağa'nın Köprü'de 110 dükkânlı bir çarşı ile kervansarayı; kızı Ayşe Hatun'un ise Çifte Hamam, Kale Hamamı gibi yapıları vardı.

Evet, görünen o ki, Mehmed Paşa "Köprülü" namını eşinden dolayı almıştı.

Osmanlı tarihinin en önemli ailesi Köprülülerin soyu konusunda elimizde tutarlı bir bilgi yoktur. Sadece değişik rivayetler vardır.

Köprülü ailesinin "tarih sahnesine" çıkış "hikâyeleri" ilginçtir...
Osmanlı tarihinin bu önemli devşirme sadrazamlarından Mehmed Paşa'nın Saray'daki ilk görevi mutfakta çıraklık oluyor.

Saray'a nasıl geldiği, neden mutfakta görev aldığı bilinmiyor!
Mehmed Paşa, sonradan nedense birdenbire 1628 yılında Saray'ın hazinesini yönetmek üzere Veziriazam Hüsrev Paşa'ya haznedar oluyor. Daha sonra ise sırasıyla voyvodalığa (Rumeli valiliği), İstanbul'da ihtisap ağalığına (belediye başkanlığı), Tophane nazırlığına, sipahi ağalığına, ardından Yeniçeri Ocağı'nda silah işlerinden sorumlu cebecibaşılığa getiriliyor. Vali ve sancak beylerinin işlerini Babıâli'de takip eden kapıcılar kethüdalığına atanıyor. 1634 yılında sancakbeyi (vali) olarak Amasya'ya gidiyor. Yirmi iki yıl boyunca Trabzon, Şam, Kudüs ve Trablusşam'da valilik yapıyor. Mehmed Paşa, bir ara devlet işlerini görüşmek üzere Divan'da toplanan vezirler arasında da yer alıyor; yani kubbe vezirliği görevinde de bulunuyor.

Padişah IV. Mehmed ve annesi Turhan Sultan, İstanbul'daki karışıklıklara ve Çanakkale Boğazı'ndaki Venedik ablukasına son vermek için sadrazamlığa 15 eylül 1656'da –çok yaşlı olmasına rağmen– yetmiş sekiz yaşındaki Köprülü Mehmed Paşa'yı getiriyor.

Bu atama büyük bir tepki yaratıyor.

"Bizim tarih kitaplarına" göre, din bilginleri "okuma yazma bilmeyen bir cahil"; Babıâli bürokratları ise "asi Vardar Ali Paşa'ya yenik düşmüş liyakatsız âdem" diye atamaya karşı çıkıyorlar.

Ancak mesele bu kadar basit olabilir mi?..

Yanıtı o dönemdeki Osmanlı'nın siyasî ve iktisadî yapısına bakarak bulabilir miyiz?

Osmanlı Devleti'nin ekonomik gücü, salt ticaret güzergâhlarını elinde bulundurmasına ve Batı'ya yapılan seferlere dayanıyordu.

Ticarî güzergâhlar, Doğu Akdeniz ve Doğu Karadeniz çıkışlı deniz, Önasya'da ise karayolu ticaretiydi. Batı'ya ihracat, Orta ve Kuzey Avrupa'ya Selanik-Viyana üzerinden, Batı Avrupa'ya ise Venedik ve Toulon üzerinden yapılıyordu. Karadeniz ticareti ise Orta ve Kuzey Avrupa'ya Tuna, Rusya'ya Kırım-Azak üzerinden gerçekleştiriliyordu. Bu işlek ticarî güzergâh, Kudüs-İzmir-Selanik-Viyana güzergâhıydı. Bu güzergâh üzerinde İzmir, Selanik ve Viyana Musevîleri egemendi. Üstelik ticarî münasebetler ister istemez siyasal etkileşimlere yol açıyordu. Örneğin Sabetay Sevi olayı (IV. Mehmed dönemi) Kudüs-İzmir-Selanik sosyal yapısını temelden etkiliyordu. Mesele bununla da kalmıyor, uzun vadede devletin siyasal, sosyal ve ekonomik yapısını da sarsıyordu. (Dönmeler daha sonra Osmanlı ticaret oligarşisi içinde önemli bir konum kazanacaktı. [M. Ç.]) XVI. ve XVII. yüzyıllarda Selanik ve Viyana ayrı siyasal egemenlikler altında bulunmalarına karşın büyük bir etkileşim içine girmiş durumdaydı. Bu etkileşimin temel nedeni Selanik ve Viyana kentlerinin Avrupa ticareti üzerinde oynadıkları roldü. Bu rolü ise, Ortaçağ boyunca Orta ve Kuzey Avrupa'dan kaçıp Viyana'dan itibaren Doğu ve Güneydoğu Avrupa'ya yerleşmiş bulunan Aşkenaziler ile İber Yarımadası'ndan gelmiş olan Sefaradlar oynuyordu. (...)

XVII. yüzyılın sonunda, Osmanlı egemenliğindeki mevcut ticarî güzergâhlara bir yenisi ekleniyordu. Bu güzergâh ise Trabzon ve Kırım-Azak limanlarıyla bağlantılı Karadeniz-Tuna deniz ve nehir yollarından geçen, Viyana bağlantılı orta ve kuzey ticaret yoluydu. Bu ticaret yolu üzerinde ise Kuzeydoğu Anadolu ve Kafkasya bölgesindeki Sami tüccarlar (bunlar arasında ise Musevîleşmiş olan Tatarlar-Karaim Yahudileri asıl ağırlığı teşkil ediyorlardı) egemen bulunuyordu. Bir bakıma Kırım-Azak ve Viyana'da konumlanan Musevî-Bezirgân tüccarlar birbirini tamamlıyordu. Kırım-Azak Musevî tüccarları hem Viyana Musevî lobisiyle hem de Moskova üzerinden doğrudan İngiltere'yle münasebet halindeydi. (...)

XVI. yüzyılın sonuna kadar Osmanlı ekonomik zemininde Musevîlerin deniz yolu ve batı (Rumeli) karayolu üzerindeki egemenliğine karşın Ermenilerin, Önasya'nın doğusundaki iktisadî konumlarını muhafaza etmesi, imparatorluğu sosyoekonomik yapısı üzerinde oluşturduğu denge ve bu dengenin korunması bakımından büyük önem taşıyordu. Ancak Osmanlı siyasal güç ve amaçlarının batıya kayması, buna paralel olarak Osmanlı siyasal gücünün batıda, kendisinden önce oluşan iktisadî altyapıyla özdeşleşmesi, Önasya'nın doğusundaki sermaye bakımından da çekici hale geliyordu. Böylece Osmanlı siyasal iradesinin teşvikiyle bu önemli ekonomik güç de batıya kayıyordu. Ancak zanaatkâr, kuyumcu ve tüccar kadrolarla birlikte, sermayenin de batıya kayması, Osmanlı Devleti'nin ekonomik dengesini bozuyor, doğudaki ticaret ve iktisadî yaşam zayıflamaya, nihayet durmaya başlıyordu. Buna bir de İran'la yapılan savaşlar eklenince, başlangıçtaki sermaye ve seçkinler göçü, XVII. yüzyılın başından itibaren yoksul halkın da göç kervanına katılmasına neden oluyordu. Doğuda, ekonomik düzenin bozulmasıyla başlayan göçler kaçınılmaz olarak İstanbul'a yöneliyor. Osmanlı Devleti'nin başkentini tehdit ediyordu. Bu göçler XVII. yüzyıl boyunca devam edecek, hem İstanbul'da hem de Önasya'nın derinliklerinde kanlı ve sürekli ayaklanmaların nedeni olacaktı. Yeniçeri Ocağı'na alınan askerler başlangıçta gayrimüslim çocukları devşirilerek alınırken, yeniçerilerin edindiği servet Müslüman unsurların da iştahını kabartıyordu. Nihayet Müslümanların da Yeniçeri Ocağı'na yazılmalarına izin veriliyordu. Ardından bir de yeniçerilerin "başıbozuk zanaatlarında" çalışmasına izin verilince, bu kurum durmadan gelir-gider kâr-zarar hesabı yapan bir ticarî ocağa dönüşüyor, hem savaşma arzusunu hem de savaşma gücünü yitiriyordu. Kaldı ki yeniçerilerin bu denli para işleriyle uğraşmaları onları, payitahttaki tüccar-tefecilerle işbirliğine itiyordu. Bu itilme sonucu İstanbul'daki gayrimüslim tüccar ve tefeciler, yeniçeriler üzerinde tesis ettikleri kontrolle yeniçerileri siyasal irade, yani sultan-halife üzerinde bir baskı unsuru haline getiriyorlardı.

Buna paralel olarak tüccar-tefeciler tüm dünyada olduğu gibi Osmanlı Devleti'nde de siyasal iradenin üzerinde, iktisadî bakımdan kendi kontrolleri dışında tam profesyonel, kalıcı ve düzenli bir askerî gücün varlığına katlanamıyorlardı. Tüccar-tefeci sermaye bu nedenle Yeniçeri Ocağı'nı piyasa işlerine bulaştırmakla kalmıyor, doğrudan Müslümanların oluşturduğu sipahi teşkilatında gerçekleşen tayinlere kadar her tarafa el atıyordu. (Murat Çulcu, *Marjinal Tarih Tezleri*, 2000, s. 118-119, 132-133 ve 137)

Köprülü Mehmed Paşa'nın sadrazamlık "tayinine" bir de bu açıdan bakmak gerekiyor. Yani mesele sadece "okuryazarlık" ve "liyakat" sorunu değildi!..

Özellikle Yahudiler ile Ermeniler arasında kıyasıya siyasî ve ekonomik güç mücadelesi vardı. Daha önce de belirtmiştik, yeniçerilerle ticarî ilişkiler içinde bulunan Yahudiler 1826'da Yeniçeri Ocağı'nın yıkılışına kadar, piyasanın ve dolayısıyla siyasî karar alma merkezlerinin hâkimiydi.

Bu konuyu örnekler vererek açmam gerekiyor.

Tarihçilerin ortak tespiti: Yahudiler Osmanlı döneminde "altın çağlarını" XVI. yüzyılda yaşadılar. Bunda en önemli rolü oynayan kişilerin başında II. Selim'in eşi Yahudi asıllı Nurbanu Sultan gelir. Diyeceksiniz ki: "Ne var bunda; padişah eşleri arasında her milletten, her dinden kadın vardı." İlk bakışta bu görüş doğru gibi geliyor. Ama gerçek öyle değil...

Padişah III. Murad, Yahudilikten Müslümanlığa geçen Nurbanu Sultan'ın oğludur.

Nurbanu Sultan, Padişah III. Murad-Safiye Sultan çiftinden olan torunu Fatma Sultan'ı kimle evlendirmiştir dersiniz?

Mustafa Çağatay Uluçay, *Padişahların Kadınları ve Kızları* adlı çalışmasında, Fatma Sultan'ın Halil Paşa'yla evlendirildiğini yazmaktadır. (1992, s. 46.)

Peki "Halil Paşa kimdi?" sorusunun yanıtını ise Abraham Galante'nin *Türkler ve Yahudiler* adlı kitabından öğreniyoruz:

> III. Murad ve III. Mehmed zamanlarında yaşamış ve bu son padişah zamanında sadaret kaymakamlığında[8] bulunmuş olan Halil Paşa, aslen Yahudi olup ailesinin soyadı Pacy ve kendisinin ismi Davud yahut Nahman'dı. Halil Paşa zamanında yaşamış olan İbranî yazarlar kendisinden söz etmemişlerse de, sebebini ya İslamiyet'i kabul etmesinde yahut aslını bilmemelerinde aramalı. Fakat İmparator II. Rudolf'un elçisi olan Von Krekowez ile Venedik elçisi kendisinden bahsettikleri vakit "Yahudi Pase" diye adlandırırlardı. Pase yahut Pasi (çünkü İbranîce'de y, hem e, hem i gibi telaffuz olunur) ailesine mensup birçok haham vardı. (1995, s. 144)

Yahudi asıllı Nurbanu Sultan, torunu Fatma Sultan'ı Yahudi asıllı Halil Paşa'yla evlendiriyor!..

Dışarıya kız vermiyorlar!

Bu konuyla ilgili son sözü "makyajsız tarih yazdığını" söyleyen

---

[8]. Sadrazamın, seferdeyken yerine başkentte bıraktığı vekiline "sadaret kaymakamı" denir.

Murat Çulcu'ya bırakalım:

Osmanlı Sarayı ve siyaseti üzerinde etkili olan Musevîlerden biri de Bayan Ester Kira'ydı. Ester Kira, Padişah III. Murad'ın (Yahudi asıllı Nurbanu Sultan'ın oğlu) gözdesi Venedik asıllı (Baffo ailesinin kızı [S. Y.]), Hıristiyanlıktan dönme Safiye Sultan'ın yakın arkadaşı ve sırdaşı durumunda bulunuyor, sık sık Saray'a girip çıkıyordu. Ester Kira bu kanaldan padişah üzerinde de etkili oluyordu. Nitekim 1580'lerde Venedik lehine ticarî ayrıcalık sağlayan bir antlaşmanın yapılmasında Ester Kira önemli rol oynuyor. Buna karşılık ödül olarak Venedik'te kendi menfaatine bir piyango düzenleniyordu. Ünlü işadamı Eliya Handali'nin eşi olan Ester Kira bu ilişkilerine dayanarak ailesine de maddî çıkar sağlıyordu. Örneğin oğulları vergiden muaf tutuluyor, büyük oğlu İstanbul gümrüğünün yönetimini elinde bulunduruyordu. (...)

Ester Kira servetini artırıp siyasal etkinlik kazanırken ülke, ekonomik kriz içinde bulunuyordu. Bu kriz sonucu para değer kaybediyor, sipahi maaşlarının satın alma gücü düşüyordu. Buna bir de Ester Kira'nın yakınlarına çıkar ve ayrıcalık sağlaması, bu yoldan servetini artırması eklenince sipahi ve yeniçerilerin aradığı sorumlu bulunuyordu. Ayaklanma sonucu mevkiini borçlu olduğu için Ester Kira'yı saklayan Sadaret Kaymakamı Halil Paşa'nın konağı basılıyor, Musevi kadın ve iki oğlu parçalanarak öldürülüyor, üçüncü oğlu ise Müslüman oluyordu. (*Marjinal Tarih Tezleri*, 2000, s. 130)[9]

Yahudi asıllı Nurbanu Sultan kızı İsmihan Sultan'ı kimle evlendirdi: Sadrazam Sokullu Mehmed Paşa'yla! Öldüğünde 18 milyon altın miras bırakan Osmanlı'nın en ünlü sadrazamlarından Sokullu Mehmed Paşa'nın hem doktoru hem de siyasal danışmanı Yahudi Salomon ben Nathan Aşkenazi'ydi

Yani...

Ester Kira vahşice öldürüldü ama bu ne yeniçeri-Musevî tefeci işbirliğini ne de Osmanlı yönetimindeki Yahudi etkisini azalttı. Yahudi tefecilerden gelen faiz gelirlerinin tadına alışan yeniçeriler, gerektiği zaman dostça, gerektiği zaman zorla bu ilişkileri sürdürdüler. Az para verip çok gelir sağlayamadıkları zaman Yahudi mahallelerini ateşe vermekten, Yahudi tefeciye faizini ödemeyen tüccarlara karşı "tetikçilik" yapmaktan da geri kalmadılar!

---

9. Çetin Altan'ın eşi yazar Solmaz Kâmuran, Ester Kira'nın yaşamöyküsünden yola çıkarak *Kiraze* adlı romanı yazdı. Orhan Pamuk ise o dönemi *Benim Adım Kırmızı* adlı romanında anlatmaktadır.

Damadı sadaret kaymakamı Yahudi asıllı Halil Paşa'nın canını zor kurtaran Padişah III. Ahmed, özel hekimi Yahudi Daniel Franseoka'yı Osmanlı Devleti'nin Fransa ve İsveç'le olan ilişkilerinde elçi olarak kullanmaktan vazgeçmedi...

Keza Sadrazam Sinan Paşa Eliezer Eskenderi'yi, Siyavuş Paşa Benveniste'yi ve Baltacı Mehmed Paşa Naftali ben Mansur'u hem hekim hem diplomat olarak kullandı.

Köprülü Mehmed Paşa sadrazamlığı döneminde Yahudi Moiz ben Yuda Beberi'den çok yardım gördü. Örneğin, Köprülü Mehmed Paşa Rusya'ya karşı bir birlik oluşturma olanağını araştırmak üzere kendisini Stockholm'e gönderdi. Moiz ben Yuda Beberi öldükten sonra bu tür özel görevleri oğlu Yuda Beberi sürdürdü.

Padişah IV. Mehmed ve Sadrazam Köprülü Mehmed Paşa döneminde Saray'da etkin olan isimlerden biri de, Moses ben Raffael Abrabanel'di; yani Hayatîzade Mustafa Feyzi Efendi! Anımsayınız: Sabetay Sevi'nin Müslümanlığa dönmesine neden olan isimlerden biri de Hayatîzade Mustafa Feyzi Efendi'ydi.

Yazmıştım: Gershom Scholem *Sabetay Sevi* adlı kitabında, Hayatîzade'nin sultanın kız kardeşiyle evli olduğunu belirtiyordu.

Hayatîzade Mustafa Feyzi Efendi'nin torunu Mehmed Emin Efendi, Osmanlı'da şeyhülislamlık yapan –bilinen– ilk Yahudi dönmesiydi!..

Şunu sormak istiyorum...

İsimleri alt alta yazdığımızda şunu görüyoruz: Köprülü'nün sadrazamlığa atandığı dönemde Saray'da güçlü bir Yahudi lobisi vardı. Köprülü Fazıl Ahmed Paşa'nın sadrazamlığa getirilmesinde Yahudilerin ne derece katkısı ve rolü olmuştu? Osmanlı mutfağından haznedarlığa ve oradan da sadrazamlığa kadar hızlı yükselişini sürdüren Köprülü Mehmed Paşa'nın arkasında siyasal ve ticarî bir gücün olmaması imkânsız.

Ve evliliklere baktığımızda, Köprülü'nün arkasında hangi gücün olduğu apaçık ortadadır.

Keza...

Köprülü'yü istemeyen ulema, ağalar vb'ydi; ayrıca önemli olan yeniçerilerin tavrıydı. Yeniçeriler "istemezük" dememişlerdi!

Yeniçerileri "kontrol altında tutan" güç ise tefeci Yahudilerin elindeydi!

Ve Köprülü, yeniçeriler sayesinde tüm kargaşalıkların üstesinden gelmesini bildi. Örneğin daha sadrazamlığının ilk günlerinde 2 ekim 1656'da, camilerin birden fazla minarelerini ve tekkeleri yıkmak isteyen Kadızadelilerin, Halvetiye tekkelerine saldırmalarıyla başlayan ayaklanmayı, Köprülü Mehmed Paşa yeniçeriler sayesinde hemen bastırıverdi.[10]

Köprülü kısa sürede emirlerini yerine getirmeyenleri görevlerinden aldı ve yerine kendi adamlarını yerleştirdi. Osmanlı iç piyasasını güvenilir hale getirmek için, halktan ve esnaftan haraç toplayanları yakalatıp hemen idam ettirdi. Köprülü'nün 5 000 ile 40 000 arasında insanı idam ettirdiği yazılmaktadır.

Köprülü Mehmed Paşa seksen üç yaşında öldü ve "vasiyeti" gereği koltuğuna yirmi altı yaşındaki oğlu Köprülü Fazıl Ahmed Paşa oturtuldu.

İkinci Köprülü on beş yıl sadrazamlıkta kaldı.

Babasının icraatlarını aynen devam ettirdi. O da en ufak isyanda yüzlerce idam sehpası kurmaktan çekinmedi.

Araştırılması gereken bir iddiayı ortaya atıyorum:

Köprülüler döneminde binlerce insanın kellesi uçuruldu. Peki doğrudan Osmanlı Devleti'ni hedef alan Mesih olduğunu iddia eden Sabetay Sevi'ye neden hoşgörüyle bakılmıştır?

Üstelik Sabetay Sevi'ye yılda 150 akçe (altın sikke) maaş verilmiştir. Saraya "kapıcıbaşı" yapılmıştır. Yani, Saray kapılarında görevli olanların amiri olmuştur. Saray kapısını korumakta, ayrıca iş takipçilerinin Divanı Hümayun'a silahsız girmelerine kılavuzluk yapmaktadır.

> Sevi kendisine ayrılan köşke taşınmıştır, fakat sadece kuru ekmek, kuru üzüm, kuru erik yemektedir. Sultan sorar: "Mehmed Efendi, neden bir şey yemiyorsun?" Sevi, "Haşmetlim" der, "benim bu alışkanlığımın tarihi pek eskidir. Bu riyazeti terk etmem imkânsızdır." IV. Mehmed bunun üzerine, "Sana teyzemi karı vereyim mi?" der. Sevi, "Haşmetlim, bendeniz evliyim, hanımım İzmir'dedir" der demez de Sera'yı getirmesi için adamlar gönderir.
>
> Sera da Sultan IV. Mehmed'in annesi Haseki Hatice Turhan Sultan'ın himayesinde dönmeliğe geçecektir. Artık adı Fatma Kadın'dır. Sevi, Hanım Sultan'ın cariyelerinden biriyle de evlenecek ve dönmeliğe duyulan itimadı güçlendirecektir. (Gershom Scholem, *Sabetay Sevi*, 2001, s. 340)

Osmanlı Devleti'ni yıkmayı planlayan "Mesih" iddiasındaki Sabetay Sevi'ye bu hoşgörü nedendir?..

---

10. Yıllar sonra Köprülü Mehmed Paşa'nın torunu tarih profesörü Fuad Köprülü, Osmanlı'nın kuruluşunda Halvetiye dergâhının etkili olduğunu yazacaktı.

Fazla ayrıntıya gerek yok. Sabetay Sevi döneminde Saray'da güçlü bir "Yahudi dönme" lobisi vardı.

Komplo teorisine bir katkı: acaba Sabetay Sevi, başından sonuna kadar bir Saray organizasyonu muydu?

Fazla kafa karıştırmadan biz yine Köprülülere geçelim...

Sadrazamlıkta Üçüncü Köprülü dönemi, Mehmed Paşa'nın diğer oğlu Fazıl Mustafa Paşa'nın bu koltuğa oturmasıyla başladı.

Ardından bir diğer Köprülü, Fazıl Mustafa Paşa'nın oğlu Numan Paşa da "dede mirası" sadrazamlık koltuğunda oturmayı sürdürdü.

Amcazade Hüseyin Paşa da sadrazamlık koltuğuna oturan bir diğer Köprülü'ydü! "Mevlevî" lakabıyla tanınan Sadrazam Köprülü Hüseyin Paşa'ın "akıl hocası" da yine bir Yahudi'ydi: İsrael Coneglio! Karlofça Antlaşması'nı imzalayan Osmanlı heyeti içinde İsrael Coneglio da vardı...

Sadrazam Hüseyin Paşa, Köprülü Mehmed Paşa'nın kardeşi Hasan Ağa'nın oğluydu. Bulgaristan'ın Pravadi kasabasının Kozluca köyünde dünyaya gelmişti.

Köprülülerin damatları da ünlüydü:

Merzifonlu Kara Mustafa Paşa, İzmirli Kaptanıderya Kaplan Mustafa Paşa, Bosnalı Vezir Seydî Ahmed Paşa...

Yaklaşık üç yüz elli yıldır siyasetle iç içe olan Köprülü ailesini burada anlatmaya sayfalar yetmez, o nedenle artık yavaş yavaş DP'li Fuad Köprülü'ye geçmemiz gerekiyor.

Fuad Köprülü, Sadrazam Köprülü Mehmed Paşa'nın kız kardeşi Saliha Sultan'ın soyundandı.

Saliha Sultan'ın oğlu Ali Efendi'nin iki erkek çocuğu oldu: Ahmed ve Mehmed.

Mehmed'in oğlu Küçük Osman Paşa'nın da iki oğlu oldu: Ali Paşa ve Numan Paşa!

Numan Paşa'nın üç çocuğu oldu: Vassaf, İsmail Atıf ve Hatice.

İsmail Atıf Bey'in bir oğlu bir kızı oldu: Nuriye ve Ahmed Ziya.

Bükreş sefirliği yapan Ahmed Ziya'nın üç oğlu oldu: Ramiz, Faiz ve Nafiz.

Beyoğlu II. Ağır Ceza reisi ve İstanbul Belediye Meclisi üyesi Faiz Bey'in oğlunun adı Mehmed Fuad Köprülü'dür.

Fuad Köprülü, 1890'da İstanbul'da doğdu. Ayasofya Rüştiyesi'ni ve Mercan İdadîsi'ni bitirdikten sonra 1907-1910 yılları arasında Mektebi Hukuk'a devam etti. 1908'de yayın hayatına atıldı ve *Serveti Fünun* dergisinde muhabirlik yaptı. Başta Galatasaray olmak üzere çeşitli okullarda Osmanlı tarihi ve edebiyat öğretmenliği görevini yürüttü. 1913'te İstanbul Darülfünunu Türk Edebiyatı müderrisliğine atandı.

1924'te İlahiyat Fakültesi'nde, 1923-1929 arasında ve 1935'ten sonra bir süre İstanbul'da Mülkiye Mektebi'nde ve Ankara'da Siyasal Bilgiler Okulu'nda tarih dersleri verdi.

1923'te İstanbul Darülfünunu Edebiyat Fakültesi reisliğine, 1934'te dekanlığa seçildi. Dekan olduğu sırada yayımladığı *Türkiye Tarihi*, Cumhurbaşkanı Atatürk'ün de dikkatini çekti. Büyük takdir ve beğeni toplayan bu eser için Atatürk özel bir mektup yazdı.

1924'te Maarif Vekâleti'nde sekiz ay müsteşar olarak çalıştı. Aynı yıl programını kendisinin hazırladığı Türkiyat Enstitüsü'nü kurdu. Enstitünün müdürlüğünü yaptı. 1927'de Tarih Encümeni reisliğine getirildi.

31 mayıs 1935'te yapılan genel seçimlerde Kars milletvekili seçilerek politikaya "resmen" adım attı...

"Yeni bir ülke, yeni bir ulus, yeni bir kültür" oluşumuna "harç" koyan isimlerden biri de Fuad Köprülü'ydü.

Dinde yapılacak reformlar için kurulan komisyonda yer aldı; yeni tarih tezlerini ortaya atan kurulda da...

Nakşibendîlik ile Bektaşîliği Ahmed Yesevî çatısı altında buluşturmak isteyen de, Yunus Emre ve Hacı Bektaş Veli'yi gündeme getiren de oydu!

"Folklor" sözcüğünü dilimize o kazandırdı.

Mustafa Kemal'in önem verdiği aydınlardan biriydi. Ancak Atatürk, ondan umduğunu pek bulamadı.

Marksist tarihçiyi de, milliyetçi-muhafazakâr çevreleri de etkiledi. "Komünist" olduğu iddiasıyla üniversiteden atılan Pertev Nailî Boratav da, ırkçı olduğu gerekçesiyle üniversiteden kovulan Nihal Atsız da onun bir dönem asistanlığını yaptı!..

Kemal Tahir'i en çok etkileyen tarihçi Fuad Köprülü'ydü.

Tüm bu isimleri ne bir araya getirmişti?

Fuad Köprülü'nün damadı ünlü bir isimdi: Büyükelçi Coşkun Kırca![11]

---

11. Filibeli Mehmed Ali Haşmet (Şişli Terakki Lisesi kurucu müdürü) ile Selanikli Celile Hanım'ın oğlu olan Coşkun Kırca, kayınpederi Fuad Köprülü döneminde Dışişleri'ne girdi ve Beyhan Köprülü'yle evlendi. Kızları Gönül, Fransız Jerome Bay'le evlidir. Coşkun Kırca, Beyhan Köprülü'den 1964 yılında boşandı; İzmirli Bige Ergüder'le evlendi. Bige Hanım, İzmir belediye eski başkanı Osman Kibar'ın yeğeni Sevil'le (Dilber) evlenen Özcan Ergüder'in kardeşidir. Sevil Hanım'ın kız kardeşi Ayla Hanım ise Abdi ve Sibel (Dilber) İpekçi'nin yengesidir! Dilber ve İpekçilerin Karakaşî Sabetayist olduğunu yazmıştık.
Tanık olduğum bir olayı aktarayım: nedense bu ailenin bazı üyeleri telefonu "Şalom" (İbranîce: "Merhaba") diye açmaktadır.

Fuad Köprülü Samsun valiliği, Osmanlı Mebusan Meclisi'nde Canik milletvekilliği yapmış Cavid Paşa'nın kızı Hadiye Hanım'la evliydi. Cavid Paşa'nın diğer kızı Kâmile ise emekli tuğgeneral ve beşinci dönem CHP Kastamonu milletvekili Cemal Esener'le evliydi.[12]

Fuad Köprülü'yü yakından tanıdıktan sonra şimdi DP'nin kuruluş hikâyesine dönebiliriz...

"İki parmak soldayız"

7 ocak 1946.
Ankara Sümer Sokağı'ndaki genel merkez binası.
Genel Başkan Celal Bayar, evinden getirdiği masada oturuyor, arkasında Adnan Menderes ve Fuad Köprülü duruyor. Gazetecilerle sohbet ediyorlar.

Sohbet sırasında Fuad Köprülü salonu sık sık terk ediyor, sonra odaya geldiğinde Bayar'ın kulağına eğilerek izahatta bulunuyor.

Refik Koraltan ise görünürde yoktur.

Basın mensuplarıyla sohbet sürerken Köprülü'nün önce Bayar'ın, ardından Menderes'in kulağına yine fısıldaması bu kez salonda dalgalanma yaratıyor.

Refik Koraltan'ın Amerikan Robert Kolej mezunu kızı Ayhan'ın[13] günlerdir daktilo etmeye çalıştığı Demokrat Parti'nin programı ve tüzüğü İçişleri Bakanlığı'na teslim edilmiş, hükûmet de yarım saat içinde DP'nin kuruluşuna izin vermişti.

Gelişmelerin her adımını Fuad Köprülü'den işiten Celal Bayar gazetecilere gülümseyerek, "Şu dakikalarda partimiz resmen teşekkül etmiştir" dedi.

Gazetecilerin "Sağda mısınız, solda mısınız?" sorusuna, "Demokrattır. Programımızı inceleyiniz. Yerimizi orada bulacaksınız" diye yanıt verdi. Adnan Menderes ise, "Belki iki parmak daha soldadır" diyecekti.

Bu açıklamanın ardından değil, ama solcularla ilişkiler DP'nin üzerinden kolay kolay atamayacağı dedikodulara neden oldu.

Her taşın altında komünist arama dönemi başlamıştı. Ve "Moskovacılık" suçlamasına ilk muhatap olan parti DP oldu.

---

[12]. Fuad Köprülü'nün bacanağı CHP milletvekili Cemal Esener'in oğlu Prof. Turhan Esener, 1974-1975 ve 1980-1984 yılları arasında iki kez Çalışma bakanlığı yaptı. Prof. Turhan Esener'in eşi Sabiha (Ürgüplü) İttihatçıların tanınmış isimlerinden Adliye Nazırı Necmeddin Molla'nın torunuydu. Sabiha Hanım'ın amcası eski başbakanlardan Suat Hayri Ürgüplü'dür. Sabiha Hanım'ın teyze çocukları Arif Mardin ve Betül Mardin'dir. Prof. Turhan Esener'in kızı Oya Hanım ise, Bülent Eczacıbaşı'yla evlidir.

[13]. Ayhan Koraltan, DP'den onuncu ve on birinci dönem Balıkesir milletvekili seçilen M. Haluk Timurtaş'la evliydi. Ayhan Hanım Yassıada'da babasının avukatlığını da yaptı.

Bazı CHP'liler, DP'nin Sovyetler Birliği'nden para aldığını iddia ediyordu! Bu komünistlik suçlamaları ve para alma yaygarası Sovyetler Birliği dağılana kadar Türk siyasî yaşamında varlığını sürdürecekti. Kimler suçlanmayacaktı ki?

DP'nin kuruluşuna dönersek; Necip Fazıl Kısakürek gibi isimler partinin ismine tavır alacaktı:

> Partinin ismi Türk lehçesine uzak ve dönme diline yakındır: Demokrat Parti. Bizzat parti mi demokrat, yoksa demokratların mı partisi? Türk dilinin dehasını inciten dönme ağzından bir örnek bu. Öyleyse Demokrat Partisi olmalıydı isim. Yahut Demokrasi Partisi. (*Benim Gözümde Menderes*, 1970, s. 59)

DP'nin kuruluş dilekçesi İçişleri Bakanlığı'na verilmeden önce Celal Bayar programı ve tüzüğü Cumhurbaşkanı İnönü'ye gösterdi.

DP programında ağırlık "demokrasi" kavramına ayrılmıştı. DP'nin özgürlükçü bir parti olduğunun altı çiziliyor, amacının Türkiye'de demokrasiyi geliştirmek olduğu bildiriliyordu. Ekonomi anlayışı açıkça belirtilmiyor, özel teşebbüsün ve sermayenin teşvik edileceği, fakat aynı zamanda devletçilik ilkesinin korunacağı belirtiliyordu.

DP'nin program ve tüzüğüne bakıldığında CHP'den farklı bir parti olmadığı ortadaydı.

Cumhuriyet Halk Partisinin altı okla ifade edilen ilkeleri DP'nin de ana ilkeleriydi. Madde 2: cumhuriyetçilik; madde 13: milliyetçilik; madde 14: laiklik; madde 15: inkılapçılık; madde 16: halkçılık; madde 17: devletçilik. Bu ilkeler DP programında neredeyse Halk Partisi programındaki hatlarıyla görünüyordu.

DP programına göre, özel teşebbüsün ve sermaye faaliyetlerinin bile devletçe planlanması esastı. Halk Partisi'nin devletçilik görüşüyle karşılaştırılınca DP daha devletçiydi.

Diğer maddeler de bu şekilde karşılaştırılabilir, ancak uzatmaya gerek yoktur. Özetle DP sadece kadrosunu değil, CHP'nin programını da almıştı. DP'nin CHP'den farkı sadece icraatlarında olacaktı.

Bu arada bir noktanın altını çizmek gerekiyor. Türkiye çok partili hayata geçtiğinde ilk kurulan parti DP değildi. Nuri Demirağ, 18 temmuz 1945'te Millî Kalkınma Partisi'ni kurdu. Partinin bir diğer önemli ismi antikomünist, antisemitik Cevat Rifat Atilhan'dı. Gazeteciler bu partiye "Kuzu Partisi" adını taktı. Çünkü Nuri Demirağ gazetecilere hep kuzu ziyafetleri veriyordu.[14]

İlk genel başkan Celal Bayar

DP kurulduğunda Celal Bayar altmış üç, Refik Koraltan elli yedi, Fuad Köprülü elli altı, Adnan Menderes kırk yedi yaşındaydı.

8 ocak günü dört kurucu üye bir araya geldi. Kapalı oyla parti liderini belirlediler Üç oy kâğıdında "Celal Bayar" yazılıydı. Bayar'ın kime oy verdiği hiç açıklanmadı.

DP hemen taşra örgütlerini kurmaya başladı. Edhem Menderes Aydın, Fevzi Lütfi Karaosmanoğlu Manisa, Kenan Öner İstanbul, Zühtü Hilmi Velibeşe Ankara ve Ekrem Hayri Üstündağ İzmir il başkanlığına getirildi.

Haziran ortasına kadar DP henüz otuz üç ilde teşkilatlanmıştı. Kurucuların büyük bir bölümü tüccarlardan oluşuyordu.

DP kadrolarının çoğunu eski CHP'liler doldurmuştu. Hatay, Gaziantep, Mardin, Erzincan'da CHP ve DP il başkanları aynı aileye mensuptular.

Bayar, Menderes, Köprülü ve Koraltan teşkilatlanma çalışmalarına katılmak için sık sık Anadolu illerini dolaşıyorlardı. Anadolu'daki DP'ye yapılan sevgi gösterileri bir dönemin Serbest Cumhuriyet Fırkası'na gösterilenlere benziyordu.

Adnan Menderes Kavaklıdere'de oturuyordu. Sabahları erkenden evinden çıkıyor, yürüyerek Meclis'in yanındaki evlerden birinde oturan Fuad Köprülü'yü alıyor, birlikte yine yürüyerek Sümer Sokağı'ndaki parti merkezine geliyorlardı.

O günlerde Menderes ile Köprülü ayrılmaz ikiliydi; Menderes Köprülü'ye çok saygılıydı ve ona hep "Hocam" diye hitap ediyordu.

Celal Bayar ise Refik Koraltan'la daha yakındı.

Adnan Menderes'in "elinin sıkı", yani cimri olduğu o günlerde ortaya çıktı. Parti giderlerini karşılamaya pek yanaşmıyordu. Taşradan gelen partililerin götürüldüğü Kutlu Lokantası'na da pek uğramıyordu...

3 mayıs 1946'da üçüncü oğlu Aydın Menderes doğdu.

Aydın Menderes "tekne kazıntısıydı". Çünkü doğduğunda babası kırk yedi, annesi ise kırk bir yaşındaydı.

---

14. Nuri Demirağ'ın torunu Prof. Banu Onaral, Dame de Sion ve Robert Kolej'den sonra ABD'ye gitmiş, kariyer yapmıştır. Drexel Üniversitesi Biyomedikal Mühendisliği Bilim ve Sağlık Sistemleri Bölümü başkanlığını yürütmektedir. Nuri Demirağ, Melike Demirağ'ın büyük amcasıdır. Aile "Mühürdarzadeler" diye tanınmaktadır. Sirkeci'deki ünlü Mühürdar Hanı bu ailenindir

Yirmi yıl önce Çakırbeyli Çiftliği'nde yakın dostu Edhem Menderes'le yaşayan Adnan Menderes, artık gün geçtikçe büyüyen bir aileye sahip olmuştu. Eşi Berin; üç oğlu Yüksel, Mutlu, Aydın; onları evlendikleri günden beri yalnız bırakmayan Didar Kalfa ve sık sık ziyaretlerine gelen Naciye Hanım!

Adnan Menderes yeni doğan oğlu Aydın'ı yeterince sevemeden yine Anadolu yollarına düştü. Çünkü CHP hükûmeti, 1947 yılında yapılması gereken tek dereceli milletvekili seçimini 21 temmuz 1946 tarihine almıştı.

O dönemde milletvekilleri birkaç ilden aday olabiliyordu. Adnan Menderes, Aydın, Kütahya ve Manisa'dan aday gösterildi.

DP'nin süpriz adayı, bir süre önce emekli edilen Genelkurmay Başkanı Mareşal Fevzi Çakmak'tı. Mareşal Çakmak CHP'nin teklifini, üstelik beş kez yinelemelerine rağmen reddetmiş, DP'yi tercih etmişti.

DP listesinde ilginç isimler vardı. Serbest Cumhuriyet Fırkası'nın iki numaralı ismi Ahmed Ağaoğlu'nun oğlu Samed Ağaoğlu, ablası CHP'de olmasına rağmen DP'den adaydı. Üstelik solcu olduğu iddiasıyla kurucu olması İsmet Paşa tarafından istenmemişti!

Bursa listesinin sekizinci sırasında da bir solcu vardı: Mehmet Ali Aybar! Yani gelecekte kurulacak Türkiye İşçi Partisi genel başkanı!

Yazdığımız gibi Aybar, Celal Bayar'la katıldığı ev toplantılarından tanışıyorlardı. DP listelerinden bağımsız aday olması tesadüf değildi.

Dönemin ünlü gazetecileri Cihat Baban, Ziyad Ebüzziya DP listesindeydi. Haydarpaşa Lisesi matematik öğretmeni Osman Bölükbaşı "ağzı iyi laf yapıyor" diye, önce parti müfettişi, sonra milletvekili adayı yapıldı.

Şair Faruk Nafiz Çamlıbel, Fenerbahçe'nin efsanevî futbolcusu Zeki Rıza Sporel de DP'nin milletvekili adayıydı.

Dr. Tevfik Rüşdü Aras ve Kılıç Ali gibi Atatürk'ün yakın çalışma arkadaşları milletvekili olmak için DP'ye başvurdular. Ama Celal Bayar eski arkadaşlarını istemedi!

"Yeter! Söz milletindir!"

Bu seçimde DP'nin kullandığı bir afiş belki de, bugüne kadar gelmiş Türkiye siyasî tarihindeki en etkili slogandır: "Yeter! Söz milletindir!"

Türkiye çok partinin katıldığı ilk genel seçime sahne oldu. Yer

yer CHP'liler ile DP'li partililer arasında kavga çıksa da, ilk seçim olaysız geçti.

Asıl fırtına seçim sonrasında koptu.

DP sandık görevlilerinin hesaplarına göre, DP 279 milletvekili, CHP ise 186 milletvekili çıkarmıştı. Oysa açıklanan resmî sonuç böyle değildi.

CHP 395, DP 66, bağımsızlar 4 milletvekili çıkarmıştı.

Adnan Menderes memleketi Aydın'dan değil Kütahya'dan milletvekili seçilmişti. Şaşkındı.

Bu seçimler Türkiye tarihine şaibeli olarak geçecekti.[15]

DP'liler, hükûmeti seçimlere hile karıştırmakla itham ediyor, seçimin iptal edilmesini istiyor, aksi takdirde DP milletvekillerinin istifa edip sinei millete döneceği tehdidinde bulunuyordu.

İsmet Paşa ile Celal Bayar yine gizli kapılar ardında buluştular. Anlaştılar. DP Meclis'te kalmaya karar verdi!

İlk gün Meclis'te "nerede oturulacak" tartışması çıktı.

DP Genel Başkanı Celal Bayar, grubunu Meclis salonunun solunda oturtmak istedi. Böylece DP'lilerin solda oturmaları devrimci olmalarının delili olacaktı. Ama CHP'liler DP grubuna Meclis'in sağ tarafını verdiler!

Kâzım Karabekir TBMM başkanı, İsmet İnönü cumhurbaşkanı seçildi. Atatürk'ün tasfiye ettiği Kâzım Karabekir, TBMM başkanlığına getirilmişti. İzmir Suikastı'na karıştığı iddiasıyla gözaltına alınmak istenirken dönemin başbakanı İsmet İnönü tarafından koruma altına alınmak istenen Kâzım Karabekir'in TBMM başkanı olarak yaptığı ilk konuşmada Atatürk'e dil uzatması, hesaplaşmanın boyutunu ve İsmet Paşa'nın tavrını göstermesi açısından ilginçtir!

İsmet Paşa teşekkür konuşması yapmak için Meclis'e geldiğinde, DP'liler bir Meclis geleneğini yıkarak, ayağa kalkmadılar.

Meclis artık tekdüzelikten kurtulmuştu. Meclis Genel Kurulu iktidar ve muhalefet arasında hareketli saatlere tanıklık edecekti. İlişkiler kopma noktasına geldiğinde iki işadamı tarafları tekrar yakınlaştıracaktı. Bu iki işadamı CHP'li Vehbi Koç ile DP'li Üzeyir Avunduk'tu![16]

---

15. DP İzmir İl Başkanı Ekrem Hayri Üstündağ'ın oğlu Bülent Üstündağ, seçim sonuçlarının meşruluğu üzerine sahip oldukları *İzmir* gazetesinde "Gayri Sahih Çocuk" adlı bir makale yazdı. Ancak askerde olduğu için kendi adı yerine eşi Mücteba Hanım'ın ismini koydu. Fakat aksilik, makale hakkında dava açıldı. Mücteba Üstündağ hapse mahkûm oldu; üstelik hamileydi. Bülent Üstündağ kendi yüzünden karısının hapse girmesine çok üzülüp canına kıydı!

16. Üzeyir Avunduk'un üç oğlu vardı: Nail, Âkil, Adil. Ailede yabancı gelin sayısı da üçtü: Lucienne, Sybil ve Carmen Bonnet. Nail Avunduk Rotary Kulübü kuruculuğu ve Jokey Kulübü başkanlığı yaptı.

Yeni CHP hükûmetini Receb Peker kurdu.[17]
İsmet Paşa'nın Receb Peker'i neden başbakanlığa getirdiğini Dr. Tevfik Rüşdü Aras'ın tanık olduğu bir olayla analiz etmeye çalışalım:

> Büyük liderimizi Çankaya Köşkü'nde erken yaptığım ziyaretlerimden birinde, yine yalnız bulmuştum. Elinde tutmakta olduğu kâğıtları göstererek, Atatürk bana dedi ki: "İnanılmaz şey! Ben memleketi hâlâ tek partiyle idare etmekte olduğum için utanıyorum. Halbuki bazı arkadaşlarım bu hali devamlı yapmak istiyorlar. İtalya'dan avdet eden (dönen) partimizin umumî kâtibi (Receb Peker [S. Y.]), bize verdiği raporunda, orda gördüğü ve incelediği faşist partisinden mülhem bazı tavsiyelerde bulunuyor. (Necdet Ekinci, *Türkiye'de Çok Partili Düzene Geçişte Dış Etkenler*, 1997, s. 110)

Bu olay 1936'da geçiyor.
Aradan on yıl geçmiş ve Receb Peker, İsmet Paşa tarafından başbakanlığa getirilmiştir!
Evliyazadelerin çoğunluğu muhalefet safındaydı. Ancak iktidarın kabinesinde bir Evliyazade vardı.
Evliyazadelerin damadı Münir Birsel, yeni kabinede Millî Savunma bakanı olmuştu.
Münir Birsel, Evliyazade Hacı Mehmed Efendi'nin kardeşi Evliyazade Ahmed Efendi'nin kızı Yümmiye'yle evliydi.
1943 yılından beri Meclis'te CHP milletvekili olarak görev yapıyordu.
Kabinede Münir Birsel'in halasının oğlu Nurullah Esad Sümer de Maliye bakanlığı görevine getirilmişti! Yani kabinede iki "Birsel" vardı!
Ancak bir olay Birselleri çok üzecekti.
Receb Peker hükûmetinin ilk icraatı "7 Eylül Kararları" olarak adlandırılan Cumhuriyet tarihinin ilk devalüasyon kararı almak oldu. Türk lirasının değeri düşürüldü. Dolar 1,83 liradan 2,83 liraya çıkarıldı. İthalatta bazı sınırlamalar kaldırıldı. Altının satışı serbest bırakıldı.
7 Eylül devalüasyonunu Birsel ailesinden Maliye Bakanı Nurullah Esad Sümer hazırladı. Ancak karardan bir ay önce Maliye bakanlığından ayrılmak zorunda kaldı.
Çünkü Bakan Sümer'in "komünist" olduğu ortaya çıkmıştı!
Birinci Dünya Savaşı'ndan hemen sonra Berlin'de Türk öğren-

---

[17] Başbakan Receb Peker, sinema oyuncusu Faruk Peker'in dedesidir.

cilerle birlikte Türkiye İşçi ve Çiftçi Sosyalist Partisi'nin kurulmasında görev almıştı!

Sümerbank'ı kuran, Yüksek İktisat Meclisi'nin genel sekreterliğini yapan ve 1933'ten beri TBMM'de yer alan Maliye Bakanı Sümer'in "komünistliği" yeni ortaya çıkmıştı!

Bakan Sümer'i gerici basının saldırısından koruyan Ahmed Emin Yalman'ın sahibi olduğu *Vatan* gazetesiydi! Antikomünist Ahmed Emin Yalman bir "komünisti" neden koruyordu?

İsmet Paşa, kamuoyunu ve yeni müttefik Batı'yı "komünizm öcüsü"yle korkutmak için Bakan Sümer'in "kellesini" feda etti.

Bakan Nurullah Esad Sümer gitti ama hazırladığı devalüasyon, dayı oğlunu bakanlıktan edecekti. Devalüasyondan önce haberin sızdırıldığı, dolayısıyla da spekülatif alımlara sebep olunduğu iddiasıyla, aralarında Evliyazadelerin damadı Millî Savunma Bakanı Münir Birsel'in de bulunduğu bazı bakan ve bürokratlar hakkında soruşturma açıldı. Bakan Birsel araştırmaların selameti açısından bakanlıktan ayrıldı. Soruşturma sonucu tekrar görevine döndü.

Evliyazadelerin bir damadı "kurtulmuştu" ama Başbakan Receb Peker'in, Evliyazadelerin bir diğer damadına Meclis kürsüsünden yaptığı hakaret siyasal sonunu getirecekti...

Meclis'te bütçe görüşmeleri hayli sert geçiyordu.

DP'nin görüşlerini Meclis kürsüsünde dile getiren Adnan Menderes hükûmeti topa tuttu. Eleştirilere yanıt vermek için kürsüye gelen Başbakan Peker, Menderes'in konuşmasını "maraz bir psikopat ruhun ifadesi" olarak tanımlayınca, Meclis Genel Kurulu karıştı, DP'liler oturumu terk etti.

Celal Bayar gizli kapılar ardında İsmet Paşa'yla yine buluştu.

Bu kez geri adım atma sırası İsmet Paşa'daydı.

Receb Peker istifa etti.

On altıncı hükûmeti Hasan Saka kurdu.

Başbakan Saka'nın işi zordu. Türkiye bütçesi İkinci Dünya Savaşı'ndan yenik çıkmıştı. Özellikle savunma harcamaları günden güne artıyordu. Ülkeye gelecek yardımlara ihtiyacı vardı. İşte tam o sırada Amerika Birleşik Devletleri, Truman Doktrini kapsamında Türkiye'ye yardım elini uzattı.

Amerikan askerî heyetleri sık sık Türkiye'ye gelmeye başladı. İlişkiler karşılıklıydı. Ardından Türk askerî heyeti Genelkurmay Başkanı Orgeneral Salih Omurtak başkanlığında ABD'ye gitti.

Türkiye o yıl Uluslararası Para Fonu'na (İMF) katıldı.

Amerikalılar yardımlarda bulunmadan önce heyetlerini Türkiye'ye gönderip raporlar hazırlatıyordu.

Amerikan iktisadî heyeti hazırladığı raporda, "Türkiye'ye her şeyden evvel ve her türlü kalkınma planlarından evvel yol ve liman lazım olduğuna inanmak icap eder" diyordu.

Tüm bunlar, Osmanlı'nın yüz yıl önce ittifak yaptığı Fransızların, İngilizlerin yazdığı raporlara ne kadar benziyordu: önce yollar ve limanlar yapılmalıdır!

Sonuçta Türkiye yeni müttefikini kesinleştirdi: ABD!

Onun düşmanı, Türkiye'nin de düşmanıydı: Sovyetler Birliği!

Bu yeni dönemde "her taşın altında komünist aranmasına" hız verildi... Demokrasiye yol veren İsmet Paşa rejimi, Türkiye Sosyalist Emekçi ve Köylü Partisi'ni, Türkiye Sosyalist Partisi'ni ve bu iki partinin yayın organı gazete ve dergileri kapattı.

Ankara Üniversitesi öğretim üyeleri Behice Boran, Niyazi Berkes[18] ve Pertev Nailî Boratav sosyalist oldukları için fakültelerinden uzaklaştırıldılar. Boran ve Berkes ayrıca üçer ay hapse mahkûm edildi.

"Cadı avı" başlamıştı.

Baskılardan kurtulmak için yurtdışına kaçmak isteyen yazar Sabahattin Ali Bulgaristan sınırında öldürüldü.

O günlerde Mareşal Fevzi Çakmak bile "komünist damgası" yemekten kurtulamayacaktı...

İnsan Hakları Cemiyeti

Bir dönemin hızla kapandığını birileri ya anlamıyor ya da mücadelede ısrar ediyorlardı.

Bunlardan biri de Cami Baykurt'tu...

Asıl adı Abdurrahman'dı. Baba tarafı Irak Süleymaniyeli'ydi. Annesi ise Rusya'dan köle olarak getirilmiş, Osmanlı Sarayı'na satılıp cariye yapılmış ve ardından bir Osmanlı paşasıyla evlendirilmişti.

Harbiye'de Mareşal Fevzi Çakmak'ın sınıf arkadaşıydı.

Genç bir subayken II. Abdülhamid tarafından Trablusgarp çöllerine sürgüne gönderilenler arasında o da vardı.

1908 Devrimi'nden sonra yüzbaşı rütbesindeyken ordudan ayrılıp İttihatçılarla birlikte çalışmış, ilk Meclis'e Fizan mebusu olarak girmişti. Sonra İttihatçılarla yollarını ayırıp, Millî Meşrutiyet Fırkası'nın kurucusu olmuştu.

---

[18]. Niyazi Berkes'in ikiz kardeşi vardı: Enver Berkes! Bir dönem aileler çocuklarına, dağa çıkarak 1908 Temmuz Devrimi'ne yol açan Enver Paşa ile Resneli Niyazi'nin adını veriyorlardı.

İzmir'de kurulan "İlhakı Red Heyeti Milliyesi" kurucuları arasında yer alarak, Ege'nin kurtuluşu için Celal Bayar'la birlikte omuz omuza mücadele vermişti.

Cami Baykurt, Ulusal Kurtuluş Savaşı'na katılmak için Ankara'ya ilk gelen isimlerden biriydi. İlk meclise Aydın mebusu olarak girdi. Mustafa Kemal'in ilk kabinesinin İçişleri bakanıydı. Sonra Roma büyükelçisi oldu. Burada Malta sürgünlerinin kaçışı için gerekli parayı bulabilmek amacıyla elçilikteki halıları ve değerli eşyaları ipotek etti. Bu parayla kiralanan bir İtalyan şilebiyle Rauf Orbay, Ali İhsan Sabis gibi komutanlar Malta'dan kaçırıldı. Komutanların kaçırılmasının nedeni Millî Mücadele'de büyük komutan sayısının azlığıydı.

Türkiye'nin kurtuluşunu sosyalizmde görüyordu. "Sosyalizm aslında Kuranı Kerim'in bir yorumudur" görüşüne sahipti. Müslümanlık özel mülkiyeti kabul etmekle birlikte büyük servetlerin tek elde toplanmasına karşıydı, zekât bu nedenle konmuştu...

Cami Baykurt, papadan ve Katoliklerden nefret ediyor, her düşmanlığın onlardan kaynaklandığını düşünüyordu. Ancak kendisi adına talih midir, talihsizlik midir bilinmez, geçinebilmek için para karşılığı İncil'i Türkçe'ye çevirdi.[19]

Cami Baykurt *Tan* gazetesi yazarlarındandı. Gazete ve matbaa tahrip edildiğinde Sabiha-Zekeriya Sertel'le birlikte Cami Baykurt da "olayın sorumlusu ilan edilerek" üç ay tutuklu kaldı.

Cami Baykurt'un kişiliği yenilgiyi kabul eden bir yapıda değildi. Cezaevinden çıkar çıkmaz, mücadelesini Parlamento dışında yürütmek için "İnsan Hakları Cemiyeti"ni kurmaya karar verdi. Ne CHP'nin ne de DP'nin özgürlükçü demokrasiden yana olmadığını düşünüyordu.

Bu görüşünü uzun yıllardır arkadaşlık yaptığı Dr. Tevfik Rüşdü Aras'a açtı. Dr. Aras öneriye sıcak baktı.

Cemiyet kurulması fikrinin arkasında Zekeriya ve Sabiha Sertel çifti de vardı. İlk toplantılar Sertellerin evinde yapıldı. Bu toplantılarda cemiyetin başına Mareşal Fevzi Çakmak'ı getirmeye karar verdiler. Dr. Aras ve Cami Baykurt, mareşali Ulusal Kurtuluş Savaşı'ndan beri tanıyorlardı.

Mareşal Fevzi Çakmak, İsmet İnönü karşıtlarının simgesi haline gelmişti o günlerde...

İsmet Paşa, İkinci Dünya Savaşı'ndan sonraki yeni dünya düzenine uyum sağlamak için orduda bir takım değişikliklere gitmiş

---

19. Birinci bölümde, yaptıkları evlilikle Sabetayist Karakaşî ve Kapancı ailelerinin hışmını üzerlerine çeken, Nermin Kibar-Kâtipzade Mehmed evliliğini yazmıştım. Nermin Hanım daha sonra Mehmed Bey'den ayrıldı Cami Baykurt'un oğlu Vedat'la evlendi.

ve 1924'ten beri Genelkurmay başkanlığı görevini yürüten Mareşal Fevzi Çakmak'ı emekliye sevk etmişti.

Mareşal, ordunun başından alınmasını hiç hazmedemiyordu! İsmet Paşa'ya kırgındı. Atatürk sonrasında ittifak yaptığı İsmet Paşa'nın kendisini oyuna getirdiğini bile söylüyordu.

Mareşal bu kez 1938'de karşı çıktığı Celal Bayar'la ittifak yaptı. Ancak mareşal DP'de umduğunu bulamamıştı.

Oysa, 1946 seçimlerinde İstanbul'u DP'ye kazandırmıştı. Celal Bayar'dan bile çok oy almıştı. Ankara'ya Meclis'e giden mareşali, Haydarpaşa'dan uğurlamaya binlerce insan gelmişti. Keza Ankara Garı'nda da durum farklı değildi.

Ancak aradan kısa bir zaman geçtikten sonra, Mareşal Fevzi Çakmak DP'nin kendisini oyuna getirdiğini, sadece ismini kullanmak istediğini düşünmeye başladı.

Sonunda, Ankara'dan ayrılıp İstanbul Erenköy'deki evine çekildi. Yetmiş yaşındaydı ama "rafa konulacak yaşa gelmediğini" ispatlamak istiyordu.

Mareşal bu nedenle "İnsan Hakları Cemiyeti" kurulması önerisine sıcak baktı. Başkanlığını kabul etti. Mareşalin muhalif bir hareketin başına geçtiğini düşünen DP kurmayları telaşlandı. Bayar, Menderes, Köprülü hemen İstanbul'a gidip mareşali evinde ziyaret ederek, fikrinden vazgeçirmeye çalıştılar. Ama ikna edici olamadılar.

DP ekibinin mareşali fikrinden vazgeçirmeye geldikleri Erenköy'deki evde Adnan Menderes'in bir akrabası vardı: Mehmet Özdemir Evliyazade!..

Evliyazadeler bölünmüştü: bir tarafta cemiyetin kurulmasına çalışan Dr. Tevfik Rüşdü Aras ve Mehmet Özdemir Evliyazade; diğer yanda DP'li Adnan Menderes!

İstihbaratçı Evliyazade!

Mehmet Özdemir, Nejad-Mesude Evliyazade çiftinin oğluydu.
Mesude, Adnan Menderes'in dayısının kızıydı.
Nejad ise eşi Berin'in dayısının oğluydu.
Yani Mehmet Özdemir Evliyazade, hem anne hem baba tarafından Adnan Menderes'le akrabaydı.
Galatasaray Lisesi mezunuydu. İstanbul Hukuk Fakültesi'ni yarıda bırakmıştı.
Zekeriya Sertel, *Hatırladıklarım* adlı kitabında Mehmet Özdemir Evliyazade'yle ilgili ilginç bilgiler yazdı:

O sıralarda evimize en çok gelen dostlardan biri de Cami Baykurt idi.[20] Her hafta mutlaka bize gelir, akşama kadar bizde kalırdı. Beraberinde gölge gibi, ondan hiç ayrılmayan Özdemir adında bir genç vardı. Bu genç, Demokrat Parti'nin ilk toplantısına katılmak üzere Ankara'ya gittiğimiz zaman istasyonda bizi karşılayan bir adamdı. Sevimli, samimi, candan biriydi. Cami Bey'i gerçekten çok sever, çok sayar görünürdü. Ona karşı sanki babasıymış gibi davranırdı. Cami Bey de onu oğlu gibi severdi. Özdemir, Adnan Menderes ile Dr. Tevfik Rüşdü Aras'ın yeğeniydi. Zengin bir aileye mensuptu. İşsizdi. Annesinden gelen parayla geçindiğini söylerdi. Bizi yarı yolda bıraktıkları için Celal Bayar ile Adnan Menderes'e kızmış görünür ve onları eleştirirdi. Hatta bizlere Adnan Menderes'in aile hayatının içyüzünü bile anlatmaktan çekinmezdi.

Bu koşullar içinde Özdemir'in samimiyetinden şüphelenmemiz olanaksızdı. Günler geçtikçe hepimizin sevgisini kazandı. Evimizin sürekli bir ziyaretçisi oldu, evimize gelip gidenlerle dostluk ilişkileri kurdu, kimse de ondan şüphe etmiyordu.

Gel zaman git zaman 1961'de Demokrat Parti elebaşlarını yargılayan Yassıada Mahkemesi'nde Özdemir tekrar ortaya çıktı. Mahkemede 1945'ten beri, yani bizim eve devama başladığından beri, polis emrinde çalıştığını itiraf etti. Polisin aramıza soktuğu casusun o olduğu anlaşıldı. Doğrusu çok ustaca çalışmış, hiçbirimizde en ufak bir şüphe uyandırmamıştı. Rolünü iyi oynamıştı. (1968, s. 274)

Mehmet Özdemir Evliyazade'nin eşi Elife (Kaçel) Evliyazade yıllar sonra bu kitabın yazarına şu açıklamayı yapmıştır:

> Eşim, MİT görevlisiydi. Ancak MİT'e ne zaman girdiğini bilmiyorum, öyle ki biz evlendiğimizde bana bu teşkilatta çalıştığını bile söylememişti. Güven Sigorta'da çalışıyordu. Yıllar sonra öğrendiğimde niye evlendiğimizde söylemediğini sordum. "O yıllarda çok gizli bir görevim vardı açıklayamazdım" dedi.[21]

Mehmet Özdemir Evliyazade'nin faaliyetlerine daha sonra döneceğiz. Biz kaldığınız yerden "İnsan Hakları Cemiyeti"yle ilgili gelişmeleri aktarmayı sürdürelim.

---

20. Cami Baykurt'un soyadı birçok kitapta "Başkurt" olarak geçmektedir. Doğrusu Baykurt'tur.

21. Mehmet Özdemir Evliyazade 1949 yılında Elife Kaçel'le evlendi. Elife Kaçel, Şahin Ömer-Âliye Kaçel çiftinin kızıydı. Şahin Ömer Kaçel muhasebeciydi. Dame de Sion mezunu Elife Kaçel'in dedesi ünlü Receb Paşa'ydı. Receb Paşa (1842 Debre-1908 İstanbul). 5. ve 6. Ordu komutanlığı görevlerinde bulunduktan sonra 1904-1908 arasında Trablusgarp valiliği yaptı. İkinci Meşrutiyet'in ilanının ardından 7 ağustos 1908'de Harbiye nazırlığına getirildi. Ancak 21 ağustosta masası başında nefes darlığından vefat etti.

18 ekim 1946'da İnsan Haklan Cemiyeti resmen kuruldu. Kurucular arasında Mareşal Fevzi Çakmak, Dr. Tevfik Rüşdü Aras, Cami Baykurt, emekli general ve DP milletvekili Sadık Aldoğan, Atatürk' ün yakın arkadaşı ve eski milletvekili Hasan Rıza Soyak, Berlin eski büyükelçisi Hamdi Arpağ, Zekeriya Sertel gibi isimler vardı.

Tesadüf!

Hükûmet o gün Sovyetler Birliği'nin Boğazlar'ın birlikte savunulması istemindeki notasına ret yanıtı verdi.

Hükûmetin, "komünistlerin" Mareşal Fevzi Çakmak'ı "kullanarak" halk hareketi örgütleyeceği paranoyası, İstanbul'da üç ayrı eve polisin baskın yapmasına neden oldu.

Atatürk'ün Dışişleri bakanı Dr. Tevfik Rüşdü Aras, Ulusal Kurtuluş Savaşı'nın ilk kabinesinin İçişleri bakanı Cami Baykurt ve gazeteci-yazar Zekeriya Sertel'in evleri basıldı. Aramalar yapıldı.

Sonunda büyük bir "delil" bulundu!..

İçişleri Bakanı Şükrü Sökmensüer 29 ocak 1947 günü Meclis'te yaptığı konuşmada bu "delili" açıkladı:

> Arkadaşlar, İstanbul'da Örfî İdare'nin varlığından faydalanarak gazeteci Zekeriya Sertel'in ve bu arada komünist temayüllü olduğu söylenen Dr. Tevfik Rüşdü Aras'ın ve Cami Bey'in evleri arandı. Ve Zekeriya Sertel ile Cami Bey tarafından yazılıp Dr. Tevfik Rüşdü Aras vasıtasıyla mareşale gönderilen mektup bulundu. Bu hal Çakmak'ın da komünistleri himaye ettiğini gösterir. (Ümit Sinan Topçuoğlu, *Mareşal Mustafa Fevzi Çakmak*, 1977 s. 152-153)

Peki Mareşal Fevzi Çakmak'a yazılan 2 eylül 1946 tarihli bu mektupta ne denilmişti:

> Meclis'te kürsüye çıkın ve cumhurbaşkanının, Meclis'in, hükûmetin gayri meşru olduğunu ilan edin. Böyle bir mecliste kalarak onun mesuliyetlerine iştirak edemeyeceğinizi bildirin. "Gemisi batmak üzere bulunan bir amiral" gibi bayrağınızı alarak dışarda, halkla beraber onun hakkını ve davasını müdafaa ediniz. Bütün milletin böyle bir hareket karşısında arkanızdan geleceğine emin bulunuyoruz.

Mektubu Cami Baykurt ile Zekeriya Sertel kaleme almış, Dr. Aras mareşale elden teslim etmişti.

Polis, Dr. Aras'ın 9 eylül 1946'da yazdığı mektubun yanıtını da ele geçirmişti:

Aziz Dostlarım Cami ve Sertel Beyefendilere,

Mektubunuzu mareşale kendim götürdüm. Görüşlerinizi ayrıca ben de izah ve teyit ettim. Müşarünileyh bu surette hareketinizden çok memnun oldu ve yazacağım cevapta sönmez muhabbetlerini tebliğ etmekliğimi rica etti. Sizin de makul göreceğinizi kuvvetle ümit ettiğim netice ve kararı Özdemir oğlumuz tafsilatıyla size arz edecektir.

Bu münasebetle de derin hürmetlerimi sunarım.

Sonunda mektuplardan bir sonuç çıkmadı.

Mareşal Fevzi Çakmak, "Millet, komünist olmadığımı ve komünistlere alet olmadığımı çok iyi bilir" açıklaması yaptı.

İsmet Paşa'nın damadı gazeteci Metin Toker, mareşalin yaşlandığı için İnsan Hakları Cemiyeti kurulması sırasında solcuların oyununa geldiğini yazdı. Toker, cemiyetin kurulmasına mareşalin katılımını nedense biraz karikatürize ederek küçültme eğilimindeydi.

Osmanlı'nın önde gelen paşası, Ulusal Kurtuluş Savaşı'nın kurmay subayı ve uzun yıllar Genelkurmay başkanlığı yapmış Fevzi Çakmak'ı "solcular tarafından kandırılan" biri olarak tanımlamak pek gerçekçi görünmemektedir!..

Olayın bir diğer garip yanı ise, İnsan Hakları Cemiyeti kurulmasına önayak olan DP İstanbul İl Başkanı Kenan Öner, Millî Eğitim Bakanı Hasan Ali Yücel'i komünistlikle itham ediyordu!

Mareşalin dergâhı!

Basında komünist tartışması sürdü gitti.

Bu tartışma DP'den kopmalara neden oldu. Bir grup, DP başkanlığına mareşali getirmek için kulis faaliyetlerine girdi. Bunun üzerine DP disiplin kurulu, başta emekli general Sadık Aldoğan olmak üzere, Osman Nuri Köni, Necati Erdem, Dr. Mithat Sakaroğlu, Ahmet Kemal Silivrili'yi partiden ihraç etti.

Bu ihraçları diğerleri takip etti: Yusuf Kemal Tengirşenk, Enis Akaygen,[22] Ahmet Oğuz, Hasan Dinçer, Ahmet Tahtakılıç, Şahin Laçin, Reşat Aydınlı...

DP'den koparılan ve kopanların öncülüğüyle, 19 temmuz 1948'de Millet Partisi kuruldu.

---

22. 1880 doğumlu Enis Akaygen, 1946'da DP'den TBMM'ye girdi. 1952'de Millet Partisi genel başkanlığı yaptı. Selanikli Nuri Conker ailesiyle dünürdüler; kızı Zarife, diplomat Orhan Conker'le evlendi. Enis Akaygen'in kızı Jale Viyana'da intihar etti. Enis Akaygen, 1939-1945 yılları arasında Atina büyükelçiliği sırasında Yahudilere yaptığı yardımlardan dolayı belgesellere konu oldu. 15 aralık 1956'da vefat etti.

Kurucu bazı isimlerin kendi partilerinden ayrılmış olması DP ile MP arasında gerginliklere yol açtı.

Bir gün gazeteler İsmet Paşa ve Celal Bayar'a suikast yapılacağı haberini manşetlerine taşıdılar. İddiaya göre, suikastı planlayanlar arasında, MP Afyon milletvekili emekli general Sadık Aldoğan ile MP kurucuları Osman Bölükbaşı ve Fuad Arna vardı. Hemen gözaltına alındılar.[23]

Sonunda iddiaların asılsız olduğu ortaya çıktı. Peki ama bu asılsız istihbaratı polise kim bildirmişti?

Osman Bölükbaşı salıverildikten sonra, *Suikast İftirasının İçyüzü ve Celal Bayar* adlı bir broşür kaleme aldı!

Millet Partisi'nin kurucuları arasında Başbakan Adnan Menderes'in bir akrabası vardı: Dr. Mustafa Kentli!

Dr. Kentli, Başbakan Menderes'in dayısı Sadık'ın torunu Semiha'yla (Giz) evliydi. Yani Dr. Kentli, Adnan Menderes'in kuzeniyle evliydi.

Menderesler bölünmüştü: dayısı Sadık'ın torunu Sadık Giz DP milletvekiliydi; Sadık Giz'in kız kardeşi Semiha'yla evli Dr. Mustafa Kentli ise Millet Partili'ydi...[24]

Millet Partisi'nin fahrî genel başkanı Mareşal Fevzi Çakmak'tı.

Mareşal Fevzi Çakmak, sol-sosyalistlerin "oyununa gelmemiş", milliyetçi bir partinin kurulmasına önayak olmuştu!..

Fakat, talihsizlik...

Mareşal Fevzi Çakmak seçim çalışmaları için gittiği Trakya'da rahatsızlandı ve 10 nisan 1950'de vefat etti.

Cenazesi görkemli bir şekilde kaldırıldı. İstanbul Radyosu programlarında değişiklik yapmayıp şarkı türkü çalmayı sürdürünce büyük tepki aldı.

Dün komünist ithamlarına neden olan mareşalin cenaze törenine İslamcı-milliyetçi gençler sahip çıktı. Tabutun üzerinde İlahiyat Fakültesi öğrencilerinin Ankara'dan getirdiği Kâbe örtüsü ve Türk bayrağı vardı.

23. Gözaltına alınan Osman Bölükbaşı'nın evi didik didik arandı. Yeni doğan oğlu yirmi bir günlüktü. Osman Bölükbaşı, polisler eşliğinde emniyete giderken, oğlunu öptü, herkesin duyacağı bir şekilde, "Oğlum Deniz, baban gidiyor, belki geri gelmez. Bu memleketin pisliğini az su temizlemez diye adını Deniz koymuştum. Şayet gelemezsem, bu pisliği sen temizle oğlum" dedi. (Emin Karakuş, *İşte Ankara*, 1977, s. 148)
Deniz Bölükbaşı, Irak Savaşı (2003) öncesi, Türkiye'nin ABD-İngiltere yanında yer alması için yapılan "mutabakat görüşmelerinde" büyükelçi statüsüyle Türkiye tarafının başkanlığını yaptı. Halen Dışişleri Bakanlığı hukuk müşaviridir.

24. 1957 seçimleri öncesi Celal Bayar DP milletvekili listesini incelerken, "Ağabeyi Sadık Giz zaten bizim milletvekilimiz, ikisi fazla olur" diye Maraş'tan aday olan Münci Giz'in üzerini sildi. Böylece Münci Giz, 27 Mayıs 1960 askerî müdahalesinden sonra Yassıada'ya gitmekten kurtuldu.

Mareşalin tabutu tekbir sesleriyle Eyüp Mezarlığı'na getirildi. Burada Gümüşsuyu denen tepedeki Küçük Hüseyin Efendi olarak bilinen şeyhin yanına defnedildi. Mezarı başında Millet Partisi Genel Başkanı Hikmet Bayur, Sadık Aldoğan, Yusuf Kemal Tengirşenk, Pertev Demirhan ve Fuad Arna birer konuşma yaptılar.

Bir parantez açmam gerekiyor; çünkü diyeceksiniz ki: "Tekke ve zaviyelerin kapatıldığı, bütün şeyhlerin gözden düşürüldüğü, Şeyh Said İsyanı, Menemen Olayı sonucu onlarca 'radikal İslamcı'nın idam edildiği bir dönemde, Genelkurmay başkanlığı yapan Mareşal Fevzi Çakmak neden bir tarikat şeyhi Küçük Hüseyin Efendi'nin yanına defnedilmişti?"

İşin daha da tuhaf yanı: yıllar sonra 25 ağustos 2001 tarihinde Yahudi işadamı Üzeyir Garih, Küçük Hüseyin Efendi'nin mezarının yanı başında öldürüldü!

Bir tarikat şeyhi, bir Genelkurmay başkanı ve bir Yahudi işadamı...

Bu sorunun yanıtı aslında bu kitabın ana fikirlerinden birini oluşturmaktadır. O nedenle bu konuya değinmeden geçemeyiz...

Mareşalin şeyhi!

Önce "Küçük Hüseyin Efendi kimdir?" sorusunun yanıtı için, İslamcı yayın organı *İktibas*'ta çıkan 6 eylül 2001 tarihli makaleye göz atalım:

> Ankara'nın Arslan Bey Mahallesi'nde 1828'de doğdu. Babası Katırcı Ali Abdullah Efendi'dir. Gençlik yaşına kadar Ankara'da kaldıktan sonra Ankara'yı terk ederek Mihalıççık'a gitmek zorunda kalmış. Babasının vefatından sonra İstanbul'a gitmeye karar vermiş. İstanbul'da Mevlevî tarikatına mensup bir ustanın yanında çıraklığa başlamış. Mevlevî usta, okuma yazma öğrenmesi için, Küçük Hüseyin Efendi'yi Beyazıt Camii avlusundaki bir tespihçinin yanına götürmüş. Tespihçinin yanındayken, sabahları Süleymaniye Camii'ne gider, ders okurmuş.
>
> Küçük Hüseyin Efendi'nin ilk şeyhi Hacı Feyzullah Efendi'dir. Onun vefatından sonra, Mehmed Nuri Edirnevî Efendi'ye bağlanmış, sekiz yıl da bu zatın eğitiminden geçmiş. Bir süre Hasan Visalî Efendi'yle sohbetlere devam eden Küçük Hüseyin Efendi, Hasan Visalî Efendi'nin 1902 yılında vefatından sonra, 1902 yılında yetmiş dört yaşındayken şeyhlikle görevlendirilir.
>
> İrşat merkezi haline gelen evi, Kocamustafapaşa'dadır. Çok talebe-

si olan Küçük Hüseyin Efendi 397 gün hasta yattıktan sonra 14 mart 1930'da ahirete göçmüş. Kabri, Eyüpsultan'da, Karlıktepe (Gümüşsuyu) diye bilinen yerde, ikinci şeyhi Mehmed Nuri Efendi'nin kabri civarındadır.

O günün şartları icabı birçok şeyhe baskı yapılırken, bunun rahat bir şekilde hareket etmesi, tutuklanma, takip ve baskı gibi hallere maruz kalmaması da dikkat çekicidir. Bunun için zamanın gerçek şeyhleri, âlimleri buna hep şüphe gözüyle bakmışlar, kendinden uzak durmuşlardır. Cenazesine bile iştirak etmemişlerdir. (www. iktibas. net)

ABD'de Princeton Üniversitesi'nde Yakındoğu üzerine doktora çalışması yapan ve "Fevzi Çakmak Günlükleri"ni derleyen Dr. Nilüfer Hatemî, 9 eylül 2001 tarihinde *Milliyet* gazetesinin sorularına şu yanıtı verdi:

(Fevzi Çakmak'ın) dedesi ve babasının gayrimüslimleri de üye kabul eden liberal bir tarikat olan Kadirî tarikatına üye olduğunu biliyoruz.

N. Rıfat Bali *Bir Türkleştirme Serüveni* adlı kitabında Mareşal Fevzi Çakmak ile Yahudiler arasındaki ilişkiyi yazıyor:

Azınlıklar arasında çok yaygın bir söylenti de (...) silah altına alınmalarının nedeninin kitlesel olarak imha edilmelerinin önlenmesi olduğu söylentisiydi. Utanç haline gelen bu söylentiye göre azınlıkları kitlesel olarak imha etme tasarısı hükûmetin bir planıydı. Genelkurmay Başkanı Mareşal Fevzi Çakmak bu tasarıdan haberdar olunca Nafıa Vekâleti'ne bağlı olarak askere alınan azınlıkları Millî Müdafaa Vekâleti emrine aldırarak kendi emir kumandası altına soktu ve böylece onları imha edilmekten kurtardı. (!)

Aynı kitapta Jak Kamhi, "Diyebiliriz ki, Mareşal Fevzi Çakmak Yahudilerin en büyük müdafiiydi" diyor.

Evet, Yahudiler ile mareşal arasında duygusal ilişki çok güçlüydü. Mareşal Yahudilere o kadar güveniyordu ki, ölmeden kısa bir süre önce Ankara'daki evini bir Yahudi sefire kiraya vermişti!..

Mareşal Fevzi Çakmak'ı daha yakından tanımak için, Küçük Hüseyin Efendi'nin "üzerindeki örtüyü" kaldırmalıyız.

Bu nedenle, 20 ağustos 2003 tarihinde İslamcı günlük gazete *Yeni Şafak*'ta başlayan "Türkeş'in Gizli Dünyası" adlı yazı dizisinden bazı alıntılar yapmamız gerekiyor:

(Küçük) Hüseyin Efendi'nin (Alparslan) Türkeş'in ailesiyle tanıştığı da ortaya çıktı. Ailenin tanışıklığını açıklayan sıradan bir kişi değil, Türkeş ailesinin yakından tanıdığı ve saygı duyduğu Mehmet Faik Erbil'di. Erbil, Arusîlerin en önde gelen isimleri arasında yer alıyor. Erbil, Türkeş'in sağlığında sık sık ziyaret ettiği bir kişi. Erbil yıllardır dile getirilen bir iddiaya da açıklık getiriyor. İddia Alparslan Türkeş'in ilk adının Hüseyin Feyzullah olduğudur. Hüseyin, Küçük Hüseyin Efendi'ye; Feyzullah ise, Küçük Hüseyin Efendi'nin şeyhi Feyzullah Efendi'ye nispettir. Bu ismi Türkeş'in babası Ahmed Hamdi Bey ve annesi Fatma Zehra Hanım koydu. Türkeş'in dedesi Tuzlalı Arif Ağa da Şeyh Feyzullah Efendi'yle aynı dönemde Sultan Abdülaziz tarafından sürgün edildi. Arif Ağa Kayseri'den Kıbrıs'a, Nakşî Şeyhi Feyzullah Efendi ise İstanbul'dan Midilli'ye gönderildi.[25]

Mehmed Faik Erbil Efendi, Küçük Hüseyin Efendi'nin yanı sıra tarikatlara mensup ünlü isimleri açıklıyor: "Yolumuz ulularından Arifi Zatı Billah Esseyid Mevlana Küçük Hüseyin Efendi'yi ve Halifei Hassayı Zat Mürşidi Esseyid Ömer Fevzi Mardin Hazretleri'ni zikrettikten sonra terbiyesinde yetişmiş pek çok değerli dervişlerinden birkaçının isimlerini burada dercetmek istiyoruz: eski başvekillerimizden vatanperver Hüseyin Rauf Orbay, beynelmilel tıp ilmi ile mücehhez Ord. Prof. Hasan Reşad Sığındım, yine tıp âleminden Ord. Prof. ve aynı zamanda Paşabahçe Tezyini Sanatlar Hocası Muhterem Ahmed Süheyl Ünver, Washington büyükelçimiz Münir Ertegün, eski Adliye ve Hariciye vekillerimizden Ord. Prof. Yusuf Kemal Tengirşenk, DP'nin ilk Sağlık bakanı tıp profesörü Nihad Reşad Belger, Atina büyükelçimiz Enis Akaygen, Müzeler Umum Müdürü (Mareşal Çakmak'ın damadı [S. Y.]) Prof. Dr. Burhan Toprak ve Mareşal Mustafa Fevzi Çakmak ve teğmen rütbesiyle huzuruna varıp mübareğin kendisine gösterdiği keramet üzerine ömrünün son demine kadar mum ışığında Kuranı Kerim okuyan Balıkesir Kumandanı Korgeneral Kurtcebe Noyan Paşa.

Musevî doktor Salih Arazraki, Üzeyir Garih'in diş hekimi babası Azra Garih (...) Küçük Hüseyin Efendi'nin müritlerinden."

---

25. Gazeteci Hulusi Turgut, Alparslan Türkeş'in anlatımlarına yer verdiği *Türkeş'in Anıları, Şahinlerin Dansı* adlı kitapta konuyla ilgili şunları yazıyor: "Alparslan Türkeş baba tarafının aslen Kayserili olduğunu açıkladıktan sonra, onların Kıbrıs'a gittiklerini babasından öğrendiği kadarıyla şu sözlerle aktarıyor: 'Bu konuda fazla bir bilgim yok. Yalnız duyduğum şuydu ki, dedemin dedesi Arif Ağa, Kayseri'nin Pınarbaşı'ndan Avşar aşiretine mensupmuş. Bir takım hadiseler olmuş oralarda. Bunlar Silifke'ye sürgün edilmişler. Oralara muhacirler yerleşince, bir şeyler olmuş zannederim. Dedelerim Silifke'de çok duramamışlar, tekrar geriye dönmüşler.
Tekrar Pınarbaşı'na dönünce olaylara karışmışlar. Onun üzerine bu sefer Kıbrıs'a, yani suyun öbür tarafına, denize gönderelim de gelemesinler diye sürmüşler herhalde.
Baba tarafımın göç hikâyesi böyle. Anne tarafımınkini bilmiyorum. Kıbrıs'a göçle mi gelmişler, yoksa adanın eski Türk ailelerinden mi?'" (1985, s. 5-6)

Müslüman'ı, Yahudi'yi bir araya getiren bu tarikatı da kısaca tanımamız gerekiyor...

Arusîlik, Tunus-Libya kökenli bir tasavvuf hareketi. Medyeniye, Şazeliye, Cestiye ve Kadiriye tarikatlarının bazı özelliklerini birleştirerek müstakil bir hüviyet kazandı.

Girit, İzmir, İstanbul gibi yerlere değişik zamanlarda giden Arusî şeyhleri, buralarda birçok müride sahip oldu.

Arusîliği Osmanlı'da "kurumsallaştıran" kişi ise, Mardin'de Şirin Dede namıyla tanınan Kadirî şeyh Yusuf Sıdkı Efendi'nin torunu Ömer Fevzi Mardin'di. Ömer Fevzi Mardin, teğmen olarak görev yaparken İttihat ve Terakki'ye katıldı. Birinci Dünya Savaşı'nda Teşkilatı Mahsusa'nın fedaileri arasında yer aldı. Harbiye'de öğretmenlik yaparken Hüseyin Rauf Orbay'ın aracılığıyla Küçük Hüseyin Efendi'yle tanıştı. Şeyhinden icazet aldı, onun "halifesi" oldu. 1940 yılından sonra halifeler, müritler yetiştirdi.

Ömer Fevzi Mardin'in Kalamış'taki evi dönemin fikir ve bilim adamlarının sohbet yeri oldu. Bu toplantılara Prof. Hasan Reşad Sığındım (ünlü cildiye uzmanı; Koçların dünürü); Prof. Süheyl Ünver, Mehmed Ali Aynî (tasavvuf tarihi ve Hacı Bayram Veli'yle ilgili yaptığı araştırmalarla tanınan yazar); Prof. İsmail Hakkı İzmirli (1868 İzmir doğumlu. Tarihçi. Türk Tarih Kurumu 1932-1937 toplantılarına katılıp tebliğ sundu. Jübilesi 8 aralık 1944'te Kadıköy Halkevi'nde yapıldı. 1946'da vefat etti.) ve "İslamcı sosyalist" Cami Baykurt gibi isimler kalıyordu.

Minik not: "Arusî şeyhi Ömer Fevzi Mardin'in Varlık Vergisi'nin uygulandığı 1940'larda zorda kalan Musevîlere yardım edilmesini tavsiye ettiği ifade ediliyor." (*Yeni Şafak*, 20 ağustos 2003)

Niye sadece Yahudilere?

Ömer Fevzi Mardin'in oğlu Haşim Mardin Türkiye'nin ilk deniz filosunun sahibiydi. Oğulları Ömer ve Yusuf Mardin babalarının mesleğini devam ettirmektedir. Bugün Türkiye'nin tanınmış şahsiyetleri, Prof. Şerif Mardin, Betül Mardin, Arif Mardin Ömer Fevzi Mardin'in yeğenleri arasındadır.

Keza Küçük Hüseyin Efendi'nin müritlerinden Wasinghton Büyükelçisi Münir Ertegün'ün oğlu Atlantic Records'un sahibi Ahmet Ertegün ile ünlü plak yapımcısı Arif Mardin iş ortağıdır.

Yani, Arusîlerin şeyhi Ömer Fevzi Mardin'in yeğeni Arif Mardin ile Özbekler Tekkesi şeyhi Edhem Efendi'nin torunu Ahmet Ertegün New York'ta iş ortağıdır!

Ahmet Ertegün'ün eşi Macar göçmeni bir Yahudi ailesinin kızı Mika Ertegün'dür...

Konuyu fazla dağıtmayalım ama bir ayrıntı daha vermeliyim...
Üsküdar Sultan Tepesi'nde bulunan Özbekler Tekkesi, Millî
Mücadele'ye katılmak için İstanbul'dan Ankara'ya gidenlerin
önemli üslerinden biriydi.

Halide Edib Hanım ile Dr. Adnan (Adıvar) ve Cami (Baykurt) beylerin de Anadolu'ya giderken ilk durağı bu tekke oldu. Tekkeye gelenler kapıyı açan kişiye, "Bizi İsa yolladı" diyerek içeri girerlerdi. Parola buydu. (Hıfzı Topuz, *Millî Mücadele'de Çamlıca'nın Üç Gülü*, 2002, s. 40)

Biz yine Küçük Hüseyin Efendi "meselesine" dönelim...
Toprağı bol olsun Vehbi Koç'un kızı Sevgi Gönül, *Hürriyet* gazetesindeki köşesini bir gün tamamen Küçük Hüseyin Efendi'ye ayırdı:

> Ender, katledilen Üzeyir Garih'in asıl adının Hezakiyer olduğunu, Üzeyir isminin babasına ait bulunduğunu ama oğul Üzeyir'in daha sonraları adını değiştirerek babasının adını aldığını anlattı.
> Üzeyir Bey'in hepimizi acılara boğan hunharca ölümü ziyaretine gittiği Küçük Hüseyin Efendi'nin mezarı başında cereyan etmişti. Kimdi bu Küçük Hüseyin Efendi? Mistik dünyaya biraz meraklıydım. Ama bu zatı muhteremden bahsedildiğini hiç duymamıştım. "E... Ne de olsa bendeniz Hacı Bayram Veli sülalesinden gelmeyim. Dolayısıyla bazı diğer muhteremlerden haberimin olmaması normaldir" diye kendi kendime avunmaya çalıştım. Ama bir taraftan da kimdir diye araştırmaya, soruşturmaya başladım. Şeytan bir dostum, "Ne araştırıp soruyorsun, müridi Ender Hanım burnunuzun dibinde" diye benimle bir de dalga geçti.
> Ailede iki Ender vardı. Biri Prof. Dr. Ender Berker, benden on iki saat küçük teyzezademdi. Diğeri ise gelin Ender Mermerci, o da diğer teyzezademin hanımıdır. Gelin Ender'i[26] yakaladım ve sormaya başladım. Bana babası Prof. Dr. Hasan Reşad Sığındım'ın (cildiyeci) Üzeyir Garih'in babası Dr. Üzeyir Garih'in (diş doktoru) ve Doktor Salih Arazraki'nin (ne doktoru olduğunu hatırlayamadı) Küçük Hüseyin Efendi'nin müridi olduklarını söyledi.
> Biz Ankaralı'yız. Ankara'da aile dostumuz Küçük Sabiha Hanım'dan bahsederek, onun bu Küçük Hüseyin Efendi'nin torunu oldu-

---

[26]. Kafanızı karıştırmamak için Koçların "kız tarafının" küçük bir soykütüğünü yazmalıyım: Sadullah-Nadire Aktar çiftinin üç kızı bir oğlu var. Kızları Adile, İhsan Mermerci'yle; Sadberk, Vehbi Koç'la; Melahat, Prof. Osman Cevdet Çubukçu'yla; oğulları Emin Aktar ise Hüsniye'yle evlendi. Ender Mermerci, Adile-İhsan Mermerci'nin oğlu Aktif Mensucat'ın sahibi Mehmet Ata Mermerci'nin eşidir.

ğunu da belirtti. Öğrendiğime göre Küçük Hüseyin Efendi 1,20 boyunda imiş ve bizim küçük Sabiha Hanım teyzemiz de 1,30 boyunda idi. Ara sıra alafrangalığa özenip "petite (Fransızca 'küçük' demek [S. Y.]) Sabiha Hanım" da derdik. Elmacıkkemikleri çıkık, koyu renk saçlı, ufacık tefecik bir hanımdı. Hoşgörülü ve hoşsohbet bu hanım Ankaralı Ademzadelerden olup eşi Kütahyalı Ekmel Kâhyaoğlu Bey'di. Ekmel Bey son derece yakışıklı idi. Sabiha Hanım ise Ekmel Bey'i elinde tutabilmek için ona dünyanın en güzel iltifatlarında bulunurdu. Teyzelerime bezik oynamaya gelir, bir gece evvel yakışıklı kocasına ne diller döktüğünü anlatırdı ve bizler de kulak misafiri olurduk. Herhalde kocalarımızı hoş tutmayı ondan öğrendik diyebiliriz. Küçük Sabiha Hanım'ın kızı Nurinisa Rodoslu Hanım ise hakikaten Rodos doğumlu Celaleddin Rodoslu ile evli olup Ankara'da Hayyam şaraplarını imal ederdi. Celaleddin Rodoslu Bey'in bugün tarihçilerce malum iki kitabı vardır. *Rodos'ta Türk Mimarî Eserleri* ve *Rodos'ta Yaşamış Olan Türkler* diye. (1 eylül 2001)

Sanıyorum Küçük Hüseyin Efendi'yi artık yakından tanımaya başladık, hakkında yeteri kadar fikir sahibi olduk!..

Ancak bu konuyu kapatmadan önce okumuş yazmış isimlerin tarikatlarla bağlantısına bir örnek daha vermek istiyorum:

Filibeli Edhem Efendi, Rifaî tarikatının kurucusuydu. Ölünce yerine Selanikli Kenan Rifaî Büyükaksoy geçti. Yeni şeyh Galatasaray mezunu, bürokraside hep üst düzey görevlerde bulunmuş biriydi. En önemli özelliği kadın özgürlüğüne çok önem vermesiydi. Zaten 7 temmuz 1950'de vefat edince dergâhın başına bir kadın geçti: Samiha Ayverdi! Aynı zamanda yazar olan kadın şeyh Ayverdi'nin ağabeyi ünlü mimar, *Fatih Devri Türk Mimarî Eserleri* yapıtının yazarı Ekrem Ayverdi de dergâhın önemli isimlerindendi. Selanikli yazar Cahit Uçuk, "Halikarnas Balıkçısı" Cevat Şakir Kabaağaçlı'nın annesi İsmet Hanım ve kız kardeşi Ayşe Erner, ressam Ahmed Yakuboğlu Rifaî dergâhının diğer ünlü müritlerindendi.

"Şeytanın avukatlığını yapıp" provokatör bir soru sorayım: Sabetayist birinin mezarı türbe haline gelebilir mi?

Bunun da yanıtı veriliyor, hem de bir uzman tarafından: kitapta sık sık alıntı yaptığımız Amerikalı John Freely'nin uzmanlık alanı "mezarlar":

Dönmelerin mezarlıkları Kapancıların, Yakubîlerin ve Karakaşların mezarlıkları olmak üzere üçe ayrılıyordu. Karakaş mezarlığındaki en gösterişli türbe tarikatın kurucusu olan Baruchiah Russo'nun, yani Osman Baba'nın türbesiydi. Yakubî mezarlığındaki en gösterişli türbe ise Sabetay Sevi'nin son eşi olan Ayşe'nin türbesiydi. Bu türbe XX. yüzyılın ilk çeyreğine kadar cemaatin kutsal ziyaret mekânlarından biriydi. Kapancı mezarlığında toprağa verilmiş kişilerden biri de 1800'lü yıllarda bu tarikatı kuran Derviş Efendi'ydi. Derviş Efendi büyük olasılıkla Sabetaycılarla yakın ilişkiler kurdukları bilinen Mevlevî tarikatındandı. (*Kayıp Mesih*, 2001, s, 270-271)

Sabetayist Ilgaz Zorlu, *Evet, Ben Selanikli'yim* adlı kitabında türbe-Sabetayist ilişkisine de değiniyor:

> Sabetaycı cemaatlerin İslam mutasavvıflarıyla olan ilişkileri genellikle üç ana merkezde yoğunlaşmıştır. Bunlardan ilki imparatorluğun merkezi olan İstanbul, daha sonra Batı Anadolu'da İzmir ve ardından da Balkanlar'daki merkezlerdir. Burada Selanik, Sofya ve Trakya'da da Edirne dikkati çekmektedir. Sabetaycıların din değiştirmeleri sonrasında İstanbul'da yaptıkları ilk eylem, zamanın Halvetî dergâhı pirlerinden olan ve bugün Üsküdar'da yatan Aziz Mahmud Hüdaî'nin tekkesinin yapılışında maddî destek sağlamalarıdır. Bunun ana nedeni uzun bir süre Sabetaycıların bu dergâha devam etmeleriydi.
>
> Özellikle Selanik'te ve Balkanlar'da giderek güçlenen ve Sabetay Sevi'nin çağdaşı ve İslamiyet'teki karşılığı olan Niyazii Mısrî'nin fikirlerini temel alan üçüncü devre Melamîlik hareketinde önemli bir Sabetaycı kitlenin bulunduğu bilinmektedir. (1999, s. 41-51)

Uzatmaya gerek yok. Müslüman olmuş Sabetayistlerin büyük bir bölümü, başta Mevlevîlik, Bektaşîlik ve Melamîlik gibi "İslam'ı reforme etmiş" bazı tasavvufî tekkelere, dergâhlara, tarikatlara girmişler ve burada yeni bir kültür yaratmışlar...

Öyle ya, Sabetayist olduğunu hemen herkes bildiği için Ahmed Emin Yalman'dan örnek vermek gerekirse; babası Osman Tevfik Efendi, hem Kuran hafızı hem de iyi bir hattat değil miydi?..

Keza Bezmenler de bilinir: bu aileden Mehmed Esad Dede, Kasımpaşa Mevlevîhanesi'nin mevlevîhanlığını yapmadı mı?..

Sabetayistlerin tasavvufî tarikatlara girmesinin nedeni "kabala"dır. Tevrat'taki bazı işaretler ile İbranî harflerinin önemli sırlar gizlediğinden hareket eden kabala, Yahudiliğin tasavvufudur.

Bir karşılaştırma örneği:
Halvetîlik, Allah'a zikir yoluyla ulaşılacağına inanılan bir tarikattır. Buradaki zikirde ana ilke "zikrullah" yani Allah'ın adını anmaktır. Halvetîler yüz kez istiğfar ediyor, yüz kez de salavat getiriyorlar, sonra da esmayı seba (yedi ad) zikrine geçiyorlar. Ondan sonra mürit önce kafasını sağ omzuna ("la ilahe" diyerek) sonra sol omzuna doğru ("illallah" diyerek) kafasını sallayarak otuz üç kez kelimei tevhit zikri yaparak kendinden geçmeye yani trans olmaya başlıyor. Müridin en son ulaştığı nokta "sufî marifet"tir.

Kabalacılar ise aynen zikir gibi bir "ayin" yapıyorlar. Önce "üç baba" denen, üç İbranî harfini bilmek gerekiyor. Bunlar, "yod", "he" ve "vav"dır. Bu harflerin okunuşları dört yöne ve aşağıya, yukarıya olmak üzere altı adet permütasyon söylenerek zikir başlıyor. Daha sonra kabalada belirtilen hayatağacı ya da sefirot ağacı denen on adet kavramı temsil eden oldukça uzun söz ve hareketlerle trans durumuna geliniyor. Bu on kavram, Adam Kadmon'a, yani mükemmel insana ulaşma durumuna geçmek için yapılıyor. Bu duruma "şiur hohma", yani akıl ve bilgelik ruhu deniyor.

"Mesih" ile "Mehdî" özdeşti!..

Mareşalden Türkeş'e miras

Bu karışık meseleleri bırakıp biz tekrar konumuza dönelim:
Abdullah Muradoğlu'nun *Yeni Şafak*'ta yayımlanan, yukarıda özetlediğimiz yazı dizisindeki Arusi müritlerin isimlerini yan yana yazınca, Fevzi Çakmak'ın fahrî başkanlığında kurulan "Millet Partisi"nin perde arkasında kimlerin olduğu konusunda umarım kafanızda soru işareti kalmamıştır...

Peki bir soru: Alparslan Türkeş siyasete hangi partide adım attı?
Cumhuriyetçi Köylü Millet Partisi'nden; yani Millet Partisi'nin devamı olan bir partiden.

"Bu siyasî miras Albay Alparslan Türkeş'e Mareşal Fevzi Çakmak'tan kalmıştır" dersek sanırım abartmış olmayız.

Ne benzerlik ama; ikisini de birleştiren iki şeyh var ortada:
Küçük Hüseyin Efendi ve Ömer Fevzi Mardin Efendi!
Ve birinin adı Fevzi Çakmak.
Diğerinin gerçek adı Hüseyin Feyzullah! (Yani Alparslan Türkeş.)
İki ünlü ismi sadece şeyhleri ve adlarının benzerliği birleştir-

miyor. Alparslan Türkeş'in gazeteci Hulusi Turgut'a anlattıklarından öğreniyoruz: 1933'te babası Ahmed Hamdi Efendi, oğlu "Alparslan"ı elinden tutup Kuleli Askerî Lisesi'ne yazdırmak için okula müracaat ediyor. Ancak on beş yaşındaki Alparslan, İngiliz pasaportu taşıdığı, yani Türk vatandaşı sayılmadığı için okula kabul edilmiyor! Kıbrıslı eczacı Fevzi Bey'in arabuluculuğuyla İzmir Milletvekili Bellizade Sırrı Efendi'yi ziyaret ediyorlar. O da Mareşal Fevzi Çakmak'a rica ediyor ve böylece küçük Alparslan, Kuleli AskerîLisesi'ne kaydediliyor! (Hulusi Turgut, *Türkeş'in Anıları, Şahinlerin Dansı*, 1995, s.15-16)

Tabiî tüm bunlar sadece tesadüf!..

"İslamcı sosyalist" Cami Baykurt da Ömer Fevzi Mardin'in evindeki sohbetlere katılan bir isimdi. Yani Fevzi Çakmak'la dostluğu bir dergâh samimiyetindeydi.

Gazeteci Toker'in "Mareşali kandırdılar" değerlendirmesi bu ilişkiler ağını bildikten sonra çok havada kalmıyor mu?

Ya da bir sırrın üzeri hep örtülmeye çalışılıyor!

Bu konuyu Fevzi Çakmak'ın biyografisini yazarak noktalamak istiyorum:

Mustafa Fevzi, 12 ocak 1876'da İstanbul Cihangir'de doğdu. Babası Çakmakzadelerden Limnili Derviş Kaptan'ın oğlu Ali Sırrı Efendi'ydi. Annesi Varnalı Müftü Hacı Bekir Efendi'nin kızı Hesna Hanım'dı.

İlk öğrenimine beş yaşında Rumelikavağı'nda Sadık Hoca'nın mahalle mektebinde başlayan Mustafa Fevzi iki yıl sonra Sarıyer'deki özel Hayriye Mektebi'ne kaydedildi. On yaşında öğrenimini sürdürmesi için Selanik'e gönderildi. Selanik Askerî Rüştiyesi'nde bir yıl okudu. Sonra İstanbul'a dönüp Soğukçeşme Askerî Rüştiyesi'ne girdi. Kuleli Askerî İdadisî'ni, 1896'da Harbiye Mektebi'ni ve 1898'de kurmay yüzbaşı olarak Erkânıharbiye Mektebi'ni bitirerek göreve başladı.

1913'e kadar on dört yıl Arnavutluk'ta görev yaptı.

1905'te İstanbul'da, dayısı Binbaşı Ali Nuri Bey'in kızı Fatma Fitnat Hanım'la evlendi. İki kızı oldu: Nigâr ve A. Muazzez.[27]

Fevzi Çakmak'ın hayatı hep istemediği şekilde değişmiştir...

1908 Temmuz Devrimi'ni bastırmakla görevli Şemsi Paşa'nın

---

27. Prof. Burhan Toprak'ın eşi 1911 doğumlu A. Muazzez Hanım 1939 yılında vefat etti. Nigâr Hanım ise M. Şefik Çakmak'la hayatını birleştirdi. Bu evliliğinden doğan Ahmet Çakmak İngiliz Noriko'yla evlendi. Fevzi Çakmak'ın torununun çocuklarının adı, Erika Leyla ve Lisa Ayla'dır. Çakmak sülalesinde ilginçtir çok fazla sayıda yabancı gelin ve damat vardır. İlgilenenler Nilüfer Hatemî'nin *Mareşal Fevzi Çakmak ve Günlükleri* (Yapı Kredi Yayınları) kitabına bakabilir.

yaveri Fevzi Çakmak'a nedense İttihatçılar hiç dokunmadılar! O görevini sürdürmeye devam etti.

Birinci Dünya Savaşı'nda Mustafa Kemal ile Fevzi Çakmak arasında tesadüfî bir görev devir teslimi vardır sürekli...

1915'te, Mustafa Kemal'in Anafartalar Grup komutanlığından istifasıyla boşalan yere vekâleten getirildi. Keza 1917'de, Mustafa Kemal Paşa'nın yerine 2. Ordu komutanlığına atandı.

Yine 1917 yılının sonunda, Mustafa Kemal'in ayrıldığı 7. Ordu komutanlığına yine Fevzi Çakmak getirildi.

Burada sağlığını kaybedip İstanbul'da döndü. Mondros Mütarekesi'nden sonra Erkânıharbiyei Umumiye reisi (Genelkurmay başkanı) oldu.

İzmir'in işgalinden önce görevinden alındı. 1. Ordu müfettişi yapılarak Anadolu'da Millî Mücadele'yi örgütleyen Mustafa Kemal'in üzerine gönderildi. Ancak Fevzi Çakmak görevini yerine getirmeden İstanbul'a geri döndü!

Fevzi Çakmak millîcilere karşı bir hareket içine girmemişti, ama onlara da katılmadı. Ali Rıza Paşa'nın kabinesinde Harbiye nazırı oldu. Arkasından kurulan Salih Paşa kabinesinde de aynı bakanlıkta kaldı. İstanbul'un işgali sonrasında kurulan Damat Ferid hükûmetinde görev alamayınca Ankara'ya gitti, ulusal güçlere katıldı.

Bir daha Mustafa Kemal'in yanından hiç ayrılmadı. Ama ona bir kez karşı çıktı. O da Atatürk, mareşalin "Çakmak" soyadını almasına karşıydı. Genelkurmay başkanına "Çakmak" soyadının yakışmadığını düşünüyordu. Fakat mareşal, "ailemin mirasıdır" diye Çakmak soyadında ısrar etti. (Falih Rıfkı Atay, *Çankaya*, 1969, s. 567)

Refik Evliyazade'nin ölümü

Bu kadar "karmaşık olaylar" olur da Evliyazadeler eksik olur mu?

İnsan Hakları Cemiyeti'nin kuruluşu aşamasında Cami Baykurt ve Mareşal Fevzi Çakmak'ın yanından ayrılmayan Mehmet Özdemir Evliyazade de "Eyüp dergâhı"na bağlıydı...

Mareşal Fevzi Çakmak vefat edince Mehmet Özdemir Evliyazade eniştesi ve kuzeni Adnan Menderes'e yakınlaştı.

DP'liler, Mehmet Özdemir Evliyazade'yle dalga geçiyorlardı: "Yani bizi Eyüp Sultan'a mı havale ediyorsun? (...) Eyüp Sultan sana benziyormuş doğru mu?"

Bu sözleri söyleyen DP'liler hata yaptıklarını kısa zamanda anlayacaklardı. Çünkü Başbakan Adnan Menderes de, bir zaman sonra Eyüp Sultan sevgisi başlayacaktı. Seçim gezisi için gittiği Adana'da, "Eyüpsultan Camii'ni ikinci bir Kâbe yapacağız" diyecek, caminin ve Eyüp Sultan'ın türbesinin restorasyonu için çaba sarf edecek, Başbakanlık Müsteşarı Ahmet Salih Korur aracılığıyla burada büyük iftar yemeği verecekti.

Mehmet Özdemir Evliyazade 27 Mayıs 1960 askerî darbesinden sonra, Mareşal Fevzi Çakmak'a ithaf ettiği *Onları Anlatıyorum* adlı kitabında, DP ve akrabalarıyla ilgili olarak, her ne kadar kendisi, "Bu kitapta anlattıklarımın vesikaları devlet arşivindedir" dese de, ispatı zor cümleler kaleme aldı.

Yeri geldikçe artık piyasada olmayan bu kitaptan bazı alıntılar yapacağım...

Ama önce...

Yetmiş beş yıldır siyasetle yakından ilgilenen Evliyazadelerin, başbakanlığa uzanan hikâyelerini anlatmamız gerekiyor...

Birinci Hasan Saka hükûmeti dokuz ay sürmüştü.

On yedinci hükûmeti yine Hasan Saka kurdu. İkinci Hasan Saka hükûmeti ise yedi ay sürdü.

On sekizinci hükûmet Şemseddin Günaltay başkanlığında kuruldu. En uzun ömürlü hükûmet bu oldu; on sekiz ay sürdü.

Evliyazadelere başbakanlık yolunu açacak tarihî kararı 1 mart 1950'de Şemseddin Günaltay hükûmeti aldı. Başbakan Günaltay genel seçimlerin 14 mayıs 1950'de yapılacağını açıkladı.

Partiler seçim çalışmaları için kollarını sıvadıkları o günlerde Evliyazadeler acı bir olayla sarsıldı.

İzmir eski Belediye Başkanı Refik Evliyazade 11 mart 1950'de vefat etti.

Önce ablaları Gülsüm'ü, ardından ağabeyleri Refik'i kaybeden, Naciye ve Makbule hanımlar aile büyükleri olarak taziyeleri kabul etti.

Refik Evliyazede için İzmir Belediyesi önünde tören yapıldı. Başta DP Genel Başkanı Celal Bayar, damatları Adnan Menderes, Cemal Tunca ve DP'nin önde gelen diğer isimleri ve İzmir'in tüm tanınmış şahsiyetleri törendeydi.

İzmirli jokeyler binici kıyafetleriyle geldi.

Tabutu oğulları Nejad, Ahmed ve Sedad'la birlikte torunları Samim, Yılmaz, Mehmet Özdemir taşıdı.

Tabutun, Karşıyaka'daki konaktan ayrılışını donuk gözlerle kıpırdamadan izleyen biri vardı: Refik Evliyazade'nin kızı, Doktor Nâzım'ın eşi Beria! Kısa bir süre sonra o da hayata veda edecekti...

Cenazede en çok gözyaşı döken, dayısına aşkla bağlı olan Berrin Menderes'ti.

Bir ay sonra gelen bir siyasal zafer Evliyazadelerin acılarını hafifletecekti...

Yirminci bölüm

20 mayıs 1950, Ankara

DP Genel Başkanı Celal Bayar evinin büyük salonunun yanında bulunan çalışma odasında oturuyordu. Eşi Reşide'ye, rahatsız edilmek istemediğini söyledi.

Gözlerini bir noktaya dikmiş, öylece bakıp duruyordu.

Birkaç gün öncesine göre artık fazla bir endişesi kalmamıştı. Seçim akşamı, kimi subayların Cumhurbaşkanı İsmet Paşa'ya çıkarak CHP'yi iktidarda tutmak istediği dedikodusu Ankara'da herkesi olduğu gibi onu da endişelendirmişti.

Ancak İsmet İnönü'nün Çankaya Köşkü'nü boşaltıp kendi evi Pembe Köşk'e yerleşmesi, Türkiye'de iktidar değişikliğinin sanıldığından kolay olacağını düşünmesine neden olmuştu. Zaten kısa bir süre sonra İsmet Paşa, kendisini Çankaya Köşkü'ne çağırıp güvenceler vermişti...

Odasına kapanan Celal Bayar'a Adnan Menderes'in geldiği haberi verildi.

Adnan Menderes az sonra kapıda göründü. Her zaman olduğu gibi mahcup ve çekingendi. Genel başkanı Bayar'a bir teklifte bulunmaya gelmişti.

Celal Bayar oturması için koltuğu gösterdi. Oturmadı. Bayar ikinci kez "Buyrun" dedi. Koltuğa oturur oturmaz, konuya girdi: "Arkadaşlarımızdan birini nasıl olsa hükûmeti kurmaya memur edeceksiniz. Mahzur görmezseniz Fuad Köprülü arkadaşımızı tavsiye edecektim."

Sessizlik oldu.

Altmış yedi yaşındaki Celal Bayar oturduğu koltuktan kalktı. Sözlerinin üzerine basa basa, "Başbakan sizsiniz Adnan Bey!" dedi.

Adnan Menderes şaşırdı, telaşlandı: "Bendeniz Fuad Köprülü arkadaşım için ricaya gelmiştim."

Celal Bayar yineledi: "Başbakan sizsiniz Adnan Bey!"
Celal Bayar onu neden başbakan yapmıştı? Neden herkesin beklediği Fuad Köprülü değil de Adnan Menderes? Çünkü Celal Bayar, "Köprülü'yü değil, Menderes'i kontrol edebilirim" düşüncesindeydi.

Başbakanlığa getirilen Adnan Menderes sadece başbakan olmakla kalmamış, DP genel başkanlığı koltuğuna da oturmuştu; Celal Bayar cumhurbaşkanı olup Çankaya Köşkü'ne çıkıyordu.

Adnan Menderes'e hükûmet başkanlığının ve Celal Bayar'a da Çankaya Köşkü'nün yolunu açan gelişmeler bir hafta önce belli olmuştu...

Demokrat Parti 14 mayıs 1950'de yapılan genel seçimlerden zaferle çıkmıştı. Oyların yüzde 53,6'sını alarak 408 milletvekili çıkarmıştı. CHP yüzde 39,9 oy oranıyla 69 milletvekili, Mareşal Fevzi Çakmak'ın ani ölümüyle çok oy kaybeden[1] MP yüzde 3 oy oranıyla 1 milletvekili, bağımsızlar ise 9 milletvekili çıkarmıştı.

Türkiye'de artık "demirkırat" dönemi başlıyordu...

Meclis kısa bir sürede isminden sık sık bahsedilecek yeni yüzlerle tanışıyordu: Dr. Baha Akşit, Ekrem Alican, Behzat Bilgin (Dinç Bilgin'in amcası), Osman Bölükbaşı, Rıfkı Salim Burçak, Selim Ragıp Emeç (Çetin Emeç'in babası, gazeteci), Sadık Giz (Adnan Menderes'in dayısının torunu), Ahmet İhsan Gürsoy (Celal Bayar'ın damadı), Emin Kalafat, Osman Kapanî (Menderes'in akrabası), Kenan Akmanlar (Menderes'in halasının oğlu), Kasım Küfrevî, Edhem Menderes (Menderes'in dostu), Mükerrem Sarol (Menderes'in doktoru), Sıtkı Yırcalı, Bahadır Dülger, Cemal Köprülü (Fuad Köprülü'nün amcasının oğlu) gibi...

Bir dönemin ünlü isimleri Meclis'e girememişti: Refet Bele, Falih Rıfkı Atay, Behçet Kemal Çağlar, Fahri Ecevit (Bülent Ecevit'in babası), Memduh Şevket Esendal, Dr. Mazhar Germen, İbrahim Tali Öngören, Faik Öztrak, Necmeddin Sadak, Şükrü Saracoğlu, Emin Sazak, Şükrü Sökmensüer, Cemil Sait Barlas, Cavit Oral, Yusuf Kemal Tengirşenk, Asım Us, Hasan Âli Yücel gibi.

İsmet İnönü'ye 1938'de cumhurbaşkanlığı yolunu açan Abdülhalik Renda, Orgeneral İzzeddin Çalışlar, Orgeneral Fahreddin Altay gibi isimler 1950 yılına kadar "İsmet Paşa kontenjanından" milletvekili olmuşlardı. Meclis'e giremeyenler arasında onlar da vardı!..

---

1. Millet Partisi Mareşal Fevzi Çakmak'ın ani ölümü üzerine eşi Fitnat Hanım'ı aday gösterdi. Ama umduğunu bulamadı!

CHP kabinesinden sadece Başbakan Şemseddin Günaltay seçilebilmişti.

Seçimlerden bir süre sonra Anadolu Kulübü'ne giden eski cumhurbaşkanı İsmet İnönü, düne kadar etrafında fır dönenlerin selam vermemesine ve sırtlarını çevirmesine çok bozuldu. Bir daha Anadolu Kulübü'ne gitmeme kararı verdi. Bunun üzerine CHP Ankara eski milletvekilleri Arif Çubukçu, Hıfzı Oğuz Bekata, Emin Halim Ergun, Cafer Tüzel bir araya gelerek "Şehir Kulübü"nü kurdular! İsmet Paşa artık Şehir Kulübü'ne gitmeye başladı...

Bir dönem kapanıyordu...

Meclis 22 mayıs 1950'de Celal Bayar'ı cumhurbaşkanlığına, Refik Koraltan'ı ise TBMM başkanlığına seçti.

Cumhurbaşkanlığı seçiminin ertesi günü İsmet İnönü kısa bir bildiri yayınladı. CHP genel başkanlığını tekrar üstlendiğini belirtiyordu.

Cumhurbaşkanı Bayar, DP İstanbul Milletvekili Adnan Menderes'i hükûmeti kurmakla görevlendirdi.

Ne kabinesi?

Başbakan Adnan Menderes'in kabinesindeki bakanların ağırlıklı olarak Ege bölgesinden olması dikkatleri çekiciydi...

Manisa'dan üç bakan vardı.

Serbest Fırka'nın iki numaralı ismi Ahmed Ağaoğlu'nun oğlu, Manisa Milletvekili Samed Ağaoğlu başbakan yardımcılığına,[2] bir diğer Manisa milletvekili Fevzi Lütfi Karaosmanoğlu Devlet bakanlığına ve Manisa'dan seçilen Refik Şevket İnce Millî Savunma bakanlığına getirildi.

Tesadüf! Fevzi Lütfi Karaosmanoğlu yazılarıyla halkı kışkırttığı için 7 haziran 1925'te İstiklal Mahkemesi'nde yargılanıp Cumhurbaşkanı Mustafa Kemal'in affıyla ceza almaktan kurtulmuştu. Bakan Refik Şevket İnce ise İstiklal Mahkemesi üyeliğinde bulunmuştu!

İzmir'den de üç bakan vardı.

Bir ara adı, cumhurbaşkanlığı için geçen DP İzmir milletvekili ve Yargıtay eski başkanı Halil İbrahim Özyörük Adalet ba-

---

2. Ahmed Ağaoğlu'nun kızı, Samed Ağaoğlu'nun kız kardeşi Tezer Taşkıran da CHP'den milletvekili seçilmişti. Tezer Hanım daha sonra CHP'den istifa etti. DP'nin ileride kurulacak kabinelerinde görev alacak Hayrettin Erkmen, Samet Ağaoğlu'nun baldızı Münire Babaoğlu'yla evliydi. Öyle ki 8 nisan 1953'te kabinede yapılan değişiklikte dönemin Çalışma bakanı Samed Ağaoğlu bu bakanlığı bacanağı Hayrettin Erkmen'e devredecekti. DP kurulmadan önce Samed Ağaoğlu gibi Hayrettin Erkmen de solcuydu.

kanı,[3] bir diğer İzmir milletvekili Avni Başman ise Millî Eğitim bakanı oldu. Başbakan Adnan Menderes'in en önem verdiği bakanlıklardan biri olan Tarım bakanlığına ise 1893 Selanik doğumlu İzmir Milletvekili Nihad Şevket Eğriboz atandı.

Kabinede dört İstanbul milletvekili vardı.

1902'deki Paris Kongresi'ne katılan, "Prens Sabaheddinci" liberal kanadın önemli isimlerinden DP İstanbul Milletvekili Dr. Nihad Reşad Belger Sağlık ve Sosyal Yardım bakanlığına, eski valilerden DP İstanbul milletvekili Rüknettin Nasuhioğlu ise İçişleri bakanlığına atandı.

Başbakan Adnan Menderes ve Dışişleri Bakanı Mehmet Fuat Köprülü de İstanbul milletvekili idiler.

Bursa'dan iki bakan vardı.

Malî uzman, Bursa Milletvekili Halil Ayan Maliye bakanı[4] bir diğer Bursa milletvekili Hulusi Köymen, Millî Emniyet'in "çok tehlikelidir" raporuna rağmen Çalışma bakanı yapıldı.[5] Rapora inat mıdır bilinmez, Köymen bir yıl sonra da Millî Savunma bakanlığına atanacaktı!

Ankara'dan iki bakan vardı.

Gelibolu doğumlu Ankara Milletvekili Emekli Kurmay Albay Seyfi Kurtbek Ulaştırma bakanlığına, İstanbul doğumlu Ankara milletvekili Siyasal Bilgiler Fakültesi profesörlerinden Muhlis Ete İşletmeler bakanlığına getirildi.

Muğla Milletvekili Nuri Özsan Gümrük ve Tekel bakanlığına, Bolu Milletvekili Emekli Korgeneral Fahri Belen ise Bayındırlık bakanlığına geldi.[6]

Menderes hükûmeti 2 haziran 1950'de Meclis'ten güvenoyu ala-

---

3. Adalet Bakanı Halil İbrahim Özyörük, Ankara Üniversitesi Hukuk Fakültesi öğretim üyesi Doç. Dr. Mukbil Özyörük'ün babasıdır. Mukbil Özyörük, DP'li işadamı Sadık Avunduk'un oğlu Nail Avunduk ve Refik Koraltan'ın oğlu Oğuzhan Koraltan'la birlikte Rotary kulüplerinin Türkiye'deki temelini atan ve 11 şubat 1955'te Bakanlar Kurulu kararıyla resmiyet kazanmasını sağlayan üç kişiden biridir! Mukbil Özyörük öğrencisi Deniz Baykal'la birlikte 1968 yılında CHP saflarına katıldı. Prof. Nevzat Yalçıntaş'ın TRT genel müdürlüğü döneminde TRT Yönetim Kurulu üyeliği yaptı. 10 eylül 1994'te vefat etti.

4. Maliye Bakanı Ayan'ın maliyeciliği babadan kalma bir meslekti. Babası Abdurrahman Efendi Osmanlı'nın maliye tahsildarıydı. Halil Ayan, yakalandığı amansız hastalıktan kurtulamayarak 15 şubat 1953'te vefat etti.

5. Hulusi Köymen, sol aydınlardan Aydın Köymen'in babasıdır. DP'nin önde gelen iki ismi Hulusi Köymen ve Burhan Belge'nin iki solcu oğlu, Aydın Köymen ve Murat Belge 12 Eylül 1980 askerî darbesinden sonra sol muhalefetin ses getiren dergisi *Yeni Gündem*'i çıkardılar.

6. Birinci Menderes kabinesinin dört bakanı, Avni Başman, Fevzi Lütfi Karaosmanoğlu, Fahri Belen ve Nihad Reşad Belger, zamanla DP'yle yollarını ayırıp, 27 Mayıs 1960 askerî darbesinden sonra kurulan Kurucu Meclis'te üyelik yaptılar!

rak göreve başladı. Yaptığı ilk icraat ne oldu dersiniz: devlet giderlerini azaltmak için, Başbakanlık, Bakanlar Kurulu ve Cumhurbaşkanlığı'na ait bazı otomobillerin satılması oldu! Yani, Türkiye'de her yeni hükûmetin yaptığı popülist ilk icraatı DP hükûmeti de yaptı. Ve her iktidar döneminde aynı sonuç gerçekleşti: lüks otomobil alımları ve giderleri her geçen yıl katlanarak büyüdü...

Otomobil satımları icraatı "sabun köpüğü" misali birkaç gün içinde unutulup gitti. Ama hükûmetin bir operasyonu hiç unutulmayacaktı...

Hükûmet, Türk Silahlı Kuvvetleri'nde üst düzey bazı komutanların tasfiyesine karar verdi. Bu tasfiye, orduda bazı askerlerin darbe hazırladıkları söylentisine dayanılarak yapılmıştı.

Hükûmet, Genelkurmay Başkanı Orgeneral Abdurrahman Nafiz Gürman'ın yerine Kara Kuvvetleri Komutanı Orgeneral Nuri Yamut'u atadı.[7]

(Not: 1960 askerî müdahalesinden sonra Nuri Yamut tutuklu olarak yargılandığı Yassıada'da 1961'de vefat edecek, tasfiye edilen Abdurrahman Nafiz Gürman ise 1961'de Kurucu Meclis üyeliği yapacaktı...

Bir not daha yazayım: Genelkurmay eski başkanları Orbay, Omurtak ve Gürman'ın mezarları 1988'de Ankara Devlet Büyükleri Mezarlığı'na taşınırken DP döneminin Genelkurmay başkanları Yamut, Baransel, Tunaboylu ve Erdelhun'un mezarları taşınmamıştır! Nedeni araştırma konusudur!)

Kaldığımız yerden devam edelim: Genelkurmay Başkanı Abdurrahman Nafiz Gürman'ın tasfiye edilmesinin en önemli nedeni, İsmet Paşa'nın sınıf arkadaşı olmasıydı!

Nuri Yamut'un Genelkurmay başkanı olmasıyla boşalan Kara Kuvvetleri komutanlığına kim geldi: Kurtcebe Noyan!

Yani, Mehmet Faik Erbil'in, birkaç sayfa önce yazdığım, Küçük Hüseyin Efendi ve Ömer Fevzi Mardin'in "müridi" olarak ismini açıkladığı Kurtcebe Noyan Paşa!

DP hükûmetinin, Kara Kuvvetleri Komutanı yaptığı Noyan Paşa, teğmen rütbesindeyken Fevzi Çakmak tarafından Küçük Hüseyin Efendi dergâhına götürülmüş ve orada gördüğü kerametler sonucu, o günden sonra evinde mum ışığında Kuranı Kerim okumaya başlamıştı.

Anlaşılan DP, Millet Partisi'nin kurulmasıyla ilişkileri soğuyan

---

7. Genelkurmay Başkanı Nuri Yamut Selanikli'ydi! İlginçtir, Türk Silahlı Kuvvetleri'nin en üst komuta kademesindeki paşaların doğum yerleri benzerdi: Mustafa Kemal Selanikli; Fevzi Çakmak Limnili; Kâzım Orbay İzmirli; Salih Omurtak Selanikli; Abdurrahman Nafiz Gürman Bodrumlu ve Nuri Yamut Selanikli.

Eyüp dergâhıyla barışmak istiyordu! Genelkurmay Başkanı Orgeneral Abdurrahman Nafiz Gürman, Hava Kuvvetleri Komutanı Orgeneral Zeki Doğan, Deniz Kuvvetleri Komutanı Oramiral Mehmet Ali Ülgen, Jandarma Genel Komutanı Korgeneral Nuri Berköz, Genelkurmay İkinci Başkanı Orgeneral İzzet Aksalur, 1. Ordu Komutanı Orgeneral Asım Tınaztepe, 2. Ordu Komutanı Orgeneral Muzaffer Tuğsavul, 3. Ordu Komutanı Orgeneral Mahmut Berköz gibi hemen hemen tüm üst düzey komutanlar, DP hükûmeti tarafından "darbeye kalkışacakları" iddiasıyla emekliye sevk edilmişti! Gerçek başkaydı:

> Celal Bayar, Adnan Menderes ve Refik Koraltan Genelkurmay'a geldiler. Bu gelişte gördüğüm yegâne ilginç olay, Genelkurmay Başkanı Orgeneral Nuri Yamut'un, ikinci başkan olarak Korgeneral Şahap Gürler'i takdim etmiş olmasıydı. Bu takdime, devlet başkanının (Celal Bayar'ın [S. Y.]) Başbakan Menderes'e bakarak, "Ama bunu kararlaştırmamıştık" dediği duyuluyordu.
>
> O zaman Genelkurmay ikinci başkanı olarak takdim edilen Orgeneral Şahap Gürler'in eşi, memleket düzeyinde Cumhuriyet Halk Partili olarak biliniyordu. Halk Partisi'ne oy verilmesi için subay mahallesindeki subay hanımlarını tehdit ettiği de bilinirdi. Öyle sanılıyor ki, bu konuda Genelkurmay başkanı bir oldubitti yapmıştı. (Bekir Tünay, *Menderes Devri Anıları*, s. 97)

Burada yine bir ayrıntı vermek zorundayım...

Birinci Menderes hükûmetinde iki asker kökenli bakan vardı: Ulaştırma Bakanı (ve daha sonra Millî Savunma bakanlığına getirilecek) Emekli Kurmay Albay Seyfi Kurtbek ve Bayındırlık Bakanı Emekli Korgeneral Fahri Belen.

Peki bu iki askerin kabinede yer almasının özel bir nedeni var mıydı?

Seyfi Kurtbek adı, 1942'de kurulan ve İsmet Paşa'ya karşı yapılacak askerî darbenin lideri olarak geçmişti! Darbeyi yapacak ekip kendine Hitler'in Alman ordusundan etkilenerek "Hücum Ordusu" adını vermişti.

"Hücum Ordusu" aralarına katılması için dönemin 2. Kolordu komutanı Korgeneral Fahri Belen'in de kapısını çalmıştı. Korgeneral Belen bu teklifi reddetti ama kapıyı tam manasıyla da kapatmadı. Korgeneral Belen'in bu yapılanma içinde yer aldığını düşünenler onu Ankara Temyiz Mahkemesi ikinci reisliğine atadı. İşte o günlerde Belen ve Kurtbek, Celal Bayar'la ilişki kurdular. Ve bakan oldular!

Seçimlerin ardından Cumhurbaşkanı Celal Bayar, "İnönü'ye bağlı subayları emekliye sevk edip, kendine bağlı bir ordu oluşturmak için" Kurtbek ve Belen'in verdiği bilgiler doğrultusunda Türk Silahlı Kuvvetleri'nde büyük bir tasfiye hareketine girişti.

Yoksa, "Bir gün Başbakanlık'a bir albay geldi, Adnan Menderes'le özel bir konuşma yaptı, üst düzey subayların darbe hazırlığı içinde olduğunu söyledi ve Türk Silahlı Kuvvetleri'nde büyük tasfiye hareketi böylece başladı" gibi değerlendirmeler çok havada kalıyor.

Dönemin Çankaya Özel Kalemi Müdürü Haldun Derin, ne 14 mayısta ne de daha sonraki günlerde Çankaya Köşkü'ne hiçbir yüksek rütbeli subayın çıkmadığını anılarında yazıyor.

Ama bu dedikodu elli yıldır Türk siyasetinde hâlâ yazılmaktadır!..

Kurtbek Millî Savunma bakanı olduktan sonra, orduyu gençleştirme operasyonu için kolları sıvadı; "reform paketi" hazırladı, hatta bunları Bayar ve Menderes'e kabul ettirdi. Başbakan Menderes, Bakan Kurtbek'in projesine "İkinci Nizamı Cedit" adını verdi. Ancak DP bu "cerrahî projeyi" hayata geçiremedi. Korktu.

Emekli Albay Kurtbek'in Millî Savunma bakanlığına getirilmesi, ardından Türk Silahlı Kuvvetleri'ndeki tüm generalleri hiçe sayan tutumlar içine girmesi, ordu içinde DP aleyhine bir havanın doğmasına neden oldu!

Ne fark var?

DP hükûmeti, 15 general ve 150 albayı tasfiye ettiği tam da o günlerde –hem de TBMM'ye bile sorma ihtiyacı hissetmeden– Kore'ye asker gönderme kararı aldı!..

Soğuk Savaş döneminde, yerini "Batı Bloku" olarak belirleyen Türkiye, NATO'ya girebilmek için topraklarından binlerce kilometre uzaklıktaki bir savaşa Mehmetçik'i gönderdi. DP çevreleri, "Milleti harbe sokmamakla erkekliğini öldürdüler" diye propaganda yaptı. Üniversite öğrencilerinin en büyük örgütü Millî Türk Talebe Birliği Başkanı (geleceğin büyük işadamı) Can Kıraç, hükûmetin aldığı karardan dolayı şükran bildirisi yayınladı.

Karşı çıkan Doç. Behice Boran başkanlığındaki Türk Barışseverler Cemiyeti üyeleri ise tutuklanıp cezaevine kondu!..[8]

---

8. Behice Boran'ın komünist olduğu her halinden belliydi; saçları kızıldı ve üstelik öğrencilerinin sınav kâğıtlarını kırmızı kalemle tashih ediyordu! İnanın bunlar şaka değil, gerçek. Ve ne yazık ki Türkiye daha ileri yıllarda, "Kızılcıklar oldu mu, selelere doldu mu" türküsünün bile komünizm propagandası yapılıyor diye radyoda söylenmesini yasaklayacaktı.

706 şehit, 2 111 yaralı, 219 tutsak ve 168 kayıpla Türkiye, Kore Savaşı'nda Birleşmiş Milletler gücünün en ağır kaybına uğrayan birliği oldu. Bu sayılar, Türk kuvvetlerinin Kore'deki mevcudunun yüzde 66'sını oluşturuyordu![9]
Türkiye Kore savaşının ödülünü aldı:
18 şubat 1952'de NATO'ya girdi!
Türkiye NATO'ya girebilmek için İsmet Paşa "yöntemini" seçti. 26 ekim 1951'de başlayan Türkiye Komünist Partisi (TKP) üyelerine yönelik 167 kişilik "büyük tevfikat" günlerce gazete manşetlerinden düşmedi.[10] "Türkiye'yi her an komünist yapacak çok tehlikeli kişiler" yakalanmıştı. Tehlike o kadar büyüktü ki (!) komünistleri ağır cezalara mahkûm etmek için hükûmet, 3 aralıkta "komünizmle mücadele yasası" olarak bilinen TCK'nin 141. ve 142. maddelerini daha da ağırlaştırdı...

Meclis'te 141. ve 142. maddelerle ilgili tartışmalarda adı en çok geçen milletvekili, İngiliz Said Paşa'nın torunu, Deli Remzi Paşa'nın oğlu DP'li Şevket Mocan'dı. Olayın garip tarafı Şevket Mocan, Nâzım Hikmet'in teyzesi Sara Hanım'la evlenip boşanmıştı. Bu evlilikten doğan kızları Ayşe ikinci evliliğini TKP Genel Sekreteri Zeki Baştımar'ın amcaoğlu Dündar Baştımar'la yapmıştı. Dündar Baştımar'ın kız kardeşi Yıldız da TKP'li Nihat Sargın'la evliydi.

Etrafı TKP'lilerle sarılı olan DP Milletvekili Şevket Mocan, komünist olmadığını ispat edebilmek için Meclis'te var gücüyle mücadele veriyordu! Nâzım Hikmet cezaevinden çıkıp yurtdışına kaçtığında, bu konuyu da TBMM'ye getiren ilk kişi yine DP'li Şevket Mocan'dı! Neyse...

141. ve 142. maddelerin ağırlaştırılmasında DP'nin en büyük destekçisi CHP'ydi.

İki parti arasında fark olmadığı kısa zamanda ortaya çıkmıştı:

---

9. 2002 yılında Güney Kore'de Türk Şehitleri Mezarlığı'nı ziyaret ettim. Anıtmezarlıkta beni en çok duygulandıran, meçhul asker sayısının fazlalığı oldu. Mehmetçik binlerce kilometre uzaklıkta öyle bir savaşa gönderilmişti ki, cesedi tanınmayacak hale gelmişti! Ve sanıyorum Kore Savaşı'nda şehit düşenlerin duygularını Nâzım Hikmet yazdı: "Benim gözlerimin ikisi de yok / Benim ellerimin ikisi de yok / Benim bacaklarımın ikisi de yok / Ben yokum / Beni, üniversiteli yedek subayı, Kore'de harcadınız, Adnan Bey / Elleriniz itti beni ölüme / vıcık vıcık terli, tombul elleriniz / Gözleriniz şöyle bir baktı arkamdan / ve ben kan içinde ölürken çığlığımı duymamanız için / kaçırdı sizi bacaklarınız / arabanıza bindirip..."

10. Aslında sanık sayısı 187'ydi. Ancak 20 kişi "pişmanlık yasası"ndan yararlanarak itirafçı oldu. Bu nedenle bu dava 167 kişi olarak bilinmektedir. İşkenceli sorgular sonucu, ilkokul öğretmeni Hasan Basri Alp öldürüldü. Haberi alan öğretmen eşi denize atlayarak intihara teşebbüs etti. İstanbul Üniversitesi Edebiyat Fakültesi Felsefe Bölümü son sınıf öğrencisi Kemalettin Özerdem aklını kaybetti; aynı fakülteden Şafak Yurdanur, işkencelere dayanamayarak iki kez kendini öldürmek istedi. Ressam Nuri İyem sinir krizleri geçirdi. Türkiye, NATO'ya girmek için gencecik evlatlarını feda ediyordu!..

CHP Kore'ye asker gönderilmesine, NATO'ya girilmesine karşı değildi.

Bilinenin aksine, "laik cumhuriyetten ödün" konusunda bile iki partinin birbirlerinden pek farkı yoktu...

DP, ezanın Arapça okunma yasağını kaldırdı. Radyoda dinî program yayınlanmasına izin verdi. Bu kararlar, kamuoyunda yerleşik bir kanıya yol açtı. Güya DP, "dinin siyasete araç edilme dönemini" başlatmıştı.

Halbuki okullarda din eğitimi verilmesini CHP 1948'de yürürlüğe soktu. İmam-hatip kurslarına izin veren, ilahiyat fakülteleri açan da CHP'ydi. Tekke ve zaviyelerin kapatılmasına ait yasayı yürürlükten kaldıran da CHP hükûmetiydi!

16 ocak 1949'da hükûmeti kurma görevi verilen Başbakan Şemseddin Günaltay, İttihat ve Terakki Cemiyeti içinde İslamcı siyaseti benimsemesiyle tanınıyordu!

Bu görüşte birinin CHP tarafından başbakanlığa getirilmesi tesadüf değildi.

İşin özünde, çok partili yaşama uyum sağlamaya çalışan CHP ve DP, halkın dinsel duygularını okşayarak oy alabilmek amacıyla "dini siyasal amaçlar için kullanmaya" hız verdiler. Aralarında pek fark yoktu!

Keza ABD'yle ilişkileri geliştiren de CHP'ydi.

"Türkiye küçük Amerika olacak" sözü, sanıldığı gibi Celal Bayar'ın değildi. CHP'li Nihat Erim, 19 eylül 1949'daki İzmit konuşmasında söylemişti bu sözleri...

Serbest piyasa ekonomisine geçişe hız verildiği 1940'lı yılların sonunda iktidarda CHP vardı. 22-27 kasım 1948'de toplanan İkinci Türk İktisat Kongresi hükûmetin devletçilik politikasından tamamen vazgeçmesini karara bağladı. DP hükûmeti ise bu programa hız verdi. Örneğin, yabancı sermaye yatırımlarını teşvik kanununu çıkardı. Arkasından madenleri özel teşebbüse açacak yasa tasarısı hazırlandı. Yabancılara petrol arama ve çıkarma izni verildi vb.

Eğer laiklik ve Kemalizm'den bir ödün söz konusu ise bu İsmet Paşa döneminde başlamıştı. Keza özgürlükler meselesinde, iki parti arasında fark olmadığı da, gün gibi açıktı.

Peki dış politikada ayrılık var mıydı?

Örnek vererek açıklamak en doğru yöntem:

Bağımsızlığını ilan eden İsrail'i dünyada ilk tanıyan ülkelerden biri Türkiye oldu. Kararın altında CHP hükûmetinin imzası vardı. DP hükûmetinin uluslararası antlaşmalara koyduğu ilk imza ise, İsrail'le yapılan ticaret antlaşmasıydı.

Bu arada konu açılmışken belirteyim, 1947'den sonra İsrail'e göç eden Türkiyeli Yahudilerin bir bölümü DP hükûmeti döneminde geri döndüler.

N. Rıfat Bali gibi araştırmacılar, geri dönüşün nedeni olarak, "DP'nin 1950 yılında iktidara gelmesiyle birlikte serbest piyasa ekonomisinin uygulanmaya başlanmasını" göstermektedir. Ancak CHP'nin özellikle 1946'dan sonra süratle serbest piyasa ekonomisine geçtiğini biliyoruz. Bu nedenle bu açıklama tek başına yeterli değil. Geri dönenlerin DP hükûmetine güvendikleri su götürmez bir gerçektir ama bu güvenin nedeni sanırım başkadır!...

Evet dış politikada da bir fark yoktu...

Başbakan Adnan Menderes, Filistin için çok geniş yetkilere sahip, Amerikalı, Fransız ve Türk üyeden oluşan üç üyeli BM Filistin Uzlaştırma Komisyonu'na Dr. Tevfik Rüşdü Aras'ı atadı. Arap devletleri komisyona karşı çıkmışlardı. Türkiye'nin komisyonun kurulmasını desteklemesi, hatta komisyona katılması Arap ülkeleriyle arasını açtı.

DP hükûmeti ile Dr. Aras bağımsız İsrail devleti konusunda hemfikirdi!

Bazen bu tür siyasal tercihlerin "nedenlerini" bulmak zordur!

Örneğin, antikomünist olmasıyla bilinen gazeteci Ahmed Emin Yalman'ın, Nâzım Hikmet'in affedilmesi için "neden" mücadele ettiğini bilememek gibi!.. Aynı gazetecinin, TCK'nin 141. ve 142. maddelerinin ağırlaştırılması yönünde makaleler yazması olayı daha karmaşık hale getirmiyor mu?

Antikomünist Yalman'ın, komünist Nâzım Hikmet'in affedilmesi için çaba sarf etmesinin nedeni herhalde olsa olsa "hemşerilik" ilişkisidir!..[11] Nâzım Hikmet'in affedilmesi için çaba sarf eden Ahmed Emin Yalman Selanikli'ydi.[12]

Büyük şaire zor günlerinde ekmek kapısını açan kimdi: Selanikli İpekçi ailesi! İpek Film sahibi Cemil İpekçi Türkiye'nin "en tehlikeli komünist"ine iş vermekten neden hiç çekinmemişti? İpekçi ailesinin komünist olduğunu düşünmüyorsunuz herhalde!

---

[11]. Bazı sol çevreler, "Sabetayistlerin Türk soluna etkileri" konusunda çalışma yapılmasına nedense çok tepki gösteriyorlar. Hatta aşırıya kaçıp, bu konuda araştırma yapanları "antisemitik" olmakla itham ediyorlar. Peki, "Aleviliğin Türk soluna etkileri" konusunda çalışma yapılmasına neden kimse ses çıkarmıyor? Türkiyeli solcular olaylara duygusal bakmaktan kurtulmalıdır! Bir solcunun Sabetayist olup olmaması, onu ne yüceltir ne de alçaltır. Türkiye sol hareketindeki Sabetayist etkiyi araştırmak bilimsel bir çabadır.

[12]. Gazeteci Ahmed Emin Yalman'ın kız kardeşi Sabiha Zapçı'nın (Meclis'in ilk milletvekillerinden Mahmud Nedim Zapçı'nın eşidir) kızı Bilge Hanım gazeteci Doğan Koloğlu'nun ikinci eşidir. Yani birlikte belgesellere imza attığımız sevgili dostum Sina Koloğlu'nun üvey annesidir. Yalman ve Zapçı ailelerinin soyu Sokullu Mehmed Paşa'ya dayanır.

Hep bir sır var...
Ve bunu yazmak Nâzım Hikmet'i hiç ama hiç küçültmez.

Evliyazadelere Saray'dan gelin

Biz sayfalardır Evliyazadelerin damadı Başbakan Adnan Menderes'i yazarken, İzmir'deki Evliyazadeleri unuttuk.

Biraz İzmir'e dönelim...

Başbakan Menderes 16 haziran 1952'de Osmanlı hanedanına mensup kadınların Türkiye'ye gelmesine izin verdi. Hanedanın kadın mensuplarının yirmi sekiz yıllık vatan özlemi bitti.

Başbakan Menderes'in bu kararı, Osmanlı hanedanıyla arasında sıcak ilişkilerin kurulmasına neden olacak ve bu dostluk ilişkisi gün gelecek Evliyazadelere Saray'dan gelin gelmesine yol açacaktı...

Hanedan mensubu kadınların Türkiye'ye olan özlemleri biterken, biri için bu hasret on altı yıl önce sona ermişti: Vahideddin'in torunu Hümeyra!

Yazmıştım: Sultan Vahideddin kızı Ulviye'yi, Sadrazam Tevfik Paşa'nın oğlu İsmail Hakkı'yla (Okday) evlendirmişti. Bu evlilikten Hümeyra doğmuştu. Ulviye Sultan ile İsmail Hakkı Efendi sonra boşandılar. İsmail Hakkı Efendi Ulusal Kurtuluş Savaşı'na katılmak için Ankara'ya gitti, Mustafa Kemal'in yanında bulundu.

Ulviye Sultan ve kızı Hümeyra 1924'te San Remo'ya sürgün gittiler. Sultan Vahideddin ölünce Monte-Carlo'ya yerleşip üç yıl orada kaldılar. Çıkan bir yangında evleri tamamen kül oldu. Geçinebilmek için daha küçük bir yere, İtalya-Fransa sınırındaki Montrond'a taşındılar. Çalışmıyorlardı, ellerindeki tüm mücevherleri, hatta Ulviye Sultan'ın hanedan nişanını bile sattılar.

Yalnız başlarına yaşayamayacaklarını anladılar. Ulviye Sultan, Montrond'da, Zülüflü İsmail Paşa'nın oğlu Ali Haydar Germiyanoğlu'yla evlendi. Mısır'a yerleştiler. Mısır hanedanının yardımıyla yaşadılar.

Bu arada İsmail Hakkı Okday Moskova Büyükelçiliği'nde görev yapıyordu. Mustafa Kemal'e kızı Hümeyra'nın Türkiye'ye gelmesi için özel izin verilmesini rica etti. Atatürk bu yakın dostunun isteğini kıramadı ve Hümeyra Sultan, tek kişilik "özel afla" yurda döndü. Hatta bir dönem ailesinin sahibi olduğu İstanbul Park Otel'de Mustafa Kemal'le dans etti.[13]

---

13. Park Otel'in bulunduğu yerde Osmanlı döneminde sadrazamlık, Hariciye nazırlığı, büyükelçilik gibi görevlerde bulunan Ahmed Tevfik (Okday) Paşa'nın konağı bulunuyordu. Aile konağı elinden çıkardığında artık yeni sahibi Aram Hıdır'dı. Konak yıkılıp Park Otel yapıldı.

Hümeyra Sultan ilk evliliğini 1939'da diplomat Fahir Bey'le yaptı. Ancak üç yıl sonra boşandı. İkinci evliliğini ABD'de Princeton Üniversitesi'nde öğretim üyeliği yapan Halil Özbaş'la yaptı. Bu evlilikten iki çocuğu oldu: Halim (1945) ve Hanzade (1953).

Sultan Vahideddin'in torununun kızı Hanzade, gün gelecek Evliyazadelere gelin gidecekti. Refik Evliyazade'nin torunu Mustafa Yılmaz'ın oğlu Osman Refik Evliyazade'yle evlenecekti.

Hanzade-Osman Refik Evliyazade çiftinin iki kızı olacaktı:

Yeni Asır ve *Star* gazetelerinde köşeyazarlığı yapan Neslişah Evliyazade ve avukat Mesude Evliyazade.

Hanzade Hanım daha sonra Osman Refik Evliyazade'den boşanacak, büyük dedesi Sadrazam Tevfik Paşa'nın torununun oğlu Tevfik Moran'la evlenecekti.

Vahideddin'in torununun kızı Hanzade, Osman Refik Evliyazade'nin ilk eşi değildi. Osman Refik, Almanya'da üniversite öğrenimi görürken Alman Margo'yla kısa sürecek bir evlilik yapmıştı.

Osman Refik Bey, Hanzade Hanım'dan boşandıktan sonra, eski büyükelçi ve Millî İstihbarat Teşkilatı (MİT) eski başkanı Sönmez Köksal'ın eşi Ela Maro'yla üçüncü evliliğini yaptı. Osman Refik Evliyazade Ela Maro Hanım'dan boşandıktan sonra Sibel Özleblebici'yle evlendi.

Bir ek yapalım: Hanzade Hanım'ın baba tarafından kuzeni Nazlı Tlabar, DP İstanbul milletvekiliydi.

> Adnan Bey bütün kadın milletvekillerinden nefret ederdi, en çok Nazlı Tlabar'dan. Nazlı Tlabar rahat konuşurdu. Lisan bilirdi, iyi bir aileye mensuptu. Boylu bosluydu. Gerçekleri ipek yumağına sarmazdı. Adnan Bey hakkında parlak fikir beslemezdi. (Nimet Arzık, *Menderes'i İpe Götürenler*, 1960, s. 116)

Başbakan Adnan Menderes, sever miydi bilinmez ama Evliyazadelerin uzaktan akrabası olan Nazlı Tlabar Hanım üç dönem DP milletvekilliği yaptı; Yassıada'da yargılandı ve Kayseri Cezaevi'nde yattı...

Evliyazadeler Jokey Kulübü'nü kuruyor

Tarihin sayfalarını çok ileri sardık, biz yine 1950'li yılların başına dönelim.

"Damadı şehriyarî" olan Osman Refik Evliyazade'nin dedesi Nejad Evliyazade, 1950 sonbaharında kendini Başbakan Adnan Menderes'in Kavaklıdere'deki evine kapattı.

Altay Gençlik Kulübü'nü kuran Nejad Evliyazade eniştesinin evinde yeni bir spor teşkilatının kuruluş hazırlığı içindeydi: Jokey Kulübü!

Nejad Evliyazade, halasının kızı Berin'le evliliğinden dolayı Başbakan Menderes'e nasıl "enişte" diye hitap ediyorsa, Adnan Menderes de Nejad'a "enişte" diyordu.

Daha önce belirttiğimiz gibi Nejad Evliyazade, Menderes'in dayısı Refik'in kızı Mesude'yle evliydi.

Nejad Evliyazade Menderes'in ailesine "içgüveysi" olmuştu. Mesude, babası Refik'ten miras kalan 26 000 dekarlık, 400 nüfuslu, 90 haneli Torbalı Göllüce köyünün eli maşalı, beli silahlı "hanım ağa"sıydı!

Evliyazadelerin kızı Berin, evlendiğinde nasıl Çakırbeyli Çiftliği'ne taşınmış ise, Evliyazadelerin oğlu Nejad da evlendikten bir süre sonra eşinin sahibi olduğu Göllüce köyüne yerleşmişti. Çocukları Mustafa Yılmaz ve Mehmet Özdemir burada doğmuştu.

Çiftlik işlerini daha çok eşi Mesude'ye bırakan Nejad Evliyazade'nin tek zevki ata binmek, at yetiştirmekti.

At sevgisini babası Refik Evliyazade'den alan Nejad Evliyazade, at sporunu artık kurumsallaştırmak istiyordu.

Ankara ve İzmir'de at yarışları vilayet özel idareleri tarafından tertip ediliyor ve çok cüzî miktarda ikramiyeler veriliyordu. Üstelik ikramiyeyi almak için de bir iki ay beklemeniz gerekiyordu. Yığınla belgeleri düzenlemek işin en yorucu kısmıydı.

Oysa İstanbul'daki yarışları Tarım Bakanlığı ile Yarış Atları Yetiştiricileri ve Sahipleri Derneği ortaklaşa yürütüyordu.

Nejad Evliyazade ve arkadaşları hem bu karışıklığı gidermek hem de at yarışlarının Avrupa'daki gibi jokey kulüpleri tarafından yapılmasını istiyorlardı.

DP hükûmet olunca Nejad Evliyazade ve arkadaşları ümitlendiler. Başbakan Menderes de Jokey Kulübü kurulmasına yeşil ışık yakınca Nejad Evliyazade yasa tasarısı hazırlamak için kendini Kavaklıdere'deki eve kapattı.

En büyük yardımcısı Başbakan Adnan Menderes'in dayısının torunu DP milletvekili Sadık Giz'di. Yani Sadık Giz, Nejad Evliyazade'nin eşi Mesude'nin yeğeniydi.

İki akraba Nejad Evliyazade ile DP Milletvekili Sadık Giz el ele verdiler ve yedi maddelik bir yasa tasarısı hazırladılar.

Başbakan Menderes, at yetiştiricisi Devlet Bakanı Fevzi Lütfi Karaosmanoğlu'nun işin başına geçmesini istedi.

Karaosmanoğlu'yla birlikte, DP Urfa Milletvekili Emekli General Saim Önhon, Prens Halim Said Türkhan, Said Akson ve Nejad Evliyazade 2 kasım 1950'de Jokey Kulübü'nü kurdular.

TBMM Başkanı Refik Koraltan'ın Ziya Gökalp Caddesi üzerindeki dairesi kiralandı ve kulübün merkezi yapıldı.

Kulüp kısa zamanda birçok tanınmış ismi üye kaydetti: William Giraud, Vehbi Koç, Edhem Menderes, Sadık Giz, Enver Güreli, Şadi Eliyeşil, Burhan Karamehmet, Osman Kapanî, Mehmet Karamehmet, Sadun Atığ ve Refik Evliyazade'nin diğer oğlu Sedad Evliyazade...

Sedad Evliyazade aile içinde at sporuna en tutkun isimdi. Gençliğinde Paris'te jokeylik yaptığını yazmıştım.

Atçılık sporu Osmanlı'dan Cumhuriyet'e miras kalmıştı. Devlet adamlarının çoğunluğu at sahibiydi. Örneğin 1927'den beri koşulan Gazi Koşusu'nda İsmet İnönü ile Celal Bayar'ın atları arasında kıyasıya yarışlar oluyordu. 1929 Gazi Koşusu'nu Celal Bayar'ın atı Cap Griz Nez kazandı. Bir yıl sonra İsmet Paşa'nın Olga adlı atı birinci geldi.

Celal Bayar hayatı boyunca İsmet İnönü'ye yenilmeyi hazmedemiyordu. Sedad Evliyazade'yi Paris'e gönderdi. Sedad Evliyazade Paris'ten Bayar'a, Vrais Gascon, Fol Espoir ve Drocourt adlı üç at getirdi.

Gerçi 1930'dan sonra ne İnönü ne de Bayar yarış kazandılar; ama Bayar'ın Paris'ten gelen Vrais Gascon adlı atı Atina'da Grand Prix Ödülü'nde koştu ve ikinci geldi.

Sedad Evliyazade daha sonraki yıllarda Giraud ailesinin Paris ve Buca'daki haralarından sorumlu oldu. Aynı zamanda Giraud ailesinin jokeylerine antrenörlük yapıyordu.

Babası Refik gibi, Sedad Evliyazade de at sporunda bir efsaneydi. Bunu bir örnekle açıklamam gerekiyor: 1927 yılından beri koşulan Gazi Koşusu'nu[14] Giraudlar tam yedi kez kazandılar. Ve bu yedi birincilik sadece 1949-1960 yılları arasında geldi. Yani Sedad Evliyazade'nin antrenörlük yaptığı dönemde!

1939'dan beri koşulan Cumhurbaşkanlığı Kupası'nı ise Giraudlar altı kez kazandılar. Bu altı şampiyonluk da 1951-1963 yılları arasında geldi. Antrenör yine Sedad Evliyazade'ydi! C. Taşkıran, R. Mergin, M. Çılgın, K. Yıldız, İ. Dinçer, E. Kurt gibi dönemin ün-

---

[14] Siyaset ile at yarışlarının ilginç bir ilişkisi vardır. Atatürk adına koşulan Gazi Koşusu'nun başlangıç yılı 1927'dir. Atatürk tek adamdır. Peki Cumhurbaşkanlığı Kupası Koşusu'nun yılı nedir: 1939. Yani "Millî Şef" İsmet İnönü döneminin başladığı yıl! Peki Başbakanlık Kupası Koşusu ne zaman koşulmaya başlandı: 1952! Adnan Menderes'in başbakanlığı döneminde! Spor-siyaset ilişkisinde fazla söze gerek var mı?

lü jokeylerinin öğretmeni Sedad Evliyazade'ydi.

Giraudlar daha önceki yıllarda hep yabancı jokey kullanırken, Sedad Evliyazade döneminde Türk jokeyleri atlarına bindirmeye başladılar.

Özellikle 1950'li yıllarda Giraudlar at yarışlarında rakipsizdi. Eliyeşiller ile Karamehmetlerin "tahtını" sarstılar.

William Giraud vefat ettikten sonra bir daha bu ailenin ismi at yarışlarında duyulmayacaktı. Şimdi torunları sadece hobi için at biniyorlar!..

Sedad Evliyazade yarışlar için Ankara'ya geldiğinde, ya Fatin Rüşdü Zorlu'nun ya da Adnan Menderes'in evinde kalırdı. İkisiyle de ilişkisi çok iyiydi. Zaten sülalenin bu en renkli ismiyle ilişkisi iyi olmayan yok gibiydi.

William Giraud'un vefatının ardından Sedad Evliyazade, önce yengesi Mesude Evliyazade'nin Göllüce köyündeki harasını çalıştırdı. Sonra Buca'da kendi harasını kurdu. Ancak 1950'li yıllardaki başarıları bir daha hiç yaşayamadı.

Evliyazade Refik Efendi, Osmanlı'da ilk at yarışçılarını buluşturan "Smyrna Raves Club"ın kurucusuydu. Oğlu Nejad Evliyazade ise Jokey Kulubü'nün kurucusu oldu. Peki Evliyazadeler Cumhuriyet döneminde hiç yarış kazanmadılar mı?

Sadece bir kez! Nejat Evliyazade 1955 yılında vefat edince eşi Mesude Evliyazade onun anısına 1957 yılında katıldığı Arap atlarına mahsus Hatay Koşusu'nu kazandı.

Hatay Koşusu değil ama bir olay Evliyazadeleri derinden etkiledi...

Rodos doğumlu Baha Esad Tekand, İzmir İngiliz Ticaret Mektebi ve İzmir Sultanîsi'nde öğrenim gördükten sonra Hukuk Fakültesi'nden mezun olmuştu.

Nejad Evliyazade'yle Altay Gençlik Kulübü'nü kurmuştu.

Baha Esad Tekand aynı zamanda Evliyazadelerin damadıydı. Gülsüm Evliyazade'nin torunu Mesadet'le evliydi.

Ancak bu evlilik Evliyazade ailesinde dargınlıklara neden olmuştu.

Baha Esad Tekand, Berin Menderes'in ablası Güzin Hanım'ın eşi Hamdi Dülger'in kız kardeşinin görümcesiyle evliydi.

Ancak Dame de Sion'da okuyan on yedi yaşındaki Mesadet'e âşık olmuştu.

İşin garip yanı Mesadet'in babası da Mihrî Dülger'di; yani Mesadet, Dülger ailesinin kızıydı!

Ancak Mesadet Dülger de eniştesine âşıktı.

Sonunda Baha Esad Tekand ile Mesadet Dülger kaçarak evlendiler.

Bir süre İzmir'i sarsan bu kaçış olayı zamanla unutuldu. Evliyazadeler yeni evli çifti affettiler. Biri hariç: Güzin Dülger! Güzin Hanım hayatı boyunca Mesadet Tekand'la hiç konuşmadı... Mesadet ile Baha Tekand çok mutlu oldular. Tek çocukları oldu: Leyla.

İlginçtir Leyla da annesi gibi on yedi yaşında evlendi. Damadın adı Ziya Tepedelen'di. Osmanlı'ya başkaldırdığı için kellesi uçurulan Tepedelenli Ali Paşa soyundandı.

Yukarıda değindiğimiz olayı yazmıştım. Ama zaman kırgınlıkları ortadan kaldırdı.

Başbakan Menderes, bacanağı (aynı zamanda mason üstatlarından) Baha Tekand'ı, 26 nisan 1951'de Türkiye Şeker Fabrikaları Anonim Şirketi genel müdürlüğüne atadı. Peki bu atamada "akraba etkisi" var mıydı? Sayılmaz. Çünkü Tekand, on bir yıldır bu şirketin genel sekreterliğini yapıyordu.

Başbakan Menderes, şeker sanayiine çok önem veriyordu. Bunu da kısa sürede gösterecek, beş yılda on bir fabrika kuracaktı. Pankobirlik'in (Pancar Ekicileri İstihsal Kooperatifleri Birliği) kurulmasında Baha Tekand'ın büyük emeği olacaktı.

Tekand emekli olduğu 1958 yılına kadar bu görevde kalacaktı...

İş Bankası ve Evliyazadeler

Baha Esad Tekand'ın görev kararnamesinden tam bir yıl sonra, 26 nisan 1952'de yapılan bir başka atama, Evliyazade ailesini çok mutlu etti.

DP hükûmeti, 30 mart 1951'de yapılan İş Bankası genel kurulunda, idare meclisinin tümünü yeniledi.

Dr. Tevfik Rüşdü Aras İş Bankası Yönetim Kurulu başkanı yapıldı.

Atamayı gerçekleştiren isim kuşkusuz Başbakan Adnan Menderes'ti. Ancak Cumhurbaşkanı Celal Bayar, İş Bankası'nın kurucusu ve ilk genel müdürüydü; eşi Reşide'nin akrabaları da kurucular arasında yer almıştı ve biri şimdi bankanın genel müdürüydü. Bu nedenle bankayla çok ilgiliydi. Bu nedenle, Dr. Aras'ın atanmasını onun da istediği anlaşılıyor. Görünen o ki, bu atama, Cumhurbaşkanı Celal Bayar'ın, Dr. Aras'a bir gönül borcuydu...

Bir süre sonra İş Bankası Yönetim Kurulu üyeliğine Dr. Cemal Tunca da getirildi. Bilindiği gibi Dr. Tunca, Dr. Aras'ın kız kardeşi Fahriye'yle evliydi. DP'ye ilk genel merkez binasını Dr. Tunca vermişti...

Dr. Aras'ın Rodos'tan akrabası, kızı Emel'in Fatin Rüşdü Zorlu'yla evlenmesinde aracılık yapan CHP eski milletvekili Mustafa Atıf Bayındır da İş Bankası Yönetim Kurulu üyesi yapıldı.

İnönü döneminde unutulup bir kenara bırakılan Atatürk'ün yakın arkadaşı Kılıç Ali de Yönetim Kurulu üyeliğine getirildi.[15]

Durun bitmedi.

Doktor Nâzım'ın kızı Sevinç'in eşi Cemil Atalay da şube müdürlüğünden başladığı İş Bankası'ndaki kariyerini hızla yükseltecekti.

Yeri gelmişken yazalım:

Doktor Nâzım'ın kızı Sevinç'in eşi Cemil Atalay, Evliyazade ailesine "yabancı" değildi; Atalay ailesi, Uşakîzadeler, Helvacızadeler, Kâtipzadeler, Giridîzadeler, Evliyazadelerle akrabaydı.

Biraz karışık gibi ama yazmaya çalışayım...

Birinci bölümden anımsayınız; Helvacızade Emin Efendi İzmir Belediye başkanıydı. 1891'de İzmir'e vali olan eski sadrazam Nureddin Paşa Emin Efendi'yi istememiş, seçimler yenilenmişti...

Helvacızade Emin Efendi aynı zamanda –annesi Uşakîzade Sadık'ın kızı olduğu için– Uşakîzadelerin torunuydu.[16]

İşte bu, Helvacızade Emin Efendi'nin oğlu Ahmed Hamdi Efendi, Adnan Menderes'in halası Sacide'yle evliydi.

Helvacızade Emin Efendi'nin kardeşi kaymakam kâtibi Behçet Efendi kiminle evliydi dersiniz: Evliyazade Gülsüm Hanım'ın görümcesi Giridîzade Rabia Hanım'la.

Helvacızade Behçet Efendi ile Giridîzade Rabia Hanım'ın iki çocuğu oldu: Cezmi ve Baha.

Cezmi evlenmedi. Baha ise Rasime Hanım'la evlendi. Ve bu birliktelikten üç çocuk oldu: Tevfik, Behçet ve Cemil.

İşte bu Cemil (Atalay) Doktor Nâzım'ın kızı Sevinç'le evlendirildi.

Sonuç: "yabancıya" kız vermiyorlar!

Ve bu nedenle İzmir'de bazı ailelerde sakat bebek doğumlarına sık rastlanıyor.

Sevinç-Cemil Atalay çiftinin Tülin adını verdikleri çocukları ol-

---

15. Yıllar sonra Kılıç Ali'nin oğlu Altemur Kılıç da 1990-1993 yılları arasında İş Bankası Yönetim Kurulu üyeliği yapacaktı. Bazı koltuklar hep babadan oğula mı geçiyor!

16. Uşakîzadeler İzmir'e gelmeden önce Uşak'ta helvacılık yapıyorlar ve "Helvacızade" adını kullanıyorlardı. Ailenin büyüğü Hacı Ali Efendi İzmir'e göçüp halıcılığa başlayınca Helvacızade namını bırakıp Uşakîzade'yi aldı. Ancak aile büyüğünü takip edip İzmir'e gelen akrabaları Helvacızade'yi kullanmayı sürdürdüler. 1934 yılında soyadı kanunu çıkınca Helvacızadelerin bir bölümü "Helvacıoğlu", bir bölümü "Akmanlar" ve Uşakîzadeler de "Uşaklıgil" soyadını aldı.

du. Fizyolojik rahatsızlığına rağmen Tülin, güçlü kişiliğiyle tüm sorunlarını yendi. İzmir Amerikan Koleji'nden sonra NATO'da çalışmaya başladı. Burada tanıştığı Amerikalı George Keenan'la evlendi ve Lara ile Jimmy adlı iki çocuğu oldu.

Neyse, biz yine dönelim 1950'li yıllara...

İlk Rotary Kulübü

1950'li yıllar hem dünyada hem de Türkiye'de değişim yıllarıydı. Soğuk Savaş dönemi olarak bilinen bu yıllarda ABD'nin, başta Türkiye olmak üzere bazı ülkeleri, toplumları yeniden biçimlendirmelerine tanıklık ediyordu dünya.

Türkiye'de Rotary Kulübü bu yıllarda kuruldu.

İlk çalışmayı CHP eski milletvekili gazeteci-yazar Falih Rıfkı Atay, gazeteci-yazar Ahmed Emin Yalman, CHP eski milletvekili Prof. Şükrü Esmer, Münci Kapanî başlattı. Ancak pek başarılı olamadılar.

Daha sonra bayrağı DP'liler aldı. TBMM Başkanı Refik Koraltan'ın oğlu Oğuzhan Koraltan, işadamı Rifat Bereket[17] DP'nin Adalet ve İçişleri bakanlıklarını yapan Halil İbrahim Özyörük'ün oğlu Doç. Dr. Mukbil Özyörük, Yapı Kredi Bankası kurucusu ve DP milletvekili Kâzım Taşkent, işadamları Eli Rosenthal, Hilmi Nailî Barlo, John A. Caouki ve Nail Avunduk ilk kuruculardı.

İzmir Rotary Kulübü'nün öncüleri ise Nejat Eczacıbaşı, Süreyya Birsel (Zeynep Oral'ın dedesi), Cemil Atalay (Doktor Nâzım'ın kızı Sevinç'in ilk eşi) ve Muvahhit Atamer'di.

Birkaç yıl sonra Türkiye Hür ve Kabul Edilmiş Masonlar Büyük Locası faaliyete başladı.

O yıllarda sadece rotaryenler, masonlar faaliyete geçmedi.

DP'li Bakan Osman Kapanî'nin organize ettiği balolar Türkiye'ye yeni bir müzik akımını getirdi: caz!

Semih Ageşo Orkestrası, Sevinç Tevs, Taki Çelerini, Fehmi Ege Orkestrası, Faruk Akel Kenteti, Henri Vasilaki, Ayten (Alpman) Gencer[18] caz müziğinin en popüler isimleriydi.

Osman Kapanî'nin en büyük yardımcısı ise Arif Mardin'di. Konser vermesi için Dizzy Gillespie'ı Türkiye'ye o davet etmişti.

---

17. Rifat Bereket'in kızı Gülseren, Oğuzhan Koraltan'la evliydi. Diğer kızı Fatma Zehra (Bereket) ise Dışişleri eski Bakanı Vahit Halefoğlu'nun eşidir. Fatma Zehra Hanım ve Vahit Halefoğlu, 500. Yıl Vakfı'nın kurucu üyeleridir.

18. Ayten Alpman bir dönem sonra "Memleketim" adlı şarkısıyla gönüllerde taht kuracaktı. "Memleketim" parçasının orijinali geleneksel Yahudi müziğinin çok tanınmış şarkısı "Rebe (Rabbı) Eumelekh"tir!

Türkiye yeni yaşam biçimine alıştırılıyordu...

Radyo artık evlerin vazgeçilmez aksesuarıydı. Bir dönem yasaklanan alaturka yeniden doğmuştu sanki. Safiye Ayla, Hamiyet Yüceses ve Müzeyyen Senar zirvedeydiler. Zeki Müren adı yeni yeni duyuluyordu. Çankaya Köşkü'ne sık sık Ankara Radyosu'ndan Şükran Özer adlı sanatçı çağrılıyordu!

Yirmi bir yaşındaki Fransız striptizci Colette Jerry, Bayar'ın, Menderes'in bulunduğu özel gecelere davet ediliyordu...[19]

Sinema salonları Anadolu'nun ücra köşelerine kadar yayıldı.

Osmanlı'daki "araba sevdası"nın yerini 1950'lerde "otomobil aşkı" almıştı! Otomobil, zenginliğin en önemli göstergesiydi.

Moda altın çağını yaşıyordu. Yuvarlak omuzlar, ince bel çizgiler, geniş etekler ve uzun topuklu ayakkabılar modanın ana hatlarını oluşturuyordu. Şapka ve eldiven ise olmazsa olmazlarıydı 1950'lerin.

Ankara'da İkinci Dünya Savaşı döneminde ara verilen devlet ricalinin baloları yine revaçtaydı. Askısız derin dekolteli geniş etekli tuvaletler içindeki kadınlar şıklık yarışındaydı.

Günseli Başar'ın İtalya'nın Napoli kentinde düzenlenen Avrupa Güzellik Yarışması'nda 1952 yılının en güzel kızı seçilmesi Türkiye'de bayram havası estirdi.

Avrupa güzeli Günseli Başar yakın gelecekte Evliyazadelere gelin gidecekti.

Dr. Tevfik Rüşdü Aras'ın kız kardeşi Fahriye Tunca'nın oğlu Faruk Tunca, eşi Sevim Kapanî'den boşandıktan sonra Avrupa güzeli Günseli Başar'la evlenecekti...

Boşanılan eş Sevim Kapanî aileye yabancı biri değildi. DP'li Osman Kapanî'nin kız kardeşiydi. Kısa bir süre önce vefat eden Refik Evliyazade'nin eşi Hacer'in yeğeniydi.

Osman Kapanî'nin kız kardeşi Sevim Kapanî, Faruk Tunca'dan boşandıktan sonra kızı Leyla Tunca'yla birlikte Paris'e yerleşti. Leyla Tunca bir süre sonra Paris Lido'da striptiz yapmaya başladı. Bir ara *Milyonerin Kızı* vb. filmlerde başrol oynadı. Anne-kız bazı Türk kızlarının şeyhlerle, nizamlarla evlenmelerine de aracılık yaptılar. Örneğin, akrabası Nedime-Reşad Kapanî'nin torunları Orkide Kapanî'nin, Haydarabad Nizamı Mükerrem Bereket Şah'la evlenmesinde aracılık yaptılar. Bereket Şah'ın bir özelliği "adı çiçek ismi olan" Türk kızlarıyla evlenmesiydi. Bir ara da eski manken Manolya Onur'la ("millî çapkın" Süha Özgermi'nin eski eşi) evlendi...

---

[19] Fransız striptizci Colette Jerry, Ankara'dan sonra Beyrut'a gitti. Cumhurbaşkanı el-Huri'nin oğluyla aşk yaşadı. Ve bir gün otel odasında zehirlenmiş olarak bulundu!

Günseli (Başar) Tunca, üvey kızının Paris'te striptiz yaptığının ortaya çıkması üzerine, eşi Faruk Tunca'ya kızını evlatlıktan reddetmesini istedi. Faruk Tunca kabul etmeyince, Günseli Başar boşandı ve kızı Aslı'yı alarak Bodrum'a yerleşti.

Bu olaydan bir süre sonra, Leyla Tunca genç yaşında Bodrum'da geçirdiği trafik kazası sonucu yaşama veda etti...

Neyse, özel aile ilişkilerine çok girmeyip, kaldığımız yerden devam edelim...

Amerika... Amerika...

DP hükûmeti tarımda makineleşme dönemini başlattı.

Yeni karayolları yapılıyor, başta İstanbul olmak üzere büyük şehirler yenileniyordu.

İstanbul'un yeni simgesi Hilton Oteli'ydi!

1950-1953 yılları arasında dünya ekonomisi Kore Savaşı'nın yarattığı ve Türkiye'nin de etkilendiği bir canlanma dönemine girdi. İhracat 1953'te yüzde 60, ithalat da yüzde 85 arttı. Türkiye yine ürettiğinden fazla tüketiyordu. Dış ticaret açığı büyümeye başladı. Ancak imdada yetişen Amerikan kredileri ilk yıllarda bu açığı kapatıyordu. Bunun karşılığında Türkiye, Amerikan askerleriyle, ABD üsleriyle tanışıyordu.

ABD'nin yeni büyükelçisi Texaslı petrol zengini olan George McGhee Başbakan Menderes'in yakın dostluydu.[20]

Türkiye NATO'ya girdikten altı ay sonra, 27 eylül 1952'de, düşüncesini, finansmanını ve teçhizatını ABD'nin verdiği, gayri nizamî harp yapacak Seferberlik Tetkik Kurulu (daha sonraki adlarıyla Özel Harp Dairesi, Özel Kuvvetler Komutanlığı) kuruldu.

Amerika kurumları ve uzmanlarıyla Türkiye'ye yerleşiyordu!

Tanzimat'ta Fransızlaşan, II. Abdülhamid ve İttihatçılar döneminde Almanlaşan Türkiye, DP döneminde hızla Amerikanlaşmaya başlamıştı.

Cumhuriyet gazetesinin haberine göre, 1952 yılı sonunda, Millî Savunma Bakanlığı hariç olmak üzere devlet kadrolarında 507 Amerikalı çalışıyordu. Bunların 320'si Dışişleri Bakanlığı'nda, 144'ü güvenlik birimlerinde, 42'si Ticaret Bakanlığı'nda bulunuyordu. 1948'de bu rakam 292'ydi.[21]

---

20. O günlerde Ankara'da, ABD Büyükelçisi McGhee ile ünlü soprano Leyla Gencer'in evleneceği "dedikoduları" kulaktan kulağa fısıldanıyordu!

21. "Türkiye'de ABD personelinin sayısında büyük bir artış yaşandı. 1970 yılında bu personelin sayısı 25 000 kişi kadardı." (George McGhee, *ABD-Türkiye-NATO-Ortadoğu*, 1992, s.165)

Batı devletleri Türkiye'yi Ortadoğu sorununun anahtarı olarak görüyordu. ABD, Türkiye'ye sürekli "Ortadoğu'nun liderliğini alması gerektiğini" öğütlüyordu.

ABD'nin bu öğütlerine Başbakan Adnan Menderes'in kulağı kapalı değildi. Dış politikada hiç sorun yoktu. Ancak, Başbakan Menderes'in devlet bürokrasisini bilmemesi ve bakanlarına "kul muamelesi" yapması kabinede hep sorun çıkarıyor, bakanların sık sık istifalarına neden oluyordu. Bu istifalar daha sonra partiden kopmalara da yol açtı.

Örneğin iki yıl içinde üç kez İçişleri bakanı değişti. Sonunda Başbakan Menderes bu bakanlığa güvendiği bir ismi atadı. Ama bu atama başbakanın evinde hayli gürültü çıkardı.

Başbakan Menderes, İçişleri bakanlığına Aydın Milletvekili Edhem Menderes'i getirmişti. Daha önce yazdığımız gibi Berin Hanım, eşinin Edhem Menderes'le ilişki içinde bulunmasını istemiyordu. Ayırmaya çok çalışmış ama becerememişti. Ne çiftlikten gitmesine, ne milletvekili olmasına ne de şimdi bakan yapılmasına engel olabilmişti.

Adnan Menderes'in, soyadını Edhem Menderes'ten etkilenerek değiştirdiği haberlerinin kulağına gelmesi Berin Hanım'ın, Edhem Menderes'e artık kin duymaya başlamasına neden olmuştu.

Ve şimdi eşi Adnan Menderes, Berin Hanım'ın onca karşı koymasına rağmen Edhem Menderes'i İçişleri bakanlığına atamıştı...

Berin Hanım, Edhem Menderes'e karşılık bir ismi ortaya çıkardı: teyzesinin damadı Fatin Rüştü Zorlu!

Yirmi birinci bölüm

2 mayıs 1954, Ankara

Oy kullanma süresi dolmuş ve sandıklar açılmaya başlanmıştı. Evliyazade ailesinin kulağı Çanakkale'deki sonuçlardaydı. Sandıklar açıldığında büyük bir mutluluk yaşandı. Seçim öncesi kayınpederi Dr. Tevfik Rüşdü Aras'ın da desteğini alan Fatin Rüşdü Zorlu Çanakkale'den DP milletvekili seçildi.

Ailede bu duruma en çok sevinen isim Berin Menderes'ti...

Berin Menderes'in neden çok sevindiğini daha sonraya bırakıp, Fatin Rüşdü Zorlu'yu anlatmaya bıraktığımız önceki bölümlerden devam ettirelim.

Fatin Rüşdü Zorlu'nun, kayınpederi Dr. Tevfik Rüşdü Aras'ın Dışişleri bakanlığından ayrılmasından sonra, bakanlıktaki "prenslik" dönemi sona erdi. Kayınpederi Londra büyükelçiliği görevine giderken, o da Paris Büyükelçiliği'ne başkâtip olarak atandı. Sonra, Dışişleri'nde "pek makbul sayılmayan" memurların görev yaptığı, merkez şifre müdürlüğüne tayin edildi.

Arkasından Hitler'in saldırmasıyla Dışişleri memurlarının gitmek istemediği Moskova Büyükelçiliği müsteşarlığı görevine atandı. Savaştan sonra ise Beyrut başkonsolosu yapıldı.

DP'nin siyaset sahnesine çıkması ve bacanağın başbakan olmasıyla, yıldızı yavaş yavaş yeniden parlamaya başladı. Önce Dışişleri Ticaret Dairesi genel müdürü, ardından da, Türkiye'nin NATO'ya dahil edilmesiyle, NATO nezdinde Türkiye daimî temsilcisi oldu.

Milletvekili seçilmesinden önce bu görevdeydi. Paris'te yaşıyordu.

Başarılı bir diplomat mıydı? Birlikte Dışişleri'nde görev yaptığı meslektaşı Semih Günver, Fatin Rüşdü Zorlu'yu şu sözlerle tanımlıyor:

Geleneklere önem vermeyen, iş yaratmak isteyen, otoriteye karşı yıkıcı olmaktan adeta zevk alan, dinamik, kararlı, ileriyi gören, bencil ve üsluba, şekle dikkat etmeyen bir karakterdeydi. (Semih Günver, *Fatin Rüştü Zorlu'nun Öyküsü*, 1985, s. 32)

2 mayısta milletvekili oldu.

17 mayısta açıklanan üçüncü Adnan Menderes hükûmetinde, Devlet bakanlığı ve başbakan yardımcılığı görevine getirildi.

Peki nasıl olmuştu da, Zorlu milletvekili seçilir seçilmez kabinede "ikinci adam" oluvermişti!

Üstelik, "parti içinde sorun çıkarıyor" diye Adnan Menderes, başbakan yardımcılığını 8 nisan 1953'te kaldırmıştı.

Başbakan Menderes bacanağı Zorlu için bu makamı yeniden hayata geçirmişti. Neden?

Bunun çeşitli nedenleri vardı...

Menderes'in dört yıllık hükûmeti döneminde, kabinesi bir türlü istikrara kavuşamadı. DP'li bakanlar, Başbakan Menderes'in "diktatoryal" yönetimi nedeniyle sık sık istifa ettiler. Öyle ki, dört yıllık süreçte İçişleri bakanlığı beş, İşletmeler bakanlığı beş, Çalışma bakanlığı beş, Ulaştırma bakanlığı dört, Gümrük ve Tekel bakanlığı dört kez el değiştirmişti.

Başbakan Menderes "sözünü dinleyecek" ve her dediğini "emir telakki edecek" bakanlara ihtiyaç duyuyordu.

Bu nedenle bu son hükûmet "akraba kabinesi"ydi!

Adnan Menderes-Fatin Rüşdü Zorlu arasındaki akraba ilişkisini biliyoruz: her ikisi de Evliyazadelerin damadıydı.

Biri Naciye Hanım'ın, diğeri Makbule Hanım'ın damadıydı.

Her ikisi de İzmir'den milletvekili seçilen, Devlet Bakanı Osman Kapanî[1] ve Ulaştırma Bakanı Muammer Çavuşoğlu'yla[2] akrabaydı. Muammer Çavuşoğlu'nun eşi İhsan Kapanlı, Kapanîzadelerin kızıydı.[3]

Keza Kapanîzadelerin kızları Hacer Hanım'ın Refik Evliyazade'yle evli olduğunu artık biliyoruz.

Dr. Tevfik Rüşdü Aras'ın kız kardeşi Fahriye Tunca'nın eşi Dr. Cemal Tunca'yı daha önce tanıtmıştık; DP'nin ilk genel merkez bi-

---

1. Osman Kapanî Prof. Dr. Münci Kapanî'nin kardeşidir.

2. Muammer Çavuşoğlu, gazeteci-yazar Nazlı Ilıcak ile işadamı Ömer Çavuşoğlu'nun babasıdır.

3. İhsan Kapanlı'nın ağabeyi, yani Osman Kapanî'nin kayınçosu, yani Nazlı Ilıcak'ın dayısı Turhan Kapanlı, Tarım bakanı (1965-1969), Köyişleri bakanı (1969-1971), Çalışma ve Sosyal Güvenlik bakanı (1977) ve Millî Savunma bakanı (1977-1978) olarak çeşitli hükûmetlerde görev yaptı.

nasının sahibi, partinin kurucusu, ilk yöneticisi ve milletvekiliydi.

Fahriye (Aras)-Dr. Cemal Tunca çiftinin oğlu Faruk Tunca, Osman Kapanî'nin kız kardeşi Sevim Kapanî'yle evliydi!

Fazla detaya gerek yok. Bir kez daha yazalım: İzmir'de Kapanîzadeler, Evliyazadeler, Osmanzadeler, Yemişçizadeler, Uşakîzadeler yakın akrabaydı.

DP sanki akraba partisiydi: Adnan Menderes'in dayısının torunu Sadık Giz İzmir'den; Adnan Menderes'in halasının oğlu Kenan Akmanlar Çanakkale'den; Dr. Tevfik Rüşdü Aras'ın yeğeni Turan Özaras'la evli Abdullah Gedikoğlu Ankara'dan milletvekili olmuşlardı![4]

Kabineyi tanımayı sürdürelim:

Dışişleri bakanı Fuad Köprülü'ydü.

Millî Savunma bakanı Edhem Menderes!

Başbakan Menderes, Berin Hanım'ın sevmediği dostu Edhem Menderes'i bu kez Millî Savunma bakanı olarak hükûmete almıştı. Keza özel doktoru Mükerrem Sarol'u da Devlet bakanı yapmıştı.

Fatin Rüşdü Zorlu gibi Çanakkale'den milletvekili seçilen, Selanik doğumlu Emin Kalafat son dönemde Başbakan Menderes'in takdir ettiği isimlerin başında geliyordu. Gümrük ve Tekel bakanlığına getirildi. Keza Menderes, Kalafatlardan memnundu ki, Emin Kalafat'ın ablası Ayşe Günel'i de DP'den milletvekili yaptı.

Adalet Bakanı Osman Şevki Çiçekdağ'ın eşi Berra Hanım da Selanikli'ydi.

CHP'den İzmir Belediye başkanı seçilen, sonra milletvekili olup Ticaret bakanlığı (1942-1943) ve Sağlık bakanlığı (1946-1948) yapan, Evliyazadelerin akrabası Behçet Uz, daha sonra DP'ye geçmişti. Yeni görevi Sağlık ve Sosyal Yardım bakanlığıydı!

İçişleri bakanı yapılan Dr. Namık Gedik, Aydın'dan Başbakan Menderes'in kontenjanından milletvekili seçilmişti.

Sonuçta Başbakan Menderes bir "akraba kabinesi" kurmuş ve başbakan yardımcılığına Fatin Rüşdü Zorlu'yu getirmişti.

Adnan Menderes'in niyeti belliydi, akrabaları sayesinde rahat icraatlar yapacaktı!

Bir de başta Berin Menderes ve Makbule Aras olmak üzere Evliyazade kadınlarının "gizli niyetleri" vardı...

Fatin Rüşdü Zorlu âşıktı!

Büyükelçi Orhan Kutlu'nun eşi Vesamet Kutlu'ya âşık olmuştu. Aşkı karşılıksız değildi. Üstelik dokuz yıldır sürüyordu.

---

4. Abdullah Gedikoğlu Ankara'nın ünlü ailelerinden Kütükçüzade Hacı Rifat'ın torunuydu. Annesi Ayşe Hanım ile Vehbi Koç'un annesi Fatma Hanım kardeş çocuklarıydı.

Vesamet Hanım eşinden bu nedenle boşanmıştı.[5] Fatin Rüşdü Zorlu da eşi Emel Hanım'dan boşanmak istiyordu.

Ama, Fatin Rüşdü'nün annesi Güzide Zorlu ve Emel'in anne ve babası Makbule Hanım ile Dr. Tevfik Rüşdü Aras bu boşanmaya karşı çıkıyorlardı. "Bizim ailede boşanma olmaz" diyorlardı.

Gerçekten de ailelerinde boşanma yoktu!

Örneğin Başbakan Adnan Menderes de soprano Ayhan Aydan'la aşk yaşıyor ve boşanmak istiyordu, ama o da Berin Hanım'dan ayrılamıyordu. Hadi, Fatin Rüşdü Zorlu güçlü annesine karşı koyamıyordu. Adnan Menderes kimsesizdi; o kimden korkup çekiniyor da boşanamıyordu. Oy kaybı korkusu değil herhalde!..[6]

Neden?

Gerçekten Evliyazadelerin evlenmelerine ve boşanmalarına "akıl erdirmek" zor...

Berin Menderes'in, damatları Fatin Rüşdü Zorlu'nun milletvekili ve bakan olmasını istemesinin nedenini Vesamet Kutlu şöyle açıklıyor:

> Fatin bana "Benim karımı benden ayrılmasın diye kışkırtan Berin Hanım'dır. Eğer Emel benden ayrılırsa, Adnan Bey de onu bırakacakmış gibi düşünüyor" derdi. (Emin Çölaşan, *Tarihe Düşülen Notlar,* 2000, s. 51)

Adnan Menderes'in tek aşkı soprano Ayhan Aydan değildi.

Ondan önce yine "Muki" takma adlı bir sopranoyla kaçamakları olmuştu.

Dönemin best-seller *Kiralık Ruh* romanının yazarı Suzan Sözen'le de aşk yaşadığı biliniyordu. Eşi İstanbul Emniyet Müdür Yardımcısı Ferit Avni Sözen'di.

Başbakan Menderes özel yaşamında, makam arabasına binip, gün ışığında sevgilisini ziyaret edebilecek kadar gözü kara bir romantikti.

Fatin Rüşdü Zorlu ise, Emel Hanım'dan boşanmayacak ama

---

5. Vesamet Kutlu, Emin Çölaşan'la yaptığı röportajda Fatin Rüşdü Zorlu için kocasından boşandığını söylemesine rağmen, Sevin Zorlu, Vesamet Hanım'ın büyükelçi Orhan Eralp'le yaşadığı aşk nedeniyle boşandığını söylemektedir. Vesamet Hanım'la ilgili bir bilgi daha: Vesamet Hanım eşinin görevi nedeniyle Hindistan'da bulunduğu dönemde, Hindistan'ın efsanevi isimlerinden Nehru'yla aşk yaşadığı dedikoduları yapılmaktadır. Vesamet Hanım, Nehru'nun aşkına karşılık vermediğini söylemiştir hep.

6. Ayhan Aydan'ın adının hep Adnan Menderes'le anılması ne acıdır. O, Atatürk'ün çağdaşlığa yönelik en önemli projelerinden "müzik devrimi"nin ilk yıldız sanatçılarından biriydi. Hitler'den kaçıp Türkiye'ye gelen tiyatro ve opera yönetmeni Carl Ebert'in en beğendiği öğrencisiydi. Orkestra şefi Hasan Ferit Alnar'la evliydi.

ölünceye kadar Vesamet Hanım'la birlikte olacak kadar aşkına sadıktı.

Bir noktanın altını çizmem gerekiyor: bu kitapta kişilerin özel hayatlarından kaçınmaya özen gösterdim. Ne kişilerin cinsel tercihleri ne de aşk hayatlarını yazdım. Mahremiyete girmemeye çalıştım...

Biz tekrar siyasî hayata dönelim...

Fatin Rüşdü Zorlu, ışık hızıyla milletvekili seçilip, kabineye girince DP grubu tarafından "istenmeyen adam" oluverdi.

Duygular karşılıklıydı. Zorlu da DP'nin havasından rahatsızdı. Giyimiyle, konuşmasıyla, görgüsü ve tahsiliyle DP'liler arasında yabancı gibiydi.

DP Ağrı Milletvekili Kasım Küfrevî, Zorlu'nun NATO temsilcilik görevinin milletvekili seçildiği için sona ermesi gerektiğini ileri sürdü. Milletvekilliği ile memurluk bağdaşmazdı.

Üstelik DP grubu Paris'teki temsilcilik binasında sevgilisi Vesamet Kutlu'nun oturmasına sert tepki gösterdi.

Zorlu, dedikoduların önüne geçmek için, Paris'teki görevini bıraktı, doğal olarak binayı da boşalttı.

Fatin Rüşdü Zorlu anlamıştı ki, DP grubunda tek dayanağı Başbakan Adnan Menderes'ti.

Menderes sabahları Başbakanlık'a yürüyerek gitmeyi sürdürüyordu. Artık onun yürüyüş arkadaşı, Dışişleri Bakanı Köprülü değil, Başbakan Yardımcısı Zorlu'ydu.

Başbakan Menderes bacanağı Zorlu'yu aslında Dışişleri bakanı yapmak istiyordu. Fuad Köprülü'den artık memnun değildi. Köprülü sakin, statik bir dış politikadan yanaydı. Üstelik akademisyendi. Oysa başbakan, okumuş yazmış adamları son dönemlerde hep küçük görmeyi alışkanlık haline getirmişti!

Köprülü, Yunanlı gazetecilere, "Türkiye ile Yunanistan arasında Kıbrıs diye bir mesele yoktur" diyecek kadar soğukkanlı bir siyasetten yanaydı.

Ama bu tür soğukkanlı tavır, başta Başbakan Menderes olmak üzere bazı DP'lilerin hoşuna gitmiyordu.

Köprülü DP'nin kurucusuydu ve parti içinde kuvvetliydi. Başbakan Menderes, Köprülü'yü Dışişleri'nden uzaklaştırmaya cesaret edemiyordu. Fakat, Köprülü'nün yetki alanını sınırlamayı da ihmal etmiyordu. Zorlu'yu Dışişleri bakanı yapamasa da, Devlet bakanı ve başbakan yardımcısı olarak, dış ekonomi ve Kıbrıs konusundaki ilişkilerle onu görevlendirdi.

Zorlu'nun Dışişleri'nden gelmesi ve Kıbrıs ilişkileriyle özel olarak onun görevlendirilmesi, Dışişleri Bakanı Fuad Köprülü'nün

Zorlu'dan nefret etmesine neden oldu.

Dışişleri'yle ilgili toplantılara artık Fatin Rüşdü Zorlu da giriyordu.

Üstelik, 1955 yılının haziran ayı başında, basından gizlenerek yapılan zirve toplantısında bir değil, iki Zorlu vardı...

Zorlu kardeşler

Zirve toplantısını yazmadan önce bir tespitte bulunmamız gerekiyor... Ana hatlarını Atatürk'ün çizdiği Dr. Tevfik Rüşdü Aras dönemindeki Türk dış politikası Araplara ilgisizdi. İkili ilişkilere çok önem verildiği söylenemezdi; ancak Araplara ne düşmanlık ne de sempati gösterilmişti.

İsmet İnönü döneminde de bu tutumda bir değişiklik olmadı.

DP hükûmeti, Soğuk Savaş döneminde bu politikayı değiştirmeye karar verdi. Bu politik değişimin temelinde, İkinci Dünya Savaşı'ndan güçbela ayakta kalarak kurtulan İngiltere ve yeni dünyanın "yıldızı" ABD vardı.

İngiltere, Soğuk Savaş döneminde öteki sömürgeci devletlere kıyasla daha uzak görüşlü ve gerçekçi bir politikayı hayata geçirdi. Bir gün kovulacağını bildiği sömürgelerinden çıkıp gitmeye başladı ancak giderken de siyasal ve ekonomik çıkarını sürdürecek yapılanmaları kurmaya çalıştı.

DP hükûmeti, Almanların elinden çıkan sömürgelerin Fransızların, İngilizlerin terk ettikleri toprakların da ABD nüfuzu altına gireceğine inanıyordu. Asya ve Afrika'daki bağımsızlıkçı halk hareketlerini önemsemiyordu.

Dışişleri'ne verilen talimat gereği Birleşmiş Milletler'de ABD nasıl oy kullanırsa aynen onlar gibi oy kullanılacaktı. (Mahmut Dikerdem, *Ortadoğu'da Devrim Yılları*, 1977, s. 66)

Örneğin bu tavır, Cezayir meselesinde Fransa'nın yanında yer alınarak hayata geçirilmişti.

Benzer bir durum Arap dünyası ile Türkiye'yi karşı karşıya getirecekti...

Mısır, 1936 antlaşmasıyla Süveyş Kanalı'nda İngilizlerin askerî üs bulundurmasını kabul etmişti. İkinci Dünya Savaşı sonrasında İngilizler, Mısır'daki askerî varlıklarını uzun süre koruyamayacağını anlayarak, Britanya İmparatorluğu'nun can damarı sayılan Süveyş Kanalı'nda mümkün olduğu kadar uzun süre tutunmak amacıyla birtakım tertiplere girişti. Bunlardan ilki 1951 yılında "Ortadoğu Savunma Paktı" projesi şeklinde ortaya çıktı. İngiltere hükûmeti, Amerika'nın, bu bölgede Sovyet nüfuzunun yayılmasına set çekecek her türlü ittifaka ilgi duyacağını biliyordu. Öte yandan, Süveyş Kanalı'nın büyük hissesini elinde tutan Fransa'nın da kanalın emin ellerde kalmasını istediği muhakkaktı. Şu halde İngiltere'nin çıkarlarını, iki Batılı müttefiki ile Arap devletlerini içine alan bir askerî pakt çerçevesi içinde savunması daha gerçekçi tutum olacaktı. Bölgenin askerî bakımdan en güçlü devleti olmak sıfatıyla Türkiye de, böyle bir paktın kurucuları arasına girebilirdi. Amacı, komünizm tehlikesine karşı ortak bir savunma olarak açıklanacak bu pakta, Ankara'nın hevesle katılacağı umuluyordu. Nitekim öyle oldu: Türkiye, Arap devletlerinin lideri durumundaki Mısır'a bir "Ortadoğu Savunma Paktı" imzalamasını önermeyi düşündü. Böylece "Araplara yaklaşma" politikası da ilk sınavını vermiş olacaktı.

Başbakan Menderes, "Ortadoğu Savunma Paktı" taslağını hazırlamak için Arap devletleri nezdindeki Türk temsilcilerini gizlice Ankara'ya çağırdı.

İşte Zorlu kardeşlerin, Fatin Rüşdü Zorlu ve Rıfkı Rüşdü Zorlu'nun katıldığı konferansın amacı buydu.

"Ortadoğu Elçileri Konferansı" 1955 haziranında Ankara'da Bakanlar Kurulu salonunda açıldı. Toplantıya Adnan Menderes başkanlık ediyordu. Sağında Köprülü, solunda Zorlu yer almıştı. Masanın çevresinde kıdem sırasıyla: Cidde Büyükelçisi Kemal Aziz Payman, Bağdat Büyükelçisi Fikret Şefik Özdoğancı, Beyrut Büyükelçisi Rıfkı Rüşdü Zorlu, Amman Büyükelçisi Kadri Rizan, Şam Maslahatgüzarı İsmail Sosyal ve Kahire Maslahatgüzarı Mahmut Dikerdem oturmuştu.

İşin garip yanı, toplantı gizliydi gizli olmasına ama, yine toplantıya katılanlar arasında bulunan İsrail büyükelçisi Şefkatî İstinyeli'nın adı, "duyarlarsa Araplar kızar" diye katılımcılar arasında resmen gösterilmemişti!

Toplantı üç gün Ankara'da, sonra iki gün de İstanbul Florya'da Cumhurbaşkanı Celal Bayar'ın başkanlığında sürdü.

Aslında bir bakıma büyükelçiler beş gün boyunca boşuna konuşmuşlardı. Çünkü Türkiye'nin Ortadoğu politikasına yön veren isim "Çöl Tilkisi" adı verilen Irak Başbakanı Nuri Said'di!

Fatin Rüşdü Zorlu'nun da savunduğu bu politikanın özü şuydu:

Başta ABD olmak üzere Batılı devletlerin istediği, Ortadoğu askerî paktına Arap devletlerinin katılmasının ön koşulu, Mısır'ın bu projeye kazandırılmasıydı. Çünkü Mısır, Arap milliyetçiliğinin bayraktarlığını yapmaktaydı. Mısır'ın ve onun yeni lideri Cemal

Abdünnâsır'ın taraftar olmayacağı bir pakta Arap devletlerini girmeye zorlamak yararsızdı. Bilirler ki, böyle bir pakta girerlerse Arap dünyasındaki prestijlerini yitirirler ve ihanetle suçlanırlar. Şu halde ilk önce Mısır'ı ikna etmek gerekiyordu. Mısır yola girerse, öteki Arap devletlerini pakta almak çok kolaylaşacaktı!

Ama bu stratejiyi hayata geçirmek zordu. Çünkü, Nâsır liderliğinde 23 temmuz 1952'de gerçekleşen Mısır devrimi, Arap dünyasında yeni bir dönemi başlatmıştı. "Maşrık'tan Mağrib'e kadar" tüm Arapların sömürgecilerin elinden kurtulacağı müjdeleniyordu.

Yani, Nâsır'ın öncülüğündeki Arap milliyetçiliği (Baas) Arap dünyasını çok etkilemişti. ABD ve İngiltere, Mısır'ı da içine alan bir pakt kurarak bu rüzgârı Sovyetler Birliği aleyhine çevirmek istiyordu.

İşte tüm bu stratejiyi hayata geçirecek ülkenin Türkiye olduğu konusunda ABD ve İngiltere hemfikirdi.

Türkiye bu görevi neden kabul etmişti?

DP hükûmeti ekonomik kalkınmanın ABD'den gelecek dolarlarla mümkün olacağını hesaplıyordu. Yardım parası nasıl gelecekti; bu "Ne kadar çok komünizm tehlikesi varsa o kadar çok para gelir" mantığına dayanıyordu!

O halde ne yaptılar; sanatçıları, öğretim üyelerini ve birkaç işçiyi yakalayıp "büyük tevkifat" diye gazetelere çarşaf çarşaf haber yaptırdılar.

Komünizmi önlemenin tek yolu ABD dolarıydı!..

Bir avuç dolar için Ankara, ABD Büyükelçiliği'ne bomba atıp, "Komünistler yaptı" demekten bile geri durmadı.

Evet neydi hesap: yeni kurulacak pakta Mısır'ı almak!

Bu projenin Türkiye'deki en güçlü savunucusu Fatin Rüşdü Zorlu'ydu. ABD-İngiliz patentli bu oyunun en güçlü oyuncusu Türkiye, Mısır'la iyi ilişkileri gerçekleştirmek için kolları sıvadı.

Önce, Fatin Rüşdü Zorlu'nun ağabeyi Beyrut Büyükelçisi Rıfkı Rüşdü Zorlu Kahire büyükelçiliğine atandı.

Hemen ardından Ali Fuad Cebesoy'un başkanlığında bir "dostluk heyeti" Mısır'a gönderildi. Heyette, Ahmed Emin Yalman, Ali Naci Karacan, Selim Ragıp Emeç, Mümtaz Faik Fenik ve Mithat Perin gibi Adnan Menderes'in dostu ünlü gazeteciler vardı.

Ancak gezi beklenildiği gibi olmayacaktı: Mısır Enformasyon Bakanı Binbaşı Salah Salim'in, "İsrail Arap dünyasının bağrına saplanmış bir hançerdir, İsrail var oldukça Araplar başka hiçbir tehlikeyi hesaba katmayacaktır. İsrail'i tanıyan devletlerle dostluk kurmayacaktır. Türkiye de İsrail'le ilişkide olduğu sürece Mısır'ın dostluğunu kazanamayacaktır" demesi ortamı gerdi.

Türk gazeteciler geri durmadı. Mısır, Türkiye'nin Ortadoğu'daki öneminin farkında değil miydi? Komünizmin bölgede yayılmasını önleyecek tek sağlam kalenin Türkiye olduğunu bilmiyorlar mıydı? Yoksa Mısır komünizmi tehlike olarak görmüyor muydu?

Mısırlı devlet adamlarının yanıtı basitti: "Bizi 7 500 km uzaklıktaki 'komünizm tehlikesi' değil, Süveyş'teki tehdit daha çok ilgilendiriyor!"

Sonuçta, ne dostluk heyeti ne de Rıfkı Rüşdü Zorlu'nun çabaları Mısır'ı pakta girmeye ikna edebildi.

Türkiye ile Irak arasında 24 şubat 1955'te imzalanan Bağdat Paktı'na, 4 nisanda İngiltere, 23 eylülde Pakistan ve 3 kasımda İran katıldı. ABD paktın gözlemci üyesiydi.

Soğuk Savaş Ortadoğu'yu ısıtmaya başlamıştı...

İngiltere'nin Mısır dışında Kıbrıs'tan da, yeni düzenlemeler yaparak çekilmek istemesi bu kez Türkiye ile Yunanistan'ı karşı karşıya getirdi...

Ve bu gerginliğin tam ortasında Fatin Rüşdü Zorlu vardı!

Bir telgrafla başlayan olaylar

Fatin Rüşdü Zorlu, Kıbrıs'tan sorumlu bakandı. Bu nedenle önce Kıbrıs sorunu üzerine Dışişleri Bakanlığı'nda bir komisyon kurulmasını sağladı. Zorlu'nun başkanlığındaki bu komisyonda, Genelkurmay İkinci Başkanı Orgeneral Rüştü Erdelhun, Dışişleri Genel Sekreteri Muharrem Nuri Birgi, Atina Büyükelçisi Settar İksel, Dışişleri genel müdürlerinden Orhan Eralp ve Mahmut Dikerdem vardı.[7]

Komisyon Kıbrıs sorununu inceleyecek ve hükûmetin tutumunu saptayacaktı. Zorlu'nun önemle üzerinde durduğu ve kendine temel aldığı başlıca iki konu vardı. Bunlardan ilki Türkiye'nin Kıbrıs üzerinde en az Yunanistan kadar hak sahibi olduğunu kanıtlamak ve bunu dünyaya duyurmak. İkincisi, sorunlar çözüme kavuşuncaya kadar Kıbrıs Türklerine gerekli her türlü yardımda bulunarak dayanma güçlerini artırmak.

Kıbrıs politikası konusunda Başbakan Menderes-Başbakan Yardımcısı Zorlu ikilisi ile Dışişleri Bakanı Köprülü farklı düşünüyordu. Köprülü meselenin neden bu kadar abartıldığını belki de hiç anlamamıştı.

Temelleri 1930'larda Atatürk ve Venizelos tarafından atılan

---

7. Türk diplomasisinin onurlu ismi Mahmut Dikerdem, ünlü gazeteci-yazar Mehmet Ali Birand'ın dayısıdır.

Türk-Yunan dostluğu, imzalanan Seyrisefain Antlaşması'yla pekişmiş, bu antlaşmaya bağlı olarak on binlerce Yunan vatandaşı Türkiye'ye gelerek özellikle ticaret sektöründe çalışmaya başlamıştı. İkinci Dünya Savaşı'ndan sonra her iki ülkenin Batı ittifakı ve dolayısıyla NATO içinde yer almaları olumlu ilişkilerin kökleşmesine neden olmuştu. 1952'de Cumhurbaşkanı Celal Bayar ve Yunanistan Kralı Paulos'un karşılıklı ziyaretleri ilişkileri pekiştirmişti.

İstanbul'un fethinin 500. yıldönümünün, Yunanlıları gücendirmemek, Türk-Yunan dostluğuna gölge düşürmemek için DP hükûmeti tarafından "âdet yerini bulsun" anlayışıyla küçük bir törenle kutlanmak istenmesi, İstanbul'da olaylara yol açmıştı. Dükkânlarını bayraklarla süslemeyen ve tatil yapmayan dükkânlar saldırıya uğramıştı!

Hürriyet gazetesi, İstanbul'un fethini kutlamak isteyen üniversite öğrencilerinin gösterilerini manşetlerine taşıyordu. Hükûmeti, "Türkiye'nin dış politikasını Atina mı idare ediyor?" diye topa tutuyordu!

Bin yıldır birlikte yaşayan Türk ve Yunan halkları birdenbire "geleneksel düşman" oluvereceklerdi! Kültürleri birbirine bu kadar benzeyen iki halk neden "ezelî ve ebedî düşman" yapılıvermişti?

Neden?..

Her iki ülke arasında sürekli gerilen ipin ucunu kimler tutuyordu? Ve ipin gerilmesiyle İsrail'in kurulması arasında doğru bir ilişki var mıydı?[8]

Akdeniz'in kalbinde bulunan Kıbrıs, stratejik öneme sahipti.

Yunanistan Kıbrıs'ın kendisine verilmesini istiyordu, Türkiye ise adanın kendisine ait olduğunu ileri sürüyordu. İngilizlerin amacı ise Türkiye ile Yunanistan'ı karşı karşıya getirerek zaman kazanmaktı. İngiltere üçlü konferans çağrısında bulundu. Konferans 29 ağustos 1955'te Londra'da Lancaster House'da toplanacaktı. Konferans görünüşte Doğu Akdeniz'in güvenliğini ilgilendiren tüm sorunları görüşmek için toplanıyordu. Ancak her üç ülke de esas konunun Kıbrıs üzerine odaklanacağını biliyorlardı.

Türk kamuoyu bu sorunu ulusal bir dava olarak benimsedi. Yurdun her köşesinde özellikle gençlik ayaktaydı. Yürüyüşler, gösteriler yapılıyordu. Benzer gösteriler Atina'da da düzenleniyordu.

---

8. Farklı okuma notları ve soruları: 1) XVI. yüzyılda Osmanlılar Kıbrıs'ı fethetmeleri ile Saray'daki Yahudi ağırlığı arasında doğru bir ilişki var mıdır? 2) Prof. Abraham Galante'ye göre Kıbrıs'ı alan Padişah II. Selim, Yahudi Nassi'ye neden "Seni Kıbrıs'a kral yapacağım" dedi. 3) Kıbrıs alındığında adaya yerleştirilen Yahudi sayısı kaçtır? Neden büyük çoğunluk Larnaka ve Limasol'dadır? 4) Sokullu Mehmed Paşa Kıbrıs'ın Yahudi krallığı olmasını neden önlemiştir? 5) XX. yüzyılın başında Siyonistlerin "Kenan Ülkesi"ni kurmayı düşündükleri yerler arasında Kıbrıs var mıdır?

Londra Konferansı öncesi Başbakan Menderes 27 temmuz 1955'te kabinede değişiklik yaptı: Köprülü başbakan yardımcılığına, Fatin Rüşdü Zorlu ise Dışişleri bakanlığına getirildi.

Ardından Türk hükûmeti Yunanistan'a sert bir nota vererek, Kıbrıs'la ilgili tahrik ve kışkırtmalara son vermesini istedi.

Başbakan Menderes, gerekirse Türk askerinin adaya çıkabileceğini ima eden açıklama yaptı; Kıbrıs'taki Türk toplumunu mahallî makamlar koruyamazsa Türkiye'nin koruyacağını söyledi.

Ve Londra Konferansı bu gergin havada toplandı.

Türkiye'nin gözü kulağı Londra'daydı.

Londra'ya giden heyetin başında Dışişleri Bakanı Zorlu vardı. Ayrıca heyette Millî Savunma Bakanı Edhem Menderes, Dışişleri Genel Sekreteri Muharrem Nuri Birgi, Londra büyükelçiliğinden Bonn'a yeni atanan Suat Hayri Ürgüplü gibi isimler bulunuyordu.

Konferansa katılan üç ülkenin de görüşleri birbirinden çok farklıydı. İngiltere, Kıbrıs'ta üçlü bir askerî yönetimi savunuyordu. Yunanistan ada halkının geleceğini kendisinin belirleyebileceğini belirtiyordu. Türkiye ise, "Statüko bozulacaksa Kıbrıs Türkiye'ye katılmalıdır" tezini ileri sürüyordu.

Londra Konferansı'nda beklenildiği gibi bir sonuç çıkmayacağı belli olmuştu. Türk heyeti konferansa yeni bir öneri getirmek istedi: acaba Kıbrıs sorununun bir süre dondurulması için beş yıllık bir moratoryum uygulanabilir miydi? Yani her üç ülke de Kıbrıs meselesini beş yıl süreyle milletlerarası bir anlaşmazlık konusu yapmaktan çıkaracak ve bu süre içerisinde Kıbrıs'ın hukukî statüsünde herhangi bir değişiklik isteğinde bulunmayacaktı.

Dışişleri Bakanı Zorlu bu öneriyi Ankara'ya bildirip Başbakan Menderes'in onayını almak istedi. Menderes olumsuz cevap verdi; "Kıbrıs meselesini erteleme girişimi bizden gelmemeli" dedi.

Konferansın ikinci tur görüşmeleri başladı.

Zorlu gelişmeleri telefonla Ankara'ya bildiriyordu. 6 eylül akşamı Zorlu, Londra Büyükelçiliği'nde Türk heyetini topladı. Ankara'yı telefonla arayıp ertesi gün Lancaster House'da görüşülmeye başlanacak "ortak bildiri metni" üzerinde Başbakan Menderes'ten talimat almak istedi.

Zorlu o gece Başbakan Menderes'e ulaşmakta zorlandı. Başbakan'ı ancak Haydarpaşa Garı'nda bulabildi.

Menderes'le konuşmaya başlayan Zorlu'nun rengi değişti...

6 eylül günü saat 21.00 sularında İstanbul'da olaylar çıkmıştı. Başta Rumlar olmak üzere azınlıkların ev ve dükkânlarına saldırılar yapılıyordu. Başbakan Menderes, Zorlu'ya, "Londra'da artık

ne arıyorsunuz? Hemen geri gelin!" emrini verdi.

Zorlu Başbakan Menderes'le yaptığı telefon konuşmasından sonra BBC Radyosu'nu dinlemeye başladı.

Heyetteki herkesin yüzü sararmıştı...

73 kilise, 8 ayazma, 1 havra, 2 manastır, 4 340 dükkân, 110 otel ve restoran, 27 eczane, 21 fabrika, 3 Rum gazetesi, 5 Rum kulubü, 2 600 ev, 52 Rum okulu ve 8 Ermeni okulu tahrip ya da yağma edilmişti. Balıklı Rum Kilisesi'nin papazı Hrisantos Mandas olaylar sırasında öldürülmüştü.

Olaylar sırasında Yahudilere yönelik pek fazla saldırı olmamıştı; ağırlık Rum ev ve işyerlerine yönelikti. Sanki "bir güç" Rumlara ait yerlere "gamalı haç" çizmişti; İstanbul'un varoşlarından kent merkezine gelenler direk bu yerlere yönelmişti!..

Ama sonuçta suçlu da bulunmuştu (!): poliste kaydı bulunan Aziz Nesin, Kemal Tahir, Hasan İzzettin Dinamo gibi kırk üç solcu hemen gözaltına alındı!..

Bu arada TBMM olağanüstü toplandı. Genel kurulda söz alan DP İstanbul Milletvekili Aleksandros Hacopulos, "Hadiselerin tarzı cereyanı (oluş biçimi) tertip olduğunu açıkça ortaya koymaktadır" dedikten sonra kolluk kuvvetlerinin olaylar sırasında gösterdiği kayıtsızlığa dikkat çekti.

Hükûmet adına konuşan Başbakan Yardımcısı Fuad Köprülü'nün konuşması genel kurul için tam bir sürpriz oldu: "Bu hadiseden hükûmet evvelce haberdardı. Ona göre bazı tertibat da almıştı. Fakat bu hadisenin günü ve saati muayyen değildi ve bu bütün gayretlere rağmen adeta bir baskın şeklinde ve her tarafta birden ortaya çıkmıştır."

Fuad Köprülü aslında böyle konuşarak "gaf" yapmıyordu. Ortalıkta Dışişleri Bakanı Zorlu'nun, Başbakan Menderes'e çektiği bir telgraftan söz ediliyordu. Bu telgrafta Zorlu'nun, "Türkiye'nin Kıbrıs konusunda ne kadar kararlı olduğunun ve taleplerinde ne dereceye kadar ısrar edeceğinin dünyaya ispat edilmesini" istediği yazılıydı!..

Başbakan Menderes, telgrafın gereğini yerine getirmişti![9]

Gazeteci-yazar Fatih Güllapoğlu, Genelkurmay Özel Harp Dairesi'nde başkanlık da yapan Emekli Orgeneral Sabri Yirmibeşoğlu'yla

---

9. Hikmet Bil, "Kıbrıs Türk'tür Derneği"nin başkanıydı. *Kıbrıs Olayı ve İçyüzü* adlı kitabında, olaylardan bir gün önce Başbakan Menderes'in kendisini arayarak, Florya'ya davet ettiğini ve burada neler konuştuklarını yazdı. Görüşmelerinde Başbakan Menderes, Londra'da bulunan Fatin Rüştü Zorlu'nun zor durumda olduğunu ve bir şeyler yapılması gerektiğini belirten şifre gönderdiğini söylemişti. O gece orada Celal Bayar, İçişleri Bakanı Namık Gedik, Emniyet Genel Müdürü Edhem Yetkiner gibi isimler vardı!

yaptığı görüşmede tarihe geçecek şu cümleleri ortaya çıkardı:

6-7 Eylül de bir Özel Harp işiydi. Ve muhteşem bir örgütlenmeydi. Amaca da ulaştı. (...) Sorarım size, bu muhteşem bir örgütlenme değil miydi? (*Tanksız Topsuz Harekât*, 1991, s.104)

6-7 Eylül Olayları bugün artık bir muamma değildir. Türkiye, kamuoyunun Kıbrıs konusunda ne kadar hassas olduğunu dünyaya duyurmak isterken, "kantarın topuzunu iyi ayarlayamamıştı" o kadar!..

"En uzun boylu... Fatin Rüşdü Zorlu..."

6-7 Eylül Olayları DP grubunda sarsıntılı atlatıldı.

Ardından bazı DP milletvekillerinin, ceza yasasına "ispat hakkı"nın konmasını istemesi partiyi parçalama noktasına kadar getirecekti.

Yasa tasarısını isteyenler, son dönemde DP içinde birçok kişinin suiistimal yaptığını iddia ediyor ve bunun önüne geçilmesini istiyordu. Fakat bu yasa teklifinin yapılmasının öncelikli nedeni, Devlet Bakanı Mükerrem Sarol'un başkanlığını yaptığı Etiler Kooperatifi'nin demir, çimento gibi malzemeleri devleti zarara uğratarak aldığı iddiasıydı. Her üye normal evlerde otururken, Bakan Sarol'un havuzlu, ilginç mimarili büyük bir malikâneye sahip olmasının altında yatan da bu demir çimento yolsuzluğuydu!

"İspat hakkı"nın Bakan Sarol'un "kellesini" almaya yönelik olduğunu düşünen ve eğer buna izin verirse arkasının geleceğini hesap eden Başbakan Adnan Menderes yasa teklifine karşı çıktı.

Ama parti grubundaki olayların önüne geçemedi.

Grup bastırdı, Devlet Bakanı Sarol istifa etmek zorunda kaldı.

Menderes zor durumda kalmıştı. Çünkü 15 ekimde DP'nin dördüncü büyük kongresi vardı. Ve partinin önemli isimleri "ispatçılar" arasındaydı.

Genel başkanlığını tehlikeye düşürmek istemeyen Menderes, kongre günü "ispatçılardan" Fevzi Lütfi Karaosmanoğlu, Ekrem Hayri Üstündağ, Ziyad Ebüzziya gibi dokuz milletvekilinin partiden atılmasını sağladı. Bunun üzerine Turan Güneş, Fethi Çelikbaş, İbrahim Öktem gibi on DP'li milletvekili de istifa etti.

Adnan Menderes kongreden bir kez daha genel başkan olarak çıktı.

Ancak DP çatırdıyordu...

Görünen neden "ispat hakkı"ydı. Oysa daha derinde yatan neden bambaşkaydı: 1955'te ekonomide bazı zorluklar ortaya çıkmıştı. Dış borçlar giderek artıyordu. "Borçlanabildiğimiz kadar borçlanalım, nasıl olsa Amerika öder" anlayışı iflas etmişti. Döviz gelmiyordu. İMF'nin kontrolü ve baskısı artmaya başlamıştı. Dünya Bankası kredi konusunda artık zorluklar çıkarıyordu. İthalat kısılmıştı. Kredi ve hele döviz talepleri karşılanamıyordu.

Başbakan Menderes, Fatin Rüşdü Zorlu, Hasan Polatkan ve Sıtkı Yırcalı'yı, kişilerin ve şirketlerin ihtiyacına göre döviz veren "Döviz Komitesi"ne üye yapmıştı. Döviz Komitesi'nin başı dertteydi. İstekleri yerine gelmeyenler ortalığı karıştırıyor, iftiralar, dedikodular gerçekle karıştırılıyordu.

Parti içinden de hükûmete eleştiriler gelmeye başlamıştı. Örneğin, Başbakan Menderes'in halası Sacide Hanım'ın oğlu DP milletvekili Kenan Akmanlar bile, üç arkadaşıyla birlikte, hükûmetin ekonomik siyasetini eleştiren bir rapor hazırlamıştı.

Ve bir gün hiç beklenmedik bir olay oldu...

Kalay sıkıntısından dolayı beyazpeynir için teneke bulunamayışının Dışişleri Bakanı Fatin Rüşdü Zorlu'nun istifasına yol açacağını kim bilebilirdi. Zorlu siyasî hayatının en güçlü sınavını kasım ayının son günlerinde yaşayacaktı.

22 kasımda toplanan DP grubu, izlenen ekonomik politikalarla ilgili Meclis'te gensoru açılması önergesini kabul etti. Başbakan Menderes resmî bir gezi için gittiği Bağdat'ta parti grubunun kararını alınca fena halde kızdı. "İsyanı" kolayca bastıracağını düşünüyordu. Bir hafta sonra, 29 kasımda gensoruyu bir kez daha görüşmek üzere toplanan DP grubunda yaşananları kimse önceden tahmin edemezdi...

Kürsüye önce hükûmetin ekonomik politikalarını savunmak için Ticaret ve Ekonomi Bakanı Sıtkı Yırcalı çıktı.

DP grubu, Yırcalı kürsüye çıkar çıkmaz "İstifa... İstifa..." diye bağırmaya başladı.

Bakan Yırcalı, "Mademki memnun değilsiniz, istifa ediyorum!.." deyince grupla birlikte Başbakan Menderes de şaşırdı.

Ama ok yaydan çıkmıştı...

Grup bu kez Maliye Bakanı Hasan Polatkan'ı kürsüye davet etti. Ve o da daha birkaç söz söyleyemeden, grubun "İstifa... İstifa..." sloganlarına kızarak, sinirlenip istifasını açıkladı.

DP grubu Roma İmparatorluğu'nun arenalarına dönmüştü. Milletvekilleri bakanları kürsüye çağırıyor ve ölüm emrini veriyorlardı.

Fatin Rüşdü Zorlu sıranın kendisine geleceğini hesap etti. Akrabası ve aynı zamanda özel kalem müdürü Büyükelçi Ziya Tepedelen'e[10] telefon ederek, kendisine derhal Türkiye'nin ekonomisiyle ilgili tüm son bilgileri, istatistikleri vermesini istedi.

Zorlu iç politikadan bu kadar uzaktı. Milletvekillerini ikna edeceğini düşünüyordu. Kendisi için hazırlanan sonu hâlâ göremiyordu.

Dışişleri'nin genç diplomatlarından Semih Günver ve Kâmran İnan[11] tarafından getirilen dosyalara bakarak alelacele bir konuşma hazırlamaya başladı.

DP grubu, "En uzun boylu... Fatin Rüşdü Zorlu..." diye tempo tutmaya başladı. Zorlu, giyotine gider gibi, masa üzerindeki notları yanına alıp kürsüye çıktı. "Arkadaşlar" diye söze girdi. Grup, "İstifa... İstifa..." diye bağırarak yanıt verdi. Bir kez daha konuşmayı denedi: "Arkadaşlar, Türkiye'nin ekonomisi..."

"İstifa" sesleri dinmiyordu. Zorlu kürsüde biraz bekledi. Sesler azalmıyor, sürekli artıyordu. "Peki" dedi, "istifa ediyorum."

Ama DP grubu Zorlu'nun sadece Dışişleri Bakanlığı'ndan değil Döviz Komitesi gibi diğer görevlerinden de istifasını istiyordu. "Hepsinden... Hepsinden..." diye bağırmaya başladılar.

Zorlu tekrar kürsüye çıkıp, "Bütün görevlerimden istifa ediyorum" dedi.

Kürsüden indi, eşyalarını toplamak için TBMM'den ayrılıp Dışişleri Bakanlığı'na gitti. Yakın arkadaşları diplomatlar, makam odasını doldurdular. Her kafadan bir ses çıkıyordu.

"Ne olduğunu anlamadım; neden istifa ettiğimi de; başbakanın bizi neden savunmadığını da bilemiyorum" dedi.

> Daha ilk günlerden itibaren Demokrat Parti Meclis Grubu Zorlu'dan hoşlanmamıştı. Zorlu da milletvekillerine kendisini sevdirecek herhangi bir gayret sarf etmiyordu. Sarf etmeye vakti yoktu, vakti olsa bile bunu beceremezdi. Parti arkadaşları arasında, hali tavrı, giyinişi, konuşuşu, "r" harflerini telaffuz edemeyişi, kimseyi takmayışı, kırıcı davranışlarıyla sanki uzaydan gelmiş bir yaratık gibiydi. (Semih Günver, *Fatin Rüştü Zorlu'nun Öyküsü*, 1985, s. 51)

---

10. Dışişleri Bakanı Fatin Rüşdü Zorlu'nun özel kalem müdürü Ziya Tepedelen de Evliyazade ailesinin bir ferdiydi. Gülsüm Evliyazade'nin torununun kızı Leyla'nın ilk eşiydi. 1948'de evlendiler 1969'da boşandılar. Bu evlilikten doğan Kenan Tepedelen de diplomattır. Osmanlı'nın ünlü vezirlerinden Tepedelenli Ali Paşa'nın soyundandırlar. CHP'li Kemal Derviş, *Hürriyet* gazetesine verdiği röportajında (25 haziran 2001) anneannne tarafından Tepedelenli Ali Paşa'nın akrabası olduğunu söylemiştir, yani akrabalıkları sözkonusudur!

11. Türk siyasetinin tanınmış isimlerinden Kâmran İnan, o yıllarda Başbakan Adnan Menderes'in oğlu Yüksel Menderes'in en yakın arkadaşıydı. Evliyazadeler, 27 Mayıs 1960 askerî müdahalesinden sonra, bu dostluğun "kariyerime zarar gelmesin" diye Kâmran İnan tarafından bozulduğunu söylüyor.

Fatin Rüşdü Zorlu'nun Dışişleri bakanlığı dört buçuk ay sürmüştü...

Zorlu Dışişleri'nde özel eşyalarını toplarken, DP grubundaki hareketlilik sürüyordu. Son olarak Başbakan Menderes, grubu yatıştırmak için kürsüye çıktı; "İsimleri suiistimallere karışan tüm bakanların istifasını istiyorum" dedi. Milletvekilleri başbakanı alkışlamaya başladı. Menderes ayrıca kendisi için güvenoyu istedi.

Sonra ne oldu dersiniz: sadece üç bakanın değil, hükûmetin tüm bakanlarının istifasını isteyen DP grubu, kabinenin başı başbakana güvenoyu verdi!

Menderes teşekkür konuşmasında, "Aslanlar gibi insanlarsınız, siz isterseniz hilafeti bile geri getirirsiniz!.." dedi.

Başbakan Menderes 8 aralıkta yeni hükûmeti kurdu.

"İadei itibar" edilerek Fuad Köprülü tekrar Dışişleri bakanlığına getirildi. "Halefi" Fatin Rüşdü Zorlu ise kabine dışında kaldı!

Dışişleri'nde "Fuadcılar" sevinçli, "Fatinciler" üzgündü...

Evliyazadelerin dargın damatları

Fatin Rüşdü Zorlu kızgındı.

Başbakan Menderes'in kendisini DP grubunun önüne yem olarak attığını düşünüyordu. Halbuki Başbakan Menderes'le hiç ihtilafa düşmemişti. Her icraatında ondan talimat almıştı. Çok çalışmıştı. İç siyasete kurban edildiğini düşünüyordu. Menderes'e küskündü.

Okul arkadaşı, Büyükelçi Settar İksel'in Ankara Yenişehir'deki küçük dairesine adeta sığınmıştı. Oğuz Gökmen, Muharrem Nuri Birgi, Melih Esenbel ve bacanağı Ziya Tepedelen gibi yakın dostları dışında kimseyle konuşmuyordu. Arkadaşlarıyla briç oynayarak oyalanıyordu.

Ne o Menderes'i arıyordu ne de Menderes onu!..

Fatin Rüşdü Zorlu Ankara siyasî kulislerinde görünmüyordu ama DP grubu onu hiç de unutmuş görünmüyordu. 11 ocak 1956'da DP grubu TBMM'ye verdiği önergede, Zorlu, Yırcalı ve Polatkan hakkında nüfuz ticareti ve suiistimal iddialarıyla ilgili olarak Meclis soruşturması açılmasını istedi.

DP grubunun kaynaması durmuyordu. Başbakan Menderes grubunu kontrol altına almakta zorlanıyordu.

DP'den ayrılanlar, 20 aralık 1955'te, siyasî alanda liberal, ekonomik alanda ise devletçi Hürriyet Partisi'ni kurdular.

Partinin genel başkanı Fevzi Lütfi Karaosmanoğlu'ydu. Bu par-

tiye DP'den milletvekili akışının bir türlü önüne geçilemiyordu.
Fatin Rüşdü Zorlu siyasetten usanmış gibiydi.
Aslında bıkkınlığının nedeni biraz da korkuydu.
Bir gün Başbakan Menderes'e haber gönderdi. Siyasetten ayrılmayı ve mesleğine dönmek istediğini bildirdi. Başbakan Menderes, bacanağının isteğine şaşırmakla birlikte, ona Bern büyükelçiliğini teklif etti.
Zorlu için İsviçre hükûmetinden agreman bile istenildi.
İşte o sırada devreye Evliyazadelerin kadınları girdi...
Fatin Rüşdü Zorlu'nun eşi Emel Zorlu o dönemde Berin Menderes'in en yakınındaki isimdi. Kızı Sevin'in okulu ve Vesamet Hanım meselesi yüzünden Paris'te yaşıyordu.
Ama bu hemen her gün Berin Hanım'la telefonda konuşmalarına engel değildi. Her gün telefonlaşıyorlardı.
İki kuzen sırdaştı.
Anneleri Naciye Hanım ile Makbule Hanım nasıl birbirlerinden ayrılmaz ikiliyse, kızları da öyleydi.
Emel Zorlu Ankara'ya geldiğinde davetlere, alışverişe birlikte gidiyorlardı.
Bazen de falcıya.
Bu ikiliye İzmir'den gelen Doktor Nâzım'ın kızı Sevinç'in de katıldığı oluyordu.
Sevinç'in evliliğinde de problem vardı. İlk çocuğu Tülin sakat doğmuştu. İkinci çocuk ise ölü dünyaya gelmişti. Eşi Cemil Atalay, "kusuru" eşinde arıyordu.
Kimsenin aklına gelmiyordu, akraba evliliği yaptıkları!
Berin Hanım'ın safrakesesinden rahatsızlığı vardı. Çocukluğundan beri bakıcılığını yapan Didar Kalfa artık çok yaşlanmıştı. Zaten Didar Kalfa kendine bile zor bakıyordu ve bir yıl sonra da vefat etti...
Berin'in zor anlarında yanında mutlaka Emel oluyordu artık.
Emel Hanım aynı zamanda Menderesler'in çocuklarıyla arkadaş gibiydi. Birlikte sinemaya gitmeye bayılıyorlardı.
Çocukları Yüksel Menderes ile Sevin Zorlu yapışık kardeş gibiydiler, her yere birlikte giderlerdi. Çocukluklarından beri tercihleri Ulus'taki Yeni Sinema'ydı. Açık mavi kadife koltukların olduğu locayı tercih ediyorlardı hep.
Yüksel Menderes, gençliğinde her gittiği film biletinin arkasına, başrol oyuncularının adını ve sinemaya gittiği tarihi yazardı. O biletlerin koleksiyonunu yapardı.
Bir de pul koleksiyonu vardı. Dayısı Samim Yemişçibaşı ve

Dr. Tevfik Rüşdü Aras bu konuda en büyük iki yardımcısıydı.

Yani Menderesler ile Zorlular birbirlerine çok yakındı...

Evliyazadelerin kadınları Berin, Emel, Naciye ve Makbule ile Güzide Zorlu iki dargın damadı barıştırmak için kolları sıvadılar.

Fatin Rüşdü Zorlu'ya sabretmesi gerektiğini, siyasetten kopmasının doğru olmayacağını ve yakında Dışişleri bakanlığına tekrar getirileceğine ikna ettiler.

Zorlu bu uyarılardan etkilendi. Ayrıca Bern gibi etkisiz bir yerde büyükelçilik yapıp yapmama tercihi kafasını karıştırmıştı.

Evliyazade kadınları aynı zamanda Başbakan Menderes'i de etki altına aldılar: "Partide güveneceğin kaç kişi var; grup giderek Bayar'ın etkisine giriyor; altını oyuyorlar; yalnızlaştırıldığının farkında değil misin?"

Ve sonuçta kadınlar kazandı; bir akşam yemeğinde Adnan Menderes ile Fatin Rüşdü Zorlu yan yana getirildi. Aile içinde yenen yemek buzları eritmeye yetmişti...

Fatin Rüşdü Zorlu, Bern'e büyükelçi olarak gitmedi ama bir Evliyazade büyükelçi oldu.

Naciye Evliyazade'nin oğlu Samim, teyzesinin kocası Dr. Tevfik Rüşdü Aras sayesinde Dışişleri'ne girmişti. İdarî memurlukla başlayıp Paris, Berlin ve Cidde'de görev yaptıktan sonra 1947'de merkeze alınmıştı.

DP hükûmetinin ilk döneminde protokol genel müdürü olan Samim Bey'in yeni görevi Viyana büyükelçiliğiydi!..

Dışişleri Bakanlığı'ndaki bir diğer Evliyazade ise Yüksel Menderes'ti. Giriş sınavını zorbela verebilmişti... Daha henüz memur adayıydı.

Zorlu'nun ekibi iş başında

Başbakan Adnan Menderes'le barışan Fatin Rüşdü Zorlu siyasî yaşamında değişiklikler yapmaya başladı.

20 haziran 1955'te TBMM Soruşturma Komitesi, Zorlu, Polatkan ve Yırcalı hakkında suçsuz oldukları kararını verdi. Aynı gün Fuad Köprülü Dışişleri bakanlığından çekildiğini açıkladı.

Köprülü ailesi ile DP'nin yolları ayrılıyordu. Babasından bir ay önce de Orhan Köprülü DP İstanbul İl başkanlığından ayrılmıştı...

Bu gelişmeler üzerine Zorlu Yenişehir'deki evinden TBMM'ye gitmeye başladı. Artık milletvekilleriyle sohbet ediyor, onların desteğini kazanmak için çaba harcıyordu.

Dışişleri bakanlığına Edhem Menderes vekâlet ediyordu. Ama

ipler tekrar Zorlu'nun eline geçmişti. Melih Esenbel genel sekreterliğe;[12] Muharrem Nuri Birgi Londra büyükelçiliğine; Oğuz Gökmen Ticaret Dairesi genel müdürlüğüne; Semih Günver Milletlerarası Ekonomik İşler Dairesi müdürlüğüne; Hasan Esad Işık[13] İktisadî İşler, Zeki Kuneralp[14] Siyasî İşler, Hüveyda Mayatepek[15] NATO ve Hüseyin Daniş Tunalıgil[16] İdarî İşler genel sekreter yardımcılığına atandı.

Dışişleri'nde artık "Fatincilerin" yüzü gülüyordu...

O günlerde ABD, Türkiye ekonomisini mercek altına almıştı. Verdiği kredilerin iyi kullanılmadığını düşünüyordu. Üstelik hükûmetin ekonomi politikalarından şikâyetler sürekli artıyordu. Amerika, ekonomi uzmanı Clarence Randall başkanlığındaki bir heyeti Türkiye'ye gönderdi. Randall'a yardımcı olmak için, çeşitli bakanlıklardan istenilen bilgilerin toplanması amacıyla bir koordinasyon komitesi kuruldu.

Başbakan Menderes bu komitenin başına Fatin Rüşdü Zorlu'yu getirdi.

Zorlu'nun bu yeni görevi, Maliye Bakanı Nedim Ökmen'i çileden çıkardı. Zorlu, Başbakan Menderes'e Maliye Bakanı Ökmen'in sabotaj yaptığı şikâyetinde bulundu. Başbakan Menderes zaten Bakan Ökmen'e hep "Bayar'ın adamı" gözüyle bakmış, Meclis'te 1956 bütçesi üzerine yaptığı konuşmada bir önceki hü-

12. Melih Esenbel 1967-1979 yılları arasında Washington büyükelçiliği yaptı. Bir ara Sadi Irmak hükûmetinde (1974-1975) Dışişleri bakanıyken bile elçilik görevinden ayrılmadı. Liseyi bir ara, Nâzım Hikmet'in dedesi Hasan Enver Paşa'nın Erenköy'de açtığı Enver Paşa Lisesi'nde okudu, sonra Galatasaray'a geçti.

13. İngilizlerin evine baskın yaparak pijamalarını değiştirmesine bile fırsat vermeden Malta'ya sürgüne götürdükleri göz doktoru İttihatçı Esad Paşa'nın oğludur. Hasan Esad Işık 1965'te Dışişleri bakanlığı, 1974, 1977 ve 1978'de üç kez Millî Savunma bakanlığı yaptı. Gazeteci-yazar Hıfzı Topuz'la teyze çocuklarıdırlar. Enişteleri, dördüncü ve beşinci dönemlerde CHP milletvekili olarak Meclis'e giren Prof. Dr. Vasfi Raşid Seviğ'dir.

14. Zeki Kuneralp, Ulusal Kurtuluş Savaşı'na karşı çıktığı için linç edilerek öldürülen, İngiliz işbirlikçisi Hürriyet ve İtilaf Fırkası'nın önde gelen ismi gazeteci Ali Kemal'in oğludur. Zeki Kuneralp, Madrid büyükelçiliği sırasında 2 haziran 1978'de elçilik makam otomobilinin ASALA militanları tarafından silahla taranması sonucu eşi Necla Kuneralp ile bacanağı emekli büyükelçi Beşir Balcıoğlu'nu kaybetti. Zeki Kuneralp'in oğulları Selim ve Sinan Kuneralp de diplomattı.

15. Hüveyda Mayatepek, Enver Paşa-Naciye Sultan çiftinin kızı Türkân'la evliydi. Türkan Mayatepek Ankara'da bazı okullarda kimya öğretmenliği de yaptı. Türkân Hanım'ın kardeşi Enver Paşa sürgündeyken Berlin'de doğan Ali Enver 1939'da özel afla Türkiye'ye geldi ve Türk Hava Kuvvetleri'ne katıldı. Ancak istifa etti, İngiltere'de savaş uçaklarının deneme pilotu oldu. Avustralya'da eşiyle birlikte çıktığı bir tatilde, arabasının ıssız bir yerde bozulması sonucu açlıktan öldü. Yapılan otopside ölmeden önce ot yedikleri anlaşıldı. Bu ölüm esrarını hâlâ korumaktadır!

16. Hüseyin Daniş Tunalıgil terörе kurban giden ilk Türk büyükelçisidir. Viyana büyükelçiliği sırasında 22 ekim 1975'te ASALA tarafından şehit edildi.

kûmeti eleştirmesi tepkisini çekmişti. Ayrıca Köprülü'yle ittifak içinde olmasından da rahatsızlık duyuyordu.

Sonuçta Başbakan Menderes ağırlığını Zorlu'dan yana kullandı. Maliye Bakanı Ökmen 22 ağustos 1956'da istifa etti. İstifasıyla ilgili basına hiçbir açıklama yapmadı.

Türkiye iç politikaya yoğunlaştığı o günlerde, dünyanın gündeminde iki olay vardı:

23 ekim 1956'da Macaristan'da iç savaş çıktı; isyanı bastırmak için Macar hükûmeti tarafından ülkeye çağrılan Sovyetler Birliği Kızılordusu protestolarla karşılaştı.

Bir gün sonra, İsrail Mısır'a ani bir saldırı başlattı. İngiltere ve Fransa İsrail'e destek verdiklerini açıkladılar. Sovyetler Birliği İsrail'e askerî destek veren İngiltere ve Fransa'yı uyardı; ABD de Sovyetler Birliği'nin işe karışmamasını istedi.

Dünya gerilmişti...

Ve işin garip yanı Türk basını Macaristan iç savaşını büyütüyor, İsrail işgalini görmezlikten geliyordu: "Bugün 18. gün, kahraman Macar milleti hâlâ çarpışıyor!" (*Cumhuriyet*, 9 kasım 1956)

Milliyet gazetesi, "Kahraman Macar milletine yardım kampanyası" açmıştı!

Türkiye'nin Macaristan olayları konusunda tavrı netti, ama İsrail'in Mısır'a saldırmasına nasıl tepki vereceğine bir türlü karar veremiyordu. 17 kasım 1956'da Fatin Rüşdü Zorlu, Bangkok'taki (Tayland) parlamentolar arası konferansta yaptığı konuşmada, Türkiye'nin Mısır halkıyla aralarında tarihsel, manevî ve dinî bağlar olduğunu ve böyle bir saldırıdan Türk halkının üzüntü duyduğunu bildirirken, BM kararları doğrultusunda İngiltere ve Fransa'nın İsrail'in yanında olmasını da takdir ettiğini söyledi!

DP Çanakkale Milletvekili Zorlu konuşmasının sonunda konferans divanına, "Macaristan'ın bağımsızlığı uğruna kanlarını dökenlerin hatırası için bir dakika saygı duruşunda bunulmasını" talep etti!

Aynı günlerde Başbakan Menderes Bağdat'ta, Irak, İran ve Pakistan'ın katılacağı Bağdat Paktı toplantısına katıldı. Mısır'la tarihsel bağları olan bu ülkeler İsrail'i kınamakla yetindiler. Türkiye İsrail'deki elçisi Şevkatî İstinyeli'yi, İsrail de Türkiye'nin baskısı sonucu Ankara elçisi Maurice Fisher'i geri çağırdı. Artık ilişkiler maslahatgüzar seviyesinde yürütülecekti.

İsrail'in hava saldırısı karşısında Batı'dan umduğunu bulamayan Mısır ve Suriye, Sovyetler Birliği'ne daha da yakınlaştı. Ortadoğu'da savaş çanları çalıyordu.

ABD 5 ocak 1957'de, "Ortadoğu'yu komünizme karşı savunmak amacıyla" Eisenhower Doktrini olarak bilinen resmî siyasetini açıkladı. Buna göre ABD, ekonomik ve askerî yardım ve hatta ülkelerine askerî çıkarma yapılmasını isteyen Ortadoğu devletlerine bu yardımları karşılamaya hazır olduğunu bildirdi.

Sovyetler Birliği'nin Macaristan'a girişini protesto eden Türk basını, istenildiğinde ABD ordusunu Anadolu'ya çağırabilecek Eisenhower Doktrini'ni alkışlarla karşıladı.

Bu arada Sovyetler Birliği'nde, Stalin'in ölümünden sonra toplanan Komünist Parti'nin XX. kongresi geçmişin özeleştirisini yaparak yeni dış politikalar belirledi. Bu çerçevede Türkiye'yle ekonomik anlamda yakınlaşma sağlayabilecek yeni öneriler yaptı. Örneğin Emlak Bankası'na ve Petrol Ofisi'ne ek sermaye talebinde bulundu. Bazı malların ihracı için kredi verilebileceğini söyledi. Türk hükûmeti kendisine uzatılan bu "zeytin dalı"na kayıtsız değildi. Ancak Suriye'de Baas yanlısı subayların darbeyle iktidara gelmeleri ve Sovyetler Birliği'nin ihtilale destek vermesi, Türkiye-SSCB ilişkilerini yine soğutmaya yetti. Türkiye, Sovyetler'in Suriye aracılığıyla Ortadoğu'ya yerleşeceğini düşünüyordu![17]

ABD Başkanı Eisenhower, Başbakan Menderes'e gönderdiği mesajda, Suriye'den gelecek olası bir saldırı karşısında, Türkiye'ye her türlü yardıma hazır olduklarını bildirdi.

Bu gergin günlerde Fatin Rüşdü Zorlu, 28 temmuz 1957'de Devlet bakanlığına getirildi. Yirmi aydır kabine dışındaydı.

Ve 7 eylül 1957'de Fuad Köprülü DP'den ayrıldığını açıkladı: "Programından ayrılmış, eski hüviyetini tamamen değiştirmiş olan bugünkü DP'den çekiliyorum. Demokrasi nizamına iman etmiş bütün Türk vatandaşlarının aralarındaki her türlü ihtilafları bir tarafa atarak bu gaye (Menderes'i devirme [S. Y.]) uğrunda işbirliği yapmaları bir vatan borcudur."

Türkiye içte ve dışta yoğun siyasal ve ekonomik sorunlarla başa çıkmaya hazırlanırken, Başbakan Menderes normalde 1958 ilkbaharında yapılacak genel seçimlerin 27 ekim 1957'de yapılacağını açıkladı. Ardından seçim yasasını değiştirdi. Amaç partilerin ittifak yapmasını önlemekti. Ayrıca yasaya konan bir maddeyle altı ay ön-

---

17. Komplo teorisine katkıda bulunacak kışkırtıcı sorular: Sovyetler Birliği'nin Arap dünyasını destekleyen bir politika takip etmesiyle, Türkiye'de bazı "sosyalist" çevrelerin o dönemdeki SSCB'nin XX. kongre kararlarını eleştirip, yerin dibine sokması arasında nasıl bir ilişki vardır? Bazı sosyalist Sabetayistlerin hareketten kopmalarına ya da SSCB karşıtı olmalarına bu ülkenin Arap yanlısı politikaları neden olmuş olabilir mi? New York ve Paris "patentli" SSCB karşıtı hareketi örgütleyen 1968 kuşağındaki isimlerin hemen hepsinin Sabetayist olması tesadüf müdür ve sonra da çoğunun dönek olması? Dedim ya bunlar kışkırtıcı sorular!..

ce partisinden ayrılan bir kimse başka partiden aday olamayacaktı. Bu yasa maddesi basında "Köprülü Maddesi" olarak anıldı.

Ve 27 ekim 1957 seçimini DP kazandı.

Ama buruktular.

2 mayıs 1954 genel seçiminde yüzde 58,4 oranında oy almışlardı. Üç yıl sonra bu oran yüzde 47,7'ye düşmüştü.

CHP oylarını artırmıştı. Yüzde 35,1'den yüzde 40,8'e çıkarmıştı.

27 ekim seçiminde Cumhuriyetçi Millet Partisi yüzde 7,1, Hürriyet Partisi yüzde 3,8 ve bağımsızlar yüzde 0,1 oranında oy aldılar.

DP'nin buruk olmasının nedeni sadece oylarındaki düşüş değildi. Muhalefet partileri toplam oyların yüzde 52'sini almıştı.

Her seçimde olduğu gibi yine seçim sistemi muhalefet tarafından eleştirildi. Haksız da değillerdi; DP yüzde 47,7'yle 424 milletvekili çıkarmıştı. CHP'nin 178 milletvekili, CMP ve HP'nin 4'er, bağımsızların 2 sandalyesi vardı. Yani oyların yüzde 52'sini alan muhalefetin Meclis'te 186 milletvekili, yüzde 47,7'sini alan DP'nin ise 424 milletvekili vardı! DP hükûmeti için "azınlık iktidarı" deyimi kullanılmaya başlandı.

Seçim sonrası Meclis Celal Bayar'ı üçüncü kez cumhurbaşkanı seçti. Cumhurbaşkanı Bayar da hükûmeti kurma görevini, yine DP Genel Başkanı Adnan Menderes'e verdi.

Başbakan Menderes kabinesini yaklaşık bir ayda oluşturabildi. Bu arada seçimi kazanamayan Çalışma eski bakanı Mümtaz Tarhan'ı İstanbul valiliğine, Adalet eski bakanı Hüseyin Avni Göktürk'ü Millî Emniyet Hizmetleri (yani MİT)) başkanlığına atadı.

Zorlu'nun bakanlığı için ABD'den izin alınıyor

Başbakan Menderes 25 kasımda kabinesini açıkladı.

Fatin Rüşdü Zorlu istediği bakanlığa tekrar kavuşmuş, Dışişleri bakanı olmuştu.

Bir parantez açmak istiyorum: Türkiye'de kabinelerin nasıl oluşturulduğu, isimlerin nasıl seçildiği konusunda bir kitap çalışması yapılmasını çok isterim. Örneğin, birinci Menderes hükûmetinin üyeleri nasıl seçildi, hangi kriterler göz önüne alındı? Bunu şu nedenle yazıyorum; "Şu başbakanın kabinesi şu isimlerden oluştu" deyip geçiyoruz. Halbuki bu çok önemli bir konu.

Örneğin bir paragraf önce ne yazıyorum: "Fatin Rüşdü Zorlu istediği bakanlığa kavuştu, Dışişleri bakanı oldu." Halbuki mesele bu kadar basit değil.

Doç. Dr. Cüneyt Akalın, *Askerler ve Dış Güçler: Amerikan Belgeleriyle 27 Mayıs Olayı* adlı kitabında, ABD'nin Ankara Büyükelçisi Fletcher Warren'ın Washington'a gönderdiği bir belgeyi gözler önüne seriyor:

ABD'nin Ankara Büyükelçiliği'nden Dışişleri Bakanlığı'na telgraf, Ankara 13 kasım 1957.
(Belge no: 6; Foreign Relations, 1955-57, Volume XXIV, s. 745, Kaynak: Department of State, Central Files, Çok Gizli)
Konu: Menderes'in Fatin Rüşdü Zorlu'nun Dışişleri bakanlığı için onay istemesi.

Başbakana bu sabah seçimlerden sonra ilk kez, acil bir iş için birkaç dakikalığına görüşmeye gittiğimde, benimle sadece ikimiz arasında kalmasını arzu ettiği bir konuyu görüşmek istediğini söyledi. (Tüm görüşme boyunca baş başa kaldık.) Gelecek birkaç gün içinde yeni kabineyi kuracağını ifade etti.

(Menderes) Dış politika işlerini ileriye taşıması için çabalarken, son birkaç ay içinde üzerinde çok baskı hissetmişti. İşinin ehli, güvenini kazanmış bir Dışişleri bakanının olması gerekiyordu. Edhem Menderes'in üzerinde görev vardı (Bayındırlık bakanlığı). Ve Edhem Menderes Dışişleri bakanlığının gerektirdiği tecrübeden yoksundu. Gerekli bilgi ve tecrübeye sahip başbakanın güvenine sahip TBMM'deki tek kişi Fatin Rüşdü Zorlu'ydu.

Menderes, birçok vesileyle Fatin Rüşdü Zorlu'nun Dışişleri bakanlığına getirilmesinin ABD'nin hoşuna gitmeyeceğinin kendisine söylendiğini sözlerine ekledi.

Menderes, Dışişleri bakanlığı işini çözüme kavuşturmanın kendisini çok rahatlatacağını ve Dışişleri bakanının ABD'yle tam işbirliği şeklindeki politikasını heyecanla ve sadakatle destekleyecek biri olmasının kendisi için önemini vurguladı.

Zorlu'nun atanması hakkında ne düşündüğümü sordu. Doğal olarak, hükûmetime danışmadan konuştuğumu ve sözlerimin bu çerçevede anlaşılması gerektiğini söyledim. Bununla birlikte Amerikan hükûmetinin ve halkının görüşlerini bildiğimi sandığımı söyleyerek konuşmamı sürdürdüm ve şunları söyledim:

"(...) Zorlu'yu son aylarda ABD'ye karşı muktedir, akıllı, işbirliğine yatkın ve dostça bir yaklaşım içinde buldum."

Menderes, kabineyi açıklamak için daha birkaç güne ihtiyaç duyduğunu söyledi. Bu mesajı Dışişleri Bakanlığı'na iletmemi önerdi. Dışişleri'nin tepkisini, mümkünse, yirmi dört saat içinde öğrenmek Menderes'i çok memnun edecek. (2000, s. 308-309)

Evet Fatin Rüşdü Zorlu, bu telgraftan tam on iki gün sonra Dışişleri bakanı olarak açıklandı!

Geçelim...

Maliye bakanı yine Hasan Polatkan'dı. Sıtkı Yırcalı ise Sanayi bakanı yapılmıştı. Yani daha bir dönem öncesi DP grubunun "kellesini" istediği bakanlar yine kabinedeydi.

6-7 Eylül Olayları'ndan sonra istifa eden Dr. Namık Gedik yine İçişleri bakanlığına getirilmişti.

Samed Ağaoğlu, Emin Kalafat, İzzet Akçal[18] Devlet bakanı olmuşlardı. Edhem Menderes'in bu kez yeni görevi Bayındırlık bakanlığıydı. Edhem Bey, Başbakan Adnan Menderes'in son yıllardaki her kabinesinde görev almıştı. Bu durum özellikle Cumhurbaşkanı Celal Bayar'ın hiç hoşuna gitmiyordu.

Edhem Menderes konusunda bir başka ilginç durum vardı: Başbakan Menderes'e çok bağlı olmasına, hatta zaman zaman kendisini ona siper etmesine karşın, ne parti içinden, ne de muhalefet tarafından hiç eleştiri konusu yapılmıyordu!

Bir diğer özelliği ise Başbakan Menderes'e sesini yükselten tek bakan olmasıydı. Başbakan Menderes, Edhem Menderes'e niye bu derece yumuşaktı, hiçbir zaman anlaşılamadı!

CHP döneminde yıllarca İstanbul valiliği yapmış Lütfi Kırdar, Sağlık bakanlığına getirildi. Başbakan Menderes kabine üyeleri arasında iletişimsizliği önlemek için Koordinasyon Bakanlığı kurdu: başına da Sebati Ataman'ı getirdi.[19]

Millî Savunma bakanı ise Şemi Ergin oldu. Ancak Bakan Ergin bu görevde bir buçuk ay kalabildi. Başbakan Menderes'in, Bakan Ergin'i bakanlıktan alıp yerine en güvendiği Edhem Menderes'i getirmesinin nedeni bir darbe teşebbüsünün ortaya çıkarılmasıydı.

Zeki Müren'i şaşırtan hareket

İstanbul Ordu Temsil Bürosu'nda askerliğini yedek subay olarak yapan Zeki Müren, komutanı Binbaşı Samed Kuşçu'nun o sabahki telaşını bir türlü anlamamıştı. Sanat güneşi Zeki Müren'in her sabah halini hatırını soran komutanı, bu kez yüzüne bile bakmamıştı.

Harp Okulu'nda çalışkanlığı ve zekâsıyla sivrilmiş, kısa zamanda

---

18. İzzet Akçal, ANAP eski genel başkanı ve eski başbakanlardan Mesut Yılmaz'ın öz amcası, Turizm bakanlığı yapmış AP'li Erol Akçal'ın da babasıdır.

19. Konuyla hiç ilgisi yok ama aklıma geldi! Gershom Scholem 1971 yılında kaleme aldığı *Mesih mi, Sahte Peygamber mi* adlı kitabında Sabetay Sevi'nin ismini "Sabatai Sevi" olarak yazmaktadır.

kurmay olup NATO'da görev yapmış, birkaç dil bilen Binbaşı Kuşçu'nun o sabahki halini kimse hayra yormadı... (Soner Yalçın-Doğan Yurdakul, *Bay Pipo*, 1999, s. 93)

Binbaşı Kuşçu, "tıpkı Mısır'da olduğu gibi TSK içinde de ihtilal yapmak isteyen bir grup subayın olduğunu ve başlarında da Yarbay Faruk Güventürk adlı bir subayın bulunduğunu" gazeteci –ve daha yeni DP milletvekili seçilmiş –Midhat Perin aracılığıyla Başbakan Menderes'e bildirdi.

Başbakan Menderes, durum değerlendirmesi yapmak için Millî Savunma Bakanı Şemi Ergin'i acilen İstanbul'a çağırdığında, Ergin'in yanında kim vardı dersiniz?

Yarbay Faruk Güventürk!

Başbakan Menderes, Binbaşı Kuşçu'nun ihbarının doğru olup olmadığını araştırırken, Yarbay Güventürk, Millî Savunma Bakanı Ergin'e, ihtilalin liderliğini teklif ediyordu!

Bakan Ergin teklife olumlu yanıt vermedi. İlk uçakla İstanbul'a gitti. Yapılan toplantıda ihtilal kadrosunun başında Yarbay Faruk Güventürk olduğunu öğrenince şaşırdı ama pek renk de vermedi! Sadece Adnan Menderes'in arkasında duran yaver Muzaffer Ersü'yle göz göze geldi. Başbakanın yaveri Ersü de ihtilal hareketinin içindeydi!

Sonuçta başta Yarbay Faruk Güventürk olmak üzere dokuz subay tutuklandı. Yargılamalar sırasında ne Yarbay Güventürk ne de Bakan Ergin görüşmelerini hiç açığa çıkarmadılar.

Bu arada eski komitacı Cumhurbaşkanı Celal Bayar, işin ucunu bırakmadı, hükûmeti, Başbakan Menderes'i, bazı DP milletvekillerini hep uyardı. Ve hep aynı yanıtı aldı: Türk Silahlı Kuvvetleri'nde ihtilal yapacak subay olmaz!

Başbakan Menderes sadece bir adım attı: Şemi Ergin'i Millî Savunma bakanlığından alıp yerine en güvendiği ismi, Edhem Menderes'i getirdi!

Türk Silahlı Kuvvetleri'ne mensup bazı subaylar ihtilal teşebbüsünden dolayı askerî mahkemede beraat ederlerken, komşu Irak'ta yaşananlar başta Başbakan Menderes olmak üzere herkesi şoke edecekti.

İzmir Belediye başkanlığında yine bir tanıdık isim

14 temmuz 1958'de İstanbul, Bağdat Paktı devlet başkanları toplantısına ev sahipliği yapacaktı. Başbakan Menderes ve bazı

bakanlar, Irak Kralı Faysal ve Başbakan Nuri Said Paşa'yı karşılamak için İstanbul Yeşilköy Havalimanı'nda bekliyorlardı.

Ne Kral Faysal ne de Başbakan Nuri Said gelebildiler. Irak'ta askerler yönetime el koymuştu!

Mısır, Suriye ve arkasından Irak'taki milliyetçi (Baas) ihtilaller, Türkiye ve İsrail'i birbirine yakınlaştırdı. Dışişleri Bakanı Fatin Rüştü Zorlu, 19 temmuzda, İsrail'in ilk Ankara büyükelçisi Eliahu Sasun'u makamına davet ederek, birlikte gelişmeleri değerlendirdiler.

Ve 28 ağustosta Tel-Aviv'den kalkan El-Al uçağı "motorundaki arıza nedeniyle" Ankara'ya zorunlu iniş yaptı! Uçakta İsrail Başbakanı David Ben Gurion, Dışişleri Bakanı Golda Meir, Dışişleri Müsteşarı Şimon Peres ve Genelkurmay Başkanı Zvi Zur vardı. Pilot kabininde ise bir zaman sonra İsrail cumhurbaşkanı olacak Ezer Weizmann oturuyordu.

Uçağın motor arızası filan numaraydı. Türkiye ve İsrail ilk kez bu derece üst düzeyde bir araya geldiler.

Türkiye adına Başbakanlık Konutu'nda yapılan toplantıya Başbakan Menderes, Dışişleri Bakanı Zorlu ve Dışişleri Genel Sekreteri Melih Esenbel katıldı.

Ziyaret çok gizliydi. Öyle ki hükümet yemek sırasında haber sızar düşüncesiyle, garson olarak diplomatları görevlendirmişti.

Gizli toplantının gündemi aslında belliydi: Mısır'da başlayan Panarapçılık akımları Ortadoğu'da yükselişe geçmiş ve SSCB'yle yakın ilişki içine girmişlerdi. Mısır ve Suriye birleşip, Birleşik Arap Cumhuriyeti'ni kurmuşlardı. Bir ay sonra da Yemen bu birliğe katılmıştı.

ABD, Türkiye, İsrail ve İran "adı konmayan" bir antlaşma yaptılar; Panarapçı ve komünist akımlara karşı birlikte hareket edeceklerdi.

Başlarında "ağabeyleri" ABD vardı.

SSCB'nin Önasya'da nüfuz alanının giderek artmasından çekinen ABD, Pakistan'da General Eyüb Han'a askerî darbe yaptırarak, yönetimi ele geçirdi.

Yüzyılın başında Wilson Prensipleri'yle "kendi kaderini tayin hakkını" tanıyan ABD, kırk yıl sonra bağımsızlıklarını ilan eden ülkelere "savaş" açmıştı!

Oysa sadece Ortadoğu değil, Afrika kıtası da arka arkaya bağımsızlıklarını ilan eden ülkelere tanıklık ediyordu: Gana, Gine, Çad, Mali, Senegal, Kongo, Nijerya...

ABD'nin "burnunda dibindeki" Küba'da, Castro iktidarı ele geçirmişti.

Soğuk Savaş sadece dünya üzerinde yapılmıyordu; ABD ve SSCB "uzayı ele geçirme" yarışına başlamışlardı.

Dünya, "özgürlük, bağımsızlık, devrim" sloganlarıyla dalgalanırken, İzmir'de bir gelenek değişmeyecekti.

İzmir Belediye başkanlığı koltuğuna yine Evliyazadelerin bir akrabası oturacaktı: İzmir Belediye başkanlığı seçimine DP adayı olarak katılan Faruk Tunca başkanlık koltuğuna oturdu!

Faruk Tunca, Evliyazadelerin damadı Dr. Tevfik Rüşdü Aras'ın kız kardeşi Fahriye'nin oğluydu.

İzmir Belediye Başkanı Faruk Tunca'nın başkanlık dönemi hiç kolay geçmeyecekti. Çünkü DP'nin "altın yılları" artık sona ermek üzereydi.

Aşırı büyüme, harcamaların artması enflasyonu da beraberinde getirdi. Önlenemeyen enflasyon sonucunda Cumhuriyet tarihinin en yüksek oranlı devalüasyonu yapıldı.

Tarihler 2 ağustos 1958'i gösteriyordu. 1 dolar 2,80 liradan 9 liraya çıkarıldı! Devalüasyon oranı yüzde 221'di.

Bazı ithal mallara getirilen kısıtlama, DP'nin önemli destek bulduğu iş dünyasının hükûmet aleyhine dönmesine neden oldu.

Devalüasyon herkesin sinirlerini germişti.

Öyle ki, Başbakan Menderes 6 eylülde Balıkesir'de yaptığı konuşmada muhalefeti sert bir dille eleştirirken, "İdam sehpalarında can verenlerden ders alsalar ya..." diyecekti! Başbakan Menderes'e yanıt bir gün sonra CHP Genel Başkanı İsmet İnönü'den gelecekti: "Sehpalar kurulursa nasıl işleyeceğini kimse bilemez!"

Türkiye'de siyaset sertleşiyordu...

Muhalefet DP'ye karşı birleşiyordu: Önce, Türkiye Köylü Partisi ile Cumhuriyetçi Millet Partisi birleşti ve Cumhuriyetçi Köylü Millet Partisi (CKMP) adını aldı. Sonra Hürriyet Partisi ile CHP, CHP çatısı altında birleşti.

Demokrat Parti bunun karşılığında "Vatan Cephesi"ni kurdu. Yani muhalefetin karşısında Vatan Cephesi vardı artık.

Hiçbir hukuksal niteliği olmayan bu oluşumun asıl amacı DP kadrolarını muhalefete karşı harekete geçirmek ve parti üye sayısını artırmaktı.

Vatan Cephesi'ne katılanların isimleri radyoda da tek tek okunuyordu. Haber saatinde okunan bu uzun listeler dinleyicileri bezdiriyordu. İstanbul'da "Ajans Haberlerini Dinlemeyenler Derneği" kuruldu.

Evet siyaset sertleşiyordu: CKMP Genel Başkanı Osman Bölükbaşı hapse mahkûm ediliyor; İsmet Paşa'nın dokunulmazlığı Meclis'te kaldırılmak isteniyordu. Böylesine gerilen bir ortamda en çok zararı basın mensupları gördü. Adalet Bakanı Esad Budakoğlu TBMM'de yaptığı konuşmada 1954-1958 yılları arasında 238 gazetecinin mahkûm olduğunu açıkladı.

Gerginlikleri kısa bir süreliğine rafa kaldıracak olay Londra'da yaşanacaktı.

Çocukluk arkadaşı kurtarıyor

17 şubat 1959.

Viscount tipindeki pervaneli "Sev" adlı uçak, pilot Münir Özbek yönetiminde, İngiltere, Yunanistan ve Türkiye arasında Londra'da yapılacak üçlü Kıbrıs Konferansı'na katılacak heyeti taşıyordu.

İniş vakti yaklaştığında gösterilen yer Londra yakınlarındaki Gatwick'ti. Ne var ki iniş pek de kolay olmayacaktı. Çünkü yoğun sis tabakası pilotun görüş mesafesini etkiliyordu. Havaalanı yakınında bulunan "Surrey Jordanwoods" alanına yaklaştıklarında görüş mesafesi 500 metreye kadar indi.

Kaptan Özbek, karar verdi inecekti.

Saat 16.58'de uçak büyük bir gürültüyle düştü.

Civar çiftliklerde çalışanlar kendilerini yere attılar. Sonra bir uçağın düştüğünü anladılar. Ardından "belki kazadan kurtulan vardır" diye olay yerine koştular.

Uçak ikiye bölünmüş ve ters dönmüştü.

Sağ kurtulan yolcular olayın şoku içindeydiler. İlk etapta onlara yardım edenler yine İngiliz çiftçilerdi.

Adnan Menderes'in ayağı uçağın tabanına sıkışmıştı. Onu uçaktan çıkaran Sakarya milletvekili aynı zamanda İzmir Karşıyaka'dan gençlik arkadaşı Rifat Kadızade'ydi.

Başbakan Menderes kan kaybediyordu; şuuru kapalıydı ve bir ağacın altında öylesine boş gözlerle sağa sola bakarak duruyordu.

Menderes'i o halde bulan Newgate Chaffold Çiftliği'nde çalışan Weller ve Bailey aileleriydi. Önce Başbakan Menderes'e kim olduğunu sordular. Menderes, "Türkiye'nin başbakanıyım. Uçakta çok kişi var. Beni bırakın ve onlara yardım edin" dedi. Baileylerden Anthony Bailey uçağın yanına giderken Menderes'in yanına hastabakıcı olan eşini bıraktı. Daha sonra çift Menderes'le birlikte iki yaralıyı da alarak çitfliğe götürdüler.

Olay yerine ardı ardına ambulanslar gelmeye başladı.

Yaralılar civarda bulunan kliniklere taşındı.

Başbakan Menderes de London Clinic'te tedavi altına alındı. Onunla birlikte 10 kişi kurtulmuş 16 kişi ise ölmüştü.[20] Kaza radyodan duyuruldu. Başbakan Menderes yaşıyordu ama ölüp ölmediği konusunda kargaşa vardı. Kazayı duyuran spiker BBC Türkçe Servisi'nde çalışan Orhan Boran'dı.

Berin Menderes'e kaza haberi Çankaya Köşkü'nden geldi. Cumhurbaşkanı Celal Bayar olayları daha yakından takip edebilmeleri için isterlerse Köşk'e gelebilecekleri haberini verdi. Berin Menderes oğlu Aydın'la birlikte Köşk'e gitti. Onları karşılayan isim Celal Bayar'ın eşi Reşide Hanım'dı. "Üzülmeyin, hamt olsun sağ salim hayattadırlar. Bizim bey şimdi Londra'yla da konuştu. Adnan Bey hastaneye yatırılmıştır. Maalesef arkadaşlarından vefat edenler var" dedi.

Bu arada Celal Bayar telefon başında olayla ilgili detaylı bilgi almaya çalışıyordu.

Berin Menderes hâlâ olanlara inanamıyordu; uçak düşmüştü ve eşi sağ kurtulmuştu. Bir an kötü habere inandırılmak istendiğini sandı. Eşinin yaşadığından ancak onunla konuşursa emin olabilecekti ama doktorlar buna izin vermiyordu.

Berin Menderes yorgun ve endişeliydi. Koltuklardan birine oturdu, gözleri tek bir noktaya odaklandı. Aklına eşi Adnan'ın geçirdiği ve yine yıllar önce şans eseri kurulduğu kaza geldi.

Oğulları Yüksel daha üç yaşındaydı. Yıl 1937.

Adnan akşam saat 10'a doğru eve geldi. Doğruca odasına gidip yatağına yattı. Berin kuşkulanmıştı, eşinin salona gelmesini beklemeye koyuldu. Adnan gelmeyince Berin yanına gitti. Eşinin yattığını gören Berin Hanım, "Ne o Adnan, hasta mısın, yorgun musun, niye erkenden yattın?" dedi. Adnan, "Yok yok, bir şeyim yok, yattım hepsi o kadar" diyerek Berin'in merakını geçiştirmeye çalıştı.

Adnan Menderes kitap okumadan yatmazdı. Berin de bu yüzden "Okumayacak mısın? İstersen kitabını vereyim. Bir arzun var mı?" gibi sorularla meseleyi çözmeye çalıştı. Menderes "Teşekkür ederim, uyumak istiyorum" deyince Berin Hanım çok üstelemedi.

Adnan Menderes sabah uyandığında hızla giyindi. Berin Hanım ise bacağındaki derin yarayı fark etti, ne olduğunu sordu. Adnan, "Çarptım" dedi.

Birçok sabah olduğu gibi birlikte yürüyüşe çıktılar. Kavaklıde-

---

20. Kurtulanlar, özel kalem müdür yardımcısı Şefik Fenmen, Çanakkale Milletvekili Emin Kalafat, Sakarya Milletvekili Rifat Kadızade, Afyon Milletvekili Arif Demirer, Dışişleri Bakanlığı Genel Sekreteri Melih Esenbel, koruma polisi Kâzım Nefes, hostes Yurdanur Yelkovan, makinist Kemal Itık ve kabin memuru-hostes Türkay Erkay'dı.

re'den Atatürk Bulvarı'nı takip ederek indiler. Ziraat Bakanlığı'nın önüne kadar konuşmadılar. Berin Menderes'in dikkatini Çankaya yönüne gelirken akasya ağacını devirip elektrik direğinin altında kalan otomobil çekti. Adnan Menderes adeta hurda haline gelen arabayı inceledi. Berin Hanım aracın içinde bulunanların sağ çıkamadıklarını düşündü. Sonra yollarına devam ettiler. Kızılay'a doğru ilerlediler. Adnan Menderes birden durdu. Arabanın içinde kimin olduğunu bilip bilmediğini sordu. Berin Hanım, "Bilmiyorum, gazetede mi yazdı?" diye sordu. Menderes soğukkanlılıkla, "Kim olacak, ben vardım" dedi.

Kaza gecesi Karpiç'te yemekteydi. Dönerken bindiği taksinin şoförü direksiyon hâkimiyetini kaybedince kaza olmuştu. Adnan Menderes olduğu yerden çıkamamıştı, çünkü arabanın tavanı tamamen çökmüştü. Şoför yaralı olarak kurtarıldı. Etrafında toplananlar müşterisinin milletvekili olduğunu söyledi. Arabayı çevirip Adnan Menderes'i kurtardılar. Kaburga kemikleri incinmiş, ayağı yırtılmıştı. Şansı ona yardım etmiş ve kurtulmuştu.

Yani, uçak kazası Adnan Menderes'in ilk büyük kazası değildi...

Biz dönelim uçak kazasına...

Başbakan Menderes'in yaşayıp yaşamadığı konusunda Türkiye'de spekülasyon sürüyordu. Başbakanın sesi kaldığı klinikte kaydedildi ve BBC'nin de katkılarıyla Ankara, İzmir ve İstanbul radyolarında yayınlandı. Böylece polemik son buldu.

Basın, ölenleri "sulh şehitleri" diye adlandırdı. Kazada ölenlerin cenazeleri 22 şubatta Türkiye'ye getirildi.

Sıra Başbakan Menderes'in dönüşündeydi. 23 şubatta klinikten taburcu oldu, 26 şubatta İstanbul'a döndü.

Büyük bir sevgi gösterisiyle karşılandı.

İnanılmaz büyüklükteki kalabalık Başbakan Menderes'i duygulandırdı.

Havaalanından, İstanbul'a gelişlerinde kaldığı Park Otel'e bu kez tam dört saatte vardı. Yollarda tezahürat yapıldı. Develer kesildi. Eyüpsultan'da büyük bir iftar yemeği verildi.

Konya Milletvekili Himmet Ölçmen'in, "Bu milletin başında Peygamber'in, Allah'ın tayin ettiği bir lider var, bu da Menderes'tir" sözü aslında artık DP'de yeni bir eğilimin işaretiydi: Menderes'in yüceltilmesi!

Bir hafta İstanbul'da kaldı. Daha sonra trenle Ankara'ya doğru yola çıktı. Lokomotifi çiçekler ve bayraklarla süslüydü. Cumartesi günüydü. Ankara karlı bir kış gününü yaşıyordu.

Uçak kazası iktidar ve muhalefet partisi arasındaki gerginliği az da olsa hafifletti. Karşılamaya gelen kalabalığın arasında Cumhurbaşkanı Celal Bayar ve ana muhalefet partisi lideri İsmet İnönü de vardı. İsmet İnönü, Menderes'in yanına geldi. Çok üzüldüğünü söyleyerek acil şifalar diledi. Menderes ise İsmet İnönü'ye "Zahmet ettiniz, çok teşekkür ederim paşam" diyerek memnuniyetini dile getirdi.

Kazanın yumuşattığı hava hızla soğumaya, iktidar ile muhalefet arasındaki ilişkiler yeniden gerginleşmeye başladı.

Balayı kısa sürmüştü...

Başbakanın oğluna okul değiştirten olaylar

İsmet İnönü 29 nisanda Batı Anadolu gezisine çıktı.

Gezinin başlamasıyla siyasî gerginlikler de adeta tırmanışa geçti.

"Büyük Taarruz" gezisinin ilk durağı Uşak'tı. İsmet İnönü'yü kalabalık bir kafile karşıladı. DP binasından atılan çay bardağı İsmet İnönü'nün yanında bulunan bir gazeteciye isabet etti, ardından olaylar çıktı. Bu arada atılan bir taş da İsmet Paşa'nın başından yaralanmasına neden oldu.

CHP'liler kentten ayrılmak için istasyona geldiklerinde bile olaylar devam ediyordu.

İsmet Paşa gezi kapsamında Manisa ve İzmir'i de ziyaret ettikten sonra İstanbul'a geldi. Bu kez de kargaşanın adresi Topkapı'ydı. Protestocular İsmet İnönü'nün bulunduğu arabaya saldırdı. Askerlerin müdahalesiyle olaylar engellendi.

İsmet İnönü olayları Meclis gündemine taşıdı. İçişleri bakanı ve başbakan hakkında soruşturma önergesi verildi. Ancak DP'lilerin ağırlıkta olduğu Meclis önergeyi reddetti. Sokaktaki kavgalar Meclis koridorlarına kadar taştı; CHP ve DP milletvekilleri arasında tatsız olaylar meydana geldi.

Bu arada CHP'nin yayın organları *Ulus* ve *Akis*'in basımı yasaklandı.

İsmet Paşa pes etmiyordu. Gezilerinde son durak Kayseri'ydi. Kente geldiğinde coşkuyla karşılandı. "İsmet Paşa'yı geçirmeyin" emriyle bir köprü tutulmuştu. İnönü bu emir ve hareketlere aldırış etmeden köprüye geldi. Karşısında duran binbaşıya "Bana ateş mi açtıracaksın?" diye sorunca, binbaşı duygusal bir ses tonuyla, "Size ateş açtıracağıma ben kurşunu kendi kafama sıkarım" dedi.

Önde binbaşı arkada İsmet Paşa köprüden geçtiler, oradaki tüm askerler selama durdular. İnönü'ye yolu açan binbaşının adı Selahattin Çetiner'di.[21]

DP kadroları ile kurmayları, bu olaylardaki askerlerin tavırlarını bile analiz edemiyordu. Başbakan Menderes ile çevresinin, Genelkurmay başkanı ve kuvvet komutanlarıyla ilişkileri çok iyiydi; bu nedenle ordudan kendilerine karşı bir hareket geleceğini düşünmüyorlardı bile.

Türk Silahlı Kuvvetleri'ni yönetmek ile orduya hâkim olmak arasındaki ince çizginin farkında bile değillerdi.

Darbe hazırlıkları yapıldığı ve askerlerin durumdan hoşnut olmadıkları yönünde sözler başkent Ankara'nın siyasî kulislerinde konuşulmaya başlanmıştı. Bu sözler Dışişleri Bakanı Zorlu'nun da kulağına gelmiyor değildi. Ne var ki, o bu eleştirileri hem dikkate almıyor hem de bu konuşmaları yapanları "şom ağızlı", "karamsarlıkları ruhlarına sinmiş kişiler" olarak değerlendiriyordu!

Bu arada çok güvenilen müttefik ABD'yle ilişkiler de yolunda gitmiyordu. Yeni krediler konusunda anlaşma sağlanamamıştı. Çünkü Türkiye borçlarının faizlerini bile ödeyemez durumdaydı.

Tespit: "ABD'den kredi umudunu kesen Türkiye, Sovyetler Birliği'ne yaklaştı ve bu nedenle ABD, 27 Mayıs 1960'ta DP iktidarını yıktırdı" iddiası yine havada kalan bir analizdir! Ancak ne yazık ki kırk yıldır konuşulmaktadır, koca koca isimler bu iddiayı savunabilmektedir.

Halbuki o tarihlerde, yani 1950'li yılların sonunda Türkiye, ABD'yle "ikili antlaşmalar" imzaladı.

Bu antlaşmalara göre, Türkiye'nin toprak bütünlüğüne, bağımsızlığına karşı doğrudan veya dolaylı bir saldırı olursa ABD ordusu yardım edecekti. Herkesin merak ettiği "dolaylı saldırı" ne demekti? Türkiye zaten NATO içinde değil miydi; saldırı olursa NATO Türkiye'nin yanında olmayacak mıydı; o halde "ikili antlaşmaya" ne gerek vardı? Ayrıca ABD bunu hiçbir Avrupa devletiyle de yapmamıştı!

9 mayıs 1960'ta muhalefetin karşı çıkmasına rağmen Meclis'ten geçen "ikili antlaşmaların" tek bir amacı vardı: ABD, Türkiye'nin Mısır, Suriye, Irak gibi elinden kaybolup gitmesini istemiyordu.

On sekiz gün sonra DP'yi yıkıp yönetimi ele geçiren subaylar bunu bildikleri için ilk açıklamalarında NATO'ya ve CENTO'ya bağlılıklarını söyleyeceklerdi!

---

21. 1919 Lapseki doğumlu Selahattin Çetiner, korgenerallik rütbesine kadar yükseldi. 12 Eylül 1980 askerî darbesi kabinesinde (1980-1983) İçişleri bakanı oldu.

Neyse uzatmayalım, CHP'ye rağmen Meclis'ten "ikili antlaşmalar" onayını çıkaran DP'nin, "ABD'ye rağmen SSCB'ye yaklaştığını" söyleyeceklerdi!

Pragmatist Menderes-Zorlu ikilisinin SSCB'ye yaklaşması, Batı'ya "politik bir şantaj" yapma amacından kaynaklanmaktaydı. İlginçtir, o günlerde İncirlik Üssü'nden kalkan ABD'nin U-2 casus uçağı Moskova'da düşürüldü, pilot Francis Powers esir alındı! Sovyetler Birliği, topraklarını ABD'nin casusluk faaliyetlerine açan Türkiye'yi protesto etti.

Son bir noktanın daha altını çizelim: Türkiye, SSCB ilişkileri için ABD'den izin istemiş ve bu iznin onaylanmasından sonra kuzey komşusuyla ticarî ve kültürel ilişkiye girmişti! Yani, Amerika'nın onayıyla Sovyetler Birliği'ne yakınlaşmıştı!

Ama Türkiye'nin asıl istediği, Ortak Pazar'a girmekti. Bu nedenle 31 temmuz 1959'da ilk başvurusunu yaptı.

Ortak Pazar'a girmek isteyen DP hükûmeti, ülke içerisinde antidemokratik uygulamaları tek tek hayata geçiriyordu.

Meclis'te on beş DP milletvekili tarafından oluşturulan Tahkikat Komisyonu kuruldu. Bu komisyon geniş yetkilerle donatılmıştı; toplantıları ve istediği yayını yasaklayabiliyor, dağıtımını durdurabiliyordu.

Gerek muhalefet partileri gerekse aralarında çok sayıda hukuk profesörünün bulunduğu öğretim üyeleri bu uygulamanın Anayasa'ya aykırı olduğunu söylüyorlar ancak DP bildiği yoldan şaşmıyordu.

Üstelik, başını Fatin Rüşdü Zorlu gibi isimlerin çektiği bir grup daha da sert önlemlerden yanaydı. Öyle ki, CHP'nin kapatılmasını bile istiyorlardı!

İktidar ile muhalefet arasında ilişkiler kopmuştu.

CHP'yi "siyasî sapık" diye itham eden Başbakan Menderes'e yanıt, *Ulus* gazetesi yazarı Şinasi Nahit Berker'den gelmişti: "İyi ama muhterem efendim, herkes de cinsî sapık olacak değil ya!"

Berker sekiz ay hapse mahkûm edildi. DP'yi eleştiren gazeteciler, Metin Toker, Ülkü Arman, Nihat Subaşı, Fethi Giray, Beyhan Cenkçi, Bedii Faik, Ali İhsan Göğüş, Kurtul Altuğ, Cüneyt Arcayürek ve yetmiş dokuz yaşındaki Hüseyin Cahid Yalçın ardı ardına cezaevine konuldu.

Osman Bölükbaşı'yı yine milletvekili seçti diye Kırşehir ilçe yapılıverdi! Hukukun üstünlüğünü savunan Yargıtay Başkanı Bedri Köker, Cumhuriyet Başsavcısı Rifat Alabay, Yargıtay ikinci başkanlarından Haydar Yücekök, üye Kâmil Coşkunoğlu, üye Melahat Ruacan, üye Faik Uras, üye İlhan Dizdaroğlu, "görülen lüzum üzerine" bir günde emekliye sevk ediliverdi...

Ve sokaklar ise hiç susmuyordu...

Antidemokratik yasalara, sıkıyönetimlere rağmen başta Ankara ve İstanbul olmak üzere öğrenciler hemen her gün hükûmet aleyhine gösteri yapıyordu.

Ve gösterilere kan bulaştı...

Orman Fakültesi öğrencilerinden Turan Emeksiz polisin açtığı ateş sonucu can verdi. Kurşunlara hedef olan öğrencilerden Hüseyin Onur sol bacağı kesilerek kurtarıldı. Hüseyin Irmak, Mevlüt Kurtoğlu, Kenan Özten, Cengiz Ballıkaya gibi öğrenciler polis kurşunuyla yaralanmıştı.

Olaylar artarak sürüyordu, gelişmeler kaygı vericiydi.

Tüm gelişmeleri endişeyle izleyen bir kişi daha vardı: Berin Menderes! Oğlu Aydın Menderes İstanbul'da Robert Kolej'de okuyordu. Endişesinin önüne geçmesinin tek yolu vardı, o da oğlunu yanına, Ankara'ya getirmek. Başbakan Adnan Menderes de eşinin bu isteğini yerinde buldu. Berin Hanım İstanbul'a gitti, oğlunu Robert Kolej'den alarak Ankara'ya döndü.

Aydın Menderes'in Ankara'ya döndüğü o gün, Sultanahmet Meydanı'nda yapılan miting sırasında Nedim Özpolat adında bir öğrenci de yaşamını yitirdi.

On binlerce öğrenci artık hiç susmuyor, hep aynı marşı söylüyorlardı:

Olur mu böyle olur mu?
Kardeş kardeşi vurur mu?
Kahrolası diktatörler
Bu dünya size kalır mı?

Bu sözler "Plevne Marşı"nın değiştirilmiş haliydi.[22]
Sadece İstanbul değil Ankara da kaynıyordu.
O günlerde herkesin dilinde bir şifre vardı: 555K!

---

22. "Plevne Marşı"
Tuna nehri akmam diyor / Etrafımı yıkmam diyor / Şanı büyük Osman Paşa / Plevne'den çıkmam diyor.
Olur mu böyle olur mu? /Evlat babayı vurur mu? / Sizi millet hainleri / Bu dünya size kalır mı?
Düşman Tuna'yı atladı / Karakolları yokladı / Osman Paşa'nın kolunda / Beş bin top birden patladı.
Kılıcımı vurdum taşa / Taş yarıldı baştan başa / Askerinle binler yaşa / Namı büyük Osman Paşa.

555K, "5. ayın, 5. günü, saat 5'te Kızılay'da" anlamına geliyordu.
Sivil öğrenci, genç yaşlı her kesimden binlerce insan, o gün geldiğinde Kızılay Meydanı'nda buluştu.
Sadece yürüyen, eylem yapan üniversite öğrencileri değildi. 21 mayısta Harp Okulu öğrencileri hükûmet aleyhine sessiz yürüyüş yaptılar. Yürüyüş yapan 600-1 000 arasında kişinin yalnızca 300'ü Harp Okulu öğrencisiydi; diğerleri subaydı!
Bu yürüyüş bir hafta sonra iktidara kadar uzanacaktı...
Ve bu hareketin hedefinde Evliyazadeler vardı!..

Yirmi ikinci bölüm

27 mayıs 1960, saat 04.00, Ankara

Başbakanlık Konutu'nun 6394 numaralı telefonu ısrarla çalıyordu. Yataktan fırlayan Berin Menderes hışımla telefonu açıp, sert bir ses tonuyla "Efendim, buyrun" dedi.

Ahizenin karşısında Başbakan Menderes'in halasının oğlu DP Antalya Milletvekili Kenan Akmanlar vardı: "Berin, askerler ihtilal yapmış!.."

Şaşırdı. Günlerdir konuşulan "Askerler yönetime el koyacak" sözleri doğru mu çıkmıştı?

Aklına teyzesi Makbule'nin kızı Emel Zorlu geldi. Hemen telefonla aradı. Telefonu Dışişleri Bakanı Fatin Rüşdü Zorlu açtı. İhtilalden haberleri yoktu. Başkalarına da sormak için hemen telefonu kapattılar.

Telefonun kapanmasıyla birlikte çalması bir oldu. Arayan Başbakan Adnan Menderes'in dayısının torunu DP İzmir Milletvekili Sadık Giz'in eşi Selma'ydı. Ağlıyordu: "Sadık Bey'i dipçiklerle sırtına vura vura götürdüler!"

Başbakan Adnan Menderes Eskişehir'deydi.

Berin Hanım eşine ulaşmak için Başbakanlık Müsteşarı Ahmed Salih Korur'u aramak istedi; olmadı; Başbakanlık Konutu'nun telefonları kesilmişti. İhtilal varlığını hissettirmeye başlamıştı...

Aklına iki yıl önce Irak'ta yapılan askerî darbe geldi. Ailece görüştükleri Kraliyet ailesi mensuplarının hepsini askerler öldürmüştü...

Sonra eniştesi Doktor Nâzım'ın akıbetini düşündü. Ürperdi.

İçerideki odada uyuyan on dört yaşındaki oğlu Aydın Menderes'i uyandırdı. Anne-oğul ne yapacaklarına bir süre karar veremediler. Aydın'ın aklına radyo geldi, radyoyu açtılar; marşlar çalıyordu.

Saat 04.36.
Anne oğul mutfakta oturup kara kara düşünürken, birden radyodaki marşlar kesildi. Tok ve sert sesli, kurmay albay olduğunu söyleyen biri[1] ihtilal bildirisini okumaya başladı:

> Sevgili Vatandaşlar,
> Dün gece yarısından itibaren bütün Türkiye'de Deniz, Kara, Hava Türk Silahlı Kuvvetlerimiz el ele vererek memleketin idaresini ele almıştır. Bu hareket Silahlı Kuvvetlerimiz'in müşterek işbirliği sayesinde kansız başarılmıştır. Sevgili vatandaşlarımızın sükûn içinde bulunmalarını ve resmî sıfatı ve vazifeleri ne olursa olsun hiç kimsenin sokağa çıkmamasını rica ederiz...

Berin Hanım böbreklerinden rahatsızdı; karnına bıçak gibi ağrı saplandı. Yüzü bembeyaz oldu. Aydın Menderes mutfakta oturan annesine ağrı kesici bir hap getirdi. O sırada yanlarına evin garsonu Osman Karahan geldi. Haberi radyodan öğrenince hemen Başbakanlık Konutu'na koşmuştu.

Üçünün de merak ettiği Eskişehir'de bulunan Başbakan Adnan Menderes'ti.

Berin Hanım böyle bir dönemde diğer oğulları Yüksel ile Mutlu'nun yurtdışında olmalarına sevindi. En azından "Bu zor günleri onlar daha rahat atlatacaklar" diye düşündü.

Yüksel Menderes, Cenevre'de Birleşmiş Milletler'de çalışıyordu. Mutlu Menderes ise İsviçre'de yükseköğrenim görüyordu.

Ağabeyi Samim Yemişçibaşı da yurtdışındaydı; Viyana büyükelçisiydi. Annesi Naciye Hanım da onun yanındaydı.

Bu kâbus gecesinde yapayalnız olduğuna sevinsin mi, üzülsün mü karar veremedi Berin Hanım...

Hava aydınlanmaya başladı.

Berin Hanım'ın aklına Cumhurbaşkanlığı Köşkü'ne gitme fikri geldi. Başbakanlık Konutu ile Köşk arası 200 metreydi.

Oğlu Aydın'ı ve hizmetli Osman'ı alıp Köşk'e gitmek üzere yola çıktı. Ne Başbakanlık Konutu ne de Çankaya Köşkü henüz askerlerle çevrilmemişti.

Çankaya Köşkü görevlileri onları salona aldılar. Odada Celal Bayar'ın eşi Reşide Hanım, kızı Nilüfer Gürsoy ve Celal Bayar'ın özel kalemi Özel Şahingiray vardı.

Bayarlar da ne olup bittiğini anlamaya çalışıyordu. Ne başba-

---

1. Berin ve oğlu Aydın Menderes bu tok sesli albayın adını o günden sonra sık sık duyacaklardı: Kurmay Albay Alparslan Türkeş!

kanla ne de kabinenin diğer üyeleriyle irtibat kurabilmişlerdi.

Alt kattaki odadan Cumhurbaşkanı Celal Bayar'ın kesik kesik sesi geliyordu. Sonra konuşmalar duyulmaz oldu.

Celal Bayar alt kattaki odasından salona geldi. Sanki salonda bulunanları görmüyordu. Berin Hanım hızla yerinden kalkıp Celal Bayar'ın önünü kesti; "Ah beyefendi Adnan burada olsaydı, başka mı olurdu acaba?" deyince, Cumhurbaşkanı Bayar, Berin Hanım'ın yüzüne acıyla bakarak, "Çok geç artık, bırakalım bunu hanımefendi" dedi ve yan odaya geçti.

Salona tekrar sessizlik çöktü.

Gelenler olduğu söylendi ve salonda bulunanların üst kata çıkması istendi. Kadınlar üst kata çıktı.

Ancak kısa bir süre sonra alt kattan uğultu halinde gürültüler gelince, başta Berin Hanım ve Nilüfer Gürsoy tekrar aşağı kata indiler.

Tuğgeneral Burhanettin Uluç komutasındaki bir grup subay ve asker Celal Bayar'ın odasına girmişlerdi.

Celal Bayar odadaki bilardo masasının başında, ayaktaydı.

Sol elini ceketinin cebine sokmuştu ve elinde tabancası vardı!

Tuğgeneral Burhanettin Uluç, askerî müdahalenin önemli isimlerinden biriydi. Bilardonun karşı tarafına kadar yürüdükten sonra, sert bir ses tonuyla, "Millet ve ordu sizi istemiyor, buna bizi siz mecbur ettiniz, lütfen hiçbir zorluk çıkarmadan bizimle geliniz" dedi.

Celal Bayar hiç de alttan almadı ve benzer bir ses tonuyla, millî iradeyle seçildiğini ve hiçbir şekilde Köşk'ten çıkmayacağını söyledi.

Burhanettin Uluç, kendisini Harbiye'de bir süre misafir edeceklerini söyledi ama ömrünün büyük bir bölümünü komitacı olarak yaşayan Celal Bayar, askerî darbe uygulamalarını Türkiye'de en iyi bilen isimlerin başında geliyordu kuşkusuz.

O anda Cumhurbaşkanı Bayar, askerlerin hiç beklemediği bir hareket yaptı; "Siz değil, bu işi ben kendim yaparım" diyerek, ceketinin cebindeki tabancasını çıkarıp şakağına dayadı.

Celal Bayar intihar edecekti. Askerler, yetmiş yedi yaşındaki cumhurbaşkanından daha atak davrandı ve tabancayı elinden almayı başardı.

Celal Bayar soğukkanlılığını kaybetmeden, ceketini, kravatını düzeltti ve askerlere dönerek, "Buyrun gidelim" dedim.

Celal Bayar'ın askerler tarafından götürülmesini, Bayarlar ve Menderesler pencereden gözyaşlarıyla sesssizce izledi...

Nilüfer Gürsoy heyecanlıydı. Annesi Reşide sakinleştirdi. "Kızım askerler dürüst insanlardır, haklıyı haksızı ayırırlar, biz Halkçıların gelmediğine şükredelim" dedi.

Nilüfer Gürsoy'un çocukları Âkile, Emine ve Bilge'nin İngiliz dadısı haberi BBC'den almış, sürekli, "Beni de kesecekler" diye ağlıyordu. Onu apar topar İngiliz Büyükelçiliği'ne gönderdiler.[2] Cumhurbaşkanlığı Köşkü'ndeki telefonları kesmişlerdi. Ancak nedense kütüphanedeki telefon çalışıyordu. Bayarlar yakın aile dostlarını o telefondan aramaya başladılar. Aldıkları haberler iç açıcı değildi. Sonra salonda bulunanlara bilgi veriyorlardı: "Nezahat Abla'nın eşini de (Konya DP Milletvekili Remzi Birant) götürmüşler. Götürürken küfretmişler..."

Gözaltına almalar bitmemişti...

Tuğgeneral Burhanettin Uluç, beraberinde bulunan teğmenlerle birlikte Genelkurmay Başkanı Orgeneral Rüşdü Erdelhun'un evine gitti. Erdelhun Paşa tüm ısrarlara rağmen kapıyı açmadı. Teslim olmak istemiyordu. Bunun üzerine askerler kapıyı kırdı. Orgeneral Rüşdü Erdelhun tıpkı Celal Bayar gibi silahına sarıldı. Teğmenlerden Özdemir Çakmak, Erdelhun'u engelledi. Paşa da askerî cipe bindirilerek Harp Okulu'na götürüldü.

Tarım Bakanı Nedim Ökmen kaçmaya çalışırken Kızılcahamam'da yakalanmıştı. Millî Eğitim Bakanı Celal Yardımcı, kardeşi askerî doktor Mehmet Yardımcı tarafından otomobille kaçırılırken ele geçirilmişti. Bayındırlık Bakanı Tevfik İleri evinin kapısını "Yaşasın Türk ordusu" diye bağırarak açmıştı...

Evler aranıyor

O gece sabaha karşı, Ankara'da yüzlerce evin kapısı çalındı...

Berin Menderes Köşk'te yapacağı bir şey kalmayınca "Camlı Köşk" adı verilen Başbakanlık Konutu'na döndü.

Askerler konutu çevirmişti. Ama anne-oğul aralarından geçerken kimse ne bir söz söyledi ne de bir davranışta bulundu.

Nedense salon yerine tekrar gidip mutfağa oturdular. Osman Efendi, kahvaltı için hazırlıklara başladı. Berin Hanım kahvaltı yapmayacağını, oğlu Aydın için hazırlık yapmasını istedi. Sonra oğluna dönerek, "Hadi istersen, biraz uyu, sonra kahvaltı yaparsın" dedi.

Aydın Menderes ne uyumak istedi ne de kahvaltı yapmak. Ba-

---

2. Nilüfer Gürsoy'un üç kızı da akademisyen oldu. Bilge Gürsoy Marmara Üniversitesi İletişim Fakültesi'nde doçent; Emine Gürsoy Marmara Üniversitesi Fen-Edebiyat Fakültesi'nde bölüm başkanı profesör; Âkile Gürsoy ise Yeditepe Üniversitesi Sosyal Antropoloji Bölümü'nde profesör olarak çalışmaktadır.

şı eğik, sürekli yere bakıyordu. Arada gidip telefonu kontrol ediyordu, "belki açılmıştır" diye.

Pencereden baktıklarında tek gördükleri askerler, cipler ve tanklardı.

Sıkıyönetim ilan edilmişti; kimse sokağa çıkamıyordu.

Çaresiz bekleyeceklerdi.

Berin Hanım, aralıklarla eniştesi Doktor Nâzım'ın başına gelenleri hatırlıyordu. Hemen bu düşüncesinden uzaklaşmak, kimsenin moralini bozmamak istiyordu; aklına ne zaman Doktor Nâzım gelse, oğlu Aydın Menderes ve Osman Efendi'yle sohbet etmeye başlıyordu.

Ama... O gece başlayan idam düşüncesi Berin Hanım'ın aklından hiç çıkmayacaktı...

Öğleden sonra saat 14.30.

Kapı çalındı. Osman Efendi hareketlendi, Berin Hanım onu durdurdu; kapıyı kendi açtı. Karşısında iki subay vardı. "İyi günler" deyip ellerindeki zarfı uzattılar. Sonra da alelacele uzaklaştılar. Berin Hanım'ın soru sormasına fırsat vermemişlerdi.

Berin Hanım kapıyı kapatır kapatmaz zarfı açtı.

Eski yazıyla kaleme alınmış pusulanın sahibi Başbakan Adnan Menderes'ti. Kâğıtta yalnızca istekleri yazılıydı: iç çamaşırı, gömlek, kravat, çorap, bazı ilaçlar...

Pusulayı okuyunca çok rahatladı; demek yaşıyordu!

Oğlu Aydın'la pusulada yazılı üç cümleyi tekrar tekrar okudular; yorumlar yaptılar.

Pusulayı Adnan Menderes yazmıştı; yazı onundu. Harfler düzgündü, demek ki eli titremeden, sağlığı yerinde kaleme almıştı!

Moralleri biraz düzeldi...

Berin Hanım eşi Adnan Menderes'in isteklerini küçük bir valize yerleştirdi. Bir iki ilaç da koydu, özellikle bağırsaklarını çalıştırması için Normakol adlı ilacı. Bir de küçük bir pusula yazdı: "Adnancığım, tezkeren bana dünyayı bahşetti. Her an Allah'tan sıhhatine dua ediyoruz. Müsaade ettikleri zaman, seni görmeye geliriz. Seni kucaklar, Allah'a emanet ederim. Berin."

Kendisi de hazırlandı, "belki görüşmeye götürürler" diye. Ama bir saat sonra gelen subaylar, sadece küçük valizi alıp gittiler. Mektubu bile almamışlardı.

Aradan birkaç saat geçti. Başbakanlık Konutu'nun kapısı yine çalındı. Bu kez gelen asker sayısı fazlaydı. Aralarında sivil giyimli görevliler de vardı. Başbakanlık Konutu'nda arama yapacaklardı.

Berin Hanım eliyle odaları göstererek, "Buyrun" dedi.

Askerler dışarıda durdu, siviller eve girdiler.

Eve girenlerin bir grubu evi arıyor diğerleri ise zabıt tutuyordu. Özellikle yazılı belgeler üzerinde duruyorlardı. Ancak evde yeteri kadar yazılı belge bulunamayınca, Berin Hanım'a, devrik başbakan Menderes'in özel notlarını nerede sakladığını sordular. Berin Hanım, eşinin yazılı not almayı sevmediğini, aldığı çok az notu da eve getirmediğini söyledi.

Bu arada evin bodrum katından sesler gelmeye başladı. Berin Hanım aşağıya indi. "Ne yapıyorsunuz?" diye sordu, aldığı yanıta şaşırdı. Ayaklarını zemine vuran görevliler, içinde altınların bulunduğu gizli kasayı arıyorlardı!

Berin Hanım sinirlendi: "Burada altın filan yok, bulursanız biraz da bana verin!"

Gelenler Başbakan Adnan Menderes'in özel yazılarını alıp gittiler. Evde söylendiği gibi dolar, mark gibi dövizler ve altın bulunamamıştı!

Hava kararmaya başladı. Sokaklar ıssızdı.

Başbakanlık Konutu'ndaki sessizliği sadece radyonun sesi bozuyordu. Hiç kapatılmamıştı. Ama onda da ihtilal bildirisi ve marşlar dışında haber yoktu.

Berin Menderes, bu aramalardan sonra artık Başbakanlık Konutu'nda fazla kalamayacaklarını anlamıştı. Devletin kendilerini Başbakanlık Konutu'nda oturtmayacağını düşünüyordu. Osman Efendi'ye, "Yavaş yavaş toparlanalım" dedi.

İki gün sonra...

Harp Okulu'nda gözaltında tutulan 150 DP'linin uçakla Marmara Denizi'ndeki Yassıada'ya götürüldükleri gün, sokağa çıkma yasağı kaldırıldı.[3]

Yasak kalktığı için Başbakanlık Konutu'na sayıları çok olmakla birlikte bazı konuklar gelmeye başladı. Bunlardan biri de Dışişleri Bakanı Fatin Rüşdü Zorlu'nun eşi Emel Zorlu'ydu.

Zorluların evinde gergin saatler

Zorlular, Dr. Tevfik Rüşdü Aras'ın ev eşyalarıyla birlikte onlara bıraktığı Bahçelievler 3. Cadde'deki 12 numaralı evde oturuyorlardı.

Emel Zorlu, yaşadıklarını bir çırpıda kuzeni Berin Hanım'a anlattı.

---

3. 29 Mayıs 1960'ta Yassıada'ya götürülen 150 kişilik kafileyi, 3 haziranda 26; 5 haziranda 36; 6 haziranda 70; 10 haziranda 21; 15 haziranda 7; 18 haziranda 58 kişilik kafileler takip etti.

27 Mayıs sabahı Berin Menderes'in telefonuyla uyanmışlardı. Giyinip özel taksicileri Lütfi Efendi'ye gitmişler, onun arabasıyla Başbakan Menderes'in yanına, Eskişehir'e gitmeye karar vermişlerdi! Ancak Lütfi Efendi'nin evine ulaştıklarında, Eskişehir'e gidemeyeceklerini anlamışlardı; çünkü tüm yollar askerlerce tutulmuştu.

Fatin Rüşdü Zorlu teslim olmaya karar vermiş, telefon edip, yerini bildirmişti! Gelen askerler Fatin Rüşdü'yle birlikte şoför Lütfi Efendi'yi de götürmüşlerdi.

Dışişleri Bakanı Zorlu askerî cipe binerken, mahalleli yuhalayınca, onlara dönüp, "Nankörler size hiç mi hizmet etmedik?.." diyerek üzerlerine yürümüştü!

Fatin Rüşdü-Emel Zorlu çifti askerlerle Bahçelievler'deki evlerine götürülmüş; Fatin Rüşdü Zorlu cipten indirilmemişti. Emel Hanım eşliğinde bazı askerler evde arama yapmışlardı.

O gece Zorluların yaşadıkları hemen gazete manşetlerine taşınacaktı!

Evde bir kutu içindeki mücevherler ile bodrum katında bulunan şarap, viski ve şampanyalar gazete manşetlerine konu oluvermişti!

Mücevher kutusunda bulunanlar, Emel Zorlu'nun nişan ve düğününde başta Atatürk olmak üzere davetlilerin hediyeleriydi. Bunların arasında, annesi Makbule Aras'a İran Şahı Rıza Pehlevî ile bazı devlet başkanlarının verdiği hediyeler de vardı. Askerler onları da alıp götürmüşlerdi.

Banyodaki paspaslara da el konulacak ve ardından, "Banyoları bile halılarla kaplı" diye haberler yapılacaktı.

Emel Hanım, asıl üzücü olayların İstanbul'da kayınvalidesi Güzide Zorlu'nun evinde yaşandığını anlattı Berin Hanım'a...

Saat 05.00'e geliyordu; dışarıda tank sesleri vardı. Fatin Rüşdü Zorlu'nun, DP'nin yayın organı *Zafer* gazetesinde çalışan kızı Sevin Zorlu gürültülere uyandı. Camdan baktığında Taksim Meydanı'na doğru giden askerleri ve tankları gördü. Hemen babaannesi Güzide Zorlu'nun odasına gitti: "Babaanne Taksim Meydanı asker ve tanklarla dolu, herhalde ihtilal oldu!"

Güzide Zorlu, "Yok canım, manevradır, yat uyu" dedi.

O sırada telefon çaldı. Arayan İçişleri Bakanı Dr. Namık Gedik'in kızı Ayla'ydı. Sevin Zorlu'yla yakın arkadaştılar. "Sevin hemen radyoyu aç" deyip telefonu kapattı.

Sevin Zorlu radyoyu açtığında tok sesli albayın okuduğu bildirinin sonuna yetişebilmişti: "NATO'ya, CENTO'ya bağlıyız..."

O sırada Güzide Zorlu da kalktı.

Ankara'ya telefon etmek istediler; ancak o günlerde şehirlerarası telefonlar kolay yapılmıyordu; önce PTT'yi arayıp numaranızı bildiriyor, sonra bir süre beklemeniz gerekiyordu.

Telefon edip numarayı bildirmek istediler, ancak PTT'den yanıt alamadılar.

Gün ağarmak üzereydi.

Radyoda marşlar çalınıyordu.

Radyo spikeri, heyecanlı sesiyle, evlerin, caddelerin bayraklarla donatılması ve bugünün bir bayram havasında kutlanması gerektiğini söylüyordu.

Güzide Hanım asker kızıydı. Babası Hüseyin Rıfkı Paşa, eşi ise İbrahim Rüşdü Paşa'ydı! "Askerden kimseye zarar gelmez" diye evinin balkonuna bayrak astı. Torunu Sevin'i uyarmadan da edemedi: "Ben 6-7 Eylül Olayları'nı da yaşadım, Türk bayrağı asılı yerlere kimse dokunamaz!"

Ancak radyodan Dışişleri Bakanı Fatin Rüşdü Zorlu'nun kaçmaya çalışırken yakalandığı haberi üzerine Güzide Zorlu şoke oldu...

Aklına rahmetli eşi İbrahim Rüşdü Paşa geldi. 1909'daki gerici 31 Mart Ayaklanması'ndan sonra yapılan askerî müdahale sonucu, II. Abdülhamid'in yaveri olduğu için Midilli'ye sürgüne gönderilmişti. Ve yarım asır sonra bu kez oğlu Fatin Rüşdü, askerî müdahale sonucu bir bilinmeyene yolculuğa çıkarılmıştı...

Babasının yakalandığını öğrenen Sevin Zorlu hırslanıp balkondaki bayrağı aldı. Bu olay Zorluların evinde gergin saatlerin yaşanmasına neden olacaktı.

"Mete Caddesi Miramer Apartmanı'nın altıncı katındaki 10 numaralı dairede oturan Sevin Zorlu, evin balkonunda asılı Türk bayrağını yırtıp attı" ihbarı üzerine, bir albay komutasında askerler, Sevin Zorlu'yu gözaltına almaya çalıştı. Ancak komşuların araya girmesiyle olay büyütülmeden kapatıldı.

Ama bu olay üzerine Sevin Zorlu apar topar DP'nin bir başka yayın organı *Kudret* gazetesinin sahibi Hamdi Arbağ'ın İstanbul Dragos'ta bulunan yazlığına gönderildi.

Sevin Zorlu'nun askerlere dik çıkmasının altında, İstanbul Komutanı Fahri Özdilek Paşa'ya güvenmesi yatıyordu belki de.

Özdilek Paşa'nın, Başbakan Menderes ile babası Fatin Rüşdü Zorlu'yu sürekli takdir ettiğini, Güzide Zorlu'nun hep hatırını sorduğunu biliyordu. Bilmediği, Özdilek Paşa'nın ihtilal komitesindeki üç paşadan biri olduğuydu.

Sevin Zorlu ucuz kurtulmuştu.

Askerlerin müdahalesini kendisine haber veren arkadaşı Ayla Gedik'in o gün yaşadıklarının benzerini bir yıl sonra kendisi de yaşayacaktı.

İçişleri Bakanı Dr. Namık Gedik, gözaltında tutulduğu Harp Okulu'nun penceresinden atlayarak intihar etmişti...

Mesude Evliyazade gazete manşetlerinde

Türk basını o günlerde zorlu bir sınavdan geçti; ama hiç de başarılı olamadı. Halk arasındaki dedikodular gazete manşetlerine kadar çıktı: Üniversite öğrencileri kaçırılıp Ankara Et Balık Kurumu'nda kıyıldıktan sonra Konya karayolu asfaltına gömülmüşlerdi!

Muhalifler kuyulara atılıp, üzerlerine taş yığılmıştı!

Bu "kara propagandaya" herkes inanmıştı!

MAH (günümüzdeki adıyla MİT) İstanbul Şale Köşkü'nü sorgu merkezi haline getirdi. Başta dönemin İstanbul Belediye başkanı ve Vatan Cephesi başkanı Kemal Aygün ve Bumin Yamanoğlu gibi emniyet görevlileri işkenceli sorgulardan geçirildi.

İstihbarat görevlileri öldürülen öğrencilerin nerede gömüldüklerini öğrenmeye çalışıyordu!

"Söyleyin nereye gömdünüz?"

İşkencecilerden birinin sesi Kemal Aygün'e tanıdık geldi. "Ayı Şemsi sen misin?.." diye sordu. İşkence durdu. Kemal Aygün anlamıştı... İki yıl önce, polis kadrosundayken MAH'a geçmek için Kemal Aygün'den yardım isteyen Şemsi Ülengin, şimdi Şale Köşkü'nde "görevli"ydi![4]

Yıllardır süren feodal ilişkiler aniden "keşfedilip" gazete sayfalarına yansıtılıyordu. Mesude Evliyazade Gönlüce köyünde köylüleri zorla çalıştırdığı için İzmir Valiliği'ne şikâyet edilmişti.

Mesude Evliyazade "hanım ağa"ydı; belinden silahı hiç eksik olmamıştı. Köylüler askerî müdahaleyi fırsat bilmişlerdi.

Keza "hanım ağa"nın oğlu Mustafa Yılmaz'ın da sürekli köylüleri dövdüğü haberleri yayımlanmaya başlandı.

Bu haberler manşetlere kadar taşınmıştı!

Mesude Evliyazade'nin diğer oğlu Mehmet Özdemir Evliyazade, belki de bu tür haberlerin etkisi ve annesi ile ağabeyini koruma içgüdüsüyle, halasının oğlu olan devrik başbakan Menderes ve DP aleyhinde gazetecilere demeçler vermeye başlayacaktı.

---

4. Şemsi Ülengin MİT'ten emekli olduktan sonra, yeraltı dünyasının ünlü kabadayılarından Dündar Kılıç'ın sahibi olduğu Cem Reklam'ın müdürlüğünü yaptı. (Doğan Yurdakul, *Abi*, 2001, s. 279)

Mehmet Özdemir'in ifşaatlarını gazeteler dizi halinde yayımlayacaktı...

Evliyazade Makbule Hanım'ın görümcesinin oğlu, İzmir Belediye Başkanı Faruk Tunca, birkaç yıl önce tahrip edilen *Demokrat İzmir* gazetesine saldıran ekip içinde olduğu iddiasıyla İstanbul Balmumcu Cezaevi'ne konmuştu! Türkiye'nin en uzun süre Dışişleri bakanlığı görevinde bulunan Dr. Tevfik Rüşdü Aras, yeğenini ziyarete zor izin alabilmişti. Keza Avrupa güzeli Günseli Başar da eşini zar zor ziyaret edebiliyor ve onun sevdiği yemekleri elleriyle yapıp cezaevine götürüyordu.

Zor günlerden geçiliyordu...

Teyze çocukları Berin Menderes ile Emel Zorlu yaşadıkları bir olayla şoke oldular.

Lütfiye Akmanlar, DP Antalya Milletvekili Kenan Akmanlar'ın eşiydi. Berin, Emel ve Lütfiye hanımlar 27 Mayıs 1960 askerî müdahalesinden önce hemen her gün görüşüyorlardı. Akrabaydılar. Lütfiye Akmanlar, Başbakan Menderes'in halasının oğlunun eşiydi.

Müdahaleden sonra da Berin, Emel ve Lütfiye hanımlar bir araya gelmeyi sürdürdüler. Ancak bir gün Lütfiye Akmanlar, sürekli kendi eşlerinin başına gelenleri anlatıp yakınan Berin ile Emel'i evden kovdu!

İşin aslı sonradan anlaşılacaktı...

Lütfiye Hanım eşi Kenan Akmanlar'ın Berin Menderes'e telefon etmesinin hemen ardından eve gelen askerler tarafından götürülünce sinir krizi geçirmişti. O günden sonra ellerinin titremesine engel olamıyordu. Ve olayları dinledikçe sinirleri daha bozuluyordu. Bu nedenle en yakın arkadaşlarını evinden kovmuştu. Ancak sonra salonundaki koltuğuna yığılıp kalacak, beş ay sonra da vefat edecekti...

Eşinin öldüğü Yassıada'da tutuklu bulunan Kenan Akmanlar'a söylenmedi. Oğlu Dr. Tanju Akmanlar annesi adına babasına mektup yazmayı sürdürdü. Tıpkı yıllar önce Evliyazade Naciye Hanım ile kızı Berin'in, idam edilen Doktor Nâzım'ın imzasıyla Avrupa'da yaşayan Beria Hanım'a mektup yazmaları gibi...

Yassıada, bırakın DP'lileri, aynı parti içindeki akrabaları bile birbirine düşürmüştü. Berin Menderes ile Emel Zorlu'ya tavır koyan bir diğer akrabaları da Atıfa (Bayındır) Timur'du!

Atıfa, Atıf-Ruhiye Bayındır çiftinin kızıydı. Dr. Tevfik Rüşdü Aras'ın amcasının torunuydu.

Atıfa, DP milletvekili Hulusi Timur'la evliydi ve eşi Yassıada'daydı. Bu nedenle tepkiliydi. Oysa diğer iki kız kardeşi Emel,

Büyükelçi Necdet Özmen'le ve Ümit, Büyükelçi Hasan Esad Işık'la evliydi; onlar aksine Menderes ve Zorlu ailelerine yardım etmek için çaba sarf ediyorlardı!

Göreme Sokağı

O toz bulutu içindeki günlerde Berin Hanım eşi Başbakan Adnan Menderes'in başına gelenleri öğrenme fırsatı buldu.

Adnan Menderes 27 mayıs günü Eskişehir'de değil, Kütahya'daydı. Askerlerin yönetime el koyacağını öğrenmiş ve Eskişehir'den ayrılıp Kütahya'ya gitmeye karar vermişti.

O gün Başbakan Menderes'in yanında, Başbakanlık Basın Yayın Enformasyon genel müdürü sıfatıyla bulunan Altemur Kılıç'a göre, aslında Adnan Menderes, geniş kalabalıkların desteğini almak için Konya'ya geçmek istiyordu.

Askerlerin planına göre Başbakan Menderes, 27 mayıs günü sabaha karşı gözaltına alınacaktı; Menderes'in 26 mayıs akşamı Kütahya'ya gitmeye karar vermesi askerlerin planını bozmuştu. Ankara'dan son emir gelmediği için müdahale edemiyorlardı.

Sonunda Başbakan Menderes küçük bir konvoyla Kütahya'ya doğru yola çıktı. Önde başbakanın makam arabası, arkada askerlerin oluşturduğu konvoy! İşin garip yanı, başbakan kendi otomobiline binmemiş, askerlerin bulunduğu bir ciple yolculuk etmeyi tercih etmişti!

Konvoy Kütahya'ya doğru yol almaya başladığında radyolarda askerlerin yönetime müdahale ettiği bildirileri okunmaya başlanmıştı.

Ama cipte radyo yoktu!

Başbakanın konvoyuna bir süre sonra havadan jetler eşlik etmeye başladı. Havada jetler, içinde şoförden başka kimsenin olmadığı başbakanın makam aracı, askerî cipler ve GMC'lerden oluşan "tuhaf konvoy" Kütahya'ya girdi. Kütahya vali vekili, jandarma komutanı, birkaç subay konvoyu bekliyordu.

Çok soğuk hoş geldiniz merasiminden sonra birlikte vilayete gittiler.

Sonra...

Eskişehir'den gelen Albay Muhsin Batur[5] artık bilinen durumu Başbakan Menderes'e resmen bildirdi.

---

5. Türkiye, Muhsin Batur'un adını 12 Mart 1971 Muhtırası'ndan sonra daha sık duyacaktı. 1969-1973 yılları arasında Hava Kuvvetleri komutanlığı görevinde bulunan Muhsin Batur 1974-1980 yılları arasında TBMM'de görev yaptı. Cumhurbaşkanlığına aday oldu, az bir oy farkıyla kaybetti. Ünlü yazar Enis Batur'un babasıdır.

Adnan Menderes için bir dönem kapanmıştı...
Başbakan Menderes Kütahya'dan Eskişehir'e, oradan uçakla Ankara'ya götürüldü.[6]
O artık "sabık başbakan"dı!
Gözaltına alınan DP'liler gibi o da Harp Okulu'na konuldu. Diğerlerinden tecrit edilmişti. Ama geldiğinin ikinci günü lavaboda Celal Bayar'ı gördü. Devrik cumhurbaşkanı Bayar sakin görünüyordu. "Olan olmuştur Adnan Bey, olan olmuştur, metin olunuz" dedi. Sabık başbakan Menderes ellerini iki yana açarak, "Başka çare var mı?.." dedi. Askerler hemen müdahale ettiler, konuşmalarına izin vermediler...

Eşinin ihtiyaçlarını aldığı pusulalardan öğrenen Berin Hanım, hemen her gün Harp Okulu'na küçük bir valiz gönderiyordu.

Bu arada, bir pusula da askerlerden aldı. Konutu boşaltması isteniyordu. Tahmininde yanılmamış, evi toparlamaya başlamıştı zaten. Haziran ayı başında Başbakanlık Konutu'nu boşalttı.

Kavaklıdere'de, Göreme Sokağı'ndaki bir apartman dairesine taşındılar. O günlerde oğlu Aydın Menderes'in aklı sokağın ismine takılmıştı. Ne demekti "Göreme"? Yani babasını bir daha göremeyecek miydi?

10 haziran günü Kavaklıdere'deki evlerinin zili çalındı. Gelen kişiyi Berin Hanım uzaktan tanıyordu. "Hanımefendi, Sayın Menderes'i bugün Harp Okulu'ndan çıkarıp Yassıada'ya götürdüler" deyip hemen uzaklaştı.

Menderes'lerin evi bazen bu tür ilginç ziyaretlere tanıklık ediyordu...

Yassıada günleri

Marmara Denizi'nde, İstanbul'un Kartal ve Maltepe kıyıları açıklarında sıralanan adalara "Kızıladalar" ya da "Prens Adaları" denirdi. Bu adalarda, Bizans döneminde ya manastır ya da cezaevleri yapılırdı. Yassıada da bu adalardan biriydi.

Ve yıllar sonra cezaevi olarak kullanılıyordu...

Küçük, ağaçsız, sevimsiz bir adaydı. Üzerindeki yüksekçe bir düzlük nedeniyle bu adaya Yassıada adı verilmişti. Bizans'tan bu yana yalnızca balıkçıların yanaştığı bu adanın, halkın dilindeki adı "Hayırsız Ada"ydı!

Osmanlı döneminde adanın "sahipleri" buraya sürülen sokak

---

6. Eskişehir Hava Üssü'nün komutanı Tuğgeneral Bedii Kireçtepe'ydi. Oğlu Alkım Kireçtepe Dışişleri'nin önemli diplomatlarından biriydi. İlk eşi, bir dönem adını "İsveç sefirinin Türk eşi" olarak duyuracak Nil Liljegren'di.

köpekleriydi. Açlık nedeniyle sürekli olarak havlayan köpeklerin sesinin İstanbul'dan bile duyulduğu rivayet edilirdi.

Yassıada, DP milletvekili olarak adaya getirilen Deniz Kuvvetleri eski komutanı Oramiral Sadık Altıncan'ın girişimiyle 1950'den sonra eğitim merkezi yapılmıştı! Yaklaşık 100 dönümlük bu adaya spor salonu, dershane, hastane ve gazinolar inşa edilmişti.

DP hükûmetinin oluruyla yeniden şekillenen Yassıada'nın yeni konukları DP'li siyaset ve devlet adamlarıydı.

Adanın komutanı Yarbay Tarık Güryay'dı.[7]

Ankara Harp Okulu ve İstanbul Davutpaşa Kışlası ile diğer illerdeki benzeri askerî kışla ve kurumlarda tutulan DP'liler, Yassıada'da "sınıflandırılarak" hücrelere konuldu.[8] Bayar ve Menderes tek kişilik hücrelere yerleştirildi. Bu hücrelerin duvarları nedense mor renge boyanmıştı.

Yaklaşık 7 metrekare (2,80x3 metre) büyüklüğündeki bu hücrelerde, sac dolap, sandalye, masa, tek kişilik karyola, battaniye ve denize bakan bir pencere vardı. Kapının hemen karşısında tuvalet bulunuyordu; izin alınmadan tuvalete gitmek yasaktı. Hücredeki lambanın söndürülmesi de yasaklar arasındaydı.

Adnan Menderes adada geçirdiği ilk gün durmadan sigara içti. Birini bitirmeden aynı sigarayla diğerini yaktı. Hiç uyumadı ve hücrenin içinde dolaşıp durdu. Herkesi saran çaresizlik, perişanlık duygusu onda da vardı.

Görevli yüzbaşı Kâzım Çakır, sabık başbakan Menderes'le ilk kez görüştüğünde hemen şartlarını sıraladı: günde iki paketten fazla sigara içilmeyecek; sigaradan önce mutlaka kahvaltı yapılacak ve günde dört beş kez oda havalandırılacak vb.

Menderes banyo yapmayı çok seviyordu. Her gün soğuk suyla duş alıyordu. Saçlarına o zor koşullarda bile itina gösteriyordu.

Celal Bayar ise beş günde bir banyo yapıyordu. Kimseyle konuşmuyordu. Subaylara hiç bakmıyor, hep yattığı yerden denizi seyrediyordu.

İkinci dereceden tutuklular koğuşlara ikişer, üçer ve dörder gruplar halinde yerleştirildi. Kadınlara ayrı bir koğuş açıldı.

Fatin Rüştü Zorlu, Celal Yardımcı, Sebati Ataman ve Namık

---

7. Yassıada'da görevli subaylardan biri de Üsteğmen Teoman Koman'dı. Yani gün gelecek Millî İstihbarat Teşkilatı (MİT) müsteşarlığı ve Jandarma genel komutanlığı yapacak olan Orgeneral Teoman Koman! Bir diğer ünlü asker ise, gün gelecek Deniz Kuvvetleri komutanlığı yapacak olan Oramiral İlhami Erdil'di.

8. *Efendi* adlı kitabımda bazen yazıldığı halde aileleri istemediği için basılmamış anı kitaplardan da yararlandım. Bunların biri de Yassıada'da 1 no'lu koğuşun sorumlusu P. Kd. Yzb. Kâzım Çakır'ın günlükleridir. Yüzbaşı Çakır, 25 haziran 1960 tarihinde yazmaya başladığı defterini, bölüğün deposunda bulunan mermi sandıklarının altında saklıyordu.

Argüç'ü aynı koğuşa koydular.

Bu dar koğuşlarda genellikle, karşılıklı konmuş üst üste ikişer ranza vardı. Koğuşların kapılarında küçük gözetleme pencereleri açılmıştı. İki ay boyunca yemek ve tıraş dışında odalarından dışarı çıkamadılar. Pencereler hemen her gün kapalıydı ve koridorların kapılarında silahları hücrelere çevrili askerler nöbet tutuyordu.

Her koğuşta dinleme cihazları vardı. (Tarık Güryay, *Bir İktidar Yargılanıyor*, 1971, s. 58)

15 haziran 1960.

Yassıada o gün daha bir sessizliğe gömüldü.

Tutuklulardan, Başbakanlık Yüksek Denetleme Kurulu üyesi Lütfi Seyhan geçirdiği kalp krizi sonucu hayatını kaybetti.

Lütfi Seyhan, DP'li Devlet bakanı ve Başbakan Menderes'in özel doktoru Dr. Mükerrem Sarol'un eniştesiydi.

Kaderin garip cilvesi; 27 Mayıs askerî müdahalesinden kısa bir süre önce Lütfi Seyhan, Dr. Sarol'a, başbakana iletmesi için bir haber göndermişti: Harp Okulu Komutanı Tuğgeneral Sıtkı Ulay[9] güvendiği öğrencilere manevra mermisi yerine sahici mermi dağıtıyordu. Askerî öğrencileri ihtilal için hazırlıyordu!

Dr. Sarol eniştesinin ihbarını Başbakan Menderes'e söyledi. Aldığı yanıta şaşırdı. Başbakan Menderes sesini yükselterek Dr. Sarol'u azarlamıştı: "Sıtkı Ulay'ı o göreve bilerek ve isteyerek getiren benim. Hatta onu general yapan da benim. Sıtkı Ulay çok güvendiğim bir subaydır; çocukluk arkadaşım, Karşıyaka'da birlikte top koşturduğumuz, beni Londra'daki uçak kazasında yanmaktan kurtaran milletvekilimiz Rifat Kadızade'nin yeğenidir. Doktorcuğum bize bağlı subayların adlarını mahsus bu tür dedikodular çıkararak yıpratıyorlar..."

Sonunda haklı çıkan Lütfi Seyhan olacaktı... Menderes, Sıtkı Ulay'ın, askerî ihtilalin merkezi Millî Birlik Komitesi'nin önde gelen isimlerinden biri olduğunu Yassıada'da öğrenecekti!..

Başbakan Menderes askerleri hiçbir zaman anlayamamıştı. Tıpkı o gün 27 Mayıs askerî müdahalesinin başında olan Orgeneral Cemal Gürsel'i anlamadığı gibi! İlişkileri eskiye dayanıyordu:

1955 yılında İzmir Yurtiçi Bölge komutanı olan Cemal Gürsel, DP'li Medenî Berk ve Mükerrem Sarol'la Başbakan Menderes'e haber göndermişti; milletvekili ve bakan olmak istiyordu. (Mükerrem Sarol, *Bilinmeyen Menderes*, 1983, s. 948)

---

9. Sıtkı Ulay Paşa'yla 1989 yılında Ankara'da tanıştım. Ölene kadar dost kaldık. Türk Silahlı Kuvvetleri'nin idealist subaylarından biriydi. Millî Birlik Komitesi üyeliği yaptı, Devlet, Ulaştırma ve Bayındırlık bakanlıkları görevinde bulundu ve 1989 yılında seksen iki yaşında hâlâ Ankara Bahçelievler'deki halk pazarından alışveriş yapacak kadar temiz kaldı.

Cemal Gürsel, politikacı yapılamamış, ancak İzmir'deki pasif görevinden alınarak önce 3. Ordu komutanlığına, ardından Kara Kuvvetleri komutanlığına getirilmişti.

Yayımlanmasına izin verilmeyen kitap

Başbakan Menderes her iki isim, Sıtkı Ulay ve Cemal Gürsel hakkında yanılmış mıydı? Yoksa...

Gelin bugüne kadar hiç tartışılmayan bir sorunun yanıtını bulmaya çalışalım.

Önce ailesinin söylediğine göre, "devletin istihbarat birimlerinin yayımlanmasına izin vermediği" bir kitaptan bahsedeyim.

Yazarı Hamdi Ciliv.

İttihat ve Terakki Cemiyeti'nin önde gelen isimlerinden, Millî Mücadele'ye katılmış, TBMM'nin ilk milletvekillerinden ve 1926 İzmir Suikastı'na adı karışıp yargılanan, ancak Atatürk tarafından kurtarılan Hamdi Baba'nın torunuydu.

Hamdi Ciliv'in babası mübadeleyle gelen, Nikos Kazancakis'in yakın arkadaşı Efdal Ciliv'di.

Hamdi Ciliv, 1950'li yıllarda Ankara'da DP'nin önde gelen teşkilatçı isimlerinden biriydi. Ölmeden önce anılarını yazdı; "Ben öldükten sonra yayımlarsınız" diye ailesine bıraktı. Yazdığım gibi, kitaba "izin" çıkmadı...

Hamdi Bey'in eşi Sara Ciliv kitaba göz atmama izin verdi.

Hamdi Ciliv kitabında 27 Mayıs 1960 askerî müdahalesine geniş yer ayırmış. Yıllardır DP'lilerin kendi aralarında fısıldayarak konuştukları bir konuyu yazma cesareti göstermişti.

Hamdi Ciliv, 1950'li yılların sonunda Celal Bayar ile Adnan Menderes'in aralarının artık iyice açıldığını belirtiyor ve her iki grubun da birbirlerini tasfiye etmek için çaba sarf ettiğini yazıyor.

Ciliv'in örnek olaylar sıralayarak yazdığı bu iddiasına göre, Başbakan Menderes ile Edhem Menderes, TSK içindeki bazı subaylarla işbirliği yapıp Cumhurbaşkanı Celal Bayar'ı devirmek istiyor!

Ciliv'e gore, Başbakan Menderes, "Dokuz Subay Olayı"nın üzerine, Celal Bayar'ın tüm ısrarlarına rağmen bilerek gitmemişti. Üstelik ihtilalcilerle görüşme yapan Millî Savunma Bakanı Şemi Ergin'i bile ancak Celal Bayar'ın baskısıyla görevden almış, ama daha sonra bu kez Ulaştırma bakanlığına atamıştı!

27 mayıs sabahı Şemi Ergin Harp Okulu'na getirildiğinde, kapıda bekleyen askerî öğrenciler, Ergin'e dostuk gösterisinde bulunup onu,

"Sen bizim babamızsın" diyerek kucaklamak istediler. Ergin bunun üzerine, "Çocuklar kalbim var, bana karşı böyle hareketlerde bulunmayın" dedi. (Emin Karakuş, *İşte Ankara*, 1977, s. 508)

27 Mayıs sabahı ihtilalin lideri Cemal Gürsel'i arayıp ilk tebrik eden kişi Şemi Ergin'di.

Yapılmış olan hareketi ve varılmış olan sonucu son derece takdir ve tasvip ettiğini söylüyor. Bu jesti "asilane" bulduğunu söyleyen Gürsel, gerçekten duygulanmış görünüyor. (Tarık Güryay, *Bir İktidar Yargılanıyor*, 1971, s. 39)

Hamdi Ciliv soruyor: "Londra'daki uçak kazasında hayatını kaybedene kadar başbakanın yaverliğini yapan Muzaffer Ersü'nün ilk ihtilalci kadronun içinde bulunması tesadüf müydü?"

Dokuz Subay Olayı'nın ortaya çıkmasını sağlayan Samed Kuşçu'ya göre, Muzaffer Ersü, Londra'daki uçak kazasında öldükten sonra, dokuz subayla ilgili olduğunu gösteren belgeler kasasında bulunmuş, ancak Menderes'in emriyle belgeler yok edilmişti. (Cüneyt Arcayürek, *Darbeler ve Gizli Servisler*, 1989, s. 26)

Dokuz subayın beraat etmesinin, onları ihbar eden Binbaşı Samed Kuşçu'nunsa ceza almasının arkasında hangi güç odakları vardı? Bu kararın alınmasında hükûmetin etkisi bulunuyor muydu?

Celal Bayar'ın karşı çıkmasına rağmen Başbakan Menderes, çocukluk arkadaşı DP milletvekili Rifat Kadızade'nin yeğeni, 1907 İstanbul doğumlu Tuğgeneral Sıtkı Ulay'ı Harp Okulu komutanı, 1918 Selanik doğumlu Kurmay Albay Osman Köksal'ı Cumhurbaşkanlığı Muhafız Alayı komutanı yapmıştı.

En güvendiği iki orgeneral, Fahri Özdilek ve Ragıp Gümüşpala neden askerî hareketi önleyememişlerdi. Bırakın önlemeyi Fahri Özdilek Millî Birlik Komitesi'nin içindeydi! Ragıp Gümüşpala ise 27 Mayıs hareketinin ilk Genelkurmay başkanıydı!..

Ayrıca, Menderes hükûmeti döneminde Genelkurmay ikinci başkanı Orgeneral Cevdet Sunay Kara Kuvvetleri komutanlığına getirilmişti.

Hamdi Ciliv kitabında onlarca soruyu ortaya atıyor: Adnan Menderes, askerî harekâtın başında Cemal Gürsel olduğunu duyunca neden rahatlıyor; Eskişehir'de gözaltındayken askerler neden kendisine selam duruyor; Ankara Harp Okulu'nda neden "şeref salonu"na alınıyor; "Ne zaman radyo konuşması yapacağım?" diyecek kadar kendini neden rahat hissediyor?

Ama...

Ciliv'e göre, İçişleri Bakanı Namık Gedik'in intiharı, askerî ihtilalin yönünü değiştirmişti. Namık Gedik 29 mayıs 1960'ta intihar etmişti. DP'nin önde gelen isimlerinden Sıtkı Yırcalı 27 mayısta gözaltına alınıp, 28 mayısta serbest bırakılmıştı. Ancak Bakan Gedik'in intiharından sonra 30 mayısta tekrar gözaltına alınacaktı. Üstelik ilk gün serbest bırakılan Yırcalı, Yassıada mahkemeleri sonucunda 4 yıl 2 ay hapse mahkûm olacaktı.

Sıtkı Yırcalı'nın gözaltına alınıp serbest bırakıldıktan sonra ikinci kez gözaltına alınması gösteriyor ki, askerî müdahalede bulunanların ilk fikri tüm DP'lileri Yassıada'ya götürmek değildi. Peki, sonra ne oldu da bu fikir değişti? "Ayrıcalık gütmeden tüm DP'liler hakkında dava açma" kararını kim ya da kimler vermişti?

Hamdi Ciliv'in yazdıklarına ve sorularına "komplo teorisi" deyip geçebilirsiniz. Bayarlar ve Zorlular'la konuştuğumda Ciliv'in iddialarının hep konuşulup tartışıldığını anladım. Üstelik hak verildiğine de tanık oldum...

Orhan Birgit'in 9 mart 1961 tarihli *Kim* dergisinde yazdığına göre, gazetecilerle iftar sofrasında bir araya gelen ihtilalin lideri Cemal Gürsel, ilginç açıklamalarda bulundu...

Gürsel Paşa yemekte bulunanlara, Kara Kuvvetleri komutanlığı döneminde Edhem Menderes'le aralarının çok iyi olduğunu, hemen her akşam kendisine uğradığını, uzun uzun memleket işlerini görüştüklerini anlatıyor.

Paşa, Millî Savunma Bakanı Edhem Menderes'le o kadar samimi olmuştu ki, görevden ayrılacağı gün, 3 mayıs 1960'ta kendisine mektup yazarak kamuoyunun taleplerini sıraladı.

On üç maddelik istekler mektubunun ilk maddesi ilginçti: "Cumhurbaşkanı (Celal Bayar [S.Y.]) istifa etmelidir. Çünkü bütün fenalıkların bu zattan geldiği hakkında umumî bir kanaat vardır."

21 mayıs 1960'ta Ankara'da hükûmet aleyhine sessiz yürüyüş yapan Harp Okulu öğrencilerinin arasında kim vardı dersiniz: Millî Savunma Bakanı Edhem Menderes!..

Sahi Başbakan Menderes askerle işbirliği yapıp, Cumhurbaşkanlığı Köşkü'ne çıkacak, başbakanlığa da Edhem Menderes mi gelecekti? Ya da... Cumhurbaşkanı Celal Bayar, Başbakan Adnan Menderes'i "azledip" yerine Fatin Rüşdü Zorlu'yu mu atayacaktı?

Sevin Zorlu anlatıyor:

24 mayıs günü babam Başbakan Menderes'in yanına çıkıyor. "Edhem Menderes ihanet içinde; beni hemen Millî Savunma bakanlığına,

onu da Dışişleri bakanlığına atayınız. Bu işi yirmi dört saatte çözeyim, aksi takdirde askerler müdahale edecek" diyor. Babamın bu kadar emin olmasının nedeni Avrupa'daki bir ülke istihbaratından, askerlerin müdahale edeceği bilgisini alması. Ama Başbakan Menderes babamı dinlemiyor bile. Sonunda tartışıyorlar. Babam da kapıyı vurup çıkıyor. Bu ikisinin son görüşmeleri oluyor.

Tüm bunlar "komplo teorisi" olabilir. Ancak, Bayar-Menderes ilişkisinin son yıllarda artık birbirlerine tahammül edemez noktaya geldiğini kabul etmeyen yok. Bu durumda her ikisinin de "birbirlerinin altını oyma stratejisi" uygulayıp uygulamadıkları büyük bir sorudur.

Geçelim... Ve Ankara'da oğlu Aydın'la baş başa kalan Berin Menderes'e dönelim.

İlk başta yumuşak görünen askerler, kadife eldiven içindeki demir yumruklarını çıkarmaya başlamışlardı...

Evliyazadeleri sarsan ölümler

Askerî müdahaleden beş ay sonra Dr. Tevfik Rüşdü Aras'ın eşi Makbule (Evliyazade) 6 ekim 1960'ta Ankara'da vefat etti.

Yaşamının son günleri hayli zor geçmişti. Gözlerinin rahatsızlığı artmıştı. Üstelik eşi Dr. Tevfik Rüşdü Aras'la artık geçinemiyorlardı. Bu nedenle eşini evden kovmuştu!

Dr. Aras önce kuzeni –Türkiye'nin ilk Türk kadın banka müdiresi– İclal Ersin'in evinde kaldı. Sonra, Hatice Bahire'yle İstanbul'da yaşamaya başladı. Suzan ve Hülya adında iki çocuğu evlat edindiler...

Yanıtı olmayan soru: Dr. Aras, Makbule ve "kuması" Bahire yirmi beş yıl birlikte yaşadılar. Kızı Emel'in kocasından boşanmasına şiddetle karşı çıkan Dr. Aras, aynı tutumu kendi evliliğinde de yaptı. Ancak Makbule ölünce Bahire'yle evlendi! Peki neden yıllar önce Makbule'den boşanıp Bahire'yle evlenmedi?

Boşanmak onlar için neden bu kadar zor? Üstelik hepsi Osmanlı dönemi insanı; yani boşanmanın iki dudağın arasında olduğu bir kültürde yetiştiler!

Hep belirtiyorum; Evliyazadelerin evliliklerine ve boşanmalarına akıl erdirmek zor!

Neyse...

Emel Zorlu babası Dr. Aras'ı hiç affetmeyecekti. Annesi Makbule Hanım'ın bu acıya dayanamayıp vefat ettiğini düşünüyordu.

Emel Hanım'a bu zorlu günlerde kuzeni Berin Menderes yardımcı oldu.

Makbule Hanım'ın, Menderesler için yeri hep başka olmuştu. O, Yüksel, Mutlu ve Aydın'ın cici annesiydi! Ölümü onları da çok etkiledi.

Makbule Aras İstanbul Feriköy Mezarlığı'na defnedildi. Neden Ankara ve İzmir değil de İstanbul Feriköy Mezarlığı?

Bu soruya yanıt vereceklerin hemen hepsi vefat etmişti!

Seksen beş yaşındaki Makbule Hanım'ın ölümüyle Evliyazadelerin ikinci kuşağından yaşayan tek kişi yetmiş altı yaşındaki Naciye Evliyazade'ydi.

Naciye Hanım evlendiğinde yanında Makbule Abla'sını da götürmüştü. Birlikte okuma yazma öğrenip şiirler, makaleler kaleme almışlardı.

Birbirlerinin dert ortağıydılar. Nice acıları, mutlulukları birlikte paylaşmışlardı.

Şimdi Naciye Hanım kendini terk edilmiş hissediyordu.

Ve ne yazık ki, canı gibi sevdiği ablasının cenazesine gelememişti. Çünkü hastaydı...

Naciye Hanım, oğlu Viyana Büyükelçisi Samim Yemişçibaşı'nın yanında Türk Büyükelçiliği'nde kalıyordu.

Ablasının ölümünden kısa bir süre sonra komaya girdi.

Günlerce komada kaldı. Viyana'nın en iyi doktorları elçiliğe getirildi. Naciye Hanım sanki yaşamak istemiyordu; hiçbir direnç göstermiyordu.

O günlerde Cenevre Büyükelçiliği'nden, Viyana Büyükelçiliği'ne her gün telefon geliyordu. Arayan Yüksel Menderes'ti.

Naciye Hanım ile Yüksel Menderes'in ilişkisi anne-oğul ilişkisinden yakındı. Anneannesinin sağlık durumunu her gün dayısı Samim Yemişçibaşı'na soruyordu.

Makbule Hanım'ın vefatının üzerinden yedi ay geçmişti.

Viyana Büyükelçiliği'nde görevli Avusturyalı hemşire, Büyükelçi Samim Yemişçibaşı'na annesinin vefat haberini verdi...

Naciye Hanım'ın cenazesi İzmir'e getirildi ve doğduğu yerde toprağa verildi. Ablası Makbule'yle ilk kez ayrı düşmüşlerdi. Biri İstanbul'a, diğeri İzmir'e defnedilmişti. O sıkıntılı günlerde ailede belki de kimse bunu düşünmemişti bile...

Berin Menderes yaşamının en zor günlerini geçiriyordu. Annesinin Viyana'dan gönderdiği mektuplarla güç buluyordu. Ve şimdi o sıcak mektuplar gelmeyecekti artık. Üstelik Ankara'yı bırakıp annesinin cenaze törenine gidememiş, son vazifesini yapamamıştı.

Berin Hanım kısa sürede annesini ve teyzesini kaybetmişti. İlginçtir, bu acı olaydan sonra evinin içi yakınlarıyla dolmaya başladı. İlk gelen ağabeyi oldu.

Ağabeyi Samim Yemişçibaşı aynı yıl Viyana Büyükelçiliği'ndeki görev süresi bitince, merkeze alındı. Ankara'da ablasında kalıyordu.

Oğlu Yüksel Menderes önce Cenevre'den Belgrad Büyükelçiliği ikinci kâtipliğine, ardından merkeze çekildi.[10] Yüksel Menderes'in merkeze alındığı haberi günler boyu baba Adnan Menderes'ten gizlendi. Üzülmesini istemiyorlardı. Ama Adnan Menderes'in mektuplarında sık sık oğlu Yüksel'in nerede ne yaptığını sorması üzerine dayanamayıp gerçeği yazdılar.

Ve İsviçre'de okuyan Mutlu Menderes de, döviz gönderilemediği için Türkiye'ye çağrıldı ve Ankara Üniversitesi Siyasal Bilgiler Fakültesi'ne kaydedildi.

Küçük Aydın Menderes'in de okul sorunu vardı. 27 Mayıs askerî müdahalesi öncesi Robert Kolej'in ikinci sınıfında okuyordu. Öğrenci olayları nedeniyle annesi tarafından Ankara'ya getirilmişti.

Askerlerin müdahalesi sonucu Aydın Menderes'in okul sorunu uzamıştı. Hiçbir okula kaydettiremiyorlardı.

Bu dönemde ODTÜ öğrencisi Ekrem Pakdemirli'den[11] evde ders alan Aydın Menderes ortaokul sınavını dışarıdan vererek Ankara Koleji'ne kaydoldu.

İhtilal kabinesi DP ağırlıklı!

Berin Menderes sorunlarını tek tek çözmeye başladığı o günlerde, askerî müdahaleyi gerçekleştiren subaylar Millî Birlik Komitesi'ni (MBK) kurmuşlar ve ülke yönetimini tamamen ele geçirmişlerdi.

İlginçtir: 1913'te Babıâli Baskını'nı gerçekleştirip hükûmeti deviren İttihatçı subaylar ile 1960 askerî müdahalesini yapan subayların rütbeleri neredeyse aynıydı!..[12]

Amaçları da benzerdi...

---

10. Celal Bayar'ın oğlu Turgut Bayar da Meksika Büyükelçiliği'nde görevliydi. O da merkeze çekildi. Ancak o Türkiye'ye dönmedi, İsviçre'ye yerleşti; hâlâ eşi Türkân, çocukları Reşide ve Celal'le bu ülkede yaşamaktadır.

11. İzmirli Ekrem Pakdemirli ANAP milletvekilliği yaptı; Ulaştırma bakanlığı, Maliye ve Gümrük bakanlığı ve başbakan yardımcılığı görevlerinde bulundu.

12. Türkiye'de askerî darbelerle ilgili tartışmalarda, makalelerde, kitaplarda hep 27 Mayıs 1960, 12 Mart 1971, 12 Eylül 1980'den bahsedilir. Ne Sultan Abdülaziz'in tahttan indirilmesi, ne de Babıâli Baskını gibi askerî müdahalelerden söz edilir. Türkiye'de Kara Harp Okulu'nun kuruluşunun (1834) 170. yıldönümü kutlanır, ama askerî darbe deyince 1960 baz alınır!

Ve tüm bu olup bitenler "Osmanlı mirası"ydı!"

Askerler, kırk yedi yıl sonra –Türk Silahlı Kuvvetleri İç Hizmet Kanun ve Yönetmeliği'ne göre– Türkiye Cumhuriyeti'ni korumak ve kollamak için müdahale etmişti! TBMM ve hükûmet feshedilmiş, her türlü siyasal hareket yasaklanmış ve DP kapatılmıştı.

Cumhurbaşkanı, başbakan, TBMM başkanı, bakanlar, milletvekilleri gibi Genelkurmay Başkanı Orgeneral Rüşdü Erdelhun ve üst düzey subaylar da gözaltına alınanlar arasındaydı.

Cemal Gürsel, MBK başkanlığı, başbakanlık, Millî Savunma bakanlığı ve başkomutanlık görevlerine getirildi.

Kabine o sıcak günlerde birkaç kez değişti. Bu hükûmetlerde görev yapan bakanlar şunlardı:

Fahri Özdilek (Bursa), Amil Artus (Bursa), Kemal Kurdaş (Bursa), Şefik İnan (Selanik), Orhan Mersinli (Selanik), İhsan Soyak (Üsküp), Hüseyin Ataman (Yanya), Mehmet Reşit Beşerler (Vodina), Nâsır Zeytinoğlu (İstanbul), Şahap Kocatopçu (İstanbul)[13] Bedrettin Tuncel (Gelibolu), Fehmi Yavuz (Isparta), Adnan Erzi (İstanbul), Osman Tosun (Ödemiş), Daniş Koper (Diyadin), Cihat Baban[14] (İstanbul), Fethi Aşkın (Kandıra), Cahit İren (İstanbul), İlhan Aşkın (Yenişehir), Hayri Mumcuoğlu (İstanbul), Cahit Talas (Trabzon), Muhtar Uluer (Konya), Zühtü Tarhan (İstanbul), Abdullah Pulat Gözübüyük[15] (Kayseri), Feridun Üstün (İstanbul), İhsan Kızıloğlu (Sivas), Sıtkı Ulay (İstanbul), Orhan Kubat (Ferecik), Mehmet Baydur (Gerze), Ekrem Alican (Adapazarı), Ragıp Üner[16] (Nevşehir), Selim Sarper (İstanbul).

Bugüne kadar hiç yapılmamış bir tespitte bulunalım...

İhtilal kabinesi DP ağırlıklıydı!

1950-1957 yılları arasında DP milletvekilliği yapmış Rüştü Özal; 1946-1954 yılları arasında DP milletvekilliği yapmış Cihat Baban; 1950-1957 yılları arasında DP milletvekilliği yapmış Ekrem Alican bakan yapılmıştı...

Sadece milletvekilleri değil DP'nin bürokratları da "ihtilal hükûmeti"ndeydi!..

---

13. Şahap Kocatopçu, 12 Eylül 1980 askerî darbesinde de yine aynı Sanayi ve Teknoloji bakanlığına getirildi.

14. Cihat Baban 27 Mayıs hükûmetinde Turizm ve Tanıtma bakanlığı yaptı. 12 Eylül 1980 askerî darbesinde ise bu kez Kültür bakanıydı!

15. Abdullah Pulat Gözübüyük 27 Mayıs hükûmetinde Adalet bakanlığı yaptı. 12 Eylül 1980 askerî darbesi sonrası, tasfiye edilen TBMM yerine kurulan Danışma Meclisi'nde üyelik yaptı ve 1982 Anayasası'nın hazırlanmasında önemli rol oynadı! Nasıl oluyor demeyin, oluyor işte!

16. Ragıp Üner, Adalet Partisi hükûmetinin (1969) İçişleri bakanlığını yaptı.

DP'nin Karayolları genel müdürü Orhan Mersinli, Ulaştırma bakanı; DP'nin Toprak Mahsulleri Ofisi genel müdürü Feridun Üstün, Tarım bakanı; DP'nin Bayındırlık Bakanlığı müsteşarı Daniş Koper, Bayındırlık bakanı olmuştu!
Bazı isimlerden hiç vazgeçilemiyordu sanki...
Selim Serper'i isteyen güç ABD'ydi!..
Dışişleri Bakanlığı için önce Fahri Korutürk'ün adı geçmişti; ancak sonradan ne olduysa Fatin Rüşdü Zorlu'nun yakın arkadaşı Selim Sarper "Dışişleri bakanlığı koltuğuna" oturtuluverdi.
Selim Sarper, Sovyetler Birliği'yle ilişkilerin gerginleşmesine neden olan dönemin Moskova büyükelçisiydi.
Bir diğer özelliği ise 27 Mayıs askerî müdahalesinden sonra Bayarlar ve Zorlularla çok yakından ilgilenmesiydi. Ailelere bu kadar yakın ilgi gösteren bir bürokratın, "tepkisel bir hareket" tarafından bakanlığa getirilmesi ilginç değil midir?
Selim Sarper'i isteyen güç ABD'ydi!..
Çok geçmedi. ABD Başkanı Eisenhower, Cemal Gürsel'i kutlayan ve hükûmete başarılar dileyen bir mesaj gönderdi.
Tıpkı 1913 Babıâli Baskını'ndan sonra İttihatçıların ve 1950'de "beyaz ihtilal" yapıp iktidara gelen Demokrat Partililerin yaptığını, 27 Mayıs 1960'ta "Millî Birlik Komitesi" gerçekleştirdi: Türk Silahlı Kuvvetleri'nden 235'i general ve amiral olmak üzere, 4 000 subay emekli edildi.
1913'te subayların emeklilik maaşını İttihatçılara Almanlar vermişti. 1950'de DP'lilere ve 1960'ta MBK'cilere para ABD'den geldi!
MBK ordudan sonra üniversitelere el attı: 147 öğretim üyesinin işine, "tembel, yeteneksiz, reform düşmanı" diye son verildi!
Cumhuriyet tarihinde yeni bir dönem başlamıştı.
Yeni anayasa, yeni seçim yasası yapma gibi görevler için "Kurucu Meclis" oluşturuldu.
Kurucu Meclis, siyasal partilerin üyeleri (CHP 45, CKMP 25 milletvekili), barolar, basın, ticaret odaları, sendikalar, üniversiteler, gençlik kuruluşları ve 67 ilin temsilcilerinden oluşuyordu.
Meclis'in 272 üyesi arasında ilginç isimler vardı:
Başta "Millî Şef" İsmet İnönü!
Sonra CHP hükûmetinin başbakanı Şemseddin Günaltay.
Osmanlı'dan beri milletvekilliği, bakanlık yapmış tarihî bir isim Yusuf Kemal Tengirşenk.
DP hükûmetlerinde bakanlık, milletvekilliği yapmış, sonradan partiden ayrılmış, isimler de Kurucu Meclis'teydi: Fahri Belen (Bolu), Nihad Reşad Belger (İstanbul), Fethi Çelikbaş (Burdur),

Fevzi Lütfi Karaosmanoğlu (Manisa), İbrahim Öktem (Bursa)...

Devlet Başkanı Cemal Gürsel'in kontejanından Kurucu Meclis'e giren Fuad Köprülü'nün oğlu Orhan Köprülü'yü de bu listeye eklemek gerekiyor! Bir de damatları Coşkun Kırca'yı!..

Eskişehir valiliği sırasında Köy Enstitüleri'ne "komünist yuvası" diyen Daniş Yurdakul Kurucu Meclis üyesi yapılmıştı! (Cahit Kayra, *'38 Kuşağı*, 2002, s. 112)

Kurucu Meclis'te iki eski Genelkurmay başkanı vardı: DP'nin tasfiye ettiği, İsmet Paşa'nın sınıf arkadaşı Emekli Orgeneral Abdurrahman Nafiz Gürman ve Enver Paşa'nın eniştesi Emekli Orgeneral Kâzım Orbay.

Kâzım Orbay Kurucu Meclis başkanlığına seçildi.

Kurucu Meclis'teki diğer ünlüler şunlardı: şair Behçet Kemal Çağlar, gazeteci Bülent Ecevit, gazeteci Oktay Ekşi, İsmet Giritli, Turan Güneş (Prof. Ayşe Ayata ve Prof. Hurşit Güneş'in babaları), gazeteci Altan Öymen (CHP milletvekili Hıfzırrahman Raşit'in oğlu; CHP milletvekili Onur Öymen'in amcaoğlu; kendisi de iki dönem CHP milletvekilliği ve bir süreliğine de CHP genel başkanlığı yaptı), ressam Tahir Burak, asistan Mümtaz Soysal, gazeteci Ömer Sami Coşar (Abdi İpekçi'yle birlikte 27 Mayıs'ın perde arkasını *İhtilalin İçyüzü* adlı kitapta anlattı), gazeteci Ali İhsan Göğüş (gazeteci Zeynep Göğüş'ün dedesi, Hasan Celal Güzel'in dayısı), öğretim üyesi Müncî Kapanî (DP'li bakan Osman Kapanî'nin kardeşi), yazar Yakub Kadri Karaosmanoğlu, Doç. Muammer Aksoy, Turgut Göle (Prof. Nilüfer Göle'nin babası), yazar Doğan Avcıoğlu, Prof. Tarık Zafer Tunaya, Cemil Said Barlas (gazeteci Mehmet Barlas'ın babası), Suphi Baykam (ressam Bedri Baykam'ın babası), gazeteci İlhami Soysal, 1957'de Dokuz Subay Olayı'nda tutuklanan Emekli Kurmay Albay Cemal Yıldırım, İzmirli ünlü işadamı Dündar Soyer, Prof. Hıfzı Veldet Velidedeoğlu...

27 Mayıs öncesi bozulan ekonomik durumu düzeltmek için Hazine'ye yardım amacıyla Ankara'da 1. Zırhlı Tugay'ın subay, astsubay ve erleri ile aileleri alyanslarını bağışladılar. 1. Zırhlı Tugay'ın başlattığı bu uygulama –İttihat ve Terakki Cemiyeti'nin iktidarı dönemindeki bağış kampanyasına benziyordu– tüm yurda yayıldı. Listenin başında işadamı Vehbi Koç vardı; 26 kilo altın ve bir bina bağışlamıştı...

Bir gün kapılarının zili çalındı.

Berin Menderes kapıyı açtı. Kimse yoktu. Tam kapıyı kapatacakken kapı eşiğinde bir zarf gördü. Zarfı alıp açtı. İçinde para vardı. Gözleri doldu.

Yassıada'da mahkeme süreci başlamış, Menderesierin başta Çakırbeyli Çiftliği olmak üzere tüm malvarlığının gelirleri gibi bankalarındaki hesapları da bloke edilmişti. Sadece geçinebilmeleri için 2 000 lira çekmelerine izin veriliyordu. Bunun 300 lirası Yassıada'ya Adnan Menderes'e gidiyordu. "Geçinemiyorlar" sözü kulaktan kulağa yayılmış, bunu duyan bazı DP'liler gizlice para yardımı yapmaya başlamıştı.

Ama sanılanın aksine Menderesierin para sıkıntısı çekmeleri çok gerçekçi görünmüyor. Gerek Adnan Menderes'in gerekse Berin Hanım'ın yakın akrabaları çok zengindi. O dönemde onlardan maddî yardım almamaları söz konusu bile değildi.

Neyse...

Düşükler Yassıada'da filmi intihar ettiriyor !

Ankara Göreme Sokağı'ndaki eve, artık Yassıada'dan da mektuplar gelmeye başlamıştı.

Mektuplar için belli kurallar vardı. Elli kelimeyle sınırlıydı. Eski yazıyla değil, Latin harfleriyle yazılacaktı. Günde sadece bir mektuba izin vardı. Gelen mektuplar kontrol ediliyordu. Sansüre uğrayan yerler karalanıyordu.

Berin Menderes gönderdiği tüm mektuplara "Adnancığım", Adnan Menderes ise "Berinciğim" diye başlıyordu.

Mektuplarda daha çok sağlık durumları sorulup, selam edildikten sonra, mahkemeye delil olarak verilecek belgeler üzerinde duruluyordu: "Emlak Bankası tasarruf hesabımızda kaç liramız var; kaç lira elektrik parası veriyorduk; havagazına ne kadar öderdik; evin saçaklarını tamir ettirmiştik, faturası var mı; Gelir Vergisi beyannamesinin hesap dökümünü gönderir misin; traktörün borcu ne kadardı; yabancı devlet adamlarının bize armağan ettiği hediyelerin dökümünü yapar mısın" gibi.

Mektupların bir diğer konusu ise yakında başlayacak davalar için avukat bulunmasıydı.

Adnan Menderes, Berin Hanım'a yazdığı mektupta Prof. Bülent Nuri Esen'in avukatı olmasını istedi. Zaten Prof. Esen 27 Mayıs'tan önce Başbakan Menderes'in umumî vekiliydi.

Berin Hanım oğlu Aydın'ı yanına alıp Prof. Esen'e gitti.

Görüşme umduğu gibi olmadı. Prof. Esen, Adnan Menderes'i savunmayı kabul etmedi. O günlerde kamuoyunda esen hava hukuk profesörünü de etkilemişti.

Her sanık için en fazla üç avukat bulundurma şartı vardı, ancak bir tek avukat bulmakta zorlanılıyordu.

Kimi korkuyor, kimi ise astronomik paralar istiyordu.

Sonunda üç genç avukat Adnan Menderes'i savunma görevini üstlendi: Talat Asal, Burhan Apaydın ve Ertuğrul Akça!

Avukat Ertuğrul Akça aileye uzak biri değildi. Fatma Berin Hanım'ın teyzesi Evliyazade Gülsüm Hanım'ın kayınbiraderinin torunuydu!

Ayrıca Ertuğrul Akça, Fahire-Cemal Tunca'nın kızı Güler'le evliydi. Yani, İzmir Belediye Başkanı Faruk Tunca'nın eniştesiydi.

Dr. Tevfik Rüşdü Aras'ın damadı sayılırdı.

Fatin Rüşdü Zorlu, "Üç avukata gerek yok, tek avukat yeter" diyordu yazdığı mektuplarında. Orhan Cemal Fersoy[17] ve Ertuğrul Akça üstlendi savunmasını.

Davalar Yassıada'da 14 ekim 1960'ta başlayacaktı. Avukatlar adaya gittiklerinde öğrendikleri haberler hiç de iyi değildi.

Adnan Menderes 16 haziranda sinir krizi geçirmiş, bir süre revirde kalmıştı. Konya Valisi Cemil Keleşoğlu jiletle bileklerini keserek intihar etmişti. Kravatıyla kendini asan DP Fatih İlçe Başkanı Dr. Ömer Faruk Sargut kurtarılmıştı.

Ve Celal Bayar 25 eylülde banyoda bel kemeriyle intihara teşebbüs etmiş, ancak o da kurtarılmıştı.

Kendine geldiğinde ilk sözü, "Bize artistler gibi film çevirttiniz" olmuştu.[18]

Cumhurbaşkanı Celal Bayar'ı intihara kadar götürecek film 14 eylül gecesi Yassıada'da çekilmişti.

Filmin adı *Düşükler Yassıada'da*'ydı!

Kamuoyunda Yassıada'da bulunan tutukluların durumlarının çok kötü olduğu yönünde yaygın kanı vardı. Bu nedenle askerî yönetim

---

17. Fatin Rüşdü Zorlu'nun avukatı Orhan Cemal Fersoy, 1969-1973 yılları arasında AP milletvekilliği yaptı, 1979-1980 yılları arasında senatör olarak TBMM'de bulundu. 1979 AP azınlık hükümetinde Millî Eğitim bakanıydı. 12 Eylül 1980 askerî darbesiyle on yıl siyasî yasaklı oldu! Fersoy'un bulunduğu o AP hükümetinde Gençlik ve Spor bakanı kim di dersiniz: Adnan Menderes'in avukatı Talat Asal! O da Fersoy gibi 12 Eylül 1980 askerî darbesi sonrası on yıl siyasî yasaklı oldu. Şaka gibi!

18. Celal Bayar ile Eczacıbaşı Süleyman Ferid Bey'in dostluğundan bahsetmiştik. Bu sevgi öylesine köklü oldu ki, Eczacıbaşı ailesi bu uğurda can bile verdi. 27 Mayıs 1960 askerî müdahalesinden sonra, bir gün İstanbul Beyoğlu'ndaki "Gaskonyalı Toma'nın Yeri" adlı kulüpte, 27 Mayıs taraftarı gençler ile DP'liler arasında kavga çıktı. Aralarında Vedat Eczacıbaşı'nın da bulunduğu DP'li gençler gözaltına alındı. Vedat tutuklanıp Balmumcu Cezaevi'ne gönderildi. Kırk altı yaşındaki Vedat burada bir kutu hap içerek intihara teşebbüs etti. Kurtarıldı. Bakırköy Ruh ve Sinir Hastalıkları Hastanesi'ne yollandı. Ve ne acıdır ki burada, babası Ferid Bey'in ürettiği kolonyayı üzerine döküp yakarak intihar etti!

sinemalarda gösterilmek üzere adadaki yaşamı anlatan bir film çekimi yapılmasını emretti.

14 eylül geceyarısı adadaki tüm tutuklular yataklarından kaldırıldı. Giyinip hazırlanmaları istendi. DP'liler geceyarısı gelen emirle şaşırdılar. Ne oluyordu?

Sonradan tüm hazırlıkların film çekimi için olduğunu anladılar. Senaryo gereği Yassıada'ya gelişleri yeniden çekildi. İş bununla bitmedi. Yaşam şartlarının iyi olduğunu göstermek için berberde, hastanede, koğuşta çekimler yapıldı.

Fatin Rüşdü Zorlu'dan koğuşta "kitap okuma numarası" yapmasını istediler. Refik Koraltan ise alışveriş yapıyordu!

Düşükler Yassıada'da filmi Türkiye sinemalarında gösterilmeye başlandı. Alışılmadık bir seslendirmeyle, daha mahkeme başlamadan hükümler verilmiş gibiydi:

"Vatan Cephesi başkumandanı Kemal Aygün... Barların haraççıbaşısı Faruk Oktay... Üniversite gençliğinin amansız celladı Bumin Yamanoğlu..."

"İşte Menderes... Poz vermeden edemez..."

"Sofrasında kilosu 1 000 liraya satılan siyah havyar bulunmamakla beraber Celal Bayar iştahından bir şey kaybetmiş görünmemektedir..."

Emir çıkmıştı: filmi izlemesi için tüm öğrenciler öğretmenlerinin başkanlığında sinemaya götürülüyordu.

Tam o günlerde, 14 ekim 1960'ta Demokratlar hakkında açılan davaya Yassıada'da başlandı.

Güzide Zorlu'nun duruşma günlüğü

592 sanık vardı.

Hastanede bulunanlar dışında tüm tutuklular koğuşlardan çıkarıldı; tek sıra yürüyüş tertibinde, sağ ve sol yanlarında denizci ve karacı teğmenler eşliğinde, yapımı dört buçuk ayda tamamlanan Yassıada'daki mahkeme salonuna getirildiler.

Önde Celal Bayar, arkasında Adnan Menderes ve Fatin Rüşdü Zorlu vardı; diğer DP'iler parti ve hükûmetteki statülerine göre sıraya sokulmuştu.

Adnan Menderes ürkekti ve hep önüne bakıyordu. Tahta sandalyeye oturdu. Boynunu büktü, ellerini önünde buluşturup beklemeye başladı.

Evliyazadelerin diğer damadı Fatin Rüşdü Zorlu, düşünceli görünüyordu. Zayıflamıştı ve saçları beyazlaşmıştı.

En rahatı Celal Bayar'dı; sağında oturan Adnan Menderes'e hafif sırtını dönerek oturması dikkatlerden kaçmadı. Salonda kimlerin olduğunu merak ediyordu; sürekli salona göz gezdiriyordu.

Salon doluydu.

Sanık ve avukatlar haricinde 600 kişilik daha kontenjan ayrılmıştı. Bunun 200'ü basın mensuplarına, 20'si üniversitelere, 50'si sanık yakınlarına ve 60'ı bürokrasiye ayrılmıştı. Ülkenin çeşitli yerlerinden gelenlerle kordiplomatikler de unutulmamıştı. Türkiye'nin farklı kentlerinden gelecekler için 220, diplomatlar ve yabancı misafirler için 50 kişilik yer ayrılmıştı.

Tutuklu yakınları mahkeme salonunda sanıkların arkasında, aynı sıraya oturtulmuştu. Sanıklara dikkatli bakmak, onlarla işaretleşmek, el sallamak yasaktı.

Salonda o sabah, sandalye gıcırtısı ve öksürük dışında tek ses yoktu...

Saat 9.35'te Yüksek Adalet Divanı salona girdi. Başkan Salim Başol madenî ses tonuyla, "Türk milleti adına yargı hakkını haiz Yüksek Adalet Divanı Yassıada duruşmalarına başlamıştır. Açık olarak duruşmaya devam edilecektir. Yoklamaya başlayacağız, adı soyadı okunan 'evet' diye ayağa kalkarak cevap verir" diyerek, 9 ay 27 gün sürecek duruşma sürecini başlattı.

Duruşmaları sanıkların birinci derecede yakınları anne, baba, kardeş, eş ve reşit olmuş çocukları izleyecekti. Ama her duruşmaya sadece bir kişi gidebilecekti.

Üstelik hangi sanık ailesinin izleyici olacağı kurayla belirleniyordu. Çünkü sadece 50 kişilik kontenjan vardı.

Berin Menderes duruşmalara hiç gitmedi. Ama radyodaki "Yassıada Saati" programını hiç kaçırmadı.

Yassıada duruşmaları mahkeme salonundaki özel bölümde düzenli olarak bantlara alınıyor ve her akşam Ankara, İzmir ve İstanbul radyolarının ortak yayınında, saat 20.00-21.00 arasında "Yassıada Saati" adlı programda yayınlanıyordu.

Programı, aralarında Feridun Fazıl Tülbentçi, Orhan Birgit, Bedii Faik gibi gazetecilerin bulunduğu grup hazırlıyordu. Programda fon müziği olarak "Plevne Marşı" kullanılıyordu.

Berin Menderes, Adnan Menderes'in savunma yaptığı günlerde, ses tonuna göre, sağlığının nasıl olduğu konusunda tahminde bulunuyordu...

Sanık ailelerinden sadece 310 kişi duruşmalara gitmek için müracaat etmişti.

Bunlardan biri de Güzide Zorlu'ydu. Emel Zorlu bir, Sevin Zorlu ise iki kez gitti duruşmayı izlemeye. Toplam 204 duruşmanın en az yarısında Güzide Zorlu salondaydı.

Eşi İbrahim Rüşdü Paşa'nın Midilli Adası'na sürgüne gönderildiğinde, bebeği Fatin Rüşdü'yü kucağına alıp kocasının yanına giden yirmi dört yaşındaki Güzide Zorlu, bu kez yetmiş yaşında, oğlunu yalnız bırakmamak için neredeyse hemen her gün Yassıada'ya gidip geliyordu...

Sabah kalkıyor; Taksim'deki evinden saat 06.00 sularında çıkıp 500 metre kadar yürüyerek Dolmabahçe Camii'nin köşesinde bulunan Yassıada İrtibat Bürosu'na[19] kimliğini onaylatıyor; gidiş geliş 480 kuruşa bilet alıyor; sanık yakınlarına ayrılmış turnikelerden geçip, vapurun sanık yakınları için ayrılmış alt kattaki bölüme oturuyordu. Yassıada vapuru 08.00'de kalkıyordu...

Yassıada'ya ulaşıldığında ziyaretçiler vapurdan isimlerinin okunmasıyla tek tek çıkıyordu. Kimlik tespiti gibi gerekli işlemleri yaptırdıktan sonra, tellerle çevrili, beton dökülmüş 150 metrelik yokuşu çıktıktan sonra, üstü tenteyle örtülü antrede son kez kontrolden geçip mahkeme salonuna giriyorlardı...

Güzide Zorlu bu yorucu yolculuk süresince kimseyle konuşmamaya, göz göze gelmemeye çalışıyordu. Tek sohbet ettiği kişi, II. Abdülhamid'in büyük oğlu Şehzade Selim'in torunu, Nemika Sultan'ın kızı Satıa Turan'dı.

Satıa Hanım, eşi tarih profesörü DP Trabzon Milletvekili Osman Turan'ı görmeye gittiğinde, Güzide Hanım'la yan yana oturmaya çalışıyordu.

Biliyorlardı ki, insanlar zor günlerden geçiyordu ve herkesin sinirleri çok yıpranmıştı. Ters tepkiler verebiliyorlardı. Vapurda sanık yakınları arasında bir iki ufak tatsızlık yaşanmıştı.

Benzer olayın biri de Güzide Zorlu'nun başına gelmişti.

Sevin Zorlu'nun anlatımına göre, oğlunun mahkemeye delil olarak vereceği bir belgeyi Büyükelçi Melih Esenbel'den istemeye giden Güzide Zorlu'yu, Melih Esenbel'in eşi Emine Esenbel, "Yeteri kadar rahatsız olduk" diyerek evden kovmuştu!

Hakarete uğramak Güzide Zorlu'yu çok incitmişti. Çünkü Melih Esenbel'in dedesi Mahmud Celaleddin Paşa, II. Abdülhamid döneminde bir kez Maliye nazırlığı (1887) ve iki kez Nafıa nazırlığı (1890 ve ikinci kez 1895-1898) görevlerinde bulunmuş, tarihçi, yazar, şair bir kişiydi.

---

19. Dolmabahçe'deki İrtibat Bürosu'nun komutanı Kurmay Albay Namık Kemal Ersun, 1978'de Kara Kuvvetleri komutanıyken, askerî darbeye teşebbüs edeceği iddiasıyla Yüksek Askeri Şûra kararı beklenmeden resen emekli edilecekti. Bakınız: *Bay Pipo* (Soner Yalçın-Doğan Yurdakul [Doğan Kitap]).

Ve Güzide Zorlu'nun babası Hüseyin Rıfkı Paşa'nın arkadaşlarından biriydi. Ailece görüşüyorlardı. Keza Melih Esenbel'in babası besteci Şemseddin Ziya da yakınlarıydı. Bu aile dostluğu nedeniyle Fatin Rüşdü Zorlu, Melih Esenbel'i, Dışişleri'nin iki numaralı koltuğu olan genel sekreterliğe oturtmuştu.

Güzide Zorlu, bu olaydan sonra Esenbellere söylemediğini bırakmadı: "Ben onun dedesi Mahmud Celaleddin'in nasıl jurnalci olduğunu da bilirim, söyletmesinler beni!"

Ama o günlerde alacağı bir haber Esenbellerin kaba tavrını unutturacaktı.

Gelini Emel Zorlu hastaydı.

Güzide Zorlu, onu Amerikan Hastanesi'ne yatırdı. Gerekli tetkikler yapıldı.

Sonuç Evliyazadeler ve Zorlular için yıkım oldu: Emel Zorlu kanserdi.

Fatin Rüşdü Zorlu'ya bu acı haberi vermeme kararı aldılar.

"Asmazlarsa gerisi kolay kızım!"

Herkesin sıkıntı içinde bulunduğu o günler, Emel Hanım için daha zorlu geçiyordu. Annesi Makbule Aras'ı kaybedeli daha bir ay olmuştu. Eşi Fatin Rüşdü Zorlu beş aydır Yassıada'da bir hücrede hapisti. Babası Dr. Tevfik Rüştü Aras'ın gözleri artık hiç görmüyordu.

Kızı Sevin'le ve kayınvalidesi Güzide Hanım'la arası iyi değildi.

Tek dostu, arkadaşı, kuzeni Berin Menderes'ti...

Berin Hanım da yaşamının en sıkıntılı günlerini yaşıyordu. Annesini, teyzesini kaybetmiş, şimdi de hayatta tek dertleştiği kuzeni Emel Zorlu amansız bir hastalığa yakalanmıştı.

Üstelik...

31 ekim 1960 tarihinde "Bebek Davası" başlamıştı. Adnan Menderes'in ünlü soprano Ayhan Aydan'dan olan gayrimeşru çocuğunun doğduktan sonra Başbakan Menderes'in talimatıyla Dr. Fahri Atabey tarafından öldürüldüğü ileri sürülüyordu.

1951 yılından beri Evliyazadelerin sır gibi sakladıkları, birbirlerine fısıldayarak anlattıkları Menderes-Aydan aşkı, dava nedeniyle gazete manşetlerine çıkmış, radyolarda yayınlanmaya başlamıştı.

Türkiye bu aşkı konuşuyordu...

Davanın tanığı olarak Yassıada'daki duruşmaya soprano Ayhan Aydan çağrıldı. Salona girdiğinde sıcak bakan gözlerini Adnan Menderes'in yüzünde dolaştırdı. Sonra çevik adımlarla tanık

kürsüsündeki mikrofona yaklaştı. Beklenmeyen bir ifade verdi: Adnan Menderes'i 1951 yılından beri büyük bir aşkla seviyordu! Tek isteği ondan bir çocuk yapmaktı. Hamile kalmış, ancak bebek ölü doğmuştu.[20]
Diğer tanık, doğuma giren Dr. Fahri Atabey de, bebeğin boynuna dolanan kordon nedeniyle ölü doğduğunu söyledi.[21]
"Bebek Davası" duruşmalarının sürdüğü günlerde Berin Menderes, eşine yazdığı mektuplarını hiç aksatmadı. Tek kelimeyle bu ilişkiye ve duruşmaya değinmedi. Ama mektuplardaki kırıklığı Adnan Menderes hissediyordu. 8 kasımda yazdığı mektupta bu durumdan bahsetti:

(...) fakat bir iki mektubunda ifaden kırgın; hasta mısın diye de düşündüm. Bu ifadene çok üzüldüm; telgraflarının ifadesi teselli oldu...

Berin Menderes yanıtı hemen yazdı:

Son mektuplarımda ifademin kırık olduğunu yazıyorsun. Bu halinde, benim sana kırılmama imkân olur mu ? Fakat, nihayet ben de et ve kemikten bir insan olduğuma göre, ne kadar metin ve sabırlı olmaya gayret etsem, üzgün bir anım oluyor elbet. Fakat sen kendini beyhude üzme...

Adnan Menderes örtülü ödenek hesabından Ayhan Aydan'a ev aldığı gerekçesiyle mahkûm oldu; ancak "Bebek Davası" yedi oturum sürdü, 22 kasımda beraatle sonuçlandı.

Aynı gün Berin Menderes'e eşiyle görüşme izni çıktı. Haberi avukatları Burhan Apaydın vermişti.

Berin Hanım oğlu Aydın'ı da yanında götürecekti.

Bir gün sonra uçakla İstanbul'a gittiler.

Uçağın kapısı açılıp indiklerinde etraflarını gazeteciler sardı; flaşlar ardı ardına patlayınca, ana oğul şaşırdılar.

Berin Hanım sorulara yanıt vermek istemedi. Ancak gösterilen ilgi o denli çoktu ki, avukatları bile, "Lütfen cevap veriniz hanımefendi, yoksa bunlar bizi ezecekler" demek zorunda kaldı. Israrlara rağmen Berin Menderes'in ağzından sadece "Çok heye-

---

[20]. Ayhan Aydan, bu aşkını Yassıada mahkemeleri dışında hiç konuşmadı. Gazetecilerin tüm tekliflerini reddetti. Bugün doksan yaşına yaklaşan Ayhan Aydan'ı Ankara'daki evinde bu nedenle rahatsız etmek istemedim. Biliyorum ki Ayhan Aydan da tıpkı Mustafa Kemal'in eşi Latife Uşaklıgil gibi, Nâzım Hikmet'in eşi Piraye gibi aşkını kimseyle konuşmayacaktı.

[21]. Dr. Fahri Atabey iki yıl sonra, 1963'te Sevin (Zorlu)-Erden Yener çiftinin bebeği Aslan Yener'in doğumunda bulundu.

canlıyım, çok üzgünüm" sözleri çıktı.

O karışıklık içinde Aydın Menderes gözden kayboldu; daha sonra bulunup getirilmesiyle arabaya binildi.

İstikamet Divan Oteli'ydi. Otele vardıklarında tıpkı havaalanında olduğu gibi onları karşılayanlar yine gazetecilerdi. Ardı ardına sorular soruyor ve fotoğraf çekiyorlardı. Odalarına zor çıktılar.

Bir gün sonra ana oğul avukatlarıyla birlikte Yassıada'nın yolunu tuttu.

Yassıada'ya vardıklarında önce ada komutanı Tarık Güryay'ın yanına götürüldüler. Hal hatır sorulduktan sonra iki subay arasında Adnan Menderes getirildi.

Ana oğul, Adnan Menderes'i görünce, birbirlerine verdikleri sözü unuttular, gözyaşlarını tutamadılar. Adnan Menderes'in onlara katılması birkaç saniye sürdü, üçü de birbirlerine sarılmış ağlıyorlardı.

Zor toparlandılar.

İlk sözleri çok resmîydi:

Berin: "Adnan nasılsın, kilo vermişsin!"

Adnan: "İyiyim. Siz nasılsınız Berinciğim?"

Berin: "Biz iyiyiz, dışarıda bir sıkıntımız yok."

Adnan: "Peki sen Aydın?"

Aydın: "İyiyim baba."

Adnan: "Annene destek oluyorsun, çok memnum oluyorum."

Berin: "Memleketi özledin mi Adnan?"

Adnan: "Hiç bahsetme Berinim, nasıl gözümde tütüyor anlatamam. İçimde büyük bir hasret var..."

Elli dakikalık süre ne kadar çabuk geçmişti.

Artık geri dönmeleri gerekiyordu. Sarıldılar.

Subaylar Adnan Menderes'i götürürken, Berin Hanım eşine 300 lira verdi.

Berin Menderes İstanbul'a dönmeden önce, gazetecilerin haber geçmesi için kurulan Yassıada Postanesi'nden, görüşmeyi sağlayan Devlet Başkanı Cemal Gürsel'e teşekkür telgrafı çekti. (*Sır* dergisi, 29 kasım 1960)

Ana oğul gazetecilerden kurtulmak için Yassıada Komutanı Yarbay Tarık Güryay'ın özel motoruyla Sirkeci'ye bırakıldılar.

Divan Oteli'ne gelen Berin Menderes hemen Ankara'ya dönemedi. Çünkü 25 kasımda başlayacak "Örtülü Ödenek Davası"nda tanıktı.

Divan Oteli'nde ifadesi için çağrılmayı bekledi. Bu arada ziyaretine Dr. Tevfik Rüşdü Aras geldi.

Eniştesi Dr. Aras'ın bir sözünü Berin Hanım ölene kadar unutmayacaktı: "Kızım, tek korkum asmaları; eğer idam etmezlerse bir iki yıla kadar çıkar. Dün hep böyle oldu; bugün de benzeri olacağından hiç şaşmam. Hapiste çürümüş politikacı yoktur. Umut edelim asmasınlar, gerisi inan çok kolay!"

Dr. Aras'ın dedikleri Yassıada duruşmaları sonunda harfi harfine doğru çıkacaktı...

Dr. Aras, 27 Mayıs askerî müdahalesinden kısa süre önce Ankara'ya gitmiş, damadı Dışişleri Bakanı Fatin Rüştü Zorlu'ya, "Gidişatı beğenmiyorum, hemen istifa et" teklifinde bulunmuş, damadı ise "Ben fare değilim" yanıtını vermişti!

Berin Menderes tanıklık yaptı. Soruların çoğunu haklı olarak, "Bilmiyorum" diye yanıtladı. Evin hesap işleriyle hiçbir zaman ilgilenmemişti; ne genç kızlığında ne evlendiğinde ne de başbakan eşi olduğunda!..

Duruşmalar süresince Berin Hanım'ın yüreğini acıtan çok olaylar yaşandı. Gazeteler, özellikle Adnan Menderes'in aşk hikâyelerini manşetlere taşıyordu.

Bunlardan biri de yazar Suzan Sözen'in ifadesiydi:

> Kocam Ferit Sözen, o tarihte İstanbul Polis Okulu'nda hocaydı. Gümüşhane'ye tayin edildi. Gitmedik. Burada kalmak için çok çalıştık. Menderes'e bu işi yaptırmanın çarelerini aradım. Bir gün Tarabya'da, Piliç Osman'la tanıştım. Bize başbakanı çok iyi tanıdığını ve Menderes'le tanıştırabileceğini söyledi. Ertesi gün Menderes telefon ettirdi ve imzalı kitabımı istetti. Kocama sordum, muvafakat etti. Bu şekilde tanıştık, eve gelmeye başladı. O geleceği vakit, kocam hasta dahi olsa evden çıkardı. Pencerede parolamız vardı. Kocam anlardı, dönerdi.[22]

İddia makamı, başta sevgililerinin olmak üzere Başbakan Menderes'in tüm masraflarını devletin örtülü ödeneğinden karşıladığını ileri sürüyordu...

"Örtülü ödenek" paraları nelere gitti?

Neydi "Örtülü Ödenek Davası"?

Bütçe yasası, başbakanlara devletin gizli amaçları için belli bir parayı harcama yetkisi verir, buna "örtülü ödenek" denir.

Başbakan Menderes'in on yıllık hükûmeti döneminde örtülü

---

[22]. Ferit Avni Sözen, sonra eşi Suzan Sözen'den boşandı. Mirasını birinci ve üçüncü eşleri arasında paylaştırdı, ikinci eşi Suzan Sözen'e hiç pay vermedi. Suzan Sözen 2002'de yetmiş dokuz yaşında vefat etti. Ferit Avni Sözen ise 1996'da öldü.

ödeneği kendi kişisel ihtiyaçları ve amaçları için kullandığı iddia ediliyordu. Bu nedenle örtülü ödeneğe "Adnaniye" deniyordu.

Örtülü Ödenek Davası on üç oturum sürdü ve 2 şubat 1961'de sonuçlandı.

Mahkeme on yıllık gizli örtülü ödenek cetvellerini istedi. Başbakan Menderes'in örtülü ödenek hesabından kullandığı tüm harcamalar tek tek kayda geçirilmişti.

Bu hesap cetvellerinin tamamını buraya aktarmak isterdim; ama bu olanaksız. İlginç bulduklarımı yazacağım. Yıl içinde, kişiye birden fazla yapılan ödemelerde de sadece birini yazdım:

1950: İdris Özvatan'a (DP'ye küfreden adama tokat atmaktan mahkûm) 30 lira, Hayri Özgir'in ev kirası 125 lira, DP balosu bilet ücreti 225 lira, Üzeyir Avunduk'a seçim için 12 000 lira vb.

1951: Mehmet Ali Sevük'e (Nâzım Hikmet'in avukatı [Samed Ağaoğlu'nun emriyle]) 300 lira, Necip Fazıl Kısakürek'e 5 000 lira, şair Ahmet Muhip Dıranas'a (Samed'in emriyle) iki kez 500 lira, yazar Orhan Seyfi Orhon'a (Refik Koraltan'ın emriyle) 500 lira, Mehmet'in cezaevinde harcaması için 500 lira, Enis Behiç Koryürek'in *Miras* isimli şiir kitabının matbaa masrafı 1 803 lira 40 kuruş, Kâzım Namî Duru'ya 150 lira, Ali Naci Karacan'a (A. Menderes'ten borç olarak) 5 000 lira, *Mizah* gazetesine 8 000 lira vb.

1952: Ferit Alnar'a İsviçre seyahati için 3 000 lira, Madam Sami'ye 1 000 lira, Osman Kapanî'ye 3 000 lira, Tarık Zafer Tunaya'ya *Türkiye'de Siyasal Partiler* kitabı için 1 530 lira, Yahya Kemal'e Arap devletlerinde tetkik seyahati için 1 700 lira, Nadir Nadi, Ahmed Emin Yalman ve Ahmed Şükrü Esmer'e Londra seyahatine refakat için 1 000 er lira, *Beyaz Kitap* için Hüsnü Yaman'a 11 494 lira 78 kuruş, Sivas DP teşkilatına 8 055 lira, Necip Fazıl Kısakürek'e 50 000 lira vb.

1953: Peyami Safa'ya 10 000 lira, Mükerrem Sarol'a döviz olarak 3 000 lira, Emin Kalafat'a 10 000 lira, Burhan Belge'ye altı aylık ev kirası 1 650 lira, Halil Lütfi Dördüncü'ye (gazete patronu) 5 865 lira, Ferit Alnar'a döviz olarak 2 025 lira, Ali Fuad (Cebesoy) Paşa'ya *Millî Mücadele* adlı kitabı için 1 500 lira, Yusuf Ziya Ortaç'a 15 000 lira, Behzat Bilgin'e 1 000 lira, Selim Ragıp Emeç'e 1 000 lira, Bedii Faik ile Şevket Rado'ya 1 200 lira, Cemal Kutay'a 400 lira, DP İzmir İl Başkanı Burhan Mater'e 10 000 lira, DP teşkilatları için yedi cip bedeli 67 090 lira, masajcı Kâzım Nefes'e 50 lira vb.

1954: İsviçre'ye gönderilmek üzere Yüksel Menderes'e 1 617 lira, Recep Bilginer'e (gazeteci) 1 000 lira, Ferit Alnar'a 1 000 lira, Osman Kapanî'ye 500 lira, Şoför Hayri'ye arsa taksiti 1 212 lira 24 kuruş, Yugoslavya'ya giden gazeteciler için bakiye 1 000 lira, Kâzım Namî Duru'ya 500 lira, *Demokrat İzmir* gazetesine 21 000 lira, Necip Fazıl Kısakürek'e 18 500 lira, Berber Fahri'nin kızına nişan masrafı için 100 lira vb.

1955: Faliha Bilgin'e (Mükerrem Sarol'un boşanmış eşi) 3 000 lira, Orhan Apaydın'a 3 550 lira, Ferit Alnar'a 500 lira. Cihat Baban'a 2 000 lira, İzmir Gazeteciler Derneği'ne 100 lira, Kâzım Namî Duru'ya 550 lira, Necip Fazıl Kısakürek'e 10 000 lira, Maltepe'deki evin döşeme masrafı 4 254 lira vb.

1956: Aydın ve Berin Menderes'in Avusturya seyahati için 1 500 lira, Emin Kalafat'a 1 000 lira, Nihat Erim'e bir halı hediye 2 300 lira, Hayatî Kalafat'a 10 950 lira, Reşat Nuri Güntekin'e dolar mukabili 3 000 lira, Kâzım Namî Duru'ya 3 000 lira, DP Genel Başkanlığı odasının mobilyası için 12 000 lira, Burhan Belge'ye 6 750 lira vb.

1957: Burhan Belge'ye 4 800 lira, Emin Kalafat'a 5 000 lira, Ayhan Aydan'a 539 lira, Neslihan Kısakürek'e (Necip Fazıl'ın eşi) 5 000 lira, dört adet kurban bedeli 375 lira, Park Otel'de bahşiş 340 lira, Başbakan Mendreres'in evi için stor 500 lira, DP Genel Kurulu hesabına 35 000 lira, Necip Fazıl Kısakürek'e 5 000 lira vb.

1958: Mutlu Menderes'e (Necdet Aslanlar vasıtasıyla iki buçuk ayda yapılan masraf) 1 305 lira, Emel Zorlu'ya seyahati için 1 000 dolar, Aydın Menderes'in birinci mektep taksiti 900 lira, Berin Menderes'e İsviçre'ye ayakkabı parası 131 lira, kayınvalidesinin (Naciye Evliyazade) tedavi masrafı için 2 732 lira, Menderes'lerin evi için kömür 521 lira 15 kuruş, Emin Kalafat'a 2 885 lira, Cemal Tarlan'a eşiyle seyahati için 12 210 lira, Refik Koraltan'a tedavisi için 12 460 lira, Eyüpsultan'a iki kurban bedeli 300 lira, DP Ankara İl İdare Kurulu'na 50 000 lira, *Türk Ansiklopedisi* için 3 000 lira, *Mevlana* kitabı için 300 lira, Burhan Belge'ye 3 000 lira, Necip Fazıl Kısakürek'e (bir kısmı Tevfik İleri eliyle) 10 000 lira vb.

1959: Bülent Nuri Esen'e avukatlık ücreti 2 000 lira, İhsan Sabri Çağlayangil'in kızının tahsili için 5 000 lira, Ferit Alnar'a döviz 2 163 lira 35 kuruş, Hüsrev Gerede'ye 10 000 lira, Madam Sami'ye 1 000 lira, Eyüpsultan'da kesilen kurbanlar 1 000 lira, ansiklopedi ve kitaplar için Akay Kitabevi'ne 2 998 lira, Bayan Menderes'e koyun 190 lira, Amerikan neşriyatına 2 626 lira, DP'den Zeki Akalın'ın mahkûm olduğu para karşılığı, DP Kırşehir heyetine 30 000 lira, yazar Yusuf Ziya Ortaç'a 8 000 lira, Peyami Safa'ya 3 000 lira, Mutlu Menderes'e döviz olarak 1 270 lira, Yüksel Menderes'e (Mebusevleri'nde alınan dairenin taksiti) 2 705 lira vb.

1960: Hürriyet Partisi'nden geçen beş kişiye 4 000 lira, Namık

Gedik'in kızının düğün hediyesi 2 400 lira, Melahat Ersü'ye Ortaköy kooperatifi için 45 400 lira, Nesrin Sipahi'ye 500 lira, *İktisat ve Ticaret Ansiklopedisi* için 1 000 lira. Aydın Menderes'e okul taksiti 775 lira, Mutlu Menderes'e havale 2 270 lira 96 kuruş vb.[23]

Adnan Menderes örtülü ödenek hesabından 4 877 780 lira 19 kuruşu zimmetine geçirmekten 11 yıl ağır hapse mahkûm oldu; ayrıca zimmetine geçirdiği parayı ödemesine karar verildi...

Karar Berin Menderes ve oğullarının yaşamlarını daha da güçleştirdi. Devlet parasının peşine düşmüştü ve Menderelerin tüm gelirlerine bu kez daha ağır koşullarda el koymuştu. Berin Menderes sadece Ziraat Bankası'ndan gelirlerine karşılık 2 000 lira alabilecekti.

Menderesler zor günler geçiriyordu. Yüksel Menderes Belgrad Büyükelçiliği'ndeki görevinden sonra merkeze çekilince, Dışişleri Bakanlığı'nda "Yassı Oda" adı verilen etkisiz bir görevde DP döneminin, Hasan Esad Işık, Mahmut Dikerdem, Semih Günver gibi diplomat ağabeyleriyle zaman öldürüyordu.

Bu arada Adalet Bakanı Abdullah Pulat Gözübüyük, Dışişleri Bakanı Fatin Rüşdü Zorlu'nun ekonomik işler yardımcıları olan Hasan Esad Işık, Semih Günver ve Oğuz Gökmen'in tutuklanmalarını istedi. Ne ilginçtir, Zorlu'nun ekibinden Selim Sarper Dışişleri bakanlığını yürütürken, diğerleri tutuklanıp Yassıada'ya götürülmek isteniyordu. Ancak bu istek "Dışişleri duvarını" aşamadı.

Dışişleri bakanlığı döneminde Fatin Rüşdü Zorlu'nun özel kalem müdürlüğünü yapan Evliyazadelerin bir diğer damadı Ziya Tepedelen de ifadesi alınan diplomatlardandı. Zorlu'nun dış görevlerdeki arkadaşları da tek tek hesap verdiler! Örneğin Bonn Büyükelçisi Settar İksel, Belgrad Büyükelçisi Şadi Kavur gibi isimlerin görev yerlerine özel ekipler gönderildi ve elçilik hesapları iyice incelendi.

Hemen her gün soruşturma, dava, duruşma gibi sohbetler Yüksel Menderes'i boğuyordu, o da annesinin yakınmalarına aldırmadan, sık sık sevgilisi Yıldız Hanım'ın yanına İstanbul'a gidiyordu.

Yüksel Menderes, İstanbul'da bir gece kulübünde sahneye çıkan Yıldız Hanım'a âşıktı. İlişkileri üç yıldır sürüyordu. Aile bu birlikteliğe karşı çıktığı için Yüksel Menderes'i yurtdışına göreve göndermişlerdi. Ama bu tayin bile ilişkiyi bitirememişti.

Menderelerin ortanca oğlu Mutlu Menderes, askerî müdaha-

---

[23]. "Örtülü Ödenek Davası" duruşmalarında, yabancı devletlerin parasal yardımlar yaparak Türk istihbarat birimlerine sızdıkları da ortaya çıktı. İngilizlerden ayda 30 000 lira, Fransızlardan 7 000-8 000 lira, İtalyanlardan 4 000 lira alınıyordu. İtalyanlar ile Fransızlar parayı merkeze veriyorlardı. Sınırsız para harcayan Amerikalılar ise doğrudan doğruya memurlara ödeme yapıyordu! Dinleme servislerindeki memurların tamamı Amerikalıların elindeydi. Ayrıntılar için bakınız: *Boy Pipo* (Soner Yalçın-Doğan Yurdakul [Doğan Kitap]).

lenin ilk aylarında dayısı Samim Yemişçibaşı'nın katkılarıyla İsviçre'deki öğrenimini sürdürüyordu. Dayısı emekli olunca ve aile ekonomik yönden zayıflayınca Ankara'ya Siyasal Bilgiler Fakültesi'ne kayıt yaptırmıştı.

Berin Hanım'ın 2 000 lirayla geçinmesi zordu. Ablası Güzin'in maddî ve manevî yardımlarıyla ayakta duruyordu. Eniştesi Hamdi Dülger, eşinin gençlik arkadaşı olmakla kalmayıp, Adnan Menderes'in baba tarafı Kâtipzadelerden kalan Bostancı'daki toprakların ekim işlerini de üzerine almıştı.

Hamdi Dülger ile Adnan Menderes kardeş gibiydiler. Başbakan Menderes İzmir'e gittiğinde mutlaka "enişte" dediği Hamdi Dülgerlerin evinde misafir kalıyordu. Kaç kez teklif etmişti eniştesine milletvekili olmasını, ancak Hamdi Dülger eşiyle dünyayı gezmeyi seviyordu. Sırf bu nedenle çocuk bile yapmamışlardı!..

Devlet, Menderesleri Bostancı'daki gelirlerine de el koymuştu. Ancak Hamdi Dülger, baldızını mahcup etmemek için, "Bu paraları bankalara koymamıştım" diyerek, sürekli el altından maddî yardımda bulunuyordu.

Hamdi Dülger ortalıkta pek gözükmediğinden, bu destekler basının dikkatinden kaçıyordu.

Ancak Adnan Menderes'in dayısının torunu DP milletvekili Sadık Giz de "yaylım ateşinden" nasibini alıyordu. "Jokey Kulübü hikâyeleri" yazılıyordu:

> Jokey Kulübü sabık iktidarın şımarık çocuklarından Sadık Giz'e oyuncak kabilinden verilmiş ve yüz binlerce lirası, at neslini ıslahtan ziyade DP neslini ıslah için kullanılmıştır.
>
> Sadık Giz ayrıca Adnan Menderes'in yeğenlerinden Ahmed Evliyazade'yle Cumaovası yolunda meydana getirdiği harada, yine hususî dövizlerle getirdiği atları kulübe satarak milyonların üstünde şahsî kârlar temin etmiştir. (*Kim* dergisi, 27 eylül 1960)

12 ocak 1961'de askerî yönetim, siyasal partilerin faaliyetlerini serbest bıraktı. Fakat DP, kapatıldığı için tekrar siyaset yapamayacaktı. DP kadroları politika yapamayacaklardı ama bu kez çocukları, siyaset kulvarının yine önünde yer alacaklardı.

İlk siyasal partiyi, Türkiye'nin en kısa dönem –iki ay– Genelkurmay başkanlığını yapan emekli Orgeneral Ragıp Gümüşpala, "Adalet Partisi" adıyla kurdu. Partinin amblemi siyasal çizgisini belli ediyordu: Demir Kır At!

Demokrat Parti 1946 yılında kurulduğunda, halk "Demokrat

sözcüğünü telaffuz edemiyor, "Demirkırat" diyordu. Adalet Partisi bu nedenle simge olarak "Demir Kır At" amblemini tercih etmişti!

AP, Demokrat Parti'nin mirasına sahip çıkıyordu. Ancak başka mirasçılar da yok değildi. AP'den iki gün sonra 13 şubat 1961'de Ekrem Alican'ın[24] genel başkanlığında "Yeni Türkiye Partisi" kuruldu.

Ekrem Alican, CHP döneminin önemli maliye bürokratlarından biriydi. Sonra DP milletvekili oldu. Partiden ayrıldığı için Yassıada'ya gitmekten kurtuldu. Üstelik ödül bile aldı: 27 Mayıs kabinesinin Maliye bakanı oldu! Şimdi de askerlerin güvenini kazanmış eski bir DP'li olarak parti kurmuştu.

Başlangıçta "Sosyal Demokrat Parti", "Hür Demokrat Parti" gibi isimler konulması düşünülen partiye 1960 sonrası "demokrat" kelimesinin parti ismi olarak kullanılmasının yasaklanması üzerine "Yeni Türkiye Partisi" adını koydular.

YTP'de, İrfan Aksu, Hasan Kangal, 27 Mayıs kabinesinin Çalışma bakanı Prof. Cahit Talas, DP döneminin en muhalif öğretim üyesi Prof. Aydın Yalçın, Hikmet Belbez, DP eski milletvekili Mehmet Raif Aybar, Emekli General Sırrı Öktem, Dr. Esad Eğilmez de kurucular arasındaydı.

Partide ayrıca, CHP'nin İstanbul valisi, Mazhar Osman'ın asistanı Fahreddin Kerim Gökay; bir sonraki darbede – 12 Mart 1971 – sosyalist olduğu iddiasıyla cezaevine atılacak Emil Galip Sandalcı; Yusuf Azizoğlu; Ali Tiğrel'in babası İhsan Tiğrel; Doğu Perinçek'in babası Sadık Perinçek; Samed Ağaoğlu'nun kardeşi Nermin Taşenberger gibi isimler vardı.[25]

Diğer yanda AP de, DP'nin İçişleri bakanı Namık Gedik'in eşi Melahat Gedik ile Çalışma, Ticaret ve İmar ve İskân bakanlıklarında bulunmuş Hayrettin Erkmen'in kardeşi Nizamettin Erkmen'i listesine almıştı.

Ama en büyük "transferi" YTP yapacaktı...

Berin Hanım'ın istememesine rağmen Yüksel Menderes Dışişleri'ndeki görevinden istifa ederek Yeni Türkiye Partisi'ne katıldı.

Döneme ilişkin kitaplarda Ekrem Alican'ın mektup yazıp Yüksel Menderes'i partisine davet ettiği yazılmaktadır.

---

24. 1960'lı yılların siyasetine ağırlığını koyan Ekrem Alican, kökeni 1873 Selanik Şemsi Efendi Mektebi olan Şişli Terakki Mektebi'nden 1934 yılında mezun oldu. Oğlu Yusuf Alican da aynı okuldan 1975'te mezun oldu.

25. Samed Ağaoğlu'nun oğlu Tektaş Ağaoğlu Türkiye sosyalist hareketinin önemli isimlerinden biriydi. Tektaş Ağaoğlu kardeşi Mustafa Kemal Ağaoğlu'yla birlikte Ağaoğlu Yayınevi'ni kurdu. Birçok Marksist klasiği Türkçe'ye kazandırdı. Bu yayınları nedeniyle 1971 ve 1975 yıllarında iki kez cezaevine girdi. Yani dede Ahmed Ağaoğlu Bekirağa Bölüğü ve Malta'da, baba Samed Ağaoğlu Yassıada'da, oğul Tektaş Ağaoğlu ise Ankara ve İstanbul'da cezaevlerini yakından tanıdı!

O tarihlerde Yüksel Menderes'in yakınındaki isim, kuzeni Dr. Tanju Akmanlar'dı (DP Milletvekili Kenan Akmanlar'ın oğlu):

İkimiz sabahlara kadar sohbet ederdik, bu sohbetleri yürüyerek yapardık, Yüksel de tıpkı babası gibi yürüyüş yapmayı çok severdi. Neden babalarımızın Yassıada'da olduklarını analiz etmeye çalışır, nerede hata yaptıklarını filan konuşurduk. O dönemde Yeni Türkiye Partisi'nden teklif geldi, ama bu teklif "gel partiye katıl" şeklinde değildi, "gel başımıza geç" şeklindeydi. Yani Yüksel'i oyuna getirdiler; büyük dayımın idam edilmesinin ardından o da zaten partiden ayrıldı.

Tıpkı çok partili hayata geçiş yılı olan 1946'da olduğu gibi 1961'de de arka arkaya partiler kuruldu: Cumhuriyetçi Meslek Islah Partisi, Çalışma Partisi, Memleket Partisi, Türkiye İşçi ve Çiftçi Partisi, Mutedil Liberal Parti...

O günlerde Yassıada'dan gelen acı haber bile siyasetin hızını kesmedi. 17 şubatta Yassıada sanıklarından DP'li Bakan Lütfi Kırdar kalbinin durması sonucu vefat etti.[26]

Bir diğer DP'li İstanbul milletvekili Yahudi tüccar Yosef Salomon Yassıadada vefat edenlerden biriydi. (İ. Nuri Gün-Yalçın Çeliker, *Masonluk ve Masonlar*, 1968, s.192) DP İstanbul milletvekili ermeni Dr. Zakar Tarver de vefat etti. Bursa milletvekili Kenan Yılmaz da hastalanarak ölen tutuklulardandı.

Yassıada'da duruşmalar tüm hızıyla sürüyordu.

Duruşmalardaki ifadeler gazete manşetlerine taşınıyordu. Ama bir olay, Yassıada duruşmalarını gölgede bıraktı.

Evliyazadelerden birinin "ifşaatı" çok kişiyi sevindirdiği gibi, bazılarının da canını yaktı...

"İfşaatçı" Mehmet Özdemir Evliyazade

Mehmet Özdemir Evliyazade adını unutmuş olabilir misiniz; bir kez daha anımsatayım: Berin Menderes'in dayısı Refik Evliyazade'nin torunuydu.

Babası Nejad Evliyazade ile Berin Hanım kuzendi.

26. Kerkük doğumlu Lütfi Kırdar'ın yeğeni –kız kardeşinin oğlu– İhsan Doğramacı'dır. Diğer yeğeni –kardeşinin çocuğu– Nemir Kırdar New York'taki ünlü Saks Fift Avenue mağazasının sahibidir. Boss, Tiffany gibi dünya markalarını satın alıp, şirketleri büyüttükten sonra satmasıyla tanınır. Kemal Derviş, Recep Tayyip Erdoğan gibi isimleri Amerikan iş dünyasına tanıtan kişidir. Kardeşi Nezir Kırdar, Eisenhower Vakfı'nın başkanlığını yapmıştır. Prof. Dr. Muvaffak Akman, *Yaşantımda Hacettepe ve Sonrası-Bir Emekli Rektörün Anıları* adlı kitabında, hocası 1915 Erbil doğumlu İhsan Doğramacı'nın anadili gibi İbranîce bildiğini yazmaktadır (1995, s. 193-194).

Özdemir Bey'in annesi Mesude ise, Adnan Menderes'in dayısının kızıydı.
Yani Özdemir Evliyazade hem Berin Hanım'ın hem de Adnan Bey'in kuzeniydi.
Özdemir Evliyazade'yi tanıdıktan sonra konuya girebiliriz.
Mehmet Özdemir Evliyazade 27 Mayıs 1960'ı izleyen o sıcak günlerde bir kitap yazdı. Adı: *Onları Anlatıyorum!*
Kitabın girişinde, "Bu kitapta anlattığım hadiselerin vesikaları devlet arşivlerindedir" diye yazılıydı. Önsözünde, "MİT eski müsteşarlarından Behçet Türkmen'in baskı ve tertiplerine karşı kendisini koruyan, 27 Mayıs sonrası MİT müsteşarlığına getirilen Ziya Selışık'a[27] minnet ve şükran"larını sunması ilgi çekiciydi.
MİT[28] görevlisi olduğu bilinen Mehmet Özdemir Evliyazade'nin kitabında siyasî değerlendirmelerin yanı sıra, aile fertleriyle ilgili açıklamaları vardı ki, Evliyazadeleri de şaşırtan buydu.
Bunlar neler mi?
Fatin Rüşdü Zorlu'nun eroin ticareti yaptığının Millî Emniyet Hizmetleri'nce ortaya çıkarılması; Berin Menderes'in "para ve mal" hırsını fark eden Güzide Zorlu'nun kendisine sürekli hediye getirdiği ve bu sayede Berin Hanım'ın Fatin Rüşdü Zorlu'yu hep koruduğu vb.
Mehmet Özdemir Evliyazade kuzeni Berin Hanım'dan herhalde nefret ediyordu.
Berin Menderes'in ablası Güzin Dülger'den "İzmir'in küçük derebeyi olarak" bahseden Mehmet Özdemir Evliyazade, Berin'in eniştesi Hamdi Dülger ve kardeşi Kemal Dülger hakkında da açıklamalarda bulunuyordu:

> Hamdi Fuad Dülger, Olivier vapur acentesiyle ortak olarak Deniz Yolları'nın Pire ve İskenderiye acenteliklerini aldı. Aynı zamanda ortağı olan kardeşi Kemal Dülger'le müştereken Sanayi Kalkınma Bankası'ndan kredi alarak meşhur Dülgerler fabrikasını kurdular. (Mehmet Özdemir Evliyazade, *Onları Anlatıyorum*, 1960, s. 66)

> Bu arada imal edilen makinelerin bozuk olması Dülger kardeşler için sorun yarattı. Bozuk makinelerin elden çıkması gerekiyordu. (...)

---

27. Ziya Selışık 3 haziran 1960'ta başladığı MAH (MİT) müsteşarlığı görevini 17 ocak 1961'e kadar sürdürdü. 29 ağustos 1964'te ikinci kez göreve gelen Ziya Selışık emekliye ayrıldığı 13 temmuz 1965 tarihine kadar görevini sürdürdü.

28. "Millî İstihbarat Teşkilatı"nın o dönemdeki adı "Millî Emniyet Hizmetleri"ydi. DP ve 27 Mayıs döneminde MİT'teki ekip kavgaları için bakınız: *Bay Pipo* (Soner Yalçın-Doğan Yurdakul [Doğan Kitap]).

Fabrikatörlerce makinelerini acele yoldan satamayan Fuad Hamdi Dülger, bu arada boş durmuyor, Ziraî Donatım İdare Meclisi reisi olan Faruk Tunca'yla (Dr. Tevfik Rüşdü Aras'ın kız kardeşinin oğlu [S. Y.]) anlaşıyor. Faruk Tunca, Nedim Ökmen'den (Tarım bakanı [S. Y.]) bu makinelerin Ziraî Donatım'a alınması için emir istihsal ediyor ve bu makinelerden iki bin adedini tanesini yirmişer bin liradan, Ziraî Donatım'a satıyorlar. Dülgerler milyonları cebe indiriyor. Ziraî Donatım zarar edecekmiş kime ne. (s. 67)

Mehmet Özdemir Evliyazade aile dostları Celal Bayar'ın özel hayatından da bahsediyordu. "Celal Bayar çetesi"nin iş kombinezonlarını karısı Reşide Bayar ve akrabalarıyla ayarladığı ve İhsan Doruk'un Celal Bayar'ı on dörtlük bir "dilber"e âşık ettiği iddiası da ona aitti.

"Celal Bayar çetesi"nin Türkiye'yi işgal ettiğini ve önemli görevlerde akrabalarının oturduğunu söyleyen Mehmet Özdemir Evliyazade isimlerini bir bir açıklıyordu.

Muammer Eriş Vita müdürü. Haki Erol (bacanağı) Türk Ticaret Bankası umum müdürü idi. Cabir Selek Garanti Bankası'nda, Zekâi Eriş (kayınbiraderi) Millî Reasürans'ta, Turgut Bayar Migros ve Ciba'da... Hele Üzeyir Avunduk'u (ki hileli iflas mütehassısıdır) İş Bankası'na gelip oturttu. Muammer Eriş'in kayınbiraderi Veysi Emre Anadolu Sigorta Şirketi umum müdürüdür. Bunlar hep Bayar çetesinin mensuplarıdır. (s. 61-62)

Kitapta fotoğraflar da vardı. Adnan Menderes'le aynı karede yer alan fotoğraflarının altına "Çeteyi doğru yola getirmek için aralarındaydım" diye yazmıştı!

"Şanlı ordumuz memleketi kurtardı. Böyle devirleri Allah bir daha milletimize yaşatmasın. İbret olsun diye, bunları halkın gözlerine serdim" (s. 25) diyerek neden bu kitabı kaleme aldığını da açıklıyordu.

Evliyazade ailesinin "ele avuca sığmayan" çocuğu Mehmet Özdemir Evliyazade tüm yazdıklarının delillerinin devletin arşivinde olduğunu kaydediyordu; ancak ne Fatin Rüşdü Zorlu'nun "uyuşturucu kaçakçısı" olduğu, ne de diğer iddiaları, Yassıada duruşmalarında konu bile edilmedi.

Birileri "bu yaramaz koca çocuğu" kullanmış mıydı?..

Türkiye, davalara bile konu olmayan olayları tartışırken Yassıada'daki duruşmaların sonuna geliniyordu.

Başta Ankara olmak üzere siyasî çevrelerde, Yassıada'dan idam kararı çıkıp çıkmayacağı tartışılmaya başlanmıştı. Özellikle DP çevrelerinin "Asamazlar, asarlarsa, dünya ayağa kalkar" lafları askerleri kışkırtıyordu.

Bu arada 1961 Anayasası için referandum yapıldı. Muhalefetin "'Hayır'da hayır var" propagandasına rağmen yüzde 39,6'ya karşı, yüzde 60,4 "evet" oyuyla Anayasa yürürlüğe girdi. İzmir, Manisa, Aydın, Denizli, Sakarya, Kütahya, Bolu, Samsun, Zonguldak ve Çorum'da "hayır" oyları yüzde 50'nin üzerindeydi!

Berin Hanım "rejimin yeniden kurulduğu" o dönemde kiracılıktan kurtuldu, Göreme Sokağı'ndan Kavaklıdere Tahran Caddesi'nde Arman Apartmanı'ndaki kendi dairelerine taşındılar.

Tek sevindirici haberi o günlerde aldılar. Dışarıdan ortaokul bitirme sınavlarına giren Aydın Menderes tüm derslerinde başarı göstererek mezun olmuştu.

Aydın Menderes başarılı bir öğrenciydi. Bir gün Dr. Tevfik Rüşdü Aras, Aydın Menderes'in bilgisini sınamak istedi: "Söyle bakalım Aydın, dünyanın en küçük denizi hangisidir?" Aydın Menderes, "Marmara Denizi" yanıtını verdi. Tevfik Rüşdü Aras, "Hayır" diyerek, doğru yanıtın "Azak Denizi" olduğunu söyledi. Aydın Menderes ısrar etti. Bahse girdiler. Kazanan Aydın Menderes oldu. Dr. Tevfik Rüşdü Aras, Aydın'a top şeklinde bir dünya haritası hediye etti. Bu harita hâlâ Aydın Menderes'in çalışma masasının üzerindedir...

Kavaklıdere'deki evinde Berin Hanım üç oğluyla birlikte yaşıyordu. Dışişleri Bakanlığı'ndan emekli olan ağabeyi Samim İzmir'e dönmüştü. Ablası Güzin de İzmir'deydi. Ankara'da kimsesi yoktu.

Üstelik iki oğluyla problem yaşıyordu.

Ne yaptıysa oğlu Yüksel'i, İstanbullu Yıldız Hanım'dan ayıramamıştı. Yüksel Menderes, kuzenleri Dr. Tanju Akmanlar ve gazeteci Sevin Zorlu'yla birlikte sık sık İstanbul'a gidiyordu. Üçü de ailelerinin yaramaz çocuklarıydı!

Mutlu Menderes çocukluğunda olduğu gibi yine içekapanıktı. Geceleri hâlâ uyuyamıyor, evin içinde volta atıyordu. Okuduğu üniversitenin muadili olmadığı için Siyasal Bilgiler Fakültesi'ne birinci sınıftan başlamıştı.

Okul arkadaşı Münevver'e ilgi duyuyordu.

Annesine en yakın çocuk Aydın'dı. Aydın Menderes tam Berin Hanım'ın istediği gibi bir çocuk olmuştu.

Berin Menderes, bu karışık günlerde aksatmadan hemen her gün Yassıada'ya, eşine mektup yazıyordu.

Bu mektuplarda hep moral vardı. Sadece bir seferinde, Edhem Menderes hakkında olumsuz birkaç cümle, Adnan Menderes ile Berin Hanım'ı o günlerde bile kavga edecek duruma getirdi. Adnan Menderes hâlâ dostunu koruyordu; Edhem Menderes'in, "hatıra defteri" Yassıada duruşmalarında en büyük delil olarak kullanılmasına rağmen!
Adnan Menderes, Edhem Menderes konusunda neden bu kadar hassastı?

En büyük delil hatıra defterleri

Sadece Edhem Menderes'in hatıratı değil, Refik Koraltan'ın, Şemi Ergin'in ve Nedim Ökmen'in eşinin günlükleri ile Abdullah Aker'in Bakanlar Kurulu toplantılarının notları Yassıda duruşmalarının en önemli delilleri arasındaydı. (Ticaret ve Devlet bakanlığı yapan Abdullah Aker'in oğlu Önder Aker, Adnan Menderes'in halasının torunu Gülden Akmanlar'la evliydi.

Refik Koraltan 30 aralık 1959 tarihli günlüğüne bakın ne yazmıştı:

> Fatin Rüşdü Zorlu'nun zorlayarak kurmak istediği hırsızlık şebekesinin korkunç manevrası devam ediyor. Adnan (Menderes [S. Y.]) bilmeyerek bu hırsızlık şebekesinin kurucusu oluyor.

Koraltan, 9 ocak 1960 tarihli günlüğünde ise iddiasına tanık gösteriyordu:

> Bugün Meclis Riyaset makamına Mükerrem Sarol geldi. Umumî hasbıhal sırasında çok dikkate değer sözler söyledi: "Fatin Rüşdü Zorlu artık hiçbir devirde görülmemiş bir hırsızlık şebekesi kurdu."

Nedim Ökmen'in eşine ait hatıra defterinin 14 aralık 1955 tarihli sayfasında yine Zorlu'yla ilgili iddialar vardı:

> Döviz Komisyonu başlı başına bir âlemdir. Başta Maliye vekili olduğu halde Başvekil Yardımcısı Fatin Rüşdü Zorlu, Ticaret Vekili Yırcalı ve hempaları öyle bir atılış atıldılar ki bütün Türkiye günlerce bu dedikoduyla çalkalandı durdu. Birisi kardeşi ve bacanağını Karun yaptı. Diğeri bir bakkalın oğluydu, milyoner oldu. Zorlu vaktiyle Dr. Tevfik Rüşdü'nün kızını almıştı. Paris'te saray gibi evinde hanımı ile kızı oturuyor. Kendisi de burada Vesamet denilen metresiyle resmen kordip-

lomatiğin davetlerine gidiyor, herkesin içinde öpüşüp sevişiyor. Karısı başvekilin karısıyla teyzezade olduğu için bu mertebeye çıkmıştı.

Günlükleri yazanların DP içindeki Fatin Rüşdü Zorlu'nun muhalifleri olduğunu unutmamak gerekiyor...

Evet DP'lilerin Zorlu'yu sevmedikleri Yassıada duruşmalarında da ortaya çıktı. Zorlu'nun koğuş arkadaşı Sebati Ataman eşine yazdığı mektupta, "Kaderimin zalim cilvesi beni, yüzlerce kişi arasında en sevmediğim adamla aynı odaya düşürdü. Bunun kadar da asabı yıkan, insanı deli eden hiçbir şey olamazmış meğer. Düşün: herif daima, gece gündüz karşımda. Her hali diken gibi batar. Uykuya dahi kaçamazsın..."

Sebati Ataman daha sonra kendi isteğiyle koğuştan alındı...

Davalar sürerken gündemi işgal eden bir konu daha vardı. O da Fatin Rüştü Zorlu'nun yaptığı tüm işlerden yüzde 10 aldığıydı. Çok konuşulmasına karşın bu konu Yassıada davalarına yansımadı. Yalnızca söylenti olarak kaldı.

Ve 15 ağustos 1961 günü duruşmalar bitti.

Mahkeme heyeti kararını bir ay sonra verecekti. Bu arada ailelerin sanıklarla görüşmesi için yeni bir onay çıktı.

Berin Hanım, oğulları Yüksel, Mutlu ve Aydın'ı yanına alarak Yassıada'ya gitti. 22 ağustos 1961'deki görüşme çok duygusal geçti.

Başta Adnan Menderes olmak üzere hiçbiri gözyaşlarına hâkim olamadı. Adnan Menderes, oğullarına tek tek sarılıp ağlıyordu. Onlar ise sürekli babalarının ellerini öpüyorlardı. Ağlamaktan konuşmadılar. Elli dakikalık süreyi neredeyse ağlayarak tamamladılar.

Yassıada'nın her köşesi çok dramatik görüntülere sahne oluyordu...

Güzide Zorlu, Rıfkı Zorlu, Emel Zorlu ve Sevin Zorlu'nun, Fatin Rüşdü Zorlu'yla görüşmesi gözyaşından çok kızgın konuşmalarla geçti. Görüşme sırasında, Fatin Rüşdü Zorlu özellikle loş bir köşede oturmuştu ve gözünde siyah renkli gözlükler vardı. Emel Zorlu kocasının gözündeki morluğu fark etmişti; ne olduğunu sorduğunda, Fatin Rüşdü Zorlu, voleybol izlerken top çarptığını söyledi.

Zorlular olanları anlamışlardı. Zaten herkese görüşme izni çabuk çıkmasına rağmen onları hayli uğraştırmışlardı. Mesele anlaşıldı. Fatin Rüştü Zorlu dayak yemişti.

Güzide Zorlu masa başında bulunan iki subaya bakıp sinirli bir şekilde beddua ederek, "Bu kötülüğü yapanların elleri kırılsın" dedi. Fatin Rüşdü Zorlu ise ısrarlıydı, centilmen insanların adam dövmeyeceğini söyleyerek üzerinde durulmaması gerektiğini söyledi. Tatsızlığı Sevin Zorlu bozdu, nişanlandığını söyledi. Babası, "Evde kalmaktan kurtuldun" diye espri yaptı. "Evlenmek için tabiî senin çıkışını bekliyoruz" deyince, üzgün bir ifadeyle, "Tabiî tabiî..." diye yanıt verdi.

Görüşme sonunda Güzide Zorlu, Cumhurbaşkanı Cemal Gürsel'e protesto mektubu gönderdi...

Kararlar açıklanıyor

Menderesler, Zorlular ve Evliyazadeler merakla 15 eylülde açıklanacak kararı bekliyorlardı.

Bu arada Yassıada sanıkları hakkında karar verecek Yüksek Adalet Divanı çalışmalarını Heybeliada'da büyük bir gizlilik içinde sürdürüyordu.

Ve 15 eylül 1961.

Önce avukatlar duruşma salonuna alındı. Salonun orta yerinde 20'ye yakın sandalye vardı. Avukatlar şaşırdı. Halbuki sanık sayısı 600'e yakındı.

Aynı şaşkınlık dinleyici bölümünde oturanlarda da vardı.

Sanıklar, sanık yakınları ve avukatların dışında, zabıt kâtipleri, raportörler kürsünün önünde yerlerini aldılar. Yanlarında bu kez İstanbul Radyosu'ndan bir spiker vardı. Onun neden bulunduğu az sonra anlaşılacaktı.

Herkes sanıkları beklerken, salona önce mahkeme heyeti girdi. Mahkeme Başkanı Salim Başol bunun nedenini hemen açıkladı: sanık sayısı fazlaydı, bu nedenle salona onar kişilik heyetler halinde alınacaklar, karar okunduktan sonra onlar çıkacak, diğer on kişilik grup gelecekti.

Gruplar halinde kararları okumak diye bir usul yoktu. Kararın sanıklara gruplar halinde okunmasının nedeni sonradan anlaşılacaktı: sanıklar kendi aralarında karar almışlardı; hüküm ne olursa olsun, kararların sonunda "İstiklal Marşı"nı okuyacaklardı.

Sanıkların mahkemedeki tavrını öğrenen Yassıada Komutanlığı durumu mahkeme heyetine bildirmiş, onlar da böyle bir yöntem belirlemişlerdi!

İlk grup geldi. Önde her zaman olduğu gibi Celal Bayar vardı. İkinci sırada Adnan Menderes'in olması gerekiyordu, ama Menderes yoktu.

Celal Bayar'ı son kabinenin Başbakan Yardımcısı Medenî Berk, Devlet Bakanı İzzet Akçal, Adalet Bakanı Celal Yardımcı, Millî Savunma Bakanı Edhem Menderes, Dışişleri Bakanı Fatin Rüşdü

Zorlu, Maliye Bakanı Hasan Polatkan, Millî Eğitim Bakanı Atıf Benderlioğlu, Bayındırlık Bakanı Hayreddin Erkmen, Gümrük ve Tekel Bakanı Hadi Hüsmen, Tarım Bakanı Nedim Ökmen, Ulaştırma Bakanı Şemi Ergin, Basın Yayın ve Turizm Bakanı Haluk Şaman, Sanayi Bakanı Sebati Ataman, Devlet Bakanı Abdullah Aker, TBMM Başkanı Refik Koraltan, TBMM başkan vekilleri Agâh Erozan, İbrahim Kirazoğlu ve İlhan Sipahioğlu takip ediyordu.

Evet Adnan Menderes yoktu! Peki neredeydi?

Yoklamalar yapıldı.

Ardından Salim Başol kararın gerekçesinin hazırlandığını, ancak şimdi yalnızca hüküm fıkrasının okunacağını söyledi ve kararları önde bulunan spikere uzattı.

Yasa gereği sanıklar hükümleri ayakta dinlemek zorundadır; mahkeme başkanı Salim Başol sanıkların kararları oturarak dinleyebileceklerini söyledi.

Spiker eline verilen hükümleri okumaya başladı.

İlk hüküm giyen isim Celal Bayar'dı. Türk Ceza Kanunu'nun 146/1. maddesi gereğince idama mahkûm olmuştu. Celal Bayar idam kararını duyunca, iyi işitmesi için verilen kulaklığı yanında bulunan boş sandalyeye fırlattı!..

Keza Adnan Menderes için de karar aynıydı: idam!

Fatin Rüşdü Zorlu... İdam! (Ek'e bakınız.)

Spiker kararları hızlıca okumaya devam ediyordu; salonda bulunanlar kulaklarına inanamıyordu.

Yüksek Adalet Divanı, Bayar, Menderes, Zorlu ve Polatkan'ı oybirliğiyle idama mahkûm etmişti.

Refik Koraltan, Rüşdü Erdelhun, Baha Akşit, Bahadır Dülger, Zekâi Erataman, Agâh Erozan, Emin Kalafat, Osman Kavrakoğlu, İbrahim Kirazoğlu, Nusret Kirişoğlu ve Ahmet Hamdi Sancar hakkında oyçokluğuyla ölüm cezası verilmişti.

15 idam kararı çıkmıştı.

Tesadüf mü: 1926'da Atatürk'e yapılması planlanan suikastın İzmir'deki dava sonucunda da 15 idam kararı çıkmıştı! Onların 14'ü asılmış biri intihar etmişti...

Yassıada'da 15 idam kararı çıkmış; karar 14'ünün yüzüne okunmuş, biri ise intihar ettiği için salonda bulunamamıştı!..

İlk grubun kararları okunduktan sonra, yine Celal Bayar önde olmak üzere DP'liler salondan çıkarıldı.

Sanık gruplarından biri girip diğeri çıkıyordu.

15 idamın ardından, 31 sanığa ömür boyu hapis cezası, 418 sanığa ise 6 ay ile 20 yıl arasında değişen çeşitli hapis cezaları

verilmişti. Diğerleri beraat etmişti.

Bu arada mahkeme salonunun hemen dışında bulunan askerler, sanıkların aldıkları cezalara göre sınıflandırma yaptılar.

İdam cezası alanlar elleri arkadan kelepçelenip özel bir barakaya, müebbet hapis cezası alanlar elleri önden kelepçelenip ayrı bir barakaya ve diğer hapis cezası alanlar kelepçelenmeden başka bir barakaya konuldu. Sayıları az olmakla birlikte beraat edenler, apar topar, avukatları ve az sayıda sanık yakınını getiren Fenerbahçe vapuruna gönderildi...

İdam hükümlüleri ve müebbet cezası alan 45 kişi hücumbota bindirilerek İmralı Adası'na götürüldü.

Ceza alan bakanlar, milletvekilleri Kayseri Cezaevi'ne, diğerleri ise Adana Cezaevi'ne nakledildi...

Adnan Menderes'in dayısının torunu DP İzmir Milletvekili Sadık Giz'in, 5 yıl hapsine, 1 yıl İzmir'de Emniyet Müdürlüğü gözetiminde mecburi ikametine ve 182 lira 50 kuruş maktu harç ödemesine karar verilmişti.

Adnan Menderes'in halasının oğlu DP Antalya Milletvekili Kenan Akmanlar ise, 10 yıl hapis, ömür boyu kamu hizmetlerinden mahrumiyet, mallarının yönetimi için 3 yıl 4 ay vasi tayinine ve 200 lira maktu harç alınması cezasına çarptırılmıştı.

Duruşmalara verilen öğle arasında gazeteciler Adnan Menderes'in durumu hakkında bilgi aldılar: intihara teşebbüs etmişti!..

Gece 04.00 sularında, kendisine uyuması için verilen uyku haplarını dilinin altında tutmuş, ardından da, biriktirdiği hapları yutarak ölmek istemişti.

Nöbetçilerin uyumasındaki anormallikten şüphelenmeleri üzerine olay ortaya çıkmıştı. Haberin öğrenilmesiyle Yassıada bir anda hareketlenmişti. Herkes panik içindeydi. Doktorlar midesini yıkamışlar, koluna serum takmışlardı.

Hakkında idam kararı verilmiş sabık başbakan Adnan Menderes'i yaşatmak için herkes var gücüyle çaba sarf ediyordu.

Adnan Menderes kararların açıklandığı 15 eylülü uyuyarak geçirdi.

16 eylül günü saat 08.00 sularında kendine gelebildi.

Adnan Menderes komadan çıktığında, iki arkadaşı Fatin Rüştü Zorlu ve Hasan Polatkan ebedî yolculuklarına çıkmışlardı...

İmralı Adası'na getirilen 45 kişiden 14'ü ayrı hücrelere konmuştu.

Ankara'dan gelecek kararın beklenildiğini bilmiyorlardı.

İdamlar konusunda son sözü Millî Birlik Komitesi söyleyecek-

Sanık	Dava adı	İddia	Başlangıç-bitiş tarihi	Oturum sayısı	Sonuç
Adnan Menderes Fatin Rüştü Zorlu	6-7 Eylül	Halkı İstanbul'da yaşayan Rumlara karşı ayaklandırmaya azmettirmek can ve mal zararına sebep olmak.	20 ekim- 5 ocak	20	Her ikisi de mahkûm oldu. Adnan Menderes'in 6 yıl hapsine ve 375 lira ağır para cezası ödemesine karar verildi.
Adnan Menderes	Bebek	Gayri meşru çocuğunu öldürmeye azmettirmek.	31 ekim- 22 kasım	7	Beraat etti.
Adnan Menderes Fatin Rüştü Zorlu	Ali İpar	Davada adı geçen armatör Ali İpar da dahil olmak üzere döviz yasasını ihlal etmek	15 kasım- 19 ocak		1'er yıl hapse mahkûm oldular.
Adnan Menderes	Örtülü Ödenek	Başbakanlık örtülü ödeneğini yasalara aykırı kullanmak.	25 kasım- 28 şubat	13	Mahkûm oldu. Çakırbeyli Çiftliği'ne haciz kondu ve bankadan 2 000 lira çekme hakları kaldırıldı.
Adnan Menderes	Radyo	Devlet radyosunu siyasi çıkarları için kullanmak, muhalefete radyo kullanım hakkını vermeyerek Anayasa'yı ihlal etmek.	29 kasım -26 aralık	6	Mahkûm oldu.
Adnan Menderes	Topkapı Olayları	4 mayıs 1959'da Topkapı'da İsmet İnönü'ye suikast düzenlemek amacıyla halkı kışkırtmak.	2 aralık- 17 nisan	24	Mahkûm oldu.
Adnan Menderes	Çanakkale Olayı	İki muhalif milletvekilinin seyahat özgürlüğünü kısıtlamak	27 aralık- 10 mart	13	Mahkûm oldu.

Sanık	Dava adı	İddia	Başlangıç-bitiş tarihi	Oturum sayısı	Sonuç
Adnan Menderes	Kayseri Olayları	İsmet İnönü'nün seyahat özgürlüğünü kısıtlamak.	9 ocak-20 nisan		Mahkûm oldu.
Adnan Menderes	*Demokrat İzmir*	Halka *Demokrat İzmir* gazetesinin matbaasını tahrip etmeye teşvik etmek.	12 ocak- 5 mayıs	16	Mahkûm oldu.
Adnan Menderes	İstimlak Davası	İstanbul'da birçok vatandaşın mülkünün bedelini tam olarak ödemeden istimlak etmek.	17 nisan- 21 haziran	13	Mahkûm oldu.
Adnan Menderes	Vatan Cephesi	Kurulan örgütü bir başka sınıf üzerinde baskı aracı olarak kullanmak.	27 nisan- 21 haziran	14	Mahkûm oldu.
Adnan Menderes Fatin Rüştü Zorlu	Anayasa'nın İhlali	Yassıada davalarının arasındaki en önemli dava. CHP'nin mallarına el konması, Kırşehir'in ilçe yapılması, yargı bağımsızlığının ihlali, 1954-1957 seçim kanunlarının demokrasiye aykırı olarak değiştirilmesi, Tahkikat Komisyonu'nun kurulup olağanüstü yetkilerle donatılması, yetkilerle Anayasa'nın kaldırılmasına yeltenilmesi ve gösteri-toplantı hakkını kısıtlayan kanunların çıkarılması.	11 mayıs- 5 eylül	54	Mahkûm oldular.
Adnan Menderes Fatin Rüştü Zorlu	Üniversite Olayları	İstanbul ve Ankara'da kanuna aykırı olarak üniversite basmak, halka ateş açmak ve kanuna aykırı sıkıyönetim ilan etmek.	2 şubat-27 temmuz	54	Mahkûm oldular.

ti. MBK üyesi askerler sanıklar hakkında tek tek oylama yaptı. Celal Bayar, Adnan Menderes, Fatin Rüşdü Zorlu ve Hasan Polatkan'ın idamlarını onayladılar. Ancak Celal Bayar yetmiş sekiz yaşında olduğu için yaş haddinden cezası müebbet hapse çevrildi.

Celal Bayar'ı ipten, Genelkurmay Başkanı Orgeneral Cevdet Sunay kurtarmıştı. "Yetmiş sekiz yaşındaki bir adamı asarsak bunu dünyaya anlatamayız" demişti!

Cevdet Sunay bu tavrının karşılığını AP'nin desteğiyle, 28 mart 1966'da cumhurbaşkanı yapılarak alacaktı! Tutsaklığın ne olduğunu herhalde en iyi Cevdet Sunay biliyordu, çünkü 1918'de Mısır'da İngilizlere esir düşmüştü...

Diğer idam mahkûmu 11 sanığın cezası da müebbet hapse çevrilmişti.

Ancak kararlar hiç de kolay alınmamıştı. Silahlı Kuvvetler'in genç subayları idamların tümünün infaz edilmesini istiyordu. Bu nedenle İmralı Adası'na 200'ün üzerinde subay gelmişti. Ortalık gergindi. Yassıada Komutanı Yarbay Tarık Güryay, İmralı'ya gidip genç subaylarla görüşme yaptı. İkna etmişti.

İlk sehpaya çıkan Zorlu oldu

İmralı Adası'nda idam sehpasına ilk çıkan isim Fatin Rüşdü Zorlu oldu.

Hücrenin kapısı açıldığında soğukkanlılıkla sordu:
"Benden mi başlıyorsunuz?"

Cevap alamadı. İki gardiyan koluna girdi. Sessizlik içindeki koridorun ortasında merdivene açılan kapıya yöneldiler ve dışarı çıktılar. Havada hiç yıldız gözükmüyordu, hava kapalıydı. Ürpertici bir karanlık vardı.

Rüzgârın ve dalgaların dışında ses yoktu...

Adada bir de, DP'li Agâh Erozan'ın yüksek sesle okuduğu Bakara Suresi duyuluyordu...

Başgardiyanın odasına geldiklerinde kelepçeleri açıldı. Abdest almak ve dinî vazifelerini yerine getirmek istedi. Başsavcı Altay Egesel, Yassıada Komutanı Tarık Güryay ve diğer görevliler namazını kılan Zorlu'yu beklediler...

Ailesine mektup yazmak istediğini söyledi. Kalem kâğıt bulundu. Ancak Zorlu'nun gözlüğü yoktu. Diğer eşyalarıyla birlikte ailesine verilmek üzere alınmıştı. Odada bulunanların gözlükleri denetildi ama hiçbiri uygun değildi. "Zararı yok" dedi ve büyük harflerle son mektubunu yazdı:

Anneciğim, Emelciğim, Sevinciğim ve Ağabeyciğim,
Şimdi Cenabı Hakk'ın huzuruna çıkıyorum. Sakinim. Huzur içindeyim. Benim için üzülmeyin. Sizlerin de sakin ve huzur içinde yaşamanız beni daima müsterih edecektir. Bir ve beraber olun. Allah takdiratı böyle imiş. Hizmet ettim ve şerefimi daima muhafaza ettim.
Anne, siz sevdiklerimi muhafaza edin ve Allah'ın inayetiyle onların huzurunu temin edin. Hepinizi Allah'a emanet eder, tekrar üzülmemenizi ve hayatta berdevam olarak beni huzur içinde bırakmanızı rica ederim.
Allah memleketi korusun.

Fatin Rüşdü Zorlu

Arkasına imzasını attığı zarfı kapatıp savcıya uzattı. Sıra idam gömleğini giymesine gelmişti. Elleri arkadan kelepçelendi.

"Üzgün değilim arkadaşlar" dedi, kimsenin üzülmesinin gerekmediğini, bu milletin tarihinde asılan ne ilk ne de son vekil olacağını söyledi. Bir isteği vardı, kravatını takmak istiyordu. Yasa gereği (!) imkânsız olduğunu söylediler. Gülümsedi.

Yürüdü, kimsenin yardımı olmaksızın sehpaya çıktı. Cellatlar harekete geçecekleri sırada, "Acele etmeyin" dedi ve infaz savcısına döndü. "Müsaade ederseniz işimi kendim halledeyim" dedi. Sandalyeye çıktı. Sessizce yağlı ilmeğin boynuna geçirilmesini bekledi. "Allahısmarladık" deyip altındaki sandalyeyi kendisi tekmeledi. Ölmesini de bilmişti!..

16 eylül, saat 02.57...
Ve...
On dakika sonra Hasan Polatkan idam edildi...

Ve Evliyazadelerin bir damadı daha...

İmralı Adası'nda infazlar sürerken, Yasıada'da idam mahkûmu Adnan Menderes'i hayata döndürme mücadelesi bütün hızıyla sürüyordu.

Çabalar sonucu Menderes ancak 16 eylül günü saat 08.00 sularında kendine gelebilmişti. Yirmi sekiz saattir uykudaydı.

Komadan çıkmış, ancak şoku atlatamamıştı; sorulara cevap veremiyordu. İlk sözü, "Bana ne oldu?" sorusuna kimse yanıt vermedi.

Yatağında oturmak istedi, yanındakilerin yardımıyla doğrulabildi; ancak bir iki dakika sonra yine yatmak istedi, kalkışında olduğu gibi yardımla uzanabildi yatağa. Cansız gözlerle etrafına bakıyordu.

Et suyu çorba içirildi. Sonra yatağının içinde bir şeyler aramaya başladı. Ne aradığını sordular. "Yükselciğim'e yazdığım mektubu" dedi. Bulup verdiler. Katlayıp yastığının altına koydu.

Koğuş sorumlusu Yüzbaşı Kâzım Çakır'dan sigara istedi; Dr. Galip Bozalıoğlu izin vermedi; komadan yeni çıkmıştı ve ciğerleri tahriş olabilirdi!

Adnan Menderes, bacanağı Fatin Rüştü Zorlu ve oğlu gibi sevdiği Hasan Polatkan'ın idam edildiğini hâlâ bilmiyordu...

İmralı'daki infazlar radyodan verilmeye başlandı.

İstanbul...

Sevin Zorlu:

16 eylül günü babaannem Güzide Zorlu'nun İstanbul Taksim'deki evindeyiz. Annem var, bir de Şadiye Halam var. Kararların temyiz edileceğini, ne bileyim, müebbet hapse çevrileceğini bekliyoruz.

Sabah kalktım, her zaman yaptığım gibi radyoyu açtım. Ve dondum kaldım, babam... Babam idam edilmişti...

Sonra... Sonrası inanın yok.

Ankara...

Berin Hanım sabah gazeteleri açtığında eniştesi Zorlu ile Hasan Polatkan'ın ölüm haberlerinin yanında, eşi Adnan Menderes'in de burnunda bir serum bulunan, gözleri kapalı fotoğrafını görünce dehşetle irkildi. Eşi intihara teşebbüs etmişti. Ne yapacağını bilemedi. Artık gücü kalmamıştı, sandalyeye yığılıp kaldı. Konuşmuyor, ellerinin titrettiği gazeteye öylesine, donuk gözlerle bakıyordu.

Tek bir konuya kitlenmişti: kocasının idam edilmesini önlemeliydi! Aklına önce CKMP Genel Başkanı Osman Bölükbaşı geldi, ona gitti.

Bölükbaşı üzgündü, yapacak pek bir hareketin kalmadığını söyledi.

Ve gidilecek son kişi İsmet Paşa'ydı.

Pembe Köşk'e telefon etti. Mevhibe İnönü'yle konuştu. Sonra oğlu Aydın Menderes'i alıp alelacele Pembe Köşk'e gitti.

Berin Hanım İsmet Paşa'yla görüşürken küçük Aydın da onları izliyordu. Berin Hanım ağlıyordu, "Kurtarın!.." diye yalvarıyordu. Mevhibe Hanım da gözyaşlarını tutamamıştı. İsmet Paşa şaşkın görünüyordu. Askerlere söz geçiremediğine hanımları inandırmak istiyordu.[29] İsmet Paşa, MBK Başkanı Cemal Gürsel'le, Genelkur-

---

[29] Ne hazin... Selanikli Cavid Bey'in eşi Âliye Hanım kocasının idam edilmemesi için 25 ağustos 1926'da Başbakan İsmet Paşa'ya telgraf çekmişti! Cavid Bey telgraftan bir gün sonra idam edilmişti. İsmet İnönü benzer sahneyi otuz beş yıl sonra bir kez daha yaşıyordu.

may başkanıyla, Dışişleri bakanıyla, hepsiyle konuşmuştu.
ABD Başkanı John F. Kennedy, İngiltere Kraliçesi II. Elizabeth, Fransa Devlet Başkanı de Gaulle, Pakistan Devlet Başkanı Eyüb Han, infazların durdurulması yönünde mesajlar yollamışlardı.
Ama iş sanki inada binmişti.
Berin Hanım çırpınıyordu.
Dakikalar hızla geçiyordu...

İmralı...
On iki ayrı hücredeki idam sanıkları birbirlerine seslenerek kimin idam edildiğini öğrenmeye çalışıyorlardı.
Öğleye doğru Komutan Tarık Güryay, hepsini bir odada topladı, idam edilmekten kurtulduklarını, cezalarının müebbet hapse çevrildiğini söyledi ve odadan çıktı.
Odada çıt çıkmıyordu. Sessizliği Celal Bayar bozdu: "Arkadaşlar, aramızda kim var, kim yok?"
Fatin Rüşdü ve Hasan Polatkan'ın olmadığını anladılar...
Birden nasıl bir sondan kurtulduklarını anlayan bazıları hıçkıra hıçkıra ağlamaya başladı. Celal Bayar metanetlerini korumalarını söyledi. Hapishanede uzun süre kalmayacaklarını belirterek, herkese moral vermeye çalıştı. Ama yılların komitacısı bile bu konuşmayı yaparken titremesine engel olamıyordu...

Yassıada...
Hücresinde yatmakta olan Adnan Menderes'i İmralı'dan gelen Komutan Tarık Güryay ve yanında getirdiği Edhem Menderes ziyaret etti.
Adnan Menderes, kurtulursa Çakırbeyli Çiftliği'ne gidip Çine Çayı'nın kenarında bulunan söğüt ağaçlarının altına oturacağını ve bir daha siyasetle ilgilenmeyeceğini söyledi...
Adnan Menderes'in son gördüğü yakını Edhem Menderes olacaktı... İkisi de idamlardan haberli değildi.
Anılardan bahsetmeye başladılar. Sıcak sohbeti Komutan Tarık Güryay bozdu. Tedavisi için Deniz Hastanesi'ne götürülecekti, bu nedenle hemen hazırlanmalıydı. Edhem Menderes'in yardımıyla hazırlandı.
Yassıada'dan ayrılırken Komutan Güryay'a bir ricada bulundu: "Berin Hanım'dan gelen mektupları hastaneye iletir misiniz?"
Hücumbota bindi. Yanında askerler vardı. Bu botun yaklaşık bir buçuk mil ardından bir diğer hücumbot geliyordu.
Başsavcı Altay Egesel bu motorun içindeydi...

Hücumbot İmralı'ya geldi. Adnan Menderes Deniz Hastanesi'ne gidilmeyeceğini anlamıştı. İdam edileceği aklına gelmiş miydi?..

Belki. Ama yasa gereği idamların cezaevinde, sabaha karşı yapılması gerekiyordu. İhtilal gücünü yasalardan almıyordu!..[30]

Bir gün önce Zorlu ve Polatkan'ın bulunduğu odaya alındı. Hüküm yüzüne karşı okundu.

"Bugün ayın kaçı?" diye sordu. "17 eylül pazar" dediler. Kendisiyle beraber kimlerin hükümlerinin tasdik edildiğini sordu.

Savcı Egesel önce tereddütte kaldı. Sonra, "Öğrenince ne olacak Adnan Bey?.." dedi. Menderes'in yüzünde buruk bir tebessüm belirdi, "Öğrenirsem ne olur..." diye yanıt verdi. Savcı Egesel, "Zorlu ve Polatkan" dedi.

Konuşmadı, hiçbir şey söylemedi...

Kapının kenarında bir koltuğa oturtuldu. Elleri kelepçelendi. Yakasına hüviyeti de asıldı. Fotoğrafı çekildi.

Usul gereği arzusu olup olmadığı soruldu. Sigara istedi. Yenice sigarası tiryakiliği vardı, bir adet Yenice sigarası verildi.

Dinî telkin için hocalar karşıdaki odada hazır bulunuyordu. Hocayla tek başına kalmak istedi ama yasalar buna izin vermiyordu. Bunun üzerine, hocayla heyetin huzurunda yan yana geldi, ama dinî telkin istemedi. Tövbe duasına katıldı. Hocanın ağır ağır ve tek tek sıraladığı kelimeleri tekrar etti.

Duanın ardından son sözleri, "Hayata veda etmek üzere olduğum şu anda devletime ve milletime ebedî saadetler dilerim. Bu anda karımı ve çocuklarımı şefkatle anıyorum. Hepinize teşekkür ederim. Vazifenizi yaptınız ve zahmet ettiniz" oldu.

İnfazın yapılacağı bahçe 150 metre uzaklıktaydı. Kapıdan çıkarken savcı Egesel'e döndü, "Hiç küskün değilim" dedi.

Dışarıda yağmur başlamıştı.

Yanında iki gardiyan vardı. Yolun iki yanına yirmişer adım arayla askerler dizilmişti. Yol arnavutkaldırımıydı. Yavaş adımlarla yürüyordu. Başı yine eğikti.

Yolun dönemecinde başını kaldırdı ve idam sehpasıyla karşılaştı. Bir an durdu ve baktı...

Saat 13.30'du.

Doktor Nâzım ile Fatin Rüşdü Zorlu'dan sonra Evliyazadelerin bir damadı daha idam sehpasında can vermişti...

Bu, Evliyazadelerin yaşayacağı ne yazık ki son acı olmayacaktı...

---

30. Adnan Menderes'in bir gün sonranın sabahı beklenmeyip öğle saatlerinde idam edilmesinin nedeni olarak, başta İngiltere kraliçesi olmak üzere Avrupa devletlerinin Zorlu ve Polatkan'ın asılmalarından sonra var güçleriyle Türkiye'ye baskı yapmaları gösterilmektedir.

Yirmi üçüncü bölüm

26 eylül 1961, Ankara

Adnan Menderes'in idamının üzerinden kısa bir süre geçmişti.
Kapının zili çalındı.
Aydın Menderes açtı. Karşısında polis memurunu görünce şaşırdı. Annesine seslendi. Berin Hanım, konuşmadan kendilerini süzen polise, "Buyur evladım" dedi. Polis memuru kendine geldi. "Kusura bakmayın, yasa böyleymiş" diyerek elindeki kâğıdı gösterdi: "İdam cezası infaz edilen kişinin evine hükmün bir sureti asılırmış, bunu kapınıza asmak zorundayım."
Berin Menderes soğukkanlılığını koruyarak, "As oğlum, Adnan Bey'i asan sen değilsin ki, niye çekinip üzülüyorsun" dedi.
Polis, evlerinin kapısına idam hükmünü asıp gitti...
Ve yine yasa gereği, infaz için harcanan ipin, idam gömleğinin, cellatın, imamın ve o gün yiyip içtiklerinin paralarını da ödemek zorundaydılar...
Onu da ödediler!
Berin Menderes anlamıştı: hayatı boyunca "idam sehpasıyla" birlikte yaşayacaktı. Nereye gitse, kiminle konuşsa yanında hep o "idam sehpası" olacaktı!
Çok değil birkaç gün sonra bu kez Adnan Menderes'in eşyalarını teslim etmek için bir polis geldi. Gömlekleri, havluları, pijaması, tespihi; kısacası Yassıada'da kullandığı tüm eşyaları paket yapılıp gönderilmişti. Berin Hanım eşinin eşyalarını büyük bir özenle kutudan çıkardı, kokladı, tekrar katladı ve dolabına kaldırdı. Berin Menderes yalnızca bir eşyayı diğerlerinden ayrı tuttu. O da Adnan Menderes'in alyansıydı. Berin Hanım bu yüzüğü parmağına göre küçülttürerek ölene kadar taşıdı.
Türkiye tarihinde Berin Menderes kadar acılar çekmiş kaç kadın vardır?

Küçük bir çocukken babası Yemişçizade İzzet Efendi'nin akıl hastalığı sürecine ve ölümüne tanıklık etti.

Eniştesi Doktor Nâzım'ın idamını ve teyzesi Beria'nın ruhsal bunalımlarını gördü.

Başbakan eşi oldu. İltifatlara boğuldu...

Önce küçük eniştesi Fatin Rüşdü Zorlu'nun, ardından eşinin idamını yaşadı.

Ne yazık ki acısı bitmedi...

15 ekim 1961'de genel seçimler yapılacaktı. Yeni Türkiye Partisi'nin milletvekili sıralamasında Aydın'dan liste başı olan Yüksel Menderes, babasının idamı üzerine 20 eylülde adaylıktan çekildiğini açıkladı.

Ama siyasetten uzak duramayacaktı. Dört yıl sonra 10 ekim 1965'te yapılan genel seçimlerde AP Aydın milletvekili olarak Meclis'e girdi.

Yani, beş yıl aradan sonra, TBMM'de yine bir Menderes vardı.

12 ekim 1969'da yapılan genel seçimlerde Yüksel Menderes yine Aydın'dan AP milletvekili seçildi. Ama artık AP ile eski DP'lilerin yolları yavaş yavaş ayrılıyordu. Öyle ki, seçimlerden önce Celal Bayar DP'li seçmenlere hiçbir partiye oy vermemeye çağırdı.

18 aralık 1970'te Celal Bayar'ın kızı Nilüfer Gürsoy, Samed Ağaoğlu'nun eşi Neriman Ağaoğlu ve Adnan Menderes'in iki oğlu Yüksel ve Mutlu Menderes'in de aralarında bulunduğu kurucular, Demokratik Parti'yi kurduklarını açıkladılar. Aydın Menderes de DP Aydın il başkanı oldu. Menderes'in üç oğlu da politikaya girmişti!

DP, 256 milletvekili bulunan AP'yi Meclis'te çoğunluğu ancak bir milletvekiliyle sağlayabilecek duruma düşürdü. AP milletvekilleri ardıardına DP'ye geçiyordu.

Dört ay sonra 12 mart 1971'de askerî darbe oldu!..

Yüksel Menderes sadece siyasî hayatında değil, özel yaşamında da fırtınalar yaşıyordu. İpek Kumbaracıbaşı'nı ilk gördüğünde çok beğenmişti. İpek daha lisede okuyordu, buna rağmen Yüksel'in Yıldız Hanım dışında bir kızı beğendiğini öğrenen Berin Hanım, İpek'i babası Şefik Kumbaracıbaşı[1] ve annesi Vuslat (Muşkara) Hanım'dan istedi. Babası Şefik Bey, kızının daha on yedi yaşında olduğunu söyledi ama kimseye dinletemedi.

Yüksel ile İpek 1963'te evlendiler.

21 kasım 1963'te ilk çocukları Işık[2] doğdu.

---

1. Şefik Kumbaracıbaşı, SHP ve CHP milletvekili, Bayındırlık ve İskân eski bakanı Prof. Onur Kumbaracıbaşı'nın amca çocuğuydu.

2. Işık Menderes, Paris'te yaşıyor ve *Radikal* gazetesinde köşeyazarlığı yapıyor.

Ancak zaman geçtikçe Yüksel ile İpek'in ilişkileri bozulmaya başladı. Yüksel Menderes'in içkiye başlaması, ardından aşırı kıskançlık göstermesi ve fizikî şiddet uygulaması, belki evliliklerini düzeltir umuduyla yapılan ikinci çocuk Lale'nin, 14 kasım 1968'de zihinsel engelli olarak doğması evliliğin sona ermesine neden oldu. Lale'nin doğumundan kısa süre sonra boşandılar.[3] Ancak asıl neden bu değildi, İpek hamileliği sırasında başka birine âşık olmuştu!

Evlilikleri beş yıl sürmüştü. Yüksel Menderes'in eşine ilgisi, sevgisi çok inişli çıkışlıydı. İpek'in kendini terk etmesine hem kızıyor hem seviniyordu.

Kızı Işık Menderes annesi Berin'le oturuyordu, ama diğer çocuğunun ne olacağını bilemiyordu.

Sonuçta, bir yanda siyasal sorunlar, diğer yanda kötü giden özel yaşamı Yüksel Menderes'in ruh sağlığını daha da bozmaya başladı.

Ve...

Tarih, 8 mart 1972.

Ankara'nın Kavaklıdere semtinde, Çankaya Sineması yanındaki Güney Apartmanı'nın çatı katındaki daireyi anahtarıyla açan Ermeni hizmetçi Anjel Karnikyan yoğun bir havagazı kokusuyla karşılaştı. Havagazı musluğunu açık bıraktığını düşünerek mutfağa koştu ve karşılaştığı manzara karşısında donakaldı. Yüksel Menderes intihar etmişti...

Elinde babasının fotoğrafı vardı. Annesine mektup bırakmıştı:

> Sevgili anneciğim, ölümüm yaklaştı. Biraz sonra öleceğim, şunu bil ki, babamdan daha kötü şartlarda gidiyorum. Çocuklarımı sana emanet, metin ol ve beni affet. İpek için kötü düşünme.

Dostlarına da mektup bırakmıştı:

> Sevgili dostlara, hayatta kaderin bütün kötü cilveleri beni buldu. Kötü hadiseler karşısında daha fazla tahammül gösteremeyeceğim. Artık yaşama gücümü kaybettim.

Sevin Zorlu ile İpek'e de mektup yazmıştı...

Sevin Zorlu bugün bile Yüksel'in intihar ettiğine inanmıyor:

> Boşanmanın üzerinden beş yıl geçmişti. Çok flörtü oldu. Bir kızla tanıştıracaktım. Birlikte giyeceği gömleği bile seçmiştik. Üstelik bana

---

3. Lale Menderes hastalığını büyük oranda yendi. İstanbul'da kişisel resim sergisi açtı.

yazdığı mektup onun yazısı ve üslubu olamaz, Fransızcası çok iyiydi, halbuki mektup kötü bir Fransızca'yla yazılmıştı. Üç gün önce parmağını kırdı, ortalığı inletti, canı bu kadar yanan biri kendine kıyar mı?

Kırk iki yaşındaki Yüksel Menderes'in nerede toprağa verileceği aile içinde tartışma konusu oldu. Teyzesi Güzin Dülger ve dayısı Samim Yemişçibaşı ile büyük dayıları Ahmed Evliyazade ve Sedad Evliyazade İzmir'de toprağa verilmesini istiyorlardı.

Berin Hanım Ankara Cebeci Asrî Mezarlığı'na defnedilmesini istedi.

Tartışma bitti.

Cenazede iki kişi sanki daha yoğun duygular içindeydi. Soğukkanlı olmalarıyla tanınan Celal Bayar ile Güzide Zorlu'nun hıçkırarak ağlamalarını o günlerde belki de kimse yorumlayamadı.

Celal Bayar'ın oğlu Refii Bayar ve Güzide Zorlu'nun oğlu Efdal de intihar etmişti.

Bu kitapta ne kadar çok trajik ölüm var...

Bunun bir nedeni olmalı...

Gelin bir örnekten hareket edelim: "Yüzyılın aşkı olarak" yazılıp çizilen, televizyonlarda gösterilen Yüksel Menderes-İpek (Kramer) evliliği gerçekten bir aşk evliliği miydi?

Berin Menderes, oğlu Yüksel Menderes'in büyük aşkı Yıldız Hanım'la evlenmesine neden karşı çıktı? Ve neden Evliyazadelerin bir torunu daha akraba evliliği yaptı?

Açalım: Refik Evliyazade'nin torunu Rasin kiminle evlendi? Muşkara ailesinin kızı Ayla Muşkara'yla!

Evliyazadelerin diğer torunu Yüksel Menderes kiminle evlendi? Vuslat (Muşkara) Kumbaracıbaşı'nın kızı İpek'le!

Tekrar tekrar yazıyorum: hep bir akraba evliliği var!

Üstelik ben, bu ailelerin sadece yüz yıllık tarihlerini yazıyorum. Biliyorum bir sır var ve bu sır üç yüz elli yıllıktır!

Yüksel Menderes'in ruhsal problemleri olması, kızı Lale'nin sakat doğması tesadüf olamaz. Yüksel Menderes'in dedesi Yemişçizade İzzet Efendi'nin akıl hastanesinde vefat etmesini nasıl unutabiliriz.

Ya Doktor Nâzım'ın eşi Beria (Evliyazade) Hanım'ın psikolojik rahatsızlığını? Kemal Evliyazade'nin tüm ömrünü bir bodrum katında geçirmesinin nedenini araştırmaya gerek bile yoktur!

Başbakan Adnan Menderes'in dayısı Şükrü'nün de ruh hastası olduğunu biliyoruz!

Uzatmak anlamsız. Psikolojik hastalıklar, sakat doğan çocuklar, intiharlar vb. sadece İzmirli Evliyazade ailesinde değildir. Ne yazık ki İzmir'in bazı büyük aileleri hep bu trajedileri yaşamaktadır.

Ve ne yazık ki, bunun tek nedeni akraba evliliğidir; yani üç yüz elli yıldır sakladıkları o sırdır!..

Berin Menderes'in ikinci evlat acısı

2 mayıs 1975.

Berin Menderes yaşamındaki en büyük desteği olan ablası Güzin Dülger'i kaybetti. Acı haberi ağabeyi Samim Yemişçibaşı verdi.

Bir ressam gibi güzel resim yapan Güzin Dülger İzmir'de toprağa verildi.

Evliyazadelerde bir kuşak sona eriyor, yeni bir kuşak geliyordu.

Mutlu Menderes, Siyasal Bilgiler Fakültesi'nde tanıştığı Münevver'le yaşamını birleştirdi. Bir yıl sonra doğan oğluna "Adnan Menderes"[4] adını verdi.

Menderesler siyasetten kopmadı. Mutlu Menderes 23 ağustos 1975'te AP'ye katıldı. Ardından 12 ekim tarihinde yapılan araseçimlerde AP Aydın milletvekili olarak TBMM'ye girdi.

5 haziran 1977 seçimlerinden sonra ise, TBMM'de iki Menderes olacaktı: AP Aydın Milletvekili Mutlu Menderes ve AP Konya Milletvekili Aydın Menderes!

1 mart 1978.

Geceyarısı Ankara Ulus'ta bir trafik kazası meydana geldi. Karşıdan karşıya geçmekte olan bir kişiye taksi çarptı. Kazazede olay yerinde öldü. Üzeri gazete kâğıdıyla kapatıldı. Olay yerine gelen polisler yerde yatan kişinin iç cebindeki cüzdanına bakıp kimliğini öğrenince şoke oldular.

Olay yerinde ölen kişinin adı Mutlu Menderes'ti.

Berin Hanım ilk oğlunu kırk iki yaşında, ikinci oğlunu ise kırk bir yaşında kaybetti...

İki yıl sonra, 12 eylül 1980'de askerler yönetime tekrar el koydu. TBMM'yi feshettiler. Bazı politikacılara siyaset yasağı geldi. Bu politikacılardan biri de Konya AP Milletvekili Aydın Menderes'ti!..

Oğlunun siyasî yasaklı olması Berin Hanım'ı sevindirdi bile denebilir. Çünkü o tek oğlunun politikayla ilgilenmesini istemiyordu. Aydın Menderes'i de alıp Ankara'dan taşınmak arzusundaydı.

---

4. Adnan Menderes, İzmir 9 Eylül Üniversitesi Tıp Fakültesi'ni bitirdi. Halen üniversitede doçent doktor olarak görev yapmaktadır. Bekârdır.

İzmir'e, ağabeyinin yanına gitmeyi planlıyordu.

Samim Yemişçibaşı İzmir'de yalnız yaşıyordu. Sadece bir köpeği vardı. Tek isteği Evliyazadelerin hayatını kaleme almaktı. Ancak ömrü yetmedi, 1985'te vefat etti.

Berin Hanım'ın, oğlu Aydın dışında kimsesi kalmamıştı.

Berin Menderes yirmi dokuz yıl sonra eşinin mezarına kavuştu. İdam edildikten sonra İmralı Adası'na defnedilen Adnan Menderes, Fatin Rüşdü Zorlu ve Hasan Polatkan, 17 eylül 1990'da devlet töreniyle Topkapı'daki anıtmezara defnedildi.

Törende askerler yoktu...

Aydın Menderes 1 kasım 1991'de hayatını Ümran Hanım'la birleştirdi. 21 mayıs 1993'te Büyük Değişim Partisi'ni kurdu. 6 şubat 1994'te üzerindeki siyasal yasak kalktığı için yeniden kurulan Demokrat Parti'ye katıldı. Partinin genel başkanı oldu.

Adnan Menderes'in zorla kaldırıldığı Demokrat Parti genel başkanlığı koltuğunda, otuz dört yıl sonra şimdi yine bir Menderes oturuyordu.

Ve bu olaydan yaklaşık üç ay sonra, 22 nisan 1994'te Berin Hanım vefat etti...

Doksan bir yaşındaydı.

Evliyazadelerin diğer kadınları gibi yaşamı hayli uzun olmuştu. Son yıllarında yaşlılık nedeniyle hafıza kaybına uğramıştı.

Ankara'da çocuklarının yanında toprağa verildi...

Menderelerin acısı bitmedi.

15 mart 1996'da Refah Partisi İstanbul Milletvekili Aydın Menderes, Afyon'un Sandıklı ilçesi yakınlarında trafik kazası geçirdi. Boynundan aşağı felç olan Aydın Menderes tekerlekli sandalyeyle yaşamını sürdürmek zorunda kaldı.

Aydın Menderes 17 eylül 2003'te Doğru Yol Partisi'ne katıldı...

Aydın Menderes eşi Ümran Hanım'la birlikte Ankara'da yaşıyor. Yazları Çakırbeyli Çiftliği'ne gidiyorlar...

"İsmet Paşa ölmeden ölmeyeceğim!"

Berin Hanım gibi yaşamı acılar içinde geçen bir diğer kadın ise Güzide Zorlu'ydu.

Çocukluğu, genç kızlığı Osmanlı Sarayı'nda geçti. Padişah çocuklarının arkadaşıydı.

Eşi Rüşdü Paşa'yla sürgünü yaşadı.

Oğullarının her birinin acılı sonunu gördü: yedi yaşındayken kuşpalazından ölen Ender; lise son sınıf öğrencisiyken menenjitten ölen İsmail Nejad; on dokuz yaşında Paris'te intihar eden Efdal ve idam edilen Fatin Rüşdü Zorlu...

Oğlu Fatin Rüşdü idam edildiği gün yemin etti: "İsmet Paşa ölmeden ölmeyeceğim!"

1962'de tek torunu Sevin Zorlu'nun, Erden Yener'le[5] evlenmesini, bir yıl sonra da torununun oğlu Aslan'ın dünyaya gelişini gördü.

Ama mutluluğu uzun sürmedi.

Gelini Emel Zorlu'nun hastalığı ağırlaşıyordu. Ne yapsalar kanserle başa çıkamadılar. Hastalık ilerliyordu.

Son umut Londra'daydı.

Emel Zorlu gitmeden önce son kez babası Dr. Tevfik Rüşdü'yü görmek istedi. Dargındılar. Çünkü annesi Makbule'nin ölümünün kırkı çıkmadan babasının Hatice Bahire Hanım'la evlenmesine çok kırılmıştı.

Yine de, "Belki Londra'dan sağ dönemem" düşüncesiyle babasını ziyaret etmek istedi. Ancak tek şartı vardı: ziyarete geldiğinde Hatice Bahire Hanım evde olmayacaktı.

Dr. Aras teklifi reddetti. Baba kız bir daha hiç görüşmediler.

İlginçtir, gözlerinden rahatsız olan Dr. Tevfik Rüşdü Aras, bu olaydan sonra artık hiç görmedi, yani tamamen kör oldu...

Emel Zorlu, 5 temmuz 1965'te vefat etti.

Elli bir yaşındaydı.

Güzide Zorlu'nun yaşayan tek oğlu vardı: Brüksel Büyükelçisi Rıfkı Zorlu!

Kardeşi Fatin Rüşdü Zorlu'nun idam edildiği gün, yani 16 eylül 1961'de emekliliğini istedi. Emekli olduktan sonra iş tekliflerinin hepsini reddetti. Şişli'deki evinde yalnız yaşadı.

1970'lerin başında kansere yakalandı.

5 ocak 1977'de vefat etti.

Güzide Zorlu'nun yaşayan oğlu kalmamıştı.

O gün, yani 5 ocak 1977 günü, oğlunun ölüm haberini alan Güzide Zorlu, kuaföre gitti! Son derece şık giyinip ölü evine geldi.

Ve herkese, "Bugün bayram değil mi, Rıfkı benim elimi ne zaman öpecek?" deyince anladılar ki, Güzide Zorlu artık bu dünyayla ilişkisini koparmıştı.

Birkaç ay sonra da vefat etti; doksan iki yaşındaydı.

Fatih Külliyesi'ndeki babası Hüseyin Rıfkı Paşa'nın mezarının yanına defnedildi.

---

5. Erden Yener, orman mühendisi Muzaffer Yener ile Adalet Hanım'ın oğluydu. Muzaffer Yener Bedirhan ailesinin akrabasıydı. Yazmıştım, Fatin Rüşdü Zorlu da babaannesi tarafından Bedirhan ailesine mensuptu. Adalet Hanım ise Saraybosnalı'ydı ve büyük dedesi papazdı.

Osmanlı Devleti'ni de görmüş olan bir kuşak artık tarihe karışıyordu...

Dr. Tevfik Rüşdü Aras, 27 Mayıs 1960 askerî darbesinden sonra İş Bankası Yönetim Kurulu başkanlığından istifa etti. Bir ara Yeni Türkiye Partisi'ne katıldı. 6 ocak 1972'de İstanbul'da vefat etti. Cenazesine Celal Bayar, İsmet İnönü, Süleyman Demirel, Alparslan Türkeş, Orgeneral Memduh Tağmaç, Başbakan Nihat Erim, Mustafa Timisi gibi isimler katıldı.

İstanbul Bebek'teki evinin yakınındaki Aşiyan Mezarlığı'nda toprağa verildi.

Dr. Aras'ın hangi dönemi kapsadığı bilinmeyen "yirmi yıllık hatıratı"nın evlatlığı Suzan Aras'ta olduğu iddia ediliyor.

Kemalist Ülkü dergisinin ekim 1990 tarihli sayısında Sami N. Özerdim, "Atatürk döneminin ünlü Dışişleri bakanı Dr. Tevfik Rüşdü Aras, bin iki yüz elli sayfa tutan anılarını, Kaliforniya'nın Palo Alto kentinde bulunan Stanford Üniversitesi'nin Hoover Enstitüsü'ne bırakmış. Bizimkiler geri almak istiyormuş ama enstitü vermiyormuş" diye yazdı.

Bugün İstanbul Bebek'te babalığından miras kalan yalıda oturan Suzan Aras, konuşmaktan kaçınıyor...

Dr. Tevfik Rüşdü Aras, mirasını ilk eşi Makbule'nin akrabalarına bırakmadığı gibi torunu Sevin'e de mirasından hiçbir hak tanımamıştı.

Sevin Zorlu bugün Ankara'da yaşıyor, yazları İstanbul Büyükada'da kalıyor. Sevin Zorlu ikinci evliliğini diş doktoru Hilmi Özen'le yaptı. Sevin Hanım ANAP'ın milletvekilliği teklifini kabul etmedi, yerine eşi Hilmi Özen'in milletvekili olmasını istedi. Hilmi Özen 18. dönem İstanbul milletvekilliği yaptı. Hilmi Özen'den ayrılan Sevin Zorlu nişanlısı Gürbüz Güzcü'yle hayatı paylaşmaktadır. Aslan Zorlu ilk evliliğini Musevî Teherina Niego'yla yaptı. İkinci evliliğini İzmir'in önde gelen ailelerinden Sengellilerin kızı Zeynep'le gerçekleştirdi. İkinci eşinden de ayrılan Aslan Zorlu İstanbul'da yaşıyor.

Ve Evliyazadeler

Hacı Mehmed Efendi'nin torunu Refik Evliyazade'nin beş çocuğu vardı.

Çocuklardan ilk ikisi Nejad ve Doktor Nâzım'ın eşi Beria 1950'li yılların başında vefat ettiler.

Üçüncü çocuk, Sadullah Birsel'le evli Bihin Hanım 1972'de öldü. Refik Evliyazade'nin iki oğlu hayattaydı.

Oğullarından Sedat Evliyazade babası vefat ettikten sonra Medalet (aile içinde Alev deniyor) Hanım'la evlendi. Alev Hanım'ın yeğeni Serap'ı evlatlık aldılar.

Yaşamının son gününe kadar at sporundan vazgeçmedi, bir de yelkenden! İzmir Alsancak'ta oturuyor, yazları çift direkli "Serap" adlı yelkenlisiyle İstanbul Büyükada'ya, Sevin Zorlu'ya gidiyordu.

Hiç çocuğu olmadı. 19 haziran 1977'de yaşamını yitirdi. Eşi Medalet Özalp (Evliyazade) bugün yetmiş yedi yaşında İstanbul'da yaşamını sürdürüyor. Serap Hanım 1984'te İngiliz William Frater'le evlendi. Oğluna Sedat adını koydu.

Sedad Evliyazade'nin 1977'deki ölümüyle ikinci kuşak Evliyazadelerden bir kişi kalmıştı: Ahmed Evliyazade.

Çeşme'de tek başına yaşıyordu.

1986'da hayata veda etti.

Ahmed Evliyazade üç kez evlendi. Oğlu Ata Evliyazade ilk eşi Sevim'den oldu. Ata Evliyazade, Selanikli ünlü Evrenos ailesinin kızları Leyla Oksar'la evlendi. Kerem Evliyazade bu evlilikten doğdu. İzmir Alaçatı'nın bugün ünlenmesine neden olacak restorasyonunda büyük emeği olan Leyla Hanım amansız hastalık kanserden genç yaşında vefat etti.

Ata Evliyazade bugün ikinci eşi Esin Hanım'la birlikte Buca'da yaşamaktadır.

Beria Hanım'ın kızı Sevinç Hanım, babası Doktor Nâzım'ın idamı üzerine Robert Kolej'i bitiremeden dedesi Refik Evliyazade tarafından Paris'e götürüldü. Dönüşünde Cemil Atalay'la evlendi.

Cemil Atalay aileye uzak biri değildi. Evliyazade Gülsüm'ün görümcesi Rabia Hanım'ın torunuydu. Sevinç-Cemil Atalay çiftinin Tülin adını verdikleri bir kızları oldu. Sevinç Hanım ikinci evliliğini Dramalı yüksek mimar Fuat Bozinal'la yaptı. Eşleriyle evlenmesinde hep bir şartı oldu: siyasetle ilgilenmeyeceksiniz.

Sevinç Hanım Fuat Bozinal'dan ikinci çocuğu Sedat'ı dünyaya getirdi. Sevinç Bozinal, 1972 yılında babası Doktor Nâzım'ın mallarına sahip çıkmak için Selanik'e gitti. Başta Selanik anacaddesi üzerindeki dükkânlar olmak üzere malvarlığını tümüyle elden çıkardı. Meblağ hayli büyük tutmuştu. Yunan hükûmeti paraları bloke ederek, parça parça çıkarılmasına karar verdi.

Sevinç Bozinal 1982'de vefat etti.

Kızı İzmir Amerikan Koleji mezunu Tülin Atalay, NATO'da çalışırken, ABD'li Çavuş George Keenan'a âşık oldu. Evlendiler. Bu evlilikten Maynaard James ile Lara doğdu.

Heavy metal müzik yapan Tool Grubu'nun solisti olan James ilk evliliğini ABD'li Laura'yla yaptı, Hena isminde bir kızı oldu. İkinci evliliğini Olcay Hanım'la yaptı.

Annesi gibi İzmir Amerikan Koleji'ni bitiren Lara Keenan, Nusret Aydınay'la hayatını birleştirdi, Ceylin isminde bir kızları oldu.

Tülin-George Keenan bugün Çeşme'de yaşıyorlar...

Tülin Hanım'ın üvey kardeşi Sedat Bozinal, Boğaziçi Üniversitesi ekonomi bölümü mezunudur. On yıl Brüksel'deki NATO karargâhında görev yaptı. Sonra İzmir NATO karargâhında çalıştı. Bugün İzmir'de birçok büyük firmanın temsilciliğini yapmaktadır.

Gelelim Nejad Evliyazade'nin çocuklarına...

Nejad-Mesude çiftinin iki çocuğu oldu: Mustafa Yılmaz ve Mehmet Özdemir.

Mustafa Yılmaz Evliyazade iki evlilik yaptı. İlk evliliğini Ayşe Mebrure'yle gerçekleştirdi; Ayşe Mebrure, Sabetayist / Karakaşi ailelerden Nuri Osman ve Fatma Dilber çiftinin kızıydı. Osman Refik adında bir oğlu oldu. Osman Refik bir buçuk yaşına geldiğinde ayrıldılar.

Osman Refik Evliyazade, Evliyazade ailesinde bir rekora sahiptir: dört kez evlenmiştir.

İlk evliliğini makine mühendisliği eğitimi aldığı Almanya'da yaptı. Margo adlı bir Alman kızla evlendi.

İkinci evliliğini Vahideddin'in torunu Hümeyra Sultan'ın kızı Hanzade'yle gerçekleştirdi.

Üçüncü evliliğini MİT eski müsteşarı ve emekli büyükelçi Sönmez Köksal'ın eşi Ela Maro'yla yaptı.

Dördüncü evliliğini ise Sibel Özleblebici'yle gerçekleştirdi.

Osman Refik Evliyazade'nin ikinci eşi Hanzade'den iki kızı oldu: gazeteci Neslişah ve avukat Mesude Emel.

Osman Refik Evliyazade ailesiyle birlikte İzmir'de yaşıyor.

Mustafa Yılmaz Evliyazade ikinci evliliğini İtalyan Levanten Edma May Pennetti'yle yaptı. Edma May, İtalyan makine mühendisi Norberto-Ciufeppina Fellandes Pennetti çiftinin kızıydı.

Beş kuşaktır İzmir'de yaşayan Pennettiler, Türkiye'nin ilk çivi fabrikasını kuran ailedir. İzmir'deki P.E.A Hafif Metaller Döküm Sanayii bu ailenindir. Pennetti Köşkü bugün İzmir'in en güzel köşklerinden biridir. Ailenin bir bölümü burada oturuyor.

Mustafa Yılmaz-Edma May Evliyazade çiftinin Aylin adında bir kızları oldu.

Aylin Hanım, İzmir'e ilk traktör yedek parça ithalini gerçekleştiren işadamı Saki Perk'in torunu Melih Ataca'yla evlendi. Enis ve Dalya adında iki çocuğu oldu.

Ataca ailesi de İzmir'de yaşıyor.

Mustafa Yılmaz Evliyazade'nin bir çocuğu daha var: Hicran! M. Yılmaz henüz genç olduğu yıllarda tütün fabrikasında çalışan Firdevs Hanım'la yaşadığı aşkın çocuğu Hicran. 20.1.1944'te doğdu. M. Yılmaz'ın annesi Mesude Hanım bu ilişkiyi ve bebeği istemedi. Ancak Hicran mahkeme yoluyla 11 ocak 1948'de M. Yılmaz'ın nüfusuna kaydedildi. Hicran daha sonraki yıllarda Mehmed Yazıcıoğlu'yla evlendi. Fatma Bahar ve Seher Ayşenur adında iki kızı oldu. Hicran Hanım babası M. Yılmaz'ın mirasından pay alabilmek için açtığı dava hâlâ sürmektedir.

Nejad-Mesude çiftinin ikinci çocuğu Mehmet Özdemir, Elife Kaçel'le evlendi. Siret adlı kızları var. Siret İstanbul Yeşilköy'deki Capri Gazinosu'nun sahibi Mardinli Kâzım Ay'la evlendi. Servet Mehmet adında bir oğlu oldu. Siret ve Kâzım daha sonra boşandı.

Elife Hanım, kızı Siret ve torunu üniversite öğrencisi Servet Mehmet'le birlikte İstanbul'da yaşıyor.

İki kardeş Mustafa Yılmaz 2001 yılında, Mehmet Özdemir ise 1975 yılında vefat etti. Nejad, Mesude, Mustafa Yılmaz ve Mehmet Özdemir İzmir'deki Paşaköprü Mezarlığı'ndaki aile kabristanında yatmaktadır.

Mezarları bakımsızdır...

Kitapta fazla yer alamayan kişi ise Hacı Mehmed Efendi'nin ilk çocuğu, genç yaşında vefat eden Gülsüm Evliyazade oldu.

Gülsüm'ün iki çocuğu olmuştu: Kemal ve Faire.

Kemal Evliyazade hiç evlenmedi; yaşamının sonuna kadar Refik Evliyazade'nin Karşıyaka'daki konağının alt katında yaşadı. Çok güzel resim yapardı en çok da kız kardeşi Faire'nin portrelerini!

Faire, Berin Hanım'ın eniştesi Hamdi Dülger'in kuzeni Mihrî Dülger'le evlendi. Mihrî Bey mühendisti, İzmir'de demiryolları inşaatları yapan bir Fransız şirketinde çalışıyordu. Faire-Mihrî Dülger çiftinin iki çocuğu oldu: Zeyyat ve Mesadet.

Zeyyat Dülger, Merkez Bankası'ndan emekli oldu. Kibar, şık giyimli bir beyefendiydi.

Perihan Hanım'la evlendi, üç çocukları oldu: Nilgün, Füsun ve Mihrî.

Mesadet ise olaylı bir evlilikle genç yaşında Baha Tekand'la yaşamını birleştirdi. Baha Tekand aileye yabancı biri değildi. Hamdi Fuat Dülger'in kız kardeşini boşayıp Mesadet'le evlendi.

Baha Tekand, Osmanlı'nın Rusya'daki son elçisi, Türkiye'nin

ABD'deki ilk büyükelçisi Rodoslu Esad Bey'in oğluydu.

Baha Tekand'ın ağabeyi TBMM'nin ilk milletvekillerinden Enver Tekand'ın kızı Ayşe, ünlü işadamı Hilal Nurullah Gezgin'le (babası Midillili, annesi Selanikli) evlendi. Bu evlilikten doğan üç çocuktan biri ünlü işkadını Meral Gezgin Eriş'tir.

Baha-Mesadet Tekand çiftinin kızları Leyla Hanım ilk evliliğini büyükelçi Ziya Tepedelen'le yaptı. Ziya Tepedelen, Dışişleri bakanlığı döneminde Fatin Rüşdü Zorlu'nun özel kalem müdürlüğünü de yaptı.

Halen büyükelçilik görevi yapan Kenan Tepedelen, Ziya-Leyla çiftinin oğludur.

Kenan Tepedelen, Ahmet Naci-Olga Syntia Cuthbert'in çocuğu ünlü tiyatrocu Yıldız Kenter'in kızı Leyla'yla evlidir. Kitap yayına hazırlandığında Somali'de büyükelçiydi.

Leyla Hanım ikinci evliliğini Fahir Çelikbaş'la yaptı. Bu evlilikten de Esra dünyaya geldi.

Evliyazadeler yaşamlarını İzmir, Ankara ve İstanbul'da sürdürüyor.

Zaman, tüm büyük ailelerde olduğu gibi, onları da birbirinden uzaklaştırdı. Miras bölüşümü ailede dargınlıklara yol açtı.

Yer yer belirttiğim gibi Evliyazadelerin özel yaşamlarına fazla girmemeye çalıştım. Sonuçta bu kitapta, sadece özel bir ailenin öyküsü kaleme alınmadı.

Türkiye'de hâlâ tabu olan "bir sırrın" üzerindeki örtüyü aralayabilmek amacıyla yazıldı...

Sonuç: Sabetayizm bizim gerçeğimizdir, onu yok sayarak tarih yazamayız...

İstanbul, ocak 2004

"Beyaz Türkler" tanımı siyasî yaşamımızda ilk kez gazeteci yazar Ufuk Güldemir tarafından kullanılmıştır.

Kaynakça

Kişiler

Ertuğrul Akça
Tanju Akmanlar
Perihan Anılmış
Talat Asal
Aylin Ataca
Nermin Baykurt
Fatma Sezer Birkan
Sedat Bozinal
Sara Ciliv
Hüsamettin Cindoruk
Ata Evliyazade
Elife Evliyazade
Neslişah Evliyazade
Medalet (Alev) Evliyazade
Osman Refik Evliyazade
Sibel Evliyazade
Hamdi Giz
Münci Giz
Gürbüz Güncü
Nilüfer Gürsoy
Cüneyt Kapancıoğlu
Tülin Keenan
Aydın Menderes
Ayla Muşkara
Ahmet Salepçioğlu
Leyla Tepedelen
Ziya Tepedelen
Aslan Yener
Sevin Zorlu

Kitaplar

Adıvar, Halide Edib, *Mor Salkımlı Ev,* Özgür Yayınları, İstanbul, 2000.
Türk'ün Ateşle İmtihanı, Atlas Kitabevi, 1994.
Ağaoğlu, Ahmed, *Serbest Fırka Hatıraları,* İletişim Yayınları, İstanbul, 1994.
Ağaoğlu, Samed, *Arkadaşım Menderes,* İstanbul, 1967.
Babamın Arkadaşları, Nebioğlu Yayınları, İstanbul, 1958.
Demokrat Parti'nin Doğuş ve Yükseliş Sebepleri, 1972.
Ahmad, Feroz-Ahmad, Bedia Turgay, *Türkiye'de Çok Partili Politikanın Açıklamalı Kronolojisi (1945-1971),* Bilgi Yayınevi, Ankara, 1976.
Akalın, Cüneyt, *Askerler ve Dış Güçler: Amerikan Belgeleriyle 27 Mayıs Olayı,* Cumhuriyet Kitapları, İstanbul, 2000.
Akar, Rıdvan, *Aşkale Yolcuları,* Belge Yayınları, İstanbul, 2000.
Akbayar, Nuri-Koloğlu, Orhan, *Gazeteci Bir Aile Us'lar,* ÇGD Yayınları, Ankara, 1996.
Akman, Muvaffak, *Yaşantımda Hacettepe ve Sonrası-Bir Emekli Rektörün Anıları,* Yalova, 1995.

Akman, Nuriye, *Elli Kelime,* Benseno Yayınları, İstanbul, 2001.
Aksoy, Yaşar, *Bir Kent, Bir İnsan; İzmir'in Son Yüzyılı S. Ferit Eczacıbaşı'nın Yaşamı ve Anıları,* Dr. Nejat Eczacıbaşı Vakfı Yayınları, İstanbul, 1986.
Akşin, Sina, *Jön Türkler, İttihat ve Terakki,* İmge Kitabevi, Ankara, 1998.
Çağdaş Türkiye (1908-1980), Cem Yayınları, İstanbul, 2000 (Yay. yön. Sina Akşin).
Ana Çizgileriyle Türkiye'nin Yakın Tarihi, İmaj Yayınları, Ankara, 2001.
Aktar, Ayhan, *Varlık Vergisi ve Türkleştirme Politikaları,* İletişim Yayınları, İstanbul, 2001.
Almaz, Ahmet, *Tarihin Esrarengiz Bir Sahifesi: Dönmeler ve Dönmelerin Hakikati,* Kültür Yayıncılık ve Dağıtım, İstanbul, 2002.
Altınay, Ahmet Refik, *Köprülüler,* Tarih Vakfı Yurt Yayınları, İstanbul, 2001.
Altun, Mehmet, *Osmanlı'dan Günümüze Hayallerin Gerçekleştiği Yüz Yıl,* Tarih Vakfı Yurt Yayınları, İstanbul, 2003.
Anadol, Kemal, *Karşıyaka Memleket,* Doğan Kitapçılık, İstanbul, 2003.
Büyük Ayrılık, Doğan Kitapçılık, İstanbul, 2003.
Anastassiadou, Meropi, *Selanik,* Tarih Vakfı Yurt Yayınları, İstanbul, 1998.
Apak, Rahmi, *Garp Cephesi Nasıl Kuruldu,* Türk Tarih Kurumu Basımevi, Ankara, 1990.
Yetmişlik Bir Subayın Hatıraları, Türk Tarih Kurumu Basımevi, Ankara, 1988.
Apaydın, Burhan, *Adaleti Arayan Adam,* Ajans Türk Matbaası, Ankara, 1963.
Aras, Tevfik Rüşdü, *Görüşlerim,* İstanbul, 1968.
Arcayürek, Cüneyt, *Demokrasinin İlk Yılları (1947-1951),* Bilgi Yayınevi, Ankara, 1985.
Yeni İktidar Yeni Dönem (1951-1954), Bilgi Yayınevi, Ankara, 1985.
Bir İktidar Bir İhtilal (1955-1960), Bilgi Yayınevi, Ankara, 1985.
Darbeler ve Gizli Servisler, Bilgi Yayınevi, Ankara, 1989.
Arıkan, Zeki, *Haydar Rüştü Öktem, Mütareke ve İşgal Anıları,* Türk Tarih Kurumu Basımevi, Ankara, 1989.

Armaoğlu, Fahir, *Filistin Meselesi ve Arap-İsrail Savaşları,* Türkiye İş Bankası Kültür Yayınları, Ankara, 1989.

Armutçu, Emel, *Acele Vesikalık,* Karakutu Yayınları, İstanbul, 2003.

Arzık, Nimet, *Menderes'i İpe Götürenler,* Ankara, 1960.

Atay, Falih Rıfkı, *Pazar Konuşmaları (1941-1950),* İstanbul, 1965.

Zeytindağı, Betaş Atatürk Dizisi, İstanbul, 1981.

Atilhan, Cevat Rıfat, *Siyonizm ve Protokoller,* Aykurt Neşriyat, İstanbul, 1955.

Atilla, A. Nedim, *Gelişen İzmir,* İzmir Büyükşehir Belediyesi Kültür Yayını, İzmir, 2001.

Avcıoğlu, Doğan, *Türkiye'nin Düzeni,* 1. cilt, Bilgi Yayınevi, Ankara, 1969.

Türkiye'nin Düzeni, 2. cilt, İstanbul, 1975.

Millî Kurtuluş Tarihi, 3 cilt, İstanbul, 1974.

Avralıoğlu, O. Zeki, *Buldan ve Yöresinin Tarihçesi,* Ankara, 1997.

Ayaşlı, Münevver, *Dersaadet,* Timaş Yayınları, İstanbul, 2002.

Rumeli ve Muhteşem İstanbul, Timaş Yayınları, İstanbul, 2003.

İşittiklerim Gördüklerim Bildiklerim, Timaş Yayınları, İstanbul, 2002.

Aybars, Ergün, *İstiklal Mahkemeleri,* Milliyet Yayınları, İstanbul, 1998.

Aydemir, Şevket Süreyya, *Tek Adam,* 3 cilt, Remzi Kitabevi, İstanbul, 1994.

İkinci Adam, 3 cilt, Remzi Kitabevi, İstanbul, 1993.

Enver Paşa, 3 cilt, Remzi Kitabevi, İstanbul, 1993.

Suyu Arayan Adam, Remzi Kitabevi, İstanbul, 1993.

Menderes'in Dramı, Remzi Kitabevi, İstanbul, 2000.

İhtilalin Mantığı ve 27 Mayıs, Remzi Kitabevi, İstanbul, 1976.

Aydemir, Talat, *Talat Aydemir'in Hatıraları,* Kitapçılık Ticaret Ltd. Yayınları, İstanbul, 1968.

Ayışığı, Metin, *Mareşal Ahmed İzzet Paşa; Askerî ve Siyasî Hayatı,* Türk Tarih Kurumu Basımevi, Ankara, 1997.

Aykol, Hüseyin, *Çerkez Ethem,* Belge Yayınları, İstanbul, 2001.

Bali, N. Rıfat, *Musa'nın Evlatları, Cumhuriyet'in Yurttaşları,* İletişim Yayınları, İstanbul, 2001.

Bir Türkleştirme Serüveni, İletişim Yayınları, İstanbul, 2000.

Aliya: Bir Toplu Göçün Öyküsü, İletişim Yayınları, İstanbul, 2003.

Bardakçı, Murat, *Son Osmanlılar,* Pan Yayıncılık, İstanbul, 1999.
Bayar, Celal, *Başvekilim Adnan Menderes,* derleyen İsmet Bozdağ, Tercüman Kitapları, İstanbul, 1986.
Ben de Yazdım, 8 cilt, İstanbul, 1967.
Kayseri Cezaevi Günlüğü, Yapı Kredi Yayınları, İstanbul, 1999.
Bayrak, M. Orhan, *Osmanlı Tarihi Sözlüğü,* İnkılap Yayınevi, İstanbul, 1999.
Türkiye'yi Kimler Yönetti (1920-1992), Yılmaz Yayınları, İstanbul, 1992.
Bedii Faik, *Matbuat Basın derkeen... Medya,* Doğan Kitapçılık, 4 cilt, İstanbul, 2002.
Behmoaras, Liz, *Mazhar Osman, Kapalı Kutudaki Fırtına,* Remzi Kitabevi, İstanbul, 2001.
Türkiye'de Aydınların Gözüyle Yahudiler, Gözlem Gazetecilik Basın Yayın, İstanbul, 1993.
Benbassa, Esther-Aron, Rodrigue, *Türkiye ve Balkan Yahudileri Tarihi,* İletişim Yayınları, İstanbul, 2001.
Berber, Engin, *Rumeli'den İzmir'e Yitik Yaşamların İzinde,* İzmir Büyükşehir Belediyesi Kültür Yayını, İzmir, 2002.
Bir İzmir Kâbusu, İzmir Büyükşehir Belediyesi Kültür Yayını, İzmir, 2002.
Berker, Nadire-Selim, Yalçın, *Tıbbiyenin ve Bir Tıbbiyelinin Öyküsü; Osman Cevdet Çubukçu,* Vehbi Koç Vakfı, 2003.
Besalel, Yusuf, *Yahudi Tarihi,* Gözlem Gazetecilik Basın ve Yayın AŞ, İstanbul, 2003.
Ünlü Yahudiler, İstanbul, 1999.
Beyatlı, Yahya Kemal, *Siyasî ve Edebî Portreler,* İstanbul Fetih Cemiyeti, İstanbul, 1986.
Bila, Hikmet, *CHP (1919-1999),* Doğan Kitapçılık, İstanbul, 1999.
Bilim Araştırma Vakfı, *Yehova'nın Oğulları ve Masonlar,* İstanbul, 1993.
Birand, Mehmet Ali-Dündar, Can-Çaplı, Bülent, *Demirkırat,* Milliyet Yayınları, İstanbul, 1991.
Bleda, Midhat Şükrü, *İmparatorluğun Çöküşü,* Remzi Kitabevi, İstanbul, 1979.
Bora, Siren, *İzmir Yahudileri Tarihi (1908-1923),* Gözlem Gazetecilik Basın ve Yayın, İstanbul, 1995.
Bozdağ, İsmet, *Menderes Menderes,* Emre Yayınları, İstanbul, 1997.
Gazi ve Latife, Tekin Yayınevi, 1999, İstanbul.

Cavid Bey, *Felaket Günleri; Mütareke Devrinin Feci Tarihi*, 2 cilt, Temel Yayınları, İstanbul, 2000.
İdama Beş Kala, Emre Yayınları, İstanbul, 1993.
Cebesoy, Ali Fuad, *Bilinmeyen Hatıralar*, Temel Yayınları, İstanbul, 2001.
Moskova Hatıraları, Temel Yayınları, İstanbul, 2002.
Cemal Paşa, *Hatıralar*, Selek Yayınları, 1959.
Cemil, Arif, *İttihatçı Şeflerin Gurbet Maceraları*, Arma Yayınları, İstanbul, 1992.
Coral, Mehmet, *İzmir; 13 Eylül 1922*, Doğan Kitapçılık, İstanbul, 2003.
Coşkun, Süleyman, *Türkiye'de Politika (1920-1995)*, Cem Yayınları, İstanbul.
Çağlayangil, İhsan Sabri, *Anılarım*, Yılmaz Yayınları, İstanbul, 1990.
Çakır, Serpil, *Osmanlı'da Kadın Hareketi*, Metis Kadın Araştırmaları, İstanbul, 1996.
Çarıklı, Hacim Muhittin, *Kuvayı Milliye Hatıraları*, Türk İnkılap Tarihi Enstitüsü Yayınları, Ankara, 1967.
Çavdar, Tevfik, *İttihat ve Terakki*, İletişim Yayınları, İstanbul, 1991.
Türkiye'nin Demokrasi Tarihi (1950-1995), İmge Kitabevi, Ankara, 2000.
Çerkez Ethem, *Anılarım*, 3 cilt, Berfin Yayınları, İstanbul, 1993.
Çetin, Mahmut, *Boğazdaki Aşiret*, Edille Yayınları, İstanbul, 1998.
Kart-Kurt Sesleri, Biyografi-net Yayınları, İstanbul, 2002.
Çölaşan, Emin, *Tarihe Düşülen Notlar*, Ümit Yayıncılık, Ankara, 2000.
Çulcu, Murat, *Marjinal Tarih Tezleri*, E Yayınları, İstanbul, 2000.
Demirel, Ahmet, *İsmet İnönü; Defterler*, 2 cilt, Yapı Kredi Yayınları, İstanbul, 2001.
Derin, Haldun, *Çankaya Özel Kalemini Anımsarken*, Tarih Vakfı Yurt Yayınları, İstanbul, 1995.
Dikerdem, Mahmut, *Ortadoğu'da Devrim Yılları*, İstanbul, 1977.
Hariciye Çarkı, Cem Yayınları, İstanbul, 1989.
Dilligil, Turhan, *İmralı'da Üç Mezar*, Dem Yayınları, İstanbul, 1989.
Dinamo, Hasan İzzettin, *Kutsal İsyan*, 5 cilt, Tekin Yayınevi, İstanbul, 1990.
Kutsal Barış, 4 cilt, Tekin Yayınevi, İstanbul, 1996.

Dirik, Orhan, *Babam General Kâzım Dirik ve Ben,* Yapı Kredi Yayınları, İstanbul, 1998.

Dündar, Can, *Yaveri Atatürk'ü Anlatıyor-Salih Bozok,* Doğan Kitapçılık, İstanbul, 2001.

Ege, A. Şahabettin, *Eski İzmir'den Anılar,* İzmir Büyükşehir Belediyesi Kültür Yayını, İzmir, 2002.

Ege, Nezahet Nurettin, *Prens Sabahattin, Hayatı ve İlmî Müdafaaları,* İstanbul, 1977.

Ekinci, Necdet, *Türkiye'de Çok Partili Düzene Geçişte Dış Etkenler,* Toplumsal Dönüşüm Yayınları, İstanbul, 1997.

Emiroğlu, Kudret, *Anadolu'da Devrim Günleri,* İmge Kitabevi, Ankara, 1999.

Erenus, Bilgesu-Küçük, Yalçın, *Aydınlık Zindan,* Kaynak Yayınları, İstanbul, 2000.

Erkin, Feridun Cemal, *Dışişlerinde Otuz Dört Yıl, Anılar-Yorumlar,* 2 cilt, Türk Tarih Kurumu Basımevi, Ankara, 1980.

Evliyazade, Mehmet Özdemir, *Onları Anlatıyorum,* İstanbul, 1960.

Fersoy, Orhan Cemal, *Devlet ve Hizmet Adamı; Fatin Rüştü Zorlu,* Hun Yayınları, İstanbul, 1979.
Başbakan Adnan Menderes, Ankara, 1978.

Freely, John, *Kayıp Mesih,* Remzi Kitabevi, İstanbul, 2002.

Galante, Abraham, *Sabetay Sevi ve Sabetaycıların Gelenekleri,* Zvi-Geyik, İstanbul, 2000.
Türkler ve Yahudiler, Gözlem Gazetecilik Basın ve Yayın AŞ, İstanbul, 1995.

Gökmen, Oğuz, *Bir Zamanlar Hariciye,* İstanbul, 1999.

Gövsa, İbrahim Alaettin, *Sabatay Sevi,* Milenyum Yayınları, İstanbul, 2000.

Groepler, Eva, *İslam ve Osmanlı Dünyasında Yahudiler;* çeviren Süheyla Kaya, Belge yayınları, İstanbul, 1999.

Gutman, Claude, *İzmir'in Çılgın Dedikoduları,* Cep Kitapları, İstanbul, 1991.

Güllapoğlu, Fatih, *Tanksız Topsuz Harekât,* Tekin Yayınevi, İstanbul, 1991.

Güleryüz, Naim, *Türk Yahudileri Tarihi,* Gözlem Gazetecilik Basın ve Yayın AŞ, İstanbul, 1993.

Gülsoy, Ufuk, *Osmanlı Gayrimüslimlerinin Askerlik Serüveni,* Simurg Kitapçılık, İstanbul, 2000.

Gün, İ. Nuri-Çeliker, Yalçın, *Masonluk ve Masonlar,* Yağmur Yayınları, İstanbul, 1968.

Gündem, Naci, *Günler Boyunca Hatıralar,* İzmir Büyükşehir Belediyesi Kültür Yayını, İzmir, 2002.

Günver, Semih, *Fatin Rüştü Zorlu'nun Öyküsü,* Bilgi Yayınları, Ankara, 1985.

Gürsoy, Nilüfer, *27 Mayıs ve Bizler,* Yapı Tasarım Üretim, İstanbul, 1993.

Gürsoy, Melih, *İzmir Mozaiğinde Belirgin Taşlar,* MG Yayınları, İzmir, 1999.

Güryay, Tarık, *Bir İktidar Yargılanıyor,* Cem Yayınevi, İstanbul, 1971.

Güven, Çağalı Gül, *Kâmil Paşa'nın Anıları,* Arba Yayınları, İstanbul, 1991.

Hanioğlu, M. Şükrü, *Osmanlı İttihat ve Terakki Cemiyeti-Jön Türkler (1889-1902),* İstanbul, 1986.

Hatiboğlu, Tahir, *Jöntürklerden Sontürklere; Tıbbiyeli,* Otopsi Yayınevi, İstanbul, 2002.

Hatemî, Nilüfer, *Mareşal Fevzi Çakmak ve Günlükleri,* 2 cilt, Yapı Kredi Yayınları, İstanbul, 2002.

Herzl, Theodor, *Hatıralar,* Boğaziçi Yayınları, İstanbul, 2002.

Hiçyılmaz, Ergun, *Teşkilatı Mahsusa'dan MİT'e,* Varlık Yayınları, İstanbul, 1990.

Başverenler Başkaldıranlar, Altın Kitaplar Yayınevi, İstanbul, 1993.

Ilıcak, Nazlı, *Menderes'i Zehirlediler,* Dem Yayınları, İstanbul, 1989.

Bitmeyen Hasret, Dem Yayınları, İstanbul, 1989.

27 Mayıs Yargılanıyor, Kervan Yayınları, 2 cilt, İstanbul, 1975.

İbrahim Temo, *İbrahim Temo'nun İttihat ve Terakki Anıları,* Arba Yayınları, İstanbul, 1987.

İcra, Baside, *Demirkırat Alfabesi; Demokrat Parti Tüzük ve Programı,* Ankara, 1992.

İleri, Rasih Nuri, *Örtülü Ödenek,* Scala Yayıncılık, İstanbul, 1996.

İlhan, Attila, *Dönek Bereketi,* Türkiye İş Bankası Kültür Yayınları, İstanbul, 2002.

İletişim Yayınları, *Modern Türkiye'de Siyasî Düşünce,* İstanbul, 2002.

Tanzimat'tan Cumhuriyet'e, ansiklopedi, 6 cilt, İstanbul, 1985.

İlmen, Süreyya, *Süreyya Paşa'nın Anıları,* KASDAV Yayınları, İstanbul, 2001.

İnan, Afet, *İzmir İktisat Kongresi,* Türk Tarih Kurumu Basımevi, Ankara, 1989.

İnan, Arı, *Enver Paşa'nın Özel Mektupları,* İmge Kitabevi, Ankara, 1997.

Tarihe Tanıklık Edenler, Çağdaş Yayınları, İstanbul, 2000.

İnönü, İsmet, *Hatıralarım,* Bilgi Yayınevi, Ankara, 1985.

Kabacalı, Alpay, *Talat Paşa'nın Anıları,* Türkiye İş Bankası Kültür Yayınları, İstanbul, 2000.

Kalyoncu, A. Cemal, *Derin Gazeteciler,* Zaman Kitap, İstanbul, 2002.

Saklı Hayatlar, Zaman Kitap, İstanbul, 2003.

Kandemir, *Cumhuriyet Devrinde Siyasî Cinayetler,* Ekicigil Tarih Yayınları, İstanbul, 1955.

İzmir Suikastı'nın İçyüzü, Ekicigil Tarih Yayınları, İstanbul, 1955.

Kaplan, Sefa, *Londra şiirleri,* YKY, İstanbul, 2001.

Karabekir, Kâzım, *İttihat ve Terakki Cemiyeti (1896-1909),* Emre Yayınları, İstanbul, 1993.

Bir Düello ve Bir Suikast, Emre Yayınları, İstanbul, 2000.

Karaca, Emin, *Sintinenin Dibinde,* Gendaş Kültür Yayınları, İstanbul, 2000.

Karakuş, Emin, *İşte Ankara,* Hürriyet Yayınları, İstanbul 1977.

Karaveli, Orhan, *Bir Ankara Ailesinin Öyküsü,* Pergamon Yayınları, İstanbul, 1999.

Kaygusuz, Bezmi Nusret, *Bir Roman Gibi,* İzmir Büyükşehir Belediyesi Kültür Yayını, İzmir, 2002.

Karakoyunlu, Yılmaz, *Üç Aliler Divanı,* Doğan Kitapçılık, İstanbul, 2000.

Kayra, Cahit, *'38 Kuşağı,* Türkiye İş Bankası Kültür Yayınları, İstanbul, 2002.

Kılıç, Ali, *Kılıç Ali Hatıralarını Anlatıyor,* Sel Yayınları, İstanbul, 1955.

Kılıç, Sümer, *İzmir Suikastı,* Emre Yayınları, İstanbul, 1994.

Kinross, Lord, *Atatürk,* Altın Kitaplar Yayınevi, İstanbul, 1994.

Kısakürek, Necip Fazıl, *Benim Gözümde Menderes,* Ötüken Yayınevi, İstanbul, 1970.

Kirişçioğlu, Nusret, *Yassıada Kumandanına Cevap,* İstanbul, 1971.

Kocabaşoğlu, Uygur, *Türkiye İş Bankası Tarihi,* Türkiye İş Bankası Kültür Yayınları, İstanbul, 2001.

Kocahanoğlu, Osman Selim, *Atatürk'e Kurulan Pusu,* Temel

Yayınları, İstanbul, 2002.
Koçaş, Sadi, *Atatürk'ten 12 Mart'a,* 4 cilt, Tomurcuk Matbaası, İstanbul, 1977.
Koçak, Azmi, *Atatürk'ün İlk Öğretmeni-Şemsi Efendi,* Düşler Sokağı Reklam ve İletişim Hizmetleri AŞ, İstanbul, 2000.
Koçu, Reşad Ekrem, *Osmanlı Tarihinin Panoraması,* Doğan Kitapçılık, İstanbul, 2003.
Osmanlı Padişahları, Doğan Kitapçılık, İstanbul, 2002.
Koloğlu, Orhan, *Avrupa'nın Kıskacında Abdülhamid,* İletişim Yayınları, İstanbul, 1998.
Kongar, Emre, *Yirmibirinci Yüzyılda Türkiye,* Remzi Kitabevi, İstanbul, 2001.
Babam, Oğlum, Torunum; Yüz Yıllık Öykü, Remzi Kitabevi, İstanbul, 2003.
Kozanoğlu, Zeynel, *Anıt Adam Osman Nevres "Hasan Tahsin",* İzmir Gazeteciler Cemiyeti Yayını, İzmir.
Köprülü, Tuna, *Beyaz Saray Anıları,* Remzi Kitabevi, İstanbul, 2003.
Kuneralp, Sinan, *Son Dönem Osmanlı Erkân ve Ricali,* İsis Yayınları, İstanbul, 1999.
Kutay, Cemal, *Talat Paşa'nın Gurbet Hatıraları,* 3 cilt, İstanbul, 1983.
Yazılmamış Tarihimiz, 3 cilt, Aksoy Yayıncılık, İstanbul, 1999.
Kutlay, Naci, *İttihat Terakki ve Kürtler,* Fırat Yayınları, İstanbul 1991.
Küçük, Yalçın, *Tekelistan,* Yazı Görüntü Ses Yayınları, İstanbul, 2002.
Şebeke "Network", Yazı Görüntü Ses Yayınları, İstanbul, 2002.
Tekeliyet, 2 cilt, İthaki Yayınları, İstanbul, 2003.
Türkiye Üzerine Tezler (1908-1998), 3 cilt, Tekin Yayınları, Ankara, 1990.
Aydın Üzerine Tezler, 4 cilt, Tekin Yayınları, Ankara, 1990.
Landau, M. Jacob, *Tekinalp,* İletişim Yayınları, İstanbul, 1996.
Laqueur, Hans-Peter, *Hüve'l Baki: İstanbul'da Osmanlı Mezarlıkları ve Mezar Taşları,* Tarih Vakfı Yurt Yayınları, İstanbul, 1997.
Levi, Anver, *Türkiye Cumhuriyeti'nde Yahudiler,* İletişim Yayınları, İstanbul, 1996.
Lewis, Bernard, *İslam Dünyasında Yahudiler,* çeviren Bahadır S. Şener, İmge Kitabevi, Ankara, 1996.

Liman von Sanders, *Türkiye'de Beş Yıl*, çeviren Şevki Yazman, Burçak Yayınevi, İstanbul, 1968.

Maolouf, Amin, *Yüzüncü Ad*, Yapı Kredi Yayınları, İstanbul, 2003.

Martal, Abdullah, *Değişim Sürecinde İzmir'de Sanayileşme*, Dokuz Eylül Yayınları, İzmir, 1999.

McGhee, George, *ABD-Türkiye-NATO-Ortadoğu*, Bilgi Yayınevi, Ankara, 1992.

Mehmed Süreyya, *Sicilli Osmanî: Osmanlı Ünlüleri*, 6 cilt, Kültür Bakanlığı-Tarih Vakfı Yayını, İstanbul, 1996.

Mehmetefendioğlu, Ahmet, *Sürgünden İntihara Dr. Reşit Bey'in Hatıraları*, Arba Yayınları, İstanbul, 1993.

Menteşe, Halil, *Halil Menteşe'nin Anıları*, Hürriyet Vakfı Yayınları, İstanbul, 1986.

Moralı, Nail, *Mütareke'de İzmir*, İzmir Büyükşehir Belediyesi Kültür Yayını, 2002.

Mumcu, Uğur, *Gazi Paşa'ya Suikast*, um:ag Yayınları, Ankara, 1999.

Kırkların Cadı Kazanı, Tekin Yayınları, İstanbul, 1995.

Kâzım Karabekir Anlatıyor, Tekin Yayınları, İstanbul, 1994.

İnkılap Mektupları, Tekin Yayınları, İstanbul, 1995.

Muradoğlu, Abdullah, *İpekçiler ve İsmail Cem*, Bakış Yayınları, İstanbul, 2002.

Mücellidoğlu, Ali Çankaya, *Yeni Mülkiye Tarihi ve Mülkiyeliler*, 2. ve 4. cilt, Mars Matbaası, Ankara 1968.

Nahum, Henri, *İzmir Yahudileri*, İletişim Yayınları, İstanbul, 2000.

Necatigil, Behçet, *Edebiyatımızda İsimler Sözlüğü*, Varlık Yayınları, İstanbul, 2000.

Edebiyatımızda Eserler Sözlüğü, Varlık Yayınları, İstanbul, 1997.

Nesimi, Abidin, *Yılların İçinden*, Gözlem Yayınları, İstanbul, 1977.

Noyan, Abbas Erdoğan, *Prizen-Dersaadet*, Birun Yayınları, İstanbul, 2003.

Okay, Cüneyd, *Meşrutiyet Çocukları*, Bordo Yayınları, İstanbul, 2000.

Okday, İsmail Hakkı, *Yanya'dan Ankara'ya*, Sebil Yayınevi, İstanbul, 1975.

Okyar, Osman-Seyitdanlıoğlu, Mehmet, *Fethi Okyar'ın Anıları*, Türkiye İş Bankası Kültür Yayınları, Ankara, 1997.

Onuş, Sinan, *Parola: İnkılap*, Kaynak Yayınları, İstanbul, 2003.
Oran, Baskın, *Türk Dış Politikası*, 1. cilt, İletişim Yayınları, İstanbul, 2001.
Orbay, Rauf, *Cehennem Değirmeni*, 2 cilt, Emre Yayınları, 2000.
Öke, Mim Kemal, *Kutsal Topraklarda İhanetler, Komplolar, Aldanmalar*, Çağ Yayınları, İstanbul, 1991.
Önal, Sami, *Hüsrev Gerede'nin Anıları*, Literatür Yayıncılık, İstanbul, 2002.
Örs, M. Şakir, *İzmir-Sesler Yüzler Sokaklar*, İzmir Büyükşehir Belediyesi Kültür Yayını, İzmir, 2001.
Öymen, Altan, *Bir Dönem Bir Çocuk*, Doğan Kitapçılık, İstanbul, 2002.
Öymen, Örsan, *Bir İhtilal Daha Var (1908-1980)*, Milliyet Yayınları, İstanbul, 1986.
Özakman, Turgut, *Atatürk, Kurtuluş Savaşı ve Cumhuriyet Kronolojisi*, Bilgi Yayınevi, Ankara, 1999.
Özalp, Kâzım, *Millî Mücadale*, 2 cilt, Türk Tarih Kurumu Basımevi, Ankara, 1971.
Paker, Esat Cemal, *Kırk Yıllık Hariciye Hatıraları*, Remzi Kitabevi, İstanbul, 2000.
Pamuk, Şevket, *Osmanlı Ekonomisinde Bağımlılık ve Büyüme (1820-1913)*, Tarih Vakfı Yurt Yayınları, İstanbul, 1994.
Perin, Mithat, *Yassıada Faciası*, 1. cilt, Dem Yayınları, İstanbul, 1990.
Yassıada Faciası, 2. cilt, Dem Yayınları, İstanbul, 1991.
Pınar, İlhan, *Hacılar, Seyyahlar, Misyonerler ve İzmir (1608-1918)*, İzmir Büyükşehir Belediyesi Kültür Yayını, İzmir, 2001.
Ramsaur, E. E., *Jön Türkler ve 1908 İhtilali*, Sander Yayınları, 1972.
Resneli Niyazi Bey, *Resneli Niyazi Bey'in Hatıraları*, Çağdaş Yayınları, İstanbul, 1975.
Rıza Nur, *Hayat ve Hatıratım*, 3 cilt, İşaret Yayınları, İstanbul, 1992.
Rıza Tevfik, *Biraz da Ben Konuşayım*, İletişim Yayınları, İstanbul, 1993.
Rodrigue, Aron, *Türkiye Yahudilerinin Batılılaşma Serüveni*, Ayraç Yayınevi, Ankara, 1997.
Sakaoğlu, Necdet, *Bu Mülkün Sultanları*, Oğlak Yayıncılık, İstanbul, 1999.
Sarıgöl, Âdem, *Mahmud Şevket Paşa'nın Günlüğü*, IQ Kültür Sanat Yayıncılık, İstanbul, 2001.

Sarıhan, Zeki, *Çerkez Ethem'in İhaneti,* Kaynak Yayınları, İstanbul, 1986.

Sarol, Mükerrem, *Bilinmeyen Menderes,* 2 cilt, Kervan Yayınları, İstanbul, 1983.

Saydam, Abdullah, *Kırım ve Kafkas Göçleri,* Türk Tarih Kurumu, Ankara, 1997.

Scherzer, Karl von, *İzmir 1873,* çeviren Pınar İlhan, İzmir Büyükşehir Belediyesi Kültür Yayını, İzmir, 2001.

Scholem, Gershom, *Sabatay Sevi,* Burak Yayınları, İstanbul, 2001.

Schwartz, Philipp, *Kader Birliği,* Belge Yayınları, İstanbul, 2003.

Serçe, Erkan, *Tanzimat'tan Cumhuriyet'e İzmir'de Belediye,* Dokuz Eylül Yayınları, İzmir, 1998.

Sertel, Sabiha, *Roman Gibi,* Ant Yayınları, İstanbul, 1969.

Sertel, Yıldız, *Ardımdaki Yıllar,* İletişim Yayınları, İstanbul, 2001.

Sertel, Zekeriya, *Hatırladıklarım (1905-1950),* İstanbul, 1968.

Sorgun, Taylan, *İmparatorluktan Cumhuriyet'e (Fahrettin Altay Paşa Anlatıyor),* Bilge Karınca Yayınları, İstanbul, 2003.

Bitmeyen Savaş, Kamer Yayınları, İstanbul, 1997.

Soysal, İlhami, *Dünyada ve Türkiye'de Masonlar ve Masonluk,* Der Yayınları, İstanbul, 1978.

Sözer, Vural, *Atatürklü Günler,* Barajans Yayınları, İstanbul, 1998.

Sururi, Gülriz, *Kıldan İnce Kılıçtan Keskince,* Doğan Kitapçılık, İstanbul, 2002.

Su, Kâmil, *Köprülülü Hamdi Bey ve Akbaş Olayı,* Kurtuluş Ofset Basımevi, Ankara, 1984.

Şamsutdinov, A. M., *Türkiye Ulusal Kurtuluş Savaşı (1918-1923),* Doğan Kitapçılık, İstanbul, 1999.

Şener, Cemal, *Çerkez Ethem Olayı,* Okan Yayınları, İstanbul, 1986.

Şimşir, N. Bilal, *Şehit Diplomatlarımız,* 2 cilt, Bilgi Yayınevi, Ankara, 2000.

Malta Sürgünleri, Bilgi Yayınevi, Ankara, 1985.

Rumeli'den Türk Göçleri, Türk Kültürünü Araştırma Enstitüsü Yayınları, Ankara, 1970.

Taçalan, Nurdoğan, *Ege'de Kurtuluş Savaşı Başlarken,* Milliyet Yayınları, İstanbul, 1970.

Tanju, Sadun, *Eski Dostlar,* Türkiye İş Bankası Kültür Yayınları, İstanbul, 2000.
Tansu, Samih Nafiz, *İttihat ve Terakki İçinde Dönenler,* İnkılap Kitabevi, İstanbul, 1960.
Tansu, İsmail, *Aslında Hiç Kimse Uyumuyordu,* Ankara.
Tanyu, Hikmet, *Tarih Boyunca Yahudiler ve Türkler,* Yağmur Yayınları, 1. cilt, İstanbul, 1976.
Tarih Boyunca Yahudiler ve Türkler, 2. cilt, Yağmur Yayınları, İstanbul, 1977.
Tekil, Füruzan, *Politika Aslanı,* Geçit Yayınları, İstanbul, 1973.
Tektaş, Nâzım, *Sadrazamlar "Osmanlı'da İkinci Adam Saltanatı",* Çatı Kitapları, İstanbul, 2002.
Tesal, D. Reşat, *Selanik'ten İstanbul'a Bir Ömrün Hikâyesi,* İletişim Yayınları, İstanbul, 1998.
Toker, Metin, *İsmet Paşa'nın Son Yılları (1965-1973),* Bilgi Yayınevi, Ankara, 1993.
Demokrasiden Darbeye (1957-1960), Bilgi Yayınevi, Ankara, 1992.
DP'nin Altın Yılları (1950-1954), Bilgi Yayınevi, Ankara, 1990.
DP Yokuş Aşağı (1954-1957), Bilgi Yayınevi, Ankara, 1991.
Tek Partiden Çok Partiye (1944-1950), Bilgi Yayınevi, Ankara, 1998.
İsmet Paşa'yla On Yıl, 1. cilt, Akis Yayınları, Ankara, 1966.
Topçuoğlu, Ümit Sinan, *Mareşal Mustafa Fevzi Çakmak,* Eğitim-Öğrenci Yayınları, İstanbul, 1977.
Toprak, Zafer, *İttihat-Terakki ve Cihan Harbi,* Homer Kitabevi, İstanbul, 2003.
Millî İktisat-Millî Burjuvazi, Tarih Vakfı Yurt Yayınları, İstanbul, 1995.
Topuz, Hıfzı, *Taif'te Ölüm,* Remzi Kitabevi, İstanbul, 2000.
Millî Mücadele'de Çamlıca'nın Üç Gülü, Remzi Kitabevi, İstanbul, 2002.
Latife ve Atatürk, Remzi Kitabevi, İstanbul, 2001.
Topuzlu, Cemil, *İstibdat-Meşrutiyet-Cumhuriyet Devirlerinde 80 Yıllık Hatıralarım,* İ.Ü. Cerrahpaşa Tıp Fakültesi Yayınları, İstanbul, 1982.
Tunaya, Tarık Zafer, *İttihat Terakki, Bir Çağın, Bir Kuşağın, Bir Partinin Tarihi,* İletişim Yayınları, İstanbul, 2000.
Türkiye'de Siyasal Partiler (1859-1952), Arba Yayınları, İstanbul, 1992.

Tuncer, Hüner, *19. yy'da Osmanlı-Avrupa İlişkileri*, Ümit Yayıncılık, Ankara, 2000.

Tunçay, Mete, *Türkiye'de Sol Akımlar*, 1. cilt, BDS Yayınları, İstanbul, 1978.

Tunçkanat, Haydar, *27 Mayıs Devrimi*, Çağdaş Yayınları, İstanbul, 1996.

Turan, Mustafa, *Yunan Mezalimi*, Atatürk Araştırma Merkezi, Ankara, 1999.

Bir Generalin 31 Mart Anıları, Q-Matris Yayınları, İstanbul, 2003.

Tuter, Eser, *At Yarışları ve Atlı Sporlar*, İletişim Yayınları, İstanbul, 1998.

Tünay, Bekir, *Menderes Devri Anıları*, Nilüfer Matbaacılık Tesisleri, İstanbul.

Türkgeldi, Ali Fuad, *Görüp İşittiklerim*, Türk Tarih Kurumu Basımevi, Ankara, 1951.

Uluçay, Mustafa Çağatay, *Padişahların Kadınları ve Kızları*, Türk Tarih Kurumu Basımevi, Ankara, 1992.

Umar, Bilge, *İzmir'de Yunanlıların Son Günleri*, Bilgi Yayınevi, İstanbul, 1974.

Uşaklıgil, Halid Ziya, *Kırk Yıl*, İnkılap Kitabevi, İstanbul, 1987.

İzmir Öyküleri, İnkılap Kitabevi, İstanbul, 1991.

Saray ve Ötesi, İnkılap Kitabevi, İstanbul, 1981.

Üyken, Nimet, *Türkiye Jokey Kulübü Tarihçesi*, TJK Yayınları, İstanbul, 2000.

Vassaf, Gündüz, *Annem Belkıs*, İletişim Yayınları, İstanbul, 2000.

Veinstein, Gilles, *Selanik (1850-1918)*, İletişim Yayınları, İstanbul, 1999.

Yalçın, Hüseyin Cahid, *Siyasal Anılar*, Türkiye İş Bankası Kültür Yayınları, İstanbul, 2000.

Edebiyat Anıları, Türkiye İş Bankası Kültür Yayınları, İstanbul, 1999.

İttihatçı Liderlerin Gizli Mektupları, Temel Yayınları, İstanbul, 2002.

Yalçın, Soner, *Teşkilatın İki Silahşoru*, Doğan Kitapçılık, İstanbul, 2001.

Hangi Erbakan, Su Yayınları, İstanbul, 1999.

Yalçın, Soner-Yurdakul, Doğan, *Bay Pipo*, Doğan Kitapçılık, İstanbul, 1999.

Reis: Gladio'nun Türk Tetikçisi, Doğan Kitapçılık, İstanbul, 2003.

Yalçın, Şiar, *Şiar'ın Defteri*, İletişim Yayınları, İstanbul, 1995.

Yalman, Ahmed Emin, *Yakın Tarihte Gördüklerim ve Geçirdiklerim*, 1. cilt, İstanbul, 1970.

Yapı Kredi Kültür Sanat Yayıncılık, *Cumhuriyetin 75 Yılı*, İstanbul, 1998.

Yaranga, Olaf, *XIX. Yüzyılın İlk Yarısında Fransız Gezginlerin Anlatımlarında İzmir*, İzmir Büyükşehir Belediyesi Kültür Yayını, İzmir, 2000.

Yetkin, Çetin, *Türkiye'nin Devlet Yaşamında Yahudiler*, Gözlem Gazetecilik Basın ve Yayın AŞ, İstanbul, 1996.

Serbest Cumhuriyet Fırkası, Toplumsal Dönüşüm Yayınları, İstanbul, 1997.

Yetkin, Sabri, *Ticarî ve İktisadî İzmir Telefon Rehberi (1926)*, İzmir Büyükşehir Belediyesi Kültür Yayını, İzmir, 2002.

Yılmaz, Mustafa, *Millî Mücadelede Yeşil Ordu*, Kültür ve Turizm Bakanlığı Yayınları, 1987.

Yurdakul, Doğan, *Abi*, 2 cilt, Ümit Yayıncılık, Ankara, 2001.

Zorlu, Ilgaz, *Türkiye Sabetaycılığı; Evet, Ben Selanikli'yim*, Belge Yayınları, İstanbul, 1999.

Yayımlanmamış ve satışa sunulmamış kitaplar

– Hamdi Ciliv'in "Hatıralar"ı.
– P. Kd. Yzb. Kâzım Çakır'ın günlükleri: "Yassıada'da Adnan Menderes'le 464 Gün."
– Fatma Sezer Birkan, *Üç Evlerin Öyküsü*, İzmir, 2002.
– Ahmet Eyicil, "Doktor Nâzım Bey" (1988, doktora tezi).

Gazeteler

Cumhuriyet   *Radikal*
Dünya   *Sabah*
Hâkimiyeti Milliye *Vatan*
Hürriyet   *Yeni Şafak*
Millî Gazete   *Zaman*
Milliyet

Gazetelerde yayımlanmış yazı dizileri

– Tevfik Rüşdü Aras'ın Anıları: "Atatürk'ün Kaybettiği Tek Savaş", hazırlayan Sadun Tanju, *Hürriyet* gazetesi, 10-17 kasım 1987.
– "Soylu Bir Ailenin Öyküsü", hazırlayan Nezihe Araz, *Hürriyet* gazetesi, şubat-mart 1978.

- "Büyük Menderes ve Küçük Menderes'ler", hazırlayan Orhan Tahsin, *Yeni Asır* gazetesi, şubat-mart 1978.
- "Ölümsüz Menderes", hazırlayan Kenan Akmanlar, *Adalet* gazetesi, 20 eylül-10 kasım 1969.
- "Halil Paşa'nın Anıları", *Akşam* gazetesi, ekim-kasım 1967.

Dergiler

Görüş (eylül-ekim 2003)
Hayat Tarih Mecmuası (1961,1972)
İzmir: Kent Kültürü (mart 2001)
İzmir Life (eylül 2001)
Kim (mayıs, eylül, ekim 1960-eylül 1961)
Liderler (kış 1998)
Popüler Tarih (haziran, eylül 2000-eylül 2001-nisan, mayıs, 2002-haziran 2003)
Sır (1960-1961)
Tarih ve Düşünce (temmuz 2000)
Tarih ve Toplum (aralık 1997- temmuz 2002-eylül 2003)
Toplumsal Tarih (temmuz 2002-mart 2003)
Yaşama Sanatı (aralık-ocak 1995)
Yakın Tarihimiz (1 mart 1962- 21 şubat 1963)
Yön

Teşekkürler

Esin Akmanlar
Attila Aşut
Emrah Cengiz
Yalım Eralp
Gila Kumru
Yalçın Küçük
Ümran Menderes
İrem Muşkara

Sinan Onuş
Cüneyt Özdemir
Safter Taşkent
Zeynep Sengelli
Feza Yalçın
Doğan Yurdakul
Ve, üç yıl boyunca asistanlığımı yapan Beste Önkol.

Dizin

A

Abalıoğlu, Nadir Nadi 232, 534
Abalıoğlu, Yunus Nadi 88, 245, 282, 389, 392
Abas, Hiram 148
Abdullah Cevdet 61, 68,70, 151, 165, 360
Abdullah Fehmi Efendi 170
Abdullah Killi 113
Abdullah Yakub 41
Abdullah Zühtü 136
Abdurrahman Efendi 41, 449
Abdurrahman Nureddin Paşa 29, 32
Abdülhalim Çelebi 138
Abdülhalim Memduh 53
Abdülhamid, II. 25-27, 30, 32, 33, 47-54, 57, 62, 64-71, 73, 76, 80, 82, 89, 90, 95, 97, 98, 105, 106, 109, 111, 117, 119-123, 125, 126, 135-139, 146, 148-150, 153-155, 157, 165, 179, 180, 189, 190, 231, 246, 295, 320, 329, 335, 337, 346, 367, 372, 427, 509, 529
Abdürrahim Efendi 146
Abid Efendi 190
Abidin Paşa 137
Abramowitz, Morton 246
Abulafia, Abraham 103
Aciman, Yeşeya 123, 124
Açıkalın, Mehmet Cevat 121
Adalan, Şevket 393
Adıvar, Adnan 405
Adıvar, Halide Edib 184, 245, 260, 264, 325, 329, 337, 350, 404
Adviye Hanım 221, 372
Ageşo, Semih 463
Ağaoğlu, Mustafa Kemal 538
Ağaoğlu, Samed 352, 408, 423, 448, 490, 534, 538, 556
Ağaoğlu, Tektaş 538
Ağaoğlu Ahmed 232, 350, 351
Ahmad, Feroz 169
Ahmed, III. 416
Ahmed Celaleddin Paşa 69, 71, 165
Ahmed Cevdet Paşa 127
Ahmed Esad Paşa 23
Ahmed Fazıl Bey 297
Ahmed Hamdi Bey 193, 436
Ahmed Hersapaşazade Zeki 174
Ahmed Hulusî Bey 270
Ahmed İzzet Paşa 242, 250
Ahmed Midhat Efendi 47
Ahmed Muhtar Paşa 151
Ahmed Rasim Paşa 11, 23
Ahmed Reşid Bey 105
Ahmed Rıza 63-66, 68-70, 72, 74-76, 82, 85, 87, 127, 131, 132, 141, 207, 281
Ahmed Şükrü 318, 325, 329, 335, 365
Ahmed Tevfik Paşa 151, 250, 252, 255, 264
Ahmed Vâsıf Efendi 78
Ahmed Verdanî bkz. Arap Ahmed

Ahmed Yesevî 419
Ahmed Ziya 418
Ahmed Zogu 190
A. Kadir 381
Aka Gündüz 127, 151, 251, 309
Akalın, Cüneyt 489
Akalın, Zeki 535
Akar, Rıdvan 394, 396,
Akaygen, Enis 432, 436
Akça, A. Orhan 32
Akça, Ertuğrul 32, 526
Akçal, Erol 490
Akçal, İzzet 490, 545
Akçura, Yusuf 75, 350
Akder, Fevzi 197
Akel, Faruk 463
Aker, Abdullah 543, 546
Akgöl, Eyüb Sabri 134, 205
Akıncı, İbrahim Edhem 292
Akman, Muvaffak 539
Akmanlar, Kenan 183, 184,
  447, 469, 480, 502, 511, 539,
  547
Akmanlar, Lütfiye 511
Akmanlar, Tanju 511, 539,
  542
Aksalur, İzzet 451
Akson, Said 459
Aksoy, Hasan Lemi 410
Aksoy, Muammer 524
Aksoy, Yaşar 253, 294
Aksoyoğlu, Refet 161
Aksu, İrfan 538
Akşin, Sina 136, 248
Akşit, Baha 447, 546
Aktar, Emin 438
Aktar, Hüsniye 438
Aktar, Nadire 438
Aktar, Sadullah 438
Aktimur, Cazım 314
Akyiğit, Musa 225

Alabay, Rifat 499
Alaiyelizade Halil 300
Alaiyelizade Mahmud 309
Alatini, Moise 122
Aldoğan, Sadık 431-434
Aleksandr, I. 120
Alemdar, Muhittin 393
Ali Abdullah Efendi 434
Ali Adnan bkz. Menderes,
  Adnan
Alican, Ekrem 447, 522, 538
Alican, Yusuf 538
Ali Cevad Bey 138
Ali Haydar Germiyanoğlu 456
Ali Haydar Midhat 159
Ali Kemal 70, 130, 136, 485
Ali Nazmi Bey 150
Ali Nuri Bey 442
Ali Örfî Efendi 220
Ali Paşazade Adnan bkz.
  Menderes, Adnan
Ali Rıza Bey 63
Ali Rıza Paşa 145, 443
Ali Rifat Bey 267
Ali Rifat Paşa 359
Ali Rüşdi 62
Ali Sırrı Efendi 442
Ali Suavi 171
Ali Şefik 62
Ali Şükrü 283, 325
Âliye Hanım 166, 320, 341,
  405, 552
Ali Zot Paşa 190
Alnar, Ferit 470, 534, 535
Alp, Hasan Basri 453
Alpman, Ayten 463
Alroy, David 103
Altan, Çetin 415
Altay, Fahreddin 381, 382, 447
Altıncan, Sadık 514
Altuğ, Kurtul 499

Amcazade Hüseyin Paşa 418
Anastassiadou, Meropi 56, 310
Anderiman, Süreyya 408
Anhegger, Robert 263
Anılmış, Fuad 222
Anılmış, Güzide 222
Anılmış, Nejad 222
Anılmış, Nihad 222, 409
Anılmış, Perihan 222
Anter, Musa 369
Apak, Rahmi 292
Apaydın, Burhan 526, 531
Apaydın, Orhan 535
Arabyan Karabet Efendi 52
Aral, Namık Zeki 75
Aral, Ömer 373
Arap Ahmed 63
Aras, Makbule 366, 386, 388, 469, 508, 520, 530
Aras, Suzan 562
Aras, Tevfik Rüşdü 143, 235, 299, 255, 356, 364-366, 371, 372, 374-376, 378, 381, 382, 385, 387, 388, 398, 399, 401, 403, 404, 407-410, 423, 425, 428-431, 455, 461, 464, 467-470, 472, 484, 493, 507, 511, 519, 526, 532, 541, 542, 561, 562
Araz, Nezihe 144, 303
Arazraki, Salih 436, 438
Arbağ, Hamdi 509
Arcayürek, Cüneyt 499, 517
Ardahanlı, Vedat 257
Argüç, Namık 514, 515
Arıkan, Saffet 387
Arıkan, Zeki 302
Aristidi Paşa 67
Arkın, Ramazan 405
Arman, Ülkü 499
Arna, Fuad 433, 434

Arpağ, Hamdi 431
Arslan Paşa 121
Artidi, Abraham 94
Artus, Amil 522
Arzan, Neşet Naci 385
Arzık, Nimet 305, 390, 457
Asal, Talat 526
Aslan, Alp 258, 259
Aslan, Rahmi 302
Aslanlar, Necdet 535
Aşkın, Fethi 522
Aşkın, İlhan 522
Atabey, Fahri 530, 531
Ataca, Enis 564
Ataca, Melih 564
Atalay, Cemil 462, 463, 483, 563
Atalay, Sevinç 462
Ataman, Hüseyin 522
Ataman, Sebati 490, 514, 544, 546
Atamer, Muvahhit 463
Atatürk, Mustafa Kemal 364, 378, 406
Atay, Falih Rıfkı 207, 342, 389, 443, 327, 447, 463
Atığ, Sadun 459
Atilhan, Cevat Rifat 360, 421, 422
Atsız, Nihal 419
Avcıoğlu, Doğan 167, 258, 388, 389, 524
Avraloğlu, O. Zeki 13, 362
Avunduk, Carmen Bonnet 424
Avunduk, Lucienne 424
Avunduk, Nail 424, 463, 449
Avunduk, Sadık 449
Avunduk, Sybil 424
Avunduk, Üzeyir 424, 534, 541
Ay, Kâzım 565
Ay, Servet Mehmet 565

Ayan, Halil 398, 449
Ayaşlı, Münevver 57, 58, 60, 145, 167, 386
Ayata, Ayşe 524
Aybar, Mehmet Ali 166, 405, 423
Aybar, Mehmet Raif 538
Aydan, Ayhan 197, 470, 530, 531, 535
Aydemir, Şevket Süreyya 113, 184, 185, 187, 195, 287, 291, 387
Aydemir, Talat 161
Aydınay, Nusret 564
Aydınlı, Reşat 432
Aygün, Kemal 402, 510, 527
Aygün, Oğuz 402
Ayıcı Arif bkz. Yarbay Arif Bey
Ayla, Safiye 464
Aynî, Mehmed Ali 437
Ayşe Hafsa Sultan 217
Ayşe Tarzıter Kadın 146
Ayverdi, Ekrem 439
Ayverdi, Samiha 439
Aziz Mahmud Hüdaî 218, 440
Azizoğlu, Yusuf 538

B

Baban, Cihat 423, 522, 535
Babaoğlu, Münire 448
Baç, İhsan 398
Baer, Marc David 58
Bahaeddin Şakir 65, 70, 71, 117, 132, 141, 205, 207, 232, 248, 273, 277, 280, 296
Bahrî Paşa 53
Bailey, Anthony 494
Balcıoğlu, Beşir 485
Bali, N. Rıfat 79, 56, 358, 390, 392, 435, 455

Ballıkaya, Cengiz 500
Bal Mahmut 405
Baltacı Mehmed Paşa 416
Balzac, Honoré de 65
Baraner, Fuad Reşad 350
Baraner, Saadet bkz. Suat Derviş
Bardakçı, Murat 147, 316
Barlas, Cemil Said 524
Barlas, Haim 392
Barlas, Mehmet 524
Barlo, Hilmi Nailî 463
Baruchiah Russo bkz. Osman Baba
Başar, Günseli 464, 465
Başman, Avni 511
Başol, Salim 528, 545, 546
Baştımar, Ayşe 453
Baştımar, Dündar 453
Baştımar, Zeki 453
Batıbeki, Atıf Yılmaz 369
Batur, Enis 512
Batur, Muhsin 512
Bay, Jerome 419
Bayar, Baysan 402
Bayar, Celal 65, 80, 85, 171, 292, 255, 341, 370, 377, 378, 379, 382-385, 387, 401-407, 410, 420, 421, 422-424, 426, 428-430, 433, 444, 341, 370, 377-379, 382-385, 387, 401-408, 410, 420, 421-424, 426, 428-430, 433, 444, 446-448, 451, 452, 454, 459, 461, 473, 476, 478, 488, 490, 491, 495, 497, 503, 504, 505, 513, 514, 516-518, 526-528, 541, 545, 546, 550, 553, 556, 558, 562
Bayar, Demirtaş 384
Bayar, Mehmet Ali 402
Bayar, Nuri 402

Bayar, Refii 383-385, 558
Bayar, Reşide 541
Bayar, Turgut 402
Bayar, Uğur 402
Bayata, Mahmut 372
Baydur, Mehmet 522
Bayındır, Mustafa Atıf 365, 462
Bayındır, Ruhiye 365, 511
Bayındır, Sabri 365, 366
Bayiç, Hakkı Behiç 282
Baykal, Deniz 449
Baykal, Rıfat
Baykam, Bedri 524
Baykam, Suphi 524
Baykurt, Cami 404, 427, 428, 430, 431, 437, 442, 443
Bayramoğlu, Fuad 397
Bayramoğlu, Nesteren 397
Bayur, Hikmet 147, 434
Bedii Faik 370, 499, 528, 534
Behmoaras, Liz 88, 299
Bekata, Hıfzı Oğuz 448
Bekir Sami 326
Belbez, Hikmet 538
Bele, Refet 383, 447
Belen, Fahri 449, 451, 523
Belge, Burhan 449, 534, 535
Belge, Murat 449
Belger, Nihad Reşad 436, 449, 523
Bem, Jozef bkz. Murad Paşa
Ben Gurion, David 492
Benderlioğlu, Atıf 546
Bereket, Rifat 463
Beri, Yakub Kemal 358
Beria Hanım 321-323, 339, 511, 563
Berk, Medenî 515, 545
Berker, Ender 438
Berkes, Enver 427
Berkes, Niyazi 404, 427
Berköz, Mahmut 451
Berköz, Nuri 451
Beşerler, Mehmet Reşit 522
Beşezade Emin Bey 158
Beyatlı, Yahya Kemal 56
Bezmen, Fuat 395
Bezmen, Refik 395
Bil, Hikmet 478
Bilgin, Behzat 447, 534
Bilgin, Dinç 44, 447
Bilgin, Şevket 44
Bilginer, Recep 534
Bilsel, Cemil 359
Binbaşı Cemal bkz. Cemal Paşa
Binbaşı Enver bkz. Enver Paşa
Birand, Mehmet Ali 475
Birant, Remzi 505
Birgi, Muharrem Nuri 367, 368, 475, 477, 482, 485
Birgit, Orhan 518, 528
Birkan, Fatma Sezer 307
Birsel, Ahmed Süreyya 305
Birsel, Ayşegül 308
Birsel, Bihin 356
Birsel, Emin 308
Birsel, Murat 308
Birsel, Münir 307, 308, 425, 426
Birsel, Rasin Rıza 306
Birsel, Sadullah 356, 372, 562
Birsel, Salah 166, 308
Birsel, Selim 308
Birsel, Talat 308
Bleda, Hatice 87
Bleda, Midhat Şükrü 63, 68, 77, 87, 133, 149, 164, 167, 155, 205, 209, 251, 259, 271, 277, 328, 330, 332

Bleda, Turgut 277
Bolatin, İsa 108
Bolayır, Ali Ekrem 391
Balfour, Arthur James 246
Bombacı Bekir 231
Bora, Siren 188
Boran, Behice 404, 427, 452
Boran, Orhan 495
Boratav, Pertev Nailî 404, 419, 427
Borovalı, Mustafa 204
Borovalı, Suzan 204
Borzecki, Konstantin Polkozic bkz. Mustafa Celaleddin Paşa
Bozalıoğlu, Galip 552
Bozdağ, İsmet 380
Bozinal, Fuat 563
Bozinal, Sedat 264, 303, 564
Bozkurt, Mahmud Esad 282
Bozok, Salih 383
Bölükbaşı, Deniz 433
Bölükbaşı, Osman 423, 433, 447, 493, 494, 499, 552
Bölükbaşı, Rıza Tevfik 156
Broking, Richard 124
Bulca, Fuad 383
Bulver, S. Henry 154
Burak, Tahir 524
Burçak, Rıfkı Salim 447
Buxton, Noel 261
Büyükaksoy, Kenan Rifaî 439

C

Cafer Efe 292
Caferîzade Kemal Efendi 172
Cahun, Leon 360
Calthorpe, Sir Arthur 243, 270
Canning, Lord Stratford 16
Caouki, John A. 463

Cavid Bey 43, 79, 80, 114, 133, 136, 151, 155, 169, 224, 225, 211, 261, 278, 320, 321, 333, 334-337, 341, 343, 327, 355, 552
Cavid Paşa 420
Cebesoy, Ali Fuad 167, 280, 284, 383, 389, 474, 133, 167, 222, 266, 268, 269, 281, 282, 284, 296, 317, 327, 330, 534
Cebesoy, Mehmed Ali 267
Celal Derviş 234, 235
Celaleddin Arif Bey 297
Celile Hanım 166, 419
Cemal, Hasan 113
Cemal Abdünnâsır bkz. Nâsır
Cemal Azmî Bey 296
Cemal Paşa 113, 162, 164, 176, 177, 203, 221-223, 248, 271, 273, 278, 295-297, 332
Cemgil, Adnan 405
Cenab Şahabeddin 369
Cengiz, Emrah 341
Cenkçi, Beyhan 499
Cevad Paşa 243
Churchill, Winston 391
Ciliv, Efdal 314, 516
Ciliv, Hamdi 516-518
Ciliv, Sara 314, 516
Cimcoz, Salah 271, 338
Cirilli, Gustave 344
Clemenceau, Georges 68
Clemens, XII. 83
Comte, Auguste 63, 66, 67
Conker, Mahmut 367
Conker, Nuri 367, 383, 432
Cordier, Flora 26
Cortazzi, Louis 20
Coşan, Esat 369
Coşar, Ömer Sami 524
Coşkunoğlu, Kâmil 499

Cremieux, Adolphe 59
Curie, Pierre 65
Czajkowski, Michal bkz.
　　Mehmed Sadık Paşa

Ç

Çağlar, Behçet Kemal 447, 524
Çağlayangil, İhsan Sabri 535
Çakır, Kâzım 514, 552
Çakırcalı Mehmed Efe 33, 34, 95-97
Çakmak, Ahmet 442
Çakmak, Fevzi 289, 360, 379, 380, 381, 382, 394, 423, 427-429, 43-436, 441, 442, 444, 447, 450
Çakmak, M. Şefik 442
Çakmak, Nigâr 442
Çakmak, Noriko 442
Çakmak, Özdemir 505
Çakmur, Vâkıf 393
Çalışlar, İzzeddin 379, 447
Çallı İbrahim 240, 241
Çambel, Halet 405
Çamlıbel, Faruk Nafiz 423
Çandar, Cengiz 88
Çapa, Rabia 20
Çapa, Vecdi 20
Çarıklı, Hacim Muhiddin 292, 373
Çavuşoğlu, Muammer 468
Çavuşoğlu, Ömer 468
Çelerini, Taki 463
Çelikbaş, Fahir 566
Çelikbaş, Fethi 479, 523
Çeliker, Yalçın 539
Çerkez Edhem 257, 258, 259, 283, 292, 257
Çerkez Reşid 175
Çetin, Mahmut 360
Çetiner, Esin 20

Çetiner, Selahattin 498
Çetiner, Yılmaz 20
Çetinkaya, Ali 292, 383
Çınar, Mustafa 196
Çınar, Vâsıf 369, 370, 408
Çiçekdağ, Osman Şevki 469
Çiçerin, Georgiy Vasilyeviç 469
Çiller, Hüseyin Necati 311
Çiller, Muazzez 311
Çiller, Tansu 311
Çopur Hilmi 326, 329
Çölaşan, Emin 407, 470
Çubukçu, Arif 448
Çubukçu, Melahat 438
Çubukçu, Osman Cevdet 448
Çulcu, Murat 413, 415
Çullu, Nebeviye 308
Çürükoğlu Nikolaki Efendi 150
Çürüksulu Ahmed 70
Çürüksulu Mahmud Paşa 135, 164

D

Dağdelen, Nuri 393
Damat Ferid Paşa 264, 267-270
Daniel Franseoka 416
Darçın, Beşir 262
Davas, Suat 371
Davila, Hayim 358
Dayı Mesut 225
Deeds, Wyndhem 253
Defterdar Cemal Efendi 211
Dekabristler 120
Deli Remzi Paşa 453
Dellalbaşızade Ragıb Efendi 29
Demirağ, Melike 422
Demirağ, Nuri 421, 422

Demirci Avnî 117
Demirer, Arif 495
Demirhan, Pertev 389, 434
Demolins, Edmond 74
Deniz Kızı Eftalya 370
Derviş, Kemal 410, 481, 539
Derviş Efendi 440
Derviş Kaptan 442
Derviş Vahdetî 127, 136, 137
Detrois, Karl bkz. Müşir
  Mehmed Paşa
Devrim, Gülseren 47
Devrim, Hakkı 47
Deymer, Şefik Hüsnü 74
Dıranas, Ahmet Muhip 534
Didar Kalfa 99, 100, 140, 423, 483
Dietrich, Marlene 363
Dijoyen Efendi 150
Dikerdem, Mahmut 472, 473, 475, 536
Dilber, Ayla 43
Dilber, Emir 43
Dilber, Sibel 43, 419
Dinamo, Hasan İzzettin 478
Dinçer, Hasan 432
Dink, Hrant 56
Dino, Abidin 137
Diran Efendi 150
Dirik, Kâzım 386
Dirik, Orhan 386
Dizdaroğlu, İlhan 500
Doğan, Zeki 451
Doğramacı, İhsan 589
Doktor Edhem 53
Doktor Nâzım 56, 67-78, 80-82, 85-87, 90-93, 95-101, 109-112, 114-117, 127, 130, 132, 133, 135, 138-144, 152, 157, 162-164, 170, 178, 200-203, 205-207, 209, 229-233, 235, 237, 238, 242-245, 247-251, 257, 260, 261, 264, 271-273, 275-281, 284, 286-289, 295-299, 301-303, 305, 315, 320, 321-324, 328-339, 341-343, 346, 352, 363, 365, 366, 371, 372, 374, 401, 444, 445, 462, 463, 483, 502, 506, 511, 554, 556, 558, 562, 563
Dokuzuncu Hasan Hüseyin Efe 292
Donan Efendi 150
Doruk, Belgin 124
Doruk, İhsan 541
Dölen, Esin 42, 43
Dölen, Mehmet 42, 43
Dölen, Nermin 42, 43
Dördüncü, Halil Lütfi 534
Dr. İsmail Hakkı Bey 294
Dr. Reşid Bey 256, 257, 306
Dr. Vasfi Bey 306
Dreyfus, Alfred 104
Drumont, Edvaro 26
Duru, Kâzım Namî 80, 534, 535
Dülger, Bahadır 447, 546
Dülger, Faire 200, 303, 306, 565
Dülger, Güzin 303, 306
Dülger, Hamdi Fuad 540, 303, 344, 540, 541
Dülger, Kemal 540
Dülger, Mehmed Emin 306
Dülger, Mihrî 200, 303, 372, 460, 565
Dülger, Nusret Hamdi 198
Dülger, Zeyyat 565
Düzgören, Seyfi 383

E

Ebert, Carl 470
Ebüzziya, Ziyad 423, 479
Ecevit, Bülent 252, 447, 524

Ecevit, Fahri 447
Ecevit, Rahşan 75
Eczacıbaşı, Bülent 420
Eczacıbaşı, Nejat 15, 463
Eczacıbaşı, Süleyman Ferid 15, 95, 172, 308, 526
Eczacıbaşı, Vedat 526
Edelman, Eric 246
Eden, Anthony 399, 400
Edward, VII. 108
Ege, A. Şehabettin 22
Ege, Fehmi 463
Ege, Nezahet Nurettin 267
Egesel, Altay 550, 553
Eğilmez, Cafer Tayyar 269, 327
Eğilmez, Esad 538
Eğriboz, Nihad Şevket 449
Ekinci, Necdet 425
Ekmekçi, Ali 222
Ekmekçi, Sevgi 222
Ekşi, Oktay 524
Eldem, Halil Edhem 148
Eldem, Sedat Hakkı 148
Eldem, Vedat 148
Elgün, Nakiye 127, 245
Eliezer, Eskenderi 416
Eliezer, İsrael 103
Eliot, Sir Henry 26
Eliya, Handali 415
Eliyeşil, Şadi 459
Elizabeth, II. 553
Elkus, Abram 246
Elöve, Ali Ulvi 370
Emanuelidis, Dimitriyadis 254
Emeç, Aydın 308
Emeç, Çetin 308, 447
Emeç, Raziye 308
Emeç, Selim Ragıp 308, 447, 474, 534
Emeksiz, Turan 500
Emiroğlu, Kudret 111

Emre, Veysi 541
Enis Avnî bkz. Aka Gündüz
Enver, Ali 485
Enver Paşa 113, 177, 178, 201, 203, 205, 206, 208-210, 223, 166, 248, 254, 262, 271, 273, 274, 276, 278-281, 284, 288, 289, 295-298, 325, 332, 335, 336, 340, 348, 383, 386, 427, 485, 524
Eralp, Orhan 361, 470, 475,
Eraltay, Şerif 181
Erataman, Zekâi 546
Erbakan, Necmettin 262
Erbil, Mehmet Faik 436, 450
Erboy, Talat 180
Erdelhun, Rüşdü 505, 522, 546
Erdem, Necati 432
Erdil, İlhami 514
Erdoğan, Recep Tayyip 369, 539
Ergin, Şemi 490, 491, 516, 517, 543, 546
Ergun, Emin Halim 448
Ergüder, Özcan 419
Ergüder, Sevil 419
Erim, Nihat 454, 535, 562
Eriş, Mualla 124
Eriş, Muammer 541
Eriş, Zekâi 541
Erkay, Türkay 495
Erkmen, Hayrettin 448, 538
Erkmen, Muhlis 388
Erkmen, Nizamettin 538
Erner, Ayşe 439
Erol, Haki 541
Erookhim, Nejat 172
Erozan, Agâh 546, 550
Erozan, Celal Sahir 232
Ersin, İclal 519
Ersoy, Mehmed Akif 50

Ersun, Namık Kemal 529
Ersü, Muzaffer 491, 517
Ertegün, Ahmet 437
Ertegün, Mika 437
Ertegün, Münir 436, 437
Ertekin, Ali Adnan bkz.
   Menderes, Adnan
Ertürk, Hüsameddin 159, 248
Eryavuz, İhsan 164
Erzi, Adnan 522
Esatlı, Mustafa Ragıb 248
Esen, Bülent Nuri 525, 535
Esenbel, Emine 529
Esenbel, Melih 482, 485, 492, 495, 529, 530
Esendal, Memduh Şevket 447
Esener, Cemal 420
Esener, Kâmile 420
Esener, Sabiha 420
Esener, Turhan 420
Esim, Jak 134
Esmer, Ahmed Şükrü 534
Ester Kira 415
Ete, Muhlis 449
Evliyazade, Ahmed 372, 537, 558, 563
Evliyazade, Ata 563
Evliyazade, Hanzade 255, 457, 564
Evliyazade, Kemal 363, 558, 565
Evliyazade, Kerem 563
Evliyazade, Mehmet Özdemir 409, 429, 430, 443, 444, 510, 539, 540, 541
Evliyazade, Mesude 255, 429, 457, 460, 510
Evliyazade, Mustafa Yılmaz 564
Evliyazade, Neslişah 457
Evliyazade, Osman Refik 457, 564

Evliyazade, Refik 144, 363, 364, 374, 387, 408, 443, 444, 457, 458, 459, 464, 468, 539, 558, 562, 563, 565
Evliyazade, Sedad 459, 460, 558, 563
Evliyazade, Sevim 373
Evliyazade Ahmed Efendi 33
Evliyazade Makbule Hanım bkz. Aras, Makbule
Evliyazade Mehmed Efendi 307, 425
Evliyazade Naciye Hanım 78, 100, 107, 237, 245, 247, 259, 309, 322, 303, 342, 344, 356, 511
Evliyazade Nejad 408, 457-460, 539, 564
Evliyazade Yümniye Hanım 307
Evliyazade Zehra Hanım 307
Eygi, Mehmet Şevket 56
Eyüb Han 492, 553

F

Falkenhayn, Erich von 223
Fatih Sultan Mehmed 137, 216, 178
Fatma Âliye Hanım 245
Fatma Berin Hanım bkz.
   Menderes, Berin
Fatma Fitnat Hanım 442
Fatma Seza Hanım 305
Fatma Sultan 414
Fatma Zehra Hanım 436, 463
Faysal, Irak Kralı 492
Fazıl Ahmed Paşa 219, 416, 417
Fehim Paşa 131
Felek, Burhan 231
Fenik, Mümtaz Faik 474

Fenmen, Şefik 495
Fenton, Paul 218
Ferdinand, Bulgaristan Kralı 158
Fersoy, Orhan Cemal 351, 526
Filibeli Hilmi 160, 338, 341
Finale Kardeşler 94, 95
Fisher, Maurice 486
Frank, Jakob 103
Freely, John 40
Freund, Fischel bkz. Mahmud Hamdi Paşa

G

Gabay, Yeheskel 217, 219, 220, 439
Gad, Franko 150
Galante, Abraham 44, 107, 148, 171, 312, 318, 414, 476
Galante, Avram 78
Galatalı Şevket Bey 269, 328
Galib Hoca bkz. Bayar, Celal
Gambetta, Léon 48
Garih, Azra 436
Garih, Üzeyir 434, 436, 438
Gaspıralı İsmail Bey 75
Gaulle, Charles de 553
Gazi bkz. Atatürk, Mustafa Kemal
Gazi Osman Paşa 125, 126
Gedik, Ayla 510
Gedik, Melahat 538
Gedik, Namık 469, 490, 478, 508, 510, 518, 535, 538, 469
Gedikoğlu, Abdullah 469
Gelenbevî İsmail Efendi 166
Gencer, Leyla 465
Gerçel, İsmail Kâzım 321
Gerçel, Mustafa Şefkatî 321
Gerçel, Receb 321

Gerede, Hüsrev 383, 535
Gerede, Mehmed Ali 267, 268, 269
Germen, Mazhar 447
Gevrekyan, Parseh 394
Gezgin, Hilal Nurullah 565
Gide, Charles 380
Gillespie, Dizzy 463
Giorgi Paşa 211
Giraud, Charlton James 51
Giraud, Edmond Haydn 51
Giraud, Harold Frederic 51
Giraud, Helene Tricon 20
Giraud, Henri 172, 241, 259, 302
Giraud, J.J. Frederic 19, 20, 22, 263, 302
Giraud, Jean Baptiste 19, 20, 21
Giraud, M. Edmond 242
Giraud, M.B. Victorie 20, 21
Giraud, William 459, 460
Giray, Fethi 499
Giridîzade Hacı Reşid Efendi 32
Giridîzade Hacı Süleyman Ağa 31, 32
Giridîzade Nuri Efendi 32
Giritli, İsmet 524
Giritli Şevki 324, 326
Giz, Dilaram 199
Giz, Hamdi 199
Giz, Münci 190, 199, 433
Giz, Refia 199
Giz, Sabahattin 199
Giz, Sabiha 190, 195, 196, 199
Giz, Sadık 199, 433, 447, 458, 459, 469, 502, 537, 547
Giz, Selma 502
Giz, Semiha 199, 433
Goldenberg, Edmond 392

Goltz Paşa 242
Göğüş, Ali İhsan 499, 524
Göğüş, Zeynep 524
Gökçer, Cüneyt 58
Gökmen, Melek 261
Gökmen, Oğuz 482
Göktürk, Hüseyin Avni 488
Göle, Nilüfer 524
Göle, Turgut 524
Gönensay, Emre 369
Gönül, Sevgi 438
Gönüllü, Gani 56
Görey, İhap Hulusi 166
Gövsa, İbrahim Alaettin 44, 153
Gözkoyalı Abdi Ağa 347
Gözübüyük, Abdullah Pulat 522, 536
Grave, Jean 143
Grossman, Marc 246
Guevara, Che 211
Guifray, Fernand 239
Gülcemal Kadınefendi 137
Güllapoğlu, Fatih 478
Gümüşpala, Ragıp 517, 537
Gün, İ. Nuri 539
Günaltay, Şemseddin 444, 448, 454, 523
Günay, Turgut 385
Günday, Faik 325
Gündüz, Asım 371, 382, 389
Günel, Ayşe 469
Güneş, Hurşit 524
Güneş, Turan 479, 524
Güntekin, Reşat Nuri 196, 535
Günver, Semih 467, 468, 481, 485, 536
Günzberg, Sami 368, 392
Gürcü Yusuf 326, 329
Güreli, Enver 459
Gürer, Cevad Abbas 383
Gürler, Şahap 451

Gürman, Abdurrahman Nafiz 450, 451, 524
Gürsel, Cemal 159, 515-518, 522-524, 532, 545, 552
Gürsoy, Âkile 505
Gürsoy, Bilge 505
Gürsoy, Emine 505
Gürsoy, Ahmet İhsan 447
Gürsoy, Nilüfer 503-505, 556
Güryay, Tarık 514, 515, 517, 532, 550, 553
Güventürk, Faruk 491
Gözcü, Gürbüz 562
Güzel, Hasan Celal 524

H

Hacı Bayram Veli 397, 437, 438
Hacı Bekir Efendi 442
Hacı Bektaş Veli 419
Hacı Sami 289
Hacı Şakir Efendi 15
Hakkı Baha Bey 80
Halefoğlu, Fatma Zehra 402, 463
Halefoğlu, Vahit 402, 463
Halife Abdülmecid 147, 316
Halikarnas Balıkçısı bkz. Kabaağaçlı, Cevat Şakir
Halil Paşa bkz. Kut, Halil
Hanoğlu, Arif 126
Hasan Enver Paşa 166, 485
Hasan Fehmi 32, 130
Hasan Fehmi Paşa 32
Hasan Rami Paşa 123
Hasan Rüşdü Efendi 142
Hasan Tahsin 180, 261, 262, 327
Hasan Visalî Efendi 434
Hatemî, Nilüfer 435, 442
Hatice Bahire Hanım 561
Hatice Sultan 125

Hatipoğlu, Hikmet Naci 211
Hayatîzade Mehmed Emin Efendi 39
Hayatîzade Mustafa Feyzi Efendi 38, 39, 416
Hayreddin Paşa 61
Helphand, Alexander İsrael 226
Helvacıoğlu, Ali Selami 187
Helvacıoğlu, Hüseyin 187
Helvacızade Ahmed Hamdi Efendi 462
Helvacızade Ali Efendi 29, 462
Helvacızade Emin Efendi 29, 186, 462
Herriot, Édouard 164
Hersekli Kâmil Bey 267
Herzl, Theodor 104-106
Hızlan, Doğan 380
Hiçyılmaz, Ergun 270
Hikmet Süleyman 376
Hitler, Adolf 274, 276, 389
Hoca Mehmed Efendi bkz. Doktor Nâzım
Hoca Yakub Efendi bkz. Doktor Nâzım
Hacopulos, Aleksandros 478
Hochepied, Kont Jacques 20
Holmwood C.B., Frederic 32
Hrisostomos, İzmir Metropoliti 254, 260
Hugo, Victor 11
Humbaracı Ahmed Paşa 83
Hurşid Paşa 158
Hümeyra Sultan 456, 457, 564
Hürmüz Hanım 78
Hüseyin Avnî Paşa 327
Hüseyin Efe 292
Hüseyin Hilmi Paşa 109, 135, 139, 146, 151
Hüseyin Hüsnü Paşa 122, 134, 138, 166, 231, 259

Hüseyin Lütfi 54, 93
Hüseyin Rıfkı Paşa 123-126, 367, 509, 530, 561
Hüseyinzade Ali 61, 327, 338
Hüsmen, Hadi 546
Hüsrev Paşa 411

I

Ilgaz, Afet 396, 397
Ilıcak, Nazlı 468
Irmak, Hüseyin 500
Itık, Kemal 495

İ

İbni Dugi 103
İbrahim Edhem Bey 183-187, 190-193, 195, 215, 216, 220, 221
İbrahim Edhem Paşa 148
İbrahim Hakkı Paşa 151
İbrahim Müteferrika 83
İbrahim Naci Bey 71
İbrahim Nuri 174
İbrahim Rüşdü Paşa 119-122, 509, 529
İbrahim Temo 61, 62, 375
İdris Kemal 242
İhap Hulusi bkz. Görey, İhap Hulusi
İleri, Celal Nuri 245, 251
İleri, Rasih Nuri 137
İleri, Suphi Nuri 318
İleri, Tevfik 505
İlksel, Settar 367
İlmen, Hayri 373
İlmen, Süreyya 372, 373
İlmen, Vecihe 373
İnan, Afet 319, 349
İnan, Arı 252
İnan, Kâmran 481
İnan, Şefik 522

İnce, Refik Şevket 407, 448
İnegöllüzade Refet Efendi 171
İnönü, İsmet 15, 153, 293, 277, 373, 376-385, 387-390, 408, 424, 428, 446-448, 459, 472, 493, 497, 459, 523, 562, 549, 548, 552
İnönü, Ömer 384, 385
İpar, Ali 548
İpekçi, Abdi 42, 43, 524
İpekçi, Cemil 455
İpekçi, Mehmet 43
İpekçi, Sibel 419
İpekçi, Süleymen Cevdet 43
İplikçizade Sadi 183, 198, 295
İren, Cahit 308, 522
İren, Gülfem 308
İren, Kemaleddin 308
İriboz, Şekip 199
İris, İbrahim Faik 95
İshak Sükûtî 61, 68, 70
İskender Paşa 60, 121
İsmail Atıf Bey 418,
İsmail Canbulad 79, 81, 84, 92, 108, 151, 207, 209, 251, 266, 271, 279, 316, 317, 326, 329, 333
İsmail Fazıl Paşa 267, 268
İsmail Kemal 75, 136
İsmail Receb 174
İsmail Safa 62
İsmihan Sultan 415
İsrael Coneglio 418
İstanköylü Şükrü bkz. Kaya, Şükrü
İstefan Efendi 52
İstinyeli, Şefkatî 473
Işık, Hasan Esad 485, 512, 536
İyem, Nuri 453
İyison, Rıfat 180
İzak Ağa 41

İzmirli, İsmail Hakkı 437
İzmitli Mümtaz 133, 160, 164, 211
İzzet Paşa 67, 158, 177, 348

J

Jaurès, Jean 143, 163, 164
Jerry, Colette 464

K

Kaatçılar, Kadriye 308
Kabaağaçlı, Cevat Şakir 439
Kabacalı, Alpay 248
Kabibay, Orhan 161
Kaçel, Âliye 430
Kaçel, Elife 430, 565
Kaçel, Şahin Ömer 430
Kadızade, Rifat 494, 495, 515, 517
Kafadar, Cemal 219
Kâhyaoğlu, Ekmel 439
Kalafat, Emin 398, 447, 469, 490, 495, 534, 535, 546
Kalafat, Hayati 535
Kalyoncu, A. Cemal 88
Kamçıl, Atıf 110
Kamenev 226, 276
Kamhi, Jak 435
Kangal, Hasan 538
Kanık, Orhan Veli 408
Kâni Bey 309
Kantarağasızade Ali 170
Kantarağasızade Ömer Salaheddin Bey 50, 54
Kanunî Sultan Süleyman 217
Kapancı, Ahmet 43
Kapani, Münci 373, 463, 468, 524
Kapanî, Nedime 464
Kapanî, Orkide 464
Kapanî, Osman 373, 447, 459,

463, 464, 468, 469, 524, 534
Kapanî, Reşad 464
Kapanî, Sevim 373, 464, 469
Kapanîzade Reşad Efendi 37
Kapanîzade Tahir Bey 46, 373
Kapanlı, İhsan 468
Kapanlı, Turhan 468
Kaplan, Mustafa 113
Kara Durmuş Efe 292
Kara Kemal 158, 159, 205, 244, 251, 266, 330, 333, 338
Kara Vâsıf 269
Karabekir, Kâzım 78, 289, 325, 327, 383, 424
Karabina Ali Efendi 326, 338
Karabıyık, Ayşe Mebrure 564
Karabıyık, Fatma Dilber 564
Karabıyık, Nuri Osman 564
Karacan, Ali Naci 474, 534
Karahan, Osman 503
Karakaşî Rüşdü Bey 312, 313
Karako, Rifat 392
Karakoyunlu, Yılmaz 328
Karakuş, Emin 405, 395, 433, 517
Karamehmet, Burhan 459
Karamehmet, Mehmet 459
Karaosmanoğlu, Fevzi Lütfi 422, 448, 458, 479, 482, 449, 524
Karaosmanoğlu, Yakub Kadri 379, 524
Karasu, Bilge 84
Karasu, Emmanuel 84, 106, 162, 155, 251, 254
Karay, Refik Halid 245, 309
Karl, I. 242
Karmona, Çelebi Behor 123, 124
Karnikyan, Anjel 557
Kâtipzade Mehmed Efendi 185

Kâtipzade Meryem Hanım 186
Kâtipzade Sabri Efendi 186
Kâtipzade Safiye Hanım 185, 186
Kavrakoğlu, Osman 546
Kavur, Şadi 367, 536
Kaya, Şükrü 378-384
Kayacan, Fuad Hüsnü 231
Kayra, Cahit 398, 524
Kazancakis, Nikos 314, 516
Keçeli, Nail 340
Keenan, George 463, 563, 564
Keenan, Lara 564
Keenan, Maynaard James 563
Keenan, Tülin 564
Kel Ali bkz. Çetinkaya, Ali
Keleşoğlu, Cemil 526
Kemaleddin Paşa 125
Kemal Tahir 381, 419, 478
Kenç, Faruk 124
Kennedy, John F. 553
Kenter, Yıldız 566
Kentli, Mustafa 199, 433
Kentli, Semiha 199
Kerimol, Kerim 43
Kesebir, Şakir 388
Kıbrıslı Kâmil Paşa 33, 34, 45, 52, 95, 97, 118, 136, 151, 158, 161, 162, 169, 180, 147, 276
Kıbrıslı Tevfik 160
Kılıç, Ali 184, 328, 332, 340, 383, 423, 333, 462
Kılıç, Altemur 184, 333, 462, 512
Kılıç, Dündar 510
Kıraç, Can 452
Kırca, Coşkun 419, 524
Kırdar, Lütfi 393, 394, 398, 490, 539
Kırdar, Nemir 539

Kırdar, Nezir 539
Kırmîzade Ömer Lütfi 300
Kırzade Mustafa Bey 237
Kısakürek, Necip Fazıl 85, 421, 534, 535
Kıvılcımlı, Hikmet 381
Kızıldoğan, Hüsrev Sami 164, 207
Kızıloğlu, İhsan 522
Kibar, Ali 43
Kibar, Osman 42, 419
Kibar, Sarım 42
Killioğlu Hüseyin Ağa 113
Kirazlı Hamdi Paşa 281, 282
Kirazoğlu, İbrahim 546
Kireçtepe, Alkım 513
Kireçtepe, Bedii 513
Kirişoğlu, Nusret 546
Kısakürek, Neslihan 535
Kocabaş, Süleyman 84
Kocahanoğlu, Osman Selim 325, 342
Kocataş, Necmeddin 348
Kocatopçu, Şahap 522
Koç, Caroline 20
Koç, Mustafa 20
Koç, Sadberk 438
Koç, Vehbi 20, 424, 438, 390, 397, 459, 469, 524
Kohen, Moiz 169, 226, 105, 232, 358
Koloğlu, Bilge 455
Koloğlu, Doğan 455
Koloğlu, Sina 455
Koman, Teoman 514
Kongar, Emre 186, 222
Konstantinos, I. 263, 264
Kont İlinski bkz. İskender Paşa
Kontaris, Kleftus 108
Koper, Daniş 522, 523
Koraltan, Ayhan 420

Koraltan, Gülseren 463
Koraltan, Oğuz 402
Koraltan, Oğuzhan 463
Koraltan, Refik 448, 451, 459, 463, 449, 527, 534, 534, 543, 546
Korcan, Kerim 381
Korur, Ahmed Salih 502
Korutürk, Emel 271
Korutürk, Fahri 271, 371, 373, 523
Koryürek, Enis Behiç 534
Kostaki Musurus Paşa 23
Kozaklı Mehmed Efe 292
Köker, Bedri 499
Köksal, Osman 517
Köksal, Sönmez 457, 564
Köni, Osman Nuri 432
Köprülü Fazıl Ahmed Paşa 416, 417
Köprülü Hüseyin Paşa 418
Köprülü Mehmed Paşa 411, 414, 416-418
Köprülü, Beyhan 419
Köprülü, Cemal 447
Köprülü, Ertuğrul 410
Köprülü, Fuad 401, 402, 404, 405, 409-411, 418-420, 422, 417, 446, 447, 469, 471, 478, 482, 484, 487, 524
Köprülü, Hadiye 420
Köprülü, Kemal 410
Köprülü, Orhan 484, 524
Köprülü, Tuna 409, 410
Köymen, Aydın 449
Köymen, Hulusi 449
Kramer, İpek 306, 558
Kuban, Güner 257
Kubat, Orhan 522
Kumbaracıbaşı, İpek 556
Kumbaracıbaşı, Onur 306, 556

Kumbaracıbaşı, Şefik 556
Kuneralp, Necla 485
Kuneralp, Selim 485
Kuneralp, Sinan 485
Kuneralp, Zeki 485
Kuran, Ahmed Bedevî 248
Kurdaş, Kemal 528
Kurtbek, Seyfi 449, 451
Kurtoğlu, Faik 388
Kurtoğlu, Mevlüt 500
Kurttepeli, Güldem 20
Kurttepeli, Yücel 20
Kuşçu, Samed 490, 517
Kuşçubaşı Eşref 98, 99, 112,
 116, 117, 128, 133, 150, 175,
 207-209, 254, 258, 259
Kuşçubaşı Sami 98, 116, 133
Kut, Halil 298
Kutay, Cemal 78, 99, 369, 534
Kutbay, Berin 204
Kutbay, Yalçın 204
Kutlay, Naci 360
Kutlu, Orhan 469
Kutlu, Vesamet 469, 470, 471
Kutuvalis, Marinos 60
Küçük, Yalçın 42, 56, 220, 236,
 362, 369
Küçüka, Necib Ali 328, 334, 352
Küçük Talat bkz. Muşkara,
 Talat
Küfrevî, Kasım 447, 471
Kütükçüoğlu, Zehra 397

L

Laçin, Şahin 432
Laffitte, Pierre 63
Landau, M. Jacob 105
Laqueur, Hans-Peter 217
La Salle, Saint Jean-Baptiste
 de 214
Latife Hanım 29, 304, 305, 319

Laz İsmail 326, 329
Lemmlin, Asher 103
Lenin 226, 239
Le Play, Frédéric 74
Levent, Kemal 358
Levy, Sam 152
Liebknecht, Karl 276
Liljegren, Nil 513
List, Friedrich 225
Lloyd George, David 263
Lochner, Evelyn 239
Lochner, René 238
Loraine, Percy 350
Lord Kinross 158, 315
Louis, XV. 64
Louis, XVI. 66
Lowther, S. Gerald 162
Luxemburg, Rosa 276

M

Macar Osman Paşa 127
Maçoro, Moris 369
Maçoro, Süreyya İnci 369
Madam Avadikyan 243
Madam Baver 319, 320
Madam Sami 534, 535
Mahmud, II. 123, 369
Mahmud Ata 242
Mahmud Celaleddin Paşa 73,
 529
Mahmud Hamdi Paşa 121
Mahmud Nedim Paşa 24
Mahmud Şevket Paşa 135,
 137, 158, 159, 161, 162, 164,
 223, 224, 376
Mahmud Tahir 300
Makbule Hanım bkz. Atadan,
 Makbule
Mandas, Hrisantos 478
Mardin, Arif 420, 437, 463
Mardin, Betül 420, 437

Mardin, Ömer Fevzi 436, 437, 441, 442, 450
Mardin, Şerif 437
Maria-Theresia 267
Marko Paşa 61
Markus, David 390
Maro, Ela 457, 564
Marx, Karl 276
Mater, Burhan 534
Matyos Efendi 29, 31, 52
Maurice, Fitz 151
Maximilian, Meksika İmparatoru 25
Mayatepek, Hüveyda 485
Mayatepek, Osman 296
Mayskiy, İvan Mihayloviç 399
Mazhar Osman bkz. Usman, Mazhar Osman
McGhee, George 465
Medina, Bedriye 379
Medina, Jefi 379
Mehmed, IV. 38, 411, 412, 416, 417
Mehmed, VI. 237
Mehmed Ali Bey 211, 267-269, 324
Mehmed Ali Halim Paşa 72
Mehmed Ali Haşmet 419
Mehmed Ali Paşa 121
Mehmed Aziz Efendi bkz. Sabetay Sevi
Mehmed Esad Dede 440
Mehmed Eşref Efendi 26
Mehmed Hurşid Paşa 23
Mehmed Nâzım Paşa 166
Mehmed Nuri Edirnevî 434
Mehmed Rauf 107, 313
Mehmed Receb 261
Mehmed Reşad bkz. Mehmed, V.
Mehmed Reşid Bey 15, 255

Mehmed Rıza Paşa 372
Mehmed Sadık Paşa 121
Mehmed Said Paşa 83, 150, 151
Mehmed Süreyya Bey 14
Mehmed Tahir Efendi 80
Mehmed Talat bkz. Talat Paşa
Mehmed Ziyaeddin Efendi 139
Meir, Golda 492
Melekşah Hanım 259
Melikyan Efendi 179
Memduh Paşa 123
Memet Fuat 220
Memişoğlu Mehmed 291
Menderes, Adnan 32, 100, 108, 186, 189, 194, 197, 199, 217, 222, 293, 303, 304, 361, 366, 370, 374, 387, 388, 400, 401-406, 409, 410, 420, 422, 423, 424, 426, 429, 430, 433, 444, 446-449, 451, 452, 455-458, 460-462, 466, 468-471, 473, 474, 479, 481, 484, 488, 490, 491, 494-496, 500, 502, 503, 506, 507, 512-514, 516-518, 521, 525, 526-528, 530-533, 536, 537, 540, 541, 543-556, 558-560,
Menderes, Aydın 34, 195, 197, 422, 500, 502, 503, 505, 506, 513, 521, 532, 535, 536, 542, 552, 555, 556, 559, 560
Menderes, Berin 100, 374, 385, 460, 467, 469, 470, 483, 495, 496, 500, 502, 505, 507, 508, 511, 519, 520, 521, 525, 528, 530-533, 535, 536, 539, 540, 542, 555, 558-560
Menderes, Edhem 361, 422, 423, 447, 459, 466, 469, 477, 484, 489, 490, 491, 516, 518, 543, 545, 553

Menderes, Işık 556, 557
Menderes, Lale 557
Menderes, Mutlu 100, 503, 521, 535, 536, 542, 556, 559
Menderes, Münevver 559
Menderes, Ümran 560
Menderes, Yüksel 48, 306, 483, 484, 481, 503, 520, 521, 534-536, 538, 539, 542, 556, 557, 558
Menemencioğlu, Ekber 204
Menemencioğlu, Hasan 204
Menemencioğlu, Kemal 204
Menemencioğlu, Muvaffak 204
Menemencioğlu, Namık Kemal 204
Menemencioğlu, Numan 204, 366, 371, 391, 410
Menemencioğlu, Turgut 204
Menemenlizade Mehmed Rıfat Bey 204, 391
Menteşe, Halil 92
Menteşe, Nahit 92
Meray, Nusret Hilmi 309
Mercan, Reşit 385
Meriçboyu, Abdülkadir bkz. A. Kadir
Mermerci, Adile 438
Mermerci, İhsan 438
Mermerci, Mehmet Ata 438
Mersinli, Cemal 269, 327, 330
Mersinli, Orhan 522, 523
Merzifonlu Kara Mustafa Paşa 418
Meserretçioğlu, Avni 20
Meserretçioğlu, Suat 20
Mesutlulu Mestan Efe 292
Mevlanzade Rıfat 136
Mezomorto Hüseyin Paşa 148
Midhat Paşa 14, 24, 26, 27, 34, 47, 54, 59, 148, 159, 375

Mihrimah Hanım 71
Miralay Caferi Tayyar Bey 145
Miralay Sadık Bey 153
Miralay Zeki Bey 75
Mirza Baba 217
Mirza Said 212
Mizancı Murad 68, 69, 70, 80, 136, 137
Mizrahi, Moiz 60
Mocan, Şevket 453
Moralı, Nail 243, 309
Moran, Tevfik 457
Mordehay Levi 150.170
Morgenthau, Henry 246
Moulin, Jean 65
Muallim Naci 36, 47
Muhammed Nurularabî 220
Mumcu, Uğur 248, 342
Mumcuoğlu, Hayri 522
Murad, III. 414, 415
Murad, V. 26, 146, 125
Murad, Kenize 125
Murad Bey 69
Muradoğlu, Abdullah 441
Murad Paşa 121
Musa Kâzım Efendi 210
Mussolini, Benito 315
Mustafa Celaleddin Paşa 168, 121, 359, 360
Mustafa Çelebi 41
Mustafa Hayri Efendi 210
Mustafa İsmet bkz. İnönü, İsmet
Mustafa Kemal bkz. Atatürk, Mustafa Kemal
Mustafa Necati Bey 181
Mustafa Necib 300
Mustafa Nuri 174
Mustafa Ragıb 68, 248
Mustafa Suphi 280, 283
Muşkara, Ayla 306, 558

Muşkara, Hikmet 306,
Muşkara, Talat 306
Muşkara, Tevfik 306
Muşkara, Vuslat 306
Muzaffer Paşa 121
Mücellidoğlu, Ali Çankaya 70
Mükerrem Bereket Şah 464
Mülazım Hilmi 115
Mülazım Muhiddin 131
Mülazım Selim 131
Münif Paşa 64
Münir Paşa 77
Müren, Zeki 464, 490

N

Naciye Sultan 146, 147, 485
Nafi Baba 184
Nahum, Henri 106, 158, 189
Nahum, Naim 135
Naime Sultan 125
Nakiye Hanım 71, 337
Namık Kemal 19, 47, 54, 61, 66, 87, 107, 204, 211, 226, 204, 391, 529
Napolyon Bonapart 25
Napolyon, III. 25
Nâsır 474
Nasuhioğlu, Rüknettin 449
Nâzım Hikmet 166, 220, 286, 287, 313, 381, 453, 455, 456, 485, 531, 534
Nâzım Paşa, Adliye Nazırı 131
Nâzım Paşa, Harbiye Nazırı 160, 161
Necmeddin Molla 348, 349, 420
Nefes, Kâzım 495, 534
Nefise Samiye Hanım 372
Nehru, Cavaharlal 470
Nemika Sultan 529
Nemli, Mithat 393

Nesimi, Abidin 208, 381, 392
Nesin, Aziz 478
Nibeuhr, Karsten 40
Niego, Teherina 562
Nigâr binti Osman 127
Nihad Bey 297
Nikolay, I. 120, 121
Nikolay, II. 108
Nişbay, Müzeyyen 211
Niyazii Mısrî 218-220, 440
Noradunkyan, Gabriel 276
Noyan, Kurtcebe 436, 450
Numan Hamid 174
Nurbanu Sultan 414, 415
Nureddin Bey 131
Nureddin Paşa 29, 32, 125, 269, 462
Nuri Ahmed 68
Nuri Efendi 31, 32, 171, 199, 291, 311, 435
Nuri Paşa 274
Nuri Said Paşa 492

O

Odyak, Said 181
Oğuz, Ahmet 432
Ok, Reşad 345
Okan, Sezai 161
Okday, İsmail Hakkı 252, 456
Oksar, Leyla 563
Oktay, Faruk 527
Okyar, Ali Fethi 371, 383, 385, 386, 389
Omurtak, Salih 426, 450
Onaral, Banu 422
Onaran, Halid 308, 356
Onaran, Zerrin 308
Onat, Mehmet Ali 199
Onbulak, Ali Osman 130
Onbulak, Nejat 130
Onur, Hüseyin 500

Onur, Manolya 464
Oral, Cavit 400, 447
Oral, Zeynep 308, 463
Oran, Baskın 286
Oran, Bülent 360
Orbay, Haşmet 385
Orbay, Kâzım 289, 386, 385, 450, 524
Orbay, Rauf 169, 175, 242, 247, 252, 316, 317, 325, 338, 369, 383, 400, 428, 436
Orhon, Orhan Seyfi 386
Orlando, Nicolini 20
Ortaç, Yusuf Ziya 534, 535
Osman Baba 41, 42, 337, 341, 440
Osman Fevzi Paşa 111
Osman Hamdi Bey 148
Osman Hidayet Paşa 111
Osman Nevres Receb bkz. Hasan Tahsin
Osman Tevfik Efendi 440
Osmanzade Hacı Hasan Efendi 263
Osmanzade Hamdi Bey 410
Osmanzade Rüşdü Bey 50
Osmanzade Seyid İsmail Rahmi Efendi 15
Osmanzade Yusuf Ziya 174
Otomobil Nuri 231
Ozansoy, Faik Ali 47, 107

Ö

Öğütçü, Abdülkadir Kemalî 318
Öke, Mim Kemal 246, 270
Ökmen, Nedim 398, 485, 505, 541, 543, 546
Ökte, Faik 398
Öktem, Haydar Rüşdü 292
Öktem, İbrahim 479, 524
Öktem, Necdet 262
Öktem, Sırrı 538
Ölçmen, Himmet 496
Ömer Faruk Efendi 147
Ömer Naci 79, 88, 133, 159, 160, 207, 211, 212
Ömer Paşa 121
Ömer Seyfeddin 160, 212, 232
Öner, Kenan 432, 422
Öngören, İbrahim Tali 447
Önhon, Saim 459
Örfî, Vedat 220
Örs, Kâmuran 306
Öymen, Altan 524
Öymen, Hıfzırrahman Raşit 524
Öymen, Onur 524
Özal, Rüştü 522
Özalp, Kâzım 292, 361
Özaltay, Basri Vahab 181
Özaras, Turan 469
Özbaş, Halil 457
Özbaş, Halim 457
Özbaş, Hümeyra bkz. Hümeyra Sultan
Özbek, Münir 494
Özden, Âkil Muhtar 68, 69, 232
Özdilek, Fahri 509, 517, 522
Özdoğancı, Fikret Şefik 473
Özen, Hilmi 562
Özer, Şükran 464
Özerdem, Kemalettin 453
Özerdim, Sami N. 562
Özgenni, Süha 464
Özgir, Hayri 534
Özilhan, Tuncer 38
Özleblebici, Sibel 457, 564
Özmen, Emel 365
Özmen, Necdet 365, 512
Özpolat, Nedim 500
Özsan, Nuri 449

Özten, Kenan 500
Öztrak, Faik 390, 447
Özvatan, İdris 534
Özyörük, Halil İbrahim 448, 449, 463
Özyörük, Mukbil 449, 463

P

Pakdemirli, Ekrem 521
Pamuk, Orhan 415
Papen, Franz von 223
Parallı, Moiz 358
Parris, M. Robert 246
Pars, Muhiddin Baha 407
Parvus bkz. Helphand, Alexander İsrael
Pasteur, Louis 61
Payman, Kemal Aziz 473
Peker, Faruk 425
Peker, Receb 270, 307, 425, 426
Pektaş, Hüseyin Hulusi 184
Pennetti, Ciufeppina Fellandes 564
Pennetti, Edma May 564
Pennetti, Norberto 564
Peres, Şimon 492
Perin, Midhat 491
Perinçek, Doğu 538
Perinçek, Sadık 538
Perk, Saki 564
Pertev Paşa 208
Piliç Osman 533
Piraye Hanım 220
Polatkan, Hasan 480, 490, 546, 547, 550, 551, 552, 553, 560
Poroy, İhsan Namık 248
Poselli, Vitalino 122
Pountalis, M. Lefevre 73, 74
Powers, Francis 499
Prassacachi, Jean 60

Prens Andreas 263
Prens Hüseyin 148
Prens Lütfullah 73
Prens Sabaheddin 73
Prenses Emine Hanım 67
Prenses Enise Hanım 67
Prenses İffet Hanım 146
Prenses Kadriye Hanım 148
Prenses Nazlı Hanım 67
Prenses Seniye Hanım 190
Princip, Gavrilo 202
Priştina, Ahmet 38
Puşkin, Aleksandr Sergeyeviç 120

R

Rabia Adviye Hanım 221
Radek, Karl 275, 276, 280
Rado, Şevket 534
Ragıb Paşa 123, 324
Rahmi Bey, İzmir Valisi 200, 203, 209, 232, 240, 243, 253, 254, 300, 317
Ramsaur, E. Edmondson 85
Randall, Clarence 485
Ratisbonne, Thedore 101, 102
Rauf Ahmed Bey 70
Recaizade Mahmud Ekrem 36, 47
Receb Paşa 118, 430
Refik Hıfzı Efendi 86
Refik Nevzad 54
Renda, Abdülhalik 379, 447
Resneli Niyazi 81, 108, 111, 134, 427
Reşad Halis Bey 149
Reşad Hikmet 243
Reşid Galib 328, 351, 352, 356, 359, 360
Reşid Paşa 16, 18, 123, 310, 349

Rey, Cemal Reşid 105, 148
Rey, Ekrem Reşid 105, 148
Reyent, Şerif Remzi 180
Rıdvan Paşa 329
Rıfkı Efendi 123, 124
Rıza Nur 134, 156, 282, 285, 286, 288
Rıza Paşa 123, 132, 145, 372, 443
Rifat, Oktay 267, 360
Rist, Charles 380
Rizan, Kadri 473
Robespierre, Maximilien de 65
Rochefort, Henri 68
Rodoslu, Celaleddin 439
Rodoslu, Nurinisa 439
Rodrigue, Aron 106
Roosevelt, Franklin D. 391
Rosenthal, Eli 463
Rousseau, Jean-Jacques 64, 65
Ruacan, Melahat 499, 500
Rudolf, II. 414
Rus İbrahim Paşa 120, 121, 125, 126, 138, 367-369
Russo, Mazliyah 106
Russo, Nesim 106
Rusuhî Bey 248
Rüstem Bey 256
Rüşdü Paşa 119-123, 125, 126, 138, 139, 326, 330, 367, 370, 509, 529, 560

S

Sabahattin Ali 313, 405, 427
Sabar, Yona 185
Sabetay Sevi 37-41, 44, 45, 88, 103, 140, 148, 218-220, 309, 362, 372, 373, 412, 416-418, 440, 490
Sabiha Sultan 147
Sabis, Ali İhsan 293, 428

Sadak, İlhan 385
Sadak, Necmeddin 371, 389, 385, 447
Sadık Hoca 442
Sadıkoğlu, Arzu 296
Sadıkoğlu, Kemal 20
Sadri Edhem 318
Safa, Peyami 534, 535
Saffet Hanım 172
Saffet Paşa 26
Safiye Sultan 414, 415
Sağıroğlu, Sabit 317
Sahib Efendi 138
Said Halim Paşa 155, 158, 164, 175-177, 203-205, 251, 273, 279
Said Paşa 136
Saidi Nursî 89
Saint-Just, L. A. Léon 65
Saka, Hasan 307, 426, 444
Sakaroğlu, Mithat 432
Salah Salim 474
Salamowitz, Medea 390
Salepçizade Mehmed Niyazi 146
Salepçizade Midhat 409
Salih Ağa 94, 95
Saliha Sultan 418
Salih Efendi 23, 362
Salih Paşa 443
Salih Zeki 232
Samipaşazade Sezai 66
Sancar, Ahmet Hamdi 546
Sandalcı, Emil Galip 538
Sanders, Liman von 242
Sanver, Selahattin 305
Sanver, Vedide 305
Sapancalı Hakkı 133, 160, 164, 175, 207, 211
Sara Hanım 453
Saracoğlu, Saadet 385

Saracoğlu, Şükrü 196, 230, 300, 366, 385, 390, 391, 394, 396, 403, 397, 447
Sargın, Nihat 453
Sargut, Faruk 526
Sarı Efe Edib 326, 330
Sarıca, Ragıb 126
Sarıgöl, Âdem 224
Sarıhan, Zeki 258
Sarol, Mükerrem 194, 447, 469, 479, 515, 534, 535, 543
Sarper, Selim 522, 523, 536
Sarrafim Efendi 52
Sasun, Eliahu 492
Savut, İlhan 366
Sayar, Mehmed Hakkı 88
Saydam, Abdullah 125, 187
Saydam, Refik 384, 387, 390
Sazak, Emin 400, 447
Scherzer, Karl von 12, 13
Scholem, Gershom 39, 40, 416, 490
Schwartz, Philipp 359
Sefer Paşa 121
Segal, Martin 390
Selçuk, Münir Nureddin 231
Selek, Cabir 541
Selışık, Ziya 540
Selim Mizrahi 150, 169
Selim, II. 414, 476
Selim, III. 83
Semih Mümtaz Bey 259
Senar, Müzeyyen 464
Seniha Sultan 73
Sertel, Sabiha 234, 404, 405, 406, 428
Sertel, Zekeriya 232, 233, 236, 313, 235, 236, 404-406
Seviğ, Vasfi Raşid 485
Sevinç Hanım 59, 323, 372, 402, 563

Sevük, Mehmet Ali 534
Seydî Ahmed Paşa 418
Seyhan, Dündar 161
Seyhan, Lütfi 515
Sığındım, Hasan Reşad 436, 437, 438
Silahçı Tahsin 160
Silivrili, Ahmet Kemal 432
Simavi, Çiğdem 20
Simavi, Haldun 20
Simon Simonaki Efendi 52
Sinan Paşa 416
Sipahi, Nesrin 536
Sipahioğlu, İlhan 546
Siret, Hüseyin 75
Sirmen, Zeki 204
Siyavuş Paşa 416
Sokullu Mehmed Paşa 415, 455, 476
Solmaz, Kâmuran 415
Sorgun, Taylan 285, 297, 298, 319
Soriano, Hanri 392
Soyak, Hasan Rıza 383, 431
Soyak, İhsan 522
Soydam, Hasan Tahsin 180
Soyer, Dündar 524
Soysal, İlhami 83, 85, 524
Soysal, Mümtaz 524
Soysalhoğlu, İsmail Suphi 283
Sökmensüer, Şükrü 431, 447
Sözen, Ferit Avni 470, 533
Spain, James 246
Spakler, Hendrik 32
Sporel, Zeki Rıza 423
Stalin 282, 284, 316, 399, 487
Strausz-Hupe, Robert 246
Suat Derviş 350
Subaşı, Nihat 499
Sultan Abdülaziz 21, 24-26, 37, 66, 121, 122, 436, 521

Sultan Abdülmecid 73, 137, 349
Sultan Galiyev 279
Sultan Reşad bkz. Mehmed, V.
Sultan Vahideddin bkz. Mehmed, VI.
Sunay, Cevdet 517, 550
Suphi Ziya Bey 368
Süleyman Askerî 81, 97, 98, 175, 176, 207, 208, 212, 332
Süleyman Nazif 70, 107, 151, 251, 329
Süleyman Paşa 24
Sümer, Nurullah Esad 307, 308, 425, 426
Süreyya Paşa 131

Ş

Şadiye Sultan 149
Şahingiray, Nimet 306
Şahingiray, Özel 503
Şahin Paşa 121
Şah Rıza Pehlevî 508
Şair Eşref 34, 53, 87
Şakir Paşa 61
Şaman, Haluk 80, 546
Şamlı, Ayşe 43
Şasa, Ayşe 369
Şehzade Abdülhalim Efendi 179
Şehzade Selim 529
Şemseddinzade Osman Efendi 235
Şemseddin Ziya 530
Şemsi Efendi 43, 59
Şemsi Paşa 442
Şener, Cemal 258
Şerefzade Rıza Efendi 302
Şeren, Turgay 406
Şeren, Sabit Şevki 406
Şerif Paşa 67

Şeyh Bedreddin 220
Şeyh Said 318
Şiir Refik 231
Şimendiferci Rıfat bkz. İyison, Rıfat
Şimşir, N. Bilal 240, 270
Şinasi 61, 226
Şükrü Bey 150, 195, 300, 333

T

Taçalan, Nurdoğan 253, 258, 259
Tağmaç, Memduh 562
Tahsin, Orhan 13, 342, 362
Tahsin Paşa 123
Tahtakılıç, Ahmet 432
Talas, Cahit 522, 538
Talat Paşa 78, 79, 140, 141, 147, 149, 151, 155, 158, 161, 162, 164, 165, 169, 176, 177, 201, 203, 205, 206, 208, 209, 222, 224, 225, 231, 235, 236, 237, 240, 242, 248, 271-278, 281, 296, 297, 300, 332, 383
Tanburî Cemil Bey 232
Tandoğan, Nevzat 387, 385
Tanju, Sadun 405
Tanrıöver, Hamdullah Suphi 232
Tansu, Samih Nafiz 274, 248
Tanyu, Hikmet 26
Tarhan, Abdülhak Hamid 36
Tarhan, Mümtaz 488
Tarhan, Zühtü 522
Tarlan, Cemal 535
Taşenberger, Nermin 538
Taşkent, Kâzım 463
Taşkıran, Tezer 448
Taşlızade Edhem 170
Tayleryan, Sogomon 273, 277
Tecer, Ahmed Kudsî 360

Teğmen Haldun 231
Teğmen Kadri 292
Teğmen Mahmud 292
Teğmen Nureddin 231
Teğmen Şerafeddin 292
Teğmen Yani 260
Teğmen Zekâi 292
Tek, Ferid 75
Tekand, Baha Esad 460, 461, 565
Tekand, Mesadet 461, 565
Tekand, Enver 565
Tekinalp, Munis bkz. Kohen, Moiz
Tektaş, Nâzım 411
Temelli, Cevriye 378
Temelli, Erdem 373
Temelli, Mutlu 373
Temelli, Rıza 395
Tengirşenk, Yusuf Kemal 432, 434, 436, 447, 523
Teodoridis, Marko 77
Tepedelen, Kenan 481, 565, 566
Tepedelen, Leyla 461
Tepedelen, Ziya 461, 481, 482, 536, 565
Tepedelenli Ali Paşa 461, 481
Tevfik Baba 210
Tevfik Fikret 47, 48, 211
Tevfik Nevzad 53, 54
Tevs, Sevinç 463
Tınaztepe, Asım 451
Tiğrel, Ali 538
Tiğrel, İhsan 538
Til, Enis Tahsin 392
Timisi, Mustafa 562
Timur, Atıfa 365, 511
Timur, Hulusî 365
Timurtaş, M. Haluk 420
Tlabar, Nazlı 457

Tokadîzade Şefik Efendi 300
Tokadîzade Şekib Efendi 53
Tokar, Berna 20
Tokar, Feyyaz 20
Toker, Metin 379, 385, 403, 405, 408, 432, 499
Tokgöz, Ahmed İhsan 47
Toledo Efendi 86
Tolstoy, Lev Nikolayeviç 70
Topal Osman 283, 325
Topçu İhsan bkz. Eryavuz, İhsan
Topçuoğlu, Ümit Sinan 431
Toprak, Burhan 360, 436, 442
Toprak, Muazzez 360, 442
Topuz, Hıfzı 270, 438, 485
Topuzlu, Cemil 60
Toranto, Leon 395
Tosun, Hüseyin 75
Tosun, Osman 522
Tör, Ahmed Nedim Servet 80
Tör, Edib Servet 80
Tör, Vedat Nedim 80
Trikopis, Nikolaos 263
Troçki 226, 316, 276
Tuğaltay, Cemil 181
Tuğsavul, Muzaffer 451
Tulça, Sabri 178
Tunalıgil, Hüseyin Daniş 485
Tunalı Hilmi 68, 70
Tunaya, Tarık Zafer 248, 327, 524, 534
Tunca, Cemal 146, 373, 388, 409, 444, 356, 461, 468, 469, 526
Tunca, Fahriye 464, 468
Tunca, Faruk 373, 464, 465, 493, 511, 526, 541
Tunca, Leyla 464, 465
Tuncel, Bedrettin 522
Tunçay, Mete 284

Turan, Mustafa 79, 260
Turan, Osman 529
Turan, Satıa 529
Turan, Şerafettin 359
Turhan Sultan 411, 417
Tülbentçi, Feridun Fazıl 528
Tünay, Bekir 451
Türkeş, Alparslan 385, 436, 441, 442, 562
Türkhan, Halim Said 459
Türkmen, Behçet 540
Tütüncü Yakub Ağa bkz. Doktor Nâzım
Tüzel, Cafer 448

U

Uçuk, Cahit 439
Ulay, Sıtkı 515-517, 522,
Uluç, Burhanettin 504, 505
Uluçay, Mustafa Çağatay 148, 414
Uluer, Muhtar 522
Ulviye Sultan 252, 456
Umar, Bilge 262
Uras, Faik 500
Us, Asım 311, 312, 447
Us, Hasan Rasim 311
Usman, Mazhar Osman 299, 359, 406, 538
Uşakîzade Halid Ziya bkz. Uşaklıgil, Halid Ziya
Uşakîzade Muammer Bey 35, 45, 46, 95, 138, 171, 196, 121, 300, 302, 303
Uşakîzade Ömer Bey 373
Uşakîzade Rukiye Hanım 371
Uşakîzade Sadık Efendi 29, 30, 31, 170, 462
Uşakîzade Süleyman Tevfik 30
Uşakîzade Yusuf Efendi 30,
Uşaklıgil, Halid Ziya 30, 36, 47

Uşaklıgil, Latife bkz. Latife Hanım
Uz, Behçet 14, 262, 362, 391, 469
Uz, Rasih 362
Uzer, Tahsin 383

Ü

Ülengin, Şemsi 510
Ülgen, Mehmet Ali 451
Üner, Ragıp 522
Ünver, Ahmed Süheyl 436
Ürgüplü, Suat Hayri 210, 393, 420, 477
Ürgüplü Hayri Efendi 151
Üstün, Feridun 522, 523
Üstündağ, Bülent 424
Üstündağ, Ekrem Hayri 424, 479
Üstündağ, Mücteba 424

V

Vahideddin Efendi 300
Vâlâ Nureddin 313
Van der Zee, Heinrich 262
Vardar Ali Paşa 412
Vasilaki, Henri 463
Vassaf, Belkıs Halim 236, 406
Vassaf, Edhem 406
Vassaf, Gündüz 236, 406
Velibeşe, Zühtü Hilmi 422
Velid Ebüzziya 318
Velidedeoğlu, Hıfzı Veldet 524
Venizelos, Eleftherios 260, 475
Vergin, Nur 367
Vergin, Nurettin 367, 368
Voltaire 64

W

Warren, Fletcher 489
Weizmann, Ezer 492

Whittall, Charlton 21, 172, 252
Whittall, Eric 253
Wilhelm, II. 50, 242, 274, 323
Wilson, Thomas Woodrow 245, 246

Y

Yağcızade Şefik Bey 133
Yahya Kaptan 283, 325
Yakhini, Abraham 219
Yakov Kerido bkz. Abdullah Yakub
Yakub Cemil 115, 133, 150, 160, 164, 175, 177, 207, 211
Yakuboğlu, Ahmed 439
Yalçın, Aydın 538
Yalçın, Hüseyin Cahid 26, 47, 48, 107, 131, 133, 151, 155, 251, 271, 321, 334, 338, 342, 383, 389, 499
Yalçın, Osman Şiar 80, 321
Yalçın, Soner 160, 491, 529, 536, 540
Yalçıntaş, Nevzat 449
Yalman, Ahmed Emin 228, 245, 251, 312, 318, 338, 392, 404, 426, 440, 455, 463, 474, 534
Yalman, Alp 20
Yalman, Varlık 20
Yaman, Ali 304
Yaman, Hüsnü 534
Yamanoğlu, Bumin 510, 527
Yamut, Nuri 450, 451
Yarbay Dr. Şükrü Bey 262
Yarbay Osman Bey 293
Yardımcı, Celal 505, 514, 545
Yardımcı, Mehmet 505
Yaşar, Durmuş 290
Yavuz, Fehmi 522
Yavuz Sultan Selim 26, 217

Yelkovan, Yurdanur 495
Yemişçibaşı, Samim 483, 503, 520, 521, 537, 558, 559, 560
Yemişçizade İzzet Efendi 46, 47, 53, 94, 95, 98, 100, 163, 346, 556, 558
Yemişçizade Sabri Efendi 29, 170
Yener, Adalet 561
Yener, Aslan 369, 531
Yener, Erden 561, 531
Yener, Muzaffer 561
Yenibahçeli Nail 338, 340, 341
Yenibahçeli Şükrü 133, 160, 340
Yetkiner, Edhem 478
Yıldırım, Cemal 524
Yıldız, Ahmet 161
Yılmaz, Kenan 539
Yılmaz, Mesut 490
Yırcalı, Sıtkı 398, 447, 480, 490, 518
Yirmibeşoğlu, Sabri 478
Yirmisekiz Çelebizade Mehmed Said Paşa 83
Yöntem, Ali Canip 156
Yörük Ali Efe 292
Yunus Emre 360, 419
Yurdakul, Daniş 524
Yurdakul, Doğan 491, 510, 529, 536, 540
Yurdakul, Mehmed Emin 232, 350
Yurdanur, Şafak 453
Yusuf İzzeddin 25
Yusuf İzzet Paşa 274
Yusuf Sıdkı Efendi 437
Yücekök, Haydar 499
Yücekök, Naki 80
Yücekök, Nakiyettin 350, 383
Yücel, Hasan Âli 447

Yüceses, Hamiyet 464
Yüzbaşı Ahmed 292
Yüzbaşı Asım 304
Yüzbaşı Enver bkz. Enver Paşa
Yüzbaşı Fehmi 175
Yüzbaşı Ferid 297
Yüzbaşı Halil bkz. Halil Paşa
Yüzbaşı İsmet bkz. İnönü, İsmet
Yüzbaşı Mustafa 87
Yüzbaşı Nail 131
Yüzbaşı Ruşenî 115, 116
Yüzbaşı Salaheddin 131
Yüzbaşı Sparati 131

Z

Zapçı, Mahmud Nedim 455
Zapçı, Sabiha 455
Zapsu, Cüneyt 369
Zarifi, Jorj 18
Zeki Paşa 123
Zekiye Sultan 125
Zeytinoğlu, Nâsır 522
Zinovyev 226, 276
Ziya Gökalp 80, 158, 205, 226, 232, 237, 251, 271, 279
Ziya Hurşid 324, 325, 326, 329
Ziya Paşa 61, 66, 226
Zoiros Paşa 61
Zoka, Ergun 190
Zola, Émile 104
Zor Ali Paşa 368

Zorlu, Aslan 562
Zorlu, Celile 369
Zorlu, Emel 483, 502, 507, 508, 511, 519, 530, 535, 544, 561
Zorlu, Fatin Rüşdü 40, 118-123, 139, 364-371, 388, 399, 400, 460, 462, 466-475, 477-490, 492, 499, 502, 507-509, 514, 518, 523, 526, 527, 529, 530, 533, 536, 540, 541, 543-547, 550-554, 556, 560, 561, 565, 548, 549
Zorlu, Güzide 119, 123, 126, 139, 484, 508, 509, 527-530, 540, 544, 545, 552, 558, 560, 561
Zorlu, Ilgaz 56, 218, 220, 221, 440
Zorlu, Mevhibe 369
Zorlu, Muzaffer 369
Zorlu, Perihan 369
Zorlu, Rıfkı 367, 368, 544, 561
Zorlu, Semiramis 369
Zorlu, Sevin 119, 304, 375, 483, 470, 508, 509, 510, 518, 528, 529, 542, 544, 545, 552, 557, 561-563
Zur, Zvi 492
Zübeyde Hanım 211, 304, 372, 350
Zühtü Bey 372
Zülüflü İsmail Paşa 456

İçindekiler

Birinci bölüm
9 haziran 1875, İzmir 11

İkinci bölüm
1872, Selanik 56

Üçüncü bölüm
1908, İzmir 94

Dördüncü bölüm
26 nisan 1909, İstanbul 119

Beşinci bölüm
27 nisan 1911, İzmir 140

Altıncı bölüm
12 ekim 1913, İzmir 165

Yedinci bölüm
1914, İzmir 183

Sekizinci bölüm
Temmuz 1914, İstanbul 201

Dokuzuncu bölüm
Ekim 1916, İzmir 214

Onuncu bölüm
17 aralık 1917, İstanbul 230

On birinci bölüm
30 ocak 1919, İstanbul 250

On ikinci bölüm
15 mart 1921, Berlin 272

On üçüncü bölüm
5 nisan 1921, Aydın 290

On dördüncü bölüm
4 mart 1925, Ankara 315

On beşinci bölüm
30 haziran 1926, İzmir 324

On altıncı bölüm
2 eylül 1928, İzmir 344

On yedinci bölüm
30 ağustos 1934, İstanbul 364

On sekizinci bölüm
11 kasım 1938, Ankara 378

On dokuzuncu bölüm
21 haziran 1945, Ankara 402

Yirminci bölüm
20 mayıs 1950, Ankara 446

Yirmi birinci bölüm
2 mayıs 1954, Ankara 467

Yirmi ikinci bölüm
27 mayıs 1960, saat 04.00, Ankara 502

Yirmi üçüncü bölüm
26 eylül 1961, Ankara 555

Kaynakça 567

Dizin 583